KÖNIGSBERG
KALININGRADER GEBIET

Mit Bernsteinküste, Kurischer Nehrung, Samland und Memelland

Gunnar Strunz

TRESCHER VERLAG

3., aktualisierte Auflage 2017

Trescher Verlag
Reinhardtstr. 9
10117 Berlin
www.trescher-verlag.de

ISBN 978-3-89794-381-0

Herausgegeben von Detlev von Oppeln und
Bernd Schwenkros

Reihenentwurf und Gesamtgestaltung:
Bernd Chill
Gestaltung, Satz und Bildbearbeitung:
Ulla Nickl
Lektorat: Hinnerk Dreppenstedt
Stadtpläne und Karten: Johann Maria Just,
Martin Kapp, Ulla Nickl

Gedruckt auf chlorfrei gebleichtem Papier

Printed in Germany

Alle Angaben in diesem Reiseführer wurden sorgfältig recherchiert und überprüft. Dennoch können aktuelle Entwicklungen vor Ort dazu führen, dass einzelne Informationen unvollständig oder nicht mehr korrekt sind. Gerne nehmen wir dazu Ihre Hinweise und Anregungen entgegen. Bitte schreiben Sie an: **post@trescher-verlag.de**

Titel: Das Königstor
Vordere Klappe: Kaliningrad, Dominsel
Hintere Klappe: Auf der Kurischen Nehrung

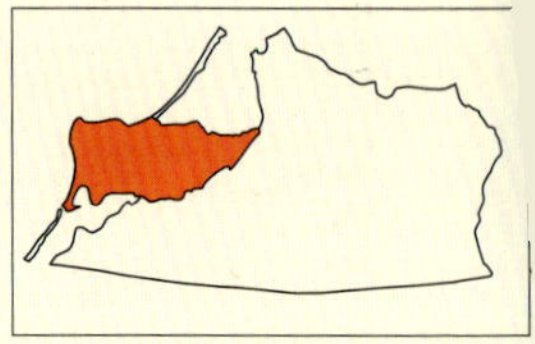
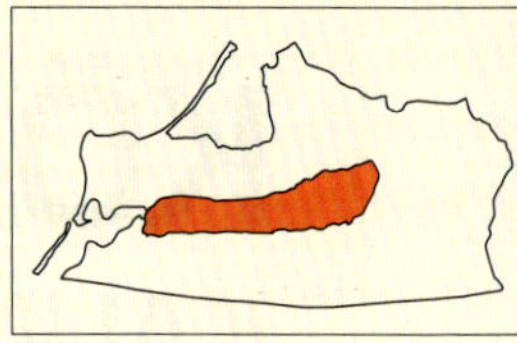
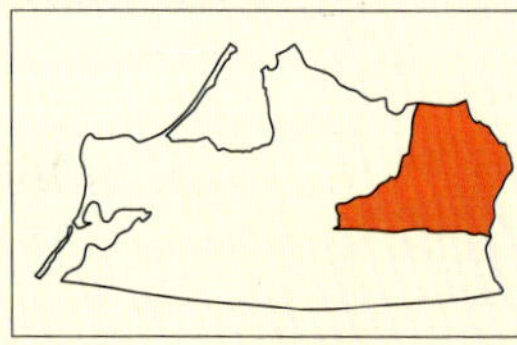
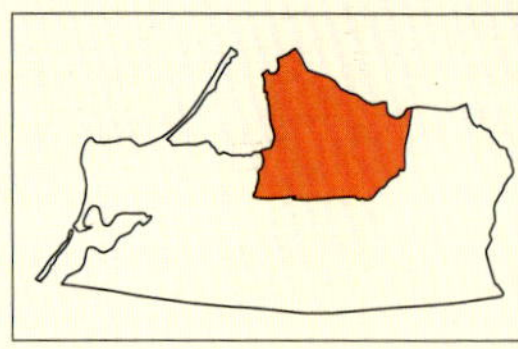
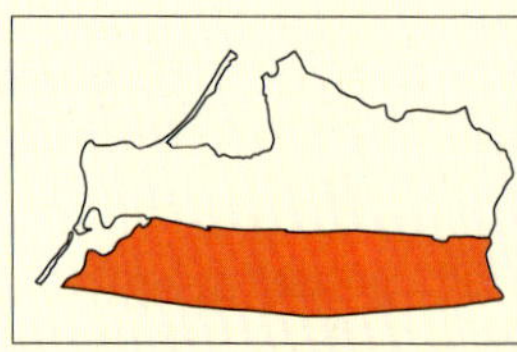
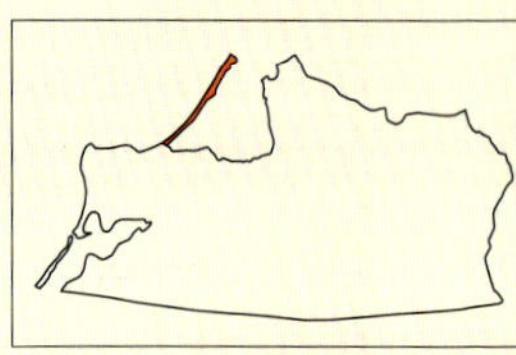
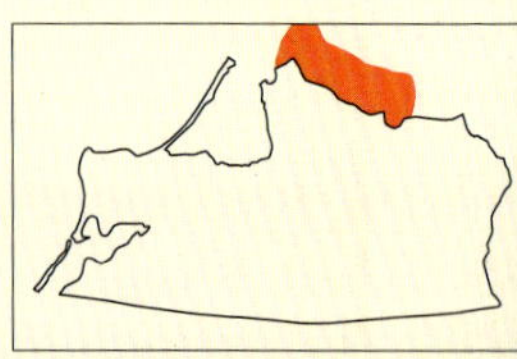

LAND UND LEUTE

VON BERLIN IN DAS KALININGRADER GEBIET

VON KÖNIGSBERG NACH KALININGRAD

DAS SAMLAND UND DIE BERNSTEINKÜSTE

VON KALININGRAD IN DIE ZENTRALEN REGIONEN

DER OSTEN DES KALININGRADER GEBIETS

DER NORDEN DES KALININGRADER GEBIETS

DER SÜDEN DES KALININGRADER GEBIETS

AUF DER KURISCHEN NEHRUNG

DAS MEMELLAND

SPRACHFÜHRER / REISETIPPS VON A BIS Z

ANHANG

Die Erlöserkathedrale

Vorwort 13
Hinweise zur Benutzung 14
Zeichenlegende/Verwendete Abkürzungen 15
Das Wichtigste in Kürze 16

LAND UND LEUTE 19

Das Kaliningrader Gebiet im Überblick 20

Geschichte des Landes zwischen Weichsel und Memel 22
Die Anfänge 22
Die Zeit des Deutschen Ordens 24
Die Verwaltung des Ordenslandes 28
Aufstieg und Ende des Ordensstaats 28
Das Herzogtum Preußen 33
Der ›Große Kurfürst‹ 35
Das Königreich Preußen 37
Friedrich II. 38
Die napoleonischen Wirren 39
Hundert Jahre Frieden 41
Erster Weltkrieg und Zwischenkriegszeit 43
Zweiter Weltkrieg 46
Die Nachkriegszeit 49
Von den 1960er Jahren zur Perestroika 51
Nach 1991 52
Die 750-Jahr-Feier Königsbergs 54
Die aktuelle Situation 57
Geographie, Geologie, Klima 60
Essen und Trinken 61

VON BERLIN IN DAS KALININGRADER GEBIET 63

Zwischen Berlin und Kostrzyn 66
Kostrzyn 67
Zwischen Kostrzyn und Gorzów Wielkopolski 70

Zwischen Gorzów Wielkopolski und der Weichsel 72
In der Weichselniederung 80
Zu den Grenzübergangspunkten 82

VON KÖNIGSBERG NACH KALININGRAD 87

Stadtgeschichte 90

Stadtspaziergänge 92
Dominsel 92
Dom 94
Das Haus der Räte und das frühere Schloss 98
Um Schlossteich, Universität und den nördlichen Leninskij pr. 102
Am pl. Pobedy 108
Vom pl. Pobedy zum Oberteich 111
Ins Villenviertel Maraunenhof 113
Vom Oberteich zum Sackheimer Tor 115
Vom Sackheimer Tor zum Hafen 122
Vom Hafen auf die Hufen 124
Vom Kneiphof zu Friedländer Tor und Südbahnhof 133
Südlich des Südbahnhofs 138
Kaliningrad-Informationen 144

DAS SAMLAND UND DIE BERNSTEINKÜSTE 155

Das nördliche und nordwestliche Samland 157
Zwischen Kaliningrad und Zelenogradsk 157
Zelenogradsk 160
Zwischen Zelenogradsk und Svetlogorsk 162
Svetlogorsk 164
Zwischen Svetlogorsk und Jantarnyi 170
Jantarnyi 172

Von Russkoe nach Kaliningrad 176

Von Kaliningrad über Baltijsk zur Frischen Nehrung 178
Zwischen Kaliningrad und Baltijsk 178
Baltijsk 182
Die Frische Nehrung 187

Das östliche Samland 189
Gur'evsk 189
Zwischen Gur'evsk und Polessk 190
Polessk 194

VON KALININGRAD IN DIE ZENTRALEN REGIONEN 197

Durch das Pregeltal 198
Vom Kaliningrader Zentrum nach Osten 198
Rodniki 200
Gvardejsk 202
Am Südrand des Pregeltals nach Gvardejsk 207
Znamensk 208
Zwischen Gvardejsk und Meždureč'e 210
Meždureč'e 212
Zwischen Meždureč'e und Černjachovsk 213
Von Talpaki auf einer schönen Nebenstrecke nach Černjachovsk 214
Černjachovsk 215
Das Instertal aufwärts 222

DER OSTEN DES KALININGRADER GEBIETS 227

Von Černjachovsk an die litauische Grenze 228
Zwischen Černjachovsk und Gusev 228
Gusev 229

Jasnaja Poljana 235
Nesterov 237
Östlich von Nesterov 239

Der Nordosten 241
Zwischen Nesterov und Dobrovol'sk 241
Dobrovol'sk 241
An den östlichsten Punkt des Kaliningrader Gebiets 245
Um das Adlerswalder Moor 248
Krasnoznamensk und Umgebung 248
Durch den früheren Forst Memelwalde 250

DER NORDEN DES KALININGRADER GEBIETS 253

Die südliche Elchniederung 254
Entlang des Großen Friedrichsgrabens 254
Zwischen Saranskoe und Zales'e 257
Das Große Moosbruch 259
Vom Moosbruch in die Elchniederung 264
Von Zales'e nach Sovetsk 265
Sovetsk 266
Neman 277

In der Elchniederung 280
Slavsk und Umgebung 280
Die nördliche Niederung 283
Im Elchwald 285
Durch den Ibenhorster Forst in den äußersten Norden 286

DER SÜDEN DES KALININGRADER GEBIETS 288

Vom Grenzübergang Mamonovo nach Kaliningrad 291
Mamonovo 291
Vesëloe 292
Pjatidorožnoe und Laduškin 294
Kornevo 296
Ušakovo, 296

Vom Grenzübergang Bagrationovsk nach Kaliningrad 298
Bagrationovsk 298
Gvardejskoe 301
Kaliningrads südlicher Stadtrand 302

Von Kaliningrad nach Südosten 303
Zwischen Kaliningrad und Tišino 303
Domnovo 304
Pravdinsk 305
Kurortnoe 307
Družba 308
Zwischen Pravdinsk und Železnodorožnyj 309
Železnodorožnyj 311
Zwischen Železnodorožnyj und Krylovo 313
Krylovo 314

Der Südosten 317
Die westliche Umgebung von Ozërsk 317
Ozërsk 319
Im Grenzgebiet südöstlich von Ozërsk 320

Die Rominter Heide 321
Čistye Prudy 323
Der Norden der Rominter Heide 326
Von Nevskoe zum Wystiter See 327
Der Wyštiter See 328

DIE KURISCHE NEHRUNG 331

Erdgeschichtliche Bildung 333
Der Kampf gegen die Versandung 336

Der russische Teil der Nehrung 339
Lesnoj 340
Zwischen Lesnoj und Müllers Höhe 341
Müllers Höhe 342
Rybačij 343
Der ›Tanzende Wald‹ 346
Morskoe und Umgebung 347
Im russisch-litauischen Grenzgebiet 349

Der litauische Teil der Nehrung 351
Nida 353
Zwischen Pervalka und Juodkrantė 360
Juodkrantė 361
Von Juodkrantė zum nördlichen Nehrungsende 364

DAS MEMELLAND 367

Die besondere politische Entwicklung nach 1919 368

Klaipėda 371
Stadtgeschichte 371
Ein Stadtrundgang 373
Nördlich von Klaipėda 381
Zwischen Klaipėda und Šilutė 383
Von Ventė über Minija nach Šilutė 389
Šilutė 389
Rusnė und das Memeldelta 395
Von Šilutė ans Ende des Memellands 398
Um das Kaliningrader Gebiet herum zurück nach Westen 404

SPRACHFÜHRER 405

REISETIPPS VON A BIS Z 416

Literaturhinweise 427
Das Kaliningrader Gebiet im Internet 429
Der Autor/Danksagung 430
Ortsregister 431
Personen- und Sachregister 438
Bildnachweis 440
Kartenregister 441
Kartenlegende 456

ESSAYS

Die Pruzzen 23
Der Deutsche Orden 27
Das Königsberger Schloss 100
Die Königsberger Universität 104
Kant und andere große Königsberger Geister 141
Der Bernstein 166
Das Verbrechen von Palmnicken 175
Lovis Corinth 204
Der Lauf der Memel 268
Tilsit und sein Käse 271
Gerdauen – eine architektonische Musterstadt 310
Von Nida mit dem Rad nach Klaipėda 356
Hermann Sudermann 393

Immanuel Kant, der berühmteste Sohn der Stadt

Vorwort

Das kleine Gebiet zwischen Ostsee, Polen und Litauen ist in jeder Hinsicht ein ungewöhnliches Land: bezüglich seiner Geschichte, seiner gegenwärtigen Verfasstheit und auch seiner Zukunft. Die ›Kaliningradskaja Oblast'‹, wie der offizielle Name der Region lautet – auf Deutsch auch ›Kaliningrader Gebiet‹ oder nördliches Ostpreußen genannt –, war von 1945 bis 1991 ein streng bewachtes militärisches Sperrgebiet innerhalb der Sowjetunion und ist im Mitteleuropa des 21. Jahrhunderts zu einer staatspolitischen Merkwürdigkeit ersten Ranges geworden.

Die Kaliningradskaja Oblast' ist eine Exklave und eine ungewöhnliche dazu. Zum einen umfasst dieser Teil des alten Ostpreußen, der 1945 der Sowjetunion zugesprochen wurde, ein verhältnismäßig großes Terrain; mit rund 15 000 Quadratkilometern hat es in etwa die Ausmaße von Schleswig-Holstein. Zum anderen wurde vor 65 Jahren die Bevölkerung des Gebiets nahezu vollständig durch eine andere ersetzt. Schließlich wurde das Gebiet erst in jüngerer Zeit zur Exklave, als die angrenzende frühere Sowjetrepublik Litauen 1991 ihre Autonomie erhielt und der vormalige Satellitenstaat Volksrepublik Polen sich zu der in jeder Hinsicht souveränen Republik Polen wandeln durfte.

Die Entfernung zwischen Kaliningrad und Berlin beträgt nur etwa 600 Kilometer, für viele scheint das Gebiet aber auf einem anderen Stern zu liegen. Vor dem Zerfall der Sowjetunion drangen keinerlei Berichte aus diesem Gebiet nach Westen, und auch heute erfährt man in der Überzahl der Medien kaum etwas über seine Situation. Die Vergangenheit Ostpreußens – wie die Provinz erst in den letzten 150 Jahren ihrer Geschichte hieß – endete vor 70 Jahren in einem katastrophalen Untergang. Das historische Ostpreußen und die Kaliningradskaja Oblast' haben wenig gemein, wenn sich auch Spuren der Geschichte vor 1945 allenthalben finden. Wer heute diesem Land und seinen Bewohnern aufgeschlossen gegenübertritt, lernt eine Region kennen, die für viele unserer Vorfahren jahrhundertelang ebenso Heimat war, wie sie nun schon seit sieben Jahrzehnten Heimat für unsere von uns gar nicht so weit entfernten russischen Nachbarn ist.

Abgesehen von politischen und historischen Besonderheiten, bietet der kleine Landstrich zwischen Memel und Frischem Haff Landschaften von erlesener Schönheit wie kaum ein anderes Gebiet des Ostseeraums. Mögen auch seine Architekturdenkmäler weitgehend zerstört sein – die Wunderwelt der Nehrungsdünen, die stille Memelniederung und die sanfte Hügellandschaft zwischen Frischem Haff und Rominter Heide bieten genügend Anreize für eine ausführliche Beschäftigung mit diesem einzigartigen Landstrich. Und wenngleich die Reise dorthin derzeit durch den Wegfall aller Bahn- und Flugverbindungen aus Polen und Deutschland zeitaufwendiger geworden ist - wer mit eigenem Pkw anreist, wird von beiden Seiten viel rascher abgefertigt, als es noch vor Jahren der Fall war.

Das Gebiet an Memel und Pregel kann gleichermaßen Neugier auf das Unbekannte wie auch auf Vertrautes, auf die eigene Geschichte wecken. Dieses Unbekannte und doch Vertraute macht nicht zuletzt den einzigartigen Zauber dieser europäischen Region aus. Lernen wir sie kennen!

Hinweise zur Benutzung

Der vorliegende Reiseführer ist als Reisegebrauchsbuch angelegt und nicht zur fortlaufenden Lektüre gedacht. Deshalb können die einzelnen Kapitel unabhängig voneinander zur Reisevorbereitung und -gestaltung genutzt werden. Aus dem gleichen Grund wurden Überschneidungen zwischen dem Reiseteil und dem Abschnitt Land und Leute sowie den Reisetipps bewusst in Kauf genommen.

Die Frage der Schreibweise und Verwendung der alten deutschen und der neuen russischen Ortsnamen ist für das Kaliningrader Gebiet besonders kompliziert. Es wurde davon ausgegangen, dass viele Reisende auf der Suche nach deutschen Spuren sind, das Herkunftsland ihrer Vorväter kennenlernen möchte oder einfach nur an der deutsch-preußischen Geschichte interessiert sind. Andererseits kommen auch Touristen in das Land, die vor allem die russischen Geschichte und Gegenwart des Gebietes kennenlernen möchten. Allen soll das Reisen im Land mit Hilfe dieses Buches möglichst einfach gemacht werden, eine sichere Orientierung möglich sein. Daher werden alle Ortsnamen zunächst in ihrer russischen Transliteration wiedergegeben und ergänzend das kyrillische Original sowie die alte deutschen Bezeichnungen aufgeführt. Bei einigen Orten sind zwei deutsche Namen angegeben, da man 1938 im Zuge einer ›Germanisierung‹ viele alte Ortsbezeichnungen pruzzischer Herkunft durch neue Namen ersetzte. Auffallend ist, dass man auch seitens der Russen immer öfter ohne Berührungsängste auf die deutschen Ortsnamen zurückgreift, wenngleich noch nicht offiziell, so doch zumindest im Marketing. ›Tilsitskaja‹ heißt ein Mineralwasser bzw. ›Königsberg‹ ein Bier. Wer als Deutscher gegenüber Russen im Gespräch die früheren Namen verwendet, setzt sich keineswegs dem Verdacht des Revanchismus aus, denn im Kaliningrader Gebiet ist man in jedem Ort an der Geschichte von vor 1945 interessiert und akzeptiert ohne weiteres, wenn Deutsche, denen meist die heutigen Namen nicht vertraut sind, die vormaligen verwenden.

Wird in diesem Buch von Königsberg gesprochen, bezieht sich der Text auf die Zeit vor 1946, ist von Kaliningrad die Rede, auf die Zeit danach. Nicht vergessen darf man hierbei, dass anders als im Falle von Breslau, Danzig oder Stettin der heutige Ort Kaliningrad sehr wenig mit dem alten Königsberg gemein hat; anders als in den erwähnten Orten, die zumindest im Zentrum ihr Vorkriegsaussehen wiedergewonnen haben.

Die Mall Plaza am Leninprospekt

Die Infrastruktur des öffentlichen Nahverkehrs außerhalb Kaliningrads und der Seeküste ist nicht sehr gut ausgebildet, einige Gebiete und kleinere Orte abseits der großen Hauptverkehrsstraßen sind gar nicht oder nur einmal am Tag mit dem Bus zu erreichen. Weite Teile des Eisenbahnnetzes, das in der Sowjetzeit bestand, sind inzwischen stillgelegt. Aus diesem Grund sind die einzelnen Routen im Hinblick auf Selbstfahrer konzipiert, ganz gleich ob man mit einem Kraftfahrzeug oder mit dem Fahrrad reisen will.
Im Reiseteil ist zunächst die Fahrt von Berlin nach Königsberg geschildert. Ein ausführliches Kapitel über die Stadt Königsberg/Kaliningrad schließt sich an. Die wichtigsten historischen Bauwerke und andere Sehenswürdigkeiten werden vorgestellt. Anhand mehrerer voneinander unabhängiger Rundgänge kann die Stadt ›ergangen‹ werden. Hinweise zu Restaurants, Unterkunftsmöglichkeiten und weitere Serviceinformationen ergänzen dieses Kapitel. Mehrere voneinander unabhängige Kapitel, in denen Rundfahrten durch die einzelnen Regionen vorgeschlagen und vorgestellt werden, schließen sich an. Auch hier sind Hinweise auf Übernachtungs- und Verpflegungsmöglichkeiten und auf weitere für Touristen interessante Einrichtungen gegeben. Die Stadtpläne und Regionalkarten dienen zur ersten Orientierung. Es ist jedoch ratsam, stets auch die empfohlenen russischen Karten, die meistens sehr genau sind, im Gepäck zu haben. Die im Text angegebenen Telefonnummern und Vorwahlen sind wegen des sehr komplizierten Wählverfahrens im Kaliningrader Gebiet meist so angegeben, wie man aus Deutschland diese Nummern wählen würde. Daher ist dringend erforderlich, dass man sich für Anrufe, die innerhalb des Gebiets getätigt werden sollen – gleich ob vom Mobil- oder Festnetz – erst in den ›Reisetipps von A bis Z‹ informiert.
Die in diesem Buch angegebenen Preise in Euro beziehen sich auf den Kurs vom November 2016; er betrug zu dieser Zeit ca. 1:70. Größere Schwankungen sind für die Zukunft möglich!

Häufig verwendete Abkürzungen

al. – aleja (Allee)
bul. – Boulevard
oz. – ozero (See)
pl. – ploščad' (Platz)
pr. – prospekt
ul. – ulica (Straße)

Zeichenlegende

- Allgemeine Informationen, Touristenbüros
- Unterkünfte
- Zeltplätze
- Einkehrmöglichkeiten
- Cafés
- Museen, weitere Sehenswürdigkeiten
- Einkaufsmöglichkeiten
- Busverbindungen
- Bahnverdindungen
- Fährverbindungen

Das Wichtigste in Kürze

Einreise

Die Einreise ins Kaliningrader Gebiet ist immer noch visumpflichtig, wobei das Visum nicht an der Grenze erhältlich ist, sondern mindestens drei Wochen vor Reisebeginn bei einem russischen Konsulat oder einer Agentur beantragt werden muss; der Weg über eine Agentur ist oft unkomplizierter. Für die Beantragung ist eine Einladung eines russischen Bürgers, Hotels, Reisebüros oder einer offiziellen Stelle notwendig. Die Einreise zu Lande kann von polnischem oder litauischem Territorium aus erfolgen.

Wer mit dem eigenen Pkw einreist, muss Führerschein, Fahrzeugschein und eine grüne Versicherungskarte mitführen, die Russland einbezieht. Wer diese Karte nicht vorweisen kann, muss an der Grenze eine Zusatzversicherung - Strachovka - abschließen, die für zwei Wochen etwa 25 € kostet. Mit Pausen benötigt man für eine Fahrt von Berlin nach Kaliningrad (einschließlich durchschnittlicher Grenzwartezeiten) knapp 12 Stunden.

Mit der Bahn: von Deutschland und Polen derzeit keine Verbindung.

Mit dem Flugzeug: Der Direktflug von Air Berlin wurde Anfang 2016 gestrichen, seitdem keine Direktverbindung.

Mit der Fähre: Während der Sommermonate verkehrte bis 2009 einmal wöchentlich eine Fähre zwischen Kiel bzw. Saßnitz und Baltijsk (Pillau). Ein Zeitpunkt für eine Wiederaufnahme des Fährbetriebs ist nicht bekannt.

Zu Fuß: Nur von Litauen über den Übergang Sovetsk möglich.

Mit dem Rad: Seit 2006 an allen Übergängen außer Mamonovo II und Pograničnyj möglich; dieser Übergang darf allerdings nur von Russen und Litauern benutzt werden.

An der Weichsel bei Tczew

Währung und Zahlungsmittel

Ausschließliches Zahlungsmittel ist der Rubel (RUB). In Kaliningrad und den größeren Rayonstädten gibt es viele Wechselstellen, auch an den Grenzübergängen ist es möglich, Geld zu tauschen. Kreditkarten werden an den Tankstellen kaum, in den großen Geschäften Kaliningrads jedoch fast überall akzeptiert. Kurs (November 2016): 1 Euro=69 Rubel.

Individuell oder organisiert?

Wer auf eigene Faust das Land erkunden will, braucht unbedingt russische Sprachkenntnisse. Auf dem Lande gibt es so gut wie keine Gastronomie, Übernachtungsmöglichkeiten bestehen nur in den größeren Rayonstädten. Viele deutsche Reiseunternehmen bieten aber organisierte Reisen ins Gebiet an.

Klima und Reisezeit

Die beste Reisezeit liegt zwischen Mitte Mai und Ende September. Die Winter sind zum Teil sehr kalt, wobei die Kälte bis in den Mai andauern kann. Die Sommermonate zeichnen sich im Inneren des Gebiets teilweise durch drückende Hitze aus, die seenahen Bereiche sind etwas kühler.

Öffentliche Verkehrsmittel

Auch hier gilt: Ohne Russischkenntnisse kommt man nicht weit. Von Kaliningrad aus gibt es Busverbindungen in alle Rayonstädte, brauchbare Bahnverbindungen bestehen nur in die Ostseebäder Svetlogorsk und Zelenogradsk. In Kaliningrad selbst besteht ein dichtes Netz von Straßenbahnen und Bussen.

Preisniveau

Das Kaliningrader Gebiet ist kein Billigreiseland. Die Hotels sind teilweise bei nicht vergleichbarem Standard teurer als in Deutschland, ebenso sind die meisten Lebensmittel genauso teuer wie in Deutschland. Auch in der Gastronomie muss man sich bei manchmal geringerer Qualität auf höhere Preise einstellen.

Unterkunft

Nur in den Seebädern, in Kaliningrad, in Sovetsk, Gusev und Černjachovsk bestehen akzeptable Übernachtungsmöglichkeiten. Ausnahmen stellen die im Text erwähnten ländlichen Unterkünfte im Moosbruch und der Rominter Heide dar.

Wichtige Telefonnummern

Allgemeiner Notruf: 02 (aus dem russischen Festnetz, von jeder Telefonzelle), von deutschem Handy 007/4012/02. Diese und die drei folgenden Kurznummern sind in allen lokalen Ortsnetzen die gleichen.
Unfallhilfe: 03.
Gashavarie: 04.
Feuerwehr und Rettungsdienst: 01.
Verkehrspolizei Kaliningrad (rund um die Uhr): 452825 bzw. 007/4012/452825.

Die bedeutendsten Sehenswürdigkeiten

Kaliningrad (ab S. 92)
Černjachovsk (S. 215)
Gusev und seine Umgebung (ab S. 229)
Das Große Moosbruch (S. 259)
Sovetsk (S. 266)
Die Hügellandschaft um Ozjorsk (S. 319)
Die Rominter Heide (S. 321)
Die Kurische Nehrung (S. 331)

Ausführliche reisepraktische Hinweise bieten die Reisetipps von A bis Z ab Seite 416.

Das Kaliningrader Gebiet beeindruckt vor allem mit seinen teilweise unberührten Naturschönheiten. Die Küsten mit ihren traditionsreichen Bädern, die ausgedehnten Wälder im Osten, die Memelniederung, die bukolischen Hügelzüge des Südens und nicht zuletzt die einzigartigen Dünenformationen auf der Kurischen Nehrung prägen eine Region, in der deutsche Vergangenheit und russische Gegenwart ein spannendes Miteinander eingehen.

Straßenszene in der Nähe des Nordbahnhofs

LAND UND LEUTE

Das Kaliningrader Gebiet im Überblick

Regierungsform: Gouvernement innerhalb der Russischen Föderation.

Verwaltungsstruktur: 15 Rayons (Kreise), vier Stadtkreise (Baltijsk, Svetlyi, Svetlogorsk, Jantarnyi) und drei kreisfreie Städte (Kaliningrad, Pionerskij, Sovetsk).

Das Kaliningrader Stadtwappen

Hauptstadt: Kaliningrad, 2010 rund 432 000 Einwohner, 2016 einschließlich verschiedener Nichtgemeldeter wohl etwa 520 000. Nächstgrößere Städte: Sovetsk (Tilsit, 42 000 Einwohner), Černjachovsk (Insterburg, 41 000), Baltijsk (Pillau, 33 000), Gusev (Gumbinnen, 28 300).

Fläche: 15 125 km², das sind 0,1 % der gesamten Russischen Föderation

Einwohnerzahl: 941 873 (1. 1. 2010).

Bevölkerungsdichte: 62 Personen pro Quadratkilometer.

Kfz-Kennzeichen: 39 bzw. 91 (Militärfahrzeuge).

Grenzen: Im Norden grenzt das Gebiet auf etwa 200 Kilometer Länge an Litauen, mit Polen besitzt es eine Grenze von 210 Kilometer Länge, 140 Kilometer ist die Küstenlänge zur Ostsee. Vom russischen Mutterland ist es neben Polen und Litauen in zweiter Linie auch durch Lettland und Weißrussland getrennt.

Höchste Erhebung: Gor Dozor (230 Meter) in der Rominter Heide (ganz im Südosten des Gebiets).

Größter See: Vyštiter See (Ozero Vyštineckoe), 17 km², etwa 3 % seiner Fläche gehören zu Litauen.

Wichtige Flüsse: Pregel (Pregolja): 123 Kilometer Länge, Memel (Neman): 937 Kilometer, davon 115 Kilometer auf russischem Gebiet, Angerapp (Angrapa): 172 Kilometer, davon 120 Kilometer auf russischem Gebiet, Pissa: 73 Kilometer, Inster etwa 80 Kilometer; die drei letztgenannten Flüsse fließen bei Černjachovsk (Insterburg) zusammen und bilden von dort ab den Pregel.

Religion: Keine eindeutigen Angaben. Schätzungsweise etwa 45 % Atheisten, 45 % Orthodoxe, 3 % Muslime, 3 % Katholiken, 3 % Protestanten.

Zeitzone: MEZ + 1.

Feiertage: 1. bis 7. Januar (russische Weihnachtswoche), 23. 2. (Männertag), 8. 3. (Internationaler Frauentag), 1. 5., 9. 5. (Tag des Sieges über den Hitlerfaschismus), 12.6. (Tag der russischen Souveränität), zweiter Samstag im September Stadtfest, 4. 11. (Tag der Nationalen Einheit).

Hinweis: Auch an den Feiertagen haben Geschäfte geöffnet.

Die Flagge des Kaliningrader Gebietes

Entfernungstabelle

	Bagrationovsk	Baltijsk	Černjachovsk	Gusev	Kaliningrad	Krasnozamensk	Mamonovo	Nesterov	Ozërsk	Polessk	Pravdinsk	Sovetsk	Svetlogorsk	Zelenogradsk
Zelenogradsk	79	72	121	148	33	211	80	172	135	80	72	150	28	
Svetlogorsk	82	42	130	157	42	220	89	182	144	89	81	159		28
Sovetsk	131	165	61	70	117	44	164	82	105	71	78		159	150
Pravdinsk	53	87	49	76	39	139	86	101	103	21		78	81	72
Polessk	87	95	72	101	48	102	94	128	114		21	71	89	80
Ozërsk	106	176	55	28	132	91	171	53		114	103	105	144	135
Nesterov	161	188	52	25	140	38	187		53	128	101	82	182	172
Mamonovo	51	95	135	162	47	225		187	171	94	86	164	89	80
Krasnozamensk	192	226	90	63	178		225	38	91	102	139	44	220	211
Kaliningrad	45	48	88	115		178	47	140	132	48	39	117	42	33
Gusev	134	163	27		115	63	162	25	28	101	76	70	157	148
Černjachovsk	102	136		27	88	90	135	52	55	72	49	61	130	121
Baltijsk	100		136	163	48	226	95	188	176	95	87	165	42	72
Bagrationovsk		100	102	134	45	192	51	161	106	87	53	131	82	79

Geschichte des Landes zwischen Weichsel und Memel

Ungemein fesselnd ist die bei uns heute weitgehend unbekannte Geschichte der deutschen Ostkolonisation und des Deutschen Ordens. Verhältnismäßig spät, erst kurz vor dieser Epoche, trat die Region am südöstlichen Gestade der Ostsee aus dem geschichtlichem Dämmerlicht heraus. Lässt man die deutsche Geschichte mit Karl dem Großen (762–814) beginnen, lagen das spätere Ostpreußen, Pommern, Schlesien und selbst Brandenburg weit außerhalb des Reiches. Zwar hatte Karl zum Teil auch sorbische wie böhmische Gebiete unter seine Herrschaft gebracht, doch waren die Ostgrenzen seines Reiches im wesentlichen Saale und Elbe.

Die Anfänge

Unter den Ottonen (960–1003) erstreckte sich das Reich bereits bis zur Oder, Böhmen und Polen waren christianisiert. Polen unter seinem ersten großen Herrscher Bolesław Chrobry (992–1025) verstand sich als Vorkämpfer des Christentums im Osten und erhob Anspruch auf die Ostseeküste, soweit dort nichtchristliche Völker lebten, die es zu missionieren galt. Doch es gelang ihm nur für kurze Zeit, ein kleines Stück westlich der Weichsel zu christianisieren. Mecklenburg, Schlesien und das spätere Pommern wurden bis in die Mitte des 13. Jahrhunderts durch die deutsche Ostkolonisation christianisiert, und in Pommerellen – südlich und südwestlich des späteren Danzig – konnten die Zisterzienser von den Klöstern von Oliva und Pelplin aus die Christianisierung der Region weiterführen. Die römische Kirche reichte also inzwischen bis zur Weichsel. Zur gleichen Zeit gelang es der oströmischen Kirche, erfolgreich die nördliche Ostsee und Finnland zu missionieren. Doch war noch ein Streifen zwischen diesen beiden großen Sphären vorhanden. Hier lebten die Litauer und Pruzzen, ›heidnische‹ Völker.

Bolesław I. Chrobry auf dem aktuellen 20-Złoty-Schein

Die pruzzischen Hauptgötter Pikollos, Perkunos und Potrimpos

Die Pruzzen

Als ›Pruzzen‹ ist das vergleichsweise wenig bekannte Volk an der Ostsee im Jahr 965 beschrieben worden. Der spanische Jude Ibrahim ibn Jaqub bereiste im Auftrag des Kaisers Otto des Großen den Osten und berichtete von den östlichen Nachbarn der Slawen, dem Volk der ›Brus‹. Selbst nannten sie sich wahrscheinlich ›Prusai‹. Anhand von Grabfunden konnte nachgewiesen werden, dass es sich um jenes Volk handelt, das Tacitus um 100 n. Chr. erwähnt hatte und das er als ›Aestier‹ bezeichnete. Gemeinsam mit den Kuren, Letten und Litauern gehörten die Pruzzen zur ostbaltischen Völkergruppe, deutlich von den Slawen unterschieden. Es gab elf pruzzische Gaue: Pomesanien, Pogesanien, Warmien, Barten, Sassen, Natangen, Galinden, Samland, Nadrauen, Schalauen und Sudauen. Eine Schrift kannten die Pruzzen nicht.

Nicht viel weiß man auch über die pruzzische Religion. Es gab drei oberste Götter. Der Donnergott Perkunos war König der Götter. Der jugendliche Potrimpos war Gott des Lebens und der Fruchtbarkeit, geschmückt mit einem Erntekranz. Der bleiche Pikollos war Todesgott, ein dürrer Greis, gleichzeitig auch die pruzzische Spielart des Teufels. Dazu gab es eine Vielzahl von Naturgeistern wie beispielsweise Swaigstix, der zusammen mit seiner Gattin Swaigsdunoka die Sterne auf ihrer Bahn führte. Puskaitis war der Baumgott, dem der Holunder heilig war. Das zentrale pruzzische Heiligtum hieß Romowe, doch konnte bis heute seine Lage nicht eindeutig bestimmt werden. Man weiß nur, dass es sich um einen großen Eichenhain gehandelt hat, innerhalb dessen eine ganz besondere Eiche bestand, deren Stamm sich geteilt hatte und weiter oben wieder zusammengewachsen war. Die Pruzzen glaubten an ein Leben nach dem Tod. Sie gaben daher den Verstorbenen nicht nur Waffen mit ins Grab, sondern auch – vorher getötete – Jagdhunde, Pferde, Falken, mit denen der Tote sein bisheriges Leben und seine Arbeit weiterführen sollte.

Die Zeit des Deutschen Ordens

Natürlich waren von den Polen – und auch den böhmischen Fürsten – längst Christianisierungsversuche unternommen worden. Der später heiliggesprochene Bischof Adalbert von Prag reiste am Ende des 10. Jahrhunderts ins Pruzzenland, um dort zu missionieren – was auf wenig Gegenliebe stieß. 997 wurde er im Samland bei einer Auseinandersetzung getötet. Den Nachfolgern Bolesław Chrobrys gelang es nicht, die Pruzzen niederzuwerfen. Im Gegenteil, diese fielen jetzt ihrerseits in polnisches Territorium ein und drangen wiederholt bis Masowien vor, die Gegend des späteren Warschau. Polen war damals innerlich zu zerrissen, um dem Pruzzenansturm auf Dauer standhalten zu können. Der masowische Teilfürst Konrad war mit seinen Truppen zu schwach, um sich der Pruzzen erwehren zu können. Nur noch Hilfe von außen konnte Polen retten. So wandte sich Konrad von Masowien 1225 an den Deutschen Orden, ihm im Kampf gegen das Heidentum zur Seite zu stehen. Konrad war sich sicher, dass ihm Hilfe gewährt werden würde. Denn sein Kampf und seine Ziele waren auch die der römischen Kirche: die Christianisierung der Heiden und damit auch die Ausdehnung des römischen Einflussgebietes.

Als Lohn für seine Bemühungen sollte der Orden das bereits von den Pruzzen besetzte Kulmer Land, also die Gegend östlich des Weichselknies, und alle weiteren pruzzischen Gebiete erhalten, die er seinerseits erobern würde. Ordenshochmeister war in jener Zeit Hermann von Salza. Mit seinem großen politischen und diplomatischen Talent war er Freund und Vertrauter der beiden großen politischen Gegenpole zu dieser Zeit, Kaiser Friedrich II. von Hohenstaufen und Papst Gregor IX. Man darf davon ausgehen, dass Konrad von Masowien sich kaum an den Orden gewandt hätte, wenn der überragende Staatsmann Hermann von Salza nicht Hochmeister gewesen wäre.

Die plötzlich sich bietende Möglichkeit, durch diese Landgewinne im Pruzzengebiet einen eigenen Staat errichten zu können, war für den Ritterorden ungemein verlockend, denn 20 Jahre zuvor war die erste dieser Bemühungen in Siebenbürgen gescheitert. Kaiser Friedrich bestätigte den Vertrag mit Konrad von Masowien 1226 in der Bulle von Rimini. Darin wurde zusätzlich festgeschrieben, dass der Orden in den besagten Gebieten Obrigkeitsrechte wie ein Reichsfürst erhalten solle. Auch der Papst war damit einverstanden und sagte Unterstützung zu. Doch auf niedrigerer Ebene gab es seitens des Klerus noch manche Einwendungen gegen dieses Vorhaben. Der Zisterziensermönch Christian, der 1215 zum Bischof von Pommerellen erhoben worden war, widersetzte sich dem Plan. Denn, so seine Meinung, die Pruzzen kannten Christus noch nicht, und so konnten sie ihn auch nicht verehren. Zudem sei das Pruzzenland kein herrenloses Land, sondern das Wohngebiet eines bereits zivilisierten Volks, so dass man staatsrechtlich nicht ohne weiteres deren Territorium übernehmen könne, wenn man sich nicht dem Vorwurf des gewöhnlichen Landraubs aussetzen wolle. So dauerte es noch einige Jahre, bis endlich die erste Erkundung des Pruzzenlands einsetzte.

Der Ordensmeister Hermann Balk reiste 1230 zusammen mit sieben weiteren Ordensbrüdern und einem großen Tross in das Weichselgebiet. In kurzer Zeit

Mittel- und Nordosteuropa zu Beginn des 14. Jahrhunderts

entstanden dank seiner Bemühungen als die ältesten Gründungen des Deutschen Ritterordens Thorn, Kulm, Marienwerder und schließlich 1239 Elbing. Neben den Burgen sollte auch jeweils eine Stadt entstehen. All diese Gründungen lagen an Flüssen. Der Fluss wurde wie auch der jeweilige Weg zur Ostsee gesichert, danach errichtete man Brückenköpfe an der anderen Uferseite. Bald folgten Bauern nach und besiedelten das Land. Es gelang Hermann von Salza 1234, den Papst zur Bulle von Rieti zu bewegen. Sie legte fest, dass das Kulmer Land und alle bereits vollzogenen und alle noch folgenden Eroberungen in das Eigentum des Stuhls Petri übergehen sollten, der es aber dem Orden zu ewigem freien Besitz mit allen Rechten zu übertragen habe.

Allerdings war der Orden zu dieser großen Kolonisierungsarbeit allein nicht in der Lage, und so wurden auf Befehl des Papstes im ganzen Reich Hilfstruppen aufgestellt. Unter anderem eilte ein böhmisches Heer unter König Ottokar II. im Jahr 1255 an Weichsel und Pregel. Ottokar gründete bei dieser Gelegenheit an einem ihm als Handelsplatz geeigneten Platz die Stadt Königsberg.

Die Pruzzen setzten von Anfang an der Missions- und Kolonisierungsarbeit des Ritterordens entschiedenen Widerstand entgegen, beide Seiten gingen dabei nicht zimperlich miteinander um. Im Christburger Vertrag von 1249 wurden alle Pruzzen, die sich taufen ließen, zu freien Menschen erklärt. Sie erhielten damit bestimmte Besitz-, Erb- und Erwerbsrechte, genossen aber dennoch keine Freizügigkeit. Aber nicht alle ließen sich taufen. So kam es immer wieder zu kleinen und größeren Erhebungen, die ihren Höhepunkt zwischen 1260 und 1270 hatten. Mit der Niederschlagung des Sudaueraufstandes 1283 war der Widerstand der Pruzzen endgültig gebrochen, die Unterwerfung erfolgreich abgeschlossen. Der Orden besaß nun nicht nur das Kulmer Land, sondern auch einen breiten Streifen zwischen der Weichselmündung und der Nordspitze der Kurischen Nehrung.

Nun konnten groß angelegte Zuzüge von Bauern und Handwerkern erfolgen, wodurch eine große Zahl weiterer Dörfer und Städte entstand. Die Pruzzen, die nie Untertanen der Polen gewesen waren, wurden jetzt Untertanen der Deutschen. Allmählich verschmolz die pruzzische Bevölkerung mit den deutschen Siedlern, ihre Sprache und Kultur verschwanden dabei. Ungewöhnlicherweise nahmen die Sieger den Namen der Besiegten an: Der Ordensstaat wie auch seine Bewohner nannten sich fortan Preußen. Somit war hier fernab des Reiches die Keimzelle zu jenem erst 400 Jahre später gegründeten Königreich entstanden.

Böhmenkönig Ottokar II. Přemysl

Der Deutsche Orden

Der Deutsche Orden war der dritte der drei großen Orden und entstand 1190, im letzten Jahr des Dritten Kreuzzugs, als deutsche Hospitalgenossenschaft während der Belagerung Akkons zur Pflege Verwundeter. Diese Gemeinschaft wurde 1198 in den Rang eines geistlichen Ritterordens erhoben.

Der Deutsche Orden machte die Tradition eines bereits im Jahr 1118 von Deutschen in Jerusalem gegründeten Marienhospitals zur Basis seines Wirkens. Daraus leitete sich dann auch sein offizieller Name ab: ›Brüder vom Hause des St.-Marien-Hospitals der Deutschen in Jerusalem‹, kurz ›Deutscher Ritterorden‹. Zugleich mit den Statuten wurde die Tracht festgelegt: ein schwarzes Kreuz auf weißem Mantel.

Unter den drei Orden – Templer, Johanniter, Deutschritter – war er der jüngste, der ärmste, der kleinste und auch der strengste. Er verstand sich als Auslese der Besten und Zuverlässigsten, die sich einer päpstlichen Regel unterstellt hatten. Die Ordensbrüder lebten in Ordenshäusern, den Gelübden von Armut, Keuschheit und Gehorsam verpflichtet, abgesondert von der Welt und unter strengen Vorschriften. Doch unterschied sie von einem normalen Mönchsorden die Pflicht zum Kampf. Während es bei den Mönchen ›Bete und arbeite‹ hieß, lautete es bei den Ritterorden ›Bete, arbeite und streite‹: Bete zu Gott, arbeite für die Menschen und streite für den Glauben!

Zunächst war der Orden militärisch und politisch unbedeutend; seine Tätigkeit beschränkte sich seiner Tradition gemäß ausschließlich auf Karitatives. Doch verfolgte er von Anfang an das Ziel, seinen Grundbesitz zu erweitern. Schenkungen und Stiftungen an geistliche Orden waren damals nicht selten – man könnte darin eine Art früher freiwilliger Ablasszahlungen sehen. Die meisten seiner Besitzungen konnte der Orden naturgemäß in Deutschland gewinnen, wo in Halle 1200 das älteste Ordenshaus errichtet wurde.

Schnell wuchs der Ruf des Ordens als einer Gemeinschaft christlicher, tapferer, zuverlässiger und treuer Ritter, die Pilgerzüge schützten und Angriffe der Araber abwehrten.

Der Orden etablierte in den Landen östlich und südlich des Ostseeraums ein eigenes und eigentümliches Staatswesen und spielte jahrhundertelang eine bedeutende politische Rolle. Ohne den Ordensstaat hätte die Geschichte Polens und auch die des Heiligen Römischen Reiches Deutscher Nation eine andere Richtung genommen, und Polen hätte wohl sein Staatsgebiet bis zur Elbe ausdehnen können.

Nach dem Verlust seiner politischen Macht im 16. Jahrhundert wurde der Orden nicht aufgelöst, aber er hatte in Preußen keine Wirkungsstätte mehr. Seit dieser Zeit nannten sich die Ordenshochmeister ›Hoch- und Deutschmeister‹. Ihr Sitz befand sich in Mergentheim. Napoleon löste den Orden in den Rheinbundstaaten als Reichsfürstenstand 1809 auf, worauf der Hauptsitz nach Wien verlegt wurde. Bis 1918 hatte immer ein Angehöriger des Hauses Habsburg die Funktion des Hoch- und Deutschmeisters inne. Der Orden besteht noch heute als rein karitativer Priesterorden mit Sitz in Wien.

Die Verwaltung des Ordenslandes

Der Staat des Deutschen Ordens war ein seltsames Gebilde und mit keinem weltlichen und geistlichen Staat der damaligen Zeit vergleichbar. Auf der Basis der mönchisch-ritterlichen Korporation fußend, war er, wie der Historiker Fritz Gause formulierte, »kirchlich und weltlich zugleich, ritterlich und bürgerlich, deutsch und europäisch.« Der oberste Ordensherr war zugleich der oberste Landesherr Preußens. Diese Doppelstellung des Hochmeisters ergab sich aus der Bulle von Rimini, durch die er einem Reichsfürsten gleichgestellt war. Bei der Führung der Regierungsgeschäfte wurde der Hochmeister von fünf sogenannten Großgebietigern unterstützt, von denen der Großkomtur für die Verwaltung des Ordenslandes zuständig war. Der Ordensmarschall beaufsichtigte das Kriegs- und Verteidigungswesen. Die Hospitaleinrichtungen des Ordens – seine ursprüngliche Bestimmung im Heiligen Land – waren dem Obersten Spittler unterstellt, Bekleidung und Versorgung war die Angelegenheit des Obersten Trapiers, und der Oberste Treßler war der Schatzmeister des Ordensstaats. Dazu gab es noch zwei Großschäffer, die in Marienburg und Königsberg saßen und die obersten Handelsbeamten des Staates waren. Die Einkünfte des Ordens an Getreide, Fellen und Bernstein und deren Vertrieb in ganz Europa war unter anderem ihre Obliegenheit.

Das Land war in 25 Komtureien unterteilt. Der Komtur war nicht nur für die Verwaltung seines Bezirks verantwortlich, sondern auch für die Verteidigung seiner Burg und der dazugehörigen Stadt. Dem Volk gegenüber war er höchster Polizist und Richter. Er befehligte das Militäraufgebot, zu dem die Bürger und freien Bauern seines Gebiets verpflichtet waren.

Alle Ordensritter waren in erster Linie Mönche, die die Gelübde von Armut, Keuschheit und Gehorsam banden. Gottesdienst, Arbeit und die Vorbereitung zum Kampf gegen die Heiden kennzeichneten den Alltag. Zusätzlich musste sich der Orden die Landeshoheit mit den vier Bischöfen der Bistümer Samland, Ermland, Pomesanien und Kulm teilen. Jeder Bischof hatte dabei ein Drittel seines Gebiets als eigenes Herrschaftsgebiet erhalten. So gab es innerhalb des Ordensstaats zusätzlich vier kleine geistliche Fürstentümer. Diese Regelung ist auf Befehl Roms durch den päpstlichen Legaten Wilhelm von Modena eingeführt worden.

Aufstieg und Ende des Ordensstaats

Mit dem Fall von Akkon im Jahr 1291 ging den Kreuzrittern das Heilige Land verloren, die Zeit der Kreuzzüge war nun vorbei. Der Deutsche Orden sah seine weitere Tätigkeit fast ausschließlich im Pruzzenland und verlegte den Hochmeistersitz von Venedig, wohin man nach dem Fall von Akkon zunächst ausgewichen war, auf die Marienburg. Als Hauptverwaltungssitz des Ordens und als seine Residenz konnte Hochmeister Siegfried von Feuchtwangen die Anlage erheblich vergrößern und verschönern lassen.

Im Ordensstaat vollzog sich allmählich eine Wandlung. Was die Ritter als Soldaten erkämpft hatten, verwalteten sie nun als Beamte, was an Verwaltungsformen geschaffen worden war, wurde nun in einer längeren friedlichen Epoche zur Vollendung geführt. Die spätere, stets als effizient gerühmte Verwaltung des Königreichs Preußen ist ohne die Reglements des Ordensstaats nicht denkbar. So konnte in der zweiten Hälfte des 14. Jahrhunderts die deutsche Besiedlung weitergeführt und beendet werden. In knapp 150 Jahren sind etwa 100 Städte und 1400 Dörfer gegründet worden. Unter Winrich von Kniprode (Hochmeister von 1351 bis 1382) erreichte der Ordensstaat seine höchste Blüte, den Zenit seiner politischen und wirtschaftlichen Macht.

Die Polen hatten zwar den Deutschen Orden einst um Hilfe gerufen, verfolgten seine Konsolidierung aber ebenso argwöhnisch wie die Litauer und Russen, denn der neu erstandene Ordensstaat hatte sich wie ein Riegel zwischen Polen

Das Ordensland zu Beginn des 15. Jahrhunderts

Die Schlacht von Tannenberg war für den Deutschen Orden der Anfang seines Endes

und die Ostsee gelegt und sich deutlich gefestigt. Die Pruzzen waren christianisiert und befriedet – aus Sicht der Polen hatte der Orden damit seine Aufgabe erfüllt. Die Ordensritter spürten, dass sich allmählich ein neuer Gegner bereit machte. Allerdings waren beide Parteien zunächst noch um Ausgleich bedacht und scheuten den direkten Konflikt.

Die Pruzzen waren unterworfen, gegen die ›heidnischen‹ Litauer hatte sich der Orden jedoch nicht durchsetzen können. Zwar fanden jedes Jahr sogenannte ›Litauerfahrten‹ statt, doch endeten sie meist wenig erfolgreich, statt dessen drangen die Litauer ab und an in das Ordensgebiet ein und zerstörten die grenznahen Burgen. 1386 wurde das Königreich Polen mit Litauen vereinigt: Der litauische Großfürst Jagiełło hatte die polnische Thronerbin Jadwiga geheiratet. Nun leiteten die Polen die Christianisierung Litauens ein. Doch der Orden bekämpfte seinerseits weiterhin die Litauer, da er sich bewusst war, dass seine einzige Daseinsberechtigung, die ideologische Basis seiner Existenz, in der Christianisierung der Heiden innerhalb und außerhalb seines Staates lag.

Etwa 20 Jahre blieb es bei einem Hin und Her kleinerer Scharmützel zwischen Litauern und Rittern. Die einstigen Pläne Konrads von Masowien und Hermanns von Salza wurden aber auf diese Weise pervertiert, denn von einem Kreuzzug gegen die Ungläubigen oder von der Unterstützung des christlichen Bundesgenossen Polen konnte keine Rede mehr sein. So gab es auch keinen Grund mehr für Hilfsheere, den Rittern Beistand zu leisten. Um überhaupt kämpfen zu können, war der Orden auf Söldner angewiesen, was seinem Ansehen nicht zuträglich war.

Ein unzufriedener Vasall Jagiełłos verkaufte dem Orden zu Beginn des 15. Jahrhunderts das Ländchen Dobrin nordöstlich von Thorn; von König Sigismund, der zugleich Markgraf von Brandenburg war, konnte der Orden die Neumark erwerben. Polen war diese weitere Ausbreitung des Ordensstaats in keiner Weise recht. Kleine Aufstände wurden nun in diesen Gebieten initiiert, worauf der Orden seine Truppen aufmarschieren ließ. Einen von dem litauischen Großfürsten Witold angezettelten Großaufstand in dem östlichen Landesteil Samaiten – etwa die Westhälfte des heutigen Litauen – beantwortete der Orden mit der Kriegserklärung an die vereinigten Polen und Litauer am 6. August 1409.

So kam es schließlich am 15. Juli 1410 zu der entscheidenden Schlacht bei Tannenberg, das in Polen Grunwald genannt wird, etwa 40 Kilometer südwestlich von Olsztyn (Allenstein). Der Orden trat mit nur 20 000 Soldaten gegen rund 35 000 auf Seiten des Gegners an – und wurde vernichtend geschlagen. Hochmeister Ulrich von Jungingen fiel, nur etwa 2000 Kämpfer des Ordnes überlebten. Den versprengten Resten der Truppen gelang es, sich in die Marienburg zurückzuziehen und sie einige Wochen zu halten. Eine Seuche trat im Lager der Polen und Litauer auf, so dass sie gezwungen waren, die Belagerung der Burg abzubrechen.

Der geschwächte Orden musste in den ersten Frieden von Thorn einwilligen, der 1411 geschlossen wurde, dabei aber erstaunlich wenig territoriale Zugeständnisse machen. Er durfte bis auf das Land Dobrin und das periphere Samaiten sein ganzes Gebiet behalten. Dafür legte ihm Jagiełło Kontributionen in ungeheurer Höhe auf. Da diese über die finanziellen Mittel des Ordens weit hinausgingen, sollten die Städte mitbezahlen. Städte, Stände und freie Bauern waren dazu nicht bereit. Die Jahre nach 1411 waren daher innenpolitisch von großen Auseinandersetzungen geprägt. Immer wieder begehrten die Städte auf und wollten keinesfalls weiterhin dem Orden Tribute zahlen, da sie trotz aller finanzieller Verpflichtungen keinerlei Mitspracherechte an der Ordenspolitik hatten. Der Ritterorden wurde in dieser Zeit von Bürgern und Bauern nur noch als machtfixierte Clique betrachtet, die zu ihrem eigenen Vorteil das Land regierte. Staatspolitisch stand man in den Städten selbstverständlich auf der Seite des Ordens, doch suchte man der unbegrenzten Handelsprivilegien wegen die Gunst Polens.

Mit der Gründung des ›Preußischen Bundes‹ in Elbing im Jahr 1440 verschärfte sich die Konfrontation. Adlige und Ratsleute aus 19 Städten fanden sich zusammen, um sich gegen die Willkür des Ordens zu wehren. Diese Bewegung mündete 1453 in einen direkten Aufstand des Bundes, der der Beginn des Dreizehnjährigen Krieges zwischen Orden, Städten und auch den Polen war. Eine Ordensburg nach der anderen wurde vom Bund erobert. Mit der Unterstützung von Söldnerheeren konnte der Orden zwar die Burgen teilweise zurückgewinnen, war dann aber nicht imstande, die Truppen zu bezahlen. Die finanzielle Situation war so desolat, dass 1457 die Marienburg verpfändet werden musste. Eine Söldnertruppe besetzte sie, vertrieb den Hochmeister, der fortan in Königsberg residierte, und verkaufte die Burg dem polnischen König. Dem gehörte sie dann bis zur Ersten Polnischen Teilung 1772.

Der Zweite Thorner Friede von 1466 war ein Abbild der veränderten politischen Kräfteverhältnisse und brachte dem Orden gewaltige Gebietsverluste. Das

Kulmer Land, Pommerellen, die Gebiete um Marienburg, Elbing und Christburg und insbesondere das Ermland, der alte Siedlungsraum des pruzzischen Stamms der Warmier, mussten an Polen abgetreten werden. Dies war für den Orden besonders schmerzhaft. Ganz bewusst hatte die Siegermacht diese Region gewählt, die in etwa die Form eines gleichschenklige Dreiecks hatte, wobei die gleichen Seiten ausgehend von Frauenburg am Haff sich bis nach Rastenburg und südlich nach Allenstein erstreckten. Somit war ein polnischer, ungemein störender Keil entstanden, der tief in den Rest des Ordensland hineinragte.

Thorn, Danzig und Elbing wurden ebenfalls der polnischen Krone unterstellt, behielten aber weitgehend ihre Souveränität. Der Westteil des Ordensstaats wurde polnisch und führte 300 Jahre lang, abgetrennt vom Rest des Ordenslands, ein politisches Eigenleben. Das spätere Westpreußen – ›Königlich Preußen‹, wie es jetzt offiziell hieß – war entstanden.

Die schwerste Last des Zweiten Thorner Friedens waren nicht die Gebietsverluste, es war die polnische Lehnspflicht, die dem verbliebenen Teil des Ordenslands auferlegt wurde. Es war nicht möglich, sich ihrer zu entledigen. Man versuchte, ihre Härten zu mindern, indem man angesehene Reichsfürsten zu Hochmeistern machte. Doch war die Stellung des Hochmeisters am Ende des 15. Jahrhunderts keineswegs ein begehrter Posten. Immerhin fanden sich noch zwei große Fürsten, die die undankbare Aufgabe übernahmen: Herzog Friedrich von Sachsen von 1498 bis 1510 und danach Markgraf Albrecht von Brandenburg. Mit dieser Wahl dachte man, sich Polen aussöhnend nähern zu können, denn Albrechts Mutter war die Schwester des Polenkönigs Zygmunt (Sigismund I.).

Der neugewählte Albrecht verweigerte Polen jedoch den Lehenseid. Dadurch kam es 1519 zum letzten Krieg zwischen Orden, Polen und abgefallenen Städten, dem sogenannten Reiterkrieg. Zum Sieg fehlten Albrecht eigene Truppen, noch einmal musste auf Söldner zurückgegriffen werden. Wegen der Religionswirren im Deutschen Reich trafen keine weiteren Unterstützungstruppen von dort ein. 1521 war der Krieg beendet, er war für den Orden verloren.

Das Ordensland Preußen bestand nur noch auf dem Papier. Albrecht musste sich zudem noch mit der Lehre Luthers auseinandersetzen, die inzwischen bis in sein Land vorgedrungen war. In Königsberg fanden die ersten protestantischen Gottesdienste statt; die Bischöfe von Samland und Pomesanien traten der Reformation bei.

Der letzte Hochmeister entschloss sich, auch auf Anregung Martin Luthers, den er in Wittenberge aufsuchte, die Ordensregeln abzuschaffen und den Staat in ein weltliches Herzogtum umzuwandeln, um dadurch das Land vor der Besitznahme durch Polen zu bewahren. Albrecht leistete für sich und seine Erben den Lehenseid auf Polen und wurde dafür vom Polenkönig als Herzog von Preußen anerkannt. Erst nach dem Aussterben aller seiner männlichen Erben und erbberechtigten Verwandten sollte das neue Herzogtum an Polen fallen. So beendete der Frieden von Krakau vom 8. April 1525 die 300-jährige Geschichte des Ordenslands Preußen. Weder Kaiser noch Papst erkannten den ›Krakauer Kuhhandel‹ an. Über Albrecht wurde die Reichsacht verhängt, vor deren Auswirkungen ihn aber die polnische Lehenspflicht schützte.

Das Herzogtum Preußen

Mit der Transformation des Ordenslandes in einen weltlichen Staat begann ein goldenes Zeitalter in Preußen. Es war eine Zeit des Friedens, der Künste, der Wissenschaften und eines aufblühenden Geisteslebens. Das Königsberger Schloss, bis dahin überwiegend eine Wehrburg, wurde jetzt in eine prachtvolle Residenz umgebaut. Für die humanistische Bildung seiner Untertanen gründete Herzog Albrecht 1544 in Königsberg die Albertina. Die im 13. und 14. Jahrhundert begonnene Kolonisierung wurde weitergeführt und dabei die ›Große Wildnis‹ im Osten besiedelt; ein zweiter Schub von Stadtgründungen erfolgte. Herzog Albrechts Hauptziel war, seiner Dynastie die Herrschaft über Preußen zu sichern und dabei den Frieden zu erhalten. Als der Herzog 1568 in Tapiau fast 80-jährig starb, stand seinem minderjährigen Sohn Albrecht Friedrich die Nachfolge zu. Er war aber geistesschwach, und so mussten zunächst die Oberräte die Regierungsgeschäfte führen. Doch konnte 1577 der Vormund des ›blöden Herrn‹, wie man im Volke sagte, Markgraf Georg Friedrich – der Neffe des alten Herzogs – als Regent eingesetzt werden.

In Polen blickte man gespannt auf die Situation in Königsberg: Mit dem Tode des letzten männlichen Erben der fränkischen, Albrechtschen Linie sollte Preußen an Polen fallen. Polen befand sich zu dieser Zeit in finanziellen Nöten, und der vorausblickende Georg Friedrich konnte von König Stephan Bathory die Belehnung mit dem Herzogtum und daher die Anerkennung als Herzog erkaufen. Damit verlängerte sich die Frist. Georg Friedrich starb 1603 und hinterließ seinen Nachfolgern ein geordnetes Staatswesen.

Herzog Albrecht Friedrich (1553–1618)

Doch noch lebte der ›blöde Herr‹. Abermals musste für die Regierung ein Geschäftsführer gewählt werden. Die fränkische Linie war ausgestorben, so dass man ein Mitglied des Berliner Zweigs der Hohenzollern nehmen musste. Doch Markgraf und Kurfürst Joachim Friedrich hatte als Staatslenker keine glückliche Hand. So war es ein Glück, als nach 1608 Markgraf Johann Sigismund mit der Leitung der Staatsgeschäfte beauftragt wurde. Dieser heiratete die älteste Tochter Georg Friedrichs, womit wahrscheinlich wurde, dass nach dem Tode Albrecht Friedrichs Preußen an Brandenburg fallen würde.

Polen ließ sich – noch bestand die Lehenshoheit – die Anerkennung Jo-

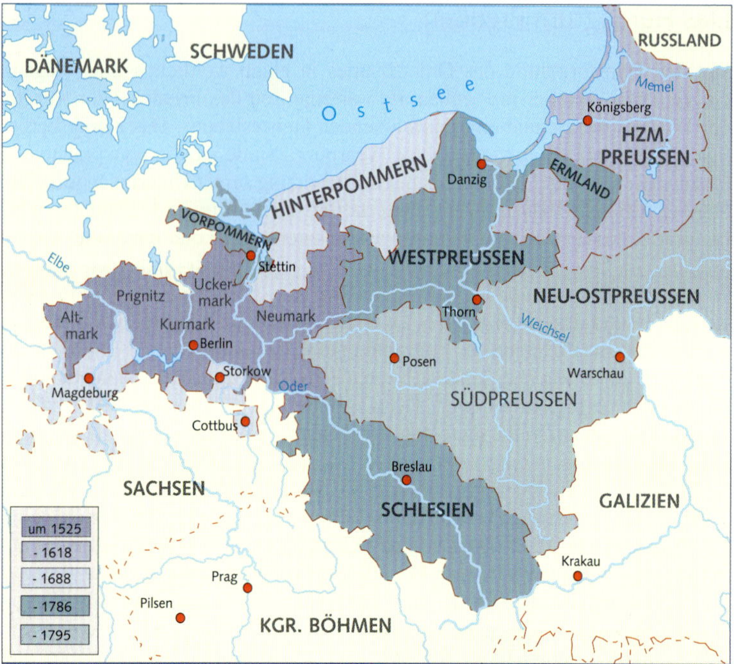

Die Ausdehnung Brandenburg-Preußens zwischen 1525 und 1795

hann Sigismunds mit einer hohen Summe bezahlen. Inzwischen drang auch die Gegenreformation in Preußen immer weiter vor. Johann Sigismund musste sich verpflichten, in Königsberg eine katholische Kirche zu errichten. In dieser Zeit schwelte seit langem zwischen Polen und dem protestantischen Schweden der Streit um die Vorherrrschaft im Ostseeraum. Er war in einer Erbfrage begründet, da die Fürstenhäuser beider Länder aus dem schwedischen Geschlecht der Wasa stammten.

Als 1618 der geisteskranke Sohn Herzog Albrechts starb, konnte das evangelische Herzogtum Preußen nun in Personalunion mit dem evangelischen Kurfürstentum Brandenburg vereinigt werden. Für Polen war Preußen jetzt so gut wie verloren, und es hatte andere Sorgen, da ein Krieg mit Schweden unmittelbar drohte. Den neuen Herzog Georg Wilhelm (1619–1640) wollte man in Polen zunächst nicht anerkennen, doch die schwedische Drohung, dann sofort anzugreifen, ließ die brandenburgisch-preußische Vereinigung fast ohne Schwierigkeiten vonstatten gehen.

In Mitteleuropa war jener Konflikt zwischen Katholiken und Lutheranern ausgebrochen, der später als der Dreißigjährige Krieg bekannt werden sollte. Als 1626 dann unvermutet der schwedische König in Preußen landete, Pillau einnahm, die preußischen Zollkassen und ebenso den an Polen zu zahlenden

Lehenszins requirierte, war für Polen klar, wo der Feind zunächst zu suchen sei – vor allem, da Gustav Adolf das 1466 im Zweiten Thorner Frieden an Polen abgetretene, katholisch gebliebene und direkt der polnischen Krone unterstehende Ermland besonders stark heimsuchte. Schweden eroberte große Teile der Küste des königlich-polnischen wie des herzoglichen Preußens. Erst 1635 trat es die Gebiete im Frieden von Stuhm wieder ab.

Der ›Große Kurfürst‹

Eine neue Entwicklung setzte mit dem Regierungsantritt des Kurfürsten Friedrich Wilhelm (1640–1688) ein. Außenpolitisch wurde unter seiner Herrschaft der Weg Preußens zur Großmacht eingeschlagen. Polen, in die Enge getrieben, forderte nun immer höheren Lehenszins. Der ›Große Kurfürst‹, wie er bald genannt werden sollte, empfand es als seine besondere Aufgabe, seinem kleinen Land zwischen Polen und Schweden die Unabhängigkeit zu verschaffen.

Preußen versuchte in den fast drei Jahrzehnte andauernden Auseinandersetzungen zwischen Schweden und Polen die Neutralität zu wahren. Doch König Karl X. Gustav zwang den Großen Kurfürsten 1656 im Vertrag von Königsberg zum Öffnen der Häfen von Pillau und Memel. Obwohl dieser noch polnischer Lehensmann war, musste er jetzt auch das polnische Ermland, das die Schweden noch besetzt hielten, vom Schwedenkönig als Lehen nehmen. Für diesen ›Verrat‹ des Kurfürsten schickten ihm die Polen im Oktober 1656 20 000 Tataren ins Land, die weite Teile Ostpreußens verwüsteten. 11 000 Menschen wurden getötet und fast 35 000 als Sklaven verschleppt.

Im Jahr 1648 war mit den Verträgen von Münster und Osnabrück der große Glaubenskrieg beendet worden, und im Vertrag von Labiau im November 1656 entließen die Schweden den Großen Kurfürsten aus allen bestehenden Verpflichtungen, nicht zuletzt weil der Tatareneinfall das Land vollends geschwächt hatte. Der Vertrag, der im September 1657 in Wehlau abgeschlossen wurde, stellte nun die Weichen für die Zukunft Preußens: Polen musste Preußen aus der Lehenshoheit entlassen, das Herzogtum Preußen wurde souverän. Allerdings blieben Ermland und Westpreußen noch bis 1772 polnisch. Das Wehlauer Abkommen kam auf besonderen Druck Habsburgs zustande, denn bei der anstehenden Kaiserwahl war man auf die Stimme des Kurfürsten angewiesen.

Kurfürst Friedrich III. krönte sich selbst zum König

Dem Wehlauer Vertrag schloss sich 1660 der Friede von Oliva an, in dem

Nordosteuropa im 17. Jahrhundert

Preußens Souveränität auch von den anderen europäischen Mächten bestätigt wurde. Der Weg zur Großmacht war für Brandenburg-Preußen offen. Doch immer noch waren die Königsberger Stände rebellisch. Schon zu Herzog Albrechts Zeiten war es ein Problem gewesen, die eigenwilligen und mächtigen Stände im Staatssystem zu verankern. Der Kurfürst drohte mit einem Militäreinsatz, und so kam es endlich am 18. Oktober 1663 auf dem Königsberger Schlosshof zur Huldigung der Stände; die ›ständische Periode‹ war vorbei. Darin lag ein weiterer Grund für den schnellen Aufstieg Preußens zur Großmacht. Die Schweden drangen Ende 1678 ein letztes Mal in Brandenburg ein, konnten aber von den Truppen des Großen Kurfürsten aus dem Land getrieben werden. Preußens Macht und die seiner Herrscher war nun gefestigt.

In Kurfürst Friedrich III., dem Sohn des Großen Kurfürsten, keimte nicht zuletzt deswegen der Wunsch auf, sein Land zu einem Königreich zu machen. Dazu benötigte er die Zustimmung des Kaisers. Dem im fernen Wien residierenden Kaiser Leopold I. hatte der Kurfürst Truppen im Spanischen Erbfolgekrieg zur Unterstützung stellen können, und das half, das Zugeständnis zu erhalten. So konnte sich Kurfürst Friedrich III. am 18. Januar 1701 in Königsberg selbst zum König in Preußen krönen – als König Friedrich I.

›König von Preußen‹ durfte er sich nicht nennen, da Ermland und Westpreußen als westliche Teile des Ordensstaats Preußen noch zu Polen gehörten und man unter Preußen das alte Ordensland in den Grenzen von vor 1466 verstand. ›König von Preußen‹ sollte der Regent erst bei der Vereinigung von Westpreußen und dem Ermland mit dem Ostteil heißen. Da dies erst 1772 erfolgte, war auch Friedrich der Große bei seiner Thronbesteigung 1740 ein bloßer ›König in Preußen‹.

Das Königreich Preußen

Drei Monate lang richtete Europa sein Augenmerk nun auf Königsberg. Dem eigentlichen Krönungsakt folgte die Salbung des Königs durch zwei protestantische Bischöfe. Die Burgkirche wurde geweiht, eine königliche Schule wie auch das königliche Waisenhaus wurden eröffnet. Nicht zuletzt stiftete der König den Schwarzen-Adler-Orden. Der Papst erkannte den neuen König jedoch nicht an. Denn durch die Bulle von Rieti (1234) war das Land dem Deutschen Orden zu ewigem Besitz übertragen worden. Der Orden bestand ja noch und erhob wiederholt Ansprüche auf das Königreich Preußen, doch wurde dies ebenso wie der Einspruch des Papstes schlicht ignoriert.

König Friedrich Wilhelm I.

In Königsberg begann eine Zeit barocker Prachtentfaltung. Das Schloss der neuen Residenzstadt wurde im Stil der Zeit aus- und umgebaut, die preußischen Adelsgeschlechter erweiterten ihre Domänen, errichteten prunkvolle Landschlösser wie Finckenstein, Schlobitten, Friedrichstein und viele andere. Doch zwischen 1708 und 1712 suchte die Pest wie nie zuvor Preußen heim. Sie entvölkerte den Osten des Landes weitgehend. Gut die Hälfte der Gesamtbevölkerung von 600 000 Bewohnern wurde dahingerafft, ganze Ortschaften starben aus. Friedrich I. versuchte die Wiederbesiedlung des in weiten Teilen wüst gewordenen Landes einzuleiten. Als er 1713 starb, war aber erst etwa ein Drittel der ausgestorbenen Höfe wieder besiedelt. Erst unter seinem Sohn Friedrich Wilhelm I. begann zielgerichtet der Wiederaufbau, das Retablissement, wie man es nannte. Der König investierte so hohe Geldmittel, dass er einmal klagte: »Preußen ruiniert mich total, das frisst mir auf.« Höhepunkt des Retablissements war 1732 der Einzug von 16 000 Salzburgern, die wegen ihres evangelischen Glaubens die Heimat hatten verlassen müssen. Es kamen auch Hessen, Pfälzer und französische Schweizer ins Land. Sie wurden überwiegend in der Gumbinner Gegend angesiedelt. Viele vorher kleine Orte wurden ausgebaut und erhielten Stadtrechte. Goldap, Gumbinnen, Stallupönen, Tapiau und Pillkallen beispielsweise erlebten ihre hohe Zeit erst nach dem Retablissement. Die Pferdezucht in Preußen wurde mit der Gründung Trakehnens zu einem zentralen Wirtschaftsfaktor des Landes, die Einführung der Schulpflicht 1736 zur Basis der Volksbildung. Als Friedrich Wilhelm I. 1740 starb, war das Land wirtschaftlich gesünder als vor der Pest und die Bevölkerungszahl wieder genauso hoch.

Friedrich II.

Der Nachfolger des Königs Friedrich Wilhelm I., Friedrich II., den die Nachwelt gern den ›Großen‹ nennen sollte, hatte an seiner östlichsten Provinz kein sonderliches Interesse. Ihm waren Berlin und vor allem die Einverleibung des unter österreichischer Herrschaft stehenden Schlesien weitaus wichtiger. Auf Schlesien konnte er gewisse Erbansprüche geltend machen, was ihm von 1740 an sein Augenmerk auf das Gebiet an der Oder richten ließ. Friedrich II. brach den Krieg vom Zaun, den ersten beiden siegreichen Schlesischen Kriegen folgte 1756 der dritte, auch als Siebenjähriger Krieg bekannt. Die mit Österreich verbündeten Russen fielen 1757 in Preußens Ostprovinzen ein, Königsberg blieb vier Jahre unter rus-

Friedrich II. (›der Große‹)

sischer Herrschaft. Bei Zorndorf und Kunersdorf wurde das preußische Heer teils vernichtend geschlagen. Die Wirtschaft begann zu stocken, die Russen holzten die Wälder ab und vernichteten den Wildbestand. Preußen stand erstmals am Abgrund. Allein der unvermutete Tod der Zarin Elisabeth 1762 rettete das Land. Denn der neue Herrscher, Peter III., war ein Bewunderer Friedrichs, mit dem er sogleich Waffenstillstand schloss. Im Frieden von Hubertusburg 1763 wurde Preußen das eroberte Schlesien zugesprochen. Die Legende vom ›Miraculum des Hauses Brandenburg‹ kam auf. Friedrich hatte zwar all seine außenpolitischen Ziele erreicht, doch er verzieh den Königsbergern nie, dass sie während der Russenbesatzung der Zarin den Treueeid geschworen hatten. Er betrat die Provinz bis zu seinem Tod nicht mehr.

Vier Großmächte gab es nun in Europa: Frankreich, Russland, Österreich und Preußen. Zwischen den drei letzteren lag Polen, und zwischen ihnen wurde es aufgeteilt. Ohne jede politische Rechtfertigung beschlossen Zarin Katharina und Kaiserin Maria Theresia 1772 die ›Erste Polnische Teilung‹, an der sich auch Preußen beteiligte. Man nahm sich das Ermland, das nun in in Westpreußen umbenannt wurde, den Ostteil der Provinz in Ostpreußen. Nun konnte sich der Herrscher wieder ›König von Preußen‹ nennen, da jetzt das alte Ordensland in den Grenzen von vor 1466 vereinigt war. Insgesamt verlor Polen etwa ein Viertel seines Gebiets. Die Ermländer und Westpreußen leisteten dem König in Marienburg den Huldigungseid. Friedrich II. blieb aber aufgrund seines Widerwillens gegen das Land der Zeremonie fern. Auf polnischer Seite herrschte Betroffenheit, doch es kam zu keinem Widerstand gegen die Okkupation.

Seinen Nachfolger Friedrich Wilhelm II. wie auch die Zarin Katharina die Große, die seit 1763 regierte, störte Rest-Polen immer noch, Polen wurde ein zweites Mal beschnitten. Preußen erhielt neben Danzig das Wartheland mit der Stadt Posen und das westliche Masowien. Diese Region trug den Namen Südpreußen. Polen war nun auf sein Kernland reduziert, das von Riga über Wilna bis Krakau reichte. Mit der Dritten Polnischen Teilung 1795 war Polen bis 1919 von der politischen Landkarte verschwunden. Preußen erhielt Ostmasowien mit Warschau und weite Gebiete um Weichsel und Bug. Die Provinz Neuostpreußen war geschaffen.

Die napoleonischen Wirren

Während der Napoleonischen Kriege geriet Preußen ein zweites Mal an den Abgrund. Friedrich Wilhelm III. (1797–1840) versuchte zunächst, in diesen Auseinandersetzungen unbedingte Neutralität zu bewahren. Er war sich der Rückständigkeit seiner Truppen bewusst und wollte keinen Konflikt mit einer überlegenen Armee riskieren. Nachdem Napoleon die Russen und Österreicher 1805 bei Austerlitz geschlagen hatte, bot er Preußen ein Bündnis an, das Anfang 1806 auch zustande kam. Der neue Bündnispartner Preußen durfte sich das vormals englische Hannover nehmen, das ihm großzügig von Napoleon überlassen wurde. So fand sich Preußen an der Seite Frankreichs, aber plötzlich im Kampf gegen England.

Durch eine unerklärliche Wendung im Sommer 1806 ging Preußen in den Krieg gegen Frankreich. Friedrich Wilhelm III. war gekränkt über das aufgezwungene Bündnis gegen England, er war auch über die französischen Truppen verstimmt, die ständig ungefragt durch preußisches Gebiet ihren Schlachten zumarschierten. Und er glaubte, sich mit Napoleon um jeden Preis messen zu müssen und zu können. Er schloss mit dem Zaren hinter dem Rücken der Franzosen einen Rückversicherungsvertrag, den Napoleon sofort mit einem Truppenaufmarsch in Thüringen beantwortete.

Preußen alarmierte nun sein Militär. Es war, wie Sebastian Haffner urteilte, der »Krieg eines beleidigten Ehrenmannes, ohne jedes politische Ziel«. 1806 kam es zu den für Preußen vernichtenden Schlachten von Jena und Auerstedt, die Napoleon für sich entschied. Er rückte weiter nach Ostpreußen vor, wurde bei Preußisch Eylau Anfang im Februar 1807 mit Hilfe des russischen Bündnispartners zwar aufgehalten, brachte aber in der Schlacht bei Friedland 1807 dem russischen Heer eine katastrophale Niederlage bei. Napoleon kam am 10. Juli in Königsberg an, das seine Truppen bereits kampflos eingenommen hatten. Der Zar verließ das Bündnis mit dem am Boden liegenden Preußen; dessen Schicksal schien besiegelt.

Das Königspaar war bereits nach den Jena-Auerstedter Schlachten aus Berlin geflohen und hatte in Memel Zuflucht gefunden. Währenddessen besetzte Napoleon das ganze Land bis zur Memel. Der Frieden von Tilsit, der auf einem Floß auf der Memel unterzeichnet wurde, brachte für Preußen herbe Einbußen: Es verlor alle westelbischen Gebiete, weite Teile Westpreußens und vor allem die in der Zweiten und Dritten Polnischen Teilung gewonnen Gebiete um Posen wie auch Neuostpreußen. Gewaltige Kontributionen wurden auferlegt, acht Millionen Francs sollte allein Ostpreußen an Frankreich zahlen. Diese Schuld wurde erst 1901 vollständig eingelöst. Am Tag vor der Unterzeichnung hatte sich Königin Luise zu Napoleon und seinem Minister Talleyrand begeben, um die Sieger zu bitten, die Bedingungen des Friedensvertrags nochmals zu überdenken. Doch sie fand kein Gehör. Das Königspaar bezog, wie auch die preußische Regierung danach, bis Ende 1809 in Königsberg Quartier.

Napoleon auf dem Schlachtfeld bei Preußisch Eylau, Ölgemälde von Antoine-Jean Gros

Ständeversammlung 1813 in Königsberg, zeitgenössische Darstellung

Flecktyphus und Ruhr forderten 1808 im durch den Krieg daniederliegenden Ostpreußen 10 000 Menschenleben, das Land befand sich in Agonie. Die fatale Situation beförderte das Bewusstsein für die Notwendigkeit von Staatsreformen. Die Reformer um Hardenberg und den Freiherrn vom Stein verabschiedeten zahlreiche Neuerungen, unter anderem eine neue Städteordnung, die die Selbstverwaltung stärkte, und die Bauernbefreiung. Nicht zuletzt wurde in den Jahren danach mit der Schaffung eines besonders ausgebildeten Lehrerstands auch das Bildungswesen reformiert.

Im Februar 1813 trat im Haus der Ostpreußischen Landschaft in Königsberg der Landtag zusammen, um im Angesicht der Niederlagen Napoleons zur Befreiung Preußens aufzurufen. Der entscheidungsschwache Friedrich Wilhelm III. wurde nicht hinzugezogen, da er immer noch dem direkten Bruch mit Napoleon aus dem Weg gehen wollte. Die Zeit der Befreiungskriege begann, als der König endlich am 20. März von Breslau aus seinen berühmten Aufruf ›An mein Volk‹ richtete.

Hundert Jahre Frieden

Mit Napoleons endgültigem Sturz nach der Schlacht von Waterloo 1815 begann für Ostpreußen eine hundertjährige Zeit des Friedens. Das geschwächte Land benötigte viele Jahre, um sich von den wirtschaftlichen Folgen der Napoleonischen Kriege wieder zu erholen. Nicht zuletzt förderten die Staatsreformen des Freiherrn vom Stein, Scharnhorsts und Gneisenaus die innenpolitische Konsolidierung. Der überragende Verwaltungsmann Theodor von Schön, der seit 1824 Präsident des vereinigten Ost- und Westpreußen war, machte sich um das Wiedererstarken seiner Provinzen besonders verdient. Bis 1871 konnte sich die Bevölkerungszahl verdoppeln.

Nach 1815 begann auch eine neue Blütezeit der Künste und Wissenschaften. 1832 wurden die Königsberger Musikfeste gegründet, die Universität glänzte mit den berühmtesten Gelehrten des damaligen deutschen Sprachraums.

Als nach dem Tod Friedrich Wilhelms III. sein Sohn Friedrich Wilhelm IV. im Jahr 1840 auf den Thron gelangte, änderte sich innen- und außenpolitisch wenig. Allerdings drängten die selbstbewussten Stände Ostpreußens endlich auf eine Verfassung. Diesen Wunsch wies der König zurück, worauf Oberpräsident Theodor von Schön von all seinen Ämtern zurücktrat. Das Revolutionsjahr 1848 verlief in Ostpreußen ohne Kämpfe. Der Königsberger Eduard von Simson (1810–1899) wurde zum ersten Präsidenten der Frankfurter Nationalversammlung gewählt. Gleich mehrmals bot er König Friedrich Wilhelm IV. die Kaiserkrone an. Doch aus der Hand des Volkes wollte dieser sie nicht annehmen.

Theodor von Schön erwarb sich große Verdienste um Ostpreußen

Der wirtschaftliche Aufschwung der Provinz wurde durch die Anbindung an die Eisenbahn verstärkt. 1853 erhielt Königsberg über die Ostbahn Anschluss an Berlin, bald darauf wurde durch die Strecke über Insterburg und Eydtkuhnen die Verbindung an das russische Bahnnetz hergestellt. Erstmals überflügelte im Umfang der Landhandel den Wasserhandel. Stück für Stück wurden auch die Kleinstädte mit den Hauptstrecken verbunden.

Am Königsberger Schlossteich (1912)

Unabhängig von der guten wirtschaftlichen Entwicklung blieb man in Ostpreußen außenpolitisch wachsam. Zu groß war die Furcht vor möglichen russischen Angriffen. Ohne dass dies vom König angeordnet gewesen wäre, entschloss man sich nach 1843 in Königsberg zum Bau einer neuen Stadtbefestigung, womit die ostpreußische Provinzhauptstadt die letzte europäische Stadt wurde, die eine Stadtmauer errichtete. Ein äußerer Festungsgürtel ergänzte den inneren Wallring. 1864 war der Befestigungsring vollendet, jedoch aufgrund der inzwischen fortgeschrittenen Kriegstechnik sinnlos geworden. Vielmehr hemmte der Mauergürtel das äußere Anwachsen der Stadt nach 1880. Nur unter größtem Widerstand der Militärs konnte er bis 1910 geschleift werden.

Zur wirtschaftlichen Blüte Ostpreußens trug auch der Krimkrieg (1853–1856) bei. Die russischen Häfen waren blockiert, so dass der vollständige Warenverkehr mit Russland über Danzig, Königsberg und Memel abgewickelt wurde. 1861 kam es zur zweiten und letzten Krönung eines preußischen Königs in Königsberg. Friedrich Wilhelms IV. Bruder, Wilhelm, setzte sich in der Schlosskirche am 18. Oktober wie sein Vorfahre Friedrich I. selbst die preußische Krone auf. Diese Feier war in ihrer Schlichtheit nicht mit jenem Pomp zu vergleichen, der 260 Jahre davor zelebriert wurde, doch ist der für diese Krönung eigens komponierte Festmarsch Giacomo Meyerbeers durchaus ein Stück barocken Charakters. Diese Feier leitete die letzten selbständigen zehn Jahre des Königreichs Preußen ein, denn mit dem Jahr 1871 ging es im Deutschen Reich auf.

Am 18. Januar 1871 wurde König Wilhelm I. im Spiegelsaal von Versailles zum deutschen Kaiser Wilhelm I. proklamiert. Bewusst wählte man dieses Datum, denn auf den Tag genau 170 Jahre davor hatte sich Kurfürst Friedrich III. selbst zum preußischen König gekrönt. Mit der Reichsgründung 1871 setzte sich, nicht zuletzt dank der dem besiegten Frankreich auferlegten Kontributionszahlungen, der wirtschaftliche Aufschwung fort. Trotzdem verließen bis 1910 über eine Million Menschen das vergleichsweise rückständige Ost- und Westpreußen, um im Westen des Reichs bessere Verdienstmöglichkeiten zu bekommen. 1878 trennte man die seit 1824 vereinigten Provinzen West- und Ostpreußen wieder und trug so der unterschiedlichen Entwicklung und Bevölkerungszusammensetzung Rechnung.

Königsberg erreichte in den Jahren vor dem Ersten Weltkrieg 250 000 Einwohner. Durch den 1901 fertiggestellten Seekanal konnten Überseedampfer nun direkt in die Stadt gelangen. Die Jahre vor dem Ersten Weltkrieg gelten wirtschaftlich als Ostpreußens beste Jahre.

Erster Weltkrieg und Zwischenkriegszeit

Als einzige deutsche Provinz wurde Ostpreußen 1914/15 direkt von Kriegshandlungen in Mitleidenschaft gezogen. Fast 400 000 Menschen flohen vor den russischen Truppen im August 1914 über die Weichsel, über 1500 verloren ihr Leben, fast 14 000 wurden verschleppt. Im August 1914 gelang es dem bereits pensionierten General Paul von Hindenburg und seinem Stabschef Generalmajor Erich Ludendorff, die Russen bei Tannenberg (nahe Hohenstein, heute Olsztynek) südlich von Allenstein (heute Olsztyn) vernichtend zu schlagen und so Königsberg vor der russischen Einnahme zu bewahren. Diese Schlacht fand fast an der gleichen Stelle statt, an der knapp 500 Jahre zuvor der Deutsche Orden von Polen und Litauern aufgerieben worden war. So war es kein Wunder, dass geschichtsbewusste Kreise in Deutschland den Sieg als Vergeltung der ›Schmach‹ von 1410 empfanden. Auch die anschließende sogenannte Winterschlacht in Masuren, die im Februar 1915 einen zweiten russischen Einfall abwehrte, gestal-

Ostpreußen zur Zeit der Weimarer Republik

tete sich als Sieg für Hindenburgs Armee. Doch waren viele Städte Ostpreußens wie Goldap, Stallupönen, Lyck, Gerdauen und andere in den Kämpfen zerstört worden. Ein breites nationales Aufbauprogramm wurde noch im gleichen Jahr begonnen.

Deutschland musste 1919 den Friedensvertrag von Versailles akzeptieren. Durch dessen Bestimmungen erhielt das als Staat wieder hergestellte Polen fast ganz Westpreußen zurück und gewann einen Zugang zum Meer, den berühmten Korridor. Ostpreußen war somit vom Deutschen Reich isoliert. Der schmale Streifen Ostpreußens nördlich der Memel mit der Nordhälfte der Kurischen Nehrung, das sogenannte Memelland, wurde vom Reich abgetrennt und später von Litauen annektiert. Polen erhob zwar Anspruch auf das ganze Ostpreußen, die von den Siegermächten daraufhin anberaumte Volksabstimmung erbrachte jedoch eine Zustimmung von fast 98 Prozent für den Verbleib bei Deutschland. Um die wirtschaftliche Lage der Insel Ostpreußen zu verbessern, wurde schon 1919 im Königsberger Stadtteil Devau der erste zivile Flughafen Deutschlands eingerichtet. Die ›Deutsche Ostmesse‹, 1920 in Königsberg eröffnet, war bis 1941 einmal jährlich internationaler Handelsplatz und hatte eine wichtige Brückenfunktion zwischen Russland und Westeuropa.

Bis 1928 spielte die NSDAP in Ostpreußen keine nennenswerte Rolle. In diesem Jahr kam ein aus Wuppertal stammender ehemaliger Eisenbahner namens

Erich Koch nach Königsberg. Das NSDAP-Mitglied führte zunächst ein wenig beachtetes Dasein, doch zwang er nach der Übergabe des Reichskanzleramts an Hitler im Januar 1933 den bisherigen Oberpräsidenten Wilhelm Kutscher zum Rücktritt und wurde selbst Oberpräsident. Nachdem die bisherigen Verwaltungseinheiten abgeschafft und durch Gaue ersetzt worden waren, wurde Koch zum Gauleiter Ostpreußens und war bald als einer der brutalsten und abstoßendsten Nazi-Funktionäre bekannt.

Ostpreußen mit seinen teils slawischen und litauischen – und damit in NS-Sichtweise ungermanischen – Traditionen und den zahlreichen offenkundig nicht germanischen Orts- und Flurnamen war den nationalsozialistischen Machthabern suspekt. So initiierten sie die Umbenennungs-Großaktion vom 17. Juni 1938, in der mehr als 1670 Orte und selbst Flüsse einen neuen, ›deutschen‹ Namen bekamen – eine ideologisch motivierte, geradezu lächerliche Aktion. Die ›namentlich unzuverlässigen‹ Orte, die umbenannt werden sollten, befanden sich fast ausschließlich in der Osthälfte der Provinz und im Memelgebiet. Da dieses zu diesem Zeitpunkt noch litauisches Hoheitsgebiet war und erst neun Monate später ›ins Reich zurückkehrte‹, wurden zumindest dort keine neuen Namen vergeben. Später verlor man die auch dort vorgesehene Umbenennung insbesondere nach 1941 aus den Augen. Pillkallen wurde beispielsweise zu Schlossberg, Pillupönen zu Schlossbach, Przytullen zu Kleinkutten, Petrikatschen zu Schützenort, Stallupönen zu Ebenrode, Kaukehmen zu Kuckerneese, Lasdehnen zu Haselberg, Darkehmen zu Angerapp, der Fluss Pissa wurde zu Roßbach – weil er nahe an Trakehnen vorbeiführt. Nur den Traditionsnamen Trakehnen ließ man bestehen. Die meisten Ostpreußen sahen diese Namensänderungen als eine Verhöhnung ihrer Traditionen an.

Der Königsberger Steindamm im Jahr 1935

Zweiter Weltkrieg

Mit dem Überfall der deutschen Wehrmacht auf Polen und dem damit ausgelösten Zweiten Weltkrieg begann Ostpreußens schmerzlichste Epoche. Danzig und Westpreußen wurden nach der Kapitulation Polens als ›Reichsgau Danzig-Westpreußen‹ und das Posener Gebiet als ›Warthegau‹ an das Deutsche Reich angeschlossen. Dorthin wurden die ›Baltendeutschen‹ umgesiedelt, die die baltischen Staaten verlassen mussten, nachdem im geheimen Zusatzprotokoll des deutsch-sowjetischen Nichtangriffspaktes vom August 1939 Hitler diese Länder Stalin überlassen hatte. Polen bestand nicht mehr als eigenständiger Staat. Seine westlichen Landesteile erhielten den Statuts eines ›Generalgouvernements‹, seine östlichen fielen gemäß dem Abkommen an die Sowjetunion. Ostpreußens Insellage war beendet.

Mit Beginn des Russlandfeldzugs 1941 wurden Ostpreußen und seine Hauptstadt Aufmarsch- und Nachschubgebiet für das ›Unternehmen Barbarossa‹. Die Luftwaffe nutzte die vielen ostpreußischen Flugplätze, und auf der Schichauwerft in Königsberg wurden U-Boote gebaut. Der Hass, mit dem später die Rote Armee über die Provinz herfiel, lag nicht zuletzt darin begründet, dass von ihr aus in wesentlichen Teilen der Angriff auf die Sowjetunion geführt wurde.

Bis zum Sommer 1944 blieb die Provinz von den Schrecken des Krieges verschont. Zwar gab es im Juni einen verhältnismäßig geringen Schaden anrichtenden sowjetischen Luftangriff auf Tilsit, doch lebte man ruhig im ›Luftschutzkeller des Reiches‹. Königsberg und sein Umland lagen zunächst weit außerhalb der Reichweite der britischen und amerikanischen Bomberflotten. Ein erster Angriff

Der zerstörte Fischmarkt am Ende des Zweiten Weltkriegs mit dem Schlossturm

englischer Bomber vom 26. auf den 27. August 1944 richtete insbesondere im Villenviertel Maraunenhof im Norden große Schäden an, zwei Tage später wurde die Innenstadt fast vollständig vernichtet, wobei wie meist bei britischen Angriffen Industrie- und Militäranlagen verschont blieben und vorrangig Wohnviertel zerstört wurden. Alle historischen Gebäude wurden zerstört oder schwer beschädigt, 4200 Menschen verloren ihr Leben.

Soldaten am Königstor auf dem Weg in die Kriegsgefangenschaft

Mitte Oktober gelang es der sowjetischen Armee, nach Ostpreußen einzudringen, wo es in den Kreisen Goldap und Gumbinnen zu Massakern an der Zivilbevölkerung kam. Kurzzeitig vermochten deutsche Truppen, die Rote Armee ein letztes Mal aus Ostpreußen herauszudrängen. Zum Jahreswechsel 1944/45, als die Situation aussichtslos zu werden begann, untersagte Gauleiter Koch die rechtzeitige Räumung der Provinz. Versuche, ohne offizielle Genehmigung nach Westen zu fliehen, wurden als Defätismus angesehen und meist mit dem Tode bestraft. Erst als es zu spät war, durften die Trecks mit Billigung Kochs aufbrechen.

Am 13. Januar 1945 begann die russische Großoffensive. Schnell drang die Rote Armee zur Ostsee vor. Erich Koch zog sich nach Neutief bei Pillau zurück, floh von dort im Februar mit einem Schiff nach Flensburg und tauchte dort unter falschem Namen unter. Vorher hatte er Adolf Hitler noch ein Telegramm geschickt, in dem er ihn informierte, dass er weiterhin an der ostpreußischen Front kämpfe. 1950 wurde er von den Engländern zufällig entdeckt, die ihn als Kriegsverbrecher an Polen auslieferten. Sie verurteilten ihn zum Tode. Da in Polen ein Gesetz die Hinrichtung Schwerkranker – Koch war in den 1950er Jahren gesundheitlich erheblich angeschlagen – verbot, wurde er in das Gefängnis Barczewo (Wartenburg) bei Olsztyn (Allenstein) verbracht, wo er 1986 starb.

Stadt um Stadt fiel in russische Hand. Die abgekämpften und zahlenmäßig weit unterlegenen deutschen Verbände konnten der Roten Armee nur wenig Gegenwehr leisten. Es bleibt heute kaum verständlich, wie sich Königsberg und die Provinz überhaupt bis April haben halten können. Am 27. Januar konnte der letzte Eisenbahnzug nach Berlin die Stadt verlassen, dann war die letzte Landverbindung nach Westen abgeschnitten. Am 31. Januar war die Stadt eingekesselt. Königsberg wurde zur Festung erklärt. Der General der Infanterie Otto Lasch versuchte mit 23 000 Soldaten, meist Volkssturmleuten, einigen Marineeinheiten und sonstigen schnell zusammengewürfelten Truppenteilen die Stadt zu halten. Es gelang sogar in einem Gegenangriff nochmals, den Landweg nach Pillau freizukämpfen, wodurch nochmals mehreren hunderttausend Ostpreußen die Flucht ermöglicht wurde. Zwar befand sich Pillau unter pausenlosem Artilleriebeschuss, aber es konnten von hier in einer beispiellosen militärischen Aktion der Kriegsmarine unter Großadmiral Karl Dönitz noch 450 000 Menschen nach Westen abtransportiert werden. Die Pillauer Schiffe, anders als die aus Gotenhafen (Gdingen/Gdynia), kamen alle glücklich in der westlichen Ostsee an. Als Pillau als letzte ostpreußische Stadt am 25. April fiel, waren die meisten Menschen, die hierher geflüchtet waren, in Sicherheit gebracht.

All das war aber nur möglich, weil ein Teil der sowjetischen Truppen nicht an die Stadt herangeführt werden konnte. Denn bei Heiligenbeil, etwa 45 Kilometer südwestlich Königsbergs, kämpfte die eingeschlossene vierte deutsche Armee gegen die Rote Armee. Es gelang ihr, die russischen Truppen von der Haffküste fernzuhalten, so dass die flüchtende Zivilbevölkerung zumindest noch bis dorthin vordringen konnte. Der direkte Landweg nach Westen war abgeschnitten, es bestand nur noch die Fluchtmöglichkeit über das zugefrorene Frische Haff auf die Nehrung, über die man bis zur Weichselmündung gelangen konnte, um damit der russischen Umklammerung Ostpreußens zu entgehen. Doch fanden viele der Flüchtenden im eisigen Wasser des Haffs den Tod. Russische Tiefflieger beschossen das zugefrorene Haff, bis das Eis barst und Mann, Ross und Wagen versanken. Dennoch erreichten 200 000 Ostpreußen über die Frische Nehrung Danzig. 400 000 Menschen konnten sich dann noch über die Halbinsel Hela nach Westen einschiffen.

Erst nachdem am 25. März 1945 die vierte Armee aufgerieben war und der Heiligenbeiler Kessel geschlossen werden konnte, begann Anfang April der eigentliche Sturm auf Königsberg. Marschall Wassiljewski zögerte noch einige Tage mit dem Angriff, da er der Meinung war, die Festung sei militärisch weitaus stärker gewappnet, als es sich kurz danach später zeigen sollte. Mit gewaltigem Artillerieaufgebot wurde aber jetzt sturmreif geschossen, was schon seit dem August des Vorjahres nur eine Ruinenlandschaft war. Am Abend des 9. April kapitulierte General Otto Lasch. Hitler tobte, ließ den General zum Tode verurteilen und verhängte über seine Familie die Sippenhaft.

Etwa 70 000 bis 110 000 deutsche Zivilisten befanden sich zu diesem Zeitpunkt noch in der Stadt. Nach dem Waffenstillstand kehrten viele Trecks wieder um, teils weil sie von den sowjetischen Truppen dazu gezwungen wurden, teils weil die Menschen in ihre Heimat zurückwollten. Bis Sommer 1946 gab es nicht wenige solcher freiwilligen Heimkehrer. Doch fanden auch nach Ende der Kampfhandlungen viele Deutsche noch den Tod, denn erst jetzt schienen die Eroberer wirklich Rache zu nehmen. Hungersnöte und Seuchen vollendeten das Werk. Bis 1947 sank die Zahl der verbliebenen Deutschen auf 25 000. 1948 wurden alle noch im Land lebenden Ostpreußen ausgewiesen.

Von den zweieinhalb Millionen Ostpreußen konnten sich knapp zwei Millionen nach Westen retten oder in der Heimat überleben. Ein Fünftel der ostpreußischen Bevölkerung kam um oder wurde verschleppt. Die Keimzelle des Staates Preußen war untergegangen, und 1947 löste der Aliierte Kontrollrat per Edikt Preußen auf. 700 Jahre deutsche Siedlungsgeschichte und 720 Jahre preußische Geschichte waren damit beendet.

Die Nachkriegszeit

Durch die Kriegshandlungen, Flucht und Vertreibung sowie die Beschlüsse der Siegermächte von Jalta und Potsdam wurde ein völlig neues Blatt im Geschichtsbuch des alten Pruzzenlands aufgeschlagen. Gemäß den Bestimmungen des Potsdamer Abkommens vom 2. August 1945, das Stalin, Churchill und Truman ausgehandelt hatten, wurde Ostpreußen geteilt. Das vormalige Memelland ging zurück an die nunmehrige Sowjetrepublik Litauen. Polen erhielt den südlichen, größeren Teil der Provinz, aus dem die Woiwodschaften Olsztyn (Allenstein) und Suwałki gebildet wurden. Den mittleren Teil mit Königsberg erhielt die Sowjetunion als besondere Verwaltungseinheit, die direkt von Moskau aus regiert wurde und keine Sowjetrepublik war. ›Kenigsbergskij Osoby Voennyj Okrug‹ – Besonderes Militärgebiet Königsberg – lautete zunächst die offizielle Bezeichnung dieses Areals.

Die Grenzlinie, die Ostpreußen wie mit dem Lineal gezogen teilte – Stalin soll sie mit seiner Pfeife quer über die Landkarte gezogen haben –, nahm keine Rücksicht auf die deutschen Verwaltungsgrenzen, teilte auch Seen und Dörfer. Die heutige Grenze zwischen Polen und dem Kaliningrader Gebiet entspricht genau der unmittelbar nach Kriegsende gezogenen Linie. Sie zieht sich von der Mitte der Frischen Nehrung über das Haff knapp südlich an Mamonovo (Heiligenbeil), Bagrationovsk (Preußisch Eylau), Železnodorožnyj (Gerdauen) und Krylovo (Nordenburg) vorbei und verläuft weiter nach Osten nördlich von Gołdap (Goldap). Durch die Rominter Heide erreicht sie das einstige Dreiländereck Deutschland-Polen-Litauen bei Gromadzyzna östlich von Żytkejmy (Szittkehmen) nahe dem Südrand des Wyštiter Sees. Diese Regelung wurde als vorläufig bezeichnet und sollte erst mit einem künftigen Friedensvertrag definitiv entschieden werden. So sprach man nur von polnischer und sowjetischer ›Verwaltung‹. Mit den Bestimmungen des 1990 im Zuge der deutschen Wiedervereinigung geschlossenen sogenannten Zwei-plus-Vier-Vertrages sind Grenzverlauf und der Verbleib Ostpreußens bei Russland als endgültig festgeschrieben.

Bei Kriegsende war Königsbergs Zentrum fast bis zur Unkenntlichkeit zerstört. Die verbliebenen Deutschen, die Rotarmisten und die ersten Neusiedler, die bereits im September 1945 gekommen waren, waren gezwungen, sich ohne Wasserversorgung, Elektrizität, Kanal- und Verkehrsnetz einzurichten. Die meisten der Offiziere und Soldaten waren sich sicher, dass sie nicht lange im Land bleiben würden, denn die Deutschen würden ja nicht auf ihr altes, angestammtes Territorium verzichten. In Potsdam hatte man schließlich beschlossen, dass ein künftiger Friedensvertrag endgültig regeln würde, was aus dem Lande nun werden sollte. Doch das erwies sich als sehr nachteilig für das Gebiet, denn Offiziere und Mannschaften begannen nun, alles was der Krieg nicht zerstört hatte und was verwaist in Stadt und Land geblieben war – Hausrat, Möbel, Bücher, Bilder, Kraftfahrzeuge, Viehbestand –, schnell in die zentralen Bereiche der Sowjetunion, in die jeweilige eigene Heimat abzutransportieren. Archivbestände, Museumssammlungen und andere kulturhistorische Güter wurden abgefahren, große Mengen an amtlichen Unterlagen, Pläne für Wasserleitungen und Kanalisation in Unkenntnis der Bedeutung sogar als Heizmaterial verwendet. Die Deutschen, wenn sie nun bald wiederkämen, sollten nicht so einfach wieder neu anfangen dürfen. So blieb, völlig anders als etwa in Danzig oder Breslau, buchstäblich nichts aus dem Leben der Bewohner Alt-Königsbergs im neuen Kaliningrad erhalten, zu dem die völlig vernichtete Stadt sich nun wandelte. Am 7. April 1946 erfolgte die offizielle Umbenennung des ›Militärgebietes Königsberg‹ in ›Kaliningradskaja Oblast'‹. Die Stadt selbst erhielt am 4. Juli auch den neuen Namen von Michail Kalinin, dem Weggefährten Stalins und während der Kriegsjahre nominellem Präsidenten der UdSSR, der kurz zuvor gestorben war. Die Sowjetisierung des nördlichen Ostpreußen begann. Die Jahre 1947 und 1948 waren durch die Aussiedlung der verbliebenen Deutschen gekennzeichnet. Etwas mehr als 100 000 sollen zu dieser Zeit noch im Gebiet gelebt haben. Am 21. Oktober 1948 verließen die letzten Deutschen das Königsberger Gebiet.

Viele der nun eintreffenden Neusiedler aus allen Gebieten des UdSSR hatten in den Kriegsjahren selbst Häuser und Heimat verloren. Einige kamen freiwillig ins Königsberger Gebiet, andere wurden bewusst dort angesiedelt. Dabei handelte es sich meist um aus deutscher Kriegsgefangenschaft heimkehrende Soldaten, die Bestrafung wegen angeblicher Kollaboration mit dem Feind zu fürchten hatten, wie auch um Strafgefangene, die die Neuansiedlung in diesem Gebiet als Auflage nach ihrer Entlassung zu tragen hatten. Mitte 1946 gab es 40 000 Sowjetbürger, Ende 1947 bereits rund 300 000. Um 1955 lebten fast 700 000 Menschen in der Kaliningradskaja Oblast'. Fast alle Nationalitäten des ehemaligen Sowjetreiches sind heute in der Oblast' zu finden: Russen bilden mit fast 80 Prozent der Bevölkerung den überwiegenden Teil, die Weißrussen sind mit knapp zehn Prozent vertreten, ihnen folgen die Ukrainer mit fünf Prozent. Den Rest teilen sich die kaukasischen Völker mit den Litauern.

Im Zuge der Umgestaltung benannte man auch die Orte und Straßen um. Dabei wurden Orten und Flüssen teils bezugslose und abstrakte Bezeichnungen gegeben, beispielsweise Krasnoflotskoe (Rotflottendorf), Krasnoarmejskoe (Rote-Armee-Dorf) oder Dobrovol'sk (Dorf des Guten Willens). Auch wurden den Orten oft Familiennamen von sowjetischen Offizieren gegeben, die 1945 beim Kampf um Ostpreußen gefallen waren: Mamonovo, Černjachovsk, Nesterov, Gusev. Anders als in Schlesien, Pommern und dem Sudetenland, wo man die alten deutschen Namen ins Polnische und Tschechische übersetzte oder auf die jeweiligen Bezeichnungen aus der Zeit vor der mittelalterlichen deutschen Landnahme zurückgriff, wurde so auch äußerlich ein abrupter Bruch mit den jahrhundertelangen pruzzisch-deutschen Traditionen des Landes vollzogen. Überhaupt war die Beschäftigung mit der Vergangenheit gleichsam untersagt. Viele Neusiedler wussten nichts von der deutschen Vorgeschichte, ja in offiziellen Geschichtsbüchern tat man sogar so, als hätten Russen diesen Landstrich 1945/46 erstmals kolonisiert und besiedelt. Kaum ein Kaliningrader wusste um das alte Königsberg und seine Geschichte.

Der Ausbau des Königsberger Gebiets als militärisches Sperrgebiet ab 1951 war für einen gezielten zivilen Wiederaufbau alles andere als förderlich. Zudem war sich Stalin trotz aller eingeleiteten Sowjetisierungen bis zu seinem Tod nicht sicher, ob dieses Gebiet nicht doch einmal an Deutschland zurückgegeben werden würde. So wurde auch nach den ersten ›Aneignungen‹ von beweglichen Gütern 1945/46 in den unnmittelbaren Nachkriegswirren bis weit in die 1950er Jahre hinein weiter zerstört, demontiert und abtransportiert, so dass das Gebiet 20 Jahre nach Kriegsende ärmer an baulicher Substanz, Kunstwerken und Infrastruktur war als im Mai 1945.

Von den 1960er Jahren zur Perestroika

Ab etwa 1960 war klar, dass die Region nun doch dauerhaft Bestandteil der Sowjetunion sein würde. So begann nach dem Bevölkerungsaustausch und den Umbenennungen die nächste Phase der Sowjetisierung. Trotz der tiefgreifenden Zerstörung im Zweiten Weltkrieg waren noch viele deutsche Altbauten erhalten und hätten repariert werden können. Man sprengte nun unter ideologischen Vorzeichen. In der Abtragung der Schlossruine 1968 kulminierte diese Bilderstürmerei. War 1945 in Königsberg etwa 50 Prozent der Vorkriegsbausubstanz erhalten, so standen um 1985 nur noch etwa sieben Prozent. Ein gewaltiges Neubauprogramm wurde seit den 1970er Jahren realisiert, ganze Stadtteile entstanden auf den abgeräumten Trümmern der gesamten Stadtfläche vollständig neu. Ein gezielter großräumiger Wohnungsneubau erfolgte erst etwa ab 1970, als man sich sicher wurde, dass die Deutschen innerhalb der nächsten Generation nicht zurückkehren würden. Für alte Königsberger wurde die Sehnsucht nach ihrer Heimatstadt 25 Jahre nach Kriegsende so groß, dass man sich während eines Staatsbesuchs des damaligen Parteichefs Breshnew bei Willy Brandt mit der Bitte um Besuchsmöglichkeiten an den sowjetsichen Parteichef wandte. Breshnew soll sehr erstaunt über die Frage gewesen sein und war der Meinung, dass es möglich sei. Dass der Geheimdienst seit der Vertreibung der letzten Deutschen 1947 die Region abgeschottet hatte, war ihm sichtlich unbekannt. In der Tat haben die großen Sowjetführer seit Stalin immer den Besuch in ihrer neuen Provinz vermieden

Die Vorstädtische Langgasse in den 1960er Jahren, im Hintergrund die Schlossruine

und keine Kenntnis über sie erworben. Nur Chruschtschow hat seine Amerikareise von 1958 vom Hafen Pillau aus begonnen, doch bis auf den einstigen Ministerpräsident Kossygin hat vor Ende der Sowjetzeit kein Parteiführer je die Stadt besucht.

Mit der Gorbatschow-Ära, mit Perestroika und Glasnost, begann auch in Kaliningrad, zunächst zaghaft, eine neue Zeit. Man begann sich nun für die deutsche Vorgeschichte der Stadt und die geringen Reste der deutschen Kultur zu interessieren, beispielsweise sollte der Dom wieder aufgebaut werden. Spenden wurden gesammelt, der Verein ›Prussija‹ bemühte sich im ganzen Land um das Aufspüren und die Erhaltung von Kirchen und Gutshäusern. Das Land war jedoch immer noch verschlossen. Im Sommer 1990 verkündete dann die Kaliningrader Gebietsregierung die Öffnung der Region, am 1. Februar 1991 öffnete sich das Kaliningrader Gebiet schließlich für westliche Besucher.

Nach 1991

Mit dem Zerfall der Sowjetunion und der Öffnung des Kaliningrader Gebiets kam auch eine Diskussion um den Namen der Stadt in Gang. Stalins Weggenosse und erster Präsident der UdSSR schien manchen als Namensgeber nicht mehr opportun; schließlich war auch die Stadt Kalinin im Ural inzwischen in Tver' zurückbenannt worden. Man bemühte sich um Kompromisslösungen. Jantarnogorsk (Bernsteinstadt), Baltikograd (Ostseestadt) und ›Kantgrad‹ als vielleicht gelungenste dieser Ideen standen zur Debatte. Die Ideen scheiterten an den hohen Kosten und nicht zuletzt am Widerstand von Militär und Veteranen. So blieb es bei Kaliningrad.

Der mit der Öffnung einsetzende ›Heimweh-Tourismus‹ schien ein bedeutender Faktor der Wirtschaft werden zu wollen. Zu Beginn der 1990er Jahre strömten viele alte Ostpreußen, die über 40 Jahre nicht hatten einreisen können, in ihre früheren Wohnorte. Neue Hotels und gastronomische Einrichtungen entstanden, ohne dass man allerdings eine ›westliche‹ Infrastruktur erreichte. Für viele gestaltete sich der Besuch Kaliningrads und seines Umlands aufgrund der allgemeinen Situation zum Schock, und so blieb es oft bei einem einmaligen Besuch. Auch aus demographischen Gründen nahm die Zahl der Besucher gegen Ende des Jahrtausends immer mehr ab. Man bemüht sich daher seit etwa fünf Jahren, verstärkt Gäste aus den anderen russischen Regionen zu gewinnen, was offensichtlich auch gelingt. Viele betuchte Russen aus Moskau und St. Petersburg haben sich inzwischen im Kaliningrader Gebiet Zweitwohnsitze geschaffen.

Für rund 5000 Russlanddeutsche wurde nach 1991 die Oblast' zum neuen Lebensmittelpunkt; die meisten von ihnen zogen aus Kasachstan zu. Ihre Vorfahren waren ursprünglich von der Zarin Katharina ins Land geholt und im Wolgaraum angesiedelt worden. Mit Beginn des Großen Vaterländischen Kriegs hatte Stalin die Nachfahren dieser Einwanderer in die Steppen Mittelasiens verbannt.

Die Russlanddeutschen haben inzwischen größtenteils die nun autonomen vormaligen Sowjetrepubliken verlassen, kamen entweder in die Bundesrepublik oder siedelten sich im Kaliningrader Gebiet an. Derzeit leben etwa 13 000 Russlanddeutsche im Gebiet. Viele kamen erst 2009/10 aus dem unsicheren Kirgistan ins Land.

Wirtschaftlich gesehen war die erste Hälfte der 1990er Jahre nicht sehr erfolgreich. Jelzins ökonomische Reformen griffen von Anfang an nicht. Besonders in den ländlichen Regionen setzte ein großer Niedergang ein, viele Kolchosen konnten unter den neuen nicht-sozialististischen Bedingungen nicht weiter existieren. In manchen Orten lag die Arbeitslosenquote bei bis zu 90 Prozent, bis heute sind manche Regionen von extrem hoher Arbeitslosigkeit geprägt. Eine ungeheure Landflucht begann, die nochmals einen Zerfall von Dörfern und Gehöften mit sich brachte. Um überhaupt existieren zu können, brach man viele nicht genutzte Gebäude ab und verkaufte die Steine als Baumaterial. Während es in der Sowjetära wenig Brachland gegeben hatte, konnte sich die Natur seit den 1990er Jahren das Land in Teilen zurückerobern.

Zum Desaster für den Großteil der Bevölkerung wurde Mitte der 1990er Jahre der Versuch Jelzins, die Großbetriebe in ganz eigener Weise zu reformieren. Dabei wurden die vormaligen Staatsbetriebe weitgehend aufgelöst, wobei die Bevölkerung Anteile an den vormaligen Großbetrieben kaufen konnte. Nicht jeder hatte das Geld oder den Wunsch, solche Anteilsscheine zu erwerben. Einige wenige kauften dafür in großem Umfang, vor allem kauften sie die Anteilsrechte vieler Menschen aus der einfachen Bevölkerung auf. So konzentrierte sich allmählich eine große wirtschaftliche Macht in den Händen einiger weniger: Die russische Oligarchie war entstanden. Dieser Entwicklung lief eine Geldentwertung voraus, durch die viele Kleinsparer in die Armut gerieten.

Damit begann eine bis weit in die Amtszeit Putins hinüberreichende Epoche des Niedergangs und Verfalls, der auf dem Lande mit der ohnehin dünnen Bevölkerungsdichte zu einem Wegzug nach Kaliningrad und in die Rayonstädte führte und die ohnehin marode Bausubstanz schnell verfallen ließ. In Kaliningrad setzte ein erster Bauboom ein – durch die Jelzinschen Experimente waren einige Menschen rasch zu sehr viel Geld gelangt und konnten sich noble Häuser erbauen. Die Ziegel besorgte man sich aus alten deutschen Häusern vom Land, egal ob sie schon ruinös waren oder nicht, was zu einem weiteren Verlust von Bausubstanz führte.

Nach langen Bemühungen konnte im Februar 2004 ein deutsches Generalkonsulat eröffnet werden. Zunächst residierte es provisorisch in einer Etage des Hotels ›Albertina‹ am nordöstlichen Rand der Innenstadt. Allerdings konnten hier zunächst keine deutschen bzw. Schengen-Visa ausgegeben werden. Glücklicherweise war es der Niederlassung der Hamburgischen Handelskammer in Kaliningrad erlaubt, zumindest die Anträge entgegenzunehmen und sie zur Visastelle der deutschen Botschaft in Moskau weiterzuleiten, doch 2005 war auch das nicht mehr möglich. Erst mit dem Umzug des deutschen Generalkonsulats in die Ul. Leningradskaja (am Oberteich) im Villenviertel Maraunenhof konnten Visa wieder in Kaliningrad beantragt werden. Aber auch dieses Gebäude war nur als Provisorium gedacht. Denn von Anfang an war ein repräsentatives Konsulatsgebäude vorgesehen, das auch den Sicherheitsvorschriften beider Staaten gerecht werden sollte. Dazu war das unweite Haus Ul. Telmana 14 von Anfang an vorgesehen. Bürokratische Hemmnisse und gegenseitige Animositäten verzögerten jedoch den Umbau dieses Gebäudes, das erst 2013 bezogen werden konnte.

Die 750-Jahr-Feier Königsbergs

Viele politische und emotionale Diskussionen gingen dem Jubiläum des Jahres 2005 voran. Es war in Russland kaum möglich, sich auf die Überschrift des Festes zu einigen. Es sollte von vornherein eine Doppelfeier werden: Seit 60 Jahren gab es die Kaliningradskaja Oblast', und im gleichen Jahr war die Umbenennung in Kaliningrad erfolgt.

Nun war aber auch vor 750 Jahren vom Böhmenkönig Ottokar die Burg Königsberg auf dem pruzzischen Hügel Tuwangste gegründet worden. Natürlich war es unmöglich, sich im Jubiläumsjahr offiziell der 750 Jahre Königsbergs zu erinnern. Zu groß war besonders bei den Veteranen und der älteren Generation der Widerstand dagegen. So viel Blut sei hier vergossen worden, soviele Russen hätten beim Kampf gegen die ›deutsche faschistische Bestie‹ ihr Leben lassen müssen, hieß es. Daher könne man sich unmöglich dieser deutschen Stadt erinnern, deren Eroberung einst einen solchen Blutzoll gekostet hatte. Präsident Putin wollte und konnte sich dieser Argumentation nicht verschließen.

So entstanden verschiedene Ideen zu der politisch höchst diffizilen Namensgebung. ›750 Jahre Kaliningrad‹ lehnte Putin als unsinnig ab, ›750 Jahre Königsberg/Kaliningrad‹ war den Veteranen zu wenig. Andererseits konnte recht einfach die Einbeziehung des 60-jährigen Jubliläums auch die Veteranen besänftigen. Sie, die 1945 den Neubeginn hier gewagt und geholfen hatten, allmählich die Oblast' entstehen zu lassen, konnten sich persönlich bei der Feier repräsentiert fühlen. So einigte man sich auch terminologisch auf ein Doppeljubiläum: ›750 Jahre Königsberg und 60 Jahre Kaliningradskaja Oblast'‹ lautete zunächst der offizielle Name der Feier. Wladimir Putins damalige Frau Ludmila, eine geborene Kaliningraderin, konnte ihren Mann direkt über die Stimmung in der Stadt und

Auch das Königstor wurde renoviert und zum Symbol des Jubiläums gemacht

Gebiet informieren und trug erheblich zu dieser Entscheidung des Präsidenten bei. Die Erinnerung an 60 Jahre Oblast' trat dann aber in den Hintergrund, plötzlich entschloss sich Putin dann doch aus innenpolitischen Erwägungen zu ›750 Jahre Kaliningrad‹. Er war sich dieses historischen Unsinns bewusst und ließ es deshalb zu, dass man bei einigen Einzelveranstaltungen im Rahmen des dreitägigen Festprogramms ›750 Jahre unsere Stadt‹ auf den Plakaten lesen konnte.

Das ›Haus der Räte‹ erhielt zum Stadtfest einen frischen Anstrich

Ein Jahr vor Beginn der Feierlichkeiten begannen seitens der Stadtverwaltung und unter großem persönlichen Einsatz von Bürgermeister Juri Savenko die Vorbereitungen, zudem gab es zahlreiche Einzelinitatiativen von Privatpersonen und der lokalen Wirtschaft, doch fehlte lange eine Zustimmung oder überhaupt eine eindeutige Stellungnahme Moskaus dazu. Die Gebietsverwaltung unter Gouverneur Vladimir Jegorov verhielt sich auffallend apathisch und brachte kaum Initiativen zu den geplanten Feiern ein, was letztlich der Grund war, dass kaum noch von einem Jubiläum ›60 Jahre Kaliningradskaja Oblast'‹ die Rede war.

Nach langem Zögern entschied sich Moskau erst im September 2004, die Stadtfeier mit immerhin knapp 40 Millionen Euro offiziell zu unterstützen. Damit sollten Straßen, Parks und Plätze verbessert und verschönert und noch vorhandene historische Gebäude renoviert und restauriert werden. Bis zum April 2005 war aber noch kein Geld angekommen. Fast war es zu spät, um die geplanten Baumaßnahmen rechtzeitig bis zum Beginn der Feierlichkeiten Anfang Juli durchführen zu können. Deshalb wurden einige der geplanten Projekte nicht mehr realisiert. So konnte beispielsweise die unvollendete Brücke über den Moskovskij prospekt (Sackheim) und den Pregel nicht fertiggestellt werden. E.T.A. Hoffmann, an den bis heute nur ein Stein in der Nähe des Schlossteichs erinnert, bekam sein vorgesehenes Denkmal nicht. Ebenso erfolgte der Ausbau der Bastion Kronprinz am Litauischen Wall zu einer Galerie zeitgenössischer Kunst nur in Ansätzen. Immerhin hat Ludmila Putins persönliches Wunschprojekt eines Russischen Kulturzentrums mit Bibliothek einige Fortschritte gemacht. Es soll zum Begegnungszentrum mit Künstlern aus ganz Russland avancieren, um die Exklave auch kulturell besser an das Mutterland anzuschließen. 2008 hat es seine Arbeit aufgenommen.

Dagegen gelang es, das Königstor mit großem Aufwand zu restaurieren. Die Statuen der preußischen Herrscher erhielten ihre Köpfe zurück, derer sie 1945 verlustig gegangen waren. So wenig man sich bewusst an Königsberg erinnern wollte, so wurde erstaunlicherweise gerade dieses Tor, dieses Relikt der preußischen Ära, zum offiziellen Symbol der Festlichkeiten. Stilisiert und mit den russischen Nationalfarben versehen, schmückte es Fähnchen, Plakate und selbst Einkaufstüten. Die Königstraße – heute ul. Frunze – wurde zugunsten einer kleinen Grünfläche vor dem Tor in ihrem Verlauf verlegt.

Ganz neu entstand die Erlöserkathedrale

Das gigantische Zentralprojekt aller Vorhaben wurde die Fertigstellung der gewaltigen Erlöserkathedrale mit der gleichzeitigen völligen Neugestaltung des pl. Pobedy (vormals Hansaplatz) am früheren Eingang zur Ostmesse. Die Erlöserkathedrale war in schier endloser, Tag und Nacht währender Arbeit zumindest äußerlich am 1. Juli fertiggestellt. Sie ist nach der in Moskau neben dem Kreml stehenden Kirche die größte ihrer Art in Russland und bietet 5000 Menschen Platz. Sogar das Lenindenkmal musste dieser Neugestaltung des größten innerstädtischen Platzes weichen. Die bis dahin öde städtbauliche Brache eines überdimensionierten Parkplatzes wich einer gepflegten Flanieranlage. Viel Geld verschlang der Straßenbau. Die innerstädtischen großen Verkehrsachsen waren teilweise in sehr schlechtem Zustand. Die Renovierung von Sowjetski pr. (Stresemannstraße), ul. Frunze (Königstraße), Moskovski pr. (Sackheim und der Ober- und Unterlaak) und Newski pr. (Cranzer Allee) waren hierbei die zentralen Vorhaben.

Einige Länder wie Polen und Schweden ließen über ihre diplomatischen Vertretungen kleine landestypische Grünanlagen errichten. Moskauer Investoren wollten eine Art Freilichtmuseum südlich der Dominsel errichten: Ein Fischerdorf aus dem 16. Jahrhundert sollte originalgetreu wieder errichtet werden, im Innern der kleinen Häuser aber moderne Wohnungen und Dienstleistungseinrichtungen entstehen. Dieses Vorhaben ist fast fertiggestellt und enthält nun einen Hotelkomplex und verschiedene gastronomische Einrichtungen, wenngleich nicht im Stil von Fischerhäusern. In unmittelbarer Nachbarschaft entstand im Zug der früheren Kaiserbrücke an der ul. Oktjabr'skaja südlich der Dominsel eine historisierende Fußgängerbrücke über den Fluss, die mit Kandelabern an Alt-Königsberg erinnern möchte.

In den letzten Wochen vor dem Jubiläum kam in der Stadt das öffentliche Leben zum Erliegen. Die finanziellen Mittel aus Moskau trafen verspätet ein, und um die Straßenreparaturen noch vor dem Stadtfest beenden zu können, begann man die Arbeiten an allen Orten gleichzeitig. Das führte zu einem völligen

Verkehrschaos. Busse und Straßenbahnen mussten zumindest im Zentrum ihre Fahrten vollständig einstellen, soweit sie nicht auf Alternativrouten ausweichen konnten. Die Popularität des Festes sank deshalb gegen Null, doch als dann endlich am 1. Juli all diese Maßnahmen beendet waren, war der Großteil der Bevölkerung von dem Geschaffenen begeistert. Da fast alle Projekte auf den persönlichen Einsatz des Bürgermeisters Savenko zurückgingen, stieg dessen Beliebtheit ungemein.

Mit der Einweihung des Königstors und der Enthüllung der Statuen der preußischen Herrscher begann am 1. Juli 2005 das offizielle Jubiläumsprogramm. An den drei Festtagen wurden zahlreiche unterschiedlichste Veranstaltungen abgehalten. Militärische Aufmärsche, Platzkonzerte, Rockmusik, Showveranstaltungen mit Heißluftballons und Wasserfahrzeugen auf und über dem Schlossteich und noch so manch anderes ließen das Stadtfest zu einem gigantischen Volksfest werden. Bis kurz vor dem Jubiläum war über die offiziellen Feiern und das Rahmenprogramm nichts bekannt – man hatte sie bewusst mit Überraschungseffekt konzipiert. Die deutschen Medien hielten sich bei der Berichterstattung weitgehend bedeckt, über die Stadtfeier berichteten sie kaum. Die wenigen Reportagen ließen den Eindruck zu, dass sich Putin, Chirac und Schröder in einer beliebigen russischen Stadt hinter dem Ural zu einem gewöhnlichen Arbeitsbesuch trafen. Bei den Polen und den Litauern keimte die Furcht vor zuviel alt-europäischer Achsenpolitik auf, die nur zu ihren Lasten gehen würde.

Die aktuelle Situation

In den vergangenen Jahren war das Kaliningrader Gebiet ein Land zwischen Aufbruch und Verfall, dem das alte Ostpreußen immer noch in den Knochen steckt und den der Phantomschmerz der Vergangenheit nicht loslässt. Erstaunlicherweise hat sich ein stärkeres Bewusstsein für die Geschichte dieser geschundenen Region herausgebildet, und die Bewohner haben eine neue Identität entwickelt: Man fühlt sich in erster Linie als Kaliningrader, dann als Russe. Das alte Königsberg ist zu einem durchaus positiv besetzten Terminus geworden, der beispielsweise in der Werbung immer mehr Raum gewinnt.

Dem Gouverneur Jegorov folgte im September 2005 Georgi Boos nach, ein Nachkomme holländischer Einwanderer des 17. Jahrhunderts. Boos trat als Hoffnungsträger auf, der insbesondere der Wirtschaft neue Impulse geben und durch ein Zuzugsprogramm die Einwohnerzahl des Gebiets auf drei Millionen erhöhen wollte. Er initiierte ein gigantisches Wohnungbauprogramm. Doch wurde auch er in den Strudel der Korruption hineingezogen. Letztendlich ließ die Wirtschaftskrise von 2008/09 seine Amtszeit vollends glücklos werden.

Seit Herbst 2010 war Nikolai Zukanov amtierender Gouverneur. Bis dahin amtierte er als Rayonchef von Gusev (Gumbinnen), und sein Rayon galt als Vorzeigebezirk: funktionierende Infrastruktur, skandalfreie Bauprojekte, ›Sauberkeit‹ des Ortsbildes. So wurde er als Hoffnungsträger angesehen. Er begann 2015 sogar eine zweite Amtsperiode, ging aber im Sommer 2016 nach Moskau. Ihm folgte der bis dahin kaum in Erscheinung getretene Jevgeni Sinichev nach, bis dahin lokaler Leiter des Geheimdiensts FSB. Der introvertierte Mann wurde völlig überraschend nach nur knapp zwei Monaten Amtszeit auf eigenen Wunsch entlassen – angeblich fühlte er sich den Anforderungen des Amts nicht gewachsen – und von Wladimir Putin durch den erst 30-jährigen Anton Alichanov ersetzt. Bis 2004 wurden die russischen Gebietsgouverneure von der jeweiligen Gebietsduma selbst gewählt, seitdem aber direkt vom russischen Präsidenten ernannt und eingesetzt. Alichanov war seit Herbst 2015, noch unter Zukanov, Vizegouverneur und ist nun der jüngste aller jemals amtierenden russischen Gouverneure. Er gilt als Wirtschaftsfachmann und möchte nach eigenen Aussagen vor allem die sozial-ökonomische Situation der Region vorantreiben.

Das Gebietsparlament (Duma) mit seinen 40 Deputierten weist in etwa die gleiche Verteilung der politischen Kräfte wie das in Moskau auf. Bei der letzten Wahl im September 2016 wurde die Putin-Partei ›Edinaja Rossija‹ (Einiges Russland) mit 42,9 % stärkste Kraft, dann folgen die eher rechtsgerichteten ›Liberalen‹ (LDPD, Schirinowski-Partei) und die Kommunisten mit je 18 %.

Der Verkehr mit dem Mutterland – Waren- und Personentransport – wird überwiegend über die Eisenbahn abgewickelt. Zwar benötigen die Russen für Weißrussland kein Visum, aber für die Strecke durch Litauen eines. Die Exklavensituation ist für das Kaliningrader Gebiet überhaupt unangenehm, vor allem da es vollständig von EU und NATO umgeben und zwischen die Stimmung diesen Systemen und Russland seit Jahren fröstelig ist.

Sie wurde im Zuge der Krim- und Ukrainekrise, also seit dem Frühjajhr 2014, nochmals eisiger. Und damit war ein starker Verfall der Landeswährung verbunden. Das Verhältnis zum Euro änderte sich von zuvor recht konstanten 40 Rubel für einen Euro auf zeitweise 100:1 im Sommer 2014. Nach mehrmaligen Einbrüchen und Erholungen liegt der Kurs seit einigen Monaten einigermaßen stabil zwischen 68 und 75 für einen Euro. Da ein großer Teil der Handelsware des Kaliningrader Gebiets aus Litauen und Polen stammt, setzte eine Preissteigerung ein, die für die meisten Kaliningrader sehr schmerzhaft war und das Wohlstandsgefälle zu Polen und Litauen nochmals verstärkte. Inzwischen sind die gleichen Güter und Lebensmittel in Polen selbst unter Berücksichtigung des neuen Rubelkurses billiger zu bekommen, was zumindest bezüglich Lebensmitteln einen starken Einkaufstourismus der Russen vor allem nach Braniewo (Braunsberg), Elbląg (Elbing) und Gdańsk (Danzig) hervorrief.

Da andererseits die Polen viel Devisen aufgrund des Benzin-, Tabak- und Wodkatourismus nach Kaliningrad brachten, entschloss man sich im Juli 2012, einen bilateralen ›Kleinen Grenzverkehr‹ ins Leben zu rufen. Dank der zügigen Abfertigung auf beiden Seiten wurde der Kleine Grenzverkehr – dafür war ein besonderer Antrag nötig war – viel genutzt und führte zu starkem gegenseitigen Besuchsverkehr zwischen dem Kaliningrader Gebiet und der polnischen Woiwodschaft Ermland und Masuren. Leider wurde der Kleine Grenzverkehr – ohne Angabe nachvollziehbarer Gründe – im Juli 2016 einseitig von Polen eingestellt, kurz darauf auch von russischer Seite. Viele Kaliningrader sind aber im Besitz regulärer Schengenvisa und können daher weiterhin problemlos nach Polen zum Einkauf fahren, wenngleich mit gewissem zeitlichen Abfertigungsaufwand.

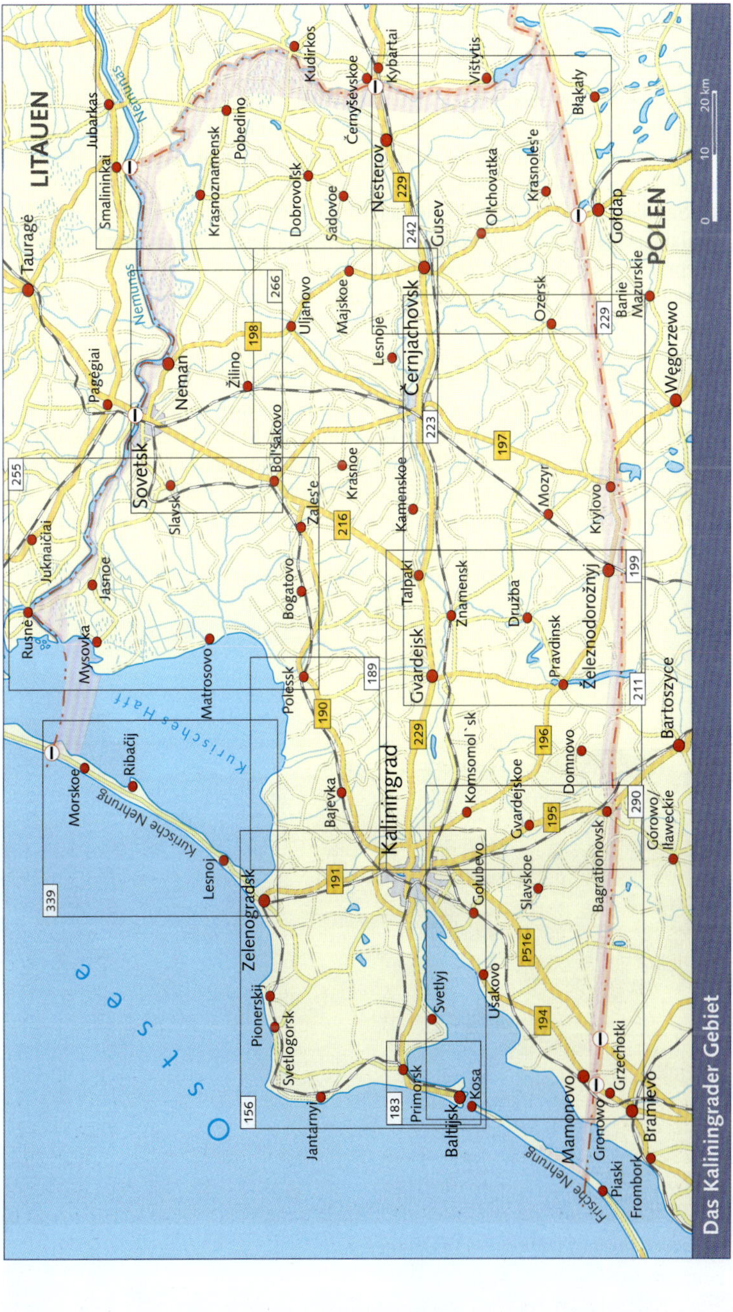
Das Kaliningrader Gebiet
LITAUEN
POLEN
Ostsee
Kurisches Haff
Kurische Nehrung
Frische Nehrung
Nemunas
Kaliningrad
Zelenogradsk
Svetlogorsk
Pionerskij
Jantarnyj
Primorsk
Baltijsk
Kosa
Svetlyj
Ušakovo
Golubevo
Slavskoe
Bagrationovsk
Mamonovo
Gronowo
Grzechotki
Braniewo
Frombork
Piaski
Lesnoj
Morskoe
Ribačij
Bajevka
Polessk
Matrosovo
Mysovka
Rusnė
Jasnoe
Juknaičiai
Slavsk
Sovetsk
Bol'šakovo
Zales'e
Bogatovo
Krasnoe
Kamenskoe
Talpaki
Gvardejsk
Znamensk
Družba
Pravdinsk
Železnodorožnyj
Krylovo
Mozyr
Komsomol`sk
Gvardejskoe
Domnovo
Bartoszyce
Górowo Iławeckie
Neman
Žilino
Uljanovo
Majskoe
Lesnoje
Černjachovsk
Gusev
Ozersk
Ol'chovatka
Krasnoles'e
Gołdap
Banie Mazurskie
Węgorzewo
Nesterov
Černyševskoe
Kybartai
Kudirkos
Vištytis
Błąkały
Sadovoe
Dobrovolsk
Pobedino
Krasnoznamensk
Smalininkai
Jubarkas
Tauragė
Pagėgiai
156
183
191
194
195
196
190
189
197
198
199
211
216
223
229
242
255
266
290
339
P516
0 10 20 km

Geographie, Geologie, Klima

Das Kaliningrader Gebiet befindet sich im südöstlichen Ostseeraum und wird im Norden und Osten von Litauen und im Süden von Polen begrenzt. Mit einer Fläche von 15125 Quadratkilometern ist es etwa so groß wie Schleswig-Holstein. Es ist überwiegend ein Tiefland mit eiszeitlicher Prägung, wobei das Memeltal und die Täler von Inster und Pregel alte Urstromtäler sind. Der markante Riegel des Samlands ragt bis zu 40 Kilometer breit westwärts in die Ostsee vor. Das Samland selbst besteht größtenteils aus Schichten des Tertiär, die aber eiszeitlich überprägt wurden. An ihn fügen sich die geologisch ganz jungen Bildungen der Kurischen Nehrung – 99 Kilometer Länge – und der Frischen Nehrung – 56 Kilometer Länge – an. Sie entstanden durch die Anschwemmung von Lockermaterial, das aus Gesteinsfolgen des Samlands und aus den Moränen des Pommerschen Landrückens nördlich von Danzig stammt und durch Wind und Wasser erodiert und wegtransportiert wurde. Die auch heute noch wachsenden Nehrungen tendieren dazu, die großen Binnenseen der Haffs vom Meer abschließen, so dass es nötig ist, die Durchgänge in Pillau und Memel ständig auszubaggern. Die Haffs werden im Wesentlichen durch die Flüsse Pregel und Memel gespeist und führen daher Süßwasser. Am Ostrand des Kurischen Haffs liegt eine weite Sumpfniede-

Im Tal der Angerapp südwestlich von Gusev

rung, die Teil des großen Memeldeltas ist. Die Memel selbst besitzt keine eigentliche Mündung, sondern fließt mit mehreren Teilströmen ins Kurische Haff. Von der großen Memelschleife bie Ragnit zieht sich südwestlich bis zum Pregeltal eine flache Hügellandschaft, die Teil des Baltischen Landrückens ist. Ebenso ist die Region an der Südgrenze des Kaliningrader Gebiets verhältnismäßig hügelig, der höchste Punkt liegt innerhalb der Hügelwälder der Rominter Heide bei 230 Meter Meereshöhe. Die Fläche setzt sich aus 18 Prozent Waldgebiet, 12 Prozent Flüssen und Seen einschließlich der Haffe, 52 Prozent Ackerland und 18 Prozent sonstiger Böden zusammen.

Klimatisch liegt ein Übergangsgebiet vom maritimen zum kontinentalen Klima vor. Die durchschnittlichen Niederschläge liegen zwischen 650 und 940 Millimeter pro Jahr. Die Durchschnittstemperaturen liegen im Januar etwa zwischen minus zwei und minus vier Grad Celsius, im Juli werden 18 Grad erreicht.

Essen und Trinken

Das sicherlich landestypischste Gericht ist Schaschlyk, was man unbedingt einmal versuchen sollte. Es ist keine russische Erfindung, sondern kommt aus dem Kaukasus und hat sich von dort allmählich über das ganze Land verbreitet. Dieses Schaschlyk hat nichts mit den fetttriefenden Spießen aus Schweinefleisch, Zwiebeln und Leber zu tun, die in Deutschland Schaschlik genannt werden, sondern besteht ausschließlich aus marinierten, fein durchwachsenen Schweinefleischstücken, die über offenem Feuer gegrillt werden. Oft findet man auch Schaschlyk aus Lamm oder Huhn. Für viele Russen ist das Schaschlykmachen am Strand nach dem Baden oder im Garten unverzichtbar für ihre Lebensqualität. Wer nicht selbst marinieren will, kann in den großen Supermärkten schon vorbereitetes Fleisch günstig einkaufen. Die alte ostpreußische Küche kennt man natürlich nicht mehr, wenngleich es einige Gemeinsamkeiten gibt, die auch heute noch bestehen, wie beispielsweise Kuttelsuppe. Andere Suppen wie Borschtsch und Schtschi, die aus Kohl und roten Rüben zubereitet werden, sind ebenso traditionelle Speisen. Suppen werden zumindest in Restaurants niemals zum Abendessen gegessen.

Als Getränke sind die zahlreichen russischen Biersorten sehr geschätzt, beispielsweise ›Baltika‹ aus St. Petrsburg, das in verschiedenen Typen mit unterschiedlichem Alkoholgrad und auch als Weizenbier auf dem Markt ist, daneben die Biere aus Kaliningrader Produktion, insbesondere ›Ostmark‹ und ›Königsberg‹. Zum Bier werden gerne getrocknete und in Streifen geschnittene Kalmare gegessen: Ebenso ist Trockenfisch äußerst beliebt, den die allermeisten deutschen Touristen jedoch überhaupt nicht mögen. Wein wird in Russland eher selten getrunken, und wenn, dann nimmt man einen der süßen georgischen Weine. Samagonka ist ein von vielen Einheimischen selbst hergestellter, sehr milder Wodka, den man gern zu allen Gelegenheiten trinkt. Wodka wird auch in Kaliningrad hergestellt, die Marke ›Kënigsbergskaja‹ ist durch ihre Milde sehr begehrt und bei deutschen Touristen ein beliebtes Mitbringsel.

Die rund 550 Kilometer lange Fahrt von Berlin durch das nördliche Polen bis zur Kaliningrader Gebietsgrenze ist eine Begegnung mit preußischer und polnischer Geschichte zur gleichen Zeit m gleichen Ort. Weite Ebenen und milde Hügel prägen die Region zwischen Oder und Weichsel, herausragend ist der gewaltige Backsteinbau der Marienburg.

Die Marienburg

VON BERLIN IN DAS KALININGRADER GEBIET

Für eine Fahrt in das Kaliningrader Gebiet ist – ganz gleich, mit welchem Verkehrsmittel man sich dorthin begeben will – Berlin der günstigste Ausgangspunkt. Das gilt auch, wenn die Reise in Süddeutschland beginnt, da alle anderen Straßenverbindungen einen erheblichen Zeitverlust bedeuten. Die Fahrt über die frühere Reichsstraße 1 über Kostrzyn (Küstrin), Gorzów Wielkopolski (Landsberg/Warthe) – wobei zwischen diesen beiden Städten zwei Alternativtrassen bestehen –, Wałcz (Deutsch Krone), Człuchow (Schlochau), Malbork (Marienburg) und Elbląg (Elbing) ist die kürzeste Variante, sowohl was die Streckenlänge als auch was die Zeit anbetrifft. Wählt man diese Variante, bewegt man sich großteils auf der Fernstraße 22. Über diese Straße, den alten Krönungsweg der preußischen Könige, sind es von Berlin-Alexanderplatz bis zum Zentrum Kaliningrads genau 590 Kilometer, und einschließlich der momentan üblichen Wartezeiten an den Übergängen Gronowo–Mamonovo (Мамоново/Heiligenbeil) und Grze-chotki–Mamonovo (Fernstraße 22) an der polnisch-russischen Grenze lassen sie sich in 12 bis 13 Stunden zurücklegen.

Manche bevorzugen die Strecke zunächst über die Autobahn A 13 bis Stettin (Szczecin) und von dort über die polnische Fernstraße 10 (Richtung Bydgoszcz) nach Wałcz, wo man wieder die Trasse der 22 erreicht. Diese Route ist aber 45 Kilometer länger, der Abschnitt Szczecin–Wałcz wird sehr stark vom Schwerverkehr befahren, außerdem steht in fast jedem Ort eine Radarkontrolle.

▶ Karte S. 65

Die berühmte Fernverbindung der alten 1 ist keineswegs ein historisch-organisch gewachsenes Gebilde. Die frühere West-Ost-Achse Preußens und Deutschlands beginnt an der niederländischen Grenze bei Aachen und führt über Essen, Paderborn, Braunschweig, Magdeburg, Berlin und Königsberg bis zur ehemaligen Reichsgrenze 150 Kilometer östlich von Königsberg. Sie ist aus römischer Heerstraße, ausgebautem Ackerweg, Pilgerpfad und Handelsstraße zusammengesetzt worden und erhielt erst in den 1920er Jahren die Bezeichnung ›Reichsstraße 1‹.

Denjenigen, die auf der Fahrt in die Kaliningradskaja Oblast' einige andere touristisch interessante Regionen und Städte Polens besuchen wollen, bietet sich eine zweite, etwa 160 Kilometer längere Trassenführung an. Diese deckt sich bis Wałcz mit dem ersten Streckenverlauf, führt dann in östlicher Richtung über Piła (Schneidemühl) nach Bydgoszcz (Bromberg) und wendet sich nach Norden und Nordosten über Grudziądz (Graudenz) und Osterode (Ostróda) nach Olszytn (Allenstein). Von Olszytn sind es über den Grenzübergang Bezledy-Bagrationovsk (Багратионовск/Preußisch Eylau) noch 130 Kilometer bis nach Kaliningrad. Diese Route ist von sehr hohem Verkehrsaufkommen geprägt, was bei der vorherigen Streckenführung (22) nicht der Fall ist. Auch ist zwischen Grudziądz und Ostróda die Straße schmal, kurvenreich und unübersichtlich, so dass die Fahrt sehr anstrengend werden kann. Deshalb ist sie hier nicht detailliert dargestellt. Allerdings kann man über eine landschaftlich bezaubernde Strecke von Braniewo parallel zur russischen Grenze (über Pienieżno und Gorowo Iławeckie) zum Grenzübergang Bezledy-Bagrationovsk fahren.

Eine Einreise in das Kaliningrader Gebiet über den ganz im Osten gelegenen Übergang Gołdap (Goldap) war bis vor wenigen Jahren wegen des geringeren

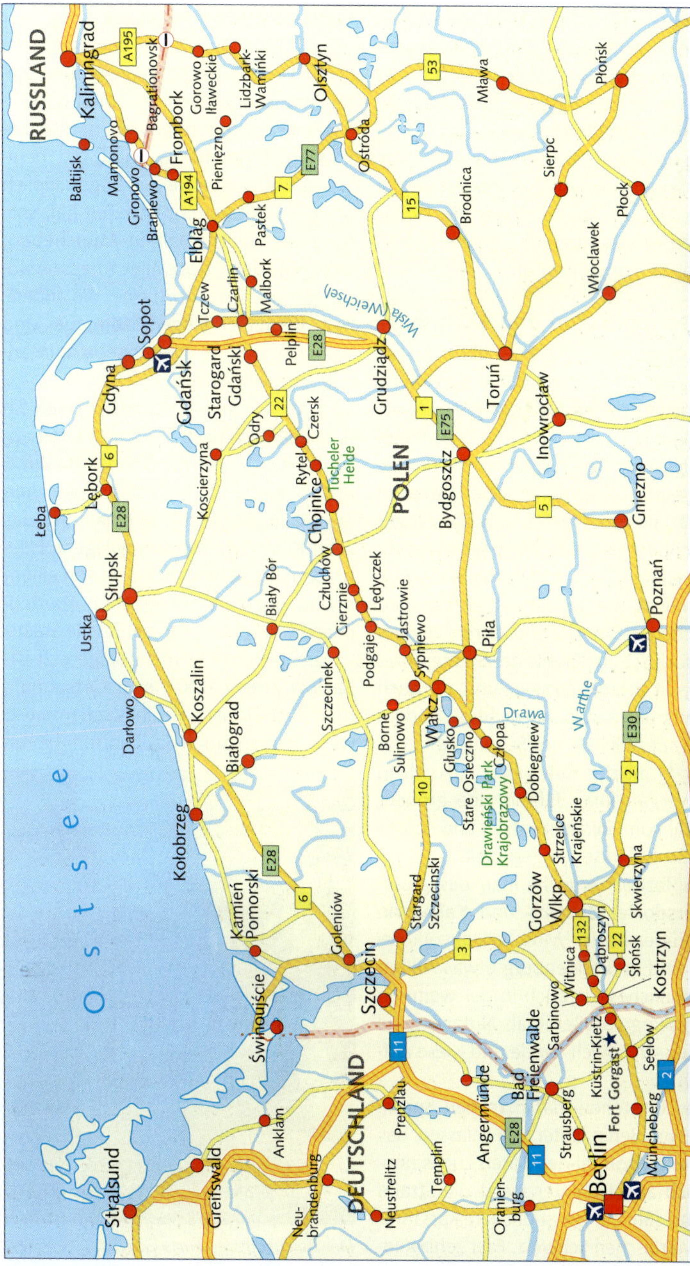

Zwischen Berlin und Kaliningrad

Von Berlin in das Kaliningrader Gebiet

Verkehrsaufkommens eine gute Möglichkeit; die Anfahrt bis Gołdap durch Masuren gestaltet sich jedoch recht langwierig. Man fährt zunächst über die zweite erwähnte Route bis Olszytn und dann über die polnische 16 weiter Richtung Augustów. An den beiden westlichen Übergängen gehören die früher langen Wartezeiten bei Ein- und Ausreise der Vergangenheit an.

Zwischen Berlin und Kostrzyn

Von Berlin-Mitte geht es über die B1 ostwärts. Die Tour geht über die frühere Stalinallee, die heutige Karl-Marx-Allee, am Bahnhof Lichtenberg und an Friedrichsfelde vorbei. Alsbald endet die geschlossene Bebauung. Die früheren Dörfer Biesdorf (noch am Dorfanger erkennbar) und Kaulsdorf werden passiert. Hinter Mahlsdorf ist die Stadtgrenze erreicht, und bis zur Auffahrt an den östlichen Berliner Autobahnring bei Vogelsdorf, schon jenseits der Stadtgrenze, erstreckt sich die Zersiedelung, um auch jenseits der Autobahn nicht zu enden. Denn speziell hier, am Schnittpunkt der alten 1 mit der Autobahn, hat sich in den vergangenen Jahren eine größere Anzahl von Einkaufszentren und sonstigen Großmärkten angesiedelt.

Nach Tasdorf erreicht man das große **Rüdersdorfer Zement- und Kalkwerk**. Die Rüdersdorfer Muschelkalkvorkommen sind in Brandenburg etwas Außergewöhnliches, da auch in der weiteren Umgebung von Berlin als Nutzgesteine fast ausschließlich Sande und Kiese auftreten.

Hinter Lichtenow hat man den Speckgürtel um Berlin hinter sich gelassen, das kleine Urstromtal des Roten Luchs breitet sich aus. Dahinter steigt die Straße an und führt in die südlichen Ausläufer der Märkischen Schweiz. Fast zehn Kilometer geht es durch den Wald. Kurz vor Müncheberg lässt ein früheres Chausseehaus die historische Bedeutung dieser Straße erkennen. Während die alte 1 am Waldrand geradeaus nach Müncheberg hineinführt, leitet die neue Ortsumgehung in weitem Bogen südlich um die Stadt herum. Wer Zeit hat, sollte einen kurzen Halt in **Müncheberg** einlegen, denn trotz aller Kriegszerstörungen sind zwei Tortürme, die anderthalb Kilometer lange Stadtmauer und die nach 1990 wiederaufgebaute Marienkirche sehenswert.

Von der Umgehungsstraße zweigt die B 5 südöstlich nach Frankfurt/Oder ab; bis hierher laufen die Bundesstraßen 1 und 5 hinter Berlin auf der gleichen Trasse. In Jahnsfelde kann man in das zehn Kilometer nördlich gelegene Neuhardenberg abbiegen, wo im von einem prächtigen Park umgebenen Hardenbergschen Schloss der preußische Staatskanzler gleichen Namens beigesetzt ist.

Seelow erhielt 2007 eine Ortsumfahrung. Der Ort ist allerdings sehenswert, weshalb man durch das Zentrum fahren

Der Innenring des Forts Gorgast

▲ Karte S. 65

sollte. Am Ortseingang verzeichnet ein Meilenstein mit einem preußischen Posthorn das Gründungsjahr der Stadt 1252. Die Kirche ist erst nach 1990 wieder aufgebaut worden. Eine großzügige Spende des Versandhausbesitzers Otto, der in Seelow geboren wurde, ermöglichte diese Rekonstruktion. Noch innerhalb der Stadt senkt sich die Straße in steilem Abfall zum Oderbruch hinab. Von den Höhen über der Stadt hat man einen weiten Blick bis nach Küstrin. Ein imposantes Denkmal rechts der Straße erinnert an die erbitterten Kämpfe um die Seelower Höhen, die hier zwischen Januar und April 1945 stattfanden; 30 000 Soldaten fielen auf russischer und deutscher Seite. Man ist erstaunt, dass angesichts dieser fast drei Monate lang heftig tobenden Kämpfe vom alten Seelow immer noch so viel steht.

Das **Oderbruch** ist ein Urstromtal, das die abfließenden Schmelzwässer der Eiszeit schufen. Etwa 15 Kilometer Ost-West-Durchmesser hat es hier. Das weite Sumpfgebiet ist erst zur Zeit Friedrichs des Großen urbar gemacht worden, der 1763 feststellte: »Jetzt habe ich im Frieden eine ganze Provinz erobert.« Das Oderbruch liegt nur etwa sieben bis zehn Meter über dem Meeresspiegel. Es ist ein landwirtschaftlich intensiv genutztes Gebiet, das früher fast die ganze DDR mit Gemüse belieferte.

Als gerade Linie führt die Straße vom Fuß der Moränenhügel nach Manschnow. Am Abzweig der B 112 nach Frankfurt weist ein Schild auf das **Fort Gorgast** hin. Dieses Fort gehörte einst zum äußeren Festungsring der Festung Küstrin, die nochmals in einem etwa fünf Kilometer entfernten Außenring mit Forts umgeben war, denn der Küstriner Oderübergang war stets von besonderer strategischer Bedeutung.

Durch Küstrin-Kietz, der früheren Fischervorstadt Küstrins, noch diesseits der Oder gelegen, wird der Vorflutkanal erreicht. Zwischen ihm und der eigentlichen Oder liegt eine Insel, auf der von jeher Soldaten untergebracht waren. Die Kasernen aus Kaiser Wilhelms Zeiten dienten nach 1945 der Roten Armee als Militärstützpunkt. Die Oderinsel konnte seitens des Militärs nur in Richtung DDR verlassen werden. Seit 2009 besteht eine Umfahrung auch von Küstrin-Kietz.

Nach 90 Kilometern ist jetzt die Oder und damit die Grenze zu Polen erreicht. Einst war Brandenburg hier noch nicht zu Ende, die östlich gelegenen Gebiete gehörten, als Neumark oder Ostbrandenburg bezeichnet, noch dazu. Fast 100 Kilometer führt die Route nun noch durch ehemals brandenburgisches Gebiet, dahinter dann durch polnisches Kernland.

Kostrzyn (Küstrin)

Gleich jenseits des Flusses liegt die Reste der Festung Küstrin. Rechter Hand erscheint, unmittelbar am Grenzübergang, das Berliner Tor, durch das die 1 früher in die Küstriner Altstadt hineinführte. Durch das Tor – darin ist eine kleine Touristeninformation untergebracht – lassen sich niedrige Mauerreste und nur noch an der Pflasterung erkennbare Straßenzüge erkennen. Nichts ist von der Altstadt Küstrins übriggeblieben; es ist ein märkisches Pompeji. Nur die Festungswälle ragen trutzig über der Oder auf. Küstrin wurde in den Kämpfen im März und April 1945 nahezu vollständig zerstört. Die exponierte Lage direkt an der neuen Westgrenze Polens und die zumindest in den damaligen Jahren vorherrschende Unsicherheit über den tatsächlichen Verbleib vormals deutscher Gebiete östlich von Oder und Neiße bei Polen führte dazu, dass nach Flucht und Vertreibung der Deutschen nur wenige polnische Siedler kamen und die Steine zum Wiederaufbau anderer zerstörter polnischer Städte, insbesondere Warschaus, abtransportiert wurden.

Altstadt

Der Besuch der nach Zerstörung und Abtransport der Trümmer weitgehend sich selbst überlassenen Altstadt Küstrins ist ein besonderes Erlebnis.

Gleich hinter dem Grenzübergang stehen rechts einige Barackengebäude, danach liegt rechts das frühere Zorndorfer Tor, das in eine Tankstelle integriert ist. Durch dieses verließ man früher Küstrin Richtung Norden. Auch heute liegt es genau im Trassenverlauf der Straße nach Szczecin (Stettin). Rechts an diesem Tor vorbei führt ein Weg in die frühere Altstadt.

Einen zweiten Zugang in die Altstadt findet man, wenn man sich hinter dem Grenzübergang immer rechts hält und sich dort, wo nach etwa 400 Metern der Weg nach Słubice abzweigt, wieder nach rechts über einen unbefestigten Weg bis zur Brücke über den Festungsgraben begibt. Durch das ehemalige Dammtor gelangt man hier in die Altstadt.

Das Straßennetz ist durchgehend am noch erhaltenen Kopfsteinpflaster zu erkennen, Haus- und Kellereingänge sind an Treppenfragmenten aus-zumachen; selten erreichen die Mauerreste mehr als 50 Zentimeter Höhe.

Auf einem größeren freien Platz befinden sich rechts die **Reste der Kirche**, ihr gegenüber befand sich das Schloss von Küstrin. Es ist an mancherlei Mosaikbodenrelikten, Treppenstufen und den besonderen Maßen der Mauerreste unzweideutig zu erkennen.

Das Schloss war Schauplatz eines tragischen Geschehens: Als 1730 der 18-jährige Kronprinz Friedrich seinem despotischen Vater Friedrich Wilhelm I. zu entkommen suchte, wurde er auf der Flucht im niederrheinischen Wesel aufgegriffen und vor ein Kriegsgericht gestellt. Sein Freund Hans Hermann von

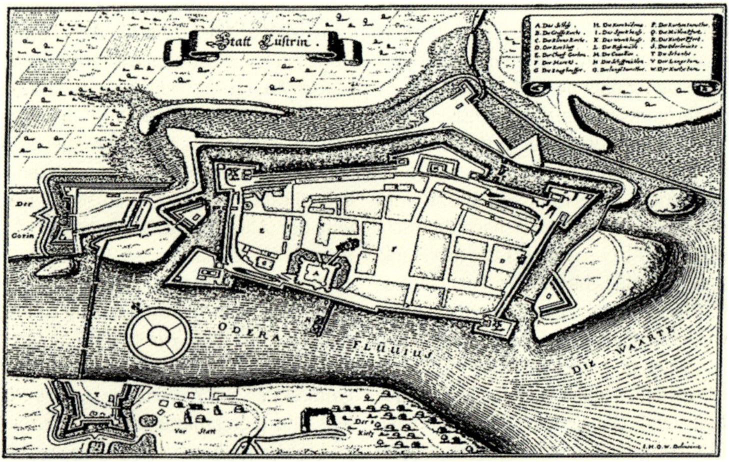

Festung Küstrin, Merian-Stich von 1652

▲ Karte S. 65

Altes Kopfsteinpflaster in der Küstriner Altstadt

Katte, der ihm bei den Vorbereitungen zur Flucht geholfen hatte, wurde vom Gericht erst zu lebenslänglicher Festungshaft verurteilt, doch dann auf besonderen Wunsch des Königs hingerichtet. Die Strafe wurde am 6. November 1730 im Schlosshof von Küstrin vollstreckt. Von einem Fenster des Schlosses musste der Kronprinz der Hinrichtung seines Freundes zusehen. Friedrich rief ihm zu: »Mein lieber Katte, ich bitte Sie tausendmal um Verzeihung.« Katte antwortete: »Nichts von Verzeihung, mein Prinz; ich sterbe mit tausend Freuden für Sie.« Hans Hermann von Katte wurde in Wust in der Altmark am Stammsitz seiner Familie beigesetzt.

Neustadt

Über die Straße nach Szczecin (polnische 31) überquert man die Warthe (Warta), jenseits davon ist die Küstriner Neustadt erreicht. Weite Grünflächen, auf denen sich kürzlich einige Einkaufszentren angesiedelt haben, und Neubauten der 1960er Jahre bestimmen das Stadtbild. Im Zentrum der Neustadt, am früheren Stadtpark, geht es nach Nordosten auf die polnische Staatsstraße 132 Richtung Gorzów Wielkopolski (Landsberg/Warthe). Auf dieser 132 sind es 44 Kilometer bis Landsberg, danach erreicht man die die polnische 22, die direkt bis zum Grenzübergang Grzechotki an der polnisch-russischen Grenze führt. Bis Elbląg entsprechen diese beiden Trassen der früheren Reichsstraße 1. Die erwähnte 22 beginnt schon in Kostrzyn, verläuft aber bis Gorzów Wielkopolski nicht auf der ehemaligen 1, sondern am Südrand des Warthebruchs entlang über die Trasse der ehemaligen Reichsstraße 114 (schnellere Alternativroute).

Hinter dem Stadtpark erscheint das alte **Küstriner Feuerwehrhaus**, das noch heute seinem urspünglichen Zweck dient und das einzige Relikt aus der Zeit vor 1945 ist. Wie in der Altstadt waren in der Küstriner Neustadt die Zerstörungen so groß, dass weniger als ein Prozent des früheren Gebäudebestandes erhalten blieb.

i Von Berlin nach Kostrzyn

Deutsch-Polnisches Tourismusbüro, ul. Kopernika 1, 66470 Kostrzyn, Tel. 0048/95/7278123, www.kostrzyn.pl. Im Rathaus in der Neustadt.

Hotel und Restaurant Bastion, ul. Graniczna 1, 66470 Kostrzyn, Tel. 0048/95/752 59 70, www.hotel-bastion.pl. DZ 45–55 €. Gute Einkehr- und Übernachtungsmöglichkeit. Gleich hinter dem Grenzübergang rechts, am neu erstandenen Zorndorfer Tor, das allerdings jetzt als Tankstelle dient. Hinter dem Hotel erfolgt der Zugang zu den Resten der Küstriner Altstadt.

Zwischen Kostrzyn und Gorzów Wielkopolski

Die Fahrt von Kostrzyn nach Gorzów Wielkopolski verläuft entlang des Nordrands der Wartheniederung, direkt am Fuß des Moränenrückens. Schneller erreicht man Gorzów Wielkopolski, wenn man gleich nach der Grenze auf der 22 bleibt und am Südrand der Wartheniederung fährt. Die Warthe bildet hier bei ihrer Einmündung in die Oder eine breite Niederung und ist aufgrund ihres besonderen Charakters wie auch ihrer Unberührtheit als Nationalpark ausgewiesen (Park Narodowy Ujście Warty). Diese einzigartige Sumpflandschaft erstreckt sich von Kostrzyn aus etwa 30 Kilometer in nordöstlicher Richtung. Kurz vor Słońsk (Sonnenburg) gibt es einen Aussichtsturm mit einem sehr schönen Blick über die Wartheniederung.

Dąbroszyn

Über die alte 1 (heute 132) ist nach drei Kilometern Dąbroszyn (Tamsel) erreicht. Im Tamseler **Schloss** fand Kronprinz Friedrich 1731/32 in der Zeit nach der Hinrichtung seines Freundes Katte etwas Aufheiterung bei der Familie von Wreech. Das im Krieg unzerstörte Schloss war ursprünglich ein Spätrenaissancebau, ist aber im 19. Jahrhundert im Stil der Tudorgotik umgebaut worden. Heute beherbergt es einige öffentliche Einrichtungen der Gemeinde Dąbroszyn. Im zugänglichen **Schlosspark** verdient die von zahlreichen Einschüssen gezeichnete, ehemals durch ihre heute nicht mehr vorhandenen Reliefs berühmte Statue der Siegesgöttin Victoria von Christian Daniel Rauch Erwähnung.

▶ Karte S. 65

Dem Schloss gegenüber, auf der anderen Seite der Hauptstraße, führt eine verwunschene Pflasterstraße durch den oberen Schlosspark aus der Wartheniederung auf die Moränenlandschaft des Pommerschen Landrückens nach **Sarbinowo** (Zorndorf) empor. Hier fand jene Schlacht vom 30. August 1758 statt, in der es König Friedrich II. zwar gelang, die Russen vom Weitermarsch auf Berlin abzuhalten, er diesen Erfolg jedoch mit größten Verlusten wie auch der Zerstörung Tamsels und Küstrins erkaufte – ein Pyrrhussieg.

Südlich des Schlossparks führt seit 1857 die früher Ostbahn genannte Eisenbahnstrecke am Warthebruch entlang. Diese Linie verband Berlin einst mit Königsberg, heute ist sie nur noch von regionaler Bedeutung.

Witnica

Witnica (Vietz) war im 19. Jahrhundert die größte Landgemeinde Brandenburgs. Das um 1750 gegründete Eisenhüttenwerk wie auch die Brauerei machten aus dem Ort früh ein blühendes Städtchen. Auch heute ist es wegen der gut erhalten historischen Bausubstanz und der schönen landschaftlichen Umgebung einen Besuch wert.

Schloss Tamsel auf einem alten Stich

Słońsk

Ein Halt in Słońsk (Sonnenburg) ist sehr lohnend, weist doch das Städtchen ein vom Krieg verschontes, verträumtes Zentrum auf. Die neugotische **Schinkelkirche** und insbesondere die beeindruckende Ruine des 1975 abgebrannten **Johanniterschlosses** sind sehr sehenswert. Der preußische König Friedrich Wilhelm IV. stellte den Johanniterorden nach dessen Auflösung durch Napoleon in Preußen wieder her und bestimmte als dessen Haupsitz Sonnenburg. Seit 2001 wird alljährlich hier wieder der Ordensrittertag begangen.

Etwa 25 Kilometer hinter Słońsk biegt die 22 scharf nordwärts wie eine Nebenstraße ab. Man muss achtgeben, diese Abfahrt nicht zu versäumen, sonst fährt man weiter auf der 24 Richtung Poznań. Noch knapp 20 Kilometer sind es bis nach Gorzów Wielkopolski. Etwa neun Kilometer vor dieser Abzweigung, kurz hinter Krzeszyce, gibt es ein empfehlenswertes Lokal mit Übernachtungsmöglichkeit: ›U Anki‹, Łukomira 5, 66-435 Krzeszyce, Tel. 0048/95/7574943.

Gorzów Wielkopolski

Das rund 140 Kilometer von Berlin entfernte Gorzów Wielkopolski (Landsberg/Warthe) war bis 1945 das kulturelle und wirtschaftliche Zentrum der Neumark. Es ist die Hauptstadt der Woiwodschaft Lubuskie und mit seinen 125 000 Einwohnern heute noch die größte Stadt des ehemaligen Ostbrandenburg.

Das Zentrum ist im und kurz nach dem Krieg zu großen Teilen zerstört worden, doch sind Relikte der **Stadtmauer** und einige andere Sehenswürdigkeiten wie insbesondere die wuchtige gotische **Marienkirche** erhalten. Die Lage an der Warthe ist schlichtweg zauberhaft:

Die Marienkirche im Zentrum von Gorzów

Gorzów ist eine gemütliche Mittelstadt, die Lebensqualität bietet. Wer Zeit hat, sollte unbedingt einen Bummel in der Altstadt am Wartheufer machen. Landsberg ist der Geburtsort der Schriftstellerin Christa Wolf (1929–2011) und des Romanisten Victor Klemperer (1888–1960), der insbesondere durch seine Tagebücher Bekanntheit erlangt hat.

Die Einfallstraße von Westen führt an einer orthodoxen Kirche vorbei – es gibt hier eine orthodoxe polnische Minderheit. Kommt man von von Süden her über die 22 hinein, gewinnt man von der Warthebrücke einen sehr schönen Blick auf die Altstadt und den Eisenbahnviadukt, der hier nahe des Flussufers verläuft. Erstaunlich ist übrigens die immense Zahl von Fahrschulwagen, die einem hier tagtäglich begegnen, denn Gorzów ist Zentrum der Fahrschulausbildung für die ganze Woiwodschaft.

Zwischen Gorzów Wielkopolski und der Weichsel

Noch innerhalb der Stadt Gorzów Wielkopolski verlässt man das Urstromtal der Warthe und gelangt auf eine wellige Hügellandschaft mit weiten Kornäckern und sich kilometerlang erstreckenden Kiefernwäldern. Zwar steigt das Gelände durchgehend leicht an, doch auf den 300 Kilometern bis zur Weichsel ändert sich die Landschaft kaum.

■ Strzelce Krajenskie und Umgebung

Das stille Städtchen Strzelce Krajenskie (Friedeberg in der Neumark) ist die nächste größere Ansiedlung. Der kreisrunde Stadtkern ist von einer vollständig erhaltenen Stadtmauer umgeben, doch ist nur ein Viertel der alten Stadt nach den Kämpfen 1945 übriggeblieben.

Die **Kirche** besitzt nur einen gedeckten Turmstumpf. Am gepflegten **Marktplatz** rechts der Hauptstraße sind einige alte Bürgerhäuser erhalten geblieben und rekonstruiert, auch das **Driesener Tor**, eines der schönsten norddeutschen Backsteintore, steht noch am östlichen Ortsausgang.

Gegenüber dem Supermarkt ›Biedronka‹, an der Hauptstraße hinter der Kirche, gibt es eine Metzgerei, deren Qualität regionalweit bekannt ist. Selbst deutsche Reisebusse halten hier, damit sich Touristen mit den berühmten Knackwürsten (Sardelki) eindecken können.

Auf der Hälfte des Weges zum nächsten größeren Ort – Dobiegniew – reicht der Jezero Lipie (Liebsee) bis an die Straße heran. Hier, bei Długie, das genau genommen nur aus einem Hotel und einigen hölzernen Bungalows besteht, liegt ein zu jeder Jahreszeit stark frequentiertes **Naherholungsgebiet**, wo man nicht nur baden kann, sondern auch genügend Möglichkeiten zum Wandern und Radfahren in einer idyllischen See- und Hügellandschaft findet. Beliebt ist hier das Hotel ›Wodnik‹, das vielen Reisenden ins Kaliningrader Gebiet als Übernachtungsstation dient.

▲ Karte S. 65

■ Dobiegniew

Am Ortseingang von Dobiegniew (Woldenberg) befinden sich die Reste eines der einst größten Lager für kriegsgefangene Offiziere im Zweiten Weltkrieg (Oflag II C Woldenberg). Allein 6000 Polen waren hier interniert. Das **Muzeum Woldenbergczykow** stellt die Geschichte auf dem ehemaligen Lagergelände dar (www.dobiegniew.pl). Gute Informationen dazu gibt es auch unter www.lagerpost.info/woldenberg.htm. Woldenberg wurde 1945 noch stärker als Friedeberg zerstört. Die frühere Stadtmitte um die Kirche ist nicht wieder aufgebaut, nur drei kümmerliche niedrige Häuschen säumen noch an der Ostseite den vormaligen Marktplatz. Das neue Zentrum des Ortes ist zum Bahnhof hin verschoben.

■ Drawa-Niederung

Hinter Dobiegniew beginnt der vielleicht landschaftlich schönste Abschnitt auf der Route zwischen Oder und Weichsel. Gute 15 Kilometer sind es durch dichte Nadelwälder bis Stare Osieczno (Hochzeit). Hier wird die Drawa (Drage) überquert, die aus der Pommerschen Seenplatte um Drawsko Pomorski (Dramburg) kommt und 20 Kilometer südlich von Stare Osieczno bei Drawsko (Dratzig) in die Netze mündet. Die Drageniederung mit ihren Sümpfen war im Mittelalter nur an wenigen Stellen zu überqueren, eine Möglichkeit bestand hier bei dem Dorf Hochzeit, dessen Name nur eine schlechte phonetische Eindeutschung von Osieczno ist, einer alten slawischen Siedlung.

Die Furt war immer eine umkämpfte Grenzbastion zwischen Polen, dem Deutschen Orden und den askanischen Markgrafen und bis in die Zeit der Napoleonischen Kriege von höchster militärischer Bedeutung. Jahrhundertelang verlief hier die Grenze zwischen Brandenburg und Pommern. Kompliziert wurde die politisch-administrative Situation in dieser Region nach dem Ersten Weltkrieg. Durch die Bestimmungen des Versailler Vertrages wurden die preußische Provinzen Posen und Westpreußen zum größten Teil Polen zugeschlagen. Aus den verbliebenen Resten im Norden und Westen – mit den Gegenden um Hochzeit, Deutsch Krone und Schneidemühl – schuf man 1922 die Provinz ›Grenzmark Posen-Westpreußen‹. Sie bildete keinen geschlossenen Raum, sondern war aus drei ungleichen, voneinander getrennten Teilen zusammengesetzt. Ein nördlicher Teil, in etwa die Südflanke des Pommerschen Landrückens umfassend, befand sich zwischen der Dragefurt und dem ›Korridor‹ bei Konitz (heute Chojnice). Ein mittlerer Abschnitt lag am Unterlauf der Warthe bei Meseritz (Międzyrzecz) und ein recht kleiner südlicher Teil an der Grenze Schlesiens bei Fraustadt nördlich Glogau (Głogów). Diese Provinz wurde 1938 wieder aufgelöst und die einzelnen Teile jeweils an die Nachbarprovinzen Pommern, Brandenburg und Schlesien angegliedert.

Naturpark Drawa-Niederung

Auf und ab führt nun die Straße, denn die breite Furt der Drage mit ihren zahllosen Rinnenseen zwingt ihre Trasse auch jenseits des Flusses in zahlreiche unübersichtliche Kurven. Aber diese Gegend, seit einigen Jahren zum Naturpark Drawaniederung erhoben (Drawieński Park Krajobrazowy), bietet ruhesuchenden Urlaubern vielfältige Erholungsmöglichkeiten. Ein geheimnisvoller See ist der **Jezioro Czarne** (Schwarzer See) bei Głusko (Steinbusch), nur wenige Kilometer nördlich von St. Osieczno gelegen. Er ist 29 Meter tief und das Wasser so klar, dass man darin sieben Meter weit sehen kann. Der See befindet sich jedoch in einer Senke, so dass die Winde das Seewasser nicht mit Sauerstoff ver-

Die Drage fließt auf weiten Strecken unberührt

mischen können. Daher finden sich in den tieferen Seebereichen nur Bakterien, und einzig an der Oberfläche leben Fische, allerdings die seltenen Blaufelchen. Sehenswert ist auch das 1903 fertiggestellte **Wasserkraftwerk** von Głusko, bei dem die Drage über einen kleinen Damm angestaut wird. Die Turbinen sind über 100 Jahre alt und funktionieren immer noch bei einer Leistung von einem Megawatt (www.dpn.pl).

■ Człopa

Das Städtchen Człopa (Schloppe) ist nur in seinem höher gelegenen Teil erhalten. Das eigentliche Zentrum ist wie das in Woldenberg nach den Zerstörungen nicht wieder aufgebaut worden, doch ist hier selbst die alte Stadtkirche verschwunden.

Zehn Kilometer hinter Człopa gabelt sich die Straße. Über die polnische 179 kann man bei Rusinowo (Ruschendorf) nach Piła (Schneidemühl) abbiegen. Über Piła verläuft die andere der beiden eingangs empfohlenen Routen von Berlin ins Kaliningrader Gebiet (weiter über Bydgoszcz und Grudziądz).

■ Wałcz

Von Rusinowo sind es 25 Kilometer bis Wałcz (Deutsch Krone), das äußerst malerisch zwischen zwei Seen liegt. Am Stadtrand befinden sich die Wassersport-Trainingszentren der polnischen Profisportler und Olympioniken. Wałcz blieb 1945 in weiten Teilen unbeschädigt, doch in seiner Umgebung tobten im März 1945 heftige Kämpfe. Die Deutschen versuchten hier einen Gegenangriff, um den Nachschub der Russen zu unterbinden, die bereits an der Oder standen. Doch die Rote Armee trieb die aufgeriebenen deutschen Truppen nach Nordwesten an die Ostsee, um sie zwischen Köslin und Kolberg endgültig zu schlagen. Ein großer **Soldatenfriedhof** am Westrand des Ortes erinnert an diese im Westen vergessene Schlacht. Wałcz ist heute ein unauffälliges Städtchen, selbst den **Marktplatz** mit seinem Rathaus nimmt man im Vorüberfahren kaum wahr.

Der in Kulm an der Weichsel geborene Dichter Hermann Löns ging um 1880 hier zur Schule. Deutsch Krone war einst bekannt durch seine schottische Kolonie. Viele Schotten kamen zu Beginn des 17. Jahrhunderts hierher, um das Tuchmachergewerbe auszuüben.

▲ Karte S. 65

■ Swecja und Umgebung

Die Weiterfahrt führt ohne besondere Abwechslung nach Swecja (Freudenfier). Biegt man hier nordwärts von der Hauptstraße nach Sypniewo (Zippnow) ab, gelangt man nach etwa neun Kilometern nach Breźnica-Kolonia, einem ehemaligen sowjetischen Raketenstützpunkt, wo in den 1970er Jahren Mittel- und Langstreckenraketen stationiert waren. Hinter den abgerissenen Blocks der Garnison sind die vormaligen Abschussrampen noch auffindbar. Die mehrere Meter dicken Tunnel wurden zur Tarnung mit Erde bedeckt und mit Kiefern bepflanzt. Man kann sich hier, so wenigstens polnische Medien, ohne Gefahr umsehen, da das Areal nicht kontaminiert ist.

Das ebenfalls von Swecja über Nadarzyce zu erreichende **Borne Sulinowo** (Groß Born) war in der kommunistischen Epoche ein Ort, den es offiziell nicht gab. Auf keiner Karte war er verzeichnet, denn seit den 1930er Jahren bestand hier ein Übungsplatz für Artillerie und Panzertruppen, der nach 1945 von den Sowjets übernommen wurde. Die Polen waren 1992 überrascht, als ihnen die Russen

Die schöne Dorfkirche in Cierznie

eine größere Wohnstadt übergaben. Inzwischen gibt es hier 4000 zivile Bewohner, da viele der Kasernengebäude renoviert wurden und billig vermietet werden. Der eigentliche Übungsplatz wird jetzt seit einigen Jahren aufgeforstet und ist nach und nach nicht mehr von der umgebenden **Heidelandschaft Wrzosowiska Kłomińskie**, eine der größten zusammenhängenden Waldflächen Mitteleuropas, zu trennen. Der Besuch dieser beiden Orte ist ein besonderes Erlebnis (www.bornesulinow.pl).

Jastrowie

Durch die Heidewälder geht es von Szwecja in das 20 Kilometer entfernte Jastrowie (Jastrow), ein weitgehend erhaltenes und dabei unauffälliges Landstädtchen. Im 17. und 18. Jahrhundert hatte es eine große Bedeutung als zentrale Poststation an der Strecke nach Königsberg. Der Ort erhielt erst 1602 die Stadtrechte, sein erster Bürgermeister war der Schotte Andrew Barry aus der Deutsch Kroner Kolonie. Eine ungewöhnliche Sehenswürdigkeit findet man etwa vier Kilometer südöstlich der Kreuzung im Ortszentrum, wo die Straße 189 nach Złotow über den Fluss Gwda (Küddow) führt. Fast wie ein Möbiussches Band verdreht, hängt hier seltsam verkantet eine 1945 gesprengte Eisenbahnbrücke über dem Fluss.

Podgaje

Sechs Kilometer hinter Jastrowie ist Podgaje erreicht. Hier befindet sich am westlichen Ortseingang innerhalb einer Großtankstelle ein sehr beliebtes und preiswertes Selbstbedienungsrestaurant. Doch Vorsicht: In der Sommersaison und am Wochenende sind wegen des riesigen Ansturms die Wartezeiten recht lang. Im Ort selbst zweigt die Fernstraße 11 nach Koszalin (Köslin) ab – im Sommer als wichtige Zufahrt zur polnischen Ostseeküste vom Verkehr stark frequentiert.

Lędyczek und Cierznie

Knapp zehn Kilometer hinter Podgaje liegt Lędyczek (Landeck); von der früheren Ordensburg ist nichts mehr zu finden. Hier befand sich der südwestlichste Punkt des alten Ordenslands. In etwa die Hälfte des Weges zwischen Berlin und Kaliningrad hat man hier zurückgelegt.
Bald erreicht man Cierznie (Peterswalde). Die reizvolle kleine **Fachwerkkirche** lohnt einen Halt. Hinter Cierznie geht es über die nun recht steilen Moränenwälle des Landrückens verhältnismäßig steil bergauf und bergab.

Człuchow

Rund 20 Kilometer sind es von Cierznie bis Człuchow (Schlochau). Kurz vor der Stadt, hinter Jaromierz, fallen zahllose Händler auf, die im Sommer insbesondere Aale, Pilze, Hirschgeweihe und Beeren verkaufen. Viele kleine Seen wie auch die tiefen Wälder bringen ein Über-

Am Marktplatz in Człuchow

angebot an Naturalien hervor, das hier direkt an der Straße verkauft wird.

Kurz vor dem Ortseingang liegt die Raststätte CANPOL mit angeschlossener Autohandlung und -werkstatt an der Strecke. Was 1991 mit zwei hölzernen Buden begann, in denen Wurst und Schaschlik verkauft wurde, ist jetzt zu einer sehr ansprechenden rustikalen Restaurantanlage mit vielfältigen Speisen geworden, in der man an Sonn- und Feiertagen kaum Platz bekommt. Seit einigen Jahren gibt es in ruhiger gelegenen Bereichen des großen Areals zusätzlich auch sehr schöne Übernachtungsmöglichkeiten.

Ein privater **Zoo** (Besuch kostenlos) erhöht die Attraktivität des Rastplatzes, Löwen, Tiger und das Zwergflusspferd Tesia sind die Lieblinge der Reisenden. CANPOL ist sicherlich die meistfrequentierte Raststätte zwischen Oder und russischer Grenze. Doch sollte man auch sie in der Sommersaison an Wochenenden wegen Überfüllung meiden: Polnische Familien mit Kindern verbringen hier ihre freien Tage.

Człuchow (Schlochau) besitzt seit einiger Zeit eine Umgehungsstraße, doch der Weg durch das Zentrum lohnt, denn es gibt hier die Reste der einst größten **Ordensburg** westlich der Weichsel zu sehen. Das Städtchen hat 1945 stark gelitten, die geschlossene Bebauung des Marktplatzes ist verschwunden, aber das viele Grün lässt manche Lücke übersehen. Um 1325 begann man mit dem Bau der Burg, 1367 war sie vollendet. Mit dem Hochschloss, drei Vorburgen und dem 52 Meter hohen Bergfried war sie nach der Marienburg zum Zeitpunkt ihrer Vollendung die größte Burg des Ordenslands. Nach dem großen Stadtbrand 1793 wurde die bis dahin erhaltene, aber ungenutzte Burg abgetragen, man verwendete die Steine zum Wiederaufbau des Ortes. Nur der Bergfried blieb erhalten. Auf den Fundamenten der Schlosskirche baute Karl Friedrich Schinkel nach 1828 eine evangelische Kirche an den Bergfried an. In dieser ungewöhnlichen Form wirkt Schlochaus alte Ordensburg auf den Betrachter seltsam.

▲ Karte S. 65

Chojnice

Wo man gut neun Kilometer hinter Człuchow in die Kreisstadt Chojnice (Konitz) hineinfährt, verlief von 1919 bis 1939 die Grenze zwischen Deutschland und Polen. Dahinter lag der ›polnische Korridor‹, ein im Norden etwa 80 Kilometer und weiter südlich bis zu 200 Kilometer breiter Streifen, der dem wiederentstandenen Polen auf Kosten der preußischen Provinzen Posen und Westpreußen den Zugang zur Ostsee brachte. Und dieses frühere Westpreußen ist nun erreicht. Es erstreckte sich von hier bis nach Elbing am Ostrand der Weichselniederung. Benutzt man nicht die neue Umgehungsstraße, sondern fährt bei der ersten Abbiegung von der 22 nach Chojnice hinein, trifft man auf das frühere polnische **Zollhaus**. Es ist an der linken Straßenseite noch zu erkennen und befindet sich unmittelbar einem blauen Schild gegenüber, das die Gemeindegrenze anzeigt. Chojnice blieb im Zweiten Weltkrieg unzerstört und weist neben einem sehr sehenswerten **historischen Ortskern** eine Fülle interessanter Baudenkmäler auf. Dazu zählen die **Jesuitenkirche** von 1710, die gotische **Johanneskirche**, das **Schlochauer Tor** und das neugotische **Rathaus**. Der weithin sichtbare **Wasserturm** südöstlich des Zentrums besticht durch seine ungewöhnliche Form.

Das Rathaus in Chojnice

In Chojnice ist man im Süden der alten Kulturlandschaft Kaschubien angekommen, die sich nordwärts bis fast zur Ostsee erstreckt. Die Kaschuben waren ein slawischer Stamm, der sich bis heute hier erhalten hat. Der Schriftsteller Günter Grass, der 1927 in Danzig geboren wurde, ist der wohl bekannteste Deutsche mit kaschubischen Vorfahren.

Wo die neue Umgehungsstraße mit der alten Straße, die aus dem Zentrum von Chojnice kommt, wieder zusammentrift, befindet sich am Abzweig nach Krojanty ein unscheinbares **Denkmal** direkt an der Straße. Es erinnert an jene seltsamen Gefechte von Anfang September 1939, bei denen polnische Kavallerie gegen deutsche Panzer kämpfte, und die hier im damaligen Grenzgebiet Deutschland–Polen stattfanden.

Tucheler Heide

Hinter Chojnice säumen die endlosen Waldgebiete der Tucheler Heide die Straße. Die Tucheler Heide – benannt nach dem Ort Tuchel, heute Tuchola – ist als Naturpark ausgewiesen. In Rytel (Rittel) werden die Brda (Brahe) und ihr Kanal überschritten, nach der die Stadt Bromberg ihren Namen führt. Der große Brahe-Kanal (Kanal Welki Brdy) wurde 1848 gebaut, um die wasserreiche Brahe zu entwässern und einen Teil des Wassers in die Wiesen abzuleiten. Der Kanal ist heute ein Paradies für Kanuten. Bei **Zapora** (Mühlhoff) nordwestlich von Rytel findet man den **Brda-Damm**, über den in ungewöhnlicher Weise das Wasser über die Dammkrone auf 50 Meter Breite abgeleitet wird. Mit einer guten

Karte sollte man unbedingt den Ort **Fojutowo** aufsuchen, der ansonsten nicht ausgeschildert ist. Hier kreuzt auf einem 75 Meter langen Aquädukt der Fluss Czerska Struga den Großen Brahe-Kanal auf einem Höhenunterschied von neun Metern. Der Aquädukt wurde schon 1848 erbaut. Fojutowo liegt südöstlich von Rytel nahe der Gemeinde Zapędowo (Zappendowo).
Informationen zu diesem Gebiet gibt es unter www.turystyka.chojnice.pl/de und auf den Hinweistafeln in der Ortsmitte von Rytel an der Kirche.

Die gewaltige Westwand der Abtei Pelplin

Czersk und Umgebung

Von der hübschen Kleinstadt Czersk, die schon in deutscher Zeit so hieß, führt eine Straße nordwärts in das etwa zehn Kilometer entfernte **Odry**. Hier gibt es einen ungewöhnlichen **Gräberwall** aus Hügelgräbern und Steinkreisen - in Czersk mit ›kręgi kamienne‹ ausgeschildert - aus dem ersten und zweiten nachchristlichen Jahrhundert. Vermutlich war die Anlage Friedhof und astronomischer Beobachtungspunkt der Goten. Die Steinkreise haben einen Durchmesser von bis zu 33 Metern mit jeweils bis zu 30 Steinen, die etwa einen halben Meter aus der Erde hervorragen. Unter den Steinkreisen und den Hügeln konnten etwa 600 Gräber nachgewiesen werden.

Der Gräberwall bei Odry

▲ Karte S. 65

Starogard Gdański

Etwa 35 Kilometer hinter Czersk gelangt man nach Starogard Gdański (Preußisch Stargard), das mit seinem idyllischen **Marktplatz**, der **Stadtmauer**, dem **Rathaus** und der turmlosen **Kirche** vielleicht die schönste Stadt in diesem Streckenabschnitt ist. Der im Krieg unzerstörte Ort wurde erstmals 1198 als ›Starigrod‹ erwähnt. Preußisch Stargard war Geburtsort des einst berühmten Filmmusik- und Operettenkomponisten Theo Mackeben (1897–1953). Sein bekanntestes Werk ist die Operette ›Die Dubarry‹ (1931). Starogard Gdański ist eines der polnischen Zentren der pharmazeutischen Industrie und durch die Schnapsfabrik ›Sobieski‹ bei allen Trinkern im Land bekannt.

Pelplin

Unbedingt besuchen muss man das bei Starogard Gdański gelegene Pelplin mit seiner gewaltigen **Zisterzienserabtei**, mit deren Bau 1276 begonnen wurde. Sie ist die größte des gesamten Ostseeraums und eine der herrlichsten sakralen Backsteinarchitekturen überhaupt. Das Kirchenschiff ist 84 Meter lang, der Hauptaltar aus dem 17. Jahrhundert eine der bedeutendsten Schöpfungen seiner Art im Ostseeraum (Führung nach Vereinbarung: Tel. 0048/58/5361664).

Im angeschlossenen **Diözesanmuseum** wird eine Gutenbergbibel aus dem Jahr 1453 gezeigt (www.pelplin.diecezja.org). Diese Bibel befand sich schon um 1500 in Polen, wurde aber 1939 über Frankreich nach Kanada gebracht und kehrte 1959 nach Polen zurück. Sie gilt als außergewöhnlichste der 47 erhaltenen Gutenbergbibeln überhaupt: Auf Seite 46 befindet sich nämlich am Rand ein brauner Fleck, die Spur einer heruntergefallenen Drucktype. Mit ihm konnten die Ausmaße der ersten Gutenberg-Drucktypen bestimmt werden.

Czarlin und Tczew

Etwa 20 Kilometer hinter Starogard Gdański bricht der Pommersche Landrücken ab. Hinter der großen Kreuzung bei Czarlin, wo die Straße Gdansk–Łodz unter der 22 hindurchführt, hält die Landschaft scheinbar den Atem an. Jäh fallen die sanften Hügel 26 Meter in die Tiefe. Breit und kaum überschaubar flutet die Weichsel durch ihr teils unter dem Meeresspiegel liegendes fruchtbares Delta der Mündung in der Danziger Bucht zu. Weichselabwärts grüßt Tczew (Dirschau) auf einer Anhöhe über dem Strom. Die 830 Meter lange **Eisenbahnbrücke** (1891) führt auf das jenseitige Ufer. Ein kleines Motel, das direkt am Steilufer der Weichsel liegt und einen atemberaubendem Blick über den Strom bietet, empfiehlt sich zu Einkehr und Übernachtung.

Gorzów Wielkopolski und Tczew

Hotel und Restaurant Wodnik, ul. Dobiegniewska 30, 66500 Strzelce Krajeńskie-Długie, Tel.0048/95/7612288, www.hotel-wodnik.de; DZ ab 45 €. Niveauvolles Haus in sehr schöner Lage oberhalb eines großen Badesees. Man spricht deutsch.

Restaurant und Hotel CANPOL, Sieroczyn 4a, 77 300 Człuchów, Tel. 0048/59/8345327 (Hotel: 8344729), www.odejewski.pl/de; DZ 50 €. Das sicherlich meistbesuchte Lokal zwischen Küstrin und der russischen Grenze.

Hotel Sukiennice, ul. Sukienników 14, 89600 Chojnice, Tel./Fax 0048/52/3963900, www.hotelsukiennice.pl. DZ 45–50 €. Hübsches Hotel in altem Backsteinbau im Zentrum der Stadt, an der Hauptstraße unweit des Hauptplatzes.

Konopielka, Osiedle Dębowe 4 (am östlichen Ortsende von Zblewo), Tel. 0048/58/5321385 und 0048/792/922326, www.konopielka.com. Rustikal, gute und günstige Übernachtungsmöglichkeiten, am Wochenende Live-Musik und Disco.

Gościniec-Hotel nad Wislą, ul. Makowa 7, Knybawa, 83-110 Tczew (direkt an der 22 und direkt am Steilufer der Weichsel an der Weichselbrücke), Tel. 0048/58/531 0563, www.hotelnadwisla.com.pl; DZ je nach Saison 45–55 €. Hübsche Zimmer, Spa-Bereich, herrlicher Weichselblick, ausgezeichnetes Restaurant; mitunter wegen der Lage etwas laut.

Muzeum Woldenberczyków, www.muzeum.dobiegniew.pl, Di–Fr 9–16, Sa/So 10–14 Uhr.

In der Weichselniederung

Östlich von Tczew verändert sich das Landschaftsbild. An die Stelle der sanften Moränenwälle tritt eine weite Niederung, die teilweise Meeresniveau erreicht und zu den fruchtbarsten Regionen Polens zählt. Hinter Gnojewo verweist ein Schild nordwärts zum **Mennonitenfriedhof** von Stogi (Heubuden), der südöstlich des Orts liegt.

Bereits seit dem frühen 17. Jahrhundert siedelten ursprünglich aus Holland stammende Mennoniten hier, die wahrscheinlich als Deichbauer und Fachleute für die Entwässerung in die Niederung gekommen waren. Sie trugen ihren Namen von einem Menno Simons und können als eine protestantische Sekte angesehen werden, die aus der Wiedertäuferbewegung der Reformationszeit hervorgegangen war. In der Art ihres Glaubens und Lebens sind ihnen die Amischen (Amish People) in Pennsylvania verwandt.

Malbork

In östlicher Richtung erscheint bereits von der Weichselbrücke aus, doch kaum am Horizont sichtbar, ein seltsam kantiges, lichtbraunes Gebilde. Es ist die **Marienburg**, das größte Backsteingebäude der Welt, der Sitz des Hochmeisters des Deutschen Ritterordens von 1309 bis 1457 und geistiges wie physisches Sinnbild des ehemaligen deutschen Ostens. Es bewacht in überwältigender Größe und Pracht den Übergang über die Nogat.

Im Jahr 1274 begann der Orden mit dem Bau, nachdem zuvor ein künstliche Insel aufgeschüttet worden war. In den folgenden Jahrzehnten wurde die Anlage mehrfach erweitert, insbesondere nach 1309, als der Hochmeister hier seinen Sitz nahm. Seitdem erstreckt sie sich auf rund 20 Hektar Fläche. Der durch die Bürgerkriege im Land geschwächte Orden musste die Burg 1457 an die polnische Krone verpfänden, sie wurde einer der Sitze des polnischen Königs. Nach der ersten Polnischen Teilung kam sie an Preußen und diente als Kaserne. In den Napoleonischen Kriegen nahm sie Schaden, und so begann man im 19. Jahrhundert mit der Rekonstruktion. 1945 wurde die Burg, vor allem ihre Ostseite, stark zerstört; sie wurde noch nicht in Gänze wieder aufgebaut. Vor allem die Schlosskirche ist noch nicht wiederhergestellt, doch ist inzwischen die berühmte acht Meter hohe Marienfigur an deren Ostseite wieder auferstanden.

Der Mennonitenfriedhof von Stogi

▲ Karte S. xxx

Gdańsk
Wałowa
Główna
55
P
Nogat
Hochmeister-
palast
Brückentor
Dansker
Turm
Großer
Remter
Küche
Ehemaliges
Spital
Mittel-
schloß
Kapitelsaal
Hohe
Burg
Refektorium
des Ordenskonvents
Schlosskirche
mit Marienfigur
Vorburg
Kasse
Starościńska
Kanał Juranda
Parkowa
Hotel Parkowy,
Campingplatz
Warecka
Piastowska
Solna
Kirche des
Heiligen
Johannes
Altstädtisches
Rathaus
Piłsudskiego
Kościuszki
Reiter-
denkmal
Centrum
Zufahrt
zur Burg
Witosa
17-go Marca
Poczty Gdańskiej
Marientor
Chojnice,
Berlin
22
Al. Rodła
Pl. Wolności
Kopernika
Adama Mickiewicza
Grudziąc
Marienburg
0
75
150 m

Eisgang auf der Weichsel

Als herausragendes Baudenkmal ist die Burg in die Weltkulturerbeliste der UNESCO aufgenommen worden. Die weitläufige Anlage mit Vorburg, Mittelschloss und Hochburg erkundet man am besten im Rahmen von Führungen, die auch in deutscher Sprache angeboten werden. Heute wird die Burg insbesondere museal genutzt und dient als Kulisse für Mittelalterspiele - und ein gutes Restaurant findet sich auch.

Hinter Malbork bleibt die Straße in der Niederung, verengt sich und verläuft sehr kurvenreich über einen ehemaligen Knüppeldamm weidengesäumt durch den Marienburger Werder. Kurz vor Elbląg gibt ein Schild Hinweis auf den tiefstgelegenen Punkt Polens mit eineinhalb Metern über Normal Null. Er befindet sich in der Niederung südlich der Straßeund ist gut mit dem Auto zu erreichen.

■ Elbląg

▲ Karte S. 65

Die Schwesterstadt Danzigs war vor 600 Jahren die weitaus bedeutendere der beiden Hansestädte. Doch mit dem Verlanden der - jetzt dadurch nicht mehr vorhandenen - Öffnung des Frischen Haffs zur Ostsee hin verlor Elbing um 1500 seine handelsgeographisch günstige Position. Die Stadt konnte bis 1945 ein bezauberndes Ensemble alter Kaufmanns- und Bürgerhäuser aufweisen, das neben Danzig bestehen konnte. Das Zentrum wurde 1945 zu 95 Prozent zerstört und blieb bis 1990 unbebaut. Der Wiederaufbau des alten **Stadtkerns**, der noch nicht abgeschlossen ist, vereint in äußerst gelungener Form originalgetreu rekonstruierte Straßenzüge mit Vierteln, in denen gotische und barocke Bauelemente in phantasievoller moderner Formensprache verwendet werden. Sehenswert sind die gewaltige **Nikolaikirche**, das **Markttor** und neben den sehr phantasievoll erdachten Neubauten auch die ganz wenigen sonstigen Altbauten aus der Zeit vor 1945, wie das Heiliggeist-Spital und einige Bürgerhäuser mit Beischlägen (Treppenvorbauten). Von der Fußgängerbrücke über die Nogat hat man einen schönen Blick auf die teilweise wiederaufgebaute Altstadt.

Elbląg ist heute mit über 100 000 Einwohnern die zweitgrößte Stadt der Woiwodschaft Ermland und Masuren und ein wichtiger Verwaltungs- und Industriestandort. Die deutschsprachige Infoseite (www.elbing.pl) lohnt das Anklicken.

Zu den Grenzübergangspunkten

Von Elbląg kann man über zwei unterschiedliche Wege zu Grenzübergängen gelangen. Die schnellere Möglichkeit führt über die frühere Autobahn Elbing-Königsberg, die jetzt Teil der Fernstraße 22 ist. Man gelangt auf diese Route, wenn man am Ortseingang von Elbląg Richtung Warschau und dann weiter auf der 22 Richtung Braniewo/Grzechotki fährt. Die alte Reichsautobahn ist weiterhin nur zweispurig, doch vollständig erneuert und verbreitert und führt zum im Dezember 2010 eröffneten polnisch-russischen Grenzübergang Grzechotki. Er entlastet den Landstraßenübergang der Trasse Gronowo–Mamonovo und fertigt auch Lkw ab.

Kurz bevor sich die 22 und die 7 an der südlichen Umfahrung von Elbląg gabeln, gibt ein elektronisches Hinweisschild Informationen über die Wartezeiten an den drei Übergängen ins Kaliningrader Gebiet. Am neuen Übergang Grzechotki scheint man seitens der Polen jedoch ein bedeutendes Interesse an einer schnellen Abfertigung zu haben, was in Gronowo an der Trasse der 1 nur selten der Fall war.

Es ist weitaus abwechslungsreicher und landschaftlich schöner, wenn man ab Elbląg über die 504 nach Braniewo und von dort weiter Richtung Grenze fährt. Hinter Elbląg steigt die Straße kurvenreich zu den Elbinger Höhen hinan. Diese westlichsten Ausläufer des Baltischen Landrückens erreichen schnell 200 Meter Höhe. Lichte Buchenwälder säumen den Weg. Man ist im Ermland angekommen, jener alten Region, in der einst der pruzzische Stamm der Warmier lebte und in der die Reformation nicht stattfand, so dass sie stets katholisch blieb. Das Ermland erstreckte sich in etwa über ein Dreieck mit den Eckpunkten Frombork (Frauenburg) - Kętrzyn (Rastenburg) - Olsztynek (Hohenstein).

Frombork

Bald gelangt man nach Frombork (Frauenburg) am Frischen Haff. In überwältigender Schönheit thront die **Kathedrale** über dem kleinen Städtchen. Es ist ein ungewöhnlich schöner Kirchenbau, in der der Domherr und Astronom Nikolaus Kopernikus seine inzwischen wiederentdeckte letzte Ruhestätte fand. Die Frauenburger Kirchenburg, einst Bischofssitz und Wehranlage zugleich und hoch über der Stadt und dem Haff gelegen, zählt zu den großartigsten Werken der Backsteingotik im Ordensland und gilt als dessen schönster Sakralbau. In einer Grünanlage, nicht weit vom mittelalterlichen Wasserturm, erinnert ein **Gedenkstein** an die Tragödie der großen Flucht des Januar 1945, als Ostpreußen von der Roten Armee eingeschlossen war. Hier, im Gebiet um Frauenburg, versuchten unzählige Trecks, auf die rettende Frische Nehrung zu gelangen, um weiter nach Westen fliehen zu können.

Elbląg: modernes Gesicht mit Tradition

Braniewo

Man sieht dem ruhigen, zehn Kilometer hinter Frombork liegenden Braniewo nicht mehr an, dass es einst eine bedeutende Hansestadt gewesen ist.

Sehenswert sind die vollständig wiederaufgebaute **Katharinenkirche**, daneben ein Rest der alten **Bischofsburg** und die kleine **Dreieinigkeitskirche**. Im Zentrum versucht man, durch Ausgrabungen alter Fundamente die alte Bebauung nach und nach wieder herzustellen: In der Stadt wurden im Januar 1945 über 90 Prozent der historischen Substanz zerstört.

Die Zerstörungen 1945 und die seitdem abgeschiedene Lage unmittelbar an der neuen Demarkationslinie versetzten die Stadt in einen Dornröschenschlaf, aus dem sie erst durch die Öffnung des Grenzübergangs 1991 wieder erwachte. Viele Reisende nutzen Braniewo heute für eine Übernachtung. Bis hierher ist es von Berlin immerhin eine neunstündige Tagestou, und der Grenzübertritt ist meist morgens auch schneller zu bewerkstelligen.

Das nordwestlich gelegene **Nowa Pasłęka** (Neu Passarge) ist ein beliebter Badeort, außerdem hat man von hier einen guten Blick auf die Dünen der Frischen Nehrung, doch befindet sich dem Ort gegenüber auf der Nehrung genau die polnisch-russische Demarkationsline. Die Dünen sind somit unerreichbar. Der Hafen wie überhaupt die ganze Siedlung zählt zu den schönstgelegenen Orten in Nordpolen.

Gronowo

Von Braniewo sind es noch sechs Kilometer bis zur Grenze. Gronowo (Grunau) heißt das Dörfchen. Es liegt unmittelbar an der Grenze, wo sich denn auch der Grenzübergang befindet. Anders als in früheren Jahren wird man jetzt sofort in das eigentliche Abfertigungsareal eingelassen.

Wer sich erst in Braniewo entschließt, über den Übergang Grzechotki ins Kaliningrader Gebiet einzureisen, fährt in der Stadtmitte an der großen Kreuzung Richtung Dobre Miasto, erreicht nach etwa sieben Kilometern die Fernstraße 22 (ehemalige Autobahn) und fährt auf dieser zum Übergang. Wer dagegen den weiter östlich gelegenen Übergang Bezledy-Bagrationovsk benutzen will, fährt auf der Straße nach Dobre Miasto (es ist die 507) über die Autobahn hinweg bis Pieniężno (Mehlsack) und wechselt dann auf die 512 nach Gorowo Iławeckie (Landsberg in Ostpreußen).

Schlucht der Walsza

Die Schlucht der Walsza (Maltsch) bei **Pieniężno** ist ein sehr schönes Landschaftserlebnis, das man hier nicht erwartet und das einen Besuch sehr lohnt. Links von der Kirche in Pieniężno führt eine Treppe hinunter ins Tal der Walsza. Den Fluss entlang ist eine Wanderroute ausgeschildert. Von Braniewo sind es nach Bezledy insgesamt etwa 70 Kilometer auf teils einfachen ländlichen Straßen. Diese Straßen zählen in ihre weltfernen Verträumtheit zu den schönsten Fahrerlebnissen der Region. Meiden muss man jedoch unbedingt die grenznahe Straße Żelazna Gora–Lelkowo–Gorowo, die man direkt von Gronowo über den Abzweig an der Kirche erreichen kann. Sie ist in einem so furchtbarem Zustand, dass manche Achse hier schon das Zeitliche segnete.

Überall um Braniewo und Gorowo ist spürbar, dass Polens grenznahe Gebiete zu Russland große wirtschaftliche Probleme haben: Die Orte wirken deutlich ärmlicher, als es bisher in Polen auf dieser Reise zu sehen war. So ist der Schmuggel mit Russland ein Hauptwirtschaftszweig, und über 90 Prozent der Fahrzeuge, die hier in das Kaliningrader Gebiet einreisen, werden von polnischen ›Businessmen‹ gefahren, die versuchen, Kraftstoff, Alkohol und Zigaretten in mehr als der erlaubten Menge über die Grenze zu bringen. In Polen

▲ Karte S. 65

kostet Benzin mehr als das Doppelte, und Wodka und Zigaretten sind ebenfalls bedeutend teurer.

Gorowo Iławeckie

Gorowo Iławeckie (Landsberg in Ostpreußen) liegt idyllisch in der geschwungenen Hügellandschaft des Stablack, einer flachen Hügelzugs innerhalb des baltischen Landrückens, der sich nordwärts bis weit in das Kaliningrader Gebiet hinzieht. Die Stadt lohnt ebenfalls einen Halt. Sie blieb weitgehend unzerstört und liegt abseits der großen Touristenströme in einer stillen, sanften Landschaft. Sehenswert sind der für ein ostpreußisches Landstädtchen typische **Marktplatz** mit dem **Rathaus** in der Mitte und das alte Gaswerk, heute **Museum der Gasindustrie und -verwendung**.

Bartoszyce

Knapp 25 Kilometer östlich von Gorowo Iławeckie erreicht man Bartoszyce (Bartenstein) und gelangt hier auf die 51 von Olsztyn (Allenstein) nach Kaliningrad. Von Bartoszyce sind es 15 Kilometer bis zur Grenze.

Wer Zeit hat, kann sich in Bartoszyce die **Pfarrkirche**, den gepflegten, wiederhergerichteten **Marktplatz** und das ihn abschließende **Heilsberger Tor** ansehen, das in schöner Backsteingotik ausgeführt ist. In Barstenstein kam übrigens der Schauspieler Erwin Geschonneck (1906–2008) zur Welt.

Man kann aber schon sechs Kilometer hinter Gorowo Il. direkt nach Bezledy abbiegen. Zwar ist die Straße teilweise in keinem guten Zustand, doch ist es eine nicht unbedeutende Wegersparnis.

Weichselniederung und Grenzgebiet

Das **Reisebüro Variustur** in Elbląg ist eine gute Adresse für Schnellvisa (Kaliningrader Gebiet), sowie für Mietwagen, mit denen auch die Grenze ins Kaliningrader Gebiet überquert werden kann. Ul. 1-go Maja, PL-82300 Elbląg, Tel. 0048/55/23943-42, -34 und -35, www.variustur.pl, biuro@variustur.pl. Der Kontakt zu diesem Büro kann auch durch das Hotel Warmia in Braniewo aufgenommen werden; die beiden Unternehmen sind verbunden.

Gotisches Café und Restaurant in den Kellergewölben der Marienburg, Tel. 0048/783/464828, www.gothic.com.pl. März–Dez. tgl. 9 Uhr bis zum letzten Kunden. Jan./Feb. auf Anfrage.

Hotel Kopernik, ul. Kościelna 2, PL-14530 Frombork, Tel. 0048/55/2437285, www.hotelkopernik.com.pl; DZ 40–50 Euro. Man spricht Deutsch, sehr gutes Frühstücksbüffet.

Hotel Warmia, ul. Gdańska 18, PL-14500 Braniewo, Tel./Fax 0048/55/2439353/54, www.hotelwarmia.pl. DZ 55 Euro. Gute Übernachtungsmöglichkeit, ausgezeichnetes Restaurant. Das Hotel hat nahe dem Bahnhof von Braniewo ein zweites Haus, das sehr gut für Gruppen geeignet ist. Seit kurzem mit großem Sauna- und Wellnessbereich, der für Hotelgäste kostenlos ist.

Burgmuseum Marienburg (Zamek w. Malborku), Ul. Starościńska 1, PL-82200 Malbork, Tel. Verwaltung: 0048/55/6470800, Fax 6470803, Infoline 0048/801/080182, Tel. Kasse und Reservierung: 0048/55/6470978, und 6470902, Fax 64709-76/-77, kasa@zamek.malbork.pl, www.zamek.malbork.pl. Besichtigungszeiten saisonabhängig, man informiere sich auf der offiziellen Seite der Burg im Netz: www.zamek.malbork.pl.

Königsberg am Pregelflusse kann schon für einen schicklichen Platz zur Erweiterung sowohl der Menschenkenntnis als auch der Weltkenntnis genommen werden.

Immanuel Kant

VON KÖNIGSBERG NACH KALININGRAD

Blick auf den Dom

Kaum ein anderer Landstrich Europas ist so sehr Synonym für ein verschwundenes Paradies wie Ostpreußen. Von den früheren deutschen Ostprovinzen sind Pommern und Schlesien weniger mit Emotionen behaftet als die Landschaft an Memel und Pregel. Der Name der früher östlichsten preußischen Provinz ist Symbol für ein unwiederbringlich Verlorenes.

Das mag einesteils darin liegen, dass die Nachkriegsgeschichte Ostpreußens – zumindest in seiner nördlichen Hälfte – einen ganz anderen Verlauf als im südlichen Teil und in Pommern und auch Schlesien nahm. Während es seit den 1960er Jahren ohne allzugroße Probleme möglich war, das südliche Ostpreußen wieder zu bereisen, blieb der Norden Ostpreußens mit seiner Hauptstadt Kaliningrad (Königsberg) hermetisch abgeriegelt.

Die Kaliningradskaja Oblast' erfuhr einen Ausbau zum militärischen Sperrgebiet eines strategisch bedeutsamen eisfreien Ostseehafens, das für Ausländer völlig verschlossen war und in das selbst Sowjetbürger, wenn sie nicht dort lebten, keinen Zugang erhielten. Dazu kam noch, dass Königsberg wie keine andere Stadt des deutschen Ostens zerstört worden war, die Ruinen im Zentrum zugunsten leerer Flächen abgetragen worden waren und ein Wiederaufbau im Sinne historisch gewachsener Stadtstukturen, wie beispielsweise in Danzig oder Breslau, nirgendwo im Stadtgebiet erfolgte.

Kaliningrad, wie die Stadt seit 1946 heißt, wurde zumindest im Zentrum zu einer gesichtslosen Neubauwüste, zu einer rein sowjetischen Stadt, die ebenso gut hinter dem Ural stehen könnte.

Informationen drangen kaum einmal von hier nach Westeuropa. Die Region wurde zur terra incognita, blieb unbesuchbar und unerreichbar. Dadurch wurde sie gleichsam realer als die tatsächlich noch existierende, wie das Beispiel eines MERIAN-Heftes zeigt, das 1955 zur 700-Jahr-Feier der Stadt erschien und in dem so getan wurde, als ob es die Katastrophe von 1945 nie gegeben habe. Doch weil über die neue Gestalt der Stadt völlige Ungewissheit herrschte, ließ sich über die alte um so einfacher phantasieren.

Königsberg wurde gleichsam zu einem ›deutschen Atlantis‹, einer sagenhaften, nicht greifbaren Stadt. Statt zu einer Trauerarbeit geriet die Beschäftigung mit Königsberg zu einer ›Geisterbeschwörung‹, wie es der Publizist Bert Hoppe einmal ausdrückte.

Dies führte – insbesondere bei den ehemaligen Bewohnern – zu einer verzerrten Sicht auf die Stadt, in der das Gegenwärtige nur als bloße Projektionsfläche für Erinnerungen und vergilbte Fotografien dient und wie ein Schleier, der zerrissen werden muss, auf dem alten Königsberg liegt. Viele der heutigen ›Heimwehtouristen‹ fahren so gleichsam in eine virtuelle Stadt, die nur noch in ihren Erinnerungen existiert. Dass man mit dieser Haltung dem heutigen Kaliningrad dadurch in keiner Weise näher kommen kann, ja es geradezu unmöglich gemacht wird, die Nachkriegsgeschichte zu begreifen, ist eine weitere Tragik der Stadt.

Das heutige Kaliningrad mag sich vielleicht nicht mit der Attraktivität anderer Ostseemetropolen messen können, ist aber dennoch ein besuchenswertes Reiseziel – insbesondere dank seiner deutsch-russischen Symbiose. Aus der Geschichte lernen zu wollen und nichts dabei zu vergessen, heißt Kaliningrad besuchen.

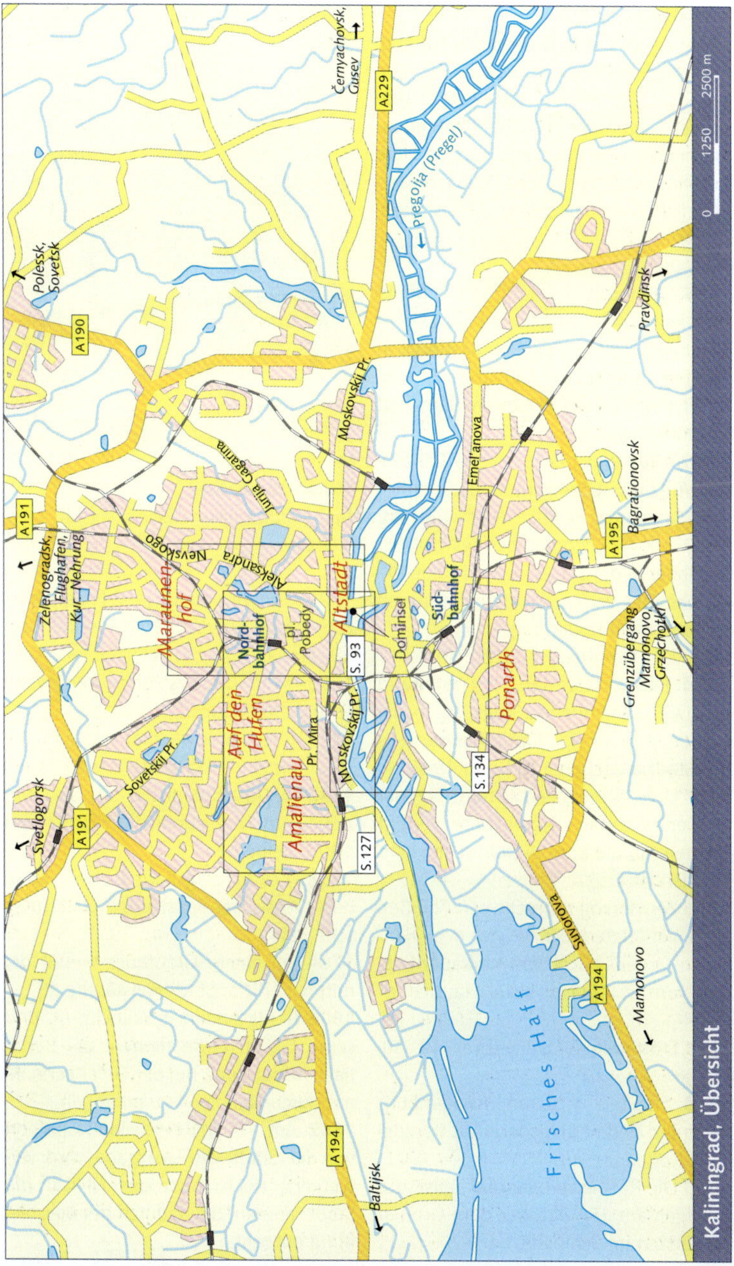

Kaliningrad, Übersicht

Von Königsberg nach Kaliningrad

Stadtgeschichte

Königsbergs Stadtgeschichte ist untrennbar mit der Preußens verbunden. Um bei der Darstellung allzuviele Überschneidungen und Wiederholungen zu vermeiden, wird auf eine ausführliche Beschreibung verzichtet; hier werden lediglich die wichtigsten Daten angeführt.

1255 Gründung der Stadt durch König Ottokar von Böhmen. Urkunde vom 29. Juni: ›Castrum de Coningsbergk in Zambia‹ (gemeint ist Samland).

1263 Die Pruzzen zerstören Burg und Siedlung.

1286, **1300** und **1327** Den drei Teilstädten Altstadt, Löbenicht und Kneiphof wird das kulmische Stadtrecht verliehen.

1370 Am 17. Februar besiegt das Ordensheer in der Schlacht von Rudau die Litauer und verhindert deren weiteren Vorstoß nach Königsberg.

1380 Der Dombau ist abgeschlossen.

1454 Belagerung der Burg während des Dreizehnjährigen Kriegs durch die Stände – die einzige Kampfhandlung in der Stadt zwischen 1263 und 1945.

1457 Der Hochmeistersitz muss von der Marienburg nach Königsberg verlegt werden, da die Burg in polnische Hand gefallen ist.

1525 Als Herzog Albrecht von Preußen zieht der letzte Hochmeister des Deutschen Ordens nach dem Krakauer Frieden vom 8. April in seine Hauptstadt ein.

1544 Eröffnung der Universität (17. August).

1618 Preußen wird mit Brandenburg vereinigt; Ende Königsbergs als herzogliche Residenzstadt

1663 Die Ratsherren der drei Teilstädte huldigen am 18. Oktober dem Großen Kurfürsten im Schlosshof.

Der ›Große Kurfürst‹, Zeichnung aus ›Die Gartenlaube‹ von 1871

1701 Krönung von Kurfürst Friedrich III. zum König Friedrich I. in Preußen am 18. Januar.

1708–1711 Die Pest entvölkert weite Teile Ostpreußens.

1724 Vereinigung der drei Teilstädte zur Stadtgemeinde Königsberg.

1732 40 000 Kolonisten aus Salzburg ziehen im Mai durch die Stadt, rund 1000 bleiben.

1758–1762 Königsberg ist vier Jahre unter russischer Besatzung: ›Erste russische Zeit‹.

1764 Bei einem Großfeuer brennt die mittelalterliche Stadt vollständig ab.

1806 König Friedrich Wilhelm III. und seine Gattin Luise fliehen aus Berlin nach Königsberg, um der Gefangennahme durch Napoleon zu entgehen.

1807 Am 10. Juli erscheint Napoleon vor der Stadt, die Übergabe wird verweigert, doch muss das Militär die Stadt räumen, die dadurch der Beschießung entgeht.

1808/09 Königsberg ist wegen der innenpolitischen Wirren kurzzeitig Sitz des preußischen Hofes und der preußischen Regierung.

1813 Am 5. Mai kommen auf Initiative des Freiherrn vom Stein die Landstände zusammen und beschließen die Errichtung einer Landwehr von 30 000 Mann.

1843–1863 Neubau der Stadtbefestigung.

1853 Die Stadt erhält Anschluss an die ›Ostbahn‹.

1861 Zweite Königskrönung in der Stadt. König Wilhelm I. wird am 18. Oktober Nachfolger von König Friedrich Wilhelm IV.

1914 Die Siege der deutschen Truppen bei Tannenberg und in Masuren verhindern die Einnahme der Stadt durch die Russen.

1919 Ostpreußen und seine Hauptstadt werden durch die Bestimmungen des Versailler Vertrages vom Reich abgetrennt.

1919 Eröffnung des ersten Zivilflughafens Deutschlands in Königsberg.

1920 Eröffnung der ersten Deutschen Ostmesse am 26. September.

Nach **1930** Rege Bautätigkeit, um das in Insellage befindliche Ostpreußen zu stärken. Unter anderem entstehen Amtsgericht, Hauptbahnhof und Rundfunkhaus.

1944 Zwischen dem 26. und dem 30. August zerstören britische Bombenangriffe das Zentrum Königsbergs weitgehend.

1945 Am 28. Januar schließen sowjetische Truppen die Stadt ein, die ›Festung‹ kapituliert am 9. April.

1946 Am 4. Juli wird die Stadt offiziell in Kaliningrad umbenannt.

1948 Ausweisung und Abtransport der letzten verbliebenen Deutschen.

1968 Sprengung der Schlossruine.

1991 Zum 1. Februar wird die Kaliningradskaja Oblast' für Besucher geöffnet.

2005 1.–3. Juli Offizielle Feiern zum 60. Jahrestag der Entstehung der Kaliningradskaja Oblast' und zum 750. Gründungstag Königsbergs. In diesem Rahmen umfangreiche Bauvorhaben.

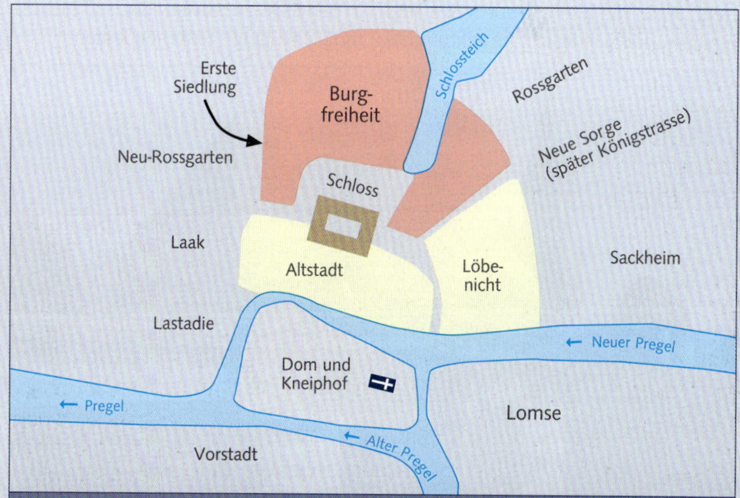

Die drei Teilstädte Königsbergs im 14. Jahrhundert

Stadtspaziergänge

Die meisten Touristen zieht es zunächst in das Zentrum, zu Dominsel und Schlossareal. Von wenigen Überresten wie etwa dem Dom abgesehen, präsentiert sich hier das moderne Kaliningrad als eine unverkennbar russische Stadt. An die deutsche Vergangenheit erinnern nur die Bezirke und Viertel außerhalb des alten Wallrings. Die hier vorgeschlagenen Stadtspaziergänge stellen beides ausführlich vor.

Dominsel

Die Dominsel war einst das Herz der Stadt und ist heute bloß ihre geographische Mitte. Dieses dicht bebaute Viertel, auch Kneiphof genannt, war ursprünglich das Viertel der Fernkaufleute. Während des Bombardements in der Nacht auf den 30. August 1944 brannten die Häuser des Kneiphofs vollständig nieder. Die ganze Insel ist heute eine gepflegte Grünanlage, innerhalb derer, sieht man vom Dom ab, kein Bauwerk steht. Auch die alten Straßenzüge sind verschwunden, lediglich die gekrümmte ul. Kanta deutet das alte Straßenraster an. Der Architekt Arthur Sarnitz, gebürener Kaliningrader, möchte nach und nach Dominsel und Innenstadt wieder so aufbauen, wie sie bis zum August 1944 bestand. Eine russische Firma hat bereits etwa 25 000 Quadratmeter des Kneiphofs in ihren Besitz gebracht. Zwar sind die erforderlichen Geldmittel beileibe nicht bereit, doch sieht man in Moskau die Idee positiv.

Fünf Brücken führten auf die Insel, von der noch eine erhalten ist, die **Honigbrücke**, die von Osten auf die Insel führt. Sie ist eine Klappbrücke, deren Mechanismus für die 750-Jahr-Feier wieder instandgesetzt wurde, doch inzwischen wieder außer Betrieb ist. Wie so viele Brücken in der Stadt, hängt auch diese voller Schlösser. Es ist seit einigen Jahren üblich, bei Hochzeiten ein Schloss mit den eingravierten Namen des Brautpaars und dem Hochzeitstag an der Brücke anzubringen und den Schlüssel in den Fluss zu werfen. Das soll die Ehe möglichst lange bestehen lassen.

Die Honigbrücke mit ihrem teilweise wieder funktionierenden Klappmechanismus

▲ Karte S. 93

Der Honigbrücke gegenüber, außerhalb der Dominsel, steht der einzige Altbau weit und breit, das ehemalige **Jüdische Waisenhaus**. Ihm schloss sich die Königsberger Synagoge an. In der Pogromnacht 1938 wurde sie zerstört, die Ruine nach 1945 abgetragen. Der Wiederaufbau der Synagoge durch die lokale israelische Gemeinde soll 2014 in Angriff genommen werden

Im Verlauf von Krämerbrücke und Grüner Brücke am Westrand der Insel überspannt seit 1972 eine Hochbrücke den gesamten Kneiphof. Sie löste die beiden Klappbrücken ab, weil es durch das erhöhte Aufkommen insbesondere größerer Schiffe nicht mehr möglich war, ständig den Nord-Süd-Verkehr über die Insel durch hochgezogene Klappbrücken zu unterbrechen.

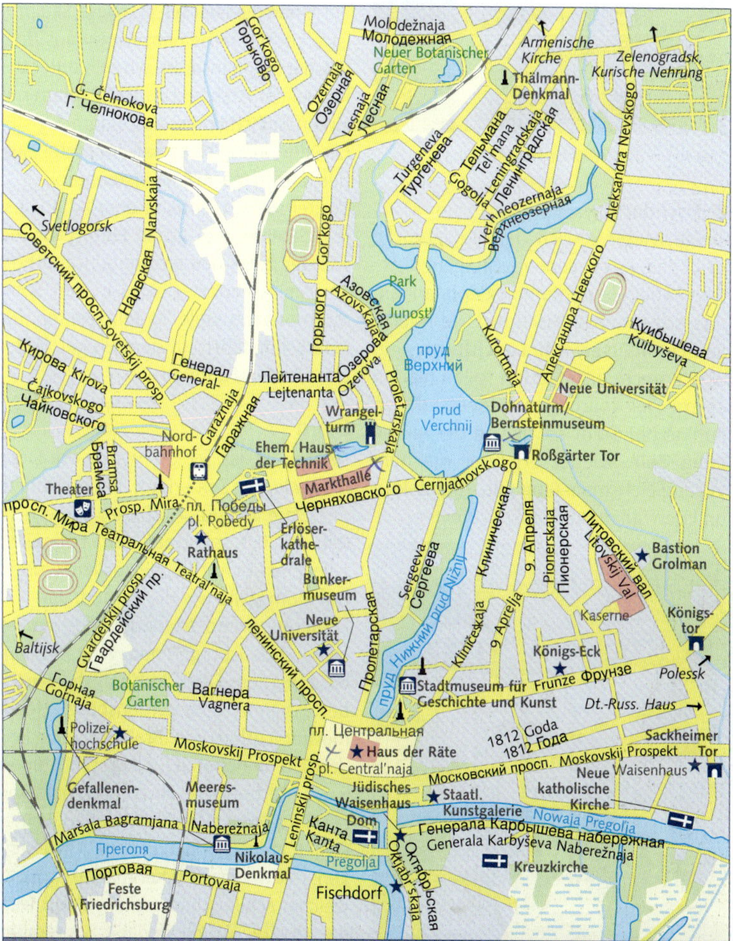

Kaliningrad, Dominsel und nördliches Zentrum

Das neuerrichtete Fischdorf

Fischdorf

Einige Meter südlich der Honigbrücke ist in den vergangenen Jahren ein historisierender Häuserkomplex entstanden, das sogenannte Fischdorf. Stilisierte **Speicherhäuser**, ein **Leuchtturm** und eine Bürgerhausimitation sollen hier an einem der touristisch bedeutsamsten Punkte der Stadt etwas von der ›guten alten Zeit‹ wieder erlebbar machen. Wenngleich man über die Architektur und den Stil dieser Häuser geteilter Meinung sein kann, so haben sie doch der vorher hier befindlichen Stadtbrache etwas Leben eingehaucht. Es gibt Cafés, man kann den Leuchtturm besteigen und sogar eine kleine, wenn auch ziemlich wenig Informationsmaterial anbietende Touristeninformation aufsuchen. Merkwürdig ist eine **Skulptur** über dem Eingang des Hotel ›Skipper‹, die einen Kopf mit mittelalterlichem Hut zeigt, der aus einem Fenster blickt. Diese Skulptur ist identisch mit einem Motiv aus dem Wiener Stephansdom, wo sich unter der Kanzel der Architekt Anton Pilgram mit einem Selbstbildnis, aus einem Fenster blickend, dargestellt hat. Im Hotel existiert auch eine Art Touristenbüro.

Weiter südlich, entlang der Oktjabrskaja, schließen sich große **Hotelgebäude** wie der 2007 neu eröffnete ›Kaiserhof‹ an. Am Fischdorf gibt es in den Sommermonaten viele Möglichkeiten für eine Schiffsfahrt auf dem Pregel, leider ohne festen Fahrplan.

Der ›Kaiserhof‹ am Fischdorf

▲ Karte S. 93

Dom

Anders als das Schloss wurde der Dom in sehr kurzer Zeit erbaut. Bischof Johannes Clare ließ um 1325 den Bau errichten, als ihm seine auf dem Löbenicht gelegene Bischofskirche zu klein wurde. Der Dom sollte wie die Kathedralen von Frauenburg und Marienwerder, wo es keine Ordensburgen gab, eine Kirchenburg werden. Doch in Königsberg existierte bereits eine Ordensburg. Hochmeister Luther von Braunschweig ließ deshalb den bereits fortgeschrittenen Bau unterbrechen, da er unterhalb seiner Burg keine Wehrkirche sehen wollte. Der Hochmeister gab genaue Anweisungen, mit welchen Höhenmaßen und mit welcher Mauerstärke weitergebaut werden durfte. So gilt der 13. September 1333 als der Gründungstag der Domkirche, denn an diesem Tag gestattete der Hochmeister den Weiterbau zu seinen Bedingungen. Doch ein bißchen Wehrkirche ist geblieben: Die Ostwand des Schiffs zeigt in etwa zehn Metern Höhe einen umlaufenden Wehrgang mit Schießscharten. So entstand eine dreischiffige, 88 Meter lange und 30 Meter hohe Backstein-Hallenkirche mit einer in Ostpreußen ungewöhnlichen zweitürmigen Westfront. Nach etwa 50 Jahren war der Bau vollendet.

Der Dom ist auf Hunderten von Eichenpfählen gestellt, die durch dicke Torf- und Schlammschichten in den festen Untergrund getrieben wurden. Die erste protestantische Predigt in Ostpreußen wurde im September 1523 im Dom gehalten. 1554 brannten beide Türme ab, wurden aber bald wieder aufgebaut; diese Form behielt der Dom dann bis 1944. Nach der Reformation war er keine Kathedrale mehr, sondern wurde zur Universitätskirche, da die Albertina sich als Rechtsnachfolger des Domkapitels verstand. Hier fanden Rektoratseinführungen statt, auch wurden Professoren an der Außenwand beigesetzt.

Im Südturm war in der oberen Etage in Räumen, die mit phantasievollen Schnitzwerk ausgestattet waren, seit 1650 die Wallenrodtsche Bibliothek untergebracht. Martin von Wallenrodt (1570–1632) war Kanzler der preußischen Herzöge und leidenschaftlicher Bücherfreund. Seine Bibliothek mit 2000 Bänden stiftete er der Universität, die sie 1673 zur allgemeinen Benutzung freigab. Der Dichter E.T.A. Hoffmann schildert in seinem ›Goldenen Topf‹ diese Bibliothekszimmer. Der Archivarius Lindhorst, der Hauptprotagonist dieser Erzählung, geistert in diesem »Gelehrtenwinkel von feinem Reiz« herum. Die Wallenrodtsche Bibliothek ist seit Kriegs-

Die Dominsel ist eine gepflegte Parkanlage

ende weitgehend verschollen. Einige einzelne Bücher erhielt die Kaliningrader Universitätsbibliothek vor kurzem aus Moskau zurück. Sie befinden sich in der Universität (Stülerbau) am ehemaligen Paradeplatz.

Der Dom war nicht nur Grabstätte von Bischöfen und Domherren, sondern auch die der Hochmeister. Diese hatten eine eigene Fürstengruft unterhalb des Chors, die Epitaphe hingen an den Domwänden. Das Denkmal für Herzog Albrecht

Die Westfront des Doms

ist an der Ostwand erhalten, wenn auch aller Wappen, Figuren, Säulen und des sonstigen Schmucks beraubt. Die Grabplatte Luthers von Braunschweig befindet sich zur Zeit in der Restauration.

In der Nacht auf den 30. August 1944 brannte der Dom aus; der Hochaltar, die berühmte Taufkapelle wie auch die steinerne Kanzel wurden vernichtet. Weitere schwere Beschädigungen erlitt er 1945. Die dennoch wiederherstellbare Ruine wurde nach Kriegsende nicht gesichert, so dass der Verfall fortschritt. 1970 wurde die bis dahin zugemauerte Fürstengruft geöffnet, man entfernte die Überreste der Toten. Anfang der 1980er Jahre versuchte man sich in einer vorläufigen Konservierung, die aber mehr Schaden als Nutzen mit sich brachte. In der Zeit von Glasnost und Perestroika schlossen sich verschiedene historisch interessierte Kaliningrader zur Rettung des Domes zusammen. Sie begannen mit Aufräumungsarbeiten im Inneren, beseitigten dabei aber leider die Reste der Innenausstattung. Seit 1992 gibt es kontinuierliche, jedoch nicht immer fachgerecht und zweckmäßig durchgeführte Erhaltungsarbeiten. So ist beispielsweise der Nordturm durch viel zu schwere Betondecken verstärkt worden. Auch ansonsten war man mit Beton nicht gerade sparsam, so dass der zu schwer gewordene Dom mitsamt seiner 650 Jahre alten Eichenpfählung einzusinken begann. Für den Kaliningrader Kulturhistoriker Anatolij Bachtin ist er heute eine »entstellte, konservierte Schachtel«. Doch man muss trotz allem dem Dombaumeister Igor Odinzov für seine 20-jährige unermüdliche Arbeit, den Dom zumindest annähernd wiederherzustellen, Dank sagen. Ohne sein Engagement wäre es nicht möglich gewesen.

Die Seite www.sobor-kaliningrad.ru/deu informiert ausführlich über den Dom.

Epitaph an der Außenseite des Doms

▲ Karte S. 93

Das Innere

Wo sich einst im Turm die Wallenrodtsche Bibliothek befand, ist jetzt ein **Kant-Museum** eingerichtet. Im Erdgeschoss der Türme befindet sich links eine orthodoxe, rechts eine evangelische Kapelle. Das Hauptschiff ist nach seiner Wiederherstellung nicht wieder geweiht worden, sondern jetzt Konzert- und Ausstellungshalle. Die 1944 zerstörte **Barockorgel** von 1721 ist als Nachbau der bekannten Potsdamer Orgelbaufirma Schuke wieder erstanden. Auch das alte Königsberger **Stadtwappen** ist wieder angebracht. Eine Staute Marias mit dem Jesuskind bildet die Mitte des Orgelwerks – der Dom war einst im 14. Jahrhundert Maria geweiht. Und ein Phönix, Sinnbild der Wiederauferstehung, bekrönt das gewaltige, überwältigend klangprächtige Instrument.

Eine **Dauerausstellung zur Domgeschichte** schmückt das Innere des Hauptschiffs, wo auch die **Taufkapelle** mit dem

Das Grabmal für Immanuel Kant ist oft blumengeschmückt

Taufbecken – es blieben nur zwei Fragmente bei der Zerstörung übrig – neu erstanden sind. Immanuel Kant wurde über diesem Becken getauft. Das **Hochgrab Herzog Albrechts** wird zur Zeit wieder hergestellt, die Epitaphen seiner beiden Ehefrauen sind originalgetreu wiedererstanden, und es ist geplant, auch die Krypta der Öffentlichkeit zugänglich zu machen. Diese war aber bereits 1807 durch französische Soldaten zusammen mit den Gräbern der hier beigesetzten Hochmeister zerstört worden, so dass die wiederhergerichteten Grabstätten auch schon vor 1945 bloße Kenotaphe waren.

Die Außenseiten

Zum 200. Geburtstag Kants 1924 gehörte ein Festakt im Dom. Dabei wurde das neue **Kantgrabmal** von Friedrich Lahrs an der Außenseite in der Nordostecke eingeweiht. Diese neue ›Stoa Kantiana‹ in ihrer überzeugenden Komposition aus architektonischen Elementen der Ordenszeit wie der damaligen Moderne überstand Krieg und Nachkriegszeit. In der Sowjetunion sah man in Kants Rationalismus einen Vorläufer des Marxschen Materialismus, und Kants Andenken wird in Kaliningrad generell hochgehalten – es ist alter Brauch, dass Brautpaare am Tag ihrer Hochzeit hier Blumen niederlegen. Ob sich Kants Gebeine noch unter dem schlichten Porphyr-Sarkophag befinden, ist umstritten. Manche Gerüchte besagen, dass 1945 der Sarg aufgebrochen wurde und die Gebeine dabei verstreut worden sind, nach anderen befinden sie sich immer noch tief unter dem Boden des Denkmals, da von Anfang an hier nur ein Kenotaph bestanden haben soll.

Dem Kantgrab gegenüber ist unter einigen Sträuchern, leicht zu übersehen, ein **Gedenkstein** aufgestellt. Er erinnert an die Königsberger Universität, die Albertina, die hier 1544 gegründet wurde. Diese Alte Albertina ist wie der ganze Kneiphof 1944 zerstört worden. In einem Schacht vor dem Stein ist die ursprüngliche, viel tiefer als der heutige

Epitaph des Fürsten Boguslaus Radzwill

Boden gelegene erste Pflasterung des Kneiphofs aufgeschlossen. Zur allgemeinen Überraschung wurde unmittelbar daneben Ende Juni 2005 ein Abguss eines **Denkmals für Herzog Albrecht** aufgestellt, das sich vormals am Schloss befunden hat.

An der gegenüberliegenden, südöstlichen Ecke des Domes befand sich einst der Domfriedhof, der noch an den Rasenflächen und dem Baumbestand in Andeutungen auszumachen ist. Ein **Gedenkstein mit Plakette** erinnert hier an den liberalen protestantischen Theologen Julius Rupp, dem Großvater der Käthe Kollwitz, die auch das Relief Rupps auf dem Gedenkstein – heute eine Nachbildung – geschaffen hatte. Er war allerdings nicht hier beigesetzt, auch das 1945 verschwundene originale Relief war an anderer Stelle auf dem Kneiphof angebracht.

Über eine Treppe kann man von der Dominsel auf die Hochbrücke zum Leninskij pr. gelangen und von dort entweder nach Süden zum Hauptbahnhof hin oder nach Norden zum Haus der Räte und dem Platz des ehemaligen Schlosses gehen.

Das Haus der Räte und das frühere Schloss

▶ Karte S. 93

Nur etwa 300 Meter nördlich des Kneiphofs erstreckte sich auf einem Hügel über der Pregelniederung das Königsberger Schloss, das auf den Mauern einer pruzzischen Festung errichtet worden war. Wo sich bis 1968 die Schlossruine befand, erhebt sich seit den 1970er Jahren das Haus der Räte (Dom Sovetov), das für die Gebietsregierung und die Gebietsparteileitung geplant war. Die Kriegszerstörungen des Schlosses waren nicht so stark, dass ein Wiederaufbau unmöglich gewesen wäre, doch das ›Symbol des Preußentums, Faschismus und Revanchismus‹, wie es hieß, sollte beseitigt werden – übrigens gegen den Widerstand vieler Kaliningrader. Bei der Sprengung ist zuviel Dynamit eingesetzt worden, so dass die Fundamentreste zerbrachen und der umliegende Boden so stark aufgelockert wurde, dass das Haus der Räte – es befand sich noch im Rohbau – bald begann, sich mehr und mehr zum Pregel zu neigen und nie bezogen werden konnte. Die Ruine war jahrelang Übernachtungsgelegenheit für die Kaliningrader Obdachlosen. Sie kann zwar in ihren unteren beiden Stockwerken noch betreten werden, doch sind inzwischen die Aufgänge in die oberen Geschosse vermauert. Für die 750-Jahr-Feier begann man das Gebäude weiß anzustreichen – dann wurde die Zeit knapp, und man verhängte es mit einem weißen Tuch. Heute ist völlig unklar, was aus dem Klotz werden soll. Der Abriss ist zu aufwendig, und welcher Art eine Nutzung sein könnte, wird nicht diskutiert. Doch nach und nach nehmen Pläne Gestalt an, mit denen das alte Schloss zumindest in seiner äußeren Gestalt wieder erstehen soll. Das Innere könnte dabei sowohl städtischen Dienststellen wie auch musealen Zwecken dienen. Putin soll für den geplanten Wiederaufbau 50 Millionen Euro zur Verfügung gestellt haben.

Es war sicherlich weit hergeholt und ist mit der Nachkriegsstimmung in der Sowjetunion zu erklären, das Schloss als Symbol des verhassten Preußentums oder gar des Faschismus anzusehen. Leider ist aber mit der Sprengung des Königsberger Schlosses auch das dritte der großen Hohenzollernschlösser verschwunden: Das Berliner Schloss wurde 1950 gesprengt, das Potsdamer Mitte der 1960er Jahre – beide hätten wieder aufgebaut werden können, auch deren Schleifung war ideologisch motiviert.

Eine kahle Fläche mit verrotteten Springbrunnenanlagen gibt in etwa die Lage des markanten Südflügels des Schlosses an. An deren Westseite wurde in einem umzäunten Areal bis vor kurzem heftig gegraben. Die Fundamente der Schlosskirche wurden freigelegt. Ein kleines **Freiluftmuseum** (im Sommer offiziell Di–So 10–16 Uhr, leider oftmals geschlossen) gibt Einblick in die Grabungen und das gefundene Material. Seit 2003 führte man hier, mit Unterstützung des Nachrichtenmagazins ›Der Spiegel‹, archäologische Grabungen durch. Mitte Juni 2005 wurde eine Silberschatulle gefunden, bei der unklar ist, ob sie aus den Kunstsammlungen des Schlosses stammt oder ein Originalfund ist. In der Schatulle befanden sich Amulette und Medaillen mit Darstellungen okkulter Handlungen.

Das Haus der Räte steht also keineswegs genau auf dem Platz des Schlosses, sondern an dessen Ostrand, zu einem guten Teil sogar auf dem Platz des

Ausgegrabene Schlossfundamente

Der Schlossteich und das Haus der Räte

sich weiter östlich anschließenden Reichsbankgebäudes, das heute nicht mehr vorhanden ist. Dort wo sich der Nordflügel des Schlosses befand, dehnen sich Reihen von Containern aus, in denen kleine Lokale und Läden untergebracht sind.

Schaut man nach Süden, fällt auf, um wieviel tiefer die Dominsel im Vergleich zum Schlossplatz liegt. Kaliningrad hat ein starkes Gefälle innerhalb seines Weichbildes, nur bemerkt man es bei der Fahrt durch die Stadt aufgrund der Hochbrücke nicht mehr, da das Niveau der Dominsel nicht mehr erreicht wird.

An der Südwestecke der Schlossmauer und damit auch des archäologischen Grabungsfeldes, an der Unterführung des Leninprospektes, ist seit einigen Jahren eine **Tafel** angebracht, die an Kant und seinen ›Kategorischen Imperativ‹ erinnert. Sie ist eine Nachbildung einer Plakette, die sich von 1904 bis 1945 an dieser Stelle befunden hat.

Das Königsberger Schloss

Der Ort, der heute so nüchtern pl. Central'naja heißt, markiert den Ursprung des späteren Königreichs Preußen und damit des Deutschen Reichs. Denn das Herzogtum Preußen, ohne das kein Königreich Preußen entstanden wäre, hätte sich nicht ohne den Staat der Deutschritter bilden können. Mitte des 13. Jahrhunderts erhob sich auf dem Hügel am Nordrand der Pregelniederung eine pruzzische Fliehburg, Tuwangste geheißen. Der Deutsche Orden, der während dieser Zeit versuchte, das Samland zu erobern, besaß zu wenige eigene Soldaten, so dass fremde Heere ihn unterstützen mussten. König Ottokar II. von Böhmen nahm an diesem Samland-Kreuzzug teil. Die Pruzzenburg konnte bald erobert werden, und man errichtete auf ihren Fundamenten eine neue Burg. König Ottokar zu Ehren wurde sie Königsberg genannt.

Erst gegen 1290 war der Ausbau der Burg fertiggestellt, nun in Stein; zuvor war sie ein - wenn auch sehr stark befestigtes - Holzbauwerk gewesen. Die neue Anlage stellte ein langgestrecktes Rechteck um einen 105 Meter langen und 67 Meter breiten Hof dar und bedeckte den ganzen Hügel Tuwangste. Die Burg war Sammelplatz der Ordensritter, bevor sie zu ihren verschiedenen Fahrten aufbrachen, Sitz eines Ordenskomturs, und nach 1309, als der Sitz des Hochmeisters von Venedig auf die Marienburg verlegt wurde, auch Sitz des Ordensmarschalls. In der Folge war die Burg unzähligen Umbauten unterworfen, insbesondere nach 1457, als sie zum Sitz des Hochmeisters wurde. Der eigenartige siebeneckige Haberturm von 1275 blieb aber über die Jahrhunderte weitgehend unverändert erhalten. Der Bergfried, der spätere Schlossturm, war freistehend innerhalb der Umfassungsmauern aufgerichtet. Im Keller des Nordflügels wurde zu Beginn des 16. Jahrhunderts das ›hochnotpeinliche Halsgericht‹ untergebracht. Nach 1732 richtete die zugewanderte Salzburger Familie Schindelmeißer dort eine Weinhandlung ein, aus der später die weltberühmte Gaststätte ›Blutgericht‹ hervorging.

Das Schloss von Nordosten aus gesehen, Aufnahme von 1920

Seine bis bis zum Abriss bekannte Form erhielt der Bau weitgehend in der Renaissancezeit. Herzog Albrecht und seine Nachfolger machten aus der gotischen Wehrburg nach 1525 ein prachtvolles Renaissanceschloss. Die lange Südfront, die bis auf Wehrmauer und Türme unbebaut geblieben war, wurde jetzt geschlossen. Der Ostflügel entstand völlig neu, das alte Konventshaus aus der Ordenszeit wurde abgebrochen, und der Baumeister von Herzog Georg Friedrich, Blasius Berwarth, erbaute an seiner Stelle 1584 den Westflügel mit Schlosskirche und darüber liegendem Moskowitersaal. Dieser war bis 1945 mit Ausmaßen von 83 mal 18 Metern der größte Saal Deutschlands; 3000 Personen fanden hier Platz. Seinen Namen erhielt er nach Zar Peter dem Großen, der in Königsberg zwischen 1711 und 1713 mehrmals Gast war. Blasius Berwarth schuf auch im Nordostteil den stattlichen Portalbau. In einem Anbau an der Schlosskirche wurde die ›Silberbibliothek‹ des Herzogs Albrecht untergebracht, 20 in getriebenes Silber gebundene geistliche Bücher, darunter eine prachtvolle Lutherbibel. Sie sind seit 1945 verschollen.

Ein erneuter Umbau erfolgte ab 1701. Der prunkliebende Kurfürst Friedrich III. hatte sich in diesem Jahr in der Schlosskirche zum ersten preußischen König erhoben, und er hielt weder das Schloss noch dessen Umgebung einer königlichen Residenz würdig. So veranlasste er die Umgestaltung zu einem repräsentativen Barockpalast. Der Baumeister Schultheiß von Unfried sollte dem Schloss ein neues Antlitz geben. Die Schlosskirche wurde bis 1710, nach ihrer Erhebung zur Krönungskirche, mit Empore, Kanzelaltar und königlicher Loge umgebaut. Später fand aber nur noch eine Krönung hier statt: Wilhelm I. wurde hier 1861 zum preußischen König gekrönt. Allen anderen preußischen Herrschern war der Pomp einer Krönungszeremonie schlichtweg zu teuer, so dass sie darauf verzichteten. In Berwarths Portalbau wurden die Prunkräume des Königs eingerichtet. Die weiteren Planungen wurden nicht mehr realisiert. Nach dem Tod König Friedrichs I. im Jahr 1713 untersagte dessen sparsamer Sohn und Nachfolger Friedrich Wilhelm I. den Weiterbau. Unter ihm und seinen Nachfolgern diente das Schloss nun weniger dem Prunk und der Repräsentation, sondern wurde Dienstsitz verschiedener Staatsbehörden. So waren hier die Kriegs- und Domänenkammer, das Oberste Tribunal und das Konsistorium untergebracht, und auch die Regierungspräsidenten hatten hier ihren Amtssitz.

Heute noch erstaunlich ist, dass der russische Gouverneur Baron Korff während der Besatzung der Stadt im Siebenjährigen Krieg den nicht vollendeten südlichen Unfriedflügel mit russischen Geldern fertigstellen ließ. 1810 fand ein weiterer Umbau statt, als das Oberlandesgericht an der Nordfront einen Neubau bekam; als vorläufig letzte Baumaßnahme erhielt der Schlossturm 1866 eine neugotische Spitze. Im 20. Jahrhundert wurde im Süd- und Ostflügel die Prussia-Sammlung präsentiert, die sich mit der Vorgeschichte und Volkskunde Ostpreußens befasste; im Obergeschoss war eine umfangreiche Lovis-Corinth-Sammlung untergebracht, die Städtischen Kunstsammlungen zogen ein, und das Bernsteinzimmer fand nach 1941 hier seinen letzten nachgewiesenen Standort. So war das Schloss den Weg vom Wehrbau zur Residenz, zur Verwaltungszentrale und schließlich zum Kulturbau gegangen. In den verschiedenen architektonischen Einheiten des Schlosses spiegelte sich dabei die fast 700 Geschichte Preußens wieder.

Bis auf das Erdgeschoss des Südflügels brannte es 1944 aus, die Sammlungen wurden teilweise vernichtet, teilweise als ›Beutekunst‹ verschleppt. Heute erinnert nichts mehr an das für die preußische und deutsche Geschichte so bedeutende Bauwerk, und auch die Erinnerung daran ist außerhalb Kaliningrads weitgehend verschwunden.

Um Schlossteich, Universität und den nördlichen Leninskij pr.

Im früheren Stadtzentrum nördlich des Schlosses deckt sich das heutige Straßenraster kaum noch mit dem historischen. Nur der Schlossteich und einige wenige erhaltene Bauten bieten Orientierungspunkte für diejenigen, die nach der Geschichte dieses Viertels suchen.

Der Schlossteich, vom Ritterorden gleich nach der Gründung Königsbergs künstlich angelegt, diente zur Fischzucht für die Versorgung der Burg. Kahnpartien zählten und zählen zu den beliebtesten Vergnügungen der Bewohner der Stadt, an der Südseite des Teiches sind im Sommer einige Biergärten geöffnet, die leider, bedingt durch die Teichnähe, oft von Insektenscharen heimgesucht werden. Ein schöner Promenadenweg führt um den Teich herum.

Oberhalb der Südostecke befand sich einst die barocke Burgkirche. Hier liegt, wo einst E.T.A. Hoffmanns Geburtshaus stand, in einem Rasenstück nahe dem Fernsehzentrum Jantar ein kleiner **Findlingsstein**, der an ihn erinnert.

Den Ostrand des Schlossteichs, oberhalb der Brücke, säumt die frühere Stadthalle von 1912, heute das **Stadtmuseum für Geschichte und Kunst**. Der in den 1930er Jahren größte Konzertsaal Deutschlands brannte 1944 aus und wurde 1986 neu eröffnet. Sehenswert ist die Prussia-Sammlung, die seit 1945 größtenteils verschollen ist und von der einige Teile im Jahr 2000 im Fort Quednau am nördlichen Stadtrand gefunden und hierher gebracht wurden.

Umstritten ist ein **Denkmal** unterhalb des Museums in Richtung der hinteren Schlossteichbrücke. Es ehrt den U-Boot-Kommandanten Marinesko, der am 30. Januar 1945 vor der Küste des pommerschen Stolpmünde (heute Ustka) die ›Wilhelm Gustloff‹ versenkte. 6000 Menschen ertranken damals in der Ostsee. Marinesko hat einen zusätzlichen Gedenkstein etwa 250 Meter weiter südlich am Seeufer, nahe der ul. Ševčenko.

▲ Karte S. 93

An der Nordwestseite des Teiches steht der rechtwinklige Bau des einstigen Parkhotels, in dem heute verschiedene Firmen ihren Sitz haben. Nördlich des Parkhotels befanden sich einst die großen Königsberger Logenhäuser. Über die südliche der zwei Brücken erreicht man den Westrand des Teichs. Die ul. Proletarskaja, einst Münzstraße genannt, führt hier nach Norden Richtung Oberteich.

■ Am früheren Paradeplatz

Gegenüber der Brücke führt ein Weg nach Westen zum früheren Königsgarten und zum Paradeplatz. Einer der früher belebtesten Punkte des alten Königsberg ist heute ein stiller grüner Platz mit einförmigen Wohnhäusern. Hier stand mit ›Gräfe und Unzer‹ die damals größte

Hier stand E.T.A. Hoffmanns Geburtshaus

Am Schlossteich, im Hintergrund links das Stadtmuseum

Buchhandlung Europas. An der Ostseite befand sich das 1806 erbaute Stadttheater, in dem auch die Königsberger Oper untergebracht war. Hier waren unter anderem Richard Wagner (1836/37), Richard Strauss (1927) und Hans Pfitzner (1932) tätig. Wagner heiratete in seiner kurzen Königsberger Zeit seine erste Frau Minna.

An der Nordseite des Platzes, an der Universitetskaja ul., steht die **Neue Universität**. Zum 300-jährigen Jubiläum der Albertina wurde 1844 der Grundstein für einen Neubau gelegt, der 1861 vollendet war. Der Neorenaissancebau des Schinkel-Schülers Friedrich August Stüler ist nach den Kriegszerstörungen in vereinfachter Form wieder aufgebaut worden. Ein neues Universitätsgebäude aus den 1980er Jahren steht in der ul. Nevskogo (Cranzer Allee). Im Hof der Universität gibt es ein nicht sehr großes Lapidarium mit einigen über die Zeiten geretteten Grabsteinen und Statuen, darunter eine Walthers von der Vogelweide aus dem Jahr 1930. Sie stammte ursprünglich aus dem Tiergarten und wurde 1975 neben dem Dom aufgestellt, von wo sie 1993 in das Lapidarium kam.

Vor der Universität steht die Kopie des **Kant-Denkmals** (1864) von Christian Daniel Rauch. Es befand sich ursprünglich vor Kants Wohnhaus an der Prinzessinnenstraße 3 (heute am Leninskij prospekt, etwa 100 Meter südwestlich der Verkaufscontainer auf dem Schlossgelände gelegen). Das Denkmal musste 1885 der Straßenverbreiterung weichen und gelangte in die Südwestecke des Paradeplatzes vor der Universität. Kurz vor Kriegsende wurde es nach Schloss Friedrichstein südöstlich von Königsberg in Sicherheit gebracht, doch ist es seit den Kriegswirren verschollen. Der Berliner Bildhauer Harald Haacke schuf auf eine persönliche Initiative der Journalistin und gebürtigen Ostpreußin Marion Gräfin Dönhoff das Denkmal neu – die 80-jährige Gräfin brachte es 1989 persönlich nach Kaliningrad. Der Sockel war erhalten geblieben, eine Büste Ernst Thälmanns hatte auf ihm lange Zeit den Platz für Kant freigehalten.

Die Königsberger Universität

Bereits der Deutsche Orden plante die Einrichtung einer Hochschule. An ihr sollte vor allem Staatsrecht und Religion - wie sie der Orden verstand - gelehrt werden. Diese Universität war im Kulm an der Weichsel (heute Chełmno) geplant, doch kam es durch die ständigen Kriegswirren im 14. Jahrhundert nicht zu ihrer Errichtung. Herzog Albrecht war der erste deutsche Fürst in Deutschland, der in seinem Herrschaftsgebiet die Reformation einführte, und daher war er nach seinem Regierungsantritt bedacht, baldmöglichst dem lutherischen Glauben eine Lehrstätte zu geben. Zum einen war sein Land vom katholischen Polen umgeben, so dass er gleichsam ein protestantisches Bollwerk im Auge hatte, zum anderen sollte das Licht dieser Universität nach Polen und weiter bis Litauen und Livland hineinstrahlen.

Die Einweihung der Königsberger Universität fand im August 1544 statt. Sie war an der Nordostecke des Kneiphofs untergebracht und sollte 300 Jahre dieses Domizil behalten. Mit 10 Professoren und 318 Studenten begann in den Disziplinen Theologie und Philosophie der Lehrbetrieb. Im Gebäude befanden sich ein Auditorium Maximum, Wohnräume für die Studenten und im Keller ein Karzer. Die Professoren lehrten zumeist in ihren eigenen Wohnungen. Anfang des 17. Jahrhunderts wurden Lehrstühle für Geschichte und für Anatomie errichtet. Der Memeler Simon Dach wurde 1656 Rektor, und erst ab dieser Zeit trug die Universität den Namen ›Albertina‹. Immanuel Kant wurde 1788 Rektor. Das 19. Jahrhundert brachte den Wissenschaften einen starken Aufschwung und besonders eine weitverzweigte Spezialisierung.

Die Kollegiengebäude auf dem Kneiphof wurden in dieser Zeit zu klein. Deshalb entstand ein neues Universitätsviertel auf dem Neuroßgarten am Westrand der damaligen Stadt. Eine Sternwarte, ein Botanischer Garten, naturwissenschaftliche Institute und Kliniken wurden hier gebaut. Auch ein neues Hauptgebäude sollte dort errichtet werden.

Die historische Universität

Das Universitätssiegel mit dem Bild des Herzog Albrecht von Hohenzollern

Man entschied sich jedoch für einen neuen Campus am früheren Königsgarten, nicht weit nördlich des Schlosses. Auf diesem ehemaligen Exerzierfeld, aus dem später der Paradeplatz geworden war, legte 1844 König Friedrich Wilhelm IV. anlässlich der 300-Jahr-Feier der Albertina den Grundstein für einen Neubau im Stil der Florentiner Hochrenaissance, der allerdings erst 15 Jahre später begonnen und 1862 eingeweiht wurde. Dieses Haus wurde im Gegensatz zur ›Alten Albertina‹ auf dem Kneiphof ›Neue Albertina‹ genannt.

In den 1930er Jahren gab es fast 250 Professoren und Dozenten, am 17. August 1944 konnte Königsbergs Albertina ihr 400-jähriges Jubiläum feiern. Nur knapp zwei Wochen später versanken Alte und Neue Albertina mit ihren Instituten und der berühmten 680 000 Bände zählenden Universitäts- und Schlossbibliothek während des Bombenangriffs.

Die Königsberger Universität war 400 Jahre lang eine der großen deutschen Geistesstätten, ein Zentrum protestantischer Kultur. Die medizinischen und naturwissenschaftlichen Forschungsergebnisse Königsberger Forscher und Ärzte waren für die moderne Wissenschaft wegweisend. Es gelang der Albertina, durch ihre geistige Ausstrahlung an ihrer geographisch nach Osten vorgeschobenen Position auch Litauen und Russland zu beeinflussen, so wie es immer der Wunsch Herzog Albrechts gewesen war.

Nach dem Krieg gab es anfangs kein universitäres Leben in der Stadt. Die Alte Albertina war völlig zerstört, die Neue ausgebrannt. 1948 wurde ein Pädagogisches Institut eröffnet, das als Lehrerbildungsanstalt konzipiert war, 1966 erfolgte dann die – je nach Blickweise – Neu- oder Erstgründung der ›Staatlichen Kaliningrader Universität‹. Mit vier geisteswissenschaftlichen Fakultäten nahm sie in der inzwischen in einfacher Form wiederaufgebauten Neuen Albertina den Lehrbetrieb auf. Heute gibt es 13 Fakultäten mit insgesamt rund 12 000 Studenten, von denen einige hundert nicht aus Russland kommen, die meisten von ihnen aus den Nachfolgestaaten der Sowjetunion. Seit dem 3. Juli 2005 heißt die Einrichtung ›Staatliche Russische Kant-Universität‹ (www.kantina.ru).

Sonderbriefmarke zum 400-jährigen Bestehen der Albertina 1944

Lasch-Bunker

Dort, wo das Kantdenkmal vor 1945 stand, befindet sich der Eingang zum Befehlsstand des letzten Kampfkommandanten von Königsberg, General Otto Lasch. Erst im Februar 1945 wurde diese Bunkeranlage angelegt, bis zur Kapitulation der Stadt am 9. April 1945 von hier aus die Verteidigung der Stadt geleitet. In den einzelnen Zimmern des Unterstands sind Szenen aus dem Kampf um die Stadt in dreidimensionalen Schaubildern nachgestellt; Originaldokumente, Urkunden und Fotografien machen den Untergang der Stadt deutlich. Der ›Blindaž Laša‹, wie der Bunker auf russisch heißt, ist stark besucht. Nicht die ganzen Bunkeranlagen sind freigelegt, einige Gänge liegen noch unzugänglich unter dem Trümmerschutt und sollen nach Meinung einiger Stadthistoriker das Bernsteinzimmer verbergen. Daher gibt es jetzt einige Initiativen, dort mit Grabungen zu beginnen.

Um den nördlichen Teil des Leninskij pr.

Vom Bunker sind es 150 Meter zum Leninskij prospekt, Kaliningrads großer Nord-Süd-Achse, die vom pl. Pobedy (Hansaplatz) bis zum Südbahnhof (Južnyj Vokzal) führt. Im nördlichen Abschnitt, früher der Steindamm, ist sie in den letzten zehn Jahren wieder zu einer der Hauptgeschäftsstraßen Kaliningrads geworden. Viele Geschäfte entstanden, Restaurants und Bars säumen in großer Zahl bis zum Nordbahnhof die Straße. In einer großen Grünanlage, dem ehemaligen Trommelplatz, zwischen Leninprospekt und ul. Teatralnaja, steht an der Stelle eine eindrucksvolle **Statue von Mütterchen Russland**, wo sich bis Mitte der 1950er Jahre das Denkmal Stalins befand. Der ehemalige Trommelplatz ist in seiner nordwestlichen Hälfte, wo bis 2007 ein großer Parkplatz war, jetzt mit dem durchaus attraktiven Einkaufszentrum ›Evropa‹ vollständig überbaut. An der Seite zum Leninskij pr. existiert in ihm seit Anfang 2011 das erste McDonald's-Restaurant der Stadt. Dort bekommt man zum Beispiel ein ›Bif à la Russe‹.

Der Architekt des ›Evropa‹, Arthur Sarnitz, ist ein Mann voller Idealismus. Denn er plant, die ganze historische Innenstadt originalgetreu wieder aufzubauen. Er meint, dass wenn das Bild des alten Königsberg allen vor den Augen bestünde, würde auch der letzte Zweifler erkennen, dass sich durch den Wiederaufbau das Leben in der Stadt komplett verändern werde. Um dieses Bewusstsein auszubilden, wird ein Film vorbereitet, in dem ein virtueller Immanuel Kant die Besucher durch die am Computer neu erschaffenen Gassen führt. Die Finanzierung des Films wird aus einem internationalen Förderprogramm stammen, das von Litauen, Polen und Russland getragen wird.

An der anderen Seite des ›Evropa‹, an der Ecke Teatralnaja/Galitskovo, befindet sich ein Einkaufszentrum; es ist das ehemalige ›Univermag Majak‹. Im Keller befindet sich eine Filiale von ›Knigi i Knižečki‹, einer Buchhandelskette, die auch viel Regionales und Kartenmaterial zum Land anbietet. Allerdings ist es im russischen Buchhandel nicht möglich, gerade nicht im Sortiment vorhandene Titel zu bestellen. Es gibt nur das, was da ist.

Um die alte Universitätsklinik

An der Ecke Leninskij pr./Barnaulskaja ul. (Heumarkt) ist ein kleiner Blumenmarkt zu finden. Geht man in diese Straße hinein, kommt man nach etwa

▲ Karte S. 93

Stets sehr belebt: der Leninskij pr.

200 Metern an einen gelbgefärbten Altbau mit einer großen Einfahrt. Hier war einst das Geologische Institut der Universität (ehemals Lange Reihe 4) mit der berühmten Bernsteinsammlung untergebracht. Diese ist in geringen Teilen über den Krieg gerettet worden und befindet sich heute in Göttingen. Weiter entlang dieser Straße trifft man auf die frühere Chirurgische Universitätsklinik; Teile des Komplexes sind erhalten.

Um und in der ul. Vagnera (Wagnerstraße) findet man noch verhältnismäßig viele **Altbauten**. Im Keller des grün gestrichenen Hauses auf der Ecke ul. Vagnera zur ul. Bol'ničnaja (Drummstraße) suchte man vor wenigen Jahren, selbstverständlich erfolglos, nach dem Bernsteinzimmer. Dem Haus gegenüber liegen die Gebäude der Medizinischen Universitätsklinik. Eine alte Inschrift verweist darauf. Hinter dem Eingang der Universitätsklinik an der ul. Vagnera steht, meist übersehen, noch eine **Brunnenplastik** von Stanislaus Cauer (1867–1943), dem bedeutenden Bildhauer.

Die ul. Bol'ničnaja führt nach Süden auf die ul. Kopernika, die frühere Kopernikusstraße. Auch hier sind noch einige zusammenhängende Altbauten vorhanden. Geradeaus gelangt man über eine Treppe hinab zum Moskovskij prospekt, die große Ost-West-Achse der Stadt, in diesem Bereich früher Unterlaak geheißen. Am Westende dieser breiten Magistrale steht der auffällige **Backsteinturm** des früheren Arbeitsamtes, in dem jetzt die Polizeihochschule untergebracht ist.

Am Alten Botanischen Garten

Die ul. Vagnera führt nach Westen zum **Alten Botanischen Garten**. Der Garten ist heute Sitz eines Kinderzentrums für Ökologie, und hier findet man auf vier Hektar Fläche fast 900 verschiedene Pflanzenarten. Die Anlage ist sehenswert, die meisten Touristen sind von der Existenz des Gartens überrascht, wenn sie in diese Ecke der Stadt kommen. An seinem Westrand wird der Alte Botanische Garten von der ul. Gen. Galickogo

Die ewige Flamme zum Andenken an die gefallenen Soldaten

(früher Steindammer Wall) gesäumt. Die alte Pflasterstraße führt steil aus dem Pregeltal empor. Ein Pfad leitet zu einem Plateau, wo sich die Sternwarte Friedrich Wilhelm Bessels befand. Ein **Grabstein** erinnert hier an ihn, beigesetzt wurde er allerdings auf dem sogenannten Ehren- oder Gelehrtenfriedhof 100 Meter nordwestlich der Sternwarte am Gvardejskij pr. (Deutschordensring). Diesen Friedhof gibt es nicht mehr.

Jenseits der ul. Gornaja führt der alte Deutschordensring – heute die Verlängerung des Gvardejskij pr. und in diesem Abschnitt ohne Namen – zum **Denkmal der Gefallenen der Schlacht um Königsberg**. Das bereits am 30. September 1945 eingeweihte Denkmal bildet einen Halbkreis, an dessen Enden zwei allegorische Figurengruppen, Sturm und Sieg, aufgestellt sind. Ein gewaltiger Obelisk und eine ewige Flamme vollenden das eindrucksvolle Ensemble. Die Straße ist hier für Motorfahrzeuge gesperrt.

An der Ecke zur Gornaja steht eine kleine orthodoxe **Kapelle**. Sie ist auf der Überdachung des einst zum Fort Friedrichsburg gehörenden Ausfalltors errichtet, das unterhalb der Kapelle, meist übersehen, an einem kleinen See liegt.

▲ Karte S. 93

Am pl. Pobedy

Der Straßenverlauf des Leninskij pr. knickt an einer großen Grünanlage Richtung Norden ab. Diese, der ehemalige Trommelplatz, war einer der wenigen größeren Plätze der Stadt, der innerhalb der Wallanlagen lag. Lange grüßte inmitten des Platzes der Generalissimus Josef Vissarionovič Stalin von diesem Sockel, heute steht Mütterchen Russland auf ihm. Über den Verbleib des Stalindenkmals ist nichts bekannt.

Von hier ist man in wenigen Schritten auf dem pl. Pobedy (Siegesplatz) – bis 1945 Adolf-Hitler-Platz und davor bis 1933 Hansaplatz – angekommen, dem größten Verkehrsknotenpunkt der Stadt. Von April bis Juni 2005 wurde der pl. Pobedy für die Jubiläumsfeierlichkeiten völlig umgestaltet. Wo sich früher vor dem Lenindenkmal eine riesige öde Parkfläche öffnete, lädt nun ein weiter, mit edlen Natursteinen gepflasterter und mit Bäumen, Bänken und historischen Kandelabern geschmückter Platz zum Flanieren ein. Eine große, in den

Der Ehrenhain am Gvardejskij pr.

Boden eingelassene Windrose symbolisiert die Internationalität der Stadt. Eine beeindruckende, 20 Meter hohe Säule erinnert an den Sieg der Sowjetunion Russlands im Großen Vaterländischen Krieg über die Hitlerfaschisten. Eine Plakette mit dem Bild des heiligen Georg, der gerade den faschistischen Drachen tötet, schmückt den Sockel der Säule.

Man ist stolz auf das hier Geschaffene, die Stadt hat in der Tat mit diesem Platz einen sehr attraktiven Mittelpunkt gewonnen, den Bevölkerung und Touristen sofort angenommen haben. An der Ostseite ist das neue Einkaufszentrum ›Clover‹ aus dem Boden gewachsen, ihm gegenüber antwortet an der Westseite des Platzes das ebenso großzügige ›Evropa‹, beantwortet im Westen und Nordwesten vom Rathaus und den vormaligen Gerichtsgebäuden und im Nordosten vom Nordbahnhof. Es ist eine moderne Urbanität entstanden, vielleicht nicht sehr seelenvoll, doch zumindest optisch sehr ansprechend. Kaliningrad hat damit endlich ein Zentrum, einen ›Stadtplatz‹ bekommen, der keineswegs den Vergleich mit anderen ähnlichen Plätzen in Westeuropa zu scheuen braucht. Nur ist vom alten Königsberg nichts mehr zu verspüren. Sorgfältig achtet die Stadtwache auf die Würde des Platzes. So ist es hier beispielsweise untersagt, Bier zu trinken. Unter der südlichen Platzhälfte, ebenso durch Brunnen und Bänke verziert, befindet sich die erste Tiefgarage Kaliningrads. Auch sie wurde unmittelbar vor dem Stadtjubiläum fertiggestellt.

Wo Lenin einst und die Kirche jetzt ihre Rechte beanspruchen, befand sich ab 1920 das Eingangsportal zur ›Deutschen Ostmesse‹. Nachdem Ostpreußen vom Reich abgetrennt worden war, ging man daran, die wirtschaftliche Situation

Der pl. Pobedy ist das neue Zentrum Kaliningrads, links das Rathaus

der Exklave zu verbessern und gründete diesen Handelsplatz. Auf gut acht Hektar Fläche entstand entlang des Wallrings ein Ausstellungs- und Verkaufsgelände. Bis 1941, als die Messe eingestellt wurde, zog sie alljährlich über 200 000 Besucher an.

Die Bauten am Platz

An der Südwestecke des pl. Pobedy steht das 1923 von Hans Hopp erbaute Stadthaus, in dem nach 1927 der Königsberger Stadtrat untergebracht war. Auch nach 1945 ist es **Rathaus** geblieben, wenn es auch umgebaut worden ist. In dem Gebäude ist das Selbstbedienungsrestaurant ›Razguljaj‹ zu finden, einer der besten Anlaufpunkte für ein schnelles und gutes Essen in rustikaler Umgebung.

Schräg gegenüber vom Rathaus liegt der **Nordbahnhof**, 1930 in neoklassizistischem Stil errichtet. In dem ungewöhnlich gestalteten Gebäude, das man oft fälschlicherweise als Beispiel für die NS-Architektur ansieht, sind verschiedene Firmen und Unternehmen untergebracht. Der eigentliche Bahnhof befindet sich dahinter und ist mehr oder weniger nur ein Bahngleis, zu dem man über eine Treppe nach unten gelangt (Zugang von der Südseite). Von hier fährt man ausschließlich in die samländischen Seebäder und zum Südbahnhof ab. Östlich schließt sich an den Nordbahnhof ein 2004 fertiggestellter Geschäftskomplex an, in dem neben einigem Leerstand auch feine Läden zu finden sind.

Am überlangen Straßenzug des Sovetskij prospekt (Fuchsberger Straße, Stresemannstraße, General-Litzmann-Straße), über den man den pl. Pobedy nach Norden verlassen kann, stehen an der Ecke zum pr. Mira (in diesem Abschnitt einst Hansaring) die repräsentativen Gebäude des ehemaligen Amts- und Landgerichts, heute **Hochschule für Fischereiwesen**. Um die Ecke, schon am pr. Mira, fällt vor der Gebäudefront die berühmte **Plastik Kämpfende Wisente** von August Gaul auf, einem der bedeutendsten deut-

Die ›Kämpfenden Wisente‹ von August Gaul

schen Tierbildhauer vor 1930. Diese Gebäude wurden schon 1913 fertiggestellt, die Seite zum Hansaplatz hin ist 1933 errichtet worden. Am Sovetskij pr. schließt sich nach Norden das frühere Polizeipräsidium an, auch heute ist es Heim staatlicher Kontrollinstitutionen.

Südlich der ul. Garažnaja (Belle-Alliance-Straße) wuchs in den vergangenen zehn Jahren eine neue orthodoxe Kirche empor, die **Erlöserkathedrale** mit fünf goldenen Kuppeln. Sie bietet Platz für über 2000 Gläubige und gilt daher als zweitgrößte Kirche Russlands. Mit 73 Metern Höhe ist sie auch das höchste Gebäude der Stadt. 1996 erfolgte in Anwesenheit von Boris Jelzin die Grundsteinlegung, am 10. September 2006 in Anwesenheit von Wladimir Putin die Einweihung. Architekt Oleg Kopylov lehnte sich eng an die gleichnamige Moskauer Kathedrale an. Die Ikonostase der Unterkirche war im Siebenjährigen Krieg für die damalige russische Garnison in Memel (Klaipėda) angefertigt, später nach

Die Moskauer Kathedrale zum Vorbild: die Erlöserkathedrale

▲ Karte S. 93

Stockholm und Hamburg und schließlich 2006 nach Leningrad gebracht worden. Die Unterkirche ist auch Gedächtniskapelle für alle seit dem Siebenjährigen Krieg in Ostpreußen gefallenen russischen Soldaten.

Bis Ende 2004 stand 100 Meter vor der Kirche Lenin auf seinem Sockel und drehte der Kirche den Rücken zu. Das war nach Vorstellung der orthodoxen Gläubigen ein Sakrileg, worauf man nach endlosen Auseinandersetzungen mit den Altkommunisten und Kriegsveteranen Lenin von seinem Platz entfernte. Was dabei zum Vorschein kam, ist makaber: Lenins Sockelverkleidung bestand aus Grabplatten aus deutschen Friedhöfen, die man mit der Inschrift nach innen am Podest angebracht hatte. Nach der Demontage wurde die Leninstatue zur Restaurierung gebracht und sollte so schnell wie möglich wieder auf ihrem alten Platz aufgestellt werden: am Stadthaus, nun aber mit Blick zur Kirche. Und so steht Lenin seit 2007 nun ganz im Süden des Zentrums, nahe dem Hauptbahnhof, direkt vor dem Dom Iskusst' (Kunsthalle) am Leninskij pr.

Vom pl. Pobedy zum Oberteich

Die ul. Černjachovskogo (Wrangelstraße) führt vom pl. Pobedy nach Osten. An der Ecke zum Leninskij pr. erinnert eine **Plakette** an der Hauswand an General Ivan Černjachovskij, der bei den Kämpfen um Ostpreußen 1945 gefallen ist und neuer Namensgeber für diese Straße wie auch für die Stadt Insterburg wurde. Gleich daneben befindet sich ›Piramida‹, das bestsortierte CD- und DVD-Geschäft der Stadt. Schräg gegenüber nimmt der neue Konsumtempel ›Clever‹ die gesamte Straßenfront hinein. In den letzten Jahren entstand in der Stadt eine Vielzahl von großen ›shopping malls‹, doch hat sich auch in Kaliningrad die Finanzkrise von 2009 bemerkbar gemacht. Viele Läden sind unvermietet geblieben, in manchen gähnen die Verkäuferinnen vor sich hin und maniküren ihre Finger und Zehen, da Kunden ausbleiben. Da hilft es auch nichts, dass manche Geschäfte ihre Waren mit 30 bis 70 Prozent Rabatt anbieten – sie bleiben dennoch leer. Denn auch die Verbraucher müssen mehr denn je mit ihrem kargen Gehalt knausern. Die Preise liegen für Waren, die nicht im Gebiet selbst hergestellt werden, oft sogar über dem deutschem Niveau.

An der nächsten Straßenecke, unmittelbar hinter dem ›Clever‹, ist etwas zurückversetzt das frühere **Gemeindehaus** der Tragheimer Kirche zu sehen, das weitläufige hohe Gebäude schräg dahinter ist die ehemalige Hindenburg-Oberrealschule, das auch heute ein **Gymnasium** und Einrichtungen der Universität beheimatet. Die Tragheimer Kirche selber überstand die Nachkriegszeit nicht. Sie befand sich in der Straße, die gegenüber der Einmündung von der Černjachovskogo nach Süden führt, in der Podpolkovnika Ivannikova (Tragheimer Kirchenstraße). Geht man in diese hinein, kommt man nach etwa 200 Metern links zu einer kleinen verbauten Grünfläche. Zwischen ihr und der ul. Sommera stand die 1710 vollendete frühbarocke Kirche. Sie wurde 1944 zerstört und gegen Ende der 1960er Jahre vollständig abgerissen.

An der nächsten Ecke kommt von links die ul. Gor'kogo (in diesem Abschnitt früher Waldburgstraße) heran. An der nordwestlichen Ecke, zur Černjachovskogo, gibt es ein russisches Fastfood-Lokal, das aber nicht empfehlenswert ist. Die südliche Verlängerung der

Gor'kogo – wenngleich wegen der Überbauung durch einen kleinen Parkplatz nicht sofort erkenn-bar – ist die ul. Rokosovskogo (ebenfalls ehemals Waldburgstraße).
Nach Süden führt diese für Fahrzeuge gesperrte Straße an einem seltsamen Altbau vorbei. Es ist die **Palästra Albertina**, die 1894 zur, wie es damals hieß, ›Leibesertüchtigung‹ errichtet wurde und neben einem Turnsaal auch Hallenbad, Fechtsaal, Kegelbahnen und Tennisplätze auf dem Hof aufwies.

Ehemaliges Haus der Technik

Geht man die Gor'kogo von der ul. Černjachovskogo 100 Meter weiter nordwärts, noch vorbei am Haupteingang des Zentralmarkts, trifft man rechter Hand auf das imposante, seit kurzem fast vollständig rekonstruierte Haus der Technik, einer 121 Meter langen und 46 Meter breiten Ausstellungshalle aus der Zeit der Ostmesse. Der Architekt Hans Hopp erbaute sie 1924/25. Sie überstand den Krieg weitgehend unzerstört, war aber dann zunächst dem Verfall preisgegeben. An der Südseite des Hauses (ul. Professora Baranova) gibt es viele künstlerisch interssante Reliefs mit Szenen aus dem Handwerks- und Kaufmannsleben. Im alten Haus der Technik ist heute ein weiteres Einkaufszentrum entstanden, das ›Epicentr‹. In der nordwestlichen Gebäudeecke, an der Gorkowo, gibt es ein vielbesuchtes Irish Pub. Das Haus der Technik steht unmittelbar an den alten Wallgräben, die die historische Stadt umfassten. Die **Grünanlagen** jenseits der Wallgräben laden zu kleinen Spaziergängen ein und bieten eine ganz andere Sicht auf das Marktgelände und die Stadt.
Vom Haus der Technik weiter nordwärts kommt man auf die große Kreuzung mit der ul. General-Lejtenanta Ozera (Auguste-Viktoria-Allee). An den Häusern Nr. 20 und 22 dieser Straße finden sich neben den Eingängen phantasievolle, fast lebensgroße allegorische Darstellungen der vier Jahreszeiten.

▲ Karte S. 93

Zentralmarkt

Südlich des Hauses der Technik beginnen die großen Hallen des Zentralen Markts. Die niedrigen Gebäude, die den Zentralmarkt umschließen, sind die Kavalleriestallungen der Königsberger Garnison aus dem 18. Jahrhundert. Heute sind in ihnen unter anderem der Fleisch- und der Fischmarkt untergebracht. Die Fülle des Warenangebots zu allen Jahreszeiten ist überwältigend.
Eine große offene Halle befindet sich innerhalb des Hofs dieser vormaligen Stallungen. Alle nur erdenklichen Lebensmittel werden hier feilgeboten, vielerlei andere Waren im Überfluss und das geschäftige Treiben eines südländisch erscheinenden Marktes machen den Besuch zu einem Erlebnis. Am Ostende der offenen Halle ist, versteckt hinter einigen Verkaufscontainern, in den alten Stallun-

Das frühere Haus der Technik

In der Halle des Zentralmarkts

gen ein unscheinbares Schaschlikrestaurant untergebracht. Es wird von Kaukasiern betrieben, ist eigentlich für die Marktverkäufer gedacht und bietet die vielleicht besten Schaschliks der Stadt. Nur ist sein Ambiente mit niedriger Decke gewöhnungsbedürftig, doch man sollte dort einmal eingekehrt sein.

Hier kann man den Markthof über einen Durchgang nach Norden – hier befinden sich auch die Toiletten – verlassen. Dahinter bilden unzählige Stände entlang der ul. Prof. Baranova bis zur Černjachovskogo hin eine schier undurchdringliche Containerstadt, in der man ohne weiteres die Orientierung und seine Angehörigen verlieren kann. Angeboten werden hier vor allem Kleidung, Schuhe, Autoteile und Kosmetikprodukte.

Der unscheinbare, mit Säulen versehene größere Altbau auf der Nordseite der ul. Prof. Baranova, hier gesäumt von fliegenden Altmetallhändlern (auch Militaria), ist die ehemalige **Königsberger Kunsthalle**. Friedrich Lahrs, der auch das Kantgrab schuf, vollendete sie 1913. Seine Handschrift ist unübersehbar. Leider dient der Bau jetzt nur sehr profanen Zwecken.

Wo die ul. Baranova, gleich hinter der Kunsthalle, auf die ul. Proletarskaja (hier ehemals Cäcilienallee) stößt, steht der **Wrangelturm**. Diese Bastion der Stadtbefestigung aus dem 19. Jahrhundert birgt heute das Grillrestaurant ›Bašnja Vrangel'‹. Nun ist der Oberteich (prud verchnij) erreicht, den die Ordensritter ebenso wie den Schlossteich angelegt haben.

Ins Villenviertel Maraunenhof

Der nach 1906 entstandene Villenvorort zählte schon vor 1945 zu den elegantesten Wohngebieten der Stadt. Trotz einigem Verfall und einigen kriegsbedingten Baulücken herrscht hier noch immer eine vornehme Atmosphäre.

■ Vom Wrangelturm nach Maraunenhof

Von der Einmündung der Baranova führt die ul. Proletarskaja (hier Cäcilienallee), die am Haus der Räte beginnt, nordwärts, von links mündet alsbald die ul. General-Lejtenanta Ozerova ein, die als ul. Tel'mana (Auguste-Viktoria-Allee) nach Nordost direkt in das Zentrum von Maraunenhof und zum ehemaligen Bismarckplatz führt. Nördlich dieses Abzweigs wird die ul. Proletarskaja zur ul. Azovskaja und stößt in rechtem Winkel auf die ul. Gor'kogo (Samitter Allee). Weiter nordwärts überquert die ul. Gor'kogo die Bahnlinie nach Cranz und Labiau. Unmittelbar dahinter biegt man in die ul. Belomorskaja (Beydritter Weg) bzw. ul. Lesnaja (Am Stadtgarten) ein. Die ul. Lesnaja führt direkt zum **Neuen Botanischen Garten**, der früheren deutschen Stadtgärtnerei, einer sehr sehenswerten Anlage mit vielen seltenen und exotischen Gewächsen.

Kehrt man zurück zur Ecke Proletarskaja/Ozerova/Tel'mana, steht an dieser Ecke der **Erholungspark Junost'**, dessen Bau 1999 von Ludmila Putina initiiert wurde, die ja aus Kaliningrad stammt. Im Sommer ist dieser Park für Familien mit Kinder sehr attraktiv, es gibt neben anderen Einrichtungen kleine Eisenbahnzüge, Gocartbahnen und ein Kindertheater sowie im Zentrum im neuen und gleichzeitig im alten Stil errichteten Kulturzentrum Ausstellungen und daneben Cafés und Restaurants. Das Kulturhaus ist auf einem alten Festungswall gebaut, wo einst eines der zahlreichen Außenforts Königsbergs stand. Der das Haus umgebende Graben deutet in seiner Form noch darauf hin. Hier, am Rand des Oberteichs, ist in den letzten fünf Jahren eine sehr attraktive **Promenade** entstanden, bei der keine Kosten gescheut wurden, wie die teuren verbauten Granitsteine zeigen. Auch ein besonderer Radweg - eine absolute Seltenheit in der Stadt - ist angelegt worden. Während die Westseite des Oberteichs unbebaut ist, entstand seit 2003 an der Ostflanke ein vornehmes Neubaugebiet.

Ein Spaziergang durch Maraunenhof

Links und rechts der ul. Tel'mana ertreckt sich der einst vornehme Villenvorort Maraunenhof. Er erlitt 1944 beim ersten britischen Großangriff auf die Stadt schwere Schäden, so manche leere Grundstücksflächen künden davon. Auf vielen entstanden vielstöckige Stadthäuser, es ist noch immer gute Altbausubstanz übrig geblieben, so dass das Viertel auch heute noch zu den besten Wohngebieten der Stadt gehört. Freilich gibt es auch einige ziemlich verfallene Villen, und der Zustand der teils recht schmalen Straßen ist beängstigend. Meist ist das

▶ Karte S. 93

Hübsche Promenade am Oberteich

Pflaster aus deutscher Zeit erhalten geblieben, doch seit damals nicht ausgebessert worden. Und den neuen, vermögenden Russen scheint der Kontrast zwischen ihren pompösen Wohnhäusern und den katastrophal schlechten Straßen nicht sehr wichtig zu sein. Im Haus ul. Tel'mana 44 befindet sich übrigens das deutsche Generalkonsulat.

Ein schöner Spaziergang durch das Viertel führt vom Ende des Oberteichs nach links durch die ul. Verchneozernaja (Oberteichufer) zur Turgenjeva (Hoverbeckstraße), die an ihrem oberen Ende auf einem ungewöhnlich ausladenden breiten, runden sehr schönen **Straßenplatz** endet, dem ehemaligen Herzog-Albrecht-Platz. In der Mitte der weitläufigen Grünanlage, die wie ein kleiner Talkessel eingesenkt ist, steht eine Büste Ernst Thälmanns. An der Ostseite des Platzes, wieder an der Tel'manova, steht jenseits der Straßenbahngleise ein umgebauter Altbau, das vormalige Gemeindehaus der Maraunenhofer Herzog-Albrecht-Gedächtniskirche. Das Gemeindehaus diente nach dem Krieg als Kino und beherbergt heute die **E.T.A.-Hoffmann-Musikschule**. Die Kirche selbst, die

1944/45 unbeschädigt blieb, verfiel danach und wurde letztlich beim Bau der Straßenbahn 1972 abgerissen.
Der Spaziergang durch das alte Maraunenhof führt auf der Ostseite des Platzes um die Musikschule herum und alsbald nach rechts in die Nekrasova (Rosenkranzallee) hinein. An der zweiten Einmündung hält man sich wieder rechts (Griboedova, einst Burowallee) und biegt alsbald erneut nach rechts ab, in eine Straße, die ebenfalls Griboedova heißt, doch vor 1945 die Gerhart-Hauptmann-Straße war. Hier gelangt man schnell zur Leningradskaja (Wallenrodtstraße), geht in diese nach links, spaziert an einem kleinen runden Platz nach links, bis man das Ufer des Oberteichs erreicht hat. In diesem Abschnitt gibt es keine eigentliche Promenade, nur die alte Straße (Oberteichufer, heute Verchneozernaja), die entlang des Ufers verläuft und letzendlich zum Ausgangspunkt der Wanderung zurückkehrt.
Ganz im Norden des Villenviertels, in der ul. Gercena, steht seit 2007 das architektonisch interessante **Gotteshaus der armenischen Kirchengemeinde**, die im gesamten Kaliningrader Gebiet mit etwa 20 000 Angehörigen vertreten ist.

Vom Oberteich zum Sackheimer Tor

Östlich der ul. Proletarskaja erstreckt sich der Prud Verchnij (Oberteich), der mit dem Schlossteich über ein Kaskadensystem verbunden war. Diese Kaskaden sind heute verkrautet und außer Funktion. Wo die ul. Černjachovskogo zwischen beiden Teichen hindurchführt, kann man am Südrand der Straße auf die Kaskaden hinab sehen.
Östlich des Oberteiches steht direkt an der Straße der **Dohnaturm**, wie der Wrangelturm ein Teil der Stadtbefestigung aus den 1850er und 1860er Jahren. In ihm ist heute ein von Touristen vielbesuchtes **Bernsteinmuseum** untergebracht; die Bernstein-Verkaufsstände davor sind stets dicht umlagert. Das Museum weist einige äußerst wertvolle Exponate auf, darunter verschiedene Einzelstücke aus der Moskauer Kreml-Rüstkammer und Wandtafelkopien des Bernsteinzimmers.

Roßgärter Tor

Gleich neben dem Dohnatur steht das Roßgärter Tor, das zwischen 1852 bis 1855 nach einem Entwurf von Friedrich August Stüler erbaut wurde und eines

Blick über den Oberteich zum Dohnaturm

der sechs erhaltenen Stadttore Königsbergs vom Befestigungswall des 19. Jahrhunderts ist. Durch das Tor verlief einst die Poststraße aus Königsberg durch den Stadtteil Roßgarten auf die Kurische Nehrung und weiter nach Petersburg. Heute verläuft die Straße rechts am Tor vorbei (ul. Nevskogo, ehemals Cranzer Allee).

Am Tor lassen sich noch zwei **Medaillons** mit den Köpfen der Generale Scharnhorst (links) und Gneisenau entdecken. Die Heeresreformer genießen in Russland seit der Zeit der preußisch-russischen Waffenbrüderschaft gegen Napoleon hohes Ansehen.

In der linken Ecke, neben dem Eingang zu einem sehr guten Fischlokal, steht eine blecherne Mülltonne, auf der man noch die Prägung ›Königsberg (Pr) 1939‹ lesen kann. Der Wirt weiß dazu zu berichten, dass ihm vor einigen Jahren eine neue große, noch leere Plastiktonne gestohlen wurde und er gezwungen war, eine alte Tonne, die sich im Keller des Tors befunden hat, ersatzweise aufzustellen.

Um den Wassilewskiplatz

Die stark befahrene Kreuzung vor dem Tor seit kurzem Kreisverkehr – heißt Plac Maršala Vasilevskogo. Marschall Alexander Wassilewski (1895–1977), nach dem der Platz benannt ist, nahm Königsberg am 9. April 1945 ein. Unmittelbar gegenüber dem Roßgärter Tor kann man über die ul. Kliničeskaja – den ehemaligen Hinterroßgarten – zum Schlossteich und zum Haus der Räte gelangen; allerdings gibt es an einer Stelle für Kraftfahrzeuge ein Durchfahrverbot unter einem Hochhaus. Die alten Krankenanstalten in dieser Straße sind noch in Betrieb und gelten als die besten Kaliningrader Krankenhäuser.

▲ Karte S. 93

Die südliche Verlängerung der ul. Nevskogo (Cranzer Allee), die ul. Botkina (Altroßgärter Predigerstraße), kann seit 2015 durchgängig bis zur ul. Frunze mit dem Auto benutzt werden. Auch hier stehen noch einige **Altbauten** wie etwa das Farenheidsche Armenstift und die Roßgärter Mädchen-Mittelschule (ul. 9-go Aprelja).

Die Orientierung ist nicht ganz einfach, da die russischen Stadtpläne in diesem Viertel den Verlauf der Straßen nur sehr schematisch wiedergeben und die alten Straßenzüge kaum noch auszumachen sind. Auch fehlen größtenteils die Straßenschilder.

Bleibt man bei einem Spaziergang auf der 9. Aprelja und der Botkina in diesem Areal immer an der Straßenbahntrasse, erreicht man gegenüber des Supermarkts Viktorija eine nicht mehr eindeutig auszumachende **Grünanlage** mit einigen alten Bäumen. Das ist der alte Altroßgärter Friedhof. Die 1683 vollendete Kirche wurde 1945 beschädigt und 1968 vollständig abgetragen. Sie stand genau dort, wo die Nerchinskaya scharf nach Osten abbiegt.

Nach Norden zur Stadtgrenze hin

Am Wassilevski-Platz führt der Newski-Prospekt, die ehemalige Cranzer Allee, nach Norden aus der Stadt hinaus. Es ist eine der meistbefahrenen Straßen der Stadt. Da sie Richtung Ostsee führt und gleichzeitig weiter über die Nehrung nach Litauen verläuft, bestehen zu jeder Zeit ein sehr hohes Verkehrsaufkommen und damit auch viele Geschwindigkeitskontrollen.

Viele **Altbauten** aus deutscher Zeit, meist Mietshäuser aus den 1920er Jahren, stehen hier noch. Etwa in der Höhe der Hausnummer 78, wo sich früher das Königsberger Krematorium befand und

Ein Teil des Kasernenkomplexes

heute ein Krankenhaus steht, biegt rechts eine Stichstraße zum ehemaligen Kommunalfriedhof ab. Er wurde nach dem Krieg zu einem Park umgewandelt. Jetzt befindet sich hier ein Anfang 2003 geweihter **deutsch-russischer Soldatenfriedhof**. Einzelne Grabsteine aus der Zeit vor 1945 sind hie und da noch erhalten.

Die Chaussee führt auf einer neueren Brücke über das Industriegebiet des früheren Stadtteils Rothenstein hinweg und am Fuß des **Forts Quednau**, das von der Straße aus unsichtbar auf einem überwachsenen Hügel vor sich hinschlummert, links um dieses herum.

Das nach wie vor nicht zugängliche Fort hatte vor einiger Zeit von sich reden gemacht, nachdem sich dort einige Teile der seit 1945 verschollenen Prussia-Sammlung aus dem Königsberger Schloss wieder eingefunden hatten. Auch Vermutungen über einen eventuellen Verbleib des Bernsteinzimmers in den Kasematten des Forts geisterten durch die Presse – natürlich ist nichts davon gefunden worden.

Am Litovskij Val

Jenseits des plac Vasilevskogo führt die Straße, unmittelbar an den alten Wallanlagen entlang, in sanftem Bogen nach Südosten. Litovskij Val – Litauischer Wall – heißt die Straße jetzt. Linker Hand erscheint die **Bastion Grolman**. Sie erinnert an den preußischen General Grolman, der zusammen mit General Neidhardt von Gneisenau Napoleon 1815 die Niederlage bei Waterloo bereitet hat. In der Bastion sind einige Dienstleistungsfirmen untergebracht. Ihr gegenüber, in der früheren Kronprinzenkaserne, befand sich vor 1945 eine Polizeiunterkunft. In sowjetischer Zeit zog eine Marineschule ein, jetzt steht das Gebäude zur Hälfte leer. Im Keller ist eine noble Diskothek untergebracht (Eingang am Litovski wal). Von der Westseite her, über die ul. Griga bzw. Pionerskaja und deren nicht näher bezeichnete Nebenwege, kann man in den Innenhof des in seinen Ausmaßen beeindruckenden **Kasernenkomplexes** gelangen (russischer Stadtplan erforderlich). Immer noch steht ›Kronprinz‹ über dem Eingangsportal.

Königstor

An der Kreuzung mit der ul. Frunze und der ul. Gagarina (Königsallee/Labiauer Straße) steht breit und behäbig das Königstor, wie das Roßgärter Tor eines der Ausfalltore der neuzeitlichen Stadtbefestigung. Das von 1843 bis 1850 erbaute Königstor stellte einst das östliche Ende der Königstraße dar. Drei historische Gestalten schmücken seine Fassade. Links der Stadtgründer König Ottokar von Böhmen – es war das einzige Denkmal eines böhmischen Herrschers auf deutschem Boden –, in der Mitte der erste Preußenkönig Friedrich I. und rechts Herzog Albrecht, der letzte Or-

Das Königstor mit den historischen Figuren

denshochmeister und erste weltlicher Herrscher des Herzogtums Preußen. Allen Figuren wurden nach 1945 die Köpfe abgeschlagen, doch zur 750-Jahr-Feier Königsbergs sind sie wieder erstanden. Die Wappen über den Figuren stehen für das Samland und für Natangen, den Pruzzengau südlich Königsbergs, die Wappen darunter sind der böhmische Löwe sowie der brandenburgische und – über Herzog Albrecht – der hohenzollerische Adler.

Das Königstor ist vollständig restauriert – es war das offizielle Symbol des Stadtjubiläums –, und an der Seite zur ul. Frunze wurde eine kleine **Grünanlage** angelegt, um die die Straße jetzt herumführt.

Durch die ul. Frunze

Lohnend ist ein Gang durch die ul. Frunze (Königstraße). Hier gibt es einige kleine noch zusammenhängende **Altbauensembles**, die eine Ahnung von der Anmutung der früheren Stadt vermitteln. Nördlich der Straße sind noch winzige Stücke Alt-Königsberg zu finden.

Auf dem Weg Richtung Zentrum liegt gleich rechter Hand die frühere Ostpreußische Feuersozietät, jetzt eine Blindenschule. Ungewöhnliche Verkehrshinweiszeichen, die dunkle Brillen zeigen, machen das deutlich.

An der nächsten Kreuzung führt die frühere Steile Straße vom Sackheim (Mosk. Pr.) aus empor, nach rechts biegt die ul. Griga (Augustastraße) ab. Nicht weit davon, weiter in Richtung Zentrum, befindet sich auf der rechten Seite ein mit einem Bretterzaun umgebenes ruiniertes Viertel. Es ist das **Königs-Eck**, innerhalb des Wallrings der einzige größere zusammenhängende Häuserblock aus der Zeit vor 1945. Bis 1990 waren die Häuser bewohnt, dann wurden die Gebäude schadhaft, die Mieter zogen aus, das Königs-Eck verfiel weiter. Irgendwann brach der Dachstuhl ein. Man sollte unbedingt einmal durch die schmale Gasse links von der Kreuz-Apotheke – diese Inschrift ist noch deutlich lesbar – von der Rückseite an die Ruinen herangehen. Im Sommer 2005 fand sich endlich ein Investor, der die Ruinen wieder aufbauen will und ein Wohn- und Geschäftshaus darin einrichten möchte, doch ging diesem das Geld aus. So verfallen die Reste, und inzwischen werden selbst die Ziegel nach und nach abgetra-

Die frühere Ostpreußische Landschaft

▲ Karte S. 93

gen und als Baumaterial verkauft. In wenigen Jahren wird von diesem einzig übriggebliebenen Architekturzeugnis in der Innenstadt nichts mehr zu finden sein. Im weiteren Bereich hinter der Ruine sind noch einige weitere **Altbaukomplexe** zu finden, unbeschädigt und bewohnt. Sie wirken wie Hofgärten.

Die große Kreuzung, die von der ul. Frunze und der ul. 9-go Aprelja gebildet wird, wurde 2011 wegen der neuen Verkehrsanbindung nach Süden zum Moskovski pr. neu gebaut. Gleich hinter der Kreuzung liegt rechts das umgebaute ehemalige Kreisamt des Landkreises Königsberg. Das 1770 errichtete **Palais** ist neben dem Waisenhaus das älteste erhaltene weltliche Gebäude der Innenstadt.

Gegenüber führt die ul. Tjulenina (Landhofmeisterstraße) nach Süden. Folgt man ihr, passiert man die frühere Königin-Luise-Mädchenschule, heute **Šostakovič-Musikschule**, der sich auf der anderen Seite das eindrucksvolle **Palais der Ostpreußischen Landschaft** anschließt. Das um 1785 errichtete Haus war Sitz der ›Ostpreußischen Landschaft‹ und ist um 1895 im Stil der Zeit umgebaut worden. Die Baufälligkeit des Hauses ist unübersehbar; seit 1951 ist es Sitz einer militärischen Dienststelle.

Vom Königstor in die nordöstlichen Viertel

Richtung Nordost verläuft vom Königstor die ul. Gagarina, die ehemalige Labiauer Straße, stadtauswärts. Links und rechts der Straße unmittelbar hinter dem Tor befand sich einst das neben dem an der alten Pillauer Landstraße gelegenen Friedhof zweite große Friedhofsareal der Stadt, auch der Judenfriedhof lag hier. Lange Jahre waren diese Anlagen zu verwilderten Grünbereichen verkommen, auf denen Grabsteine nicht

Traditionsreich: die Ivan-Taranov-Brauerei

mehr zu finden waren. Zur 750-Jahr-Feier jedoch wurde gerodet und gebaut, so dass das Friedhofsareal, auch der jüdische Teil, jetzt von mehrstöckigen Stadthäusern überbaut ist.

Bald hinter dem Königstor beginnt der alte Ortsteil Kalthof. Hier sind zahlreiche Wohnhäuser aus den 1920er Jahren, wenn auch umgebaut, an beiden Seiten der Straße vorhanden.

Lohnend ist ein kurzer Abstecher, etwa einen Kilometer nach dem Königstor, nach rechts in die Maloyaroslavskaya. Etwa 250 Meter nach dem Abzweig trifft man rechts auf ein 2013 (!) renoviertes, pyramidenähnliches Gefallenendenkmal aus dem Ersten Weltkrieg.

An der Einmündung zur Kujbyševa erschüttert ein gewaltiger Wohnturm das Gemüt. Ohne Sinn für die Umgebung hat hier ein Investor 2006/7 diesen Wohnkomplex aufziehen lassen; die Finanzkrise verhinderte bis 2013 seine Fertigstellung. Ein kurzer Abstecher in die Kujbyševa lohnt. Nach etwa 400 Metern geht es aus dieser links in die Elovaja. Hier und in der nahen Kostikova gibt es eine sehenswerte dorfähnliche Stadtsiedlung aus deutscher Zeit.

Zurück zur Gagarina: Wenige hundert Meter danach fallen rechts einige rote guterhaltene **Backsteinwohnhäuser** auf. In der Hausnummer 52 lebte bis 1945 Königsbergs legendärer Archivar Fritz Gause, der nach dem Krieg imstande war, trotz des Verlust seiner privaten Bibliothek wie auch des ganzen Königsberger Archivbestands eine dreibändige, über 1700 Seiten umfassende Stadtgeschichte zu schreiben.

Hier ist nun der Ortsteil Devau erreicht. Dieser hatte für Königsberg eine ganz besondere Bedeutung. Zum einen befindet sich hier heute noch die Brauerei Ostmark – heute **Ivan-Taranov-Brauerei** und Teil des Heineken-Konzerns –, die 1910 gegründet und in den letzten Jahren ganz modern umgebaut wurde. Links vom Haupteingang der Brauerei gibt es eine kleine Verkaufseinrichtung, in der man Bier offen in mitgebrachte Behältnisse verkauft. Unbedingt probieren muss man die Marke ›Königsberg‹, die mit historischem Etikett in Flaschen überall in der Stadt erhältlich ist.

Zum zweiten lag hier der Flughafen Devau, der 1919 von dem Architekten Hans Hopp auf dem ehemaligen Exerziergebiet des Devauer Feldes errichtet wurde. Es war der erste Zivilflughafen Deutschlands und sollte die Anbindung Ostpreußens an das Mutterland festigen, von dem es durch die Bedingungen des Versailler Vertrags abgetrennt war. In Devau gab es 1922 nur 822 Fluggäste, vor Kriegsbeginn aber schon 35 000 Passagiere pro Jahr. Der alte Tower ist heute noch vorhanden, der Flughafen dient aber nicht mehr dem Zivilflugverkehr, sondern weitgehend der Agrarfliegerei. Von der ul. Gagarina, etwa zwei Kilometer hinter dem Königstor stadtauswärts, geht es nach rechts in die ul. Molodoj Gvardii. Diese Straße führt direkt zum Flughafengelände. Der heutige zivile Luftverkehr wird über den Flughafen Chrabrovo (Храброво) abgewickelt, 30 Kilometer nordöstlich der Stadt gelegen. Bis zum Erreichen der großen Ringstraße wechseln kleinere Industriegebiete mit Häuschen aus deutscher Zeit und vornehmeren Villen aus den vergangenen Jahren. **Vasil'kovo** (Neudamm) heißt diese Siedlung, die schon nicht mehr zum Stadtgebiet von Kaliningrad gehört. Ein Hinweisschild, dass man sich jetzt im Rayon Gur'evsk befindet, zeigt dies an. Kurz vor Erreichen des Stadtrings, am Ortsausgang von Vasilkovo, befindet sich linker Hand das rustikale Lokal ›Traktir Okolica‹, besonders beliebt dank seiner Schaschliks (ul. Šaturskaja 37–57, Vasilkovo, Tel. 007/4112/515130).

▲ Karte S. 93

Rund um das Sackheimer Tor

Zurück zum Königstor: Die letzten 400 Meter auf dem Litovski val vom Königstor zum Sackheimer Tor werden an der Ostseite der Straße von Wohnhäusern der zwanziger Jahre gesäumt. Nach Westen biegt die ul. 1812 goda (Straße des Jahres 1812, einst Yorckstraße) ab. Hier findet man die recht gut erhaltene frühere **Feuerwache Ost**. An der Südseite dieser Straße stehen die Gebäude des ehemaligen Driesenschen Stifts. Trotz aller Lücken kann man feststellen, dass die ul. 1812 goda wohl die vom Krieg und Abriss am meisten verschonte Straße der Innenstadt ist.

Der Litovskij Val führt auf den Moskovskij pr., der in diesem Abschnitt einst Sackheim genannt wurde, und auf den früheren Waisenhausplatz. Um den Sackheim befand sich bis 1944 das traditionelle Königsberger Arbeiterviertel. Das einstige **Königliche Waisenhaus** von 1703 ist das älteste der noch vorhandenen Gebäude innerhalb des Befes-

Die frühere Feuerwache Ost

tigungsrings und das einzige erhaltene Werk von Schultheiß von Unfried. Nur das hohe Dach und der Mittelturm fehlen. Am Waisenhausplatz wurden im Mai 1945 nach der Kapitulation über 400 000 deutsche Soldaten zusammengetrieben und dann in die Kriegsgefangenschaft geschickt.

Das **Sackheimer Tor**, vollendet 1860, gehört zum Befestigungsring des 19. Jahrhunderts. Die wuchtigen Rundtürme, die in dieser Form an keinem anderen der Stadttore zu finden waren, konnten einst bestiegen werden, auffällig ist das weitgehende Fehlen neugotischer Verzierungen. Über dem Toreingang waren Medaillonporträts der Generäle Yorck von Wartenburg und Bülow von Dennewitz angebracht, doch sind heute nur noch die leeren Medaillons zu sehen.

Hinter dem Sackheimer Tor, östlich des Wallrings, steht nach etwa 250 Meter an einer Ampelkreuzung rechts ein imposantes Wohnhaus aus deutscher Zeit. Dieses frühere **Haus zum Hirschen** – ein großer Hirsch steht noch über der Eingangstür – ist der schon vor 80 Jahren komplett umgebaute ehemalige ›Lieper Krug‹, ein traditionelles Gasthaus an der Fernstraße nach Litauen.

Biegt man hier nach rechts in die Jaltinskaja (Lieper Weg) ein, trifft man linker Hand auf eine verhältnismäßig gut erhaltene **Arbeitersiedlung** aus den Jahren nach dem Ersten Weltkrieg. Eine nicht allzu breite Straße, der Jaltinski pereulok (Insterburger Straße), führt in dieses sehr interssante Häuserensemble.

Wo die Jaltinskaja etwa 200 Meter weiter südlich scharf nach Osten hin abknickt, steht rechts in einer parkähnlichen Anlage das **Deutsch-Russische Haus** (Jaltinskaja Nr. 2). Diese Einrichtung der Gesellschaft für Technische Zusammenarbeit war ursprünglich als Treffpunkt von Russlanddeutschen gedacht, hat sich aber inzwischen zu einem Begegnungszentrum von Russen und Deutschen entwickelt. Filmvorführungen, musikalische Vorträge, Lesungen, Ausstellungen und Theaterabende, die allen Interessierten kostenlos offenstehen, bereichern das Kaliningrader Kulturleben. Derzeit wird der Status des Hauses jedoch in eine rein russische Form umgewandelt.

Das Sackheimer Tor, Teil des alten Befestigungsringes

Vom Sackheimer Tor zum Hafen

Diese Tour führt, abseits aller Touristenströme, entlang des Pregels. Zwar beeinträchtigen zu oft gesichtslose Neubauten den Blick auf den Fluss, doch befindet man sich auf dieser Route im Herz Alt-Königsbergs.

Über den lauten Moskovskij pr. zurück zum Zentrum und der Dominsel zu gehen, ist wenig attraktiv, etwas abwechslungsreicher ist der Weg nahe des Pregelufers. Das alte Straßennetz ist auch hier nur fragmentarisch erhalten, und auch der Moskovskij pr. entspricht nur in Teilen der Straßenführung des früheren Sackheims, wie die Hauptstraße des Viertels hieß. Der Litovskij val führt noch einige hundert Meter über den Moskovskij pr. hinaus südlich zum Pregelufer hin. Gut erhaltene Wohnhäuser aus den ersten Jahren nach 1918 stehen hier, es ist einer der ruhigsten Winkel der Innenstadt.

In der ul. Lesopil'naja (Sackheimer Hinterstraße), die hier am Fluss entlangführt, steht der Neubau (2003) einer **katholischen Kirche**. Etwas nördlich, an der ul. Čerepičnaja (Heidemannstraße), findet sich das 1771 erbaute Portal des einstigen Löbenichtschen Hospitals. Das **Hospital** ist 1903 erstanden, es befindet sich unmittelbar dahinter. Etwas weiter westlich passiert man den wuchtigen Ziegelbau der Uhlandschule von 1896.

Die ul. Lesopil'naja ändert ihren Namen in nab. Admirala Tributsa. Ein seltsames Brückenfragment führt vom Fluss in Richtung Moskovskij pr. Zu sowjetischer Zeit wurde, um die Hochbrücke zu entlasten, eine weitere Pregelbrücke für den Autoverkehr konzipiert. Sie sollte hier den Fluss überqueren und nordwärts, in Verlängerung der 9-go Aprelja, bis zur ul. Frunze führen. Dem Trassenverlauf stand auf der anderen Seite des Moskovskij pr. bis 2010 ein altes Wohnhaus im Wege. Es wäre in der kommunistischen Zeit kein Problem gewesen, das Haus abzureißen, doch ließ die veränderte Rechtssituation nach 1991 dieses Vorgehen nicht mehr ohne weiteres zu. So ragte zwischen nördlichem Flussufer und Moskovskij pr. eine halbfertige Brücke gut 20 Jahre in eine ungewisse Zukunft, und erst im Herbst 2010 konnte der planmäßige Weiterbau der Brücke fortgesetzt werden. Seit sechs Jahren dient sie nun dem Verkehr.

▲ Karte S. 93

■ Kreuzkirche

Jenseits des Pregels steht auf der Lomse, dem Niederungsgebiet zwischen den beiden Pregelarmen, die ungewöhnliche Kreuzkirche (ul. Kuznečnaja 8). Die 1933 eingeweihte Kirche des Berliner Architekten Arthur Kickton ist eine stilistisch eigenwillige Mischung aus Historismus und Jugendstil mit Anleihen bei maurischen Formen. Ein riesiges Mosaik ziert die Nische zwischen beiden Türmen. 1945 nur leicht beschädigt, diente die Kirche danach als Autowerkstatt, wurde nach 1988 restauriert und der orthodoxen Gemeinde übergeben. Der Weg zu ihr ist nicht leicht zu finden, doch über die direkt am Südufer des Pregels gegenüber der Dominsel abgehende kleine Straße (Nab. Gen. Karbysheva) ist sie schnell zu erreichen. Weiter östlich liegt der Bauplatz der Arena Baltica.

■ Am Pregelufer

Wo die ul. Oktjabr'skaja in den Moskovskij pr. mündet, befindet sich ein **Torpesdoboot** als Denkmal. Es erinnert an den Kampf um die Stadt im April 1945, als ein solches Boot von Pillau durch den Seefahrtskanal und den Pregel bis ins Zentrum vordringen konnte und entscheidend zum Fall Königsbergs beitrug. In der Nähe, am Moskovskij pr., präsentiert die **Staatliche Kunstgalerie** aktuelles russisches Schaffen. Von hier kann man entweder über Dominsel und Hochbrücke zum Gebiet des früheren Speicherviertels oder entlang des Moskorskij pr. westwärts schlendern.

Wo westlich des Kneiphofs Alter und Neuer Pregel zusammenfließen, stand einst am Hundegatt das malerische Speicherviertel. Es ist vollständig verschwunden, breite Grünanlagen (Überbauung vorgesehen) und die Sporthalle Junost' markieren seine frühere Lage. Am Südende der Krasnosjarska ul. wurde 2009 ein beeindruckendes **Denkmal des heiligen Nikolaus** aufgestellt, des Schutzpatrons der Seefahrer. Dieses Denkmal ist gleichzeitig eine Gedenkstätte für alle auf dem Meer umgekommenen Seeleute. In diesem Bereich haben während der Sommersaison verschiedene Ausflugsschiffe ihren Landepunkt. Man kann hier pregelauf- oder abwärts fahren, empfehlenswerter ist jedoch die Tour Richtung Haff, also flussabwärts durch den Kaliningrader Hafen. Die Schiffe haben keine festen Fahrzeiten, es empfiehlt sich die Information direkt vor Ort oder am Fischdorf, wo sich ebenfalls eine Anlegestelle befindet.

Am Pregelufer (nab. Petra Velikogo) liegt auch ein ausgemustertes U-Boot der Baltischen Flotte vor Anker, in dem ein **Museum der Weltmeere** eingerichtet ist. Zu dem Museum gehören zwei weitere Schiffe, die hier ankern. Das eine ist das ehemalige Expeditionsschiff ›Vitjas‹, das erst nach Kriegsende an die Sowjetunion gelangte. Mit diesem Schiff, der vormals deutschen ›Mars‹, gebaut 1939 in Bremerhaven, konnten im Frühjahr 1945 noch 20 000 Menschen Königsberg verlassen. Zum Museum gehört auch die ›Viktor Patsajev‹, benannt nach einem Kaliningrader Kosmonauten, der während eines Weltraumflugs ums Leben gekommen ist.

Weiter am Ufer entlang kreuzt man eine Eisenbahnlinie, die über eine stillgelegte Hubbrücke von jenseits des Flusses herüberführt. Unweit von hier stand einst der Pillauer Bahnhof, von dem die Züge nach Pillau fuhren. Zwar ist der Bahnhof verschwunden, doch ist die Gleistrasse noch deutlich zu sehen. Das gesichtslose Wohngebiet zwischen dem Pregelufer und dem Westteil des Moskovskij pr. war bis 1944 eines der schönsten Viertel Alt-Königsbergs. Unter anderem befand sich hier in der Straße Neuer Graben – heute zwischen den riesigen Blocks noch teilweise als ul. Krasnojarskaja vorhanden – das Zschock'sche (oder Zschokke'sche) Damenstift, ein ursprünglich 1753 errichtetes weiträumiges Barockhaus mit einer großen Gartenanlage mit Statuen, Hecken, Labyrinthen und Wasserspielen. Mehrmals später umgebaut, erwarb es 1831 der Kaufmann Georg Zschock. Nach seinem Tod bewohnten seine unverheirateten Schwestern das Haus, und diese verfügten testamentarisch, dass im Haus ein Stift für verarmte unverheiratete Kaufmannstöchter der Stadt entstehen sollte. Durch weitere Umbauten entstand ein fast süddeutsch anmutendes Gesamtkunstwerk, das beim Bombenangriff im August 1944 zerstört wurde. Die Architektur dieses Hauses besaß eine so große Wertschätzung, dass es 1966 innnerhalb eines Standard-Briefmarkenzyklus der Deutschen Bundespost mit bedeutsamen Bauwerken aus zwölf Jahrhunderten auf der schwarzen 90-Pfennig-Briefmarke erscheinen durfte.

■ Eisenbahn-Hubbrücke

Zurück zur Uferstraße: Die veränderte inzwischen ihren Namen zu ul. Maršala Bagrajana (Holländerbaumstraße) und führt zur anderen großen Pregelbrücke in Königsberg. Innerhalb der Stadt gibt es zur Zeit nur drei Möglichkeiten, den Pregel zu überqueren: die Hochbrücke am Kneiphof, über die ul. Oktjabr'skaja östlich der Dominsel und etwa anderthalb Kilometer weiter westlich die Eisenbahn-Hubbrücke, die auch Autos und Fußgänger benutzen können. Diese ist eines der beeindruckendsten technischen Denkmäler der Stadt und stammt aus der Nachkriegszeit. Im Falle der Durchfahrt eines größeren Schiffes wird der gesamte Gleiskörper über große Gegengewichte gut 15 Meter nach oben gefahren.

Ein kleiner Abstecher bietet sich zu dem einige hundert Meter südöstlich der Brücke gelegenen Tor der **Feste Friedrichsburg** an (ul. Portovaja), die am Südufer des Flusses liegt. Die Festung Friedrichsburg wurde 1657 gebaut, um die Pregeleinfahrt zu bewachen. Nur das Tor ist erhalten, da nach dem Ersten Weltkrieg die Zitadelle abgebrochen wurde, um hier dem neuen Güterbahnhof Platz machen zu können. Nach der Renovierung des Tors zog dort 2011 eine Filiale des Kaliningrader Weltmeeresmuseums ein.

■ An der alten Walzmühle

Von der Hubbrücke verläuft am Nordufer des Pregel die Pravaja nab. (Holsteiner Damm) nach Westen. Von hier eröffnen sich eindrucksvolle Blicke auf den Zivilhafen. Vorbei an gut erhaltenen und weniger gut erhaltenen Schiffen gelangt man nach anderthalb Kilometern zur früheren Königsberger Walzmühle, hinter der die Straße für den öffentlichen Verkehr vorläufig endet. Die Mühle, erbaut 1890, ist auch heute noch als Getreidemühle in Betrieb und beherbergt unter anderem eine Nudelfabrik. Die beiden markanten, 1924 gebauten **Lagerhäuser** aus Stahlbeton, ›Turm- und Gruppenspeicher‹ genannt, am Südufer des hier bereits sehr breiten Pregel überstanden den Krieg ebenso unversehrt wie auch ein drittes etwas abseits gelegenes Speichergebäude aus der gleichen Zeit.

Sehr empfehlenswert ist ein Spaziergang von der Mühle weiter pregelabwärts. Da der Industriehafen, dessen Zufahrten auf der Pregelsüdseite liegen, nicht allgemein zugänglich ist, bietet sich von dieser Seite die beste Gelegenheit, den Hafen kennenzulernen. Man kann den Weg nicht mehr allzu weit benutzen, denn er führt in ein mit Toren abgeschlossenes Industriegebiet, doch kann dieses – wenngleich nur weitläufig – umgangen werden. Ein russischer Ortsplan hilft dabei.

Vom Hafen auf die Hufen

Vom Pregelufer ist es nicht allzuweit in die besseren und vornehmen Villenvororte des Westens und Nordwestens. Sie vemitteln eine ganz andere Seite Kaliningrads und lohnen nicht nur dehalb einen Besuch.

■ Rathshof

An der alten Walzmühle nimmt die nach Norden verlaufende ul. Vagonostroitel'naja (Arndtstraße) ihren Anfang. Für den ungewöhnlichen russischen Namen ›Waggonbaustraße‹ ist die **ehemalige Waggonfabrik und Eisengießerei Steinfurt** verantwortlich, deren Betriebs-

▲ Karte S. 93

Die Eisenbahn-Hubbrücke

Beschaulichkeit in der ul. Poperečnaja

gelände sich an dieser Ecke befindet. Auch heute werden in diesem Werk Metallprodukte erzeugt. Von der Straße hat man einen guten Überblick über die Werksanlage.

Die ul. Vagonostroitel'naja führt über die Pillauer Bahn beim früheren Haltepunkt Königsberg-Rathshof. Dieser Stadtteil ist recht gut erhalten, es gibt hier zahlreiche gepflegte mehrstöckige Wohnhäuser aus der Zeit nach dem Ersten Weltkrieg, doch sind auch viele Häuser in etwas ungewohnter Form im sowjetischen Klassizismus – besonders deutlich an den Portikusanbauten sichtbar – umgebaut, beispielsweise die Schule Ecke Padischtscheva-Vagonostroitel'naja.

Die ehemalige **Christuskirche** im Westen der ul. Radiščeva wurde 1937 eingeweiht und war der späteste Kirchenbau Königsbergs in deutscher Zeit. Sie wurde 1945 beschädigt und der Waggonfabrik, die bald nach Kriegsende ihre Arbeit wieder aufnahm, als Kulturhaus überlassen und daher umgebaut. Nur der Turm mit seinen vermauerten Öffnungen erinnert daran, dass es einst eine Kirche war. Jetzt ist hier die Diskothek ›Vagonka‹ untergebracht, ein bei den Schönen und Reichen der Stadt sehr beliebter Treffpunkt.

Etwa 150 Meter östlich von Diskothek und Kirche zweigt von der ul. Radiščeva ein schmaler, idyllischer Weg – die ul. Poperečnaja (Balgastraße) – nach Süden zur ul. Remontnaja ab. Hier scheint die Zeit stehengeblieben zu sein. Niedrige **Einfamilienhäuschen** mit malerischen Vorgärten lassen eine verträumte biedermeierliche Stimmung entstehen. Ähnliche schmale Sträßchen finden sich auch westwärts der Vagonka, um den per. Remontnaja (Fischhausener Str.), den per. Radiščeva (Methgethener Str.) und die ul. Charkovskaja (Kaporner Straße). Kaum vermutet man, dass in Kaliningrad noch solche Winkel existieren.

In der ul. Bassejnaja (Ratslinden) steht schräg gegenüber der Einmündung der Saratovskaja ein architektonisch interessanter Bau: die **ehemalige Kunstakademie Rathshof** (heute Mittelschule). Der Architekt Friedrich Lahrs stellte sie 1919 fertig. Mit ihrem Verzicht auf dekorative Elemente, dem wenig gegliederten über-

Früher die Christuskirche, heute eine Disco

▲ Karte S. 127

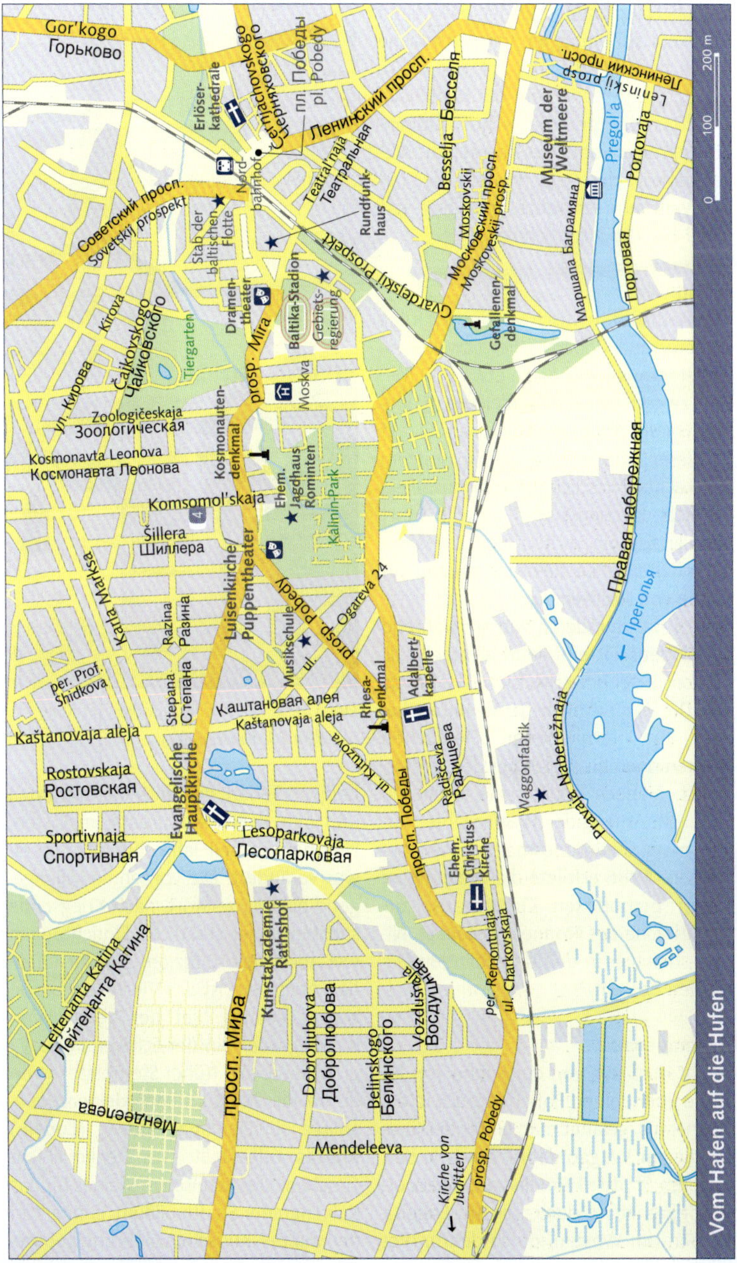
Vom Hafen auf die Hufen
Gor'kogo
Горьково
Erlöser-kathedrale
Černjachovskogo
Черняховского
пл. Победы
pl. Pobedy
Ленинский просп.
Ленинский просп.
Leninskij prosp.
Besselja
Бесселя
Nord-bahnhof
Teatral'naja
Театральная
Rundfunk-haus
Советский просп.
Sovetskij prospekt
Stab der baltischen Flotte
Moskovskij
Московский просп.
Moskovskij prosp.
Museum der Weltmeere
Pregol'a
Portovaja
Маршала Баграмяна
Портовая
Gvardejskij Prospekt
Dramen-theater
Baltika-Stadion
Gebiets-regierung
Gefallenen-denkmal
Kirova
Čajkovskogo
Чайковского
Tiergarten
prosp. Mira
Moskva
ул. Кирова
Zoologičeskaja
Зоологическая
Kosmonauten-denkmal
Kosmonavta Leonova
Космонавта Леонова
Ehem. Jagdhaus Rominten
Kalinin-Park
Komsomol'skaja
Šillera
Шиллера
Luisenkirche/ Puppentheater
prosp. Pobedy
Ogareva 24
Правая набережная
Преголья
Karla Marksa
Razina
Разина
Musikschule
ul. Ogareva
per. Prof. Shidkova
Stepana
Степана
Каштановая аллея
Kaštanovaja aleja
Rhesa-Denkmal
Adalbert-kapelle
Kaštanovaja aleja
Rostovskaja
Ростовская
Evangelische Hauptkirche
ul. Kutuzova
Radiščeva
Радищева
Waggonfabrik
Pravaja Naberežnaja
Sportivnaja
Спортивная
Lesoparkovaja
Лесопарковая
просп. Победы
Ehem. Christus-Kirche
Kunstakademie Rathshof
per. Remontnaja
ul. Charkovskaja
Lejtenanta Katina
Лейтенанта Катина
просп. Мира
Dobroljubova
Добролюбова
Belinskogo
Белинского
Vozdušnaja
Воздушная
Менделеева
Mendeleeva
Kirche von Juditten
prosp. Pobedy
0
100
200 m

langen Haupttrakt und der bewussten Rückkehr zur einfachen Formensprache ist sie typisch für Lahrs Stil, der in Königsberg unter anderem die Kunsthalle und das Kantgrabmal schuf. Kaliningrads großer Sohn, der Kosmonaut Alexej Leonov, der erste Mensch, der frei im Weltraum schwebte, ging hier von 1949 bis 1953 zur Schule.

Juditten

Von Rathshof (russisch Vozdušnyj) führt der prospekt Pobedy (hier Lawsker Allee) stadtauswärts. Nach etwa 600 Metern zweigt die ul. Mendeleeva (Friedrichswalder Allee) nordwärts ab. Direkt an dieser Einmündung geht in spitzem Winkel nordwestlich die Tenistaja alleja (Juditter Kirchenstraße) ab. Sie führt nach knapp einem Kilometer zur ältesten erhaltenen Kirche des Samlands, zur **Kirche von Juditten**. Erbaut in der Mitte des 13. Jahrhunderts, war sie während der Ordenszeit ein vielbesuchter Wallfahrtsort. Der hölzerne Turm ist ummauert. Die Kirche blieb 1945 unbeschädigt, die verbliebenen Deutschen feierten noch bis 1948 hier den Gottesdienst. Danach begann die Kirche zu verfallen. Anfang der 1980er Jahre wurden erste Sanierungsmaßnahmen begonnen, 1986 erfolgte die Weihung zu einem orthodoxen Gotteshaus, zur Hauptkirche des Nonnenklosters St. Nikolai, das hier in den umgebenden Gebäuden besteht.

Amalienau

Begibt man sich von der Kirche von Juditten über den pr. Pobedy zurück in die Innenstadt, gelangt man hinter der Straße, die zur Waggonfabrik führt, in den früheren Stadtteil Amalienau, der in etwa begrenzt ist durch die ul. Engelsa (Leostr.) im Westen, durch den pr. Pobedy im Süden, den pr. Mira im Norden und den Kalinin-Kulturpark im Osten. Hier hat sich seit Jahrzehnten kaum etwas verändert. Die vornehme Villengegend blieb unzerstört, nach Kriegsende suchten daher staatliche Einrichtungen wie auch viele Offiziere hier ihr Quartier. Auch jetzt ist das Viertel ein bevorzugtes Wohngebiet der betuchteren Kaliningrader. An der Ecke pr. Pobedy/ul. Kaštanova – früher Sternplatz – wurde im Juli 2005 in einer kleinen Grünanlage ein **Denkmal Ludwig (Ludvik) Rhesas** aufgestellt. Das Denkmal, ein Geschenk des litauischen Staates für das Kaliningrader Stadtjubiläum, erinnert an den auf der Kurischen Nehrung gebore-

Die Kirche von Juditten stammt im Kern aus dem 13. Jahrhundert

▶ Karte S. 127

nen Dichter, der im 18. Jahrhundert die Bibel erstmals ins Litauische übertrug. Gegenüber steht die frühere **Adalbertkapelle**, erbaut 1904 von Friedrich Heitmann. Sie wirkt unvollkommen, da ein Anbau von 1932 nach dem Krieg abgerissen wurde. Heute ist sie ein Bürogebäude eines geophysikalischen Instituts.
Entlang der ul. Kutuzova (Körteallee) und ihrer Nebenstraßen kann man prächtige **Villen** – viele stammen von Friedrich Lahrs, dem Schöpfer des Kantgrabs am Dom – und auch manch protzigen Neubau erblicken. An der ul. Ogareva 24 (Ottokarstraße) liegt die frühere Residenz von Erich Koch, dem früheren berüchtigten Gauleiter Ostpreußens. Heute ist hier die **Reinhold-Gliére-Musikschule** untergebracht.
Ganz im Nordwesten steht am pr. Mira 191 die 1999 eingeweiht **evangelische Hauptkirche** des Kaliningrader Gebiets. Die Propstei Kaliningrad betreut insbesondere die hier ansässigen Russlanddeutschen, die im Gebiet eine neue Heimat gefunden haben, nach dem sie nach dem Zerfall der Sowjetunion ihre alte Heimat, vor allem Kasachstan, verlassen mussten. Sonntags gibt es hier jeweils um elf Uhr einen zweisprachigen Gottesdienst. Seit 2008 steht Pfarrer Jochen Löber der Propstei vor (Tel. 956112 bzw. 956144).
In der ul. Chernyshevskogo 56 (Stägemannstraße) steht der architektonisch interessante Bau der vormaligen **Kraus- und-Hippel-Volksschule**, heute historische Fakultät der Universität. Das Gebäude entstand um 1910 und ist durch seine neobarocken Portale, die von Eulen bekrönt sind, sehenswert.
Im nahen per. Professora Shidkova (Jahnstraße) stehen drei- bis viergeschossige Wohnhäuser der 1920er Jahre mit Anklängen an Expressionismus und Bauhausstil. Überhaupt finden sich hier, im westlichen Amalienau, noch verhältnismäßig viele größere und kleinere Siedlungshäuser aus den Jahren nach dem Ersten Weltkrieg, die zeigen, dass hier ein Teil des mittleren Bürgertums zu Hause war.

Schönes Denkmal, schöner Ort: Ludwig Rhesa am früheren Sternplatz

Auf den Hufen

Der pr. Mira (Hammerweg/Hufenallee) trennt Amalienau von ›den Hufen‹, wie man sagte. ›Hufen‹ kommt von einem alten Flächenmaß. Hier, weit außerhalb von Altstadt und Kneiphof, lagen bereits im 18. Jahrhundert die bevorzugten Sommerresidenzen des Königsberger Bürgertums. Es bestand eine Aufteilung zwischen ›Mittelhufen‹ (etwa bis zum Sovetskij pr./Fuchsberger Allee) und den ›Vorderhufen‹ (zw. Sovetskij pr. und Ul. Gorkovo) nördlich des Tiergartens.

Man spürt heute wieder die stille Vornehmheit dieses Gebiets, in dem zu Beginn des 20. Jahrhunderts eine Fülle an eleganten **Stadtvillen** entstand. Besonders schöne Häuser findet man an der ul. Komsomol'skaja (Luisenallee), etwa die Nummer 37–39 von 1903 und die Nummern 47, 49–61, 84–86 und 88. In der ul. Kosmonavta Leonova (Hindenburgstraße) ist die Nummer 27 von 1900 sehr schön – in der ul. Krasnaja (Schrötterstraße) lohnt der Blick auf Nummer 12–14. In der ul. Caikovskiego (Hermannallee) gibt es weitere prächtige Beispiele großbürgerlicher Häuser

Bauten aus deutscher Zeit, oft baulich verändert, prägen die westlichen Stadtteile

▲ Karte S. 127

(Nummern 47 und 64). Das Haus Pugatschjova 9 (ehemals Hardenbergstraße) stammt von Friedrich Heitmann und war als Sechsfamilienhaus konzipiert. Leider lässt sich fast nirgendwo ein Blick ins Hausinnere oder in die Treppenhäuser werfen. Das Haus ul. Šillera 2 (Schillerstraße) beherbergt heute die Hauptverwaltung der Zentralbank; vor 1945 war hier das Tiepoltsche Waisenhaus untergebracht. In seiner gotisierenden Architektur sollte die Baukunst der Ordenszeit wiederbelebt werden. In der ul. Kirova (Beethovenstraße) sind viele staatliche und militärische Dienststellen in die Villen eingezogen. Ein Spaziergang durch dieses Viertel macht mit einem Kaliningrad bekannt, das von dem um Schlossteich, Leninskij prospekt und Dom Sovetov völlig verschieden ist.

Erholungs- und Vergnügungspark Kalinin

Wo vom pr. Mira der pr. Pobedy abzweigt, gegenüber einem kleinen Marktgelände, befindet sich der Park Luisenwahl mit der einstigen Luisenkirche. Die Luisenwahl ist heute der Erholungs- und Vergnügungspark Kalinin. In dem Park befindet sich, nicht weit hinter dem Eingang links etwas zurückversetzt, das in einfacher Form wiederaufgebaute **Jagdhaus** aus Rominten, das Ende der 1940er Jahre hierher gebracht wurde. Der Park hat seinen alten Namen keineswegs von der Königin Luise, sondern von der gleichnamigen Ehefrau des Königsberger Schulrats Busolt, der den Park stiftete. Die Anlage ist trotz ihres Namens – Zentraler Kultur- und Freizeitpark – nicht von besonderer Attraktivität.

Die neugotische **Luisenkirche** entging dem schon geplanten Abriss in den 1960er Jahren dadurch, dass man einen Plan zu ihrem Umbau als Puppentheater

Die Luisenkirche

einreichte. Um den prüfenden Behörden einfacher eine Zustimmung abzugewinnen, wurden dabei bewusst zu niedrige Kostenrechnungen angegeben. Die tatsächlichen Kosten waren viel höher; doch war es nun für einen Abriss zu spät, da inzwischen zuviel Geld verbaut worden war. Das Puppentheater war bis vor kurzem in Betrieb, doch nach einer Rekonstruktion erhob die Orthodoxe Kirche Ansprüche auf das Gotteshaus, wie sie es seit 2009 für alle Kirchen und Kirchenruinen im gesamten Kaliningrader Gebiet macht.

Die Grünanlagen südlich dieses Parks, zur ul. D. Donskogo hin und darüber hinaus, waren einst neben denen am Königstor die großen Königsberger Friedhöfe. Sämtliche Grabstätten sind verschwunden, die Friedhöfe aufgelassen. Den verwilderten Parks ist nicht mehr anzusehen, dass sich hier einst große Nekropolen erstreckten.

Vom Kalinin-Park zum Tiergarten

Der pr. Mira, die einstige Hufenallee, ist nach wie vor eine beliebte Promeniermeile. Richtung Zentrum, gegenüber der ul. Kosm. Leononova, steht das **Kosmonautendenkmal**. Drei Kaliningrader nahmen an den sowjetischen Weltraummissionen teil: Alexej Leonov, der als erster Mensch frei im Raum schwebte, Viktor Pacaev, der 1971 während der Landung von Sojus 11 ums Leben kam, und Jurij Romanenko, der 1978 96 Tage im Weltall zubrachte. Vor dem Denkmal sieht man in der Straßenmitte, im Pflaster, die kleine Aussteigeinsel einer nicht mehr bestehenden Straßenbahnhaltestelle.

Nicht weit von diesem Denkmal, in Richtung Tiergarten, biegt die ul. Seržanta Koloskova (Hornstraße) ab. In der Hausnummer 12 befand sich die Wohnung von Agnes Miegel, der bedeutenden Balladendichterin.

Bis Januar 2016 befand sich seit 1992 hier eine **Gedenktafel mit Relief** der in Kaliningrad auch heute sehr verehrten Dichterin Agnes Miegel (1879–1964). Einem in Kaliningrad lebenden deutschen Antifaschisten gelang es dann, mit Hilfe der lokalen Staatsanwaltschaft – die zunächst keine Veranlassung zum Einschreiten sah und erst nach mehreren Eingaben tätig wurde –, diese Gedenktafel entfernen zu lassen, da seinem Verständnis nach in Russland keine Nazidichterin geehrt werden darf. Agnes Miegel hat während des ›Dritten Reichs‹ tatsächlich einige Elogen auf Adolf Hitler verfasst und sich überhaupt postiv zum Nationalsozialismus geäußert, weswegen sie auch in Deutschland heute eher negativ bewertet wird.

Der Koloskova gegenüber führt die Zoologičeskaja (Tiergartenstraße) nordwärts. Im Haus Nr. 6 wuchs Hannah Arendt auf. Gegenüber stehen noch die

Gebäude des einst berühmten Hufengymnasiums.

Wo einst die Berliner Versicherungsgesellschaft Nordstern ihren Sitz hatte, ist jetzt das **Hotel Moskva** untergebracht. Es ist eines der besten der Stadt, das angeschlossene Restaurant ebenso empfehlenswert. An dem 1936 erbauten Haus lässt sich im oberen Bereich der Fassade noch der Berliner Bär entdecken.

Tiergarten

Dem Hotel schräg gegenüber liegt der Eingang zum Tiergarten, der 1895 eröffnet wurde. Der Tiergarten war nicht nur Zoo, sondern auch Ort von Volksfesten, Konzerten und kleinen Verkaufsmessen. Die Anlage selbst überlebte den Krieg, doch fast alle Tiere wurden Opfer von verirrten Kugeln. Nur das Flusspferd Hans überlebte und wurde von Militärärzten wieder aufgepäppelt. Der Tiergarten ist auch heute für Einheimische und Touristen eine der beliebtesten Örtlichkeiten, der Tierbestand allerdings sehr überschaubar und sicherlich nicht nach den deutschen Maßstäben artgerechter Tierhaltung untergebracht.

Vom Tiergarten zum pl. Pobedy

Weiter in Richtung pl. Pobedy liegt an der Südseite des pr. Mira das **Baltika-Stadion**, ursprünglich Walter-Simon-Platz. Bankdirektor Simon schenkte 1892 seiner Heimatstadt das Gelände, damit diese darauf Sportanlagen errichte.

Dem Stadioneingang gegenüber blickt man auf die Südseite des Kaliningrader **Dramentheaters**. Das 1927 als Neues Schauspielhaus im Bauhausstil errichtete Theater wurde 1960 im Stil des Moskauer Bol'šoj-Theaters umgebaut und ist heute der repräsentative Theaterbau der

Das Dramentheater, die wichtigste Spielstätte der Stadt

Stadt. Kaliningrad hat keine eigene Oper, doch gastieren hier Opernensembles aus ganz Russland.

Der Vorderfront des Hauses gegenüber steht auf der anderen Straßenseite Stanislaus Cauers **Schiller-Denkmal**. Das Werk aus dem Jahr 1910 überstand Krieg und Eroberung angeblich deshalb, weil jemand auf den Sockel geschrieben hatte: ›Nicht schießen, das ist ein Dichter‹. Die sicherlich gepflegteste **Parkanlage** der Stadt mit klassizistischen Säulen und Springbrunnen befindet sich an dieser Ecke.

Südlich des Theaters führt die für den öffentlichen Fahrzeugverkehr gesperrte ul. Dmitrija Donskogo – die ehemalige Alte Pillauer Landstraße – an der heutigen **Gebietsregierung** vorbei. Das imposante Gebäude, ein Bau von Friedrich Lahrs (1928), beherbergte vor 1945 die ostpreußische Oberfinanzdirektion. In einer kleinen Grünanlage zur Teatral'naja hin erinnert ein kleines **Denkmal** an die Stadtpartnerschaft mit Petersburg.

Vom Dramentheater kann man geradeaus über die ul. Teatral'naja (Kniprode-

▲ Karte S. 127

straße) direkt zum Einkaufszentrum ›Evropa‹, zum Denkmal von Mütterchen Russland und damit zum Leninskij pr. (Steindamm) gelangen oder auch noch die Kolossalgebäude der früheren, von 1918 bis 1924 erbauten Oberpostdirektion und des Amts- und Landgerichts bewundern, womit man wieder am pl. Pobedy angekommen wäre.

Bleibt man aber am pr. Mira, passiert man das vielleicht beeindruckendste Gebäudeensemble aus der deutschen Zeit, das noch vorhanden ist. In der **früheren Oberpostdirektion** sind heute Stab und Kommando der Baltischen Flotte untergebracht. Der Portikus mit seinen sechs Säulen ist, ganz ungewöhnlich, nicht Ausdruck des sowjetischen Klassizismus, sondern von Anfang an vorhanden gewesen.

Gegenüber, auf der Ecke der ul. Mira zur ul. Ušakova, steht hinter einer Baumreihe, leicht zu übersehen, das ehemalige Staatsarchiv von Friedrich Liebenthal (1931) Es ist an seiner an der Glasfassade gut erkennbar. Heute ist hier die **wissenschaftliche Gebietsbibliothek** untergebracht. Daneben steht das 1934

Das Haus der Gebietsregierung

fertiggestellte **Rundfunkhaus**, das aber nicht mehr diese Zwecke erfüllt.

Rechts neben dem Stab der Baltischen Flotte, an der ul. Ushakova bis zur u. Gendela (Händelstraße) befindet sich ein größerer Altbaukomplex, der insbesondere in seinem rückwärtigen Teil geheimeren Behörden zugehörig ist.

Vom Kneiphof zu Friedländer Tor und Südbahnhof

Neben dem Viertel um den Nordbahnhof ist dieses zweifellos das belebteste der Stadt. Schon in der Sowjetzeit war der südliche Leninprospekt die wichtigste Geschäftsstraße Kaliningrads; er ist es geblieben.

Alte Börse

An der südlichen Auffahrt auf die Hochbrücke steht rechts am Pregelufer die Alte Börse von 1875. In dem Renaissancebau, der nach jahrelanger blauer Färbung wieder die Vorkriegsfarbe Ocker erhalten hat, war neben dem Kulturhaus der Seeleute das Kaliningrader Spielcasino untergebracht, doch steht seit etwa zwei Jahren das Haus leer. Die Börse wurde wegen des sumpfigen Untergrunds unmittelbar am Pregelufer auf 2200 jeweils 12 bis 18 Meter langen Eichenpfählen errichtet. Bei Kriegsende war sie ausgebrannt. Da man ihren architektonischen Stil für künstlerisch bedeutend hielt, zumal man an ihm auch Elemente des sowjetischen Klassizismus wiederfand, wurde die Börse nicht abgerissen, wie es den anderen Ruinen im Zentrum meist widerfahren ist, sondern als Kulturhaus wieder aufgebaut.

Verschwunden sind jedoch die allegorischen Figuren der vier Kontinente; nur die beiden Portallöwen bewachen das heute funktionslose Portal an der Westseite.

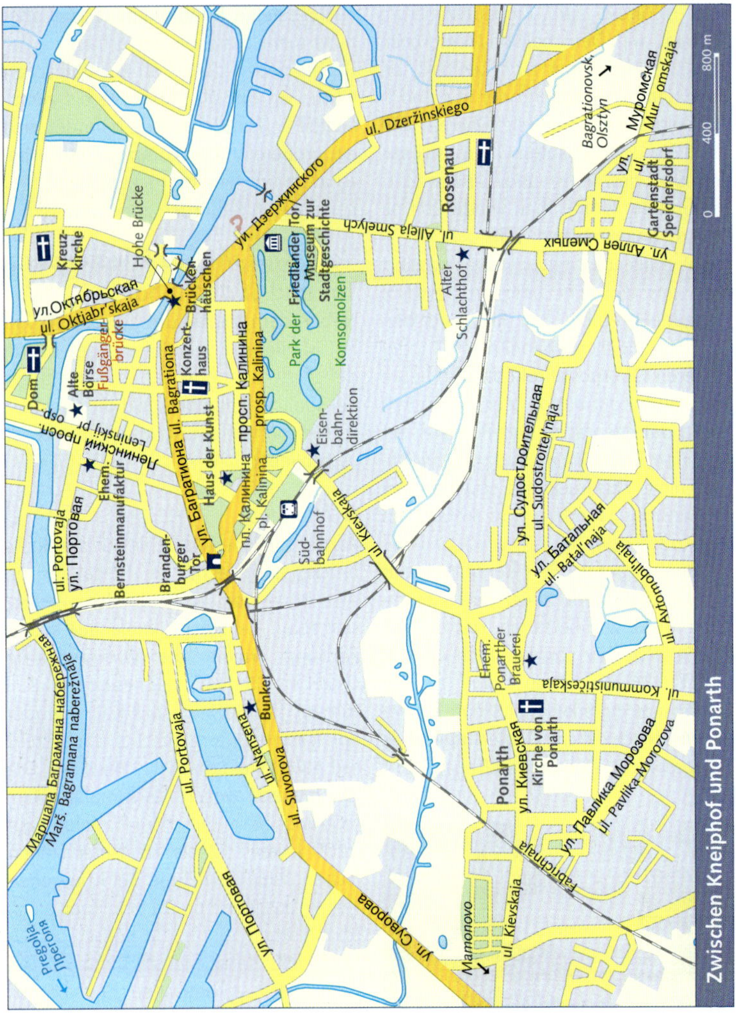

Der südliche Teil des Leninskij pr.

Jenseits des Leninskij pr., der hier auf der alten Vorstädtischen Langgasse verläuft, führt die ul. Portovaja (Sattlergasse) unmittelbar hinter der Brücke nach Westen Richtung Friedrichsburger Tor und Eisenbahnbrücke. Eine Durchfahrt für Autos auf diese Seite gibt es hier vor der Börse unter der Brücke durch, da vor ihr das Linksabbigen und Überqueren nicht gestattet sind. Der einzige verbliebene **Altbau** in der Portovaja befindet sich an der Ecke zur ul. Serpukovskaja (Knochenstraße) und beeindruckt durch seine Ornamentik und vor allem durch seine Morbidität. Das dreigeschossige Eckhaus war früher die Bernsteinmanufaktur und ist heute ein normales Wohnhaus. Die Königsberger Staatliche Bernsteinmanufaktur wurde erst 1899 gegründet und genoss Weltruf. Das Palmnicker Rohmaterial wurde nach Königsberg gebracht und in Handarbeit zu Schmuck und Pretiosen umgeformt. In der Blütezeit des Betriebes, vor 1930, waren hier 200 Arbeiter und 14 Beamte beschäftigt.

An der Westseite des Leninskij pr. findet sich an einem Wohnhaus nicht weit von der Auffahrt zur Brücke eine **Hinweistafel auf Kants Geburtshaus**, das sich an dieser Stelle befunden hat.

Der in seinem südlichen Teil übermäßig breite Leninskij prospekt ist wie der nördliche Abschnitt eine geschäftige Einkaufsstraße. Hier gab es auch schon zur sowjetischen Zeit zahlreiche Verkaufseinrichtungen, mehr noch als in seinem oberen Abschnitt nördlich des Pregels. Neben einer großen und gut sortierten Buchhandlung (Knigi i Knishetzki, Ecke Krasnoktjabr'skaja), sind noble Konfektionsläden und ein Technikmarkt das Kennzeichen der ehemaligen Vorstädtischen Langgasse. Ein Alt-

Heute ein brüchiges Wohnhaus, früher die bedeutende Bernsteinmanufaktur

Hinweistafel für den wohl bekanntesten Königsberger

bau findet sich in diesem Abschnitt: die unübersehbare breite Straßenfront der **früheren Eisenbahndirektion**, heute ein normales Wohnhaus.

Geht man in die Krasnoktabr'skaja, die frühere Kaiserstraße, ostwärts, fällt rechter Hand zunächst ein großes Schulgebäude mit zwei markanten Türmen auf. Dabei handelt es sich um die Gebäude des früheren **Georgshospitals** von 1897. Kurz bevor die Oktjabr'skaja im Osten auf die Epronovskaja trifft, die direkt am Pregelufer verläuft, kreuzt sie den kleinen per. Malyi (Selkestraße). Links hinein, Hausnummer 17, ist ein Bau aus den 1920er Jahren mit einem ganz ungewöhnlichen Portal, das über zehn halbmetergroßen Figuren aufweist, die handwerkliche und wissenschaftliche Berufe darstellen. In dieser Form ähnelt das gestaffelte Portal fast dem eines gotischen Doms, das mit allerlei Heiligenfiguren geschmückt ist.

Wo der Leninprospekt südlich der Kreuzung mit der. ul. Bagrationa etwas ansteigt, findet sich, gegenüber dem Dom Iskusst', eine ganze Häuserzeile aus den 1920er Jahren mit Bauhauselementen und ebenfalls mit interessanten Skulpturen über und neben den Eingängen. Der ungewöhnliche Hügel hinter dem Dom Iskusst' ist der alte Standort der nach dem Kriege abgerissenen Haberberger Kirche.

Von der ul. Bagrationa zum Pregel

Die Kreuzung mit der ul. Bagrationa (Alter Garten bzw. Oberhaberberg) war für Autofahrer wegen der großen Lücken zwischen Straßenbahngleisen und Pflasterung lange Zeit ziemlich unangenehm, wurde 2009 asphaltiert, weist jedoch schon wieder viele Poren auf. Richtung Westen kommt man von hier nach etwa 600 Metern zum **Brandenburger Tor**. Es ist das einzige der sechs noch bestehenden Tore des Befestigungsrings von 1860, durch das Fahrzeuge gelangen können. Die Medaillons mit den Porträts der Heeresreformer Hermann von Boyen und Ernst von Aster sind noch vorhanden. Durch dieses Tor führte früher die alte Reichsstraße 1 nach Berlin. Es trägt seinen Namen aber nicht nach der preußischen Provinz, sondern nach der Ordensburg Brandenburg, die etwa 17 Kilometer südwestlich gelegen ist.

Das frühere Brückenhäuschen

Karte S. 134

Ostwärts gelangt man entlang der Bagrationa nach gut 800 Metern zur **Hohen Brücke**, über die die ul. Oktjabr'skaja (Lindenstraße/Weidendamm/Brückenstraße) verläuft. An dieser Kreuzung stehen noch einige Altbauten und frühere Geschäftshäuser, auffälligster Bau ist das frühere **Brückenhäuschen**. In ihm war ein besonderes Akkumulatoren-System untergebracht, das den hydraulischen Druck zum Öffnen und Schließen der vormaligen Klappbrücke erzeugte. Wie man noch an den Pfeilerresten im Fluss sehen kann, verlief vor 1945 die Brücke unmittelbar an dem Häuschen vorbei.

Geht man die ul. Oktjabr'skaja etwa 800 Meter nach Norden, stößt man auf eine im Juni 2005 fertigggestellte **Fußgängerbrücke**, die im Verlauf der früheren Kaiserbrücke über den Fluss führt. Mit historischen Laternen und Pilastern versehen, war sie eines der besonderen Projekte zur 750-Jahr-Feier. Von hier bis zur Dominsel ist auch eine Uferpromenade neu angelegt worden, an der sich die Rückfronten zweier Hotels befinden.

Die kleine **Grünanlage** schräg gegenüber dem Brückenhäuschen, schon an der ul. Dzeržinskogo, markiert die Stelle, an der sich die Lutherkirche befand. Die Ruine wurde als letzte der alten noch vorhanden Königsberger Kirchenruinen 1976 abgetragen. Heute ist geplant, dort eine Moschee für die zahlreichen Moslems der Stadt zu bauen. Doch ist das Projekt mehr als umstritten, es gibt Bevölkerungsinitiativen, die es verhindern wollen.

Friedländer Tor

Von der Grünanlage verläuft die ul. Dzeržinskogo in südöstlicher Richtung stadtauswärts zum Friedländer Tor (1857–1862), durch das die alte Straße nach Friedland (heute Pravdinsk) führte. In dem Tor wurde bereits kurz nach der Öffnung der Oblast' ein kleines privates **Museum zur Stadtgeschichte** untergebracht. Hier gibt es es Filmvorführungen und zahlreiche Originalrelikte aus Alt-Königsberg, die im Trümmerschutt gefunden wurden. Der Besuch ist sehr lohnend! Die stadtabgewandte Seite des Tors schmückt seit einigen Jahren die wiederhergestellte **Statue des Ordenshochmeisters Siegfried von Feuchtwangen**. Unter seiner Ägide wurde der Hochmeisterseitz 1309 auf die Marienburg verlegt, daher hält er ein verkleinertes Modell des Hochmeisterpalastes der Marienburg in der Hand. An dieser Seite des Tores ist deutlich noch der alte Stadtgraben erkennbar, auch die Straßenbrücke besteht noch, nur ist sie sehr schadhaft: Von hier lassen sich auch noch die Reste der Straßenbahngleise ausmachen.

Von der ul. Kalinina zum Südbahnhof

Über die ul. Kalinina (Friedländer Wallstraße, Österreichische Straße, Horst-Wessel-Straße) kommt man westwärts am **Park der Komsomolzen** vorbei, einer schönen, mit einigen Teichen geschmückten Grünanlage, die über den einstigen Wallgräben errichtet ist. Nördlich der ul. Kalinina ist ein größeres Viertel mit Altbauten aus den 1920er Jahren erhalten. In der ehemaligen Katholischen Kirche Zur Heiligen Familie ist 1980 das **Konzerthaus** für die Kaliningrader Philharmonie eingerichtet worden, 1982 auch eine Orgel. Die Akustik der Kirche gilt als sehr gut, Chefdirigent

Siegfried von Feuchtwangen am Friedländer Tor

Arkadi Feldman genießt international einen großen Ruf.

Bald ist die Kreuzung ul. Kalinina/Leninskij pr. erreicht, eine der meistfrequentierten Kreuzungen der Stadt. Hier steht eine non-stop geöffnete Filiale der Supermarktkette Viktorija. Geht man über den Leninskij pr. Richtung Innenstadt, gelangt man nach etwa 150 Metern an der linken Seite zu einer wallähnlichen Aufschüttung. Das war der Standort der barocken Haberberger Kirche, die zusammen mit ihrem Friedhof um 1962 abgetragen und eingeebnet wurde. Gleich unterhalb steht das **Dom Iskusst** (Haus der Kunst), das jedoch keine Ausstellungshalle ist, sondern ein Theater. Seit wenigen Jahren steht nun das **Lenin-Denkmal** vor diesem Haus, nachdem es am pl. Pobedy dem Bau der Erlöserkirche hat weichen müssen.

Von der Kreuzung mit der Kalinina ist der Südbahnhof, der frühere Hauptbahnhof, schon sichtbar. Ein **Denkmal** des Namensgebers der Stadt, Michail Kalinin, steht überlebensgroß, aber meist dennoch nicht wahrgenommen, auf der großen Platzanlage vor dem Gebäude. Der alte Hauptbahnhof befand sich in der Gegend des Friedrichsburger Tores und war nach dem Ersten Weltkrieg zu klein geworden. So errichtete man hier einen neuen, größeren Bahnhof. 1929 fertiggestellt, zeigt der **Südbahnhof** in seinem großen Spitzbogen Anklänge an die Architektur der Ordenszeit. Über dem Spitzbogen ist das sowjetische Wappen angebracht. Die Bahnhofsuhr zeigt, wie überall auf russischem Territorium üblich, Moskauer Zeit an. Ein gewaltiger Kronleuchter ziert die sehr repräsentative Eingangshalle. Bahnhof und Bahnsteighallen blieben 1945 ebenso unversehrt wie das Bahnhofspostamt westlich davon.

In der Eingangshalle des Südbahnhofs

Südlich des Südbahnhofs

Auch die Stadtviertel südlich und südwestlich des Südbahnhofs lohnen einen Besuch. Die ul. Kievskaja führt, in der Verlängerung des Leninskij pr., südöstlich des Südbahnhofs am Busbahnhof vorbei. Hier erhebt sich die vor zehn Jahren errichtete **Eisenbahndirektion** des Kaliningrader Gebiets. Die Kievskaja steigt an, um auf einer weitgespannten Stahlbrücke über die Anlagen des Güterbahnhofs zu führen. Von der Überführung senkt sich die Straße zu den früheren Vorstädtischen Wiesen hinab und erreicht den einstigen Stadtteil Ponarth, wo sich eingangs der Weg gabelt: rechts hinauf nach Ponarth und links zu den Neubauten der Südstadt.

Es lohnt aber ein Spaziergang durch die kleine, teilweise unbefestigte ul. Tichoretskaja (Wiesenstraße), gleich nach rechts, noch vor der Gabelung, wo es einige erhaltene Häuser aus den 1910er Jahren gibt. Nach links, über die ul. Inženernaja (Walpurgisstraße), kommt man zu den Neubaugebieten von Južnyj (Südstadt); verwaltungstechnisch heißt die gesamte Südstadt Baltijski Rayon. Fährt man nach rechts, weiter auf der Kievskaja, kommt man direkt ins Zentrum des ehemaligen Ortsteils Ponarth. Links der Inženernaja, wo sich weitgehend ein undurchdringliches Gestrüpp ausbreitet, befinden sich die ehemaligen Eisenbahn-Werkstätten, die in Teilen erhalten sind. Die Verlängerung der ul. Inženernaja nach Süden bildet die ul. Batal'naja (Jägerstraße); teilweise mit Jagd- und Tiermotiven verzierte Bauensembles aus der Zwischenkriegszeit säumen links und rechts den Weg. Bis hierher war nach Süden das deutsche Königsberg gewachsen, dahinter endete die Stadt. Heute trifft man hier bei der Weiterfahrt nur Neubaukomplexe aus der späten Sowjetepoche, jedoch auch große Wohntürme der jüngsten Zeit.

■ Speichersdorf und Rosenau

An der Kreuzung Inženernaja/ul. Sudostroitel'naja (Speichersdorfer Straße), von wo es westwärts zur alten Ponarther Brauerei und in die Mitte Ponarths geht, ist eine Reihe von Wohnungen für die

▲ Karte S. 134

Eisenbahner etwa aus der Zeit um 1920 erhalten. Folgt man dieser Straße, der ul. Sudostroitel'naja, nach Osten, sollte man unbedingt in die parallel verlaufende ul. Tovarnaja (Buddestraße) gehen, auch hier gibt es einige sehr schöne erhaltene Arbeiterhäuser aus den 1920er Jahren.

Über die Sudostrojtel'naja weiter ostwärts gelangt man bald in das fast unverändert erhaltene frühere Speichersdorf, das auf beiden Seiten der al. Smelych (Aweider Allee) liegt, etwa zwischen der ul. Muromskaja und der ul. Angarskaja. Die kleinen Einfamilienhäuser aus dem ersten Drittel des 20. Jahrhunderts sind recht gut erhalten und bildeten eine kleine, in sich geschlossene **Gartenstadt** vor der Toren Königsbergs. Allerdings ist die Dorfstraße jetzt in weiten Teilen von Wohnblocks umgeben, die teils noch aus der sowjetischen Zeit, teils aus der jüngsten Epoche stammen. Fährt man die al. Smelych nordwärts, unter der Eisenbahnbrücke hindurch (Schlaglöcher!), sieht man links ein Areal von grandioser Morbidität. Es ist der alte Königsberger **Schlachthof**, der teilweise noch in Betrieb ist. Vor dem Haupteingang gibt es die Möglichkeit zum Wurst- und Fleischeinkauf. Die al. Smelych verläuft weiter Richtung Innenstadt, in die Nähe des Friedländer Tors. Ostwärts ist vom Schlachthof aus die Kirche des früheren Stadtteils Rosenau zu sehen. Durchaus lohnend ist die Fahrt ostwärts durch die ul. soj kosmodem'janskoi und die Nebenstraßen nach Rosenau hinein. Auch hier sind viele einfache, mehrstöckige Häuser noch erhalten, die für die Arbeiterschaft errichtet wurden. Die **Kirche**, erbaut zwischen 1914 und 1926, war 1945 leicht beschädigt, diente als Lagerhalle und jetzt der Orthodoxen Gemeinde.

Von Rosenau kann man über die meistbefahrene Ausfallstraße Richtung Polen, die ul. Dzerzhinskogo, zum Zentrum zurückkehren.

■ Ponarth

Will man von dem Viertel um die Batal'naja nach Ponarth fahren, empfiehlt sich der Weg durch die westwärts führende ul. Avtomobil'naja, entlang der in den letzten Jahren große Wohnkomplexe entstanden sind. Zunächst passiert man das Hotel ›Deima‹, etwa 800 Meter danach zwingt eine Einbahnstraßenregelung zum Abbiegen nach rechts in die ul. Kommunističeskaja (Palvenstraße). Sie führt nach Norden in das Zentrum Ponarths, zum Kinotheater ›Rodina‹. An dieser platzähnlichen Straßenkreuzung kann man direkt weiter zur früheren Ponarther Brauerei kommen, die 100 Meter weiter östlich liegt und von hier schon sichtbar ist. Heute wird dort Limonade hergestellt. Die Keller der Brauerei sind oft als mögliches Versteck des Bernsteinzimmers genannt worden. Natürlich hat man auch hier gegraben – natürlich ohne Erfolg.

Die ul. Kievskaja (Alte Ponarther Dorfstraße, vormals Brandenburger Straße) verläuft Richtung Westen in Richtung der großen Einfallstraße aus Mamonovo. **Alt Ponarth** ist weitgehend erhalten, es hinterlässt den Eindruck einer deutschen Stadt aus den 1930er Jahren, in der sich seitdem kaum etwas geändert hat. Die 1897 geweihte **Kirche** war während der Sowjetzeit eine Turnhalle und dient heute den Orthodoxen.

Bevor man in westlicher Richtung die Bahnlinie quert, sollte man unbedingt das Viertel um die ul. Pavila Morosova (Einbahnstraße!), die frühere Barbarastraße, um die ul. Kommunisticheskaja (Palvestraße) und die ul. Pechatnaja

(Schreberstraße) besuchen; hier sind überall architektonisch interessante **Wohnsiedlungen** aus den 1920er Jahren erhalten. Von der Kievskaja, östlich der Bahnüberquerung, biegt südwärts die ul. Fabričnaja (Prappener Str.) ab. Über ein archaisches Pflaster gelangt man in ein weiteres interessantes **Wohngebiet** aus jener Zeit. Ein Spaziergang durch die Gassen, auch zu der Schule an der ul. Klenovaja (Ahornweg), lohnt sehr und ist eine Begegnung mit Alt-Königsberg weit ab vom Trubel des pl. Pobedy. Die große **Grünanlage** inmitten dieses Viertels, am Ende der Klenovaja, ist der ehemalige Fichteplatz.

Bleibt man auf der Kievskaja - auch sie hat ein abenteuerliches Pflaster - und überquert die Bahnlinie, trifft man an der Ecke zur ul. Kamskaja (Godriener Straße) auf eine große **Parkanlage**. Das ist der einstige Friedhof der Neuen Haberberger Gemeinde. Das etwas heruntergekommene Industriegelände gegenüber der Einmündung der Kievskaja in die Kamskaja ist der Standort der vormals sehr bekannten Brauerei Schönbusch. Am Friedhof entlang gelangt man schnell auf die ul. Suvorova (Berliner Straße), die frühere Reichsstraße 1.

Um die ul. Suvorova

Stadtauswärts gibt es ab der Einmündung der Kamskaja weiter keine großen Sehenswürdigkeiten, vielleicht noch ein paar erhaltene Wohnhäuser aus deutscher Zeit. Hinter der Stadtgrenze laden rechter Hand viele **Ausflugslokale** zur Einkehr ein; entlang der Straße gibt es einige aufgelassene Kiesgruben, die nun als **Badeteiche** im Sommer viele Kaliningrader heranlocken. Stadteinwärts kann man an der nächsten großen Einmündung linker Hand (ul. Transportnaja) am Hafen entlang fahren (ul. Portovaja),

▲ Karte S. 134

20er-Jahre-Häuser in der ul. Fabričnaja

um bei der Eisenbahnhubbrücke wieder in der Innenstadt zu sein.

Eine kleine Parallelstraße zur Suvorova ist die ul. Nansena (Nansenstraße), die durch ein idyllisches **Wohnviertel** verläuft, in dem wie in Ponarth die Zeit stehengeblieben scheint. Diese Idylle wird jedoch durch einen großen Bunker stark beeinträchtigt, der, aus einer anderen Epoche stammend und unzerstörbar, zwischen den Wohnblöcken der Suvorova erratisch aufragt. Die Trasse der Nansena ist, wie die Alleebäume zeigen, eine alte Fernstraße und der ursprüngliche Verlauf der Route nach Westen, nach Elbing und Berlin.

Vor der Brücke über die Bahnhofsanlagen führt ein schmaler Weg nach rechts um den Bahnhof herum. Von dem Weg hat man einen ganz ungewohnten Blick auf den Südbahnhof, Stellwerksanlagen und Lokschuppen mit Einschusslöchern zeugen von der Geschichte. Die Suvorova führt über die Gleise hinweg, von der löchrigen Brücke - derzeit in Rekonstruktion - hat man einen guten Blick auf die Eisenbahnhubbrücke und das Bahnhofsgebiet. Am Brandenburger Tor schließlich endet die Route durch den Süden der Stadt.

Kant und andere große Königsberger Geister

Das Leben und Wirken vieler bekannter Namen ist mit der Stadt Königsberg eng verbunden. Hier können aus Platzgründen nur diejenigen berücksichtigt werden, die in Königsberg geboren sind. Die noch größere Vielzahl an Geistesgrößen, die hier wirkten, aber nicht zur Welt kamen, muss daher unerwähnt bleiben.

Er ist gewiss der berühmteste aller Ostpreußen: **Immanuel Kant** (1724–1804), Professor für Logik und Metaphysik an der Königsberger Albertina. Zwar verließ er seine Geburtsstadt und deren nähere Umgebung zeilebens nie, doch seine zwingenden Gedankengänge, in denen er die neuere Philosophie begründete, machten ihn gleichsam zum Weltbürger. Bereits zu Lebzeiten war er in Königsberg eine populäre Persönlichkeit, doch gleichzeitig ein biederer Bürger mit einem ausgeprägten Hang zur Pünktlichkeit, so dass man nach seinen Spaziergängen – zumindest sagte man so – die Uhr stellen konnte. Es ist nicht möglich, Kants Lehre in wenigen Worten darzustellen, doch lassen sich zwei zentrale Thesen herausstellen: zum einen, dass die menschliche Erkenntnis begrenzt bleiben muss. Man kann niemals ein ›Ding an sich‹, sondern nur seine Erscheinung, seine Wirkungen erfassen. Zum andern jener berühmte ›kategorische Imperativ‹, der fordert, dass jeder so handeln solle, dass sein Handeln als Maßstab für das Handeln aller gelten könne. Kant schuf darüber hinaus Theorien zur Entstehung der Planeten und gilt als Vater der Physischen Geographie, die er 47 Semester hindurch gelesen hat, ohne je zu einer Forschungsreise aufgebrochen zu sein. Es gibt neben Goethe vermutlich keinen weiteren Deutschen, der in gleichem Maß wie Kant auf seine Zeitgenossen und Nachfahren gewirkt hat.

Kants Gegenpol in der Philosophie war **Johann Georg Hamann** (1730–1788), der aufgrund der mystisch-dunklen Sprache in seinen Schriften oft als ›Magus des Nordens‹ bezeichnet wurde. Anders als Kant stellt er das Gefühl über Wissenschaft und Vernunft. In der Natur sieht er die ›Nährerin von Sprache und Kunst‹ und in der Poesie die ›Muttersprache des Menschengeschlechts‹. Er starb während einer Reise in Münster und wurde postum als einer der ›wahrsten Christen‹ verehrt.

Immanuel Kant, Stahlstich von J. L. Raab

Weniger Denker als vielmehr Multitalent ist **Ernst Theodor Amadeus Hoffmann** (1776–1822). Er ging in die Geschichte nicht nur als Dichter, sondern auch als Komponist und Maler ein. Ursprünglich Jurist und preußischer Beamter, machte er sich in Posen als Zeichner von Karikaturen seiner Vorgesetzten unbeliebt. Die napoleonischen Wirren ließen ihn den Dienst quittieren, er wurde 1808 Theaterkapellmeister in Bamberg. Über Stationen in Dresden und Leipzig kam er nach Berlin, wo er 1816 an seine juristische Karriere wieder anknüpfen konnte und dort Kam-

E.T.A. Hoffmann, Selbstportrait um 1815

mergerichtsrat wurde. Trotz einiger literarisch hochstehender juristischer Schriften, die er verfasste, sah er die Beschäftigung mit der Rechtswissenschaft stets nur als Brotberuf an. ›Der goldene Topf‹, ›Die Elixiere des Teufels‹, ›Der Sandmann‹, der Novellenkomplex ›Die Serapionsbrüder‹, die ›Lebensansichten des Katers Murr‹ und die damals erfolgreiche Oper ›Undine‹ sind seine bedeutendsten Werke. Darin verbindet er betont reale Ereignisse mit Vorgängen aus der Geister- und Feenwelt zu seinem ganz persönlichen Stil des ›magischen Realismus‹ und führt darin das deutsche Kunstmärchen auf seinen Gipfel. Hans Helmut Kirst nannte E.T.A. Hoffmann ›Ostpreußens betörendst schönes geistiges Sternbild‹.

Der zweite große Königsberger der literarischen deutschen Romantik ist **Zacharias Werner** (1768–1823). Er schuf die Gattung des ›Schicksalsdramas‹, in der das unerhörte Einbrechen eines Fatums die Menschen im Widerspiel von Sühne und Schuld zerschmettern will. Werner war beeinflusst von Hamann und der Mystik Jakob Böhmes. Sein Werk und seine Gestalten sind zwischen christlichem Mittelalter und heidnischer Vorzeit angesiedelt.

Zu den ostpreußischen Literaten muss man auch **Johann Christoph Gottsched** (1700–1766) zählen. Der aus Juditten stammende Pfarrerssohn verfasste Abhandlungen über Sprach- und Dichtkunst und zielte auf eine Sprachreform von der Bühne aus. Wichtigstes Anliegen war ihm die wissenschaftliche Beurteilung literarischer Werke, der Verstand sollte für ihn höchster Richter sein, wodurch er als Vorläufer Kants angesehen werden kann. Heute ist er jedoch nur noch Spezialisten bekannt.

Neben E.T.A. Hoffmann, der auch komponierte, sind Otto Nicolai (1810–1849) und Hermann Goetz (1840–1876) die beiden größten ostpreußischen Komponisten. **Otto Nicolai** strebte in seiner Musik eine Verschmelzung von italienischer Leichtigkeit und deutscher Gründlichkeit an. Seine vielgespielte Oper ›Die lustigen Weiber von Windsor‹ ist wahrscheinlich die komische deutsche romantische Oper schlechthin. **Hermann Goetz** dagegen ist fast vergessen. Er ist mehr lyrisch geprägt, doch ist die Oper ›Der Widerspenstigen Zähmung‹,

Johann Christoph Gottsched 1744

Otto Nicolai, Lithographie von 1842

sein Hauptwerk, eine der beglückendsten heiteren Spielopern des 19. Jahrhunderts.

Anton Möller (um 1563–1611) war der preußische ›Pieter Brueghel‹, denn seine Gemälde erinnern in ihrer prallen Drastik an die des großen Flamen. Er wirkte fast ausschließlich in Danzig, berühmt waren seine Deckengemälde im dortigen Artushof und das Triptychon in der Steindammer Kirche in Königsberg (beides 1945 zerstört).

Michael Willmann (1630–1706), einer der größten Barockmaler, bildete sich in Holland aus und wurde 1658 Hofmaler des großen Kurfürsten. Er konvertierte zum Katholizismus, ging nach Schlesien und schuf dort unzählige Meisterwerke, darunter die Innenausstattung der Klöster Grüssau und Leubus. Dort starb der ›schlesische Raffael‹.

Der größte Schauspieler im deutschsprachigen Raum um 1900 war **Adalbert Matkowsky** (1857–1909). Vitalität, Temperament und eine große Wandlungsfähigkeit begeisterten sein Publikum. Er starb an Überarbeitung.

In ihren Holzschnitten und Lithographien machte **Käthe Kollwitz** (1867–1945) auf die sozialen Probleme ihrer Zeit aufmerksam. In strenger Einfachheit und äußerster Beschränkung gelang ihr auf ergreifende Weise die soziale Anklage. Nach 1933 wurde Käthe Kollwitz ihres Amtes als Leiterin der Meisterklasse für Graphik an der Preußischen Akademie der Künste enthoben.

Das mathematische Wissen des 20. Jahrhunderts erweiterte **David Hilbert** (1862–1943). In seinen frühen physikalischen Arbeiten bereitete er Einsteins Relativitätstheorie vor; seit 1895 wirkte er als Professor in Göttingen. Er ist der Schöpfer der mathematischen Beweisverfahren.

Eine der letzten großen geistigen Erscheinungen aus Königsberg war **Agnes Miegel** (1879–1964), die ›Mutter Ostpreußens‹. Sie ist die bedeutendste deutsche Balladendichterin, fasste das persönliche Erlebnis des Untergangs ihrer Heimatstadt Königsbergs und Ostpreußens in mehrere der ergreifendsten Gedichte deutscher Sprache. Auch ihre Prosawerke wurzeln in der ostpreußischen Heimat und ihrer Geschichte. ›Die Fahrt der sieben Ordensbrüder‹ schildert die Reise des Ordens-Landmeisters Hermann Balk und seiner Getreuen im Jahr 1231 in das Pruzzenland. Mit einigen – letztlich bedeutungslosen– Hitler glorifizierenden Gedichten und ihrer offenen Unterstützung für die Nationalsozialisten diskreditierte sich Agnes Miegel mit ihrem Gesamtwerk für die Nachwelt.

Ebenso in Königsberg geboren ist die Schauspielerin **Witta Pohl** (1937–2011), die vor allem als Mutter Drombusch in der sehr beliebten Serie ›Diese Drombuschs‹ bei einem größeren Publikum Popularität erlangte. Schließlich ist noch **Hannah Arendt** (1906–1975) zu nennen. Sie wurde zwar in Linden bei Hannover geboren, wuchs aber ab 1909 in Königsberg auf.

Allgemeine Informationen

Bis jetzt gibt es keine eigentliche zentrale bzw. städtische Touristeninformation, die die üblichen Dienste anbietet. Beste Anlaufadresse ist die **Kaliningrad Tourist Info** im Hotel Kaliningrad, Leninskij Pr. 81, Tel. 350782, www.kaliningradinfo.ru.
Informationen aller Art erhält man überhaupt zuverlässig in den großen Hotels, die auf ausländische Besucher eingestellt sind.
Regionales touristisches Informationszentrum, Pr. Mira 4, Tel. 007/4012/555200, visit-kaliningrad.ru. U.a. Faltblätter, die Vorschläge zu thematisch orientierten Spaziergängen bieten; Homepage auch auf Deutsch.
Postleitzahl: 236000–236042.
Deutsches Generalkonsulat, ul. Telmana 14, 236000 Kaliningrad, Tel. 920230, Nottelefon: 007/9062/172245 (dt.), 007/9062/170255 (russ.), www.kaliningrad.diplo.de. Generalkonsul ist seit 2015 Dr. Michael Banzhaf. Nach langen Jahren provisorischer Unterbringung hat das Generalkonsulat seit Ende 2013 ein adäquates Domizil gefunden.
Ein österreichisches oder schweizerisches Konsulat gibt es nicht.

Währung, Banken, Wechselstuben

Der derzeitige Verfall des Rubels wie auch die politische Situation (Krim-Krise) haben überall im Land zu Preisänderungen geführt; es ist ungewiss, wie sich der Wechselkurs zum Euro in Zukunft entwickeln wird. Die Preisangaben hier sind aktuell.
Wechselstuben finden sich in größerer Zahl überall in der Stadt, sie sind täglich und meist auch länger am Abend geöffnet. Die **Bankautomaten** akzeptieren die gängigen deutschen ec-Karten, bei ihrer Benutzung fallen zum Teil aber recht hohe Gebühren an. Nur der Rubel ist gültiges Zahlungsmittel. Der Kurs zum Euro beträgt zur Zeit (Stand: Nov. 2016) etwa 1:69.

Telefonsystem und wichtige Nummern

Vorwahl aus Deutschland: 007/401/2. Die 007 steht für Russland, die 401 für das Kaliningrader Gebiet, die 2 für Kaliningrad selbst. Es gibt einige billige Vorwahlen, mit denen ein Gespräch in die Stadt von Deutschland aus je nach Tageszeit vier bis acht Cent kostet. Man wähle einfach 010012 bzw. 010029 vor der eigentlichen Einwahl.
Allgemeiner Notruf: 02 (aus dem russischen Festnetz, von jeder Telefonzelle), von deutschem Handy 007/4012/02. Diese und die drei folgenden Kurznummern sind in allen lokalen Ortsnetzen die gleichen.
Unfallhilfe: 03
Gashavarie: 04
Feuerwehr und **Rettungsdienst**: 01
Verkehrspolizei Kaliningrad (rund um die Uhr): 452825; bei Autodiebstahl in Kaliningrad: 226403.
Meldestelle in Kaliningrad: 214959.

Post und Briefmarken

Hauptpostamt, ul. Kosmonav'ta Leonova 22, Mo–Fr 9–20 Uhr. Etwas westlich vom Zentrum gelegen. Von hier sind auch Telefonate in das Ausland möglich, ebenso am

Vielfalt am Kiosk

▲ Karte: vordere Umschlagklappe

Postamt am Hauptbahnhof, pl. Kalinina; gleiche Öffnungszeiten.
Weitere Postfilialen gibt es an der ul. Černjachovskogo gegenüber der Markthalle wie auch in der ul. 9-go Aprelja, 200 Meter nördlich der Kreuzung mit der ul. Frunze auf der linken Seite. Ein weiteres Postamt ist am Moskovskij pr. unmittelbar östlich der unvollendeten Straßenbrücke. Von den Postämtern aus lassen sich auch Ferngespräche führen. Briefmarken erhält man in Kaliningrad nur in Postämtern und in den kleinen Verkaufseinrichtungen der großen Hotels. An den Kiosken gibt es keine!

Internetcafés

Internetanschlüsse stehen in Hotels, den meisten Einkaufszentren, Internetcafés und fast allen Poststellen zur Verfügung. Auswahl:

Jedi, Barnaulskaja 2.
Arena, Sergejeva 59a.
Arena 1, Karla Marxa 6.
Tschajhanaja OnLine, Musorgskogo 10.
Awatar, im Einkaufszentrum ›Dve Pyatyorki‹, Gorkogo 55.
Kolisej, Soji Kosmodemjanskoj 22.

Karten, Medien

In den großen Hotels liegt meist die Broschüre ›Welcome to Kaliningrad‹ aus, die erste Orientierung und Informationen vermittelt. Ohne russischen Stadtplan wird man jedoch bei allen Spaziergängen nicht weit kommen. Den gibt es in den Hotels, an vielen Kiosken und in den Buchhandlungen.
Der ›Königsberger Express‹ ist eine Zeitung in deutscher Sprache, die im Gebiet erhältlich ist (www.koenigsberger-express.com). Sie informiert über Historisches und das aktuelle Geschehen und bietet Tipps und Hinweise zu Veranstaltungen und ist an vielen Kiosken erhältlich, unter anderem im Hotel ›Kaliningrad‹. Vor der Universität beim Kant-Denkmal stehen oft ihre Verkäufer.
Die ›Königsberger Allgemeine‹ gibt es seit 2009. Es ist eine zweisprachige Zeitung, die man in Kaliningrad selten bekommt, die jedoch in Deutschland abonniert werden kann (www.koenigsberger-allgemeine.com). Sie ist von ähnlichem Charakter wie der ›Königsberger Express‹ und ist auch online sehr informativ.

Schiffsrundfahrten

In Nähe des Meeresmusems und am Fischdorf fahren Ausflugsschiffe ab, es werden Rundfahrten auf dem Pregel angeboten. Feste Abfahrtszeiten gibt es allerdings nicht und Informationen nur direkt vor Ort.

An- und Abreise

Mit dem Bus

Vom Zentralen Busbahnhof (ZOB) in Berlin fahren – allerdings nicht an allen Wochentagen – Linienbusse des Unternehmens Von Rahden nach Kaliningrad. Abfahrt ist um 22 Uhr, Ankunft um 10 Uhr Ortszeit. Die Plätze sind reservierungspflichtig. Dieses Unternehmen verbindet auch andere norddeutsche Städte wie Bremerhaven und Hamburg mit Kaliningrad. Interessanterweise erhalten Pensionäre und Rentner, egal ob deutsch oder russisch, bei Vorlage ihres Passes einen Rabatt.
Reisedienst Von Rahden, Heidkamp 49, 28790 Schwanewede, Tel. 04209/9162-21, www.von-rahden.de.
Wichtig: In Kaliningrad gibt es zwei Busbahnhöfe (Avtovoksaly). Der ›offizielle‹ liegt etwa 300 Meter östlich des Kaliningrader Hauptbahnhofs unmittelbar an der ul. Kievskaja vor der Bahnunterführung (ul. Zheleznodorozhnaja, Auskunft Busbahnhof: Tel. 643635). Von hier fahren sowohl regionale wie auch ins Ausland führende

Im Busbahnhof

Linien ab. In Deutschland sind Bremen, Freiburg und Heilbronn die Endhaltestellen, die Route geht dabei meist auch über Berlin. Allerdings fahren von diesem Busbahnhof nicht die Busse des Kaliningrader Busunternehmens KënigAvto, das ebenfalls ausländische Routen bedient: u.a. nach und von Warschau, Danzig, Allenstein, Vilnius, Klaipeda, Riga, Tallinn, Kaunas, in Deutschland aber nur nach/von Stuttgart und Essen. KënigAvto hat einen eigenen Busbahnhof am Moskovskij pr. 184 (Tel. 999199), etwa einen Kilometer östlich des Sackheimer Tors gelegen.
Man muss also genau beachten, mit welcher Firma man unterwegs ist. Auch fahren die Busse auf einigen Linien nicht täglich, manchmal nur zweimal pro Woche. Aus Polen kann man mit täglich fahrenden Linienbussen von verschiedenen grenznahen Städten wie Elblag, Olsztyn oder Braniewo nach Kaliningrad reisen, u.a. auch mit KënigAvto. Info unter www.russeuropa.com.
Die Kaliningrader Firma Filand ist täglich zwischen der Stadt und verschiedenen deutschen Städten mit Kleinbussen (maximal acht Personen) unterwegs. Die eigentliche Marschroute wird dabei den gewünschten Ankunfts- und Abreiseorten der Passagiere angepasst. Will man von Deutschland aus nach Kaliningrad fahren, ruft man bei der Firma in Kaliningrad an, nennt Reisedatum und Ort der Abfahrt und erhält dann die Mobilnummer des jeweiligen Chauffeurs, der an diesem Tag in der gewünschten Gegend unterwegs ist. Von diesem erfährt man dann die ungefähre Abfahrtszeit am gewünschten Ort, denn man wird zu Hause abgeholt. Endpunkt der Fahrt ist dabei meist der Firmensitz (pr. Kalinina 23, Tel. 007/4012/646344 bzw. 587148, 601501 und 600825, www.filand.ru) am Busbahnhof in Kaliningrad. Von hier kann man auch nach Deutschland zurückfahren. Abfahrt ist dabei meist 13 Uhr, die Ankunft in Berlin um ein Uhr nachts. Die einfache Fahrt kostet pro Person zur Zeit 70 Euro. Spätestens am Tag vorher sollte hier der Ticketkauf bzw. die Reservierung erfolgen.

Mit der Bahn

Eine Zugverbindung aus Deutschland nach Kaliningrad gibt es zur Zeit nicht. Möglicherweise wird zukünftig wieder ein Kurswagen ab Berlin eingesetzt.
Man achte auf den Fahrkarten auf die jeweiligen Abfahrtstermine aus Kaliningrad, da sie seit Sommer 2005 in Moskauer (!) Zeit angegeben sind. Auskunft: Bahnhof Kaliningrad, Tel. 600888.
Es war bis vor kurzem möglich, in den Zug Gdynia–Kaliningrad, an den dieser Kurswagen angehängt wurde, in Elbląg oder Braunsberg zuzusteigen (aber nicht in den Kurswagen selbst), womit man von polnischer Seite gut nach Kaliningrad einmal täglich kommen konnte. Doch auch dieser Zug ist eingestellt. Ob er irgendwann einmal wieder fährt, ist nicht bekannt. Infos am besten über www. bahn.de.

▲ Karte: vordere Umschlagklappe

Mit dem Flugzeug

Seit Anfang 2016 keine Direktverbindung mehr von Deutschland.

Auskunftsbüro Flughafen Chrabrovo, Tel. 719577 und 310415. In der ul. Rokossovskego 17 (unweit des Zentralmarktes) in Kaliningrad kann man Tickets für alle Flüge aus Chrabrovo buchen; Tel. 646666.

Mit dem Schiff

Fährverbindungen aus Deutschland (Kiel und Sassnitz) nach Kaliningrad bzw. Baltijsk wurden von der Betreiberfirma Lisco mit dem Beginn der Wintersaison 2009/10 eingestellt, sollen aber wieder aufgenommen werden; www.dfds.lisco.com.

Mit dem Auto

S. Reisetipps von A bis Z, S. 417.

Unterwegs in Kaliningrad

Mit öffentlichen Verkehrsmitteln

In Kaliningrad kommt man in gewisser Hinsicht gut mit Bussen und Straßenbahnen an fast alle Ecken der Stadt – allerdings nur, wenn man sich auskennt: Netzpläne hängen an den Haltestellen in der Regel nicht aus. An den Bussen ist meist auf einem Schild anhand einiger Straßen und Plätze der Streckenverlauf und/oder die jeweilige Endstation beschrieben – lokale Kenntnisse der Stadt sind schon deshalb unverzichtbar, denn aus dem Schild wird außerdem nicht ersichtlich, zu welcher der beiden Endstationen der Bus oder die Straßenbahn gerade unterwegs ist. In älteren Kaliningrader Stadtplänen finden sich viele Straßenbahnlinien und -nummern verzeichnet, doch Vorsicht: Sowohl Nummer als auch Linienführung können sehr von der aktuellen Situation abweichen. Es gibt auch nirgendwo feste Abfahrtszeiten, die Busse und Straßenbahnen fahren ab, wenn sie angekommen sind. Im allgemeinen besteht Betrieb von sechs Uhr morgens bis zehn Uhr abends, danach wird es schwierig.

Allerdings bestehen zwei große Linienstränge, die die Stadt durchziehen. Der eine verläuft in Nord-Süd-Richtung, vom Südbahnhof und den südlichen Neubaugebieten über den pr. Lenina zum Hotel Kaliningrad, weiter Richtung pl. Pobedy, wo einige Linien nach Norden und Nordwesten abzweigen, und dann ostwärts abbiegend über die ul. Černjachovskogo am Zentralen Markt vorbei, bis dann am pl. Vasilevskogo (Roßgärter Tor) nochmals eine Teilung erfolgt. Der zweite Strang verläuft in Ost-West-Richtung über den Moskovskij pr.

Man bezahlt im jeweiligen Fahrzeug bei einem ›Kondukteur‹, fast immer eine Frau, die mit einer kleinen Kasse durch die Reihen geht. Einen Vorverkauf gibt es nicht. Der Preis für eine Fahrt, egal wie viele Haltestellen, betrug im Herbst 2016 im Stadtgebiet bei Bus und Straßenbahn 15 Rubel (rund 20 Cent).

Beim Umsteigen und Verlassen eines Busses oder der Bahn verliert der Fahrschein seine Gültigkeit. Zeitkarten gibt es nicht, Ermäßigungen nur für russische Invaliden und Veteranen.

Warten auf den Bus

Mit dem Auto

Tagesparkplätze, die direkt von Personal überwacht werden, gibt es in der Innenstadt nicht. In den Außenbezirken allerdings gibt es große umzäunte Plätze, die aber überwiegend den dortigen Bewohnern für die Sicherheit ihres Fahrzeuges während der Nacht dienen und wo man Plätze auf Dauer mieten kann. Während man in der Innenstadt bis vor wenigen Jahren fast überall dort, wo es Platz gab, parken durfte, ist das zumindest um den pl. Pobedy nicht mehr möglich. Um der ›guten Stube‹ der Stadt ein repräsentativeres Aussehen zu geben, ist alles Parken auf dem Platz und den anliegenden Straßen untersagt. Doch gibt es unter dem nahen Einkaufszentrum Evropa eine große Parkgarage (Einfahrt von der Teatral'naja), auf dem pl. Pobedy eine weitere Tiefgarage und am Haus der Technik (Epizentr) am Zentralen Markt einen großen Parkplatz (ul.Gorkovo). Die Plätze sind sämtlich videoüberwacht, Gebühr pro Stunde meist 50 Rubel. Vor der Dominsel, am Fischdorf, gibt es einige Parkmöglichkeiten wie auch am großen Supermarkt Viktorija gegenüber – auch wenn man da nichts kauft.

Nachts allerdings sollte man sein Fahrzeug nicht wild und unbeaufsichtigt abstellen, sondern entweder die Parkgaragen oder den jeweiligen, meist bewachten Hotelparkplatz benutzen.

Taxi

Taxidienst Anjuta: 777969.

Regatta-Taxi: 512910.

Taxi-Krona: 593222.

Citi Plus: 602602.

Kobra: 919191 (günstige Tarife).

Taxidienst: 444555.

Seit einigen Jahren besitzen alle offiziell zugelassenen Taxis einen Taxameter. Die Zeit, in der man zu Beginn der Fahrt den Fahrpreis mit dem Fahrer aushandeln musste, ist vorbei. Taxistandplätze befinden sich unter anderem vor den großen Hotels, am Nord- und am Südbahnhof und vor dem Einkaufszentrum Evropa.

Autoverleiher

Citi Rent, pr. Mira 50 und Moskovskij pr. 182a sowie am Flughafen Chrabrovo, Tel. 509191, www.city-rent39.com.

Alisa Gold, pr. A. Nevskogo 36b, Nevski-Center 3. Et., Tel. 521615, www.alisagold.ru.

Baltijski Avtoprokat, ul. Prof. Baranova 34, Shopping-Center Akropol (Büro 423), Tel. 777709, www.777709.ru.

Liuks Limo, ul. Gornaja 9, Tel. 757878, www.lux-limo39.ru. Autovermietung auch mit Chauffeur.

AvangardAvto, ul.Gor'kovo 162b und am Flughafen Chrabrovo, Tel. 756566 und 756364, www.avangard-avto.net.

Hertz, im Hotel ›Radisson (Nähe Nordbahnhof), Tel. 761555; am Flughafen, Tel. 7203650; www.hertz.ru.

Mit dem Fahrrad

Auf Fahrradfahrer sind die Kaliningrader überhaupt nicht eingestellt. Man sollte sich in der Stadt nicht mit dem Fahrrad fortbewegen – es ist wegen der hohen Verkehrsdichte und fehlender Radwege viel zu gefährlich.

Unterkünfte

Es gibt in Kaliningrad Übernachtungsmöglichkeiten fast aller Preisklassen, wenngleich man nicht von niedrigen Preisen und einem immer guten Preis-Leistungs-Verhältnis sprechen kann.

Grundsätzlich gilt, dass sich die hier angegebenen Preise auf die Sommermonate beziehen. Sehr oft liegen die Preise außerhalb dieser Zeit weitaus niedriger. Sie unterliegen wegen des schwankenden Rubelkurses raschen Veränderungen.

▶ Karte: vordere Umschlagklappe

In der Innenstadt

Hotel Dona, pl. Vasilevskogo 2 (am Roßgärter Tor), 236016 Kaliningrad, Tel./Fax 351650, DZ ca. 85 €.

Hotel Kaiserhof, ul. Oktjabr'skaja 6a, 236040 Kaliningrad, Tel. 592222, www.heliopark-kaiserhof-hotel-kaliningrad.hotelmix.de; DZ 80–85 €. Sicherlich zur Zeit die feinste Adresse in der Stadt. Nahe des Fischdorfs unweit der Dominsel gelegen.

Hotel Kaliningrad, Leninskij prospekt 81, 236040 Kaliningrad, Tel. 350500, 469440, Fax 536021, www.hotel.kaliningrad.ru. DZ ab 80 €. Sehr gutes Hotel, direkt im Zentrum gelegen.

Hotel Skipper, ul. Oktjabr'skaja 4a (Fischdorf), Tel 592000, Fax 592020, www.skipperhotel.ru. DZ ab 70 €. Gute Adresse direkt an der Dominsel.

Zolotaya Bukhta, ul. Bogdana Chmelnitskogo 53, 236039 Kaliningrad, Tel. 64-3203, Fax 646221, www.goldenbay.ru. DZ um 60 €. Nahe des Südbahnhofs.

Der ›Kaiserhof‹ ist eines der repräsentativsten Hotels in Kaliningrad

Hotel Chaika, ul. Pugacheva 13, 236000 Kaliningrad, Tel. 352211, Fax 352262, www.hotelchaika.ru. DZ 90–100 €. Ruhig gelegenes, sehr familiäres Haus.

Hotel Dejma, ul. Tolstikova 15 (Zufahrt über die ul. Avtomobil'naja), 236011 Kaliningrad, Tel. 710814, Fax 710700, www.deima-tur.ru. DZ um 50 €. Außerhalb des Zentrums in den Neubaukomplexen der Südstadt gelegen, dennoch bei Touristen sehr beliebt.

Hotel Friedrichshoff, ul.Chkalova 31a, 236010 Kaliningrad, Tel./Fax 933300, www.fridrihotel.ru. DZ 60–90 €. Im vornehmen Villenviertel des Nordwestens gelegen.

Hotel Moskva, pr. Mira 19 (gegenüber dem Tierpark), 236000 Kaliningrad, Tel. 352300, Fax 352333, www.hotel.kaliningrad.ru. Gutes und beliebtes Touristenhotel. DZ ab 75 €.

Villa Glamur, ul. Verchneozernaja 26, 236008 Kaliningrad, Tel. 340000, Fax 347785, www.glamour-hotel.ru. DZ ab 100 €. Ruhig im Villenviertel Maraunenhof am Oberteich gelegen.

Außerhalb des Zentrums

Motel Baltika, Moskovskij pr. 262-Zaozer'e, 236001 Kaliningrad, Tel. 353507, Fax 353511. DZ 70 €. Außerhalb des Stadtgebiets an der Ausfallstraße nach Osten gelegen, aber gute Anbindung. Früher Jelzins Stammhotel bei Besuchen in Kaliningrad.

Hotel Navigator, Sovetskij pr. 285, Kaliningrad. Tel. 566222, www.hotel.navigator-group.ru. DZ 30–90 €. Preisgünstige Alternative, etwas außerhalb des Zentrums, am Stadtring an der Straße nach Svetlogorsk gelegen. Das Hotel ist wie ein historisches Schiff gestaltet. Gute Unterkunft, gute Verkehrsanbindung zum Zentrum.

Gästehaus Anna, Tenistaja alleja 71, 236010 Kaliningrad, Tel. 274528. Kleines, aber äußerst feines Haus an der Straße zur Judittener Kirche.

Hotel Turist, pr. A. Nevskogo 53, Tel. 354400, www.hotel-tourist.net. Gutes und günstiges Hotel an der Ausfallstraße zur Nehrung und zum Flughafen.

Hotel Berlin, ul. Kievskaja 17b (unweit des Südbahnhofs), Tel. 569700 bzw. 701, www.hotel-berlin.su/de. DZ ohne Frühstück ab 45 €, Frühstücksbüffet p.P. 9 €. Das neue Haus bietet sehr schöne Zimmer mit vorzüglichem Preis-Leistungs-Verhältnis an und ist eine gute Alternative zu den Hotels in der Stadtmitte.

Zeltplätze

Campingplatz Baltika, hinter dem gleichnamigen Hotel am Moskowskij pr., Tel. 453543. Kein Campingplatz im westeuropiäschen Sinn, eher ein Abstellplatz für Fahrzeuge. Z. Zt. außer Betrieb.

Gastronomie

Borschtsch & Salo, Pl. Pobedy 10 (im Erdgeschoss des Shopping Centers Clover), Tel. 357676, www.borshsalo.ru. Russische, ukrainische und belorussische Küche. Obwohl Systemgastronomie, ist es doch sehr reizvoll. Eine der besten und preigünstigsten Einkehradressen.

Razguljaj, pl. Pobedy 1 (Südseite des Hauses der Stadtverwaltung), Tel. 434524. Gepflegtes Selbstbedienungsrestaurant in anheimelnder Blockhaus-Umgebung, eine Filiale befindet sich am Sovetskij prosp. 13, Tel. 214897 (Fr und Sa auch Disco mit Live-Musik).

Staryj Pirat (Alter Pirat), Leninskij pr. 42b (südlich des Pregels), Tel. 443992. Bei der Generation zwischen 25 und 40 sehr beliebt. Hervorragende Speisen - das Schaschlik ist unvergleichlich - und ein rustikales Seefahrerambiente ziehen stets ein großes Publikum an. Sehr oft ist daher kein Platz zu bekommen.

Redjut, Litovskij val 27, Tel. 469404. Auf drei Etagen verteilt, Bierbar (eigene Brauerei), Restaurant und Café. Gleich am Königstor gelegen; sehr gemütlich.

Khmel', pl.Pobedy 10 (Einkaufszentrum Clever), Tel. 593377. Zur Zeit einer der angesagtesten Treffs in der Stadt. Eigene Bierherstellung, man kann von jedem Tisch direkt über einen Hahn mit Messgerät sein Bier zapfen und bezahlt nach Verbrauch. Schöne Aussicht auf den pl. Pobedy. Gutes Essen, insbesondere sind die Mittagsmenüs sehr beliebt. Shashlikerija.

Kropotkin, Teatral'naja 30 (Einkaufszentrum Evropa, Eingang zum pl. Pobedy hin), Tel. 668060. Eigene Bierherstellung, gutes und preisgünstiges Essen, Live-Musik, sehr großes Lokal mit vielen spezial buchbaren Seitenzimmern, im Augenblick neben dem Khmel' sicherlich das beliebteste Lokal um den pl. Pobedy.

Zolotaja Vobla, Leninskij pr. 30, im Einkaufszentrum ›Plaza‹ ggü. dem Hotel Kaliningrad. Etwas rustikales Lokal, eigene Bierherstellung, herrlicher Panoramablick bis weit über die Dominsel hin.

Cafelonzh (Cafélounge), ul. Oktabr'skaja 2a (im Obergeschoss des Leuchtturms Majak im Fischdorf), Tel. 592102. Gute Kaffee- und Kuchenspezialitäten mit Blick auf die Dominsel und den Pregel.

Rafinad, pr. Mira 60, Tel. 933500, Lounge Café. Hier gibt es auch einen guten ›bizness lunch‹, www.vkontakte.ru/club12780589 (auf Russisch).

Untsija, pr. Mira 58–60, Tel. 916756, bzw. Shitomirskaja 22 Tel. 531538. Teehaus, das eine Fülle von Teespezialitäten aus aller Welt anbietet, die man auch kaufen kann. Natürlich gibt es auch Kaffee und Kuchen. 10–23 Uhr.

Kartofan, Moskovskij pr. 133a (Ecke ul. Griga) Tel. 305912. Russische und weißrussische Spezialitäten, daneben viele Kartoffelgerichte ähnlich wie in deutschen

▲ Karte: vordere Umschlagklappe

›Kartoffelhäusern‹, tgl. 11–23 Uhr. Mittags gibt es preiswerten ›bizness lunch‹ (13–16 Uhr).

Shinok, Sovetskij pr. 13, Tel. 930420. Ukrainische Spezialitäten, preiswertes Mittagsmenü, 12–24 Uhr.

Dudki, ul. Cernakovskogo 6a-12a, Tel. 538676 bzw. 562404. Russische Küche und eigene Bierherstellung, auch hier preiswerter ›bizness lunch‹.

Schaschlikeria, auf dem Markt an der ul. Cernakovskego am Ostrand der Gemüsehalle im Altbau. Hervorragende Schaschliks, tgl. 11–18 Uhr.

Grillrestaurant Bašnja Vrangel', ul. Prof. Baranova 2a (im Wrangelturm), Tel. 965210. Tolles historisches Ambiente.

Solnečnyj kamen', pl. Vasilevskogo 3 (im Roßgärtner Tor), Tel. 469671. Sehr gutes Fischrestaurant.

Nautilus, Moskovskij pr. 40, Tel. 702525. Reichhaltiges Angebot an Fischgerichten und Meeresfrüchten, tgl. 10–24 Uhr.

Pizzeria Papasha Beppe, ul. Kosm. Leonova 66a, Tel. 951177. Leninskij pr. 20–26, Tel. 532525 und ul. Baltijskaja, Tel. 32-0101. Eine Fülle von Pizzen, die etwas anders als bei uns schmecken. Mittags immer reichhaltiger ›bizness lunch‹ (5–8 €).

Der Dohnaturm mit dem Bernsteinmuseum

Pivovar, ul. A. Nevskogo 137b, Tel. 585999, www.pivovar-kld.ru. Viele Sorten selbstgebrauter Biere, reichhaltiges und gutes Speisenangebot.

Café-Bar Partizan, pr. Leninskij 18, Tel. 981017. Angesagter Schuppen.

Kulturelles Leben

Museen

Die Museen sind durchgängig montags geschlossen und an den restlichen Tagen in der Regel von 10 bis 18 Uhr geöffnet.

Stadtmuseum für Geschichte und Kunst, ul. Kliničeskaja 21, Tel. 453902 bzw. 453844, www.westrussia.org. Unter anderem die bekannte Prussia-Sammlung, für Königsberg-Verehrer ein Muss.

Lasch-Bunker, ul. Universitetskaja 3, Tel. 536593, www.kd300.ru, www.westrussia.org.

Musei Jantarja (Bernsteinmuseum), pl. Maršala Vasilevskogo (im Dohnaturm), Tel. 466888, www.ambermuseum.ru.

Staatliche Kunstgalerie, Moskovskij pr. 60, Tel. 467131 und 467143, www.kaliningrad-artmuseum.ru. Dauer- und Wechselausstellungen, Schwerpunkt Moderne.

Fridlandskije Vorota (Museum zur Stadtgeschichte), ul. Džeržinskogo (Friedländer Tor), Tel. 448665, tgl. 10–18 Uhr, www.museum.gazinter.net.

Museum im Königstor (Korolevskije Vorota), ul. Frunze 112, Tel. 581272. Ausstellungen zur Stadtgeschichte unter Betonung der russischen Einflüsse (Peter der Große in Königsberg etc.), tgl. 12–19 Uhr.

Dommuseum und **Immanuel-Kant-Museum**, beide im Dom, Tel. 646868 bzw. 935758. Das Dommuseum illustriert die Geschichte des Bauwerks und seiner Umgebung, tgl. 9–17 Uhr.

Museum der Weltmeere (Mirovogo Okeana), teils in Schiffen, Naberezhnaja Petra Velikogo 1, Tel. 340244, 531744, Mi–So 11–18 Uhr, www.vitiaz.ru. Seit 2011 exis-

Von Königsberg nach Kaliningrad

tiert eine Filiale im alten Tor der Feste Friedrichsburg.

Deutsch-Russisches Haus, ul. Jaltinskaja 2, Tel. 450631, 469682, Fax 536825, www.drhk.ru.

Theater (Auswahl)

Kaliningrader Gebietsphilharmonie, ul. Bogdana Khmelnitskego 61 (ehem. Kirche zur Heiligen Familie), Tel. 647890, www.kenigfil.ru.

Kaliningrader Dramentheater, pr. Mira 4, Tel. 212422

Kaliningrader Musicaltheater, ul. Bassejnaja 42, Tel. 210812 und 916659, www.kenigfil.ru.

Kinos

Rossija, pl. Pobedy 3 (hinter dem Einkaufszentrum Evropa).

Sarja, pr. Mira 41, eine Art von Off-Kino, abseits des großen Kinokommerzes.

Karofilm (im Einkaufszentrum Plaza), Leninskij pr 30, ggü. dem Hotel Kaliningrad.

Zoo, Botanischer Garten

Früherer Botanischer Garten, Eingang ul. Botaničeskaja 2.

Neuer Botanischer Garten, Eingang von der ul. Lesnaja, Tel. 2144424.

Tiergarten, Eingang über den pr. Mira in der Nähe des Dramentheaters, Tel. 218914.

Kaliningrad bei Nacht

Discotheken und Clubs

Ol'štyn, ul. Ol'štynskaja 1, Tel. 644635, bzw. 644646. Am südlichen Leninskij pr.

Vagonka, ul. Stanočnaja 12, Tel. 956677. Älteste Diskothek Kaliningrads, gegründet noch in der Sowjetzeit als alternativer Treff, bis weit nach Westeuropa bekannt.

Zhazhda, Leninskij pr. 30 (Einkaufszentrum Plaza), Tel. 534477, www.tuta-bonus.ru. Live-Musik, Disko, Erotikshows und europäische Küche.

12 stul'ev (12 Stühle), pr. Mira 97, Tel. 955900. Man nennt sich selbst ›art-club‹.

Club Universal, pr. Mira 43, Tel. 216931. Zweitteuerstes und zweitschickstes Restaurant der Stadt. Daneben Kaffeehaus, Diskothek, die gern von schicken Russinnen aufgesucht wird. Nicht ganz billig.

Platinum, ul. Dm. Donskogo 19, Tel. 384848. Hier legen die bekanntesten russischen DJs auf. Fast alle Musikrichtungen und Themen-Partys.

Shelf, ul. Černjakovskogo 19. Nobler Tanzpalast am Oberteich.

Kaliningrad City Jazz Club, Pr. Mira 31–33. Tel. 310031, www.jazzpub.ru. Angesagte Lokation, jährlich Jazz-Festivals.

Vagonka, Stanochnaya 12, Tel. 959677, www.vagonka.net. Sehr angesagt, in der ehemaligen Christuskirche im Ortsteil Rathshof eingerichtet, zur Sowjetzeit Kulturhaus der nahen Waggonfabrik.

Regelmäßige Veranstaltungen

In der Sommersaison von Juli bis September zieht das Kulturfestival **Baltic Seasons** viel Publikum in die Stadt. Russische und westeuropäische Kultur wird hierbei aufgeführt. Die Künstler dazu stammen von allen Völkern Russlands. Es gibt Theateraufführungen, Kabarett, Musical, Popkonzerte etc (www.baltseasons.ru).

Am zweiten Samstag im September findet immer das **Kaliningrader Stadtfest** statt. Auch an diesem Tag gibt es viele kulturelle Veranstaltungen.

Einkaufen

Supermarkt Viktorija, Filialen u.a. am Fischdorf (ul. Oktjabr'skaja), am Hauptbahnhof (pr. Kalinina), an der ul. 9. Aprelja, der ul Gorkovo und in der Südstadt (ul. Batal'naja). Großes Angebot, auch warme Imbissmöglichkeit.

Piramida, ul. Černjachovskogo 14, Tel. 770700. Bestsortiertes CD- und DVD-Ge-

▶ Karte: vordere Umschlagklappe

Frische Vielfalt auf dem Zentralmarkt

schäft, großes Angebot an klassischer Musik.

Jantarny Skaz, ul. Karla Marksa 18, Tel. 662225, www.yantshaz.ru. Verlagsbuchhandlung mit regionaler Literatur.

Britannija, ul. Ozerova 19 (Laden 218), Tel. 991718, www.britannia-kaliningrad.ru. Buchhandlung mit internationalem Angebot.

Rubin, Leninski Pr. 40. Juweliergeschäft, auch Bernstein im Angebot.

Russkij Jantar, Sowjetskij pr. 12. Umfangreichstes Angebot an Bernstein aus Palmnicken.

Keramika, ul. Ušinskowo 1. Großes Souvenirgeschäft.

Märkte

Zentralny Rynok (Zentraler Markt), ul. Gorkovo/ul. Černjachowskogo/ul. Proletarskaja. Großes Areal, auf dem Lebensmittel aller Art, Frischfisch, Frischfleisch, Hausrat, technische Produkte und vieles mehr angeboten werden. Muss man besucht haben.

Ärztliche Hilfe

Gebietskrankenhaus Kaliningrad, ul. Kliničeskaja 74 (nahe dem Bernsteinmuseum und dem Roßgärter Tor), Tel. 461340, 465852, 217396, von deutschem Handy 007/4012/461340, 465852.

Allgemeines Städtisches Krankenhaus, ul. Letnaja 3, Tel. 646871. Südstadt, Einfahrt über die Sudostroitel'naja gleich westlich der Kreuzung mit der Inzhenernaja.

Gebiets-Kinderkrankenhaus Kaliningrad, ul. Dm. Donskogo 23, Tel. 213256, 2172-33. Am Südrand des Parks Luisenwahl.

Spezialkrankenhaus Schnelle Medizinische Hilfe, ul. A. Nevskogo 90, Tel. 466989, 430965. Nahe dem deutsch-russischem Soldatenfriedhof.

Privatklinik MedEkspert, ul. Podpolkovnik Ivanninikov 8, Tel. 436556, geöffnet 9–22 Uhr. Vielleicht die beste Anlaufstelle im Notfall, zwischen Leninskij pr. und ul. Černjachovskogo unweit des pl. Pobedy gelegen.

Tierärztlicher Dienst (24 Stunden), al. Smelych, Tel. 693491.

Zahnärztliche Dienste

Zahnärztliche Bereitschaften: 214325, 455630.

Centrodent, drei Filialen: ul. Kaluzhskaja 30-38, Tel. 214779 und 957703; ul. M. Raskovoj 10, Tel. 214210; ul. Letnaja 5 (Allgemeines Städtisches Krankenhaus), Tel. 654552, www.centrodent.ru. Moderne Zahnklinik, Mo–So 8–21 Uhr.

Apotheken

Apotheken im 24-Stunden-Dienst: Es gibt sehr viele, u.a. Leninskij pr. 143, gegenüber dem Dom Iskusst'.

Die einzigartigen Steilküsten des Samlands wie auch seine bezaubernden Hügellandschaften machen die Region nordwestlich von Königsberg zu einem beliebten Ferienziel für die Kaliningrader wie für ihre Gäste. Die Region ist daneben auch von einer ganz besonderen wirtschaftlichen Bedeutung: 95 Prozent der weltweiten Bernsteinförderung kommen von hier.

DAS SAMLAND UND DIE BERNSTEINKÜSTE

Die Steilküste bei Svetlogorsk

Das Samland ist eine altpruzzische Landschaft, die vom Pregel und dem Frischen Haff im Süden, von der Ostsee im Westen und Norden, dem Kurischen Haff im Nordosten und der Deime im Osten begrenzt wird. Das Samland schiebt sich als etwa 35 Kilometer breiter Riegel nordwestlich von Kaliningrad in die Ostsee vor. Es war der dichtestbevölkerte pruzzische Gau, gleichsam das Herz des Pruzzenlandes; sein Name war abgeleitet von pruzzisch ›same‹, Erde.

Westliches Samland und Bernsteinküste

Das nördliche und nordwestliche Samland

Der Norden des Samlandes ist mit seinen traditionsreichen Badeorten Zelenogradsk und Svetlogorsk eine sehr beliebte touristische Region, und wohlhabende Kaliningrader erwerben oder kaufen sich hier gern Häuser.

Zwischen Kaliningrad und Zelenogradsk

Verlässt man Kaliningrad nach Norden über den pr. Nevskogo, die alter Cranzer Allee, fährt man kurz vor dem Außenring – erkennbar am alten Baumbestand – über die frühere Reichsstraße 128 (heute A 191). In einer Linkskurve kurz davor, vor einer Tankstelle, geht es rechts empor zum **Fort Nr. 3** aus dem 19. Jahrhundert (ul. Nevskogo 232). In den Kasematten gibt es kleine Ausstellungen zur Stadtgeschichte, allerdings soll die Anlage demnächst zum Hotel werden.

Hinter der Ringstraße hat eine autobahnähnliche Schnellstraße die alte Reichsstraße ersetzt. Die alte Trasse war stark befahren und eng, wodurch es zu vielen Unfällen kam, und es war geplant, den Flughafen, Zelenogradsk und Svetlogorsk wie auch das westliche Samland besser an Kaliningrad anzubinden. Der damalige Gouverneur Georgi Boos ließ daher zwischen bis 2010 die neue Schnellstraße bauen, die östlich des alten Weges verläuft. Ungewöhnlich ist die hohe Dichte an Straßenlaternen, die sämtlich mit dem Stadtwappen Kaliningrads versehen sind – Gouverneur Boos war als Privatmann Hersteller von solchen Laternen. Diese Trasse ist recht monoton, man sollte gleich hinter dem Ring auf die alte Straße fahren; sie ist heute deutlich weniger befahren und abwechslungsreicher. Freilich ist man auf der Autobahn viel schneller in Zelenogradsk und auf der Nehrung.

Benutzt man die alte Reichsstraße, erreicht man Orlovka, wo ein altes Gutshaus in ein sehemswertes Schlosshotel verwandelt wurde (www.nesselbeck,ru). Sehenswert ist drt die Ruine der gotischen Ordenskirche. Dann kann man hinter dem früheren Forst Fritzen ebenfalls zum **Flughafen** abbiegen. Chrabrovo heißt er heute, früher hieß das zugehörige nahe Dorf Powunden.

Die Straße führt durch **Moršanskoe** (Моршанское/Schreitlacken). Im früheren Gut rechts im Park an der Straße ist ein kleines Hotel mit Restaurant untergebracht. In Kaštanovka (Каштановка/Mollehnen) zweigt der Weg nach **Mel'nikovo** (Мельниково/Rudau) ab. Hier errichtete der Orden um 1270 eine befestigte Burg. Um den Teich hinter der Kirche lassen sich noch winzige Reste davon entdecken, und dort steht auch der Sockelrest des Denkmals, das an die Schlacht von Rudau erinnert.

In der Ebene drei Kilometer nördlich von **Mel'nikovo** fand eine der größten Schlachten des Mittelalters in Ostpreußen statt. Zwar gelang es dem Ordensheer, die viel stärkeren Streitkräfte der Litauer zu schlagen, aber Ordensmarschall Henning Schindekopf und neben ihm eine große Zahl höhergestellter Ordensleute fielen. Es wird die Sage von dem Königsberger Schustergesellen Hans Sagan erzählt, der nach dem Tod des Henning Schindekopf die Ordensfahne an sich gerissen haben soll und das Heer zum Sieg führen konnte. Für den Orden war es dennoch ein Pyrrhussieg, da die geistige und militärische Elite nun ausgeschaltet war und es Jahre dauerte, bis man wieder fähige Führungskräfte herangezogen hatte. In der malerisch auf dem ehemaligen Burgberg

Die Kirche von Mel'nikovo

gelegenen **Kirche** war bis 1945 die Rüstung Henning Schindekopfs neben dem Altar an der Wand angebracht. Heute ist die Kirche zerfallen.

Einen Kilometer westlich von Mel'nikovo befindet sich eine seltsame **Brückenkonstruktion**. Dies ist eines der ganz wenigen Fragmente der geplanten Autobahn Königsberg-Cranz, die 1940 hier begonnen wurde, aber im Ansatz stecken blieb. Östlich des Dammteichs (oz. Divnoe), bei Petrovo (Petpobo/Zielkeim) sechs Kilometer südlich, sind im Wald weitere Teile der Trasse zu finden.

Zurück auf der alten 128, kommt man hinter Kaštanovka nach einigen Kilometern nach **Muromskoe** (Муромское/Laptau). Der recht gut erhaltene **Dorfkern** mit dem ebenso erhaltenen Kriegerdenkmal liegt rechts abseits der Straße und lohnt einen kurzen Besuch. Von der Burg der samländischen Bischöfe ist nichts mehr erhalten. Ihre Reste wurden 1851 abgerissen und die Steine zum Bau der Straße Königsberg-Cranz verwendet. Die Kirche ist noch als solche erkennbar, aber 1990 zur Sporthalle umgebaut worden. Zu zweifelhafter Berühmtheit gelangte Muromskoe 1993, als bei Feldarbeiten ein etwa 30 Zentimeter großes Bernsteinstück gefunden wurde. Dieser Fund zog sogleich viele Glücksritter an, doch wiederholte er sich nicht mehr.

In **Sosnovka** (Сосновка/Bledau) steht eines der wenigen erhaltenen **Gutshäuser** im russischen Ostpreußen. Es wurde um 1880 erbaut, ist hinter dem Park links an der Hauptstraße zu finden und in gutem Zustand. In ihm befindet sich heute ein Heim für Blinde und Taubstumme.

Mochovoe (Моховое/Wiskiauten) ist einer der archäologisch bedeutendsten Orte Ostpreußens. In dem Waldstück am Ortseingang rechts fand man 1865 niedrige Hügelgräber aus der Jungsteinzeit. In den Schichten darüber lagen Skelette der Bronzezeit, auch fand sich eine kleiner Hohlraum mit Tongefäßen aus derselben Epoche. Um diese Grabanlage war eine weitere angelegt. Zahlreiche Hügel mit Durchmessern von etwa fünf Metern gehörten einem Wikingerfriedhof des 9. und 10. Jahrhunderts an; unterscheidbar von den pruzzischen Gräbern an den völlig unterschiedlichen Grabbeigaben. Vor kurzem wurden hier Reste eines Wikingerhauses freigelegt. Die Grabungen, die noch andauern, wiesen eine Siedlung von etwa fünf Hektar nach. An ihnen sind russische und deutsche Institutionen beteiligt. Wie bei Haithabu in Schleswig und Truso bei Elbing (Westpreußen) muss also auch hier ein Handelsplatz der Wikinger bestanden haben. Denn von hier lief eine der berühmten Bernsteinstraßen über das spätere Elbing quer durch den Kontinent bis zur Adria. In Wiskiauten lebten Wikinger und Pruzzen anscheinend einträglich zusammen. Leider sind die Schätze, die im Prussia-Museum in Königsberg aufbewahrt wurden, 1945 vernichtet worden – zumindest ist nie wieder etwas aufgetaucht.

Nicht weit hinter Sosnovka reicht eine Wasserfläche rechts bis an die Straße heran. Das ist das frühere Cranzbeek mit seinem kleinen Hafen – heute ein Teil von Zelenogradsk –, von dem einst die Ausflugsschiffe auf dem Kurischen Haff bis Nidden, Schwarzort und Memel verkehrten. Nördlich an den Hafen schließen sich die Sümpfe des Schwendlunder Bruchs an. Dieses seltsame Übergangsgebiet zwischen Haff und Nehrung stellt den Rest eines ehemaligen Tiefs dar, eines Durchgangs zwischen Haff und Ostsee.

Zelenogradsk

Zelenogradsk (Зеленоградск/Cranz) heißt ›Grüne Stadt‹. Svetlogorsk, wie Rauschen seit 1947 heißt, bedeutet ›Heller Berg‹. Doch ist eher Rauschen die Stadt im Grünen und Cranz eher ein Ort auf einer weiten lichten Ebene. Tatsächlich hat man aus einer Verwechslung heraus in den Nachkriegsjahren den beiden Städten diese neuen Namen gegeben. Zu einer zweiten Umbenennung hat man sich dann nicht entschließen können.

Das heutige Zelenogradsk ist mit seinen 12 000 Einwohnern genau wie das alte Cranz das Bad der Kaliningrader. Es ist für sie nur 30 Kilometer entfernt und sowohl mit dem Auto als auch mit der Bahn schnell zu erreichen; während der Saison fahren mehr als zehn Züge täglich vom Kaliningrader Nordbahnhof nach Zelenogradsk und zurück.

Der frühere Name der Stadt leitet sich vom pruzzischen ›crantas‹ ab, was schlichtweg ›Küste‹ bedeutet. 1816 wurde der Ort offiziell zum königlichen Seebad erhoben. Stark kochsalzführende Mineralquellen südlich der Stadt werden wirtschaftlich genutzt – das Zelenogradsker Mineralwasser dominiert im ganzen Gebiet. Da die Stadt amtlicher Kurort ist, gibt es im Zentrum Beschränkungen des Autoverkehrs, und es wird eine Kurtaxe erhoben.

Aber Zelenogradsk steht im Schatten von Svetlogorsk. Während dieses der vielleicht gepflegteste Ort des Kaliningrader Gebietes überhaupt ist, bedarf es in Zelenogradsk noch einiger Anstrengungen, um den einstigen überragenden Ruf als Seebad und Kurort wieder herzustellen. Denn viel ist in den Nachkriegsjahren verfallen. Die Stadt hinterlässt einen zwiespältigen Eindruck zwischen Aufbruch und Verfall, was man bereits am Ortseingang, aus Richtung Kaliningrad, bemerkt. Viele Neubauten, Einfamilienhäuser, Mietshäuser, selbst Sanatorien stehen da, teilweise bezogen, teilweise als Bauruine. Man glaubt, sich weniger einem Kurort als einer überdimensionierten Datschensiedlung zu nähern.

Dennoch boomt das Immobiliengeschäft in und um die Stadt. Wer im Kaliningrader Gebiet Geld hat, wer in Moskau oder

Im Zentrum von Zelenogradsk

Karte S. 161

andernorten vermögend ist und am Meer leben möchte, kauft sich hier ein Grundstück, wobei das Angebot weit unter der Nachfrage liegt. Dies ist auch für die chronisch finanzschwachen Kommunen an der Küste eine willkommene Möglichkeit, die Situation zu verbessern. Damit allerdings nicht der vollständige Ausverkauf der Küste erfolgt und der öffentliche Zugang zu den Stränden weiterhin gewährleistet ist, muss der An- und Verkauf aller Immobilien, die unmittelbar an das Wasser grenzen, grundsätzlich vom zuständigen Ministerium in Moskau genehmigt werden.

Sehenswürdigkeiten

Das Zentrum Zelenogradsks hat nicht jenen idyllischen Charakter einer Waldsiedlung wie Svetlogorsk. Es ist eine Kleinstadt mit weitgehend geschlossener Bebauung. Man fährt bis zum **Leninдenkmal**, wo sich rechter Hand die Post befindet. Hier ist der Mittelpunkt der Stadt. Parken sollte man grundsätzlich so weit wie möglich außerhalb, denn in den Kurort darf man offiziell nur mit Genehmigung einfahren, und Fahrzeuge mit fremdem Kennzeichen werden gern kontrolliert. Kurz vor diesem Platz biegt die ul. Moskovskaja nach Osten ab; es ist gleichzeitig die alte Straße, die weiter auf die Nehrung führt. In der Moskovskaja und der ul. Lenina, die direkt vom Postplatz nach Osten verläuft, finden sich viele, teils gepflegte, teils ›verwunschene‹ **Villen** aus deutscher Zeit. Das Feuerwehrhaus ist erhalten und dient wie früher seinem Zweck. In der ul. Moskovskaja (Nr. 26) steht auch die frühere **Adalbertkirche** von 1897, deren Turm weithin zu sehen ist. Seit 2003 feiern die Orthodoxen dort ihren Gottesdienst.

Etwa 200 Meter nördlich des Postplatzes gelangt man zur **Strandpromenade**. Das erste hölzerne Bauwerk dieser Art entstand schon 1850 und wurde 1970 durch eine anderthalb Kilometer lange Betonkonstruktion ersetzt. Markant, wenn auch nicht schön ist die Ruine des in das Meer hineinragenden **Restaurants Priboj**, das aus den 1970er Jahren stammt und nach 1991 aufgegeben wurde.

Viele Möglichkeiten zum Essen finden sich entlang des Strands, am besten ist es am Westrand der Promenade, wo nicht nur zahlreiche kleine Gaststätten, Imbissmöglichkeiten und Biergärten entstanden sind, sondern wo sich auch der schönste Teil des Strandes befindet. An der Promenade ist das Baden nur eingeschränkt möglich; erst am Ostrand der Stadt, an der ›Wurzel‹ der Nehrung, kann man wieder geruhsam das Meer genießen. Hier befinden sich die schönsten Bademöglichkeiten. Leider hat die Sturmflut von 2012 den Strand großteils zerstört, so dass man heute um Zelenogradsk nur noch wenige geeignete Bade- und Liegeflächen findet.

Zelenogradsk

Vorwahl aus Deutschland: 007/40150.

Postleitzahl: 238530.

Zimmervermittlung und **Touristeninformation**, ul. Moskovskaja 34 (unweit Wasserturm), Tel. 31094; Mai–Sept. tgl. 9–17 Uhr.

Baltijskaja Korona, ul. Volodarskogo 8, Tel./Fax 32490, www.baltcrown.ru; DZ 80–90 €. Erstes Haus am Platz, auch das Restaurant ist vorzüglich.

Pension Neringa, ul. Lenina 27, Tel./Fax 007/4012/468473; DZ 55–70 €.

Hotel Renessans, ul. Gagarina 17b, Tel. 007/4012/72930721302, www.renessans-hotel.ru; DZ 60–140 €.

Villa Lana, ul. Gagarina 3a, Tel. 007/4012/533727, www.villa-lana.ru. Buchung u.a. über das Reisebüro Septima (s. ›Auskünfte‹ in den ›Reisetipps‹, S. 416). DZ je nach Saison 70–90 €. Sehr schönes neues Gästehaus, unweit vom Strand, bewachter Parkplatz.

Gästehaus Zolotye leski, ul. Volodarskogo 24, Tel. 751876, 729350.

Koshkin Dom, ul. Gagarina 1a, Tel. 33546, www.koshkindom.ru.

Hotel Sambiya, ul Volodarskogo 20, Tel. 36221, www.sambiahotel.com; DZ 60–140 €. Unweit der Promenade gelegen, mit eigenem Aquapark.

Hotel Koroleva Luisa (Königin Luise), ul. Moskovskaja 50, Tel. 32164, www.luisa.ru; DZ 60 €. In einem schönen Altbau.

Cranzhotel, Kurortnyj pereulok 2, 238530 Zelenogradsk, Tel. 36401, www.cranzhotel.ru. Mit Restaurant, Preise auf Anfrage.

Hotel Tatjana, 238314 Moršanskoe Nr 20, Tel. 007/911/4549052; DZ 50–60 €.

Café Veranda, ul. Gagarina 2b, Tel. 007/4012/763832. Sehr angesagtes Restaurantcafé (tgl. 10–22 Uhr).

Zwischen Zelenogradsk und Svetlogorsk

Karte S. 156

Nahe Zelenogradsk ist die Landschaft noch durch zahlreiche Wochenendhäuser zersiedelt, Richtung Romanovo wird sie etwas hügeliger. Etwa acht Kilometer westlich von Zelenogradsk zweigt in Kovrovo (Ковровo/Nautzau) die Straße nach Romanovo (Романово/Pobethen) und Svetlogorsk (Светлогорск/Rauschen) ab. Erstes Dorf an dieser Straße ist Roščino (Рощино/Grünhoff).

Roščino

Unmittelbar vor der kleinen Brücke in der Ortsdurchfahrt, wo sich die Straße etwas senkt, kann man nach rechts über einen schmalen, unebenen Weg zum früheren **Schloss** gelangen. Für seine Dienste während der Befreiungskriege schenkte König Friedrich Wilhelm III. das Schloss 1816 dem General und Grafen von Bülow und Dennewitz. Ursprünglich war es eine Domäne und Jagdschloss des Hohenzollernhauses. Im Mausoleum im Park war der General beigesetzt. Um 1850 wurde das Schloss aufgestockt und spätklassizistisch umgebaut. Das Jahr 1945 überstand es unbeschädigt, nur das Mausoleum wurde zerstört. In den Folgejahren diente es als Kindergarten und als Stützpunkt der lokalen zahnärztlichen Versorgung. Anfang der 1990er Jahre räumten beide Einrichtungen das Haus; seitdem verfiel es rasch. Glücklicherweise fand eines der letzten erhaltenen Herrenhäuser im nördlichen Ostpreußen 2014 einen neuen Besitzer, der es nun liebevoll restauriert.

Im unweit nördlich davon, schon ganz nahe der Küste gelegenen Kulikovo (Strobjehnen) ist seit 2014 eine der russlandweit streng lizenzierten und wenigen **Glücksspielzonen** eingerichtet. Das vormals unscheinbare Dörfchen nimmt dabei einen ungeahnten Aufschwung.

Romanovo

Romanovo (Романово/Pobethen) ist der nächste Ort an dieser Straße. Es liegt in hinreißender Umgebung, hinterlässt selbst jedoch einen tristen Eindruck. Die **Kirche** ist eine nicht mehr zu rettende Ruine. Zwar wurde sie 1990, bereits damals stark verfallen, der orthodoxen Kirche übergeben, die die ersten Sicherungsmaßnahmen einleitete. Doch verfiel die Kirche weiter. An ihr wirkte von 1540 bis 1575 der Pfarrer Abel Will, der Luthers Katechismus in Pruzzische übertragen hat. Pfarrer Wills Predigten waren zweisprachig gehalten, ein Dolmetscher stand während des Gottesdienstes neben ihm und gab die wichtigsten Inhalte der Predigt auf pruzzisch wieder. So trug der Pfarrer entscheidend dazu bei, dass die pruzzische Sprache länger erhalten blieb.

Hinter Romanovo geht die Straße Richtung Svetlogorsk auf das **Alkgebirge** zu, das quer durch das Samland von Nord nach Süden läuft und im Galtgarben 111 Meter Höhe erreicht. Am Fuß dieser Hügelkette mündet die A 192 in die von Kaliningrad kommende Straße nach Svetlogorsk. »Zartwellig fließen im Wind Felder, Wiesen und Wälder dahin. Stille Feldwege schlüpfen wohlig in das Waldesdunkel ein – eine saftige Landschaft von kräftiger Weichheit.« So empfand der Dichter Jakob Schaffner das Samland in den 1930er Jahren. Und es ist auch heute noch so.

Die Dorfkirche in Romanovo

Pionersk

Das nördlich von Romanovo gelegene Pionersk (Пионерск/Neukuhren) – in älteren Karten manchmal noch als Pionerskij bezeichnet – war früher Standort eines der größten fischfangenden und -verarbeitenden Betriebe ganz Russlands. Das Werk war Arbeitgeber für viele der 12 000 Menschen, die hier leben. Heute ist der große Betrieb nur noch zu einem Drittel ausgelastet. Um soziale Probleme abzumildern, beginnt man daher, nach dem Beispiel der Nachbarorte Zelenogradsk und Svetlogorsk, den Ausbau Pionersks zum Seebad. Wegen einiger Sanatorien besitzt die Stadt bereits seit vielen Jahren den Status eines Kurorts. In den vergangenen Jahren erfuhr der Ort eine großzügige Renovierung. Wladimir Putin hat unmittelbar am Ufer für sich und für Gäste der Regierung ein repräsentatives Haus errichten lassen. Viele Einwohner versuchen, mit der Eröffnung kleiner Pensionen und Imbisseinrichtungen die infrastrukturelle Basis dafür vorzubereiten.

Bernsteinhändler an der Promande in Svetlogorsk

▲ Karte S. 156

Svetlogorsk

Mit seinen baumgesäumten Straßen und den malerischen hölzernen Pensionshäuschen, der Kombination aus Wäldern, Steilküste, Meer und dem feinen Sandstrand ist Svetlogorsk (Светлогорск/Rauschen) das schönste Seebad im Kaliningrader Gebiet und neben dem 35 Kilometer entfernten Kaliningrad das touristische Zentrum der Oblast'. Oft ist es als ›Sotschi des Nordens‹ bezeichnet worden.

Allerdings hat ein wilder Bauboom seit 2012 den ursprünglichen Charakter der Waldstadt sehr zum Nachteil verändert, und vom Strand ist seit der Sturmflut 2012 so gut wie nichts mehr vorhanden. Viele Badewillige meiden heute daher Svetlogorsk und fahren nach Jantarnyi. Auch in der Sowjetära kamen Erholungssuchende aus allen Teilen der UdSSR hierher, Parteikader und Militär erwählten sich Svetlogorsk zum bevorzugten Seebad.

Wer sich von Kaliningrad her mit dem Auto der Stadt nähert, überquert die Bahnlinie, die von dort über Pionersk nach Svetlogorsk hineinführt, am Bahnhof Svetlogorsk I, ungefähr zweieinhalb Kilometer außerhalb des Zentrums. Das ist das ›andere‹ Rauschen, denn hier, im Südteil der Stadt (ehemals Rauschen-Ort), wohnten und wohnen die ›Normalen‹ in einem Wohnviertel, das sich deutlich von dem Kurviertel abhebt.

Die Bahnlinie umfährt die Stadt im Süden und biegt dann in scharfer Kurve nach Osten ein, um am Bahnhof Svetlogorsk II (ehemals Rauschen-Düne) zu enden. Hier kann man fast unmittelbar am Strand aussteigen oder auch eine kleine Gondelbahn benutzen, die hinab zum Strand führt.

Hinter Svetlogorsk I führt die Straße, vorbei an der Polizeistation, zum Mühlenteich hinab. Er wurde bereits im 13. Jahrhundert von den Ordensrittern angelegt. An seinem Südrand lag die Pruzzensiedlung Rusemoter. Heute dehnt sich hier ein dichter, stiller Wald aus. Zwischen See und Straße lädt eine idyllische Promenade zum Spazierengehen ein. Viele Wege führen auf der anderen Straßenseite empor zum Kurviertel, die Einfahrt mit dem Auto ist ohne Genehmigung jedoch verboten. Parken kann man am Hotel ›Volna‹ und an einigen weiteren ausgeschilderten Plätzen am Westrand Svetlogorsks.

Der Bernstein

Der weiche, honiggelbe und schimmernde Bernstein ist seit der frühesten Menschheitsgeschichte ein begehrter Schmuckstein. Obwohl er auch an anderen Orten der Welt gefunden wird, machen die Vorkommen an der Ostsee etwa 98 Prozent der Weltfördermenge aus.

Bernstein, althochdeutsch Börnstein, bedeutet ›Brennstein‹, da er beim Anzünden mit bläulicher Flamme verbrennt. Wissenschaftlich gesehen ist Bernstein ein pflanzliches Harz und Wachs, das durch seine schwerere Zersetzbarkeit beim Vergehen der Pflanzen zurückgeblieben ist. Die organische Substanz Bernstein besteht zu knapp drei Vierteln aus Kohlenstoff – der Rest sind Wasserstoff und Sauerstoff – und ist leichter als Wasser. Sie lädt sich beim Reiben mit einem wollenen Tuch elektrisch auf und zieht kleine Papierschnipsel an. Dies veranlasste die Menschen in der Antike zu glauben, dass der Bernstein eine Seele habe. Die Griechen nannten ihn ›Elektron‹ (Glanzstein). Unser heutiges Wort Elektrizität rührt so von den physikalischen Eigenschaften des Bernsteins her.

Das Bernsteinharz stammt von heute ausgestorbenen Nadelhölzern – Bernsteinkiefer, Zederarten, Kauri-Fichte – aus der Tertiärzeit vor etwa 35 bis 15 Millionen Jahren. Das Harz trat innerhalb der Baumrinde auf, es bildete sich bei Verletzungen und Vernarbung der Stämme und fand sich auch zwischen den einzelnen Jahresringen. Nach dem Absterben der Bäume häufte sich das Harz vor allem im Boden an, wobei diese Anhäufungen später unter anderem durch das Ansteigen des Meeresspiegels wie auch durch lokale Sturmfluten oder die Gletscher- und Gletscherwasserwirkung während der Eiszeiten mehrmals umgelagert wurden.

Die berühmte bernsteinführende ›Blaue Erde‹ des Samlands ist ein durch das Mineral Glaukonit, ein Eisensilikat, blaugrün gefärbtes, tonig-sandiges Flusssediment. Bernstein findet sich hier in unterschiedlich großen und unterschiedlich geformten Knollen. Ein 1860 gefundenes Stück mit dem Gewicht von zehn Kilogramm gilt als das größte aus dem Ostseeraum stammende. Es wird heute im Berliner Naturkundemuseum aufbewahrt. Besonders begehrt sind Bernsteinstücke, in denen Pflanzenreste oder Insekten eingeschlossen sind (Inklusen). Die Tiere wurden durch den aromatischen Harzduft angelockt, setzten sich auf der klebrigen Masse nieder, konnten aber dann nicht mehr fliehen und starben.

Die Gewinnung des Bernsteins am Ostseestrand erfolgte seit alters her entweder durch einfaches Auflesen oder das sogenannte Schöpfen, bei dem Netze an Stangen befestigt wurden und der Bernstein zusammen mit Tang, in dem sich die einzelnen Stücke oft verhedderten, aus dem Wasser gezogen wurde. Besonders reiche Ausbeute lieferte das Jahr 1862, als nach einem heftigen Sturm an der sieben Kilometer langen Steilküste des westlichen Samlands, der ›Bernsteinküste‹, 2000 Kilogramm Bernstein aufgelesen werden konnten: Das Unwetter hatte sie aus tieferen Lagen des Meeresgrunds emporgewühlt.

Während der Zeit des Deutschen Ordens hatte dieser allein das Recht des Bernsteinverkaufs, das ›Bernsteinregal‹, dessen Einhaltung durch die Androhung sehr hoher Strafen bei Nichtbeachtung geschützt war. Die Strandbewohner durften Bernstein suchen, mussten jedoch alle Funde dem Orden verkaufen, der aufgrund seines Salzmonopols dafür meist in Salz bezahlte. Zwar konnte das Bernsteinregal verpachtet werden, doch bis 1945 und auch in der Ära danach hatte und hat der Staat allein das Recht des Bernsteinverkaufs.

Eine geregelte Bernsteinförderung mit technischen Hilfsmitteln gibt es nach vielen fehlgeschlagenen Versuchen im 17. Jahrhundert erst wieder seit etwa 1850. In Schwarzort auf der Kurischen Nehrung förderte man vom Grund des Kurischen Haffs zwischen 1860 und 1890 in kleinen Baggerbetrieben jährlich etwa 75 Tonnen Bernstein, und in Palmnicken liefern verschiedene Tagebaue seit 1912 fast die ganze Weltproduktion. In diesen Tagebauen ist der Horizont der ›Blauen Erde‹ nur etwa einen halben bis zweieinhalb Meter mächtig und liegt unter einer 50 bis 60 Meter mächtigen tonig-sandigen Deckschicht. Jantarnyj ist für die russische Wirtschaft nach 1945 ein bedeutender Devisenbringer geworden. Für die Wiederherstellung des berühmten, seit 1945 verschollenen Bernsteinzimmers lieferten die Palmnicker Gruben das Rohmaterial. Die Königsberger Universität besaß bis 1945 die bedeutendste Bernsteinsammlung der Welt, die glücklicherweise größtenteils über den Krieg gerettet werden konnte und sich heute in Göttingen befindet.

Bernstein ist seit über 4000 Jahren in der Kulturgeschichte der Menschheit in Artefakten und auch im Volksbrauchtum und der Volksmedizin präsent. Besonders in Mittel- und Südeuropa hatte es neben dem Schmuckwert eine besondere Bedeutung als Tauschmaterial beispielsweise gegen Salz aus dem Alpenraum. Bernstein erscheint als Grabbeigabe in der Hallstatt-Kultur wie auch in etruskischen und römischen Gräbern und ist selbst bei Arabern und Phöniziern als Totengabe nicht selten gewesen. Der ägyptische Pharao Tut-Ench-Amun besaß nachweislich mehrere Bernsteinamulette, die ihn vor bösen Einflüssen schützen sollten. Vier ›Bernsteinstraßen‹ als Routen des antiken und mittelalterlichen Bernsteinhandels lassen sich heute noch rekonstruieren. Die bedeutendste führte vom Samland über den Wikingerhandelsplatz Truso (später Elbing), die Gegend des späteren Breslau und die Mährische Pforte bis zur nördlichen Adria. Eine weitere Bernsteinstraße führte zum Schwarzen Meer, die beiden anderen gingen von der Unterelbe aus und zogen sich bis in das Gebiet um Genua.

Souvenir aus Bernstein

Für die Menschen früherer Zeiten besaß Bernstein eine dämonenabwehrende Wirkung und konnte den ›bösen Blick‹ bannen. Man glaubte, dass es bei Hals- und Gemütskrankheiten und bei Wahnsinn helfen könne. Bernstein zählte im Mittelalter zu den sechs heilkräftigsten Medikamenten, wobei man ihm eine Wirkung allein bei äußerlicher Anwendung durch Reiben und Berühren zusprach.

Das Warmbad war und ist das Wahrzeichen von Svetlogorsk

Sehenswürdigkeiten

Rauschen-Düne, das Kurviertel, ist eine Gartenstadt. Es besitzt keine zusammenhängende Bebauung, kein eigentliches Zentrum. Die zahlreichen Restaurants, kleinen Biergärten und fliegenden Händler machen die ul. Lenina und die ul. Oktjabr'skaja jedoch zu attraktiven Flaniermeilen, die man als Zentrum ansehen kann.

Speziell für die Bequemlichkeit der Veteranen des Krieges baute man den **Liftturm**, über den man von der Hauptstraße, der ul. Lenina, nach unten zur Promenade gelangte. Er ist jedoch 2012 abgerissen worden.

Die samländische Steilküste macht den besonderen Reiz des Bades aus. Der ganze Nordrand des Samlands ist westlich der Rantauer Spitze Steilküste und erhebt sich bis zu 60 Meter über den Meeresspiegel.

Das Wahrzeichen des Ortes ist das **Warmbad** in der ul. Oktjabr'skaja. Das bezaubernde Jugendstilgebäude mit seinem 25 Meter hohen pilzähnlichen Turm ist das Rauschener Fotomotiv schlechthin. Ganz pittoresk ist das Badehaus in seinem unteren Bereich von wildem Wein umwuchert. Leider ist der Turm nicht für die Öffentlichkeit zugänglich, da die Anlage zu einem Militärsanatorium gehört.

Weiter die Oktjabr'skaja in südöstlicher Richtung entlang, liegt linker Hand der eigentliche **Kur- oder Stadtpark**, früher Lärchenpark genannt. Hier stand mit Unterbrechung seit 1940 die berühmte Figur der ›Wasserträgerin‹ von Hermann Brachert. Sie wurde vor wenigen Jahren in das Brachert-Museum im nahegelegenen Otradnoe (Georgenswalde) gebracht, um die dortige Sammlung zu vervollständigen.

Geht man die ul. Oktjabr'skaja von der Kreuzung mit der Lenina nordwärts, fallen links zwei schöne Beispiele für die Bäderarchitektur des frühen 20. Jahrhunderts ins Auge. Danach gabelt sich der Weg, wobei man rechter Hand über den sogenannten Serpentinenweg schnell zur Strandpromenade hinunterkommen kann.

Linker Hand öffnet sich bei Haus Nummer 36 eine breite Terrasse, an der ein **Findlingsstein** mit einem aufgeschlagenen Buch aus Bronze auffällt. Der Stein erinnert an Thomas Mann, der sich im Sommer 1929 hier aufhielt und während dieser Zeit seine Novelle ›Mario und der Zauberer‹ verfasste.

Hier befindet sich in einem restaurierten großen Holzgebäude im ›Badestil‹ der gastronomische Komplex ›Korvet‹, wo

▶ Karte S. 165

es neben einem gediegenen Restaurant eine sehr feine Konditorei und eine kleine Pizzeria gibt.
Am unteren Ende des Serpentinenwegs ist in einer mit bunten Mosaiksteinen verkleideten Halbgrotte eine weitere Figur von Hermann Brachert aufgestellt, die **Nymphe**.
Die etwa 500 Meter lange **Promenade** ist eine attraktive Mischung aus Biergärten und Bernsteinständen und auch außerhalb der Saison immer bevölkert. Das Angebot an Bernstein ist das größte und neben dem Werksverkauf in Jantarnyi das preiswerteste in der ganzen Oblast', doch gibt es häufig für die ausländischen Touristen andere Preise als für die Russen: vergleichen und verhandeln!
Der Strand in Svetlogorsk ist anders als in Zelenogradsk im Sommer oft so bevölkert, dass es schwierig ist, einen Liegeplatz zu bekommen.
Am Westrand der Promenade wurde im April 2005 das mit Sicherheit teuerste

Badeleben in Svetlogorsk vor 2012

Hotel des gesamten Kaliningrader Gebiets eröffnet, das ›Grand Palace‹. Die Architektur erinnert an Hotels englischer Seebäder der Kanalküste. Hier gaben sich im gleichen Jahr Putin, Schröder und Chirac ein Stelldichein. Hinter dem Hotel führt eine steile Fahrstraße, der Beregovoj pereulok, hoch zur ul. Lenina. Etwa 200 Meter weiter westlich gibt es eine **Seilbahn** (kanatnaja doroga), die hoch zum Bahnhof führt. Eine Reise in einer der bunten Gondeln zählt zu den großen Vergnügungen in Svetlogorsk (in der Saison 10–21 Uhr).
Am Ostende der Promenade liegt die **Venusschlucht**, die sich von der Steilküste bis hinunter zum Strand zieht. Sie ist heute mit einer breiten Treppenanlage überbaut, die hoch zur ul. Lenina führt. Am Fuß der Treppe gibt es eine Sonnenuhr mit Tierkreis, Holzskulpturen aus der russischen Mythologie ergänzen den kleinen **Statuenpark** am Ostende der Promenade. Oben an der ul. Lenina angelangt, gibt es rechter Hand einen Fahrradverleih. Geht man nach links Richtung Osten, trifft man auf eine kleine, 1994 errichtete **Gedächtniskirche**, die dem Andenken an 23 Kinder und 11 Erwachsene gewidmet ist. 1972 stürzte ein Militärflugzeug auf einen Svetlogorsker Kindergarten und tötete diese Menschen. Das Unglück wurde 20 Jahre tabuisiert, und erst nach dem Ende der Sowjetunion gelang es der orthodoxen Kirche, diese Gedenkkapelle zu errichten. Wer hier weiter an der Steilküste spazieren will, kann dem Weg weiter nach Osten folgen, wo er nach etwa drei Kilometern Pionersk erreicht.
An der Ecke der Gagarina, die nach Süden von der Lenina abgeht, zur Kurortnaya steht die ehemalige **katholische Kirche**, die heute Orgelkonzerten dient.

Diese werden in der Saison mehrmals täglich abgehalten. An den Anschlagsäulen in Svetlogorsk findet man genügend Hinweise auf Zeiten und Programme.

Am Südende der Oktjabr'skaja befinden sich das Postamt und ein größerer Supermarkt. Einige hundert Meter östlich von dort steht am Ende der ul. Majakovskogo die ehemalige **evangelische Kirche** aus dem Jahr 1907, in der jetzt orthodoxe Gottesdienste abgehalten werden. Von hier kann man direkt hinunter zum Mühlenteich und zur Hauptstraße Richtung Kaliningrad gehen.

Svetlogorsk

Vorwahl aus Deutschland bzw. von deutschen Mobiltelefonen in Russland: 007/40153.

Touristeninformation, ul. Karla Marksa 7, Tel. 22098.

Hotel Rauschen, Lenina 48a, Tel. 21564, www.rauschenhotel.ru; DZ 60–70 Euro.

Russkij Stil´, ul. Arkhitektora Popova 46, Tel. 007/906/2395220. Ferienhauskomplex im Blockhausstil. Nur 200 m vom Meer entfernt.

Hotel Staryi Doktor, ul. Gagarina 12, Tel./Fax 21362, www.alterdoktor.ru. DZ 35–80 €. Mit sehr schöner Café-Bar.

Hotel Volna, Kaliningradskij pr. 68, Tel. 21591, www.hotelvolna.ru; DZ 75–100 Euro. Gute Touristenunterkunft.

Hotel Rus, ul. Vereščagina 10 (ganz am Ostrand von Svetlogorsk, aber direkt oberhalb vom Strand), Tel. 007/4012/777787, Fax 21445, www.russ-hotel.ru. DZ 100–400 €. Galt bis vor kurzem als bestes Hotel des gesamten Kaliningrader Gebiets.

Auswahl:

Seestern, pr. Morskoj (an der Strandpromenade, neben dem Grand Palace), Tel. 21508. Gediegenes Restaurant, nicht allzu preisgünstig, doch wird es von deutschen Reisegruppen gern aufgesucht; deutsche Speisekarte.

Venecija, ul. Oktjabr'skaja 17. Italienische Bar, gleich an der Kreuzung mit der ul. Lenina.

Korvet, ul. Oktjabr'skaja 36, Tel. 22040. Feiner Lokalkomplex mit eigener Konditorei und schöner Terrasse. Eine kleine Pizzeria ist ebenso vorhanden.

Disko Kolosseo, ul. Kaliningradskaja 68 (am Bahnhof Svetlogorsk II). Viele jüngere, reiche Russen im Publikum.

Zwischen Svetlogorsk und Jantarnyi

▶ Karte S. 156

Die samländische Nordküste wird von zahlreichen Schluchten durchzogen, die sich bis zum Meer hinunter erstrecken. In Svetlogorsk befindet sich die Venusschlucht, bei Otradnoe und weiter westlich gibt es die Detroitschlucht, die Blaue Rinne, die Gausupschlucht und viele andere. Meist sind diese erosiv entstandenen Einkerbungen zugewachsen und schwer zugänglich. Der ostpreußische Schriftsteller Ferdinand Gregorovius setzte der wilden Schluchtromantik in seinen ›Idyllen vom baltischen Ufer‹ ein literarisches Vermächtnis. Es lohnt sich noch heute, sie zu besuchen. Es ist aber nicht ganz einfach, denn auf den russischen Karten sind sie nicht ausdrücklich vermerkt und nur über die Form der Höhenlinien zu erkennen. Besonders reizvoll ist die Begehung der Wolfsschlucht bei Lesnoe (Warnicken), die man am besten vom Strand her erreicht.

Otradnoe

Fast unmittelbar schließt sich an Svetlogorsk nach Westen Otradnoe (Отрадное/Georgenswalde/Kunigehlen) an. Die beliebte Sommerfrische liegt mitten im Wald an der Steilküste. Ursprünglich nur ein Gutshaus, wurde der Ort nach 1908 als Seebad vom Reißbrett gestaltet und zur Gartenstadt ausgebaut. Es entwickelte sich so rasch, dass 1912 schon 50 Villen errichtet waren.

Besuchenswert ist das Wohnhaus des Bildhauers Hermann Brachert (1890–1972), wo eine **Gedenkstätte** mit originalen Plastiken an diesen Künstler erinnert (ul. Tokareva 7). Der gebürtige Stuttgarter und Wahl-Ostpreuße Brachert war seit 1919 Professor für Goldschmiedekunst und Bildhauerei an der Königsberger Kunsthochschule und schuf in seiner ostpreußischen Zeit viele lebensgroße Plastiken, von denen einige noch in Svetlogorsk und Kaliningrad zu finden sind. Nach 1945 kehrte er in seine Geburtsstadt zurück und war dort bis zur Pensionierung als Rektor der Kunsthochschule tätig.

Primor'e

Westlich von Otradnoe führt die Straße durch Primor'e (Приморье/Groß Kuhren). Am ruinösen Kulturhaus, schräg gegenüber einem kleinen Restaurant, verläuft eine kleine Straße zum eigentlichen Dorfzentrum nach Norden Richtung Ostsee. Wo die Straße in unbefestigtem Terrain endet, beginnt ein Pfad durch die frühere Rosenschlucht hinunter zum Strand. Am unteren Ende der Schlucht, etwas östlich, befinden sich die Reste des Zipfelsberges, eines Sandberges, der durch Eisenoxid und -hydroxid verfestigt ist. Der Zipfelsberg wird immer mehr durch Verwitterung zermürbt und von der Brandung abgetragen.

Donskoe

Westlich von Primor'e überquert die Straße die Bahnlinie Svetlogorsk–Jantarnyj, die aber nur noch bis Donskoe (Донское/Groß Dirschkeim) in Betrieb ist und ausschließlich dem Militär dient: In Donskoe gibt es große Kasernen. Zweigt man Richtung Donskoe von der Hauptstraße ab, kann man von ferne den **Leuchtturm** von Taran Mys (Таран мыс), ehemals Brüsterort, entdecken. Diese Nordwestspitze des Samlands galt als westlichster Punkt des Sowjetreiches und ist seit 1945 militärisches Sperrgebiet. Der 1846 zum Schutz des Schiffsverkehrs vor den vorgelagerten Riffen erbaute Leuchtturm ist in Betrieb.

Donskoe ist im wesentlichen durch Kasernenanlagen geprägt, nur wenig ist vom alten Groß Dirschkeim erhalten. Die Dirschkeimer Schlucht ist die vielleicht beeindruckendste des westlichen Samlands. Der Zugang zu ihr ist nicht leicht zu finden, man muß irgendwo vom Dorf aus bis zur Steilküsten gehen und den Treppenabgang durch die Schlucht nahe des südlichen Ortsendes

Der Zipfelsberg bei Primor'e

finden. Auch im kleinen, weiter südlich gelegenen **Marinskoe** (Маринское/Kreislacken) sind beeindruckende Blicke über das Steilufer und seine Zerklüftungen möglich. Ausschilderungen gibt es nicht, man muss versuchen, auf den vorhandenen Wegen zum Küstenabbruch vorzudringen.

Die Straße von Donskoe Richtung Jantarnyj (Янтарный/Palmnicken) ist eine der schönsten Routen im Samland. Zur rechten gleißt der grünblaue Spiegel der Ostsee, zur linken erstreckt sich die weite, fruchtbare Samlandebene, in der Ferne überragen die sanften Erhebungen des Alkgebirges die weite Fläche. Nur ist die Straße für Fahrer und Wagen nicht einfach zu bewältigen, denn das Pflaster ist mehr als löcherig. Einfacher fährt man – parallel zu dieser Strecke – über die Hauptstraße nach Jantarnyj. Dazu kehrt man an jenen Abzweig an der Bahnüberquerung bei Primor'e zurück, fährt weiter Richtung Süden bis Krasnotorovka (Красноторовка/Heiligenkreutz) und biegt hier nach Jantarnyj ab.

Jantarnyi

Die Westküste des Samlands ist die Bernsteinküste. Auf den zehn Kilometern zwischen Taran Mys und Jantarnyj (Янтарный/Palmnicken) wurde und wird Bernstein in solchem Maß gefunden und gefördert wie nirgendwo sonst auf der Welt. So ist es kein Zufall, dass die sowjetische Regierung dieses Gebiet früh zu einer Sonderzone gemacht hat. Jantarnyj war ähnlich wie Baltijsk Sperrgebiet im Sperrgebiet, aber eben nicht wegen des Militärs oder der Nähe zur Grenze, sondern wegen der einzigartigen Bernsteinvorkommen, die hier im Tagebau gefördert wurden. Jantarnyj hat eine separate Verwaltung und gehört keinem Rajon an. Heute benötigt man für den Besuch der Stadt keine Sondergenehmigung mehr, doch gibt es um Jantarnyj herum weite Bereiche, die nicht betreten werden dürfen. Die Ausschilderung, wo diese anfangen, ist mehr als schlecht.

Es war geplant, am Süden des Ortes eine internationale Spielcasinozone zu errichten, was in Russland an exklusiv ausgewiesene und staatlich genehmigte Orte gebunden ist. Hotels und Hallenbadanlage sollten hier zahlungskräftige Ausländer anlocken. Doch entschied man sich dann fpr Kulikovo bei Zelenogradsk.

Die Bernsteinmanufaktur

Wer sich Jantarnyi aus Richtung Svetlogorsk nähert, kommt am alten Bahnhof und am Wasserturm in den Ort hinein. Genau dort befindet sich auch die heutige Staatliche Bernsteinmanufaktur, deren kleiner Laden bei einem umfassenden Angebot an Schmuck die wahrscheinlich niedrigsten Verkaufspreise im ganzen Land hat. Eine Besichtigung dieses Werks mit Manufaktur und Tagebau war bis vor kurzem etwas ganz Besonderes. Zu sehen, wie 50 bis 80 Frauen in großen Sälen mit feinmechanischem Werkzeug das ›ostpreußische Gold‹ bearbeiten und Schmuck herstellen, war für die meisten Touristen eines der beeindruckendsten Erlebnisse der Reise in das Kaliningrader Gebiet. Doch die Werksleitung verbot 2004 das Betreten der eigentlichen Manufaktur für die Öffentlichkeit, da es, so die Erklärung, zu allzu vielen Diebstählen gekommen sein soll.

Immerhin kann man noch das kleine betriebseigene **Museum** zu sehen bekommen, wie auch den **Tagebau**, der etwa drei Kilometer südlich vom eigentlichen Werk außerhalb des Ortes liegt

▶ Karte S. 156

(ausschließlich in Gruppen durch Voranmeldung bei Ingenieur Jevgeni Snegovskij, Tel. 905/2415575).
Die komplexe ökonomische Problematik des Kaliningrader Gebiets führte zu der Entscheidung, die Manufaktur demnächst nach Moskau auszulagern. Im Ort soll nur noch Bernstein gewonnen werden, seine Weiterverarbeitung wird weitab erfolgen. Dass dies in der Stadt Jantarnyj zu größten sozialen Einschnitten führen muss, liegt auf der Hand. Denn von den etwa 2500 Einwohnern arbeiten gut 400 im Bernsteinwerk. Es bleibt zu hoffen, dass hier das Pionersker Modell zur Anwendung kommt und Jantarnyj zum Seebad ausgebaut wird.

Weitere Sehenswürdigkeiten

Im Zentrum befindet sich die ehemals **evangelische Kirche**, die seit 1990 der orthodoxen Gemeinde dient. Einige kleine Lokale nahe der Kirche laden die meist deutschen Touristen zu Kaffee und kleinen Mahlzeiten ein.
Das schlossähnliche Gebäude schräg gegenüber der Kirche ist das ehemalige Gut Palmnicken, ursprünglich ein bescheidener Bau aus dem 18. Jahrhundert. Der Bernsteinindustrielle Moritz Becker (Stantien & Becker) übernahm es um 1880 und baute es zu einer prächtigen Villa um. Es begann nach dem Krieg zu verfallen, wurde in den letzten Jahren rekonstruiert und beherbergt heute ein kleines **Heimatmuseum**, zusätzlich wurde es 2012 als Schlosshotel Jantarnyi neu eröffnet.
Von dem größeren Platz schräg gegenüber lohnt ein weiterer Spaziergang hinab zum Strand. Auch hier kann man oft kleinere Bernsteinstücke finden. In der ul. Sovetskaja 61 befindet sich eine private **Bernsteinmanufaktur**, die den Besuch lohnt.
Wo die ul. Železnodorožnaja, in der sich das Bernsteinwerk befindet, an einem Gefallenendenkmal von der Nord-Süd-Durchgangsstraße Jantarnyjs (ul. Sovetskaja) abbiegt, lohnt es sich, weiter nordwärts zu fahren. Wo Jantarnyj allmählich endet, führen verschiedene Heizungs- und Abwasserrohre über die Straße hinweg, dahinter wendet sich der Weg kurz bergauf. Oben führt ein Weg nach links an einigen alten Häusern vorbei Richtung Ostsee.
Hier sollte man zum Strand hinunter gehen, denn zum einen sind dort einige dünnmächtige Schichten jener berühmten **Blauen Erde** zwischen den Strandsanden aufgeschlossen, zum anderen befand sich hier in den 1960er Jahren ein Bernsteintagebau, der Anfang der 1980er Jahre durch Meereseinbrüche überschwemmt worden ist, so dass Fundmöglichkeiten von bis zu einem Zentimeter großen Bernsteinstücken gegeben sind.
Die teils sehr schlechte Straße Richtung Norden führt nach Donskoe. Bis **Sinjavino** (Синявино/Groß Hubnicken) sollte man durchaus noch fahren, denn das ist, wenn auch nicht gut erhalten, ein typisches samländisches Dorf.

Zwischen Svetlogorsk und Jantarnyi

Schlosshotel Jantarnyi, ul. Sovetskaja 72, 238580 Jantarnyi, Tel. 007/4012/555040, www.schloss-hotel.ru. Preise auf Anfrage, edle Adresse.
Hotel-Pension Anna, ul. Sovetskaja 10, 238580 Jantarnyi, Tel. 007/40153/37020, alexoxi@yandex.ru. DZ 55–75 €.
Usad'ba Varshken (Gästehaus Warschken), 238580 Vershkovo (3 Kilometer südöstlich von Jantarnyi), Tel. 911/850 37 07, www.warshken.ru. DZ 40–55 €. Schönes Gästehaus in einem alten Gutshof.

Das Verbrechen von Palmnicken

Am Ostseestrand unweit von Sinjabino wurde am 27. Januar 2011 ein Denkmal zur Erinnerung an ein Verbrechen aufgestellt, das die Nazis am Ende des Zweiten Weltkriegs verübten. Es stellt Hände dar, die sich gen Himmel recken und verzweifelt versuchen, sich am Leben festzuklammern. Das mehrere Meter hohe steinerne Denkmal des aus Danzig stammenden israelischen Bildhauers Frank Meisler symbolisiert den verzweifelten Überlebenskampf von über 3000 jüdischen KZ-Häftlingen, die in der Nacht vom 31. Januar auf den 1. Februar 1945 von SS-Wachleuten am Ostseestrand von Palmnicken ermordet wurden. Als die Rote Armee Ende 1944 an die deutschen Reichsgrenzen vorstieß, mussten tausende Arbeitssklaven in Ostpreußen Gräben schanzen. Das sollte den Vormarsch der sowjetischen Truppen verlangsamen. Als die sowjetische Offensive begann, wurden die Arbeitslager aufgelöst und über 5000 Personen von Königsberg auf einen Todesmarsch Richtung Ostseeküste geschickt. Wer bei der eisigen Kälte nicht Schritt halten konnte, wurde von den Wachmannschaften gnadenlos erschossen.

Die meisten der Opfer waren junge jüdische Frauen zwischen 18 und 40 Jahren. Etwas mehr als 3000 – die genaue Zahl ist bis heute nicht bekannt – kamen wohl am 26. Januar verfroren und halb verhungert in Palmnicken an. Eine Verpflegung war nicht vorgesehen, die SS-Trupps wollten die Häftlinge lebendig in einem Bernsteinbergwerk einmauern. Doch unerwartet regte sich Widerstand in der Gemeinde: Paul Feyerabend, Reservemajor aus dem Ersten Weltkrieg und Direktor der Staatsgüter, die zum Bernsteinwerk gehörten, wollte den Mord verhindern. Die Frauen konnten in der Werksschlosserei übernachten, und Feyerabend ließ Essen an die Gefangenen verteilen.

Die SS-Truppen fügten sich nur zeitweise. Feyerabend wurde unter einem falschen Vorwand mit seinen Reservisten an die Front geschickt, um ihn als Störenfried auszuschalten. Die Wachmannschaften hatten nun freie Hand: In der Nacht trieben sie die Gefangenen an den Ostseestrand und jagten sie mit Maschinengewehrsalven ins eisige Meer. Nicht alle Frauen starben sofort. Viele wurden in der Nacht nur angeschossen und quälten sich noch tagelang, andere ertranken zwischen den Eisschollen oder erfroren. Nur 21 Menschen überlebten das Massaker von Palmnicken.

Zwei Wochen später war die Rote Armee da. Die noch nicht geflohenen deutschen Einwohner Palmnickens mussten die Leichen von Hand in ein Massengrab umbetten. Doch als die Deutschen 1948 aus der Gegend vertrieben wurden, geriet auch die Geschichte der jüdischen Frauen in Vergessenheit.

Als Bernsteingeologen in den 1960er Jahren am Strand auf Gebeine stießen, nahmen sie an, es handle sich um sowjetische Soldaten. Es wurde ein Gedenkstein ›Ewiger Ruhm den Helden‹ aufgestellt und vier Birken gepflanzt. Erst in den 1990er Jahren wurde das lange vergessene Massaker wieder aufgerollt: Martin Bergau, ein zur Tatzeit 16-jähriger Augenzeuge, verarbeitete die Erlebnisse in seinem Buch ›Der Junge von der Bernsteinküste‹. Bei einem Besuch seiner alten Heimat klärte er auch die Behörden über das Massengrab auf. Es dauerte noch einmal über zehn Jahre, bis das Denkmal seinen Platz fand und seitdem an die Opfer des Nazi-Regimes erinnert.

Dieses Mahnmal erinnert an das Verbrechen von Palmnicken

Von Russkoe nach Kaliningrad

Diese Route führt durch die Mitte des westlichen Samlands und weist in der bewegten Hügellandschaft besondere landschaftliche Schönheiten auf.

Russkoe

Von Jantarnyj sind es sechs Kilometer bis Russkoe (Русскоe/Germau). Da man 1947 fälschlicherweise annahm, dass der Name Germau etwas mit dem Wort Germane zu tun habe, gab man dem Ort bewusst den neuen Namen Russkoe.

Wo die Jantarnyjer Straße kurz vor Germau auf die Landstraße aus Primorsk und Kaliningrad stößt, wendet man sich nach links und befindet sich dann gleich, hinter der Anhöhe, in der Dorfmitte von Russkoe. Nur einige vereinzelte Häuser sind übriggeblieben. An der Ecke der Straße nach Svetlogorsk und Dvoriki (Лворики/Klein Dirschkeim) dominiert ein übergroßes **Ehrenmal** für die Gefallenen des Großen Vaterländischen Krieges. Der Deutsche Orden legte hier auf den Wällen der vormaligen Pruzzenburg Girmowe eine hölzerne Feste an. Die Germauer Burg wurde auch später, nach dem Neubau in Stein, keine der großen Ordensburgen, sondern gehörte nur zu einem Verteidigungsgürtel, der quer durch das Samland lief. Der Krakauer Frieden 1525 ließ viele Burgen als militärische wie administrative Stützpunkte des Ordensstaats überflüssig werden – nicht zuletzt auch aus Geldmangel begannen sie zu verfallen. Germau wurde schon 1580 als verfallen bezeichnet, doch begann man bald zu restaurieren, denn hier wurde jetzt der Sitz des Bernsteinmeisters eingerichtet, der über das Bernsteinregal zu befinden hatte. Einem Brand 1596 folgte der Umbau des Südflügels in eine Pfarrkirche. Der Rest der Burg war zu Beginn des 18. Jahrhunderts weitgehend abgetragen. Heftige Kämpfe zerstörten im April 1945 Kirche und Dorf Germau. Ein weiteres Mal wurde die Kirche in Mitleidenschaft gezogen, als man auf der Suche nach dem Bernsteinzimmer die Kellergewölbe ausgrub. Nur noch die Rückwand erinnert heute an die Kirche und die Burg des Ritterordens auf dem alten Burgberg von Germau. 1994 legte man einen großen **Friedhof** zu Ehren der hier gefallenen russischen und deutschen Soldaten an. Es ist heute die größte dieser Anlagen im Kaliningrader Gebiet. Die Kirchenruine ist in diesen Friedhof integriert.

▲ Karte S. 156

Logvino

Von Russkoe geht die Reise durch das Samland zunächst nach Süden Richtung Primorsk (Приморск/Fischhausen). In Kruglovo (Круглово/Polennen) biegt man nach Osten Richtung Kaliningrad ab. Hinter dem Abzweig, wo es nordwärts nach Šatrovo (Шатрово/Weidehnen) geht, führt ein nicht ausgeschilderter Weg südwärts nach Logvino (Логвино/Medenau). In dieser Gegend tobten erbitterte Kämpfe, viele Ortschaften sind daher völlig verschwunden. Im heruntergekommenen Logvino ist die Ruine der **Kirche** noch zu sehen, sie brannte erst in der Nachkriegszeit ab. Sie liegt versteckt oberhalb der Dorfstraße hinter dem ehemaligen Pfarrhaus, zu dem ein Weg emporführt.

Die Landschaft im Westen von Logvino ist fast völlig unberührt. Mit einer guten Wanderkarte sollte man den Feldweg einmal spazieren, der nach Westen aus dem Dorf herausführt. Nicht von einer Schranke abschrecken lassen!

Kumaževo

Auch Kumaževo (Кумажево/Kumehnen), einige Kilometer nordöstlich von Logvino an der Hauptstraße Kaliningrad–Jantarnyi, wurde weitgehend zerstört,

Kirchenruine und russisch-deutscher Soldatenfriedhof in Russkoe

und auch hier nahm die **Kirche** erst in der Nachkriegszeit Schaden. Sie diente lange als Lagerhalle und wird seit 1996 nicht mehr genutzt. Dennoch sollte man hier einen Halt einlegen: Bis zu fünf Storchenpaare nisten auf Turmstumpf und Dach. Von Kumaževo hat man einen prächtigen Blick auf das **Alkgebirge** und dessen höchste Erhebung, den Galtgarben (111 Meter), einst Königsbergs Hausberg und Wintersportzentrum im nördlichen Ostpreußen. Heute hat das Militär den Gipfel vereinnahmt; die Rodelbahn, das Denkmal zur Erinnerung an die Befreiungskriege und der Bismarckturm sind abgetragen. Die Zufahrtsstraße zum Galtgarben ist gut ausgebaut, jedoch nur mit Genehmigung befahrbar.

Pereslavskoe

Pereslavskoe (Переславское/Drugehnen) liegt an der Ostseite des Alkgebirges; überwiegend Armeeangehörige wohnen hier. Dahinter wird der Verkehr sehr dicht, die Chaussee aus Svetlogorsk mündet in die Straße ein. Etwa 250 Meter hinter dem Verkehrsknotenpunkt führt ein Fahrweg (noch vor der Eisenbahn) nach rechts zu einem verwunschen im Wald liegenden, aufgestauten See (topographische Karte verwenden!). Hier kann man einen beschaulichen Spaziergang machen, die Weiterfahrt bis nach Kolosovka (Колосовка/Willgaiten) ist aber nicht möglich.

Cholmogorovka

Mit der Annäherung an Kaliningrad werden die Orte gepflegter, auch die Zahl luxuriöser Neubauten nimmt zu. Nach etwa elf Kilometern kommt man nach Cholmogorovka (Холмогоровка/Fuchsberg) mit seiner gleichnamigen 69 Meter hohen Erhebung. Von hier kann man nach links, angenehm verkehrsarm, nach Zelenogradsk gelangen, an dieser Straße liegt auch, drei Kilometer entfernt, eines der beliebtesten Lokale der Kaliningrader Umgebung: Zwischen Petrovo und Svobodnoe (Свободное) liegt linker Hand das **Restaurant Ochota** (Jagdhaus), das eine sehr gute Küche pflegt und auch Übernachtungsgelegenheiten anbietet.

Hinter Cholmogorovka trifft man auf den äußeren Stadtring. Hinter ihm weist ein Wegweiser zum Fort V, Teil des äußeren Befestigungsrings aus den 1860er Jahren. In der von einem breiten Wassergraben umgebenen Festung ist ein kleines Armeemuseum eingerichtet. Über den Sovetskij pr. gelangt man, vorbei am alten Wasserwerk und Gefängnis rechts, schnell ins Zentrum Kaliningrads.

Von Russkoe nach Kaliningrad

Restaurant Ochota, 238310 Svobodnoe, Tel. 007/4012/563050 bzw. 992470. DZ 50 €. Mit Hotel.

Gästehaus Kluken, Tel. 007/4012/384142, www.kluken.com. Spezialist für Familien mit Kindern.

Fort V, Di–So 10–18 Uhr.

Von Kaliningrad über Baltijsk zur Frischen Nehrung

Für ausländische Reisende ist ein Besuch Baltijsks (Балтийск/Pillau) noch immer etwas ganz Besonderes. Denn die Hafenstadt an der Frischen Nehrung war nach dem Krieg bis zur Öffnung des Kaliningrader Gebiets 1991 Sperrgebiet im Sperrgebiet - wer dort nicht lebte oder arbeitete, hatte keinen Zugang. Seitdem dürfen zwar die Bewohner der Kaliningradskaja Oblast' ohne besondere Genehmigung Baltijsk besuchen, Ausländer benötigen aber weiterhin offiziell einen Passierschein, der nach Aussage des Inlandsgeheimdienstes Individualreisenden ohne offizielle Begleitung - also vom Geheimdienst akkreditierter Reiseführer - nicht erteilt wird. Nähere Informationen geben die Kaliningrader Reisebüros (siehe Reisetipps von A bis Z).

Noch vor einigen Jahren erhielt man eine solche Genehmigung zum Betreten von Stadt und Sperrgebiet in Kaliningrad über fast alle Reisebüros; man konnte sie, sofern man Russisch sprach, auch selbst beim Oberkommando der Baltischen Flotte erhalten. Es ist heute jedoch möglich, über das Reisebüro ›Zolotaja Orchideja‹ in Baltijsk eine Genehmigung zu beantragen, wenn man in einem Hotel in Baltijsk oder der näheren Umgebung abzusteigen gedenkt (Infos auch über die jeweiligen Hotels).

Bis 2011 bestand eine Fahrzeug- und Personenkontrolle an der Straße, etwa zwölf Kilometer vor der Stadt. Dieser Kontrollpunkt existiert nicht mehr, doch heißt das nicht, dass es in Baltijsk nun keine Kontrollen mehr geben könnte. Zumindest ist jedes Jahr am letzten Sonntag im Juli, dem Tag der Baltischen Flotte, der Zutritt in die Stadt ungehindert für alle möglich.

▶ Karte S. 156

Der Besitz des strategisch ungemein bedeutsamen Seehafens Pillau - er ist ganzjährig eisfrei und weit nach Westen vorgeschoben - war für die Sowjetunion 1945 einer der wichtigsten Gründe, territoriale Ansprüche auf das nördliche Ostpreußen zu erheben. Und wirklich ist Baltijsk heute neben St. Petersburg der größte Kriegshafen der Russischen Baltischen Flotte, und daher ist das Sicherheitsbedürfnis auch verständlich.

Baltijsk gehört keinem Rajon an, sondern bildet zusammen mit Primorsk (Приморск/Fischhausen) den selbstständigen, etwa 100 Quadratkilometer großen Baltijskij okrug (Baltijsker Kreis). Baltijsk selbst hat heute 32 000 Bewohner, überwiegend Militärangehörige und deren Familien.

Zwischen Kaliningrad und Baltijsk

Die Straße Kaliningrad-Baltijsk ist eine der stärkstbefahrenen des ganzen Gebiets. Aber es ist auch kein Wunder, denn es ist die einzige Straßenverbindung des Militärpostens Baltijsk mit der Gebietshauptstadt Kaliningrad.

Baltijsk liegt rund 50 Kilometer westlich von Kaliningrad und ist am schnellsten über die A 193, die alte Reichsstraße 131, erreichbar. Am Nordsaum des Pregels, vorbei an der etwas zurückversetzten und fast vom Wald zugedeckten Judittener Kirche, geht es über den pr. Pobedy aus der Stadt hinaus. Man passiert auch gleich hinter der Hochbrücke die Stelle des ehemaligen Moditten, ein kleiner Ort, der früher durch Kants Sommerhäuschen bekannt war. Siedlung und Häuschen sind nicht mehr erhalten. In russischen Publikationen findet sich oft der Hinweis, dass das Haus pr. Pobedy

Nr. 200 das Kanthäuschen sei. Das ist aber unrichtig, da jenes Haus kein Originalbau aus dem 18. Jahrhundert ist.
Schnell ist der Außenring erreicht. Eine Umfahrung geht an der früheren Gartenstadt Methgethen – heute Kosmodem'janskovo (Космодемьянсково) – vorbei. Metgethen wurde im Februar 1945 zum Ort eines Massakers der Roten Armee, die hier eine Gruppe von etwa 50 Deutschen zusammentrieb und dann mit Dynamit tötete.
Der Weg führt weiter, am **Kaliningrader Hauptfriedhof** vorbei, durch den Forst Kobbelbude, auch als Kaporner Heide bezeichnet. Recht lohnend ist ein kurzer Stopp am Haupteingang des Friedhofs, wo vor dem Haus der Friedhofsverwaltung einige alte deutsche Grabsteine zusammengetragen sind, die von den nach 1945 zerstörten Friedhöfen Königsbergs stammen. Unter anderem findet man hier die Steine eines preußischen Kriegsministers, die einiger Soldaten, Reste von Stahlhelmen sowie auch jüdische Grabsteine.
Parallel zur Hauptstraße verläuft der Königsberger Abwasserkanal. Diese 30 Kilometer lange und 1898 in Betrieb genommene Leitung fließt aus dem Zentrum über den Hufen-Freigraben Richtung Westen und ist auf acht Kilometer Länge unterirdisch verlegt. Ab Moditten strömt er weiter nach Westen, um sich bei Neplecken – heute eine Siedlung ohne eigenen Namen – nordwestlich von Svetlyj (Светлый/Zimmerbude) mit unvergleichlichem Aroma ins Haff zu ergießen. Noch innerhalb des Heidegebiets weist ein Schild Richtung Ljublino (Люблино/Seerappen). Hier wurde schon vor dem Ersten Weltkrieg ein Luftschiff-Flughafen errichtet, der Betrieb 1920 aufgrund der Bestimmungen des Versailler Vertrages aber eingestellt.

Vzmor'e

Am Westrand der Kaporner Heide liegt Vzmor'e (Взморье/Groß Heydekrug), einst ein Fischerdorf, jetzt teilweise integriert in die großen Industrieanlagen der russischen Ölkonzerne. Südlich der Straße, vom Haffufer aus, hat man einen beeindruckenden Blick auf den Königsberger Seekanal und fast immer auf große Ölschiffe, die östlich Svetlyj (Светлый/Zimmerbude/Peyse) ihre riesigen Tanklager anlaufen. Von hier bis zur Spitze des Peyser Hakens bei Svetlyj erstrecken sich große Hafenanlagen. Beim Haus ul. Sovetskaja 29 kann man zum **Seekanal** hinabfahren. Eine teilweise unbefestigte Straße führt nach knapp anderthalb Kilometern zu seinem Ufer.
Etwa 500 Meter vor der Gabelung, schräg gegenüber dem Haus ul. Central'naja 15 in Iževskoe, liegt rechts eine gute **Einkehrmöglichkeit**; sie trägt keinen Namen. Man befindet sich hier genau genommen in Voločaevskoe, das aber südlich der Straße liegt. Die Beschilderung ist nicht ganz eindeutig.
In Iževskoe (Ижевское/Widitten) zweigt die Hauptstraße nach links Richtung Svetlyj (Светлый) ab, die Route nach Baltijsk zur rechten gilt als Nebenstraße. Im Hafen von Iževskoe liegt das **Segelschulschiff Krusenstern** vor Anker, das der Baltischen Marineschule gehört. 1926 in Bremerhaven unter dem Namen ›Padua‹ vom Stapel gelaufen, war es das letzte große Segel-Frachtschiff der Seefahrtsgeschichte. Wie viele andere deutsche Schiffe wurde es nach 1945 von den Siegern requiriert und von der Sowjetunion unter dem neuen Namen ›Krusenstern‹ weiter genutzt. Es trägt seinen Namen nach Adam Krusenstern, einem deutschbaltischen Admiral, der 1803 bis 1806 in russischen Diensten die erste russische Weltumsegelung leitete.

Svetlyi

Richtung Svetlyij (Светлый/Zimmerbude/Peyse) fährt man direkt an den gewaltigen Tank- und Raffinerieanlagen des Lukoil-Konzerns vorbei. Der Ort selbst ist eine Doppelstadt: Zimmerbude und das südlich gelegene Peyse sind zu einem Neubautenkomplex, zu der neuen Stadt Svetlyj zusammengewachsen, innerhalb derer kaum noch Altbauten zu finden sind. Zusammen mit Vzmor'e bildet Svetlyj eine eigene rajonunabhängige Verwaltungseinheit, in der 28 000 Menschen wohnen. Svetlyj ist der eigentliche Industriehafen Kaliningrads und durch riesige Krananlagen, Kraftwerke und große Fabrikgebäude geprägt.

Bleibt man auf der Straße nach Baltijsk, kreuzt etwa einen Kilometer hinter dem Svetlyjer Abzweig der Abwasserkanal die Straße. Der unverkennbare Geruch der Kaliningrader Abwasser wird durch die Nerzfarm im nahen **Kostrovo** (Кострово/Bludau) gesteigert, die ebenso mit unangenehmen Dämpfen aufwarten kann.

Die Straße verlässt den Kobbelbuder Forst und verläuft durch eine leicht hügelige Landschaft bis Primorsk (Приморск). Kurz vor dem Ort, aber schon hinter der Bahn, führt im spitzen Winkel nach Südost ein unbefestigter Weg ab, der – hartgesottenen Radtouristen ans Herz gelegt – am Westrand des Peyser Hakens nach Süden über die Mündung des Abwasserkanals hinweg durch den Wald direkt nach Svetlyj führt – ein besonderes Erlebnis.

Primorsk

Primorsk (Приморск/Fischhausen) – als Fischhausen einst die Kreisstadt des Kreises Samland, der sich bis Pillkoppen auf

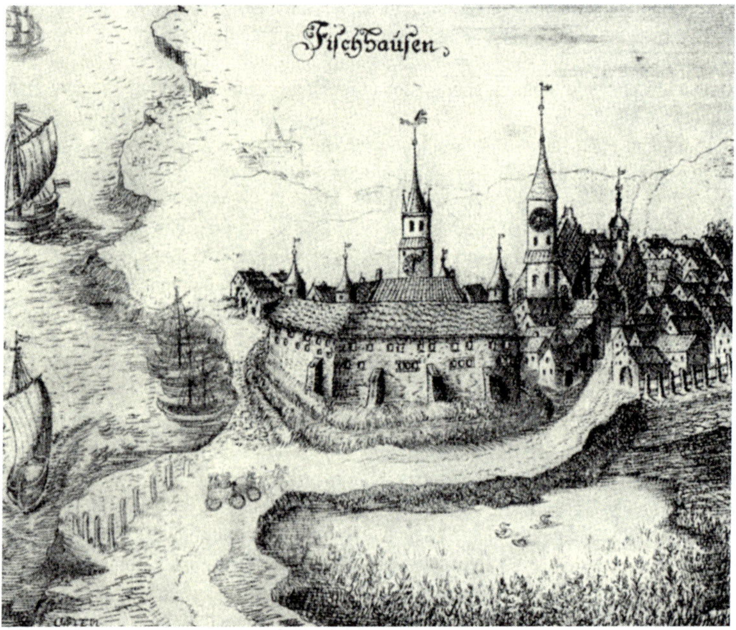

Fischhausen auf einem Stich um 1680

Karte S. 156

die Kurische Nehrung erstreckte, und uralter Bischofssitz in der Ordenszeit – ist heute ein fast unbedeutendes Dorf. Die Kämpfe um die Eroberung Pillaus ließen hier kaum einen Stein auf dem anderen. Das Zentrum ist eine weite Ödenei, die von einigen Plattengebäuden gesäumt wird. Südlich der Hauptstraße, etwa 150 Meter zurückversetzt, sind einige Mauerreste der **Bischofsburg** auszumachen. Über eine noch zum Teil gepflasterte kurze Straße kann man zu diesen Ruinenresten gelangen. Sie befinden sich unmittelbar östlich der Brücke über das Mühlenfließ nach Süden. Die schon um 1280 errichtete Burg ließ bereits König Friedrich I. 1705 abtragen und die Steine zum Ausbau der Festung Pillau verwenden. In der früheren Bahnhofstraße ist noch etwas Alt-Fischhausen zu finden, auch steht der **Wasserturm** noch. Nordwestlich der Stadt, nahe der Straße nach Norden Richtung Russkoe, wurde an einer Anhöhe oberhalb des Wegs 1997 ein **russisch-deutscher Soldatenfriedhof** errichtet.

Hinter dem Bahnübergang am westlichen Ortsrand von Primorsk führt nach der flachen Linkskurve der zweite der schmalen Wege nach rechts nach **Tankitteno** (Tenkitten). Von dem Dörfchen steht nur wenig. Der Sage nach soll hier der Pruzzenmissionar Adalbert von Prag 997 den Märtyrertod gefunden haben. Im 19. Jahrhundert errichtete man hier ein fast neun Meter hohes eisernes Kreuz zum Andenken an den Heiligen. Das Kreuz verschwand nach 1945. 1997, zum Tausendjahr-Gedenken an den Tod Adalberts, ist ein neues und ebenso monumentales Kreuz aufgestellt worden.

Nur noch knapp drei Kilometer sind es jetzt bis zum früheren Schlagbaum bei Pavlovo (Павлово/Lochstädt), an dem früher eine allgemeine Personenkontrolle erfolgte. Etwa 200 Meter vor dem Schlagbaum gelangt man nach rechts durch den Wald auf einer äußerst holprigen Sandstraße an die Ostseeküste. Hier befindet sich einer der beliebtesten **Badestrände** des Kaliningrader Gebiets, wo wann immer möglich gegrillt, gecampt und das Badeleben genossen wird. Das Baltijsker Gebiet ist zum Ostseeufer hin mit keinem Absperrzaun versehen, dennoch sollte man nicht versuchen, über diesen Badestrand nach Baltijsk zu gehen, dessen Nordermole schon von ferne dort schon zu sehen ist.

Ordensburg Lochstädt

Unmittelbar vor der Kontrollstelle führen einige Fußwege nach links durch den Wald Richtung Haffufer. Man stößt hier unweigerlich auf die Reste der einst stolzen Ordensburg Lochstädt. Doch sind nur noch wenige ausgegrabene Kellergewölbe und Fundamente zu erblicken. Viel ist in der Nachkriegszeit gewühlt worden, denn auch hier vermutete man das Bernsteinzimmer. Heute trägt diese Lokalität, die kein zugehöriges Dorf besitzt, den Namen Pavlovo (Павлово).

Die Burg, gegen 1265 errichtet und 20 Jahre später in Stein ausgeführt, wurde vom ersten, namenlosen Baumeister der Marienburg errichtet und sollte die Einfahrt von der Ostsee ins Frische Haff bewachen. Wie der Name schon sagt, lag hier ein Durchbruch durch die Nehrung, ein ›Loch‹, nämlich das Lochstädter Tief als Durchfahrt vom Haff zur See, das allerdings gegen 1350 schon versandet war. Damit büßte die Burg einen wichtigen Teil ihrer Funktion ein. Hochmeister Heinrich von Plauen, der Verteidiger der Marienburg 1410, starb 1429 in Lochstädt als Gefangener, nachdem er aufgrund verschiedener Intrigen wegen angeblicher verräterischer Umtriebe über 15 Jahre im Kerker geschmachtet hatte. Nach 1525, im nunmehrigen Herzogtum Preußen, befand sich in Lochstädt das Bernsteinamt. Im 18. Jahrhundert wurde die Ordensburg weitgehend abgebrochen, um die Steine als Baumaterial für die Pillauer Festung zu nutzen. Ein Flügel blieb zunächst erhalten. In ihm befand sich im April 1945 eine deutsche Flakstellung, was zur Folge hatte, dass er durch die Kampfhandlungen dem Erdboden gleichgemacht wurde.

Baltijsk

Jahrelang einer der geheimsten Orte Europas, kann Baltijsk (Балтийск/Pillau) zumindest bei Gruppenreisen heute ohne Schwierigkeiten besucht werden. Gute zehn Kilometer sind es nach der Kontrollstelle noch bis in den Ort selbst. Es geht vorbei an einigen Datschensiedlungen, in Mečnikovo (Мечниково/Neuhäuser) stehen einige neuere Wohngebäude. Das **Reisebüro Zolotaja Orchideja** (Goldene Orchidee) betreibt in Mečnikovo auch eine kleine Pension mit Restaurant.

Stadtgeschichte

Drei unbedeutende Fischerdörfer auf der Frischen Nehrung – Wogram, Camstigall und Alt-Pillau – befanden sich im 15. Jahrhundert an der Stelle des heutigen Baltijsk. Zu dieser Zeit bestand hier keinerlei Durchlass des Frischen Haffs in die Ostsee. Erst 1497 riss eine Sturmflut die Nehrung an diesem Punkt entzwei und ließ das sogenannte Pillauer Tief entstehen. Nachdem dieses 1510 schiffbar geworden war und der Handelsverkehr aus Königsberg nun hier zur See führte, begann der Aufstieg der drei Dörfer, die jetzt zu Pillau zusammenwuchsen. Die frühere Durchfahrt in die Ostsee auf der Höhe der Ordensburg Balga war inzwischen fast verlandet, so dass man froh über diesen neuen Weg war. Das Pillauer Tief als jetzt einzige Möglichkeit, bis nach Königsberg und weiter pregelaufwärts vorzustoßen, gewann nun große militärische Bedeutung. Das wusste bereits Gustav Adolf, der 1626 in Pillau landete und es besetzte, um von hier einen Brückenkopf für seine Feldzüge gegen Polen zu errichten. Er ließ auch eine kleine Festung an der Nordseite des Pillauer Tiefs bauen, wie er auch den Eingang zum Haff an der Südseite mit Befestigungsanlagen zu kontrollieren versuchte.

Nachdem die Schweden 1636 Preußen verlassen hatten, ließ der Große Kurfürst die Festung zu einer großen fünfstrahligen Anlage ausbauen. Zu seinen Pioniertaten gehört auch der Bau einer vier Meter tiefen Schifffahrtsrinne bis Königsberg. Pillau wurde Ausgangspunkt für die brandenburgisch-preußischen Kolonialunternehmungen. 1657 stach hier die erste Flotte mit drei Schiffen nach Afrika in See, 1680 fuhr aus Pillau Major Otto Friedrich von der Groeben nach Guinea, um dort die erste brandenburgische Kolonie zu gründen. Kurfürst Friedrich Wilhelm ließ nichts unversucht, Pillau, das als Militärhafen gleichsam seine persönliche Schöpfung war, zu Wohlstand und Ansehen kommen zu lassen. Die Einwohnerschaft dankte es durch das 1913 ihm zu Ehren errichtete Denkmal vor dem Alten Leuchtturm, das als einziges aller ostpreußischen Standbilder 1945 in den Westen gerettet werden konnte. Es befindet sich heute in Eckernförde.

Kurfürst Friedrich III., der spätere erste Preußenkönig Friedrich I., lud 1697 den russischen Zaren Peter I. ein, Pillau zu besuchen, um ihm seine Militärmacht zu demonstrieren. Denn die Festung und damit auch die Stadt waren inzwi-

▶ Karte S. 183

schen zu einem gewaltigen militärischen Bollwerk gewachsen. Das 18. Jahrhundert verlief für Pillau weitgehend ruhig, Friedrich II. hatte für seine östlichste Provinz bekanntermaßen nicht allzuviel übrig. Die Festung begann zu verfallen. Erst seine Nachfolger – Friedrich Wilhelm II. und Friedrich Wilhelm III. – waren sich der Bedeutung Pillaus bewusst und erneuerten die Festung, wobei sie sie weiter ausbauten.

Doch von entscheidender Bedeutung für die wirtschaftliche Situation der Stadt war die Qualität des Schifffahrtswegs. Denn das Frische Haff weist eine nur geringe Wassertiefe auf, so dass die Ladung größerer Schiffe in Pillau stets für den Landtransport umgeladen werden musste. Pillau profitierte sehr davon. Doch als man zwischen 1891 und 1901 auf einer Länge von 46 Kilometern den Königsberger Seekanal mit ei-

ner Tiefe von fast 7 und einer Breite von bis zu 40 Metern auf dem Haffgrund baute – er wurde 1930 auf 8 Meter Tiefe und 70 Meter Breite erweitert –, verlor Pillau erheblich an Bedeutung.

Wenngleich auch der Versailler Vertrag Ostpreußen von Deutschland abtrennte und damit dessen Entwicklung empfindlich störte, brachte dieser Einschnitt zumindest für Pillau ein nochmaliges Aufblühen. Denn hier wurde der sogenannte Seedienst Ostpreußen eingerichtet, mit dem man von Stettin und Swinemünde direkt nach Ostpreußen gelangen konnte, ohne durch den ›Polnischen Korridor‹ fahren zu müssen.

Von Januar bis April 1945 gelang es noch etwa 650 000 Ostpreußen, während der größten Rettungsaktion der Geschichte nach Westen zu fliehen. Während Ostpreußen inzwischen von der sowjetischen Armee eingekesselt war, konnten die deutschen Truppen im Januar 1945 nochmals den Landweg nach Pillau freikämpfen und damit auch den einzigen verbliebenen Weg nach Westen über die Nehrung weiter freihalten. Pillau selbst wurde fast vollständig zerstört und kapitulierte am 25. April 1945.

Ein Rundgang

In Baltijsk säumen mehrstöckige moderne Wohnbauten den Straßenverlauf. Wo die höchsten dieser Häuser stehen, am Fuß des Schweinsbergs, zweigt der Weg Richtung Südost nach Alt-Pillau und Camstigall ab. Er ist nicht ausgeschildert und verläuft über zahlreiche Abzweigungen (ul. Černomorskaja). Um in die **Gartensiedlung Camstigall** zu gelangen, muss man manchmal fragen. ›Sevastopolskij‹ heißt die Siedlung heute offiziell, doch ist auch ›Camstigall‹ bei den Russen ein bekannter Name. Die in den 1920er Jahren ausgebaute Siedlung

▶ Karte S. 183

In der früheren Gartenstadt Camstigall

ist recht gut erhalten. Zwar ist das Gut verschwunden, man hat jedoch einen prachtvollen Blick über das Fischhausener Wiek bis hin nach Svetlyj (Zimmerbude).

Neubauten aus den 1960er Jahren prägen das Zentrum in Baltijsk. Der **Bahnhof** scheint zunächst das einzige ältere Gebäude zu sein, allerdings ist er im Stil des Sowjetklassizismus umgestaltet. Hinter dem Bahnhof, Richtung Haff, befand sich einst der Seedienstbahnhof, durch den der Hafen an das Bahnnetz Anschluss erhielt. Am Bahnhof vorbei verläuft der pr. Lenina weiter geradeaus, an der nächsten Gabel geht rechts die frühere Bahnstraße ab. Rechts stehen die Oberschule, das Amtsgericht – darin ist die sehenswerte **Austellung zur Geschichte der Baltischen Flotte** untergebracht – und dahinter einige Kasernenbauten aus der Wilhelminischen Ära.

Hier geht es nach links Richtung Mole, linker Hand liegt ein breiter Kanal, der sogenannte Graben. Dieser erste künstliche Ankerplatz Pillaus ist bereits 1683 errichtet worden. Rechts folgt dann die **Festung**; deutlich ist die fünfstrahlige

Anlage zu erkennen. Das Betreten der Festung ist nur einmal im Jahr möglich, am ›Tag der Marine‹. Er wird stets am letzten Sonntag im Juli abgehalten. Das Areal ist ein militärischer Sicherheitsbereich, wenngleich es heute als bloßes Depot dient. Im Hof der Festung befand sich einst die Garnisonskirche, ein turmloser Bau in einer seltsamen Stilmischung aus Gotik und Barock, 1720 errichtet. Sie wurde 1945 stark beschädigt und in den 1970ern abgetragen.

Von der Festung ist es nicht mehr weit bis zu Seekanal, Pillauer Tief und Mole. Auf der anderen Seite grüßen Kosa (Koca/Neutief) und die gelbbraun leuchtenden Ruinen des Westforts, weit dehnt sich die Südermole in die Ostsee hinaus. Auf der 1887 erbauten, 1100 Meter langen **Nordermole** kann man einen wunderbaren Spaziergang machen. Vorbei geht es am Südrand der Festung, die verwunschen über die zugewachsenen Gräben herüberlugt, alte Signaltürme säumen den Weg. Rechts hinter der Festung liegt der im Jahr 1999 angelegte **Friedhof** mit Gräbern deutscher und russischer Soldaten, die 1945

Die Nordermole und das Denkmal für Zarin Elisabeth vom alten Signalturm aus gesehen

beim Kampf um die Stadt gefallen sind. Er ist mit dem Auto vom Zentrum aus (ohne Ortsplan jedoch nicht zu finden) über den Parkplatz an der Mole zu erreichen. Ein völlig ungewohntes Bild erwartet den Besucher am Ende der Mole. Ein erst 2003 aufgestelltes überdimensioniertes **Reiterdenkmal der Zarin Elisabeth** ehrt die russische Herrscherin, unter der im Siebenjährigen Krieg russische Truppen Pillau einnahmen und die mehrmals über See via Pillau von Petersburg nach Königsberg reiste.

Vom Ende der Nordermole kann man bei guter Witterung im Norden die Steilküste von Jantarnyj (Янтарный/Palmnicken) erkennen, auch lässt sich sehr gut der Soldatenfriedhof von hier übersehen. Der an die Mole nördlich anschließende **Sandstrand** ist bei den Baltijskern und ihren Gästen sehr beliebt. Imbissstände und Biergärten machen den Platz um das Denkmal besonders attraktiv.

Am südlichen Ende der Mole steht der neue Lotsenturm, dahinter legt die Fähre zum jenseitigen Ufer nach Kosa ab. Unweit davon öffnet sich ein kleiner Platz, auf dem Peter der Große von seinem Sockel grüßt. Zum Andenken an seinen Aufenthalt in Pillau 1697 setzte man ihn 1997 auf genau jenen Sockel, von dem vorher der Große Kurfürst über die See geblickt hatte. Dessen Denkmal gelang es 1945, den Westen zu erreichen. Es befindet sich heute in Eckernförde. Gleich hinter Peter steht Pillaus altes und neues Wahrzeichen, Schinkels 32 Meter hoher **Leuchtturm**. Erbaut 1813, zeigt er noch immer den Seeleuten den Weg. Von seiner Plattform (manchmal geöffnet) genießt man einen überwältigenden Blick auf das neue Baltijsk und den Hafen.

Um den Leuchtturm befand sich einst Pillaus Zentrum. Es ist nicht mehr vorhanden, nur am Nordrand der öden Fläche, die zu Aufmärschen dient und einst der Marktplatz war, lässt sich ein kleiner Backsteinbau erkennen. Es ist die **Reformierte Kirche** von 1866. Von den einst vier Kirchen der Stadt steht nur noch diese. Das turmlose kapellenähnliche Gotteshaus gehört heute der orthodoxen Kirche.

Wo der Uferweg zum Innenhafen hin scharf umbiegt, steht das **Hotel Zolotoj Jakor**, vor 1945 als ›Goldener Anker‹ das vornehmste Haus am Ort. Vielleicht ist es heute nicht mehr so vornehm, sicherlich aber die einzige Übernachtungsmöglichkeit in Baltijsk.

Jenseits des Innenhafens, gegenüber am sogenannten Russendamm, den die Besatzer im Siebenjährigen Krieg anlegten, lassen sich viele Einfamilienhäuser aus den 1930er Jahren erkennen. Das Gelände des Russendamms ist allerdings aus militärischen Gründen für die Öffentlichkeit nicht zugänglich.

Hingucker: der Leuchtturm

▲ Karte S. 183

Die Frische Nehrung

Tagsüber verkehrt stündlich bis Sonnenuntergang eine kostenlose Fähre nach Kosa (Koca/Neutief) auf die Frische Nehrung; an den jeweiligen Anlegestellen hängen Fahrpläne aus. Eine besondere Kontrolle findet nicht statt, der gesamte russische Teil der Frischen Nehrung ist zur Grenzzone erklärt. Die Genehmigung für Pillau-Stadt gilt seit Anfang 2012 für die Nehrung nicht mehr. Offiziell muß man für den Besuch der Frischen Nehrung eine Grenzgenehmigung (Propusk) besitzen. Während der Überfahrt hat man einen grandiosen Blick auf die Stadt, den Leuchtturm, den Hafen und die Mole.

In **Kosa** stehen noch etliche deutsche Häuser, einst Wohnungen für die Beschäftigten des Flugplatzes. Von diesem sind noch verschiedene Hallen und Hangars vorhanden. Angeblich soll sich Ostpreußens berüchtigter Gauleiter Erich Koch im Januar 1945 von hier heimlich in den Westen abgesetzt haben.

Den Seekanal entlang gelangt man nordwärts zu den Ruinen des alten **Westforts**, das in seinem Kern noch auf Gustav Adolf zurückgeht, aber wie auch das Fort auf der anderen Seite am Ende des 18. Jahrhunderts erneuert und erweitert wurde. Von einem früheren Aussichtssturm der Grenztruppen hat man einen kolossalen Blick auf die beiden Molen, auf Kosa, das Westfort und die sich nach Südwesten hinziehende auslaufende Frische Nehrung.

Die Nehrungsstraße, die von hier bis zur Weichselmündung östlich von Danzig führte, war von Januar bis April 1945 der einzige verbliebene Weg, auf dem das inzwischen von der Roten Armee eingeschlossene Ostpreußen verlassen werden konnte. Entweder gelang es, aus Pillau mit den Schiffen der deutschen Kriegsmarine Richtung Westen herauszukommen, oder man versuchte, über die Frische Nehrung der Umklammerung auszuweichen. Vielen Flüchtlingen aus dem Landesinneren blieb, um auf die Nehrung zu gelangen, nur der Weg über das zugefrorene Frische Haff. Viele Wagen versanken in den eisigen Fluten, Menschen erfroren in den eisigen ersten Monaten 1945 am Wegesrand. Die Straße über die Frische Nehrung ist nur im polnischen Teil der Nehrung zu benutzen. Im russischen Teil der Nehrung wird sie etwa drei Kilometer westlich von Kosa unpassierbar und verschwindet schließlich ganz.

Stets stand die Frische Nehrung in ihrer Bekanntheit und auch landschaftlichen Schönheit im Schatten der Kurischen Nehrung. Die mit 56 Kilometer Länge und einer Breite von maximal 1800 Meter bedeutend kleinere und schmalere der beiden Nehrungen entstand auf die gleiche Weise und zur gleichen Zeit wie die Kurische. Sie trägt ihren Namen nach dem Flüsschen Frisching (heute Prochladnaja/Проıладная), das bei Ušakovo (Ушаково/Brandenburg), etwa 20 Kilometer südlich von Kaliningrad, ins Haff mündet. Auch vor 1945 fand der Tourismus auf der Nehrung nur in ihrem westlichen Abschnitt statt. Krynica Morska, damals Kahlberg, ist seit 1850 Seebad und auch heute ein sehr beliebter polnischer Badeort.

Auf der Frischen Nehrung gibt es ebenfalls Dünenkomplexe, die aber nicht mit den gewaltigen Wanderdünen der Kurischen Nehrung vergleichbar sind. 45 Meter Höhe erreichen die **Dünen** von Narmeln, das als Siedlung verschwunden ist. Sie liegen genau dort, wo heute die polnisch-russische Grenze die Nehrung teilt. Wer einen – fernen – Blick auf die Dünen werfen möchte, muss vom polnischen Braniewo (Braunsberg) ein paar Kilometer nördlich an den Badestrand von Stara Pasłęka (Alt Passarge) fahren. Von hier blickt man über das Haff direkt auf die Grenzregion um das nicht mehr vorhandene Narmeln, wo sich die Dünen prachtvoll auftürmen. Wie auch auf der Kurischen Nehrung liegen die landschaftlich schönsten Partien im direkten Grenzbereich und können nicht besucht werden. Im zugänglichen polnischen Teil der Frischen Nehrung gibt es nur wenige und bewaldete niedrigere Dünen.

Das **Frische Haff** besitzt eine Fläche von 840 Quadratkilometern. Es ist allein durch das Pillauer Tief mit der Ostsee verbunden; vor dem 16. Jahrhundert bestanden Durchfahrten bei Lochstädt und einige Kilometer südlich von Kosa. Insbesondere durch die Ablagerungen des Pregels verlandet das Frische Haff immer stärker. Es ist nur maximal fünf Meter tief, so dass man manchmal bei ruhigem Wasser heute noch Überreste 1945 eingesunkener Wagen sehen kann. Am Ufer bei Balga, an der gegenüberliegenden Seite, werden nicht selten noch Geschirr, Stahlhelme und dergleichen angespült.

Die Reste des Westforts auf der Nehrung

Vor etwa zehn Jahren diskutierte man in Polen die Möglichkeit eines Durchstichs durch die Nehrung westlich von Krynica Morska, um das Frische Haff und Elbląg besser an die See anzuschließen und den Tourismus fördern zu können. Doch die Zerschneidung des Nationalparks Frische Nehrung hätte weitreichende, nicht absehbare ökologische Folgen gehabt. Und die Russen legten sofort ihr Veto ein, da sie ihre militärische Sperrzone angegriffen sahen. In Polen wird derzeit wieder über ein solches Projekt diskutiert.

Baltijsk und Frische Nehrung

Reisebüro Zolotaja Orchideja, ul. Verchnjaja Morskaja 6, 238520 Mečnikovo, Tel. 007/909/7755699. Mit Pension und Restaurant; DZ 50 €.

Hotel Zolotoj Jakor (Goldener Anker), Morskoj Bul'var 6, 238520 Baltijsk, Tel./Fax 007/40145/20058. DZ 50 €. Mit einem empfehlenswerten Restaurant.

Hotel Baltijski Briz, ul. Datschnaja 25, 238520 Mečnikovo, Tel. 911/4552556, www.baltikbriz.narod.ru. DZ 55–65 €.

Na Kraju Rossii (An Russlands Rand), ul. Lenina 32, 238520 Baltijsk, Tel. 007/40145/22016, Fax 21098, www.pillau.ru. DZ 30–50 €.

Austellung zur Geschichte der Baltischen Flotte, Besetzung Pillaus im Siebenjährigen Krieg etc., ul. Kronštatskaja (im Amtsgerichtshaus), Baltijsk, Mi–Sa 9.30–12 u. 14–17 Uhr.

▶ Karte S. 156

Das östliche Samland

Ihr östliches Ende hat die altpruzzische Landschaft des Samlands am Fluss Deime bei Polessk (Labiau) hin. Der Flusslauf war in frühere Zeiten eine wichtige strategische Grenze, weil er für die feindlichen Litauer wegen seiner Breite und der sumpfigen Ufergebiete ein kaum zu bezwingendes Hindernis auf dem Weg nach Königsberg war.

Gur'evsk

Etwa drei Kilometer jenseits des Kaliningrader Stadtrings, an der A 190 Richtung Polessk (Полесск/Labiau), liegt Gur'evsk (Гурьевск/Neuhausen). Es war in deutscher Zeit ein größeres Dorf und ist heute Rajon-Hauptstadt für den die Stadt Kaliningrad von Nordost bis Südwest umgebenden Bezirk, der aus Teilen der früheren Kreise Samland, Labiau, Wehlau und Königsberg-Land gebildet wurde. Etwa 11 000 Einwohner leben hier.

Gur'evsk besitzt kein eigentliches Zentrum. In einer Art **Gartenstadt** linker Hand der Hauptstraße befinden sich alle öffentlichen Einrichtungen, während der alte Kern von Neuhausen etwa 500 Meter östlich der Hauptstraße liegt. Man gelangt dorthin, wenn man sich am **Ehrendenkmal** nach rechts wendet. Die im Krieg gering beschädigte **Kirche**, einst berühmt durch ihre gehaltvolle Innenausstattung, war bereits 1964 in die offizielle russische Liste bedeutender Architekturdenkmäler aufgenommen worden, wurde jedoch als Lagerhalle genutzt und verfiel. Sie wurde in den Jahren bis 1997 wieder hergerichtet und dient heute der neuapostolischen Kirche zum Gottesdienst.

Die **Ordensburg**, mit deren Bau am Ende des 13. Jahrhunderts begonnen wurde, war die Sommerresidenz Herzog Albrechts. Es ist überliefert, dass hier am

Das östliche Samland

Die renovierte Kirche in Gur'evsk

20. März 1568 die Gattin des Herzogs, Anna Maria, verstarb und Albrecht selbst erstaunlicherweise am gleichen Tag in Tapiau. In der umgebauten, aber noch deutlich zu erkennenden Burg 150 Meter westlich der Kirche befindet sich heute ein landwirtschaftlicher Großbetrieb.

Zwischen Gur'evsk und Polessk

Einen Kilometer hinter Gur'evsk weist ein Wegweiser in das 18 Kilometer entfernte Kaširskoe (Каширское/Schaaksvitte) am Südufer des Haffs. Dorthin sollte fahren, wer die Kurische Nehrung einmal über das Haff erblicken will.

■ Am Südufer des Kurischen Haffs

Auf dem Weg zum Haff passiert man Žemčužnoe (Ўемчужное/Kirche Schaaken). Unmittelbar rechts am Weg neben der früheren Schule steht die beeindruckende Ruine der **Dorfkirche**.

In nordwestlicher Richtung zweigt eine Straße nach Chrabrovo (Храброво/Powunden) ab. Hier kann man nach einem Kilometer nach Nekrasovo (Некрасово/Liska Schaaken) gelangen, wo linker Hand die Ruine der **Ordensburg Schaaken** zu finden ist. Sie wurde 1328 auf den Resten einer vormaligen pruzzischen Wallburg gebaut. Die Burganlage ist zusammen mit der Domäne zu einer kleinen Kolchose mit Wohngebäuden umgewandelt. Auffällig sind die Ecktürmchen am Domänengebäude, die auf gotisierende Umbauten des 19. Jahrhunderts zurückgehen.

Ein kleines Museum und ein Reiterhof sind inzwischen leider eingegangen, es finden aber allsommerlich Ritterspiele statt.

In **Kaširskoe** sollte man sich bei der Ortsdurchfahrt nicht von dem teilweise katastrophalen Straßenzustand abschrecken lassen, sondern bis zum Haffufer weiterfahren. Der frühere Hafen ist noch an einigen Gräben und angedeuteten Molefundamenten zu erkennen. Es ist zwar eine meist sehr windige Ecke, die von den Einheimischen aber sehr gern zum Picknicken und Angeln aufgesucht wird. In sechs Kilometer Entfernung zieht sich das feine grüne Band der Kurischen Nehrung nach Nordosten hin. Deutlich erkennt man Lesnoe (Лесное/

Szenerie am Kurischen Haff

▶ Karte S. 189

Sarkau) und die sich nördlich anschließenden ›Weißen Berge‹, das sogenannte erste Dünenfeld – es gibt auf der Nehrung vier große Dünengebiete –, das von der Nehrung nur schwer zugänglich ist. Die große Lesnoer Fischkolchose (links vom Dorf) ist gut zu erkennen.

Besuchenswert ist auch das abgelegene **Zalivnoe** (Postnicken), das man von der A 190 über Uslovoe erreicht. Die **Kirche** aus dem 16. Jahrhundert ist eine Ruine, bei der nur noch das zerfallene Schiff existiert. Über der ganzen Siedlung weht der Verfall. Doch liegt ein poetischer Zauber darüber.

Das südlich davon gelegene **Rozhkovo** (Perwissau) ist Geburtsort des Schauspielers Heinz Meier (1930–2013). Als Mitwirkender in zahllosen Loriot-Sketchen erreichte er große Popularität.

Dobrino, Zarec'e und Umgebung

In Dobrino (Лобрино/Nautzken) kann man am Bahnhofsgebäude gleich links an der Straße an der dem Gleis zugewandten Seite noch die alte deutsche Ortsbezeichnung erkennen, nach weiteren drei Kilometern verweist ein Schild nach ›Zareč'e‹. Auf dem Weg dorthin kommt man das durch das zu Zareč'e gehörige **Trostniki** (Тростники/Bothenen). Hier ist von der **Dorfkirche** nur der Turm erhalten, der aber immer weiter zerfällt, während das Langschiff durch Raubgrabungen zerstört wurde. Auf dem von einer Mauer umgebenen Friedhof ist ein Kriegerdenkmal aus dem Ersten Weltkrieg zu finden, neben der Mauer findet sich das gut erhaltene ehemalige Pfarrhaus.

Von der **Ordensburg** in Zareč'e (Заречье/Kaymen), am südlichen Ortsausgang Richtung Gvardejsk/Veselovka rechts unweit der Straße gelegen, ragt nur das Mauerwerk der Außenwände

Am Kanal zapadny (Westkanal)

aus einem Gestrüpp hervor. Doch ist ihre runde Gesamtanlage als Wasserburg noch gut zu erkennen. Kaymen war einer der Schauplätze des Bauernaufstandes vom Herbst 1525, als 4000 Bauern gegen die Burg zogen, um sich des als verhassten Menschenschinders berüchtigten Amtmanns Andreas von Rippe zu bemächtigen. Die Bauern nahmen ihn gefangen und plünderten die Burg. Die anschließende Belagerung von Burg Labiau blieb erfolglos und der Aufstand kam ins Stocken. Herzog Albrecht hielt sich zu dieser Zeit außer Landes auf, ließ aber nach seiner Rückkehr drei der Rädelsführer hinrichten. Auf eine Bestrafung der übrigen Bauern verzichtete er, da ihm wohl bewusst war, welchen Schikanen die Landbevölkerung durch den Adel ausgesetzt war.

Von Zareč'e kann man jetzt direkt nach Kaliningrad zurückfahren und erreicht die Stadt beim Motel ›Baltika‹ am östlichen Stadtrand. Diese Straße ist eine landschaftlich sehr schöne und wenig befahrene Alternative für die Strecke zwischen Kaliningrad und Polessk.

Slavjanskoe und Umgebung

Der nächste größere Ort an der alten Reichsstraße 128 ist Slavjanskoe (Славянское/Pronitten). Hier gibt es an der Bushaltestelle fast ganzjährig die Möglichkeit, Eier, Kartoffeln und frisches Gemüse zu erwerben, das alte Frauen in ihren Gärten anbauen.

Gleich danach biegt eine Straße nordwärts nach Nikitovka (Никитовка/Lablacken) und Ušakovka (Ушаковка/Kampkenhöfen) ab. Der Weg lohnt sehr, denn er ist hinter Nikitovka eine der schönsten Alleen des Gebiets. Nach etwa neun Kilometern endet er an einem grünen Metalltor, hinter dem sich ein Gästehaus des Militärs befindet. Doch kann man hier westwärts auf einer unbefestigten Dammstraße weiterfahren. Es geht unmittelbar am Haffufer entlang, wobei das Haff wegen der bis zu 300 Meter breiten Verschilfung nicht zu sehen ist, nur am Tor zum erwähnten Gästehaus kann man direkt baden.

Auf dem Dammweg passiert man nach etwa anderthalb Kilometern das linkerhand etwa 100 Meter abseits des Dammwegs befindliche weltferne **Ijul'skoe** (Июльское/Julienhöhe), der Rest eines Fischerdorfes. Die in den Karten eingezeichnete Direktverbindung Ijul'skoe–Nikitovka existiert aber nicht, die Dorfstraße in Ijul'skoe kann man südwärts fahren – es ist sicherlich eine der abgelegensten und verträumtesten Landschaften des Gebiets, doch endet der unbefestigte Weg irgendwann im Nichts.

Den Dammweg kann man weiter westwärts, Richtung Zalivnoe (Заливное/Postnicken) fahren. Zunächst passiert man an einer Landspitze die Stelle des untergegangenen Dorfs Willmanns, wo ein für die Öffentlichkeit nicht zugängliches Gästehaus existiert. Gleich danach ist der Weg für Pkw nicht mehr passierbar und nur noch für Wanderer und Radler offen. Es geht durch schier tropische Sümpfe, und schließlich erreicht man einen breiten Kanal, an dem sich die Straße entlang südwärts wendet. Etwa 300 Meter nach dem Knick kann man als Wanderer und Radfahrer auf einer baufälligen Brücke den Kanal überqueren und sich nach Zalivnoe durchschlagen. Bleibt man auf der Straße parallel zum Kanal, verlässt man nach etwa drei Kilometern den Wald und wechselt über eine Brücke auf das westliche Kanalufer und kommt nach einigen hundert Metern an einem **Schleusenhaus** von 1928 vorbei. Hier gabelt sich die Straße. Man kann weiter direkt den Kanal entlang fahren, muss aber nach knapp zwei Kilometern sich über einen recht schlechten Weg – es gibt aber nur diesen – sich nach rechts wenden, wodurch man schnell nach Dobrino kommt; weiter geradeaus versperrt alsbald ein Bahndamm den Weg. Wer sich bei der erwähnten Gabelung halb rechts hält, fährt über eine abenteuerliche Straße mit Fragmenten alten Katzenkopfpflasters vorbei an einer auf-

Ijul'skoe, Dorfstraße

▲ Karte S. 189

gelassenen Datschensiedlung und gelangt kurz vor Dobrino die Verbindungsstraße nach Novgorodskoe (Mettkeim); an der gleichen Stelle mündet auch von Osten der Weg ein, der direkt dem Kanal entlang führte. Beide Wege sind bei feuchter Witterung jedoch für Autos kaum passierbar. An dieser Stelle befand sich das verschwundene Duhnau.

Fährt man hinter der Bushaltestelle in Slav'anskoe aber nach rechts, kommt man, an einigen hübschen neueren Häuschen und am verwilderten Park des nicht mehr bestehenden Gutes Meyken vorbei, nach etwa zwei Kilometern in ein völlig unbesiedeltes Gebiet. Die Wege sind aber recht gut und auch für Pkw ohne weiteres passierbar. Bis zur Trasse der alten 1, der A 229, gibt es ausgenommen von Demidovo (Демидово/Großudertal) kaum eine Siedlung. Alle Dörfer aus der Zeit vor 1945 haben aufgehört zu existieren, weniger durch Kampfhandlungen als vielmehr durch Abtragung. Wer Zeit hat oder mit dem Fahrrad unterwegs ist, sollte unbedingt einmal diese unwirklich stillen Gebiete aufsuchen. Man benötigt aber eine russische topographische Karte.

Vor dem Verfall gerettet: die Kirche in Turgenevo

Turgenevo

Unweit von Slavjanskoe liegt Turgenevo (Тургенево/Groß Legitten). Lange stand die um 1400 errichtete **Kirche**, die im Krieg nicht zerstört wurde, stark verfallen am Straßenrand. Nach 1997 begann man sie mit Mitteln aus Deutschland herzurichten und das Dach neu zu decken. Im Sommer 2004 wurde sie neu für den evangelischen Gottesdienst geweiht. Die Kirche, in der auch kleine Ausstellungen zur Ortsgeschichte bestehen, ist zwar im allgemeinen verschlossen, auf der anderen Straßenseite kann man aber im Haus der Dorfbibliothek einen Schlüssel erhalten; Besucher werden in der Regel auch wahrgenommen. An der Nordwand sieht man ein interessantes **Denkmal** für die Gefallenen des Ersten Weltkrieges: ein einzelner Soldat, dem allerdings der Kopf fehlt.

Rings um die Kirche befindet sich der neue **Friedhof** von Turgenevo, auf dem man auch auf vereinzelte Grabsteine aus deutscher Zeit stößt. An der Nordseite befand sich das Grab von Jenny von Gustedt (1811–1890). Sie war die Tochter von Napoleons Bruder Jérôme Bonaparte und war bis zum Lebensende dafür berühmt, dass sie als etwa Zwanzigjährige Goethe in seinen letzten Jahren in Weimar betreute. Ihr Grabstein soll wieder aufgestellt werden. Jenny von Gustedt verbrachte ihre letzten Lebensjahre im heute nicht mehr existierenden Gutshaus von Lablacken (Nikitovka) nordwestlich von Slavjanskoe.

Slavinsk und Gvardejsk

Gleich hinter Turgenevo führt die gut ausgebaute P 512 durch ein landschaftlich bezauberndes Gebiet über Slavinsk (Славинск/Goldbach) nach Gvardejsk (Гвардейск/Tapiau). Das etwas größere Slavinsk besitzt durch die auf einer An-

Verwunschen: der Friedhof in Slavinsk

höhe über dem Ort liegende **Kirchenruine** einen ›romantischen‹ Charakter. Die 1706 erbaute Kirche war 1945 unversehrt, dann wurde die übliche Lagerhalle eingerichtet, gegen 1978 die Halle an einen anderen Ort verlagert, und dann verfiel die Kirche.

Im Dorfmagazin gegenüber der Kirchenauffahrt bekommt man unter anderem hervorragende Würstchen – ein guter Ort für einen kalten Imbiss.

Polessk

▲ Karte S. 189

Die ehemalige Kreisstadt Polessk (Полесск/Labiau) – Stadtrecht seit 1626 – ist auch heute Verwaltungssitz. Der Rajon Polessk wird durch das Südostufer des Haffes begrenzt und erstreckt sich nach Südosten bis zur Hauptverkehrsstraße Talpaki (Талпаки/Taplacken)–Sovetsk (Советск/Tilsit) im Bereich südlich von Bol'šakovo (Большаково/Groß Skaisgirren/Kreuzingen).

Bei der Einfahrt in die Stadt fällt links das ansehnliche Gebäude der **Mittelschule** auf, das auch heute diesem Zweck dient. Eine große orthodoxe russische **Kirche** entstand 2003. Im Zentrum ist wenig aus früherer Zeit erhalten. An der Nordseite des Marktplatzes, der als solcher kaum noch auszumachen ist, stehen noch drei alte Gebäude, darunter die ehemalige Sparkasse und das frühere Hotel ›Deutsches Haus‹, das an seinen Ziergiebeln deutlich auszumachen ist. Rechts davon erhebt sich ein unansehnlicher fünfstöckiger Neubau genau auf den Fundamenten der Stadtkirche. Sie überstand den Krieg beschädigt, wurde aber in den 1960er Jahren abgetragen.

Die andere Seite des Marktes wird durch die **Ordensburg** begrenzt. Sie überstand die Kampfhandlungen leidlich und diente in den 1950er Jahren als Sitz lokaler Militäreinrichtungen. Nach einem Brand um 1968 wurde das Gebäude bis zum Hauptgeschoss abgetragen und teilweise wieder aufgebaut. So ist die alte Burg heute ein niedriger Backsteinklotz, dem man seine frühere Gestalt kaum noch ansehen kann und der bis vor kurzem einer Maschinenfabrik als Betriebsgebäude diente. Es gibt ein kleines **Museum** in der Burg, das sehr schön die Zeit der Schwedenkriege im 17. Jahrhundert

Die alte Ordensburg in Polessk lässt ihren wehrhaften Charaker noch erkennen

Der Leuchtturm in Zalivino

darstellt und der Figur des Großen Kurfürsten breiten Raum gibt. In einer wilden Fahrt über das zugefrorene Kurische Haff jagte er 1679 die Schweden aus Preußen hinaus. Durch das Gelände der ehemaligen Vorburg verläuft die Hauptstraße Labiaus.

Die Ordensburg Labiau, als hölzerne Befestigung bereits um 1255 erbaut, besaß große strategische Bedeutung. Die natürliche Ostgrenze des Samlands ist die Deime (Deima), ein Seitenarm des Pregels, der in Tapiau abzweigt und in direkter nördlicher Richtung nach 37 Kilometern ins Kurische Haff mündet. Der Fluss war für den Deutschen Orden als natürlicher Schutz gegen die Einfälle der Litauer sehr wichtig, weshalb man neben der Burg Labiau auch die in Tapiau baute. Im 18. und 19. Jahrhundert war die Deime Teil der Wasserhandelsstraße von Tilsit nach Königsberg.

Die **Deimebrücke** am östlichen Rand von Polessk wurde 2002 völlig neu errichtet, nachdem die alte ›Adlerbrücke‹ – eine Klappbrücke aus dem 19. Jahrhundert, die nach dem an ihrer Brüstung angebrachten preußischen Adler ihren Namen trug – wegen Baufälligkeit abgerissen worden war. Von dieser Brücke hat man einen sehr schönen Ausblick auf das ehemalige Wasserwirtschaftsamt, den Polessker Hafen, auf die Deime und auf das Kurische Haff. Labiau war einst auch durch seine Brauerei bekannt, die am Südrand der Stadt liegt. Es gibt seit einiger Zeit entlang der Hauptstraße Hinweisschilder auf verschiedene erhaltene historische Gebäude, nur findet man die trotz oder wegen der Wegweiser überhaupt nicht.

Zalivino

Lohnend ist von Polessk ein Abstecher an die Haffküste. Über die Haffstraße (Zavodskaja ul.), die von der Nordspitze des Marktplatzes neben dem Lenindenkmal abgeht, erreicht man nach etwa vier Kilometern Zalivino (Заливино/Haffwinkel/Labagienen). Fährt man an dem kleinen Dörfchen vorbei, bis sich die Straße plötzlich in scharfem Bogen nach links wendet, erscheint rechter Hand ein kleiner **Leuchtturm**. Hier befindet man sich im alten Dörfchen Rinderort, das heute mit Zalivino zusammengelegt ist. Der Rinderorter Leuchtturm, einst ein wichtiges Signal für den Schiffsverkehr auf dem Haff, ist nicht mehr in Betrieb und ruinös, jedoch besteigbar und erlaubt einen weiten Blick über Haff und Fischkolchose. In der Umgebung von Polessk gibt es mehrere solcher fischfangender und -verarbeitender Betriebe; der Polessker Markt gleich neben der früheren Ordensburg ist berühmt für die Qualität der dort angebotenen frischen Fische.

Das östliche Samland

Gästehaus Del'ta, per. Bannyi 2, 238630 Polessk, Tel. 007/4012/757588; DZ 50 €. Man spricht deutsch, mit Restaurant.

Diese Tour führt durch die zentralen Regionen des Kaliningrader Gebiets den Fluss Pregel (Pregolja) aufwärts bis nach Černjachovsk, dem früheren Insterburg, wo der Pregel im Zusammenfluss von Pissa, Angerapp und Inster entsteht. Neben dem idyllischen Pregeltal lohnt vor allem ein Besuch von Černjachovsk, das eine stimmungsvolle Atmosphäre besitzt.

VON KALININGRAD IN DIE ZENTRALEN REGIONEN

Das Pregeltal östlich von Meždureč'e

Durch das Pregeltal

Diese Tour führt über die heutige wie einstige Ost-West-Achse des nördlichen Ostpreußen quer durch die Mitte der Kaliningradskaja Oblast'. 140 Kilometer sind es von Kaliningrads Zentrum bis zum Schlagbaum in Černyševskoe (Чернышевское/Eydtkau/Eydtkuhnen) an der Grenze zu Litauen. Diese Straße – heute die A 229 und größtenteils identisch mit der alten Reichsstraße 1 – ist eine der wichtigsten Lebensadern des Kaliningrader Gebiets. Denn über sie führt der Weg durch Litauen und Weißrussland ins russische Mutterland. Der ganze russische, litauische und weißrussische Warenverkehr mit Kaliningrad erfolgt überwiegend auf dieser Route. Die Eisenbahntrasse nach Moskau verläuft parallel zu dieser Straße.

Der Pregel (russisch Pregolja/Преголя) hat seinen Namen vom litauischen ›pragaras‹, was mit ›sumpfiges Gebiet‹ übersetzt werden kann. Er entsteht bei Černjachovsk (Insterburg) durch den Zusammenfluss von Pissa, Angerapp und Inster (Pissa, Angrapa, Instruč). Auf 125 Kilometern strömt er nach Westen, um bei Kaliningrad ins Frische Haff zu münden. Von Znamensk abwärts ist er schiffbar, unterhalb von Kaliningrad erreicht er bei einer Breite von 90 Metern eine Tiefe von 6 Metern.

Vom Kaliningrader Zentrum nach Osten

Die Straße führt als Moskovskij prospekt in östlicher Richtung aus Kaliningrad heraus. Fernwegweiser sind rar in Kaliningrad. Genaugenommen gibt es überhaupt keine, und die ganz wenigen sind meist nicht von Reklametafeln zu unterscheiden. Doch kurz vor dem Sackheimer Tor gibt es einen Hinweis ›Černjachovsk‹; direkte Hinweise nach Moskau finden sich weiter außerhalb der Stadt, wo es eine Kilometerangabe nach Moskau und St. Petersburg gibt.

Bis zur Kreuzung mit dem Außenring ist die Ausfallstraße mit der alten Reichsstraße 1 identisch. In den 1980er Jahren war geplant, Kaliningrad über Minsk mit Moskau durch eine vierspurige Schnellstraße zu verbinden. Diese ist aber nur bis Gvardejsk (Гвардейск/Tapiau) und in einigen kurzen Abschnitten weiter östlich bei Gusev fertiggeworden. Glück-

Von 1945 bis 2015 in unveränderter Position: die Berliner Brücke

▲ Karte S. 199

licherweise hat man bei diesem Neubau die vormalige Reichsstraße 1 geschont, die alte Allee blieb erhalten. Sie läuft in unterschiedlichem Abstand neben der neuen, stark befahrenen Straße und bietet sich als ruhige Alternative insbesondere für Fahrradfahrer an.

Etwa 500 Meter südlich dieser Kreuzung befanden sich bis 2015 die von Touristen viel fotografierten Reste der über den Pregel führenden Autobahnbrücke der damaligen Reichsautobahn Elbing-Königsberg. Deren vierspurige Vollendung musste kriegsbedingt 1940 eingestellt werden. Die Brücke wurde 1945 gesprengt. Dabei zerbrachen die Betonplatten nicht vollständig, sondern rutschten als Ganzes in den Fluss, wo sie gleichsam steckenblieben. Nach dem Krieg wurde eine zweite Fahrspur neu

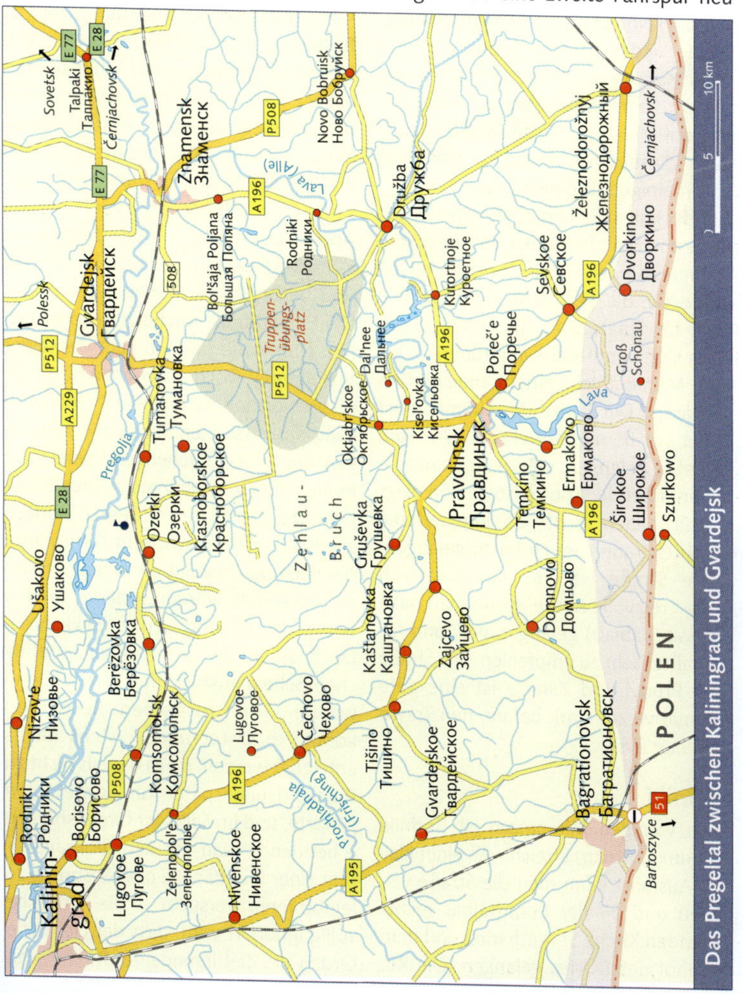

Das Pregeltal zwischen Kaliningrad und Gvardejsk

errichtet. Die Brücke hieß bei allen Kaliningradern ›Berliner Brücke‹, denn schließlich verlief über sie ein Bruchstück der niemals fertiggestellten Autobahn aus Berlin. Im Zuge des Ausbaus der Ringstraße zu einer vierspurigen Trasse wurden die vielbestaunten Reste im Sommer 2015 abgetragen.

Unmittelbar hinter dem Außenring befand sich Richtung Chernyachovsk (Insterburg) eine gefürchtete Kontrollstelle, an der jedes Fahrzeug, das von und nach Kaliningrad fuhr, zusammen mit seinem Fahrer einer kurzen Dokumentenkontrolle unterzogen wurde. Doch auch diese Einrichtung existiert nun schon einige Jahre nicht mehr.

Auf der linken Seite ragt jetzt der Hotelturm des **Motels Baltika** auf. Er diente während der Jelzin-Ära als offizielle Herberge für die politische Führung wie auch für Staatsgäste. Das recht große Haus liegt unmittelbar am früheren Lauther Mühlenteich, einem malerischen Gewässer. Die Trasse der alten 1 führt direkt vor dem Hotel vorbei. Um zum Motel zu gelangen, wendet man unmittelbar hinter der Kontrollstelle und biegt sogleich nach rechts ab, um auf die Zufahrtsstraße zum Hotel zu gelangen. Diese Straße ist eine landschaftlich höchst reizvolle Route, wenn man nach Polessk (Labiau) gelangen will, und für Radfahrer sehr zu empfehlen. Die Straße über Prudyi und Zareč'e ist eine gute Alternative zur stark befahrenen Trasse über Gur'evsk.

Rodniki

▶ Karte S. 199

Nach wenigen Kilometern ist Rodniki (Родники/Arnau) erreicht. An einer kleinen Ausfahrt kann man die Straße verlassen und zu der unmittelbar rechts liegenden Kirche St. Katharina und dem Friedhof des Dorfes gelangen. Die Kirche aus dem 14. Jahrhundert erhebt sich auf einem Hügel hoch über der Pregelebene, über die man von hier eine wunderbare Aussicht hat. Die Ordensritter wussten um die Bedeutung dieser Stelle, als sie hier um 1320 eine Burg errichteten. Von ihr ist heute aber keine Spur mehr vorhanden.

Die **Arnauer Kirche** gilt durch die Ausweitung des Chorhaupts, die achtzackigen Sterngewölbe und durch ihre in Resten erhaltenen Fresken – die als 120 Einzelmotive rund um das Schiff als Fries gezogen waren – als architektonische Besonderheit innerhalb der Kirchen aus der Ordenszeit. 1945 nur leicht beschädigt, verfiel sie immer mehr und stand Anfang der 1990er Jahre kurz vor dem Abriss. Doch einige deutsch-russische Kulturvereine fanden sich zusammen und begannen mit Unterstützung aus Deutschland, die Kirche zu rekonstruieren. Nun stand der Bau kurz vor seiner Vollendung. Doch inzwischen hatte die russisch-orthodoxe Kirche mit Unterstützung des russischen Staats alle vormaligen deutschen Kirchen und selbst die Ruinen der Ordensburgen in ihren Besitz gebracht, gemäß einem Gesetz, wonach alle Kirchen auf russischem Territorium, die nach der Revolution enteignet und umgewandelt wurden, wieder in den Besitz der Orthodoxen zurückkehren. Doch es wurde zu einem unappetitlichen Schelmenstück des Klerus: Denn während der russischen Revolution konnte in Ostpreußen erstens nichts enteignet werden, da es damals nicht zu Russland und später zur Sowjetunion gehörte, und im Falle der Ordensburgen – bei denen man mit dem Vorhandensein einer Burgkapelle den Anspruch zu legitimieren versucht – die Tatsache völlig ignoriert wird, dass der Deutsche Orden nie Teil irgendeiner Kirche war,

Die Backsteinkirche in Rodniki

für die man jetzt sprechen könnte. Völlig unbemerkt von den Kaliningrader Denkmalschützern gelang es, einen orthodoxen Altar einzubauen, wobei gleichzeitig die Fresken schwer beschädigt wurden. Jetzt werden sie bald verschwunden sein, teils sind sie auch von Ikonenwänden zugestellt.

Nordöstlich der Kirche ist auch der kleine **Friedhof** wiederhergestellt. Eine neue, zweisprachige Platte deckt das Grab von Theodor von Schön (1773–1853). Er wurde in Schreitlauken östlich von Tilsit – heute auf litauischem Territorium gelegen – geboren, war als 30-jähriger preußischer Finanzrat in Berlin und auch als Berater des Freiherrn von Stein tätig. 1816 wurde er Oberpräsident der Provinz Westpreußen, 1824 Oberpräsident von West- und Ostpreußen und später auch Staatsminister. Er machte sich um den Wiederaufbau der damals verfallenen Marienburg verdient. Aufgrund seiner liberalen Ideen, die ihn bei der Bevölkerung zu großem Ansehen gelangen ließen, aber gegenüber dem König oft zu Diskrepanzen führten, wurde er von Friedrich Wilhelm IV. 1844 entlassen. Schön zog sich enttäuscht auf sein Gut Arnau zurück und widmete sich in seinen letzten Lebensjahren der Verbesserung der Lebensverhältnisse, insbesondere der Produktivität der ostpreußischen Landwirtschaft.

Nizov'e und Ušakovo

Östlich von Rodniki führt die Straße das weite Pregeltal entlang. Der Fluss ist nicht sichtbar, er lässt sich durch die nach Süden sanft einfallende Landschaft doch zumindest erahnen. In diesem Bereich, etwa 20 Kilometer östlich von Kaliningrad, bildet er eine breite Schwemmebene; es ist das Urstromtal der ›Urmemel‹, das er hier durchfließt. Viele Kiesgruben säumen seinen Verlauf.

Nicht weit von Rodniki liegt etwas nördlich der neuen Straße Nizov'e (Низовье/Waldau). Das **Ordensschloss** von 1264 hat hier die Zeiten überstanden. Es ist immer wieder umgebaut worden. Nachdem es über 100 Jahre preußische Domäne gewesen war, ist im 19. Jahrhundert eine landwirtschaftliche Schule eingerichtet worden, wobei man leider die bis dahin erhaltene Nord- und Ostmauer mit den Türmchen abgetragen hat; 1870 wurde ein Lehrerseminar eingerichtet. Das ehemalige Schloss ist mit den neogotischen Umbauten des 19. Jahrhunderts erhalten und dient heute als Berufsschule.

Auf der linken Seite kommen bei Ušakovo (Ушаково/Heiligenwalde) – hier gibt es eine schöne rekonstruierte **Kirche** aus der Zeit um 1360 – **Erdölpumpen** in Sicht. Das ganze Kaliningrader Gebiet besitzt große Öl- und Gasvorkommen. Sie würden ausreichen, um

Die Kirche in Ušakovo stammt aus dem 14. Jahrhundert

die ganze Exklave in dieser Hinsicht autark zu machen. Doch da es keine Raffinerien gibt, muss das Öl zur Verarbeitung erst ins russische Mutterland gebracht werden. Dieser Hin- und Rücktransport führt in Kaliningrad bei Öl und Gas zu einem höheren Preisniveau als im übrigen Russland. Die Kirche in Ušakovo ist wunderbar renoviert und die schmuckste im ganzen Pregeltal.

Die alte Reichsstraße 1 mündet von links in die Schnellstraße ein, zweigt jedoch bei der Abfahrt Gvardejsk (Гвардейск/Tapiau) wieder ab, um direkt nach Gvardejsk hineinzuführen, während auf der A 229 die Rajonstadt in weitem Bogen über die neue Dejmabrücke umfährt.

Gvardejsk

▶ Karte S. 199

Gvardejsk (Гвардейск/Tapiau) hat heute 12 000 Einwohner und ist eine der gepflegtesten Städte im Kaliningrader Gebiet. Sie wurde im Krieg nicht so zerstört wie beispielsweise das benachbarte Znamensk (Знаменск/Wehlau) und übernahm daher dessen Funktion als Kreisstadt. In Tapiau zweigt vom Pregel die Deime ab, die nach etwa 30 Kilometern bei Polessk (Полесск/Labiau) in das Kurische Haff mündet.

Stadtgeschichte

Der Zwickel zwischen beiden Flüssen war bereits für die Pruzzen von strategischer Bedeutung, die hier die Burg Sugurbe errichteten. Die Deutschritter eroberten 1265 diese Burg und bauten sie bis 1290 zu einem festen Haus als Bollwerk gegen die weiter östlich lebenden Pruzzenstämme der Nadrauer und Schalauer aus. Nachdem 1457 der Ordenshochmeister seinen Sitz in Königsberg nehmen musste, wurden in Tapiau das Ordensarchiv und die Ordensbibliothek eingerichtet. Tapiau war einer der liebsten Aufenthalte von Herzog Albrecht, der hier auch 1568 starb. 1722 erhielt Tapiau Stadrechte. 1914 wurde es stark zerstört, aber sogleich wieder aufgebaut. 1945 blieb es weitgehend unbeschädigt und wurde daher 1946 auch Rayonstadt: Die vormalige Kreisstadt Wehlau (Znamensk) konnte wegen ihrer völligen Zerstörung diese Funktion nicht mehr wahrnehmen.

Sehenswürdigkeiten

Die Tapiauer **Ordensburg** liegt südlich der Deime, am Rand der heutigen Stadt. Bis 1793 behielt sie ihre ursprüngliche Form bei. Dann ließ sie Friedrich Wilhelm II. zu einer Besserungsanstalt um- und ausbauen, wobei nur der westliche Flügel erhalten blieb. 100 Jahre später wurde sie zur Provinz-Blindenanstalt, später fanden auch Geisteskranke hier ihre Unterbringung. Heute dient die Burg als Gefängnis.

Der **Marktplatz** von Gvardejsk erinnert immer noch an ein altes niederdeutsches Landstädtchen. Nur einige Schritte nordwärts, in der ul. Tel'mana, steht das **Rathaus** mit seinem charakteristischen Treppengiebel. Es wirkt wie ein umgebautes Haus aus dem 15. Jahrhundert, doch wurde es erst nach dem Ersten Weltkrieg im sogenannten ›Heimatschutzstil‹ erbaut und 1922 seinem Zweck übergeben.

Die Anfang des 16. Jahrhunderts erbaute **Pfarrkirche** befand sich gegen Ende der Sowjetära in einem desolaten Zustand, wurde aber von 1991 bis 1993 in schlichter Form wiederhergestellt. Hier werden heute russisch-orthodoxe Gottesdienste abgehalten. In der Sakristei befand sich einst das 1910 geschaffene Altargemälde ›Golgatha‹ von Lovis Corinth, dem größten Sohn der Stadt. Es ist seit Kriegsende verschollen.

Das **Geburtshaus von Lovis Corinth** ist erhalten. Um dorthin zu gelangen, verlässt man den Marktplatz Richtung Deime, geht über die ul. Gornaja oder die Gagarina hinab zum Deimeufer und geht an deren Ufer nach links entlang auf einem malerischen Weg. Auf der anderen Seite thront abweisend das mit Stacheldrahtverhau geschützte Gefängnis, die einstige, schon im 19. Jahrhundert stark umgebaute Ordensburg. An der Südseite eines etwas größeren, jedoch äußerst heruntergekommenen Platzes (Südende der ul. Gagarina) steht ein kleines, neu gestrichenes Häuschen, an dem eine Tafel auf Lovis Corinth hinweist. Die Einrichtung einer Gedenkstätte ist geplant.

In Gvardejsk und innerhalb der Ordensburg selbst wurden 1949 bedeutende Szenen des sowjetischen Films ›Begegnung an der Elbe‹ gedreht, der das Aufeinandertreffen sowjetischer und US-amerikanischer Truppen bei Torgau schildert.

Zwischen Kaliningrad und Gvardejsk

Gästehaus Ritsa, ul. Zamkovaja 7, 238210 Gvardejsk, Tel. 007/40159/32723.

Wirkt sehr alt, ist aber jung: das Rathaus

Lovis Corinth

Lovis Corinth (1858–1925) ist der größte Maler, den Ostpreußen hervorgebracht hat. Ursprünglich hieß er Louis, doch in seiner Handschrift wirkte das ›u‹ stets als ›v‹, woraus der – ansonsten nicht existierende – Vorname Lovis entstand. Er war einer der facettenreichsten deutschen Maler überhaupt, ein Maler mit einem ungemein großen Gesamtwerk, der als Impressionist begann und als Expressionist endete, dabei in seiner mittleren Schaffenszeit beide Richtungen seltsam irisierend zur Symbiose brachte.

Eine treffende Charakterisierung seiner Kunst stammt von seinem Malerkollegen Walter Leistikow, der 1890 äußerte: » [...] mich interessiert er sehr, er ist einer von den wenigen, denen man eine gewisse Achtung nicht versagen kann, weil er völlig selbständig, ohne sich um irgend eines Gunst oder Mißgunst zu kümmern, auf das verehrte Publikum hustend und auf die hiesigen Künstler erst recht hustend, seinen Weg geht. Er ist eine interessante Erscheinung hier in dieser süßmeiernden Umgebung.« Damit meinte Leistikow das Kunstleben Königsbergs. Trotz dieses ›süßmeiernden‹ Umfelds gelang es Corinth, als einziger der deutschen Impressionisten, abgesehen nur von Liebermann, in die Weltkunst aufzusteigen – und das gerade wegen der derben Sinnlichkeit und kraftvollen Ausdrucksweise, die auf seine ostpreußische Abstammung zurückzuführen ist.

Corinth, der als Sohn eines Gerbers in einfachen Verhältnissen zur Welt kam, ging mit 22 Jahren an die Münchner Akademie. Kürzere Aufenthalte in Antwerpen und Paris schlossen sich an, bis er sich 1891 in München und ab 1901 schließlich in Berlin niederließ. Corinths Bildmotive sind die, die bei allen deutschen Künstlern seiner Epoche sehr beliebt waren und auch heute noch als typisch deutsch angesehen werden: Füllige Bacchanten und -innen, Ariadnen und Salomen, Porträts von Gelehrten, Politikern und vermögenden Kaufleuten. Fast manisch malte er durch alle Jahre immer wieder sich selbst. Stets hielt er wenig von der französischen Kunst, wenngleich sich manche ihrer Einflüsse bei ihm nachweisen lassen. In seiner ersten Schaffensperiode bis etwa 1905 neigte man dazu, in ihm einen späten, aber direkten Nachfolger von Rubens oder Jacob Jordaens zu sehen, mit denen er die Lebensfülle, die Freude an prallen Körpern und der blühenden Farbe des Fleisches teilt, wie es besonders eindrucksvoll in den ›Hexen‹ von 1897 oder in den beiden Bacchanale-Bildern von 1896 und 1898 zu bestaunen ist. Ganz singulär ist dabei die brutale Fleisch-Darstellung im ›Schlachthaus‹ (1893). Von den Werken dieser Zeit geht eine ungeheure suggestive Kraft aus. In der Zeit unmittelbar vor dem Ersten Weltkrieg gelangen Corinth seine vielleicht stärksten impressionistischen Gemälde. Eine seiner bedeutendsten Schöpfungen dieser Zeit ist das Triptychon ›Golgatha‹, das direkt an Matthias Grünewald gemahnt und das er der Kirche seiner Heimatstadt Tapiau schenkte, aus der es 1945 verschwand und seither verschollen ist.

In allen Schaffensjahren war Corinth auch ein großartiger Porträtist, teilweise voll distanzierter Ironie und teilweise voller Transzendenz wie im ›Porträt Eduard Graf Keyserling‹ (1899), den er gemäß seines inneren Wesens und dem seines dichterischen Werkes als fragile Erscheinung mit prophetisch aufgerissenen Augen darstellte. Voll Ambivalenz sind auch seine Selbstbildnisse, vor allem das berühmte Selbstporträt ›mit

Der Mittelteil des verschollenen Triptychons ›Golgatha‹ von Lovis Corinth

Skelett‹, das keineswegs ein ›mediae in vitae‹ ist, sondern Böcklins ›Selbstporträt mit fiedelndem Tod‹ paraphrasieren will. Dadurch dass Corinth in diesem Skelett den Tod zum am Haken baumelnden anatomischen Requisit degradiert, wirft er jede Transzendenz über Bord und ruft, Martin Luther gleich, ein »Und wenn die Welt voll Teufel wär« dem Betrachter zu, dem gleichzeitig nicht entgeht, dass der selbstporträtierte Corinth hier mit ziemlicher Sicherheit geistigen Getränken in größerer Menge zugesprochen hat.

Corinth litt sehr unter den Ereignissen der Jahre 1918/19. Er schrieb in seiner Selbstbiographie (postum 1926 veröffentlicht): »Gestern ist die Revolution ausgebrochen und der Hohenzollernstaat mit Stumpf und Stiel einstweilen ausgerottet. Ich fühle mich als Pruße und kaiserlicher Deutscher ... Mir schwant, als wenn wir den trübsten Zeiten immer mehr entgegeneilen. Malen und arbeiten will ich, doch wo kann man das noch? Das dicke Ende kommt noch nach, so fürchte ich. Die Kunst welche mir eine große nationale Sache war, wird nun international. Was bleibt da von den früheren Anschauungen?« Die unmittelbare Nachkriegszeit schlug Corinth so aufs Gemüt, dass seine nach einem Schlaganfall 1911 bereits sehr schwache Gesundheit noch mehr schwand. Er floh aus Berlin und ließ sich am Walchensee in Oberbayern nieder. Und hier, auf dem Lande, vollzog sich ein Stilwandel. Eine Verinnerlichung in der Naturbetrachtung, eine Vergeistigung der – wenigen – Menschendarstellungen setzte ein. Die reine Farbendarstellung gewann an Dominanz, auch rein religiöse Darstellungen wurden bedeutsam, erreichten sogar eine singuläre visionäre Kraft (›Der rote Christus‹, 1922).

Corinth näherte sich darin auf eine ganz persönliche Weise dem Expressionismus an, doch dieser Expressionismus hat nur wenig mit dem eines Kirchner, Macke, Marc oder Grosz gemeinsam. Insbesondere wurden die Landschaften seiner neuen Heimat zum Gegenstand seiner Malerei, die beim Publikum jetzt auf große Begeisterung stieß. Zu seiner großen Freude wurde innerhalb der Festivitäten zum 200. Geburtstag Kants in Königsberg auch eine große Corinth-Schau eröffnet. Doch war der Mittsechziger trotz allen äußeren Erfolges von stärksten Depressionen gepeinigt. Im Sommer 1925 begab sich Corinth, der sich lebenslang den Niederländern verbunden fühlte, nach Amsterdam, um Gemälde von Rembrandt und Frans Hals zu besehen, doch befiel ihn dort eine Lungenentzündung, an der er im Seebad Zandvoort am 17. Juli verstarb. Er wurde auf dem Waldfriedhof Stahnsdorf südlich von Berlin beigesetzt.

Es half nichts, dass Corinth sich stets als deutscher, betont nationaler Künstler verstanden hat. Im Zuge der ›Museumssäuberungen Entartete Kunst‹ wurden 1937 gut 300 seiner Werke aus den deutschen Sammlungen entfernt. Man attestierte Corinths Kunst zwar ›Genialität‹, doch sei diese von ›Verfall‹ gekennzeichnet. Alfred Kuhn schrieb im Nachwort zur ersten großen Corinth-Monographie 1925: »Über die Erde hinstürmend, packte er das Leben bei den Haaren und riß es an sich. Er stürzte sich hinein, um in seiner unendlichen Fülle sich vollzutrinken, er umarmte es in brüllender Brunst. Ein Oeuvre entstand von einem Umfang und einer Vielseitigkeit, wie es nur wenige aufweisen können. Corinth rang mit der Natur, rang mit den Menschen, rang mit sich um den Ausdruck vom Wesen des Lebens. Er suchte es in der Antike, im Symbolischen, im Historischen, und er wusste nicht, dass es in ihm selbst steckte, dass er, der kraftstrotzende Bauernsohn, das Leben in sich barg und dass er nur ernst machen müsse, ganz nur er selbst zu sein, um es ganz wiedergeben zu können.«

Als großer Meister der Moderne wird Corinth erst seit wenigen Jahren anerkannt.

Am Südrand des Pregeltals nach Gvardejsk

Wer mit dem Fahrrad unterwegs ist oder für den Weg von Kaliningrad nach Gvardejsk eine Alternative sucht, kann über die gut ausgebaute P 508 fahren. Diese Route zweigt vom Außenring etwa einen Kilometer südlich der ›Berliner Brücke‹ nach Südosten ab. Durch den Vorort Borisovo (Борисово/Kraussen), in dem viele militärische Einrichtungen angesiedelt sind, führt die Straße am Gelände des Kaliningrader Automarkts vorbei. Er ist am Wochenende stets gut besucht. Hinter dem Automarkt zweigt nach rechts die Straße nach Pradvinsk ab, die Route nach Gvardejsk und Znamensk führt geradeaus, am Waldrand entlang. Es geht am Südrand der Pregelniederung vorbei; weite Brachflächen wechseln mit kleineren bewirtschafteten Parzellen.

Schloss Friedrichstein

Am westlichen Ortseingang von Komsomol'sk (Комсомольск/Löwenhagen) wendet sich die P 508 scharf nach rechts. An dieser Stelle führt nach links eine schmale, unbefestigte Straße in den Wald hinein. Sie passiert linker Hand

Schloss Friedrichstein, Lithographie aus der Sammlung Duncker (um 1880)

Die Kirchenruine in Berëzovka

einen kleinen russischen Friedhof und wird bald zu einer prächtigen Lindenallee, senkt sich zu einem kleinen See hinab, umfährt ihn rechts und gelangt an einen unscheinbaren Platz, unterhalb dessen einige ältere Backsteinhäuser stehen. Hier, bei der Lokalität Kamenka, befand sich einst eines der prachtvollsten und berühmtesten ostpreußischen Schlösser. Friedrichstein, erbaut zwischen 1709 und 1714 und jahrhundertelang Besitz der Dönhoffs, beherbergte riesige Kunstsammlungen. Das gewaltige Schloss wurde nach Kriegsende geplündert und durch Brandstiftung zerstört. Es ist heute vollständig vom Erdboden verschwunden. Bewegend ist der Bericht Marion Gräfin Dönhoffs (in: ›Namen, die keiner mehr nennt‹), als sie 1991 zum erstenmal wieder nach Friedrichstein kam, wo sie bis 1945 die Verwalterin der Dönhoffschen Güter war.

Rund um Berëzovka und Tumanovka

Weiter auf der P 508, erscheint ungefähr fünf Kilometer hinter Komsomolsk auf der rechten Seite, einige hundert Meter von der Hauptstraße abseits, die

Ruine einer ordenszeitlichen Kirche. Berezovka (Березовка/Groß Ottenhagen) heißt das Dorf, das sich früher bis unmittelbar an die Straße erstreckte und von dem nur noch einige wenige Häuser südlich der Kirche stehen.

Entlang dieser Hauptstraße herrscht stets reger LKW-Verkehr: In zahlreichen Kiesgruben werden die Flusssande der Pregelniederung gefördert. Die Eisenbahnlinie Kaliningrad–Moskau kreuzt die P 508 am Rand von Ozerki (Озерки/Groß Lindenau), einem stark industrialisierten Dörfchen mit einer großen Zementfabrik. Die Eisenbahnlinie verbleibt gleich neben der Straße. Bald fällt ein ungewöhnliches schlossähnliches Gebäude im historisierenden Stil auf. Es ist das ehemalige **Schloss Kapkeim** (Vishnevoe), das als Gefängnis dient.

Bei Tumanovka (Тумановка/Gauleden) kann man nach **Krasnoborskoe** (Красноборское/Starkenberg) abbiegen, wo es die beeindruckende **Ruine** einer aus Granitfindlingen errichteten Kirche aus dem 16. Jahrhundert gibt. Der hölzerne Turmaufbau ist schwer beschädigt und wird wohl bald zusammenfallen.

Zurück zur P 508: Nach etwas mehr als zehn Kilometern ist die Straße Gvardejsk–Pravdinsk (P 512) erreicht. Hier kann man nach links über Pregel und Deime hinweg nach Gvardejsk fahren oder geradeaus weiter nach Znamensk. Von hier sind es dann nur noch zwölf Kilometer durch die breite Pregelebene bis zur früheren Kreisstadt Wehlau.

Die Jacobikirche in Znamensk

▲ Karte S. 199

Znamensk

Wer sich Znamensk (Знаменск/Wehlau) von Norden, von der A 229, nähert, wird von dem weithin sichtbaren Turm der Jacobikirche begrüßt; über die 300 Meter lange Stahlkonstruktion der Pregelbrücke gelangt man in die Stadt mit ihren 4000 Einwohnern. Der hölzerne Vorgänger dieser Brücke galt jahrhundertelang als wenig stabil, und die ständigen Überschwemmungen in den Flussniederungen machten es manchmal sehr schwierig, in die Stadt zu gelangen. Daher rührt der alte Spruch: »Wer nichts wagt, kommt nicht nach Wehlau«. Auf den Pregelwiesen unterhalb der Brücke fand bis 1945 der größte Pferdemarkt Europas statt, 20 000 Tiere kamen hier jährlich zum Verkauf.

Sehenswürdigkeiten

Hinter der Brücke stehen viele kleine Altbauten aus deutscher Zeit, die Straße wendet sich dann in scharfem Bogen nach rechts – in der Biegung links stand die einstige Ordensburg – und führt auf den **Marktplatz**. Die einstige Bebauung existiert nicht mehr, nur die Ruine der **Jacobikirche** dient als Orientierungspunkt auf dem einst so betriebsamen

Das Alletal bei Rodniki

und heute öden Platz. Die jetzige Durchfahrt verläuft am Südrand des alten Marktes. Wehlau spielte in der Geschichte des Herzogtums Preußen eine bedeutende Rolle. Denn der Vertrag von Wehlau 1657 war richtungsweisend, da in ihm die polnische Lehenshoheit beendet wurde, die seit 1525 bestanden hatte. Dem Großen Kurfürsten brachte dieser Vertrag endlich die Unabhängigkeit seines Landes von Polen.

Die Stadtgeschichte geht bis in die frühe Ordenszeit zurück: Die um 1250 errichtete Pruzzenburg Wetalo wurde nur knapp zehn Jahre später von den Ordensrittern erobert. Sie erweiterten und befestigten die Burg, die dann 1280 von den Sudauern zerstört wurde. Die Ordensritter bauten eine neue Burg, der eine Kirche mit Siedlung folgte, die 1336 Stadtrecht erhielt. Die Litauer unter ihrem Fürsten Kynstut zerstörten 1347 Burg und Stadt erneut. Die Burg wurde nun nicht mehr als solche wiederaufgebaut, sondern in ein Franziskanerkloster umgewidmet. Immerhin entstand zumindest bis 1380 die Jacobikirche neu. Die Wehlauer Kirche galt nicht nur wegen ihrer Fresken als eine der schönsten des Ordenslandes. Sie war nach 1945 ruinös; ab 1991 begannen Sicherungsarbeiten, die die Kreisgemeinschaft Wehlau finanzierte. Dabei wurde der Turm mit einem neuen Helm versehen. Junge Wehlauer haben in Eigenregie viele Rekonstruktions- und Sicherungsarbeiten gemacht und nutzen die dachlose Ruine heute als Veranstaltungsort.

Reste der alten **Stadtmauer** sind an der Südwestecke der Kirche zu erkennen.

Südlich von Znamensk

Verlässt man den Markt in westlicher Richtung, überquert man die Lava (Alle). Dieser längste Fluss Ostpreußens entspringt in der Nähe des polnischen Łyna (Lahna) im Kreis von Nidzica (Neidenburg), fließt über Olsztynek (Hohenstein), Olsztyn (Allenstein), Lidzbark Warm. (Heilsberg), Bartoszyce (Bartenstein) in den russischen Teil des Landes, vorbei an Pravdinsk (Правдинск/Friedland), und mündet nach einem Lauf von 225 Kilometern bei Znamensk in den Pregel.

Die Straße Richtung Družba (Пружба/Allenburg) überquert die Bahnlinie. Nicht weit entfernt steht linker Hand die traditionsreiche **Margarinefabrik**, die ihre Produkte noch heute mit dem Attribut ›Wehlau‹ schmückt. Nicht vergessen sollte man einen Besuch der neuromanischen **Kirchenruine** (erbaut 1877) von Bol'šaja Poljana (Большая Поляна/Paterswalde) etwa fünf Kilometer südlich der Stadt.

Es lohnt, auf dieser Straße noch einige Kilometer weiter in Richtung Süden zu fahren. Wo kurz hinter Rodniki (Родники/Leißienen) die Alle auf einer neuen Brücke überquert wird – Pfeilerreste der alten zeugen von ihrer Sprengung bei Kriegsende –, öffnet sich ein weites Tal und bietet einen der landschaftlich schönsten Blicke dieser Gegend.

Zwischen Gvardejsk und Meždureč'e

Auf der Weiterfahrt nach Osten auf der A 229 endet zwei Kilometer nach der Abfahrt zu dem Dörfchen Kujbyševskoe (Куйбышевское/Petersdorf), das etwa 300 Meter abseits der Straße liegt, der vierspurige Ausbau zur Schnellstraße. Die künstlerisch bedeutsame **Kirche** und ihre Innenausstattung aus der Zeit um 1380 war 1945 unversehrt, verfiel aber danach. Heute steht nur noch der Turm ohne Helm - das Dorf wirkt etwas vernachlässigt.

Bevor wieder die originale Trasse der alten Reichsstraße 1 begeinnt, gilt Vorsicht: Die Geschwindigkeit muss auf 50 Stundenkilometer reduziert werden; sehr oft steht hier eine Radarkontrolle.

Talpaki

In Talpaki (Талпаки/Taplacken) gabelt sich die Straße. Während es nach Osten weiter Richtung Černjachovsk (Черняховск/Insterburg) und Moskau geht, biegt gleich hinter dem Dörfchen die A 216 Richtung Sovetsk (Советск/Tilsit) ab. Talpaki ist ein wichtiger Verkehrsknotenpunkt, besteht bei genauerer Betrachtung aber fast nur aus Gasthäusern.

Die Ordensburg Taplacken, auf drei Seiten von Sümpfen umgeben, war die Grenzfeste des Deutschen Ritterordens zum östlich angrenzenden Pruzzengau Nadrauen. Die **Burg Taplacken** wurde 1476 von den Litauern zerstört und nicht mehr aufgebaut, einige Reste sind noch auszumachen: Am Ortsausgang Richtung Osten stehen links noch die Feldstein-Außenmauern des Haupthauses; innerhalb dieser Mauern, wo ein kleiner landwirtschaftlicher Betrieb besteht, findet sich noch der gotische Eingangsvorbau der Burg mit seinen Staffelgiebeln und Blenden.

▲ Karte S. 211

Fernverkehr bei Talpaki

Biegt man hinter der Ordensburg Richtung Riga/Sovetsk ein und dann nach etwa 150 Metern nach rechts, kommt man auf eine schmale Allee, die für den allgemeinen Verkehr gesperrt ist und nach 300 Metern zur alten Pregelbrücke und zur Pregelschleuse führt. Die Brückenbögen sind in gutem Zustand, der Brückenbelag trägt jedoch nicht mehr. Die hohe Verkehrsdichte brachte es mit sich, dass man in den 1970er Jahren diese Trasse stillegte und hundert Meter südlich davon eine neue Betonbrücke über den Fluss erbaute. Auch die alte Schleuse daneben ist außer Betrieb. Der Wasserstand des Pregels war bei den Taplackener Sümpfen immer sehr niedrig, so dass auch kleinere Kähne ohne Schleuse hier nicht hätten passieren können. Die neue und wichtige Pregelbrücke, über die die A 229 verläuft, wird bewacht und darf nicht fotografiert werden, denn man fürchtet Terroranschläge.

Sehr sehenswert ist das ehemalige **Gutshaus** in **Krasnij Jar** (Pamehnen), vier Kilometer nördlich von Talpaki; zu erreichen ist es über die Straße nach Sovetsk. Das klassizistische Gebäude ist - noch - keine Ruine, aber auf dem Weg dorthin.

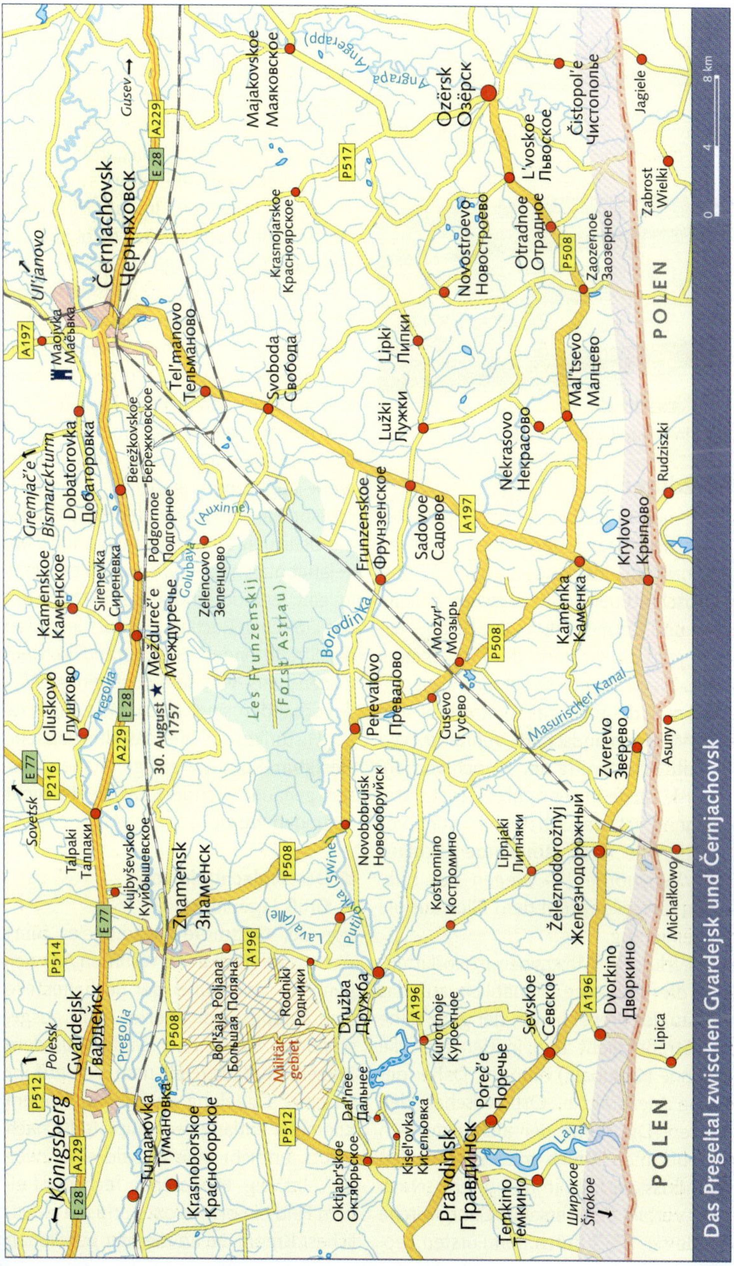

Von Kaliningrad in die östlichen Regionen

Die Pregelniederung bei Meždureč'e

Meždureč'e

Nach der Pregelbrücke in Talpaki beginnt der wegen der früher endlosen Baumreihen einst landschaftlich schönste Abschnitt der Route zwischen Kaliningrad und Černyševskoe. Die Straße verläuft jetzt am Südrand der Pregelniederung. Nach rechts steigt das Gelände sanft an, deutlich das Urstromtal von der Moränenlandschaft trennend. Wo die alte Pflasterung der 1 noch vorhanden ist, ist sie in sehr gutem Zustand.

Lohnend ist der Abstecher kurz vor Meždureč'e nach **Шлюзное** (Schljusnoje/Woynothen) – wegen des hübschen Ortsbildes und dem Blick auf die Pregelnierung.

In Meždureč'e (Междуречье/Norkitten) sich die Chaussee allmählich auf das Niveau des Pregel herab, der ganz nahe der Straße fließt und in den hier die Auxinne (Golubaja) mündet. Daher der Name Meždureč'e, Ort zwischen den Flüssen. Die Ruine der architektonisch bedeutsamen **Kirche** mit ihrem ovalen Grundriss verfällt immer mehr. Nach dem Vorbild der Dessauer Georgskirche wurde sie 1733 durch den Fürsten Leopold von Anhalt-Dessau errichtet, der in der Gegend um Insterburg nach der großen Pest (1709–1712) die Neukolonisation mit Geld und Menschen stark gefördert hat. Die Kirche diente während der Sowjetzeit als Lagerhalle, wurde aber nicht instandgehalten und stürzt seit 1989 in Schüben ein. Im Jahr 2000 war das Oval noch vollständig, bald wird der Bau jedoch völlig abgetragen sein.

Die unwirklich schöne Landschaft tröstet aber über all diesen Niedergang hinweg. Am östlichen Ortsende von Meždureč'e führt eine Straße nach Norden zu einer neuen Pregelbrücke. Von hier hat man einen Blick über die breite Flussaue, die, von einem kleinen Kieswerk abgesehen, gänzlich unberührt scheint. Fährt man von der Hauptstraße am östlichen Ortsende nach Süden ab, gelangt man nach etwa zwei Kilometern in eine wunderschöne Landschaft um das Dörfchen Bochagi (Schlossberg), wo die Straße endet. Hier befand sich ein Ordenshaus, von dem noch einige Wälle vorhanden sind. Nach Meinung einiger Historiker soll hier das altpruzzische Heiligtum Romowe gelegen haben, dessen genauer Standort bis heute nicht gefunden wurde.

■ Das Schlachtfeld von Groß Jägersdorf

Von der Ortsmitte Meždureč'es führt – etwas westlich der erwähnten Abzweigungen – gegenüber der Bushaltestelle eine anfangs asphaltierte, nicht ausgeschilderte Straße nach Süden aus dem Pregeltal heraus. Hält man sich auf ihr an einer Gabelung nach knapp einem Kilometer entlang der Hauptstraße nach rechts, erreicht man alsbald eine zweiten Abzweig. Hier stehen rechts auf einem Feld ein orthodoxes und ein ›westliches‹ Kreuz, die an die hier gefallenen

▲ Karte S. 211

preußischen und russischen Soldaten erinnern. Hier hat man nun den Ort der Schlacht von Groß Jägersdorf (Pushkarjovo) erreicht. Während des Siebenjährigen Krieges, als die russische Armee erstmals Ostpreußen besetzte, besiegte hier am 30. August 1757 General Fürst Apraxin den preußischen Feldmarschall Lehwaldt. Bis heute ist nicht geklärt, warum die siegreichen Russen dann nicht zum erwarteten Sturm auf Königsberg aufbrachen.
Fährt man an den Kreuzen auf die rechts abzweigende, ziemlich schlechte Straße ein, kommt man nach knapp einem Kilometer zu einem kleinen Hain, in dem ein großer Stein (ohne Inschrift) an die Schlacht erinnert.

Südlich von Meždureč'e

Bleibt man bei den Kreuzen auf der größeren, linken Straße, passiert man alsbald die Dorfstelle des untergegangenen Daupelken. Hier gabelt sich der Weg erneut, nach links (Süden) geht es durch den weltverlorenen, schier unendlichen Wald Frunzenskoe Les (Forst Kranichbruch) ins Nichts. 400 Meter nach diesem Abzweig liegt an dieser Strecke der alte Dorffriedhof von Uderballen, nach rechts geht durch eine andere, wildnisähnliche Ödnis Richtung Znamensk und an einem alten Militärflugplatz vorbei. Auf dieser Strecke kommt man nach etwa fünf Kilometern an eine kleine Brücke, hinter der man sich rechts hält und bei Gordoe die Straße Znamensk-Mozyr' erreicht. Sowohl der linke wie auch der rechte Weg sind nur bei trockenem Wetter und eigentlich nur mit einem Geländefahrzeug passierbar. Wer sich an der Brücke links hält, gelangt in eine völlig verödete Welt. Bei Exkursen in diese Region ist eine gute Karte unverzichtbar.

Das ganze Land südlich von Meždureč'e ist verlassen. Bis nach Frunzenskoe (Bokellen) zwölf Kilometer südlich und bis zur Verbindungsstraße Znamensk-Novo Bobrujsk (Ново-Бобруйск/Ilmsdorf) zehn Kilometer südwestlich sind im und am früheren Forst Astrau alle Siedlungen verschwunden: Weite Teile dieses Waldgebietes sind militärisches Sperrgebiet.

Zwischen Meždureč'e und Černjachovsk

Gleich hinter Meždureč'e führt die A 229 wieder empor auf die Hochfläche. Wo nach rechts der schmale Weg nach Trëchdvorka abzweigt, hat man links der Straße einen wunderbaren Überblick über den Pregel und die anliegende Auenlandschaft. Ein kurzer Abstieg zum Flussufer hinab ist stets lohnend. Besonders in der Dämmerung leuchtet die Aue in unwirklichem Schein. Bald senkt sich die Allee wieder zum Ufer des Flusses hinab, der in zahlreichen Mäandern die A 229 begleitet. Im Dorf Podgornoe (Подгорное) lohnt ein kurzer Abstecher südwärts nach **Zelencovo** (Зеленцово/Obehlischken/Schulzenhof). Die neogotische **Dorfkirche** am Hang oberhalb des Flusses Golubaya (Auxinne) ist eine der beeindruckendsten Ruinen im Gebiet. Innerhalb des dachlosen Kirchenschiffs haben Bäume in den letzten Jahrzehnten eine berührende Traumlandschaft geschaffen.
Die alte 1 behielt bis 2007 zwischen Meždureč'e und Insterburg ihr Pflaster und ihren alten wunderbaren Baumbestand. Es war eine der schönsten ostpreußischen Alleen. Doch wurden über 90 Prozent der Bäume danach gefällt, angeblich weil sie morsch waren, doch eher weil es zuviel Unfälle gegeben hat. In **Berežkovskoe** (Бережковское/Waldhausen/Groß Bubainen) lädt am östli-

chen Ortsende in einem alten Kellergewölbe das Grillrestaurant ›Kaspar‹ ein). Es ist einer der wenigen empfehlenswerten Einkehrpunkte auf den 150 Kilometern der alten 1 zwischen Kaliningrad und der litauischen Grenze. Von hier sind es nur noch zehn Kilometer bis Černjachovsk, dessen Stadtpanorama aus der Ferne, ganz ungewöhnlich im Kaliningrader Gebiet, wie vor 1945 von zwei Kirchtürmen bestimmt wird.

Meždureč'e bis Černjachovsk

Poljana, Talpaki, Tel. 007/40159/75233. Hotel und Restaurant, russische Küche.

Restaurant Cheburechnaya, Talpaki, Tel. 007/4012/313140. Hier gibt die beliebten Chebureki, eine Art von Piroggen aus hefefreiem Teig, gefüllt mit Hackfleisch mit Zwiebeln.

Kaspar, Tel. 007/40141/36075, tgl. ab 10 Uhr.

Von Talpaki auf einer schönen Nebenstrecke nach Černjachovsk

Nach Černjachovsk gibt es ab Talpaki (Талпаки/Taplacken) zur A 229 eine schöne alternative Fahrstrecke. Man fährt auf die Straße nach Riga (A 216) und biegt nach knapp einem Kilometer nach rechts Richtung Gluškovo/Sirenevka ab. Die Straße ist in vielen Abschnitten unbefestigt, führt aber direkt durch das landschaftlich reizende Pregeltal, unmittelbar in Flussnähe.

In **Gluškovo** (Глушково/Plibischken) fällt die 1773 errichtete Kirche auf, die – turmlos – zum Kulturhaus umgebaut wurde. Vor der Kirche steht ein **Findling**, ein Teil des früheren Kriegerdenkmals, mit erneuerter Inschrift ›1914–1918‹.

Der Weg führt am Pregel entlang, auf der gegenüberliegenden Seite kommt Meždureč'e (Междуречье/Norkitten) in Sicht, über eine neue Brücke geht es nach rechts dorthin. An der Brücke biegt die Straße scharf nach Norden und erreicht **Kamenskoe** (Каменское/Saalau). Hier gibt es eine **Ordensburg** aus dem Jahr 1355, die während der Schlacht von Jägersdorf im Siebenjährigen Krieg und nochmals 1945 zerstört wurde. Heute stehen von der Burg noch einige Umfassungsmauern.

Rund 25 Kilometer sind es noch durch die still atmende Landschaft des Pregeltals bis Georgenburg – für Fahrradfahrer ein Hochgenuss!

In Zelencovo

Gremjač'e

Wer von Kirchenruinen noch nicht genug bekommen hat, biegt vor Dowatorovka (Доваторовка/Georgenthal) ins acht Kilometer entfernte Gremjač'e (Гремячье/Birken/Groß Berschkallen) ab, wo es eine malerische **Ruine** einer neugotischen Kirche gibt, die – noch malerischer – an ihrer Südseite einen zeitgenössischen Anbau aus Kalksandstein hat. Am südlichen Ortseingang, wo die Straße den Knick macht, ist auf einem großen Haus noch die Aufschrift ›Molkerei Berschkal-

▶ Karte S. 211

len‹ zu lesen. Leider ist der Ort nur noch an einer Straßenseite erhalten – die Verlassenheit und Verwahrlosung ist bedrückend. Doch versöhnt die Landschaft. Sie kann man, entlang der Strecke von Gremjac'e nach dem nordwestlich gelegenen Vysokoe, nur mit dem Begriff ›erhaben‹ beschreiben.

Bismarckturm

Anderthalb Kilometer östlich von Dowatorovka, den Resten des untergegangenen Nettienen, steht einer der beiden erhaltenen Bismarcktürme im Kaliningrader Gebiet. Er wird leicht übersehen, da er sich links der Straße auf einer Anhöhe etwas zurückversetzt befindet. Er kann nicht bestiegen werden – höchstens von außen durch Kletterer –, doch hat man von seinem Fuß einen wunderbaren Blick über Insterburg und Pregel. Bei Maëvka erreicht die Straße die Chaussee von Tilsit (A 197). Nach Süden über die Inster- und Angerappbrücke gelangt man schnell auf den Leninplatz in das Zentrum von Černjachovsk, geradeaus in nordöstlicher Richtung geht es in das Instertal bis nach Ul'janovo (Breitenstein/Kraupischken).

Heute ein Kulturhaus: Kirche in Gluškovo

Alte Inschrift in Gremjač'e

Černjachovsk

Die Rajonstadt Černjachovsk (Черняховск/Insterburg) ist mit rund 35 000 Einwohnern die drittgrößte Stadt des Kaliningrader Gebiets und das wirtschaftliche Zentrum seines Mittelteils. Die verkehrsgünstig und in landschaftlich schöner Umgebung gelegene Stadt – hier fließen Inster, Angerapp und Pissa zum Pregel zusammen – genießt im Kaliningrader Gebiet den Ruf hoher Lebensqualität. Ungewöhnlich ist die Silhouette des Ortes, den zwei Kirchturmspitzen dominieren. Das kann keine andere Stadt im Gebiet aufweisen.

Nachdem der Deutsche Orden hier 1256 eine nadrauische Burg zerstört und zunächst einen bloßen Stützpunkt errichtet hatte, dauerte es noch 80 Jahre, bis daraus die ›Insterburg‹ entstand. Diese Burg hatte innerhalb der Ordenspolitik eine wichtige Rolle inne, gingen doch von hier die sogenannten Litauerfahrten aus, Feldzüge gegen die feindlichen Nachbarn im Norden.

Doch den Litauern gelang es ihrerseits zweimal, 1376 und 1457, die Insterburg zu zerstören.

Im Jahr 1583 erhielt der Ort das Stadtrecht durch Markgraf Georg Friedrich. Der Tatareneinfall 1656 und der Durchzug des französischen Heers 1812, der großes Leid über die Zivilbevölkerung brachte, waren die schlimmsten Ereignisse in der neueren Stadtgeschichte. Von August bis September 1914 war Insterburg von der russischen Armee besetzt, ohne dass dabei größere Schäden entstanden. Ein Bombenangriff der russischen Luftwaffe zerstörte 1944 gut die Hälfte der Stadt, die am 21. Januar 1945 von der Roten Armee besetzt wurde. Sie trägt seit 1947 den Namen des hier gefallenen Generals Ivan Danilovič Černjachovskij, an den gegenüber dem Bahnhof ein großes Standbild erinnert. In Insterburg wurde 1831 der Jurist und Dichter Ernst Wichert (gest. 1902) geboren, der Ende des 19. Jahrhunderts durch seine historischen Romane zu Ansehen gelangte. Er war unter anderem der Begründer der Genossenschaft der

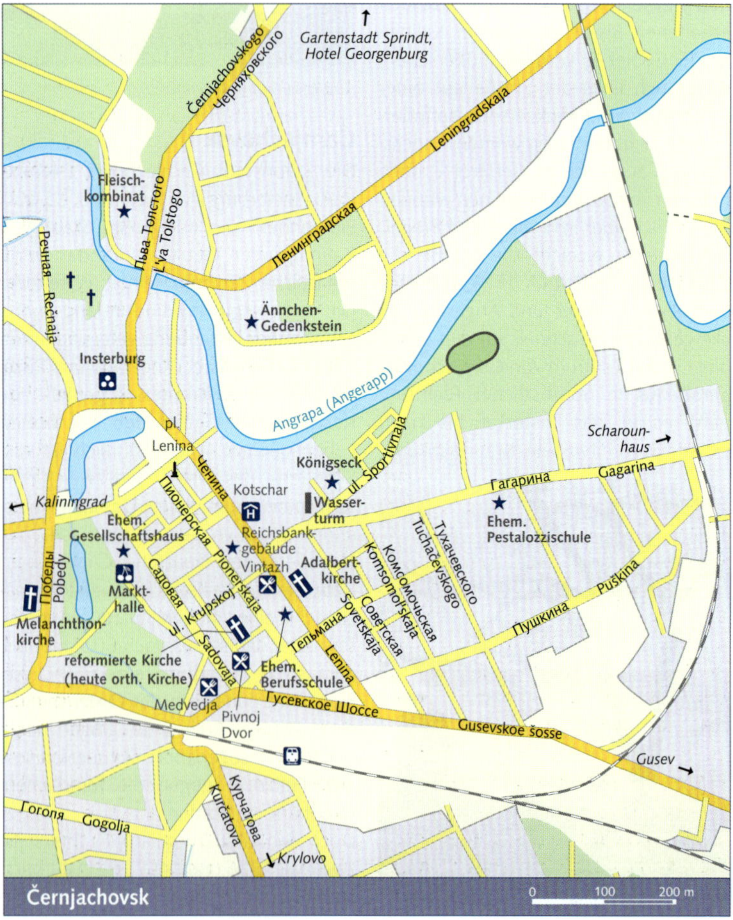

Beschaulichkeit in der ul. Lenina

Bühnenschriftsteller. Literarisch bedeutender, doch vergessen ist Alfred Brust (1891–1934). Seine Romane – ›Die festliche Ehe‹, ›Die verlorene Erde‹ – prägt, obwohl sie meist in der Gegenwart spielen, ein archaisches Ethos. In Insterburg lebte Frieda Jung (1865–1929), die in einem Dörfchen bei Gumbinnen zur Welt kam. Ihre gefühlvolle und volksliedhafte Lyrik, die ihrer ostpreußischen Heimat verbunden ist, wird bei alten Ostpreußen heute noch hochgeschätzt, ebenso wie ihre Kindheitserinnerungen ›In der Morgensonne‹. Die Stadt Insterburg hat nach ihrem Tod auch eine Schule nach ihr benannt. Der in den 1970er Jahren erfolgreiche Liedermacher Ingo Insterburg (Insterburg & Co.) kam in Insterburg 1934 als Ingo Wetzker zur Welt. Kaum bekannt ist, dass der Erfinder des Reißverschlusses aus Insterburg stammt: Am 24. Oktober 1889 ließ Carl Robert Viehofer, Mittelschullehrer in Insterburg, eine Vorrichtung zum Verschließen von Kleidungsstücken patentieren – vier Jahre vor der Patentierung in Amerika (1893).

Um den ehemaligen Alten Markt

Obwohl das historische Zentrum um den pl. Lenina – früher Alter Markt – einer öden Brache weichen musste, hat die Stadt nicht zuletzt durch die vielen Straßenbäume in den Altbauquartieren den Charakter einer Gartenstadt inne. Durch das fast überall erhaltene originale Straßenpflaster des alten Insterburg glaubt man sich in die Vorkriegszeit versetzt.

Wer aus Westen in die Stadt kommt, sollte an der Ampelkreuzung, an der sich die Hauptstraße Richtung Gusev (A 229) nach rechts wendet, geradeaus fahren. Über die Brücke am früheren Schlossteich geht die Straße, vorbei an einigen neuen Supermärkten, zum pl. Lenina. An seinem östlichen Ende, hoch über der Angerapp, stand bis 1975 die Lutherkirche, die als einer der schönsten Kirchenbauten Ostpreußens galt. Der Renaissancebau aus dem Jahr 1612 mit einer barocken Haube auf dem Turm war im Innern mit Wandgemälden niederländischer Meister der Brueghel-Schule ausgestattet. Sie verfiel nach dem Krieg allmählich und wurde nach einem Brand 1975 abgerissen. Einige symbolische **gotische Bögen** erinnern neben dem Parkplatz an Insterburgs Lutherkirche. Dahinter kann man zu einer malerischen Partie an die Angerapp hinuntersteigen und am Fluss flanieren. Die alten Insterburger wie auch die neu-

en Černjachovsker liebten und lieben diesen Teil der Stadt besonders. Manches Rendezvous findet hier statt.
Vom Alten Markt führt die ul. Lenina, einst Hindenburgstraße und auch jetzt Hauptgeschäftsstraße der Stadt, nach Süden in Richtung Bahnhof. In ihrem unteren Teil dominieren Neubauten, nach oben hin nimmt die Altbebauung zu. An der Ostseite der Straße steht das ausladende Gebäude des früheren ›Dessauer Hofs‹, heute **Hotel Kotschar**. Hier hatten 1914 sowohl Hindenburg als auch kurz davor der russische General Rennenkampf ihre Quartiere. Das Hotel ist heute eines der gepflegtesten des gesamten Gebiets.
Gleich oberhalb des Abzweigs der ul. Sportivnaja weckt die katholische **Adalbertkirche** die Aufmerksamkeit. Der neugotische Bau von 1902 diente nach 1945 als Lagerhalle und seit 1988 als Konzertsaal; 1993 erhielt die katholische Kirche ihr Gotteshaus zurück.
Gegenüber der Kirche geht man durch die ul. Krupskoj Richtung Westen und kommt zur prachtvollen ul. Pionerskaja. Sie verläuft weiter zum pl. Lenina. An ihr sind, sorgfältig renoviert, das alte

Das frühere Gesellschaftshaus

▲ Karte S. 216

Barclay de Tolly gilt als einer der größten russischen Kriegshelden

Reichsbankgebäude, heute Apotheke und Tschaikowsky-Musikschule, und daneben das **Postamt** erhalten. Wo sich im unteren Abschnitt der ul. Pionerskaja, kurz vor der Einmündung in den pl. Lenina, eine **Grünanlage** mit einem Biergarten öffnet, befand sich einst Insterburgs Rathaus. Auf der Grünanlage beeindruckt ein **Denkmal** des russischen Generals Barclay de Tolly (1761–1818). Als Oberbefehlshaber der russischen Armee während der Schlacht um Moskau 1812 gegen Napoleon war er neben Kutusov einer der bedeutendsten russischen Kriegshelden überhaupt. Er starb nahe Insterburg unvermutet während einer Reise am 26. Mai 1818.
Von der Lenina führt gleich oberhalb des Hotels Kotschar die ul. Sportivnaja (Belowstraße) nach Osten; nach wenigen Metern führt die ul. Sovetskaja (Wichertstr.) scharf nach rechts. Hier, um den historischen **Wasserturm** von 1896 ist viel Altbaubestand aus der Zeit um 1900 noch vorhanden.

Hält man sich am Wasserturm halb links, geht es an einem interessanten halboffenen Gebäudekomplex vorbei, dem früheren **Königseck**. Dahinter senkt sich der Weg zur Angerapp und zum Sportplatz hinab. Von hier kann man am Angerappufer schöne Spaziergänge machen.

Bleibt man oben, geht es am Wasserturm halbrechts weiter über die ul. Gagarina (Kasernenstr. bzw. Hermann-Göring-Str.). Man passiert die teilweise brüchigen **Kasernen** aus deutscher Zeit - unvergleichlich ist das Ruinenensemble in der ul. Tuchachevskogo, vormals Artilleriestraße - und kommt bis zur früheren **Pestalozzischule**. Auch heute ist in dem Gebäude ein Gymnasium untergebracht. In den angrenzenden Straßen - ul. Moskovskaja, ul. Razina und Umgebung - ist noch viel von gut erhaltener Bausubstanz aus den 1920er Jahren vorhanden. Ein besonders sehenswerter Bau ist ein Wohnhaus mit auffälligen, vorspringenden Giebeln, das der Architekt Hans Scharoun als junger Mann in jener Zeit projektierte (Ecke Gagarina/ul. Elevatornaja), schon jenseits der Eisenbahn. Ein Gang durch die Gagarina ostwärts bis zum Stadtende ist wegen des latent lauernden Verfalls fast unheimlich. Die Straße endet am heute verwilderten früheren Hauptfriedhof.

Der ruinöse Teil der alten Ordensburg

Im oberen Teil der Pionerskaja steht am früheren Markgrafenplatz, zwischen Pionerskaja und Suvorova, das heutige Wahrzeichen der Stadt, die ehemalige **reformierte Kirche** aus dem Jahr 1890, die bereits seit 1989 der orthodoxen Kirche gehört.

Nahe der Kirche, an der ul. Pionerskaja, beeindruckt die im Bauhausstil gehaltene ehemalige **Berufsschule** aus dem Jahr 1930. Auffällig sind an den Bürgerhäusern die vielen Inschriften aus deutscher Zeit, die die Jahrzehnte überdauert haben.

Genau gegenüber dem Haupteingang der reformierten Kirche führt eine kurze Stichstraße zur ul. Sadova. Das ist eine recht stille, verträumte Straße mit kleinen unscheinbaren Geschäften und Lokalen. Geht man die ul. Sadova abwärts, gelangt man auf einen großen Platz, hinter dem täglich der große Stadtmarkt stattfindet. An der Westseite dieses Platzes steht das ehemalige **Gesellschaftshaus**, in dem auch jetzt allerlei Kulturveranstaltungen abgehalten werden. Ebenso erfüllt die **Markthalle** an der Nordseite des Platzes ihren alten Zweck.

Insterburg

Rechts neben dem Lenindenkmal führt vom pl. Lenina die Straße nach Sovetsk (Tilsit), die A 197 nach Norden aus der Stadt heraus. Sie verläuft um den Schlossteich, hinter dem sich die gewaltigen gebrochenen Mauern der Insterburg erheben. Das Haupthaus der Ordensburg wurde 1945 zerstört, ihre gestrüppumwucherten Reste sind immer noch beeindruckend. Die Nebengebäude sind größtenteils erhalten. In ihnen gibt es ein sehr informatives **Museum zur Stadtgeschichte** mit vielen Exponaten aus deutscher Zeit. Während der Sommersaison wird die Ruine für Konzerte und andere kulturelle Veranstaltungen genutzt, das Schlossareal dient oft als internationale Jugendbegegnungsstätte.

Unterhalb des Schlosses führt die ul. L'va Tolstogo nordwärts über die Angerapp. Noch unmittelbar am Schloss steht das erhalten gebliebene Denkmal des ›Litauischen Ulanenregiments Nr. 12‹, dessen Angehörige in der zweiten Hälfte des 19. Jahrhunderts sehr geachtet waren und das das gesellschaftliche Leben in der Stadt stark prägte. Etwas westlich der Burg führt die ul. Dachnaja auf eine Anhöhe empor. Dort steht die sicherlich schönste erhaltene **Villa** vom Ende des 19. Jahrhunderts in der Stadt. In ihr existiert heute ein Kindergarten.

Jenseits der Angerapp

Unmittelbar nach der Brücke über die Angerapp (Angrapa) geht nach rechts die ul. Leningradskaja ab. Nach etwa 250 Metern, gegenüber der Möbelfabrik, führt ein kleiner Weg zum Angerappufer hinab. Dort steht nach etwa 100 Metern an der linken Seite der **Gedenkstein** für das aus dem Volkslied berühmte Ännchen von Tharau, die 1689 in Insterburg als Witwe des Pfarrers Beilstein gestorben ist. Der unscheinbare Stein war lange Jahre verschollen und ist erst vor wenigen Jahren wieder aufgestellt worden.

Fährt man jedoch nicht in die Leningradskaja ab, sondern bleibt auf der Hauptstraße, geht es links am alten **Schlachthof** vorbei, in dem auch heute Fleisch und Wurst hergestellt werden. Die Erzeugnisse des Černjachovsker

Das Instertal unmittelbar bei Insterburg

Fleischkombinats genießen gebietsweit einen sehr guten Ruf, und wer früher mit der Eisenbahn von Berlin nach Kaliningrad gefahren ist, hat sicherlich während des Bordfrühstücks Schinken aus Černjachovsk schon schätzen gelernt.

Weiter auf der Straße Richtung Sovetsk führt direkt am Ortsende, wo die Hauptstraße nach links abknickt, die ul. Černjachovskogo geradeaus in eine gut erhaltene **Gartenstadt**, in deutscher Zeit **Sprindt** geheißen, doch wird dieser Name auch von den Russen benutzt. Diese Straße sollte man etwa zwei Kilometer immer geradeaus fahren, uneingedenk des Abknickens der Vorfahrtstraße, und dort, wo sie unbefestigt wird, das Fahrzeug abstellen. Hier gelangt man nämlich direkt in die Insterniederung mit ihrem unwirklich schönen Flusstal. Der in manchen Karten eingezeichnete Feldweg, der insteraufwärts, an deren Ostufer von hier bis Zagorskoe verläuft, endet aber bald und ist auch für Radler und Wanderer unpassierbar. Doch für ein Spaziererlebnis reicht es. Hier muss man gewesen sein!

▶ Karte S. 216

Die südliche Umgebung

Wenn man von Kaliningrad kommt und über die A 229/alte 1 nach Černjachovsk hineinfährt, erreicht man bald eine große Kreuzung, wo es geradeaus zum Alten Markt und nach links Richtung Schloss und nach Sovetsk geht. Die Durchgangsstraße knickt hier scharf rechts ab und führt entlang des Stadtgrabens um die Altstadt herum. Rechts erscheint die fast bis zur Unkennntlichkeit in ein Werksgebäude umgebaute neugotische **Melanchthonkirche** von 1909. Gegenüber der Kirche liegen links die Reste des alten Stadtgrabens, der sich vom Schloss südwärts bis hierher, zum ehemaligen Gawehnschen Teich, hinzieht, weiter südwärts schliesst hier an der linken Straßenseite der allerdings stark heruntergekommene ehemalige Stadtpark an. Es ist eigentlich ein sehr romantischer Ort, sollte aber in der Dunkelheit nicht aufgesucht werden.

Verlässt man nun die Durchgangsstraße an der Eisenbahnunterführung und fährt aus der Stadt in südlicher Richtung durch diese hinaus, muss man achten, dass man gleich danach nicht der abknickenden Hauptstraße folgt, die nach etwa zwei Kilometern vor dem Tor eines großen Militärgebiets endet, sondern geradeaus Richtung Pravdinsk fährt. Diese Straße, die A 197 Richtung Krylovo, ist die alte Reichsstraße 139. Sie passiert rechts eine große Kaserne aus deutscher Zeit, alsbald links einen großen deutschen Soldatenfriedhof und führt nach einigen Kilometern an einem Militärflugplatz vorbei. Der weit geschwungene Bogen des Straßenverlaufs zeigt, dass die Trasse um das Militärgelände herumgeführt wurde. Hier war geplant, auf Antwort auf die amerikanischen Raketenstationierungen in Polen und Litauen nun ebenfalls Raketenbasen zu errichten.

Die nächste Ortschaft ist dann **Tel'manovo** (Didlacken). Ein Stopp bei der **Kirchenruine** lohnt. Die turmlose Kirche wurde 1783 auf den Ruinen einer 1757 abgebrannten Fachwerkkirche errichtet. Sie dient als Getreidelager. Hinter ihr stand das 1676 erbaute Mausoleum für Pierre de la Cave, dem Gouverneur der Pillauer Festung, einem aus Frankreich ausgewanderten Protestanten, dem das Gut Didlacken gehörte. Seine Mumie war bis 1945 erhalten. Im Innern der Kirche ist aber noch ein Rest des Caveschen Epitaphs vorhanden.

Drei Kilometer weiter passiert man **Svoboda** (Jänischken), wo man Richtung Pregeltal abbiegen kann, oder südostwärts nach Novostroevo (Trempen) durch eine bukolische Hügellandschaft gelangt. Diese Route ist sehr reizvoll. Der riesige Raum östlich von Svoboda bis hin nach Krasnojarskoe ist eine völlig leere Region und kaum begehbar. Es ist die alte Niederung des Bärenwinkels und war schon vor 1945 kaum besiedelt.

Begibt man sich auf der A 197 weiter südlich, kommt man nach **Volodarovka** (Jodlauken/Schwalbental). Hier kann man hinter einem Gebüsch die Reste der als Lagerhalle genutzten **Kirche** finden (Sakristei mit eingestürtztem Dach), zu der eine Lindenallee führt. Reste des Friedhofs sind östlich der Kirche noch auszumachen.

i Černjachovsk

PLZ: 238150; **Vorwahl:** 007/40141.

Ein gut Deutsch sprechender Kenner der Umgebung von Černjachovsk ist Ivan Ermakov, der Touristen gern als Taxifahrer betreut: ul. Černjachovskogo 20g (in der Gartenstadt), Černjachovsk,
Tel. (aus Deutschland) 007/ 40141/ 23501, mobil aus Deutschland: 007/ 9052/445034.

Hotel Georgenburg, ul. Central'naja 10, Tel. 33901, www.georgenburg.ru; Preise auf Anfrage, Reiturlaub möglich.

Café und Restaurant Vinmazh, ul. Lenina 21, Tel. 30971. Gepflegte Einkehrmöglichkeit im Stadtzentrum, gleich neben der katholischen Kirche. 12–2 Uhr.

Park Hotel Angel, Gusevskogo Shosse, 238161 Chernyakhovsk (5 km östlich des Zentrums), schön am Angerappufer gelegen; Preise nur über Buchungsportale ermittelbar.

Hotel Kotschar, ul. Lenina 9, Tel. 52493, www.hotel-kochar.ru; DZ 50–90 €. Erstes Haus am Platz.

U Medvedja (Zum Bären), ul. Tonnel'naja 7, Tel. 34815, Fax 34905. DZ 30–50 €.

Pivnoj Dvor, ul. Suvorova 14, Tel. 34627, mail@fridrihotel.ru. DZ 36–45 €.

Das Instertal aufwärts

Diese Route zählt insbesondere an einem Sommernachmittag zu den schönsten Landschaftserlebnissen des ganzen Kaliningrader Gebiets. Das Idyll einer unberührten Landschaft ist jedoch trügerisch. Allerorts lauern Verfall und Niedergang.

Majovka

Verlässt man Černjachovsk nordwärts Richtung Sovetsk, kreuzt man etwa zwei Kilometer außerhalb der Stadt die Inster. Bald danach erreicht man Majovka (Маёвка/Georgenburg). Um die alte Burg ist heute ein Gestüt mit angeschlossenem Hotel untergebracht. Die Tradition der ostpreußischen Pferdezucht lebt dort fort. Georgenburg ist der Treffpunkt von Pferdefreunden aus aller Welt. Ein Moskauer Ölkonzern ließ die Gestütsgebäude wieder herrichten, wobei auch eine moderne Pferderennbahn entstand. Die Mitte des 13. Jahrhunderts errichtete **Burg** war der Sitz der samländischen Bischöfe – gleichsam das geistliche Gegenstück zur weltlichen Insterburg. Bereits damals ließ Bischof Jakob ein Gestüt einrichten. 1709 wurde es preußische Staatsdomäne, die 1829 an Wilhelm von Simpson verkauft wurde, der aus ihr das größte ostpreußische Privatgestüt schuf. 1899 wurde die Burg wieder staatliches Eigentum. In dem Roman ›Die Barrings‹ schildert Wilhelms Nachfahre William von Simpson (1881–1945) das Schicksal seiner Familie und seines Gestüts, dessen Tiere bei Kriegsende fast alle nach Westen gelangten. Nach 1945 diente die Burg als Lager für deutsche Kriegsgefan-

Das Instertal bei Zagorskoe

▲ Karte S. 223

Das Instertal

gene – der Soldatenfriedhof mit Grab des George von Simpson liegt nordöstlich des Burggeländes hinter der Siedlung, am Rand zum Instertal, ist jedoch schwer zu finden –, später wurde sie zum Wohnhaus, in den letzten Jahren stand sie größtenteils leer und beherbergte nur ein kleines Museum. Wahrscheinlich entstand durch Unachtsamkeit von Obdachlosen, die in dem verfallenden Gebäude hausten, 2010 ein Brand, dem weite Teile der Burg zum Opfer fielen. Immerhin bemüht sich ein lokaler Förderverein um Erhaltung und Rekonstruktion, so dass das von vielen befürchtete nahe Ende der Burg in eine gewisse Ferne gerückt scheint.

Auf dem Gestüt in Maëvka

Das Denkmal für den General Barclay de Tolle in Nizmennoje

Von Majovka nach Nordosten

Unterhalb von Majovka führt nun die sehr schöne Straße insteraufwärts bis Ul'janovo (Ульяново/Breitenstein/Kraupischken). Die einst so wichtige Eisenbahnstrecke Insterburg–Tilsit verläuft neben der Straße. Früher fuhren die Züge nach Tilsit und weiter nach Memel und Riga über Insterburg und nicht wie heute über Polessk (Labiau) und Slavsk (Heinrichswalde). Nur wenige hundert Meter ostwärts der Georgenburg kreuzt die alte Bahntrasse die Straße.

Die Inster fließt hier durch das Tal der ›Urmemel‹ und überschwemmt es regelmäßig im Frühling auf fast 40 Kilometer Länge. Am westlichen Ortsrand von **Nizmennoje**, etwa drei Kilometer hinter Majovka, steht in einem gepflegten Hain (am Parkplatz davor erkennbar) ein umzäunter und mit Adler und Lorbeer geschmückter **Obelisk**. Er erinnert an den russischen General Michail Bogdanovich Barclay de Tolly, der an dieser Stelle am 28. Mai 1818 starb. Er war Oberbefehlshaber der russischen Armee 1812 im Kampf gegen Napoleon. Beigesetzt wurde er in einem Mausoleum nahe seines Guts Beckhof (heute Jõgeveste) in Estland. Den Obelisken – Entwurf von Schinkel – ließ König Friedrich Wilhelm III. kurz nach dem Tode seines Freundes Barclay de Tolly hier aufstellen.

In **Privol'noe** (Привольное/Neunischken/Neunassau) ist in der umgebauten und jetzt turmlosen **Kirche** die Gemeindeverwaltung untergebracht. Weiter nordöstlich führt eine Straße direkt in die Niederung hinein. Hier liegt **Zagorskoe** (Загорское/Pelleningken/Strigengrund). Die gut erhaltene **Backsteinkirche** ersetzte 1892 einen Fachwerkbau aus der Zeit Friedrich Wilhelms I. Sie blieb unbeschädigt und wurde kürzlich in den Besitz der Orthodoxen überführt.

Kalužskoe und Kalinovka

Wer nicht bis Ul'janovo fahren will, kann in Pridorožnoe (Придорожное/Sesslacken) nordwärts nach Kalužskoe (Калужское/Budupönen bzw. Grünheide) abbiegen und durch eine ebenfalls landschaftlich hinreißende Strecke nach Insterburg zurückkehren. In Kalužskoe lohnte der Blick auf die pittoreske Ruine der neugotischen **Kirche** von 1882.

Knapp zwei Kilometer westlich des Ortes biegt nordwärts eine unbefestigte Straße ab. Sie führt an einigen vereinzelten Häusern vorbei. Wo es nach etwa sechs Kilometern eine Abzweigung nach links gibt, biegt man dort ein und gelangt von Norden her nach Kalinovka (Калиновка/Aulowönen/Aulenbach). Es ist eine ziemlich verlassene Gegend, doch in ihrer Einsamkeit bezaubernd. Von Kalinovka sind es nur etwa 15 Kilometer nach Insterburg zurück.

Ul'janovo

Ul'janovo (Ульяново/Kraupischken bzw. nach 1938 Breitenstein) macht wie die meisten Orte im Instertal einen sehr vernachlässigten Eindruck. Die **Kirche** an der Straße nach Neman ist eine gespenstische Ruine – eigentlich steht nur noch der Turm –, war aber bereits 1945 stark beschädigt. Das Schiff wurde 1772 erbaut, der Turm erst 1892 angefügt. Vor ihr lagen bis vor kurzem die Reste eines preußischen Adlers vom hier befindlichen Kriegerdenkmal. Davon sind noch Sockelreste vorhanden. Im ehemaligen Pfarrhaus gibt es eine Post mit angeschlossenem sehenswerten **Gemischtwarenladen**. Dass die ganze Gegend durch Kampfhandlungen 1945 sehr gelitten hat, ist unübersehbar.

Die idyllische, unberührt wirkende Landschaft aber ist für Spaziergänge und Radtouren sehr gut geeignet.

Der Ostteil des Kaliningrader Gebiets wird nur von wenigen Touristen besucht. Viele Regionen sind äußerst dünn besiedelt, der äußerste Osten ist sogar völlig unbesiedeltes Ödland. Das verleiht der Region einen besonderen Reiz.

DER OSTEN DES KALININGRADER GEBIETS

Typische Allee im Osten des Kaliningrader Gebiets

Von Černjachovsk an die litauische Grenze

Die große Ost-West-Achse des Gebiets, die A 229, die Kaliningrad in der Sowjetzeit direkt mit den litauischen und weißrussischen Sowjetrepubliken verbunden hat und die Fernstraße nach Moskau war, ist heute 150 Kilometer östlich von Kaliningrad durch die EU-Grenze jäh unterbrochen. Die Trasse der früheren Reichsstraße 1 bringt viele Begegnungen mit der Vorkriegszeit.

Zwischen Černjachovsk und Gusev

Etwa 25 Kilometer sind es von Černjachovsk bis nach Gusev (Гусев/Gumbinnen). Verlässt man die Stadt (Insterburg) ostwärts, passiert man am Stadtausgang zunächst das Elektrizitätswerk aus den 1930er Jahren. Es überstand den Krieg unversehrt und arbeitet heute noch. Bald weist ein Wegweiser nach rechts, Richtung Gołdap und Ozersk. Diese Straße führt zum russisch-polnischen Grenzübergang. Es ist eine landschaftlich abwechslungsreiche Strecke, da man das Pregel-Urstromtal verlässt und in die höher gelegenen Bereiche des Baltischen Landrückens gelangt. Auf dieser Straße, hinter Krasnojarskoe (Sodehnen), wird die Natur zum Idyll. In den bis zu 165 Meter hohen Erhebungen wurden vor wenigen Jahren sogar Skisportanlagen errichtet.

■ Angrapa und Pissa

Bleibt man auf der Ost-West-Achse, kreuzt man bei Lermontovo (Лермонтово/Ischdaggen) die Angrapa und kurz darauf bei Furmanovo (Фурманово/Stannaitschen) die Pissa (die auch auf Russisch so heißt: Писса). Beide sind zusammen mit der Inster die Quellflüsse des Pregel. Die Pissa entspringt im Wyštiter See, im Dreiländereck Oblast'–Litauen–Polen, wendet sich nordwärts bis etwa Jasnaja Poljana, durchfließt Gusev und vereinigt sich bei Černjachovsk nach 125 Kilo-metern Lauf mit der Angrapa (Ангрaпa/Angerapp). Die Pissa, über deren Namen man nie recht glücklich war, wurde von den Nationalsozialisten in ›Roßbach‹ umbenannt. Doch schon zur Zeit Friedrich Wilhelms IV. sollte sie mit einem neuen Namen versehen werden. Die Einwohner baten deshalb den König, einen neuen Namen zu finden. Der war ausnahmsweise zu Scherzen aufgelegt und schlug ›Urinoko‹ vor. Die neue Namensgebung kam aber verständlicherweise nicht zustande.

Kurz vor der Angerappbrücke geht es von der Hauptstraße südwärts nach **Veselovka** (Веселовка/Judtschen). Hier hat der Philosphiestudent Immanuel Kant als Hauslehrer beim Dorfpfarrer Andersch um 1749 sein Brot verdient. Was heute als Kanthäuschen ›verkauft‹ wird, ist ein ruinöser Nachfolgebau aus der Mitte des 19. Jahrhunderts, errichtet auf den Fundamenten des Originals. Man findet es, wenn man an der spitzwinkligen Abzweigung in der Ortsmitte nach links fährt, nach etwa einem Kilometer auf der linken Seite, von einem Metallzaun umgeben.

Wer nicht auf der A 229, die stark frequentiert ist, ostwärts fahren möchte, kann eine Alternativroute benutzen. Denn es gibt nördlich von ihr eine mehr oder weniger parallel verlaufende Strecke, die aber teilweise unbefestigt ist. Auf diese Straße gelangt man, wenn man in Černjachovsk auf der Straße nach Sovetsk gleich hinter der Angerappbrücke nach Osten abbiegt. Diese Trasse ist landschaftlich sehr schön und

▶ Karte S. 229

verläuft an vielen Stellen direkt entlang der Angerapp. Der Rest einer turmlosen **Kirche** vom Anfang des 19. Jahrhunderts steht in **Priozernoe** (Приозерное/Gerwischkehmen/Gerwen).

Gusev

Die mit über 28 000 Einwohnern viertgrößte Stadt der Oblast' ist Rajonstadt. Im Zuge des Ausbaus der A 229 zu einer Magistrale ist die Ortsumfahrung von Gusev zur Sowjetzeit vierspurig fertiggestellt worden. Man sollte bei Furmanovo (Фурманово/Zweilinden/Stannaitschen) nach rechts über die alte Trasse (Reichsstraße 1) fahren, um über die westlichen Vororte in die Stadt zu gelangen; die Strecke ist ausgeschildert.

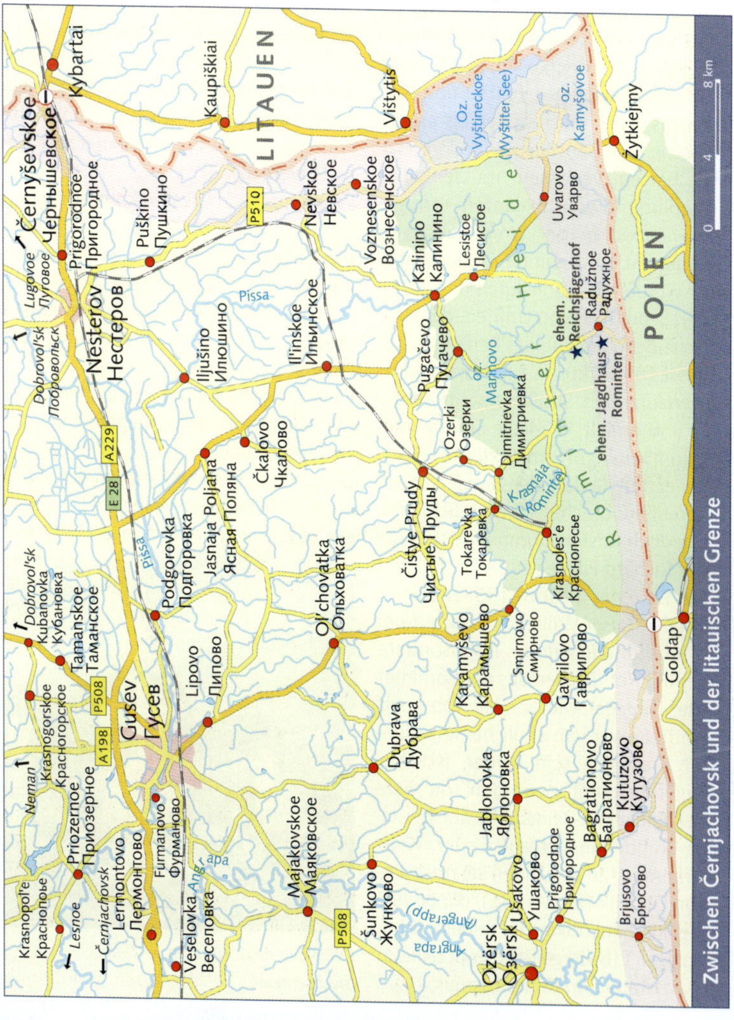

Zwischen Černjachovsk und der litauischen Grenze

Stadtgeschichte

Gumbinnen ist eine recht junge Gründung. Das Gebiet um die Stadt war nachweislich schon vor 9000 Jahren besiedelt. Doch erst 1539 wird hier ein Dorf Kulligkehmen erwähnt, 1558 das nahe davon gelegene Pisserkeimen, die beide 1580 zu Gumbinnen (pruzzisch-litauisch ›Krummdorf‹) vereinigt wurden. Nach der Pestepidemie 1709 bis 1712 war die Neubesiedlung notwendig. König Friedrich Wilhelm I. holte Schweizer, Salzburger, Pfälzer und Nassauer ins Land, die zum Teil als protestantische Glaubensflüchtlinge ihre Heimat hatten verlassen müssen. Die Ansiedlung dieser Exilanten erfolgte überwiegend in der Umgebung von Gumbinnen. Im Rahmen dieses Vorhabens wurde die Stadt durch den Architekten Schultheiß von Unfried, der auch entscheidend am Bau des Berliner Stadtschlosses mitwirkte, in einem rechtwinklig verlaufenden Straßensystem ausgebaut und erhielt 1724 die Stadtrechte. Ein Bombenangriff im Oktober 1944, beim ersten Einfall der Sowjets nach Ostpreußen, brachte schwere Schäden. Die bedeutendsten Gumbinner sind die Maler Richard Friese (1854–1917) und Artur Degener (1888–1951). Friese, Hofmaler Kaiser Wilhelms II., schuf um die Jahrhundertwende insbesondere Bilder mit Rothirschen aus der Rominter Heide, Degener war Schüler von Lovis Corinth. Er war von ähnlicher künstlerischer Kraft wie sein Lehrer, ist aber weniger bekannt geworden, da viele seiner Bilder mit seinem Atelier bei einem Bombenangriff auf Berlin 1943 verbrannten. Zu erwähnen sei noch Otto von Corvin (1812–1886), der bedeutende Kirchenkritiker. In seinem ›Pfaffenspiegel‹ (1845) geißelte er polemisch die Missstände im Katholizismus.

▶ Karte S. 231

Stadtrundgang

Gusev wirkt heute außerordentlich gepflegt. Man plant, das Zentrum zu rekonstruieren, wie große Plakate mit Computersimulationen an diesem Platz zeigen. Der frühere Rajonchef Nikolai Zukanov hat durch politisches Geschick seinen Kreis zum wirtschaftlich prosperierendsten des Gebiets gemacht. Unter seiner Ägide sind viele historische Häuser oder wenigstens Fassaden renoviert worden. Vielleicht nicht von ungefähr konnte er im November 2010 in Nachfolge des glücklosen Georgi Boos der neue Gouverneur des Kaliningrader Gebiets werden.

Wenn man von Westen kommt, stehen rechts an der Einfallstraße nach Gusev die Anlagen der Zuckerfabrik und ein auffallend großer Getreidespeicher. In Teilen hat sich das frühere Straßenbild erhalten, doch ist unübersehbar, dass Gumbinnen zu zwei Dritteln zerstört wurde; spätere Kampfhandlungen sowie die Abrisse der Nachkriegszeit besorgten das Weitere.

Dennoch ist das alte Zentrum der Stadt, der frühere Friedrich-Wilhelm-Platz, noch gut zu erkennen. An dieser breiten Kreu-

Die Neue Regierung im belebten Stadtzentrum

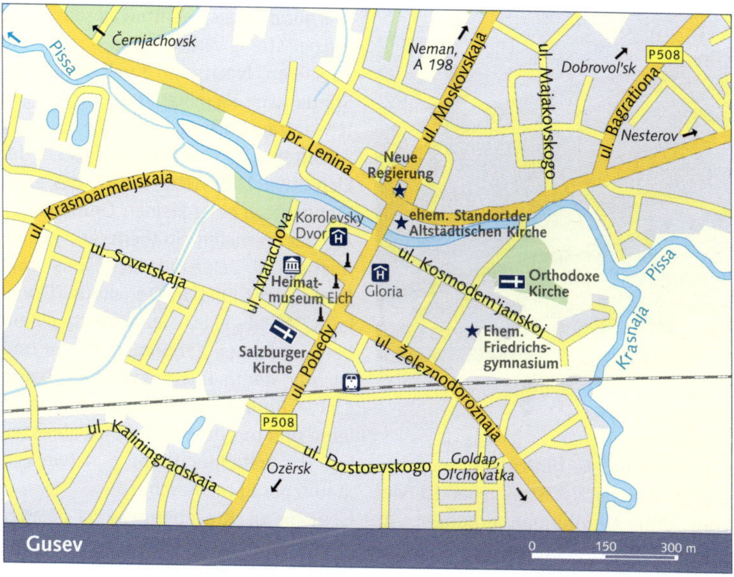

zung, wo die Wege aus Kaliningrad, Nesterov, Gołdap und Neman aufeinanderstoßen, stand in der Mitte als Erinnerung an den Stadtgründer ein Denkmal für Friedrich Wilhelm I., das Christian Daniel Rauch schuf.

Einen Rundgang beginnt man am besten an diesem großen Platz – heute kein eigenständiger Platz, sondern die Kreuzung des prospekt Lenina mit der ul. Moskovskaja. Hier steht der interessante Bau der **Neuen Regierung** von 1911, der nur ein Umbau der Alten Regierung von 1832 ist. Gumbinnen war innerhalb der Provinz Ostpreußen Verwaltungssitz des gleichnamigen Regierungsbezirks und Garnisonsstadt. Das brachte ihm den Beinamen ›Potsdam des Ostens‹ ein. Es war allerdings ein Potsdam ohne bedeutende Baudenkmäler. Ein älterer Reiseführer aus den 1920er Jahren urteilt lakonisch: »Sitz einer preußischen Regierung. Aussteigen lohnt nicht.« In der Neuen Regierung ist heute die Rajon-Verwaltung untergebracht. Das Tor in der Südostecke des Gebäudes zeigt noch die Initialen des Bauherrn: W.R. steht für Wilhelminus Rex, also Wilhelm II.

Dort wo sich heute ein bewachter Parkplatz gegenüber der Neuen Regierung befindet, stand die Altstädtische Kirche aus dem Jahr 1720, die durch die Kargheit ihrer Ausstattung bekannt war. Sie wurde beim Bombenangriff im Oktober 1944 zerstört und 1947 abgerissen. Sie soll in veränderter Form wieder aufgebaut werden, nun aber als orthodoxes Gotteshaus.

Entlang der ul. Moskovskaja und deren Seitenstraßen nördlich der Neuen Regierung trifft man noch auf viele alte Häuser. Auch das alte Finanzamt steht noch. Allerdings befinden sich die Altbauten nicht immer in gutem Zustand. Von der zentralen Kreuzung nach Süden verläuft die ul. Pobedy, heute wie früher die Hauptgeschäftsstraße der Stadt, und überquert die Pissa.

Hauptmann Gusev

Hinter der Brücke führt die ul. Koz'modemjanskoj nach Osten. Hier ist viel vom alten Gumbinnen erhalten. An einer kleinen Grünanlage steht die frühere Turnhalle, schräg gegenüber hinter den heutigen Kasernen das **Friedrichsgymnasium**. In dieser Schule befindet sich ein großes Wandgemälde von Otto Heichert in der Aula von 1913, das den Einzug der Salzburger in Gumbinnen zeigt, 2008 rekonstruiert worden.

Eine Reihe gut erhaltener Häuser aus Vorkriegszeit säumt die Nordseite der Straße. Am Ende der ehemaligen Hindenburgstraße steht die einstige **Kreuzkirche**. Sie wurde um 1900 erbaut und dient heute der orthodoxen Kirche.

Auf der anderen Straßenseite der Pissabrücke steht das **Denkmal** für den russischen Hauptmann Gusev, der bei der Einnahme von Gumbinnen gefallen ist und dessen Namen die Stadt heute trägt. An dieser Stelle befand sich einst der Gumbinnener Elch, der 1911 von dem zu dieser Zeit berühmten Tierbildhauer Ludwig Vordermayer geschaffen wurde und das Wahrzeichen der Stadt war. Es galt früher bei den Gumbinner Gymnasiasten als besonders tapfer, einmal auf dem Elch geritten zu sein, da es offiziell streng verboten war, sich auf ihn zu setzen. Nach dem Krieg wurde die Statue nach Kaliningrad in den Tiergarten abtransportiert, doch die Gusever holten sie 1991 zurück. Heute steht der **Elch** etwa 100 Meter südlich des alten Standorts in einer kleinen Grünanlage.

An der nächsten Straßenecke, gegenüber der ul. Zeleznodoroznaja, ist eine **Büste** von Christian Donalitius (Donalaitis, 1714–1780) aufgestellt, einem bei Gumbinnen geborenen Pfarrer und Dichter, der in Tollmingkehmen (heute Cistye Prudy) in der Rominter Heide lebte und mit dem Epos ›Die Jahreszeiten‹ das erste literarische Kunstwerk in litauischer Sprache schuf.

Über die ul. Krasnoarmejskaja gelangt man zur ul. Malachova, wo sich das kleine, aber interessante **Heimatmuseum** befindet. Geht man die ul. Pobedy weiter Richtung Süden, sieht man an der Einmündung zur ul. Mendeleeva schon die neu renovierte **Salzburger Kirche**. Ursprünglich befand sich hier eine 1754 errichtete Kirche für die Salzburger Protestanten, die 1840 durch einen Neubau in schlichtem Klassizismus ersetzt wurde. Die Kirche war zerfallen und

Im lieblichen Angerapptal

▶ Karte S. 231

Das einzige Rest des Gutes Perkallen

wurde ab 1991 mit deutschen Geldern wieder aufgebaut. Heute ist sie eine der wichtigsten evangelischen Kirchen im Gebiet. Die zahlreichen Russlanddeutschen in der Oblast' bekennen sich meist zum evangelischen Glauben.

Drei Kilometer östlich von Gusev trifft die Hauptstraße auf die Umgehungsstraße. 200 Meter nordöstlich davon, an der Einmündung einer Straße, erinnert ein Gedenkstein an Donalaitis.

■ Die südliche Umgebung

Von Gusev kann man zum Grenzübergang Gołdap gelangen. Der Weg ist nur unvollkommen ausgeschildert. Kommt man aus dem Zentrum, muss man (leider ohne Wegweiser), gegenüber dem Donalaitis-Denkmal nach links in die ul. Železnodorožnaja einbiegen. Das ist die alte Reichsstraße 132, über die man durch eine schöne Hügellandschaft nach 30 Kilometern zur Grenze kommt.

Etwa vier Kilometer hinter der Stadt steht rechts, 500 Meter abseits der Hauptstraße, beim Dörfchen Jarovoe (Яровое), der alte **Wasserturm** von Gumbinnen. Ein Besuch dieses eindrucksvollen Denkmals lohnt, denn über eine abenteuerliche Treppe kann man innen emporsteigen. Hat man den Wasserturm rechts hinter sich gelassen, erscheint bald gleich an der Straße links das triumphbogenähnliche Eingangstor des früheren Gutes Perkallen.

Nicht weit ist es dann mehr bis **Ol´chovatka** (Олцчоватка, Walterkehmen, Groß Walterdorf). Der Ort hat eine sehr schöne Lage, am Ortseingang links grüßt das neue Hotel Rus. Ol´chovatka selbst wirkt seltsam weltfern, die turmlose Ruine der Kirche von 1926 ist kaum noch auszumachen. Die Landschaft um Ol'chovtaka ist ausnehmend lieblich und für Wanderungen hervorragend geeignet.

Im Westen des Dorfes liegen einige wüste Ortschaften, von denen die völlig verwachsenen Friedhöfe übriggeblieben sind. Ein Abstecher zu Fuß oder zu Rad in Richtung Dubrava (Дубрава/Buylien/Schulzenwalde) ist sehr bewegend. Südlich von Dubrava gibt es bis Karamyševo (Карамышево/Pabbeln) keine Ansiedlung. Die Höfer-Karte zeigt an dieser Stelle eine Unzahl untergegangener Orte auf, alle völlig zerstört beim ersten Großeinfall der Sowjets im Oktober

1944, der im Massaker von Nemmersdorf kulminierte. Doch deckte die Natur gnädig alle Erinnerungen daran zu. Fährt man von Ol'chovtaka auf der Hauptstraße weiter nach Süden, beginnt bald hinter dem Abzweig nach Karamyševo das Grenzgebiet.

Wer **Nemmersdorf** besuchen will, fährt in Gusev über die ul. Pobedy direkt am Bahnhof vorbei, Richtung Ozërsk (Озёрsk/Angerapp/Darkehmen). Auf dieser Straße (P 508) ist nach zwölf Kilometern Majakovskoe (Маяковское/Nemmersdorf) erreicht.

Das Dörfchen ging in die ostpreußische und überhaupt deutsche Geschichte ein, denn während des ersten Einbruchs der Roten Armee nach Ostpreußen im Oktober 1944 richtete die sowjetische Armee hier ein schauriges Gemetzel an, bei dem 80 Frauen, Kinder und alte Leute auf grausame Art ermordet wurden. Heute erinnert nichts in Majakovskoe an diese Tage. Am ehemaligen Dorfladen lässt sich noch eine verwaschene deutsche Inschrift erkennen, die **Kirche** wurde zum Kulturhaus umgebaut und ist jetzt ein einfaches rechteckiges Gebäude.

Für die Rückfahrt nach Gusev ist die kleine Straße nach Norden aus dem Dorf heraus, am linken Ufer der Angerapp, eine gute Alternative. Der Fluss bildet einen kleinen Canyon, der in dieser Landschaft ungewöhnlich ist, und wird von einer idyllischen Landschaft gesäumt. Eine Wanderung entlang des Flusses, wo es verschiedene Pfade gibt, ist ein herrliches Landschaftserlebnis. Eine topographische Karte kann da helfen. Für Radler ist das Angerapptal paradiesisch. Folgt man der erwähnten Straße weiter nordostwärts, erreicht man die ul. Pobedy in Gusev direkt bei der Elchstatue.

▲ Karte S. 229

Die nördliche Umgebung

Nördlich von Gusev ist die Landschaft fast menschenleer. An der Straße nach Neman bzw. Sovetsk (P 198) gibt es bis Ul'janovo kaum Siedlungen. Etwa sieben Kilometer nördlich der Umgehungsstraße lohn ein Abstecher nach **Krasnogorskoe** (Красногорское/Niebudschen/Herzogskirch). Die **Kirche** dort war ein noch zwischen 1690 und 1700 errichteter Backsteinbau mit niederländischen Vorbildern. Vom Glockenturm besteht ein Fundamentrest, unweit davon ein halbzerstörtes Kriegerdenkmal von 1914–1918, mit Fragmenten von Marmortafeln mit eingemeißelten Familiennamen. Im Innern gibt es erstaunlicherweise noch kleine Reste eines Barockaltars von Isaak Riga (um 1650–um 1720), dem bedeutenden Königsberger Bildschnitzer. In **Majskoe** (Майское/Mallwischken/Mallen) war die Kirche ein achteckiger Holzbau von 1730. Um 1960 wurde sie, obwohl unzerstört, abgerissen. Ihr Platz ist noch heute neben dem Kulturhaus erkennbar.

i Gusev

Vorwahl aus Deutschland: 007/40143.
PLZ: 238050.

Hotel Korolevsky Dvor, ul. Z. Koz'modemjanskoj 2, Tel. 30872. Früheres Hotel ›Kaiserhof‹. DZ 50 €. Hier befindet sich auch eine Art Stadtinformation.

Hotel und Restaurant Gloria, ul. Pobedy 5, Tel. 30366, Tel./Fax 34220, mobil 9/097/929972. DZ etwa 50 €. Nettes kleines Hotel mit guter russischer Küche.

Hotel Rus', ul. Central'naja 1a, 238031 Ol'chovatka, Tel. 71144, www.complex-rus.narod.ru. DZ ab 30 €. Etwa 10 km südlich von Gusev an der Straße zur polnischen Grenze. repräsentatives Hotel.

Nanotel, Ul. Zvorykina 4, Häuser 1–2, Tel. 36764, www.nanotel-apart.ru; DZ 30 € . Hochmodern, eine der Topadressen im Rayon. Im Grünen im Nordwesten der Stadt, etwa 2 km außerhalb des Zentrums.

Stara Melnitsa, Lipovo, ul. Kolxosnaja 42, Tel. (mobil) 007/921/6080708 und 007/911/4724272, www.old-melnica.ru; DZ 30 €. In einem alten Mühlengebäude, etwa 3 km südöstlich von Gusev.

Heimatmuseum, ul. Malachova 10. Mi–So 12–16 Uhr.

Jasnaja Poljana

Ein Name genießt bis heute bei deutschen Besuchern eine fast mythische Verehrung. Das ist Trakehnen, das ›Heiligtum der Pferde‹, wie es Schriftsteller Rudolf G. Binding nannte. Man erreicht diesen Ort, heute Jasnaja Poljana (Ясная Поляна), indem man von Gusev aus zwölf Kilometer auf der A 229 nach Osten fährt und der dann nach Süden abbiegenden Straße (Wegweiser!) sechs Kilometer folgt, dabei die Bahnlinie nach Moskau (hier steht noch der alte Bahnhof Trakehnen) und alsbald auch den Pissa-Kanal überquert.

Am ersten Weg gleich rechts nach dem Kanal gelangt man in das in den 1970er Jahren – wegen ›Perspektivlosigkeit‹, wie es offiziell hieß – aufgegebene Dalneje (Amtshagen/Schirgupönen), das noch an einigen Fundamentresten zu erkennen ist. Verlässt man es nach Norden über die zerstörte Brücke, findet man hinter ihr noch die Reste der 1725 errichteten Kirche. Eine zweite Brücke über die Pissa ist erhalten, kreuzt wieder die Bahnlinie und führt auf die A 229 zurück. Nur als Fußexkursion zu empfehlen!

Geschichte Trakehnens

Hier, in der Pissa-Niederung, ließ König Friedrich Wilhelm I. die bis dahin über das Land verstreuten Einzelgestüte zu einer einzigen großen Anlage zusammenfassen, dem ›Königlichen Stutamt Trakehnen‹. Dazu mussten die Sümpfe trockengelegt werden, 1725 begannen die Arbeiten. Militäreinheiten aus Memel bauten einen sieben Kilometer langen Kanal – der jetzige Pissa-Kanal – und ebneten das Gelände ein. Nach sieben Jahren war auf 35 Quadratkilometern Fläche eine fruchtbare Weidelandschaft entstanden. Über 100 Bauernhöfe wurden errichtet, daneben Wohnmöglichkeiten für die königlichen Beamten des Hauptgestüts wie auch für die einfachen Angestellten. Am 1. Mai 1732 wurde das neue Gestüt eröffnet, das zur vielleicht berühmtesten Pferdezucht der Welt avancierte. Friedrich Wilhelm I. wurde bei der Errichtung von zwei Gedanken geleitet. Zum einen wollte er durch einen großen, effizient arbeitenden Zuchtbetrieb sein Land von einem Import von Militärpferden unabhängig machen, zum anderen musste er das nach der Pest entvölkerte und dann brachliegende Land wieder kolonisieren.

Der berühmte Tor des Gestüts

Der Osten des Kaliningrader Gebiets

In den ersten Jahren nach seiner Gründung besaß Trakehnen 51 Hengste und 368 Mutterstuten. Das berühmte Brandzeichen, die siebenzackige Elchschaufel, wurde 1787 eingeführt. Es schmückt noch heute, zusammen mit der Jahreszahl 1732, das Tor zum Hauptgestüt. Nur wenige Pferde gelangten 1944/45 nach Westen. Da der Räumungsbefehl zu spät gegeben wurde, fielen die bereits in Eisenbahnwaggons verladenen Pferdebestände in russische Hand.

Ein Rundgang

Die Straße nach Trakehnen war als Eichenallee angelegt. Die Bäume, die 1932 anlässlich des 200. Gründungstages des Gestüts gepflanzt wurden, sind heute nur noch fragmentarisch erhalten. Bei der Einfahrt nach Jasnaja Poljana fallen links und rechts die vielen gut erhaltenen und mit schönen Vorgärten versehenen Backsteinhäuschen auf, die einst den Gestütsangestellten zur Wohnung dienten. Links liegen das Gasthaus und Hotel ›Zur Alten Apotheke‹ und das ehemalige Hotel ›Elch‹. Die Straße biegt hier scharf nach rechts Richtung Gusev (hübsche Alternativstrecke) ab, an der nächsten Biegung geht es links zum Gestüt, das am berühmten grauweißen Portal sofort zu erkennen ist.

Die **Wirtschaftsgebäude** des Gestüts sind teilweise erhalten. Pferdezucht findet nicht mehr statt, dafür werden Milchwirtschaft und Rinderzucht betrieben. Hinter dem Tor ist das **Haupthaus**, auch ›Schloss‹ genannt, noch vorhanden. Nur der früher mit einem kleinen Pferd als Wetterfahne versehene Turm fehlt. Einst war es Sitz des Landstallmeisters und damit Verwaltungszentrale des Gestüts, heute sind darin eine Schule, eine kleine Bibliothek und ein kleines **Museum zur Geschichte der Pferdezucht** untergebracht. Vor dem Haus befand sich bis 1945 die lebensgroße Bronzefigur des berühmtesten Pferdes aus Trakehnen, des Hengstes Tempelhüter. Diese Tierfigur wurde 1945 nach Moskau abtransportiert und befindet sich im staatlichen Institut für Tierzucht. Bis heute weigert man sich, das Original zurückzugeben. Eine von deutscher Seite angefertigte originalgetreue Nachbildung des Tempelhüterdenkmals konnte aber 2013 wieder vor dem Landstallmeisterhaus aufgestellt werden. In den Wirtschaftsgebäuden ist ein weiteres kleines, bisweilen geöffnetes **Museum** untergebracht. Die Geschichte Ostpreußens ist hier unter anderem mit Exponaten dokumentiert, die in Trakehnen und Umgebung nach 1945 gefunden worden: Geschirr, Gläser, Postkarten. Der Zugang erfolgt über die Verlängerung der Zentralstraße außerhalb des Gestüts hinter dem **sowjetischen Ehrenmal**.

Nach 1991 wurden etwa 400 Russlanddeutsche in Jasnaja Poljana heimisch. Mit deutscher Finanzhilfe entstand am Südrand des Orts eine Siedlung schmucker Einfamilienhäuser. Rechte Kräfte aus Deutschland versuchten zu Beginn der 1990er Jahre mit Geld- und Sachspenden, die Russlanddeutschen mit ihrer Ideologie zu indoktrinieren. Im Rahmen dieser ›Aktion Deutsches Königsberg‹ entstand auch eine deutsche Schule. Doch gibt es solche Bewegungen heute nicht mehr.

Südlich von Jasnaja Poljana

Wer weiter ostwärts nach Nesterov fahren will, muss nicht unbedingt zurück auf die A 229. Man kann südöstlich aus Jasnaja Poljana hinausfahren und an der ersten Abbiegung nach links, unmittelbar am Ortsende, oder der nächsten nach etwa drei Kilometern nach links

▶ Karte S. 229

über Iljušino (Илюшино/Milluhnen/Mühlengarten) nach Nesterov gelangen. Das Südende von Jasnaja Poljana ist mit dem Weiler Čkalovo (Чкалово/Enzuhnen/Rodebach) zusammengewachsen. Hier sollte man den Abzweig in südwestlicher Richtung Čistye Prudy nehmen. Er führt durch ein entvölkertes und unbebautes Gebiet von etwa 100 Quadratkilometern; es ist jene Einfallschneise der sowjetischen Armee vom Oktober 1944, die sich bis kurz vor Ozërsk hinzieht. Diese Landschaft mit den Relikten untergegangener Orte auf dem Weg nach Čistye Prudy ist seltsam anrührend. Grenzzonen werden hier noch nicht erreicht.

Alter Kilometerstein in Nesterov

Jasnaja Poljana

Landgasthaus Zur Alten Apotheke, ul. Central'naja, 238012 Jasnaja Poljana, Tel. 007/40144/93468, Fax 94389, Mobil 9/114/723510. DZ 75 €.

Nesterov

Die östlichste Rayonstadt des Kaliningrader Gebietes ist Nesterov (Нестеров/Ebenrode/Stallupönen), zehn Kilometer vor der litauischen Grenze. Sie hat 4800 Einwohner.

Stallupönen wurde 1539 erstmals erwähnt, der Name bezeichnet als ›Tisch am Wasser‹ eine alte pruzzische Kultstätte, die aber nicht mehr existiert. Die günstige Lage an der Handelsstraße Königsberg–Kaunas, kurz vor der Grenze, ließ das Dörfchen bald zu einem wohlhabenden Marktflecken werden. Auch hier wurden nach der großen Pest des 18. Jahrhunderts eine erhebliche Anzahl von Salzburgern, Nassauern und anderen Neubürgern angesiedelt. Wie in Gumbinnen schuf hier Schultheiß von Unfried eine neue Stadtanlage, die sich durch zwei groß dimensionierte Marktplätze auszeichnete; Stadtrechte erhielt der Ort 1722. Bis etwa 1730 war hier noch die pruzzische Tradition lebendig, denn es wohnten überwiegend litauische Bauern hier. Sie wallfahrteten alljährlich am Himmelfahrtstag zu jenem Opfertisch am Wasser, dessen genaue Lage heute aber nicht mehr bestimmt werden kann.

In den heftigen Kämpfen 1944/45 wurde die Stadt fast vollständig zerstört. Altbebauung ist kaum noch vorhanden, auch die Stadtanlage selbst ist nicht wiederzuerkennen. Bei der Einfahrt nach Nesterov von Westen sind am früheren Kleinen Markt, wo die A 510 nach Tilsit abzweigt, noch einige wenige renovierungsbedürftige Altbauten vorhanden. An ihren ungewöhnlichen Giebeln ist erkennbar, dass sie nach dem Ersten Weltkrieg entstanden sind. 1914 ist Stallupönen schon einmal zerstört worden, ab dem darauffolgenden Jahr erfolgte unter finanzieller Hilfe der Patenstadt Kassel der Wiederaufbau, wobei viele der Gebäude im sogenannten Heimatschutzstil errichtet wurden. An der Ecke zur A 510 Richtung Dobrovol'sk/Sovetsk (ul. Moskovskaja) ist ein alter preußischer **Kilometerstein** erhalten. Er zeigt 18 Meilen nach Königsberg an. Moskovskaja Nr. 8 ist die lokale **Bäckerei**, die die einzige Einkehrmöglichkeit der Stadt darstellt.

Hinter dem früheren Kleinen Markt führt die Hauptstraße in scharfer Biegung nach Süden, vorbei an zwei erhaltenen Vorlaubenhäusern und zum früheren Neustädtischen Markt. Er ist nur noch über eine angedeutete Grünanlage an seiner Westseite auszumachen.

An der Ecke der Straße nach Kutuzovo (Кутузово/Schirwindt) stand links auf einem noch deutlich erkennbaren erhöhten Terrain die 1726 erbaute evangelische Kirche. Sie hatte einen Turm mit einer doppelten hölzernen Laterne. Die Kirche verfiel in der Nachkriegszeit und wurde schließlich abgetragen. Unterhalb davon öffnet sich der Altstädter Markt in unerwarteter Breite. Neuere Gebäude aus weißen Betonziegeln flankieren ihn erst in einiger Distanz; an seiner Ostseite erhebt sich das überdimensionierte **Gefallenenehrenmal**. In einer kleinen Grünanlage, etwas nördlich davon, steht ein großes **Denkmal**, das eine Büste krönt. Hier liegt General Antonin Nesterov begraben, der bei der Eroberung der Stadt sein Leben ließ und der ihr ihren neuen Namen gab.

Außerhalb des Zentrums

Nach Osten führt die alte Hauptstraße, heute A 229, weiter zur litauischen Grenze, die frühere Goldaper Straße führt geradeaus südwärts zum Bahnhof von Nesterov, nach den Gleisen links weiter über Nevskoe (Невское/Schlossbach/Pillupönen) zum Wyštiter See im russisch-polnisch-litauischen Dreiländereck. Der Bahnhof, wie auch Altbauten nordöstlich davon, ist renoviert. Fährt man nach der Bahnüberquerung geradeaus, gelangt man zum **Wasserturm**, um den noch ein kleines altes Viertel aus deutscher Zeit erhalten ist, und zur früheren katholischen **Kirche** aus dem Jahr 1927, heute ein orthodoxes Gotteshaus. Südlich der Bahnlinie kann man auch nach rechts, nach Südwesten in Richtung Iljušino, zur Rominter Heide fahren. Da man sich dabei von der litauischen Grenze wieder entfernt, trifft

Wasserturm und katholische Kirche in Nesterov

▲ Karte S. 229

man bestenfalls auf vereinzelte normale Verkehrskontrollen. Erst südlich des 22 Kilometer entfernten Kalinino (Калинино/Birkenmühle/Mehlkehmen), mit der Annäherung an die polnische Grenze, gibt es bei der Weiterfahrt ins Grenzgebiet eine Postenstation. Um Nesterov herum ist überall das Grenzgebiet ausgeschildert, so dass es kaum Probleme geben kann.

Möchte man von Nesterov in die Rominter Heide parallel zur litauischen Grenze fahren, ist ein Propusk (Passierschein) unabdingbar. Denn gleich hinter Puškino (Пушкино/Göritten), wo sich gut erhaltene Einfamilienhäuser aus deutscher Zeit befinden. Offiziell beginnt das Grenzgebiet mit dem Dörfchen Pokryshkino (Dopönen/Grünweide). Seinen westlichen Rand bildet dabei die Hauptstraße Richtung Vyštiter See (s. S. 327 ff). Ab hier ist die Weiterfahrt in das Grenzgebiet zu Litauen nur mit dem Passierschein möglich.

Nesterov

Café-Bar, **Stolovaja** und **Magazin**, ul. Moskovskaja 8, Mo–Fr 8–19 Uhr.

Östlich von Nesterov

Hinter Nesterov beginnt bald das Grenzgebiet. Wer die Grenze nicht überqueren will, benötigt auch hier den Passierschein, den Propusk. Im Dörfchen **Prigorodnoe** (Пригородное/Schützenort/Petrikatschen) führt ein guter Weg in nordöstlicher Richtung nach **Lugovoe** (Луговое/Bilderweiten/Bilderweitschen) ab. Im ansonsten vernachlässigten Ort ist die frühere katholische **Kirche** gut erhalten, obwohl sie jahrelang als Getreidedepot gedient hat.

Von Lugovoe kann man direkt nach Černyševskoe (Eydtkau/Eydtkuhnen) an die Grenze fahren. Man gelangt hierbei direkt an der Ruine der Kirche in Černyševskoe wieder auf die A 229. Vor kurzem hat Černyševskoe eine Ortsumfahrung bekommen, die unmittelbar am Schlagbaum wieder auf die alte Trasse mündet, wo sich manchmal Staus bilden: Polen hat eine Lkw-Transitquote an den russisch-polnischen Grenzübergängen eingeführt. Damit aber die russischen Lkw ihre Weiterfahrt nach Westeuropa durchführen können, reisen sie zunächst nach Litauen ein und von dort über große Umwege nach Polen, da es ja an den litauisch-polnischen Grenzen keinerlei Kontrolle mehr gibt. Diese Bestimmungen wurden in letzter Zeit aber immer mehr gelockert.

Černyševskoe

Immer schon war Černyševskoe (Чернышевское/Eydtkau/Eydtkuhnen) Grenzort. Eydtkau/Eydtkuhnen markierte die Endstation der sogenannten Ostbahn aus Berlin und war gleichzeitig der Endpunkt der Reichsstraße 1, fast 750 Kilometer von Berlin und über 1400 Kilometer vom früheren westlichen Ende bei Aachen entfernt.

Ursprünglich verlief hier die Grenze des Ordenslands Preußen gegen Litauen, wie sie im Frieden vom Melnosee 1422 festgelegt war. In den Jahrhunderten danach war es die Grenze des Herzogtums Preußen mit Polen, nach den Polnischen Teilungen wurde es zur Grenze des Königreichs Preußen zu Russland, ab 1919 die Grenze zwischen Deutschland und dem wiedererstandenen Litauen. Nach 1939 berührten sich hier Deutschland und die Sowjetunion – Stalin hatte Litauen okkupiert –, nach dem Einmarsch der Wehrmacht in die Sowjetunion 1941 war es die Grenze zwischen Deutschland und dem Reichskommissariat Ostland. 1945 fielen die Grenzen weg, da sich die Sowjetunion nun auf beiden Seiten befand. Das Kaliningrader Gebiet war zwar Sperrgebiet, doch zur Litauischen Sowjetrepublik nicht gesondert befestigt. Nachdem Litauen seine staatliche Unabhängigkeit wiedererlangt hatte, begann sich das Kaliningrader Gebiet einzumauern. Heute verläuft hier die Grenze zwischen Russland und Litauen, und die EU ist jetzt östlicher (!) Anrainer eines Teils Russlands.

Erstmalig 1557 erwähnt, blieb Eydtkuhnen drei Jahrhunderte lang ein unbedeutendes Schmugglerdorf. Erst der Bau der Bahnlinie Berlin–Königsberg–Eydtkuhnen, die 1861 Anschluss an das russische Eisenbahnnetz erhielt, ließ den Ort aufblühen. Bald hatte er 2000 Einwohner, die sich in erheblichem Maß weiterhin durch Schmuggel und später durch Speditionsgeschäfte ihren Lebensunterhalt verdienten: 1914 waren hier 46 Speditionsunternehmen ansässig!

Eydtkuhnen hatte, wie man heute sagen würde, eine multikulturelle Bevölkerung; Deutsche, Litauer, Russen und Juden lebten hier. Davon ist heute ebensowenig geblieben wie die steineren Zeugen dieser Zeit, denn 1945 wurde die Stadt zu 95 Prozent zerstört. Bereits im Jahr 1914 hatte die Stadt erstmals schwere Zerstörungen hinnehmen müssen, und auch die evangelische Kirche, deren Ruine in etwa das alte Stadtzentrum markiert, war in den Jahren danach wie der Ort selbst mit Hilfe der Patenstadt Wiesbaden wieder aufgebaut worden.

Dort wo sich einst das Stadtzentrum befand, etwa 100 Meter nördlich der Hauptstraße, errichteten die Sowjets nach dem Krieg eine Kasernenanlage, innerhalb der die erhalten gebliebene evangelische Kirche als Lager diente. An der Nahtstelle zwischen der Sowjetrepublik Litauen und der militärischen

Auch als Ruine majestätisch: die Kirche in Černyševskoe

Sperrzone der Kaliningradskaja Oblast' schien es nötig, besondere militärische Präsenz zu zeigen. Einige wenige unzerstörte Häuser der Stadt blieben innerhalb dieses mit einer Mauer umgebenen Areals erhalten, doch verfiel alles nach 1991 in raschem Tempo.

Mittlerweile ist die Mauer, die das Kasernengelände umgab, weitgehend abgetragen, ebenso sind die wenigen Häuser abgerissen: Das Zentrum des alten Eydtkuhnen ist zur Wüste geworden. Ungewiss ist die wirtschaftliche Zukunft des kleinen Ortes an der Ostgrenze der Exklave zur EU – ungewiss wie die Zukunft des Kaliningrader Gebiets überhaupt. Es ist russisches Territorium, doch wie werden sich die Infrastruktur, die Wirtschaft und der Lebensstandard auf der Insel noch entwickeln? Hier scheint ein sich ausbildendes staatliches Vakuum geradezu mit den Händen greifbar zu sein – ein ebenso spannender wie beunruhigender Prozess.

▲ Karte S. 229

Der Nordosten

Die nordöstlichen Bereiche des Kaliningrader Gebietes - meistenteils der Rajon Krasnoznamensk - sind in mancherlei Hinsicht besondere Problemzonen. Erstens fegte hier 1944/45 der Krieg besonders heftig über das Land und zerstörte mehr als in anderen Regionen des alten Nordostpreußen. Zum zweiten ist die Gebietshauptstadt Kaliningrad gute 180 Kilometer entfernt, so dass deren infrastrukturelle Aura kaum spürbar ist. Das Gebiet nordöstlich von Gusev (Gumbinnen), zwischen Memel, der Landesgrenze im Osten und der alten Reichsstraße 1 im Süden, ist sehr dünn besiedelt, die Errichtung großer Truppenübungsplätze nahe der Grenze zu Litauen schon in den ersten Nachkriegsjahren und die ökologischen Altlasten aus über 40 Jahren Nutzung durch das Militär brachten in der Zeit nach 1991 zusätzliche Probleme. Die Landflucht ist die größte der gesamten Kaliningradskaja Oblast'. Die Kolchosen sind weitgehend aufgelöst, Landwirtschaft findet kaum noch statt, andere Erwerbsmöglichkeiten bestehen nur wenige.

Zwischen Nesterov und Dobrovol'sk

Als Ausgangspunkt für die Tour in den Nordosten bietet sich Nesterov (Нестеров/Ebenrode/Stallupönen) an. Vom ehemaligen Kleinen Markt des Ortes fährt man nach Norden Richtung Sovetsk, rechter Hand sind noch Reithalle und Kaserne aus deutscher Zeit zu erkennen. Außerhalb liegen weite Ebenen links und rechts der Straße. Sie sind jedoch kaum einmal bewirtschaftet, die Natur beginnt sich brachliegende Flächen zurückzuholen. Während man Richtung Westen ab und an noch kleine Weiler und Einzelgehöfte erblickt, ist das Land Richtung Osten ohne jede Siedlung. Was dem Krieg 1945 entging, wurde durch die Errichtung der Truppenübungsplätze eingeebnet. Östlich der Straße, die nach 15 Kilometern Dobrovol'sk erreicht, das alte Schlossberg, beginnt das große Militärgelände, das sich gut 20 Kilometer bis zur Grenze hinzieht. Hinter Vysokoe (Высокое/Hainau) quert man nach knapp zwei Kilometern einen alten Bahndamm ohne Gleise - es ist die stillgelegte Strecke von Ebenrode/Stallupönen über Schlossberg/Pillkallen nach Tilsit. Ungefähr hier verläuft die administrative Grenze zwischen den Rajons Nesterov und Krasnoznamensk (Краснознаменск/Haselberg/Lasdehnen), die bereits vor 1945 die Grenze zwischen den Kreisen Ebenrode/Stallupönen und Schlossberg/Pillkallen war.

Dobrovol'sk

Nähert man sich von Süden der ehemaligen Kreisstadt (Лобровольск/Pillkallen/Schlossberg), trifft man auf einige kleine Siedlungshäuser, die Stadtmitte hingegen ist kaum noch erkennbar. Keine der früheren ostpreußischen Kreisstädte wurde so sehr zerstört wie Pillkallen. Am Markt finden sich gerade noch drei alte Häuser, und wo sich in der Mitte einst die evangelische Kirche befand, ist ein überdimensioniertes, nicht zugängliches **Ehrenmal** für die Gefallenen des Großen Vaterländischen Krieges errichtet. Die große Kreuzung mit der ehemaligen Tilsiter und Haselberger (Lasdehner) Straße ist von großen Wiesen umgeben. Einzig das sehr gut erhaltene Pflaster lässt erkennen, dass sich hier einst eine größere städtische Ansiedlung befunden hat.

Versucht man, sich mit einem alten Stadtplan zu orientieren, wird die vollständige Zerstörung Pillkallens offenbar. Nicht einmal drei Prozent des ehemaligen Gebäudebestands sind noch vorhanden. Die Westseite des Marktplatzes wird von zwei Containern gesäumt, die als Verkaufs- und Versorgungseinrichtungen dienen. Dahinter zieht sich ein kleiner Weg zum erhaltenen **Wasserturm** hoch. Auf dem nahen früheren Friedhof, der heute eine Parkanlage ist,

überrascht ein **Obelisk**, ein Kriegerdenkmal für die deutschen Gefallenen von 1870/71, auf dem man noch vom ›Kirchspiel Pillkallen‹ lesen kann. Umsäumt wird er von Grabsteinen von Soldaten aus dem Ersten Weltkrieg – Pillkallen war 1914 von den Russen besetzt und zerstört worden. Diese Steine wurden allerdings erst in den vergangenen Jahren von der Kreisgemeinschaft Schlossberg aus dem Friedhofsareal zusammengetragen und als Kenotaphe zur Erinnerung und Mahnung aufgestellt.
Im südlichen Bereich von Dobrovol'sk existieren noch einige Straßenzüge mit deutschen Wohnhäusern. Sie sind von Einschusslöchern übersät und zeugen von den Kämpfen um die Stadt.
Das 1516 gegründete Schlossberg/Pillkallen (nach lit. pilis–Schloss und kalnas–Berg) erhielt wie viele Orte im Osten des Herzogtums Preußen erst 1725 von König Friedrich Wilhelm I. die Stadtrechte. Bekannt waren zwei Getränke, die hier ursprünglich kreiert wurden: die ›Pillkaller Spätlese‹, ein Weinbrand mit einer Scheibe Cervelatwurst mit Senf, und die ›Pillkaller Stutenmilch‹, heißer Arrak mit Würfelzucker und einer Portion Schlagsahne, den man mit einem Strohhalm aus einem Sektglas trinkt.

Vesnovo

Etwa zehn Kilometer westlich von Dobrovol'sk liegt Vesnovo (Весново/Kussen). Ein Besuch lohnt, denn in dem idyllisch gelegenen Dörfchen vermag die Ruine der dort 1743 auf direkte Anweisung Friedrichs des Großen errichteten, ausnehmend langgestreckten **Dorfkirche** immer noch zu bezaubern. Die Kirche war wie so viele Gotteshäuser im russischen Ostpreußen beim Ende der Kampfhandlungen unversehrt, wurde dann aber als Lagerhalle genutzt

Geisterhaft: das Zentrum von Dobrovol'sk

und begann zu verfallen. Man findet die Ruine, wenn man sich, aus Dobrovol'sk kommend (P 508), im Zentrum nach rechts Richtung Lunino und Uzlovoe wendet. Sie liegt dann rechter Hand etwas oberhalb der Straße hinter einigen verfallenden Gebäuden.

Uzlovoe und Malomozhajskoe

Eine sehr gute Straße geht von Vesnovo nach Uzlovoe (Узловое/Rautenberg). Auch dieser Ort ist wie so viele Ansiedlungen im Nordosten ziemlich vernach-

Ein Obelisk aus einer früheren Zeit

lässigt. Nur noch Reste der 1876 geweihten **Rundbogenkirche** erinnern an das vormals blühende Dorf. Vielleicht noch schlimmer sieht es in Malomožajskoe (Маломожайское/Budwethen/Altenkirch) aus. Die Gegend um die Kirche und die ganz wenigen Gebäude aus deutscher Zeit sind in einem herzzerreißenden Zustand.

Saratovskoe

Russische Karten helfen auch, wenn man nordwestlich von Dobrovol'sk über das untergegangene Groß Schorellen (nach 1938 Adlerswalde), heute Saratovskoe, nach Tolstovo (Löbegallen) westlich von Krasnoznamensk fahren möchte. Dies ist eine landschaftlich ausnehmend reizvolle Route, insbesondere in ihrem Nordteil, wo sie durch weite lichte Wälder verläuft. Man muss am westlichen Ortsausgang von Dobrovol'sk den Weg nach Norden, durch das nahe Bolotnikovo (Болотниково/Schameitkehmen), suchen, dann ist man auf der besagten und wunderbar einsamen Straße, die innerhalb des Waldgebietes noch ein sehr gutes historisches Pflaster trägt. Bis etwa 2005 stand noch ein Rest des Kirchturms Saratovskoe, doch wurde er abgetragen, die Backsteine verkauft. Einige wenige ziemlich ärmliche Häuschen bestehen noch. Auch in diesem Gebiet ist unübersehbar, dass der Krieg hier schon 1944 die meisten Orte ausgelöscht hat.

Östlich von Dobrovol'sk

Verlässt man das Zentrum von Dobrovol'sk in östlicher Richtung auf der alten Schirwindter Straße, zweigt nach etwa 300 Metern nach rechts eine kurzer, nicht befestigter Weg ab. Hier gelangt man zum ehemaligen Bahnhof. Doch es ist nur noch die überwucherte Laderam-

▲ Karte S. 242

Unterwegs östlich von Dobrovol'sk

pe vorhanden. Zurück auf der Schirwindter Straße, weiter in Richtung Osten, erreicht man jetzt den großen Truppenübungsplatz, der sich bis zum untergegangenen Schirwindt (heute Kutuzovo) erstreckt, der einst östlichsten Stadt des Deutschen Reiches. Dieser Truppenübungsplatz, der auch als Schießgelände für die Artillerie diente, wird nur noch selten von den Militärs genutzt. Das Durchfahren des Areals ist dennoch mit Vorsicht anzugehen. Innerhalb dieses Gebiets findet sich keine einzige Ortschaft, die meisten wurden bereits 1944/45 zerstört. Etwa 12 km östlich von Dobrovol´sk beginnt das ausgeschilderte Grenzgebiet. Wer weiterfahren will, benötigt die Grenzgenehmigung.

Etwa drei Kilometer hinter der Ortsgrenze von Dobrovolsk kam man bis vor kurzem zu einigen ruinösen Bunkeranlagen sowie Kontrollhäuschen, die die Grenze des Truppenübungsplatzes markierten. Der Weg führt weiter durch menschenleeres Land, der Zustand der Straße wird immer schlechter. Knapp zehn Kilometer hinter Dobrovol'sk wechselt die annähernd unbefestigte

Fahrtrasse in einen gut erhaltenen Pflasterbelag. Das verschwundene Kirchdorf Willuhnen ist erreicht. Lediglich von der Kirche sind einige wenige Mauerreste vorhanden, die Landschaft rings umher ist dicht mit niedrigen Pflanzen und Büschen bewachsen. Einen Kilometer danach gibt es einen Weg nordwärts in das zehn Kilometer entfernte Pobedino (Schillehnen/Schillen), doch liegt das innerhalb das Grenzgebiets. Der nahe **Willuhner See** (oz. Borodinskoe) ist ein Paradies für Vögel und auch für Angler. Gewaltige Betonwegweiser mit halbmetergroßen Buchstaben geben an dieser Stelle überraschend Hinweise zur Orientierung. ›Kutuzovo 12‹ verheißt eine Betontafel. Einige Jahre war hier die Weiterfahrt versperrt. Große künstliche Gräben, quer über die Fahrbahn angelegt, machten die Straße zumindest für Pkw und Lkw unpassierbar. Dann waren diese Gräben wieder zugeschüttet – und während anderer Monate erneut aufgefüllt. Man kann versuchen, die recht schlechte Wegstrecke Richtung Kutuzovo soweit wie möglich zu befahren, doch von der Stelle ab, wo von Süden der Weg aus Tret'jakovo einmündet,

Die Brücke hinter Tret'jakovo

besteht das Grenzgebiet. Ohne Genehmigung ist die Weiterfahrt zum einst östlichsten Punkt des Deutschen Reiches untersagt. Die russischen Karten zeigen aber mehrere Wege, mit denen man einen Teil dieser Friedhofslandschaft auch mit dem Auto erkunden kann. Wer mit dem Fahrrad hier vorbeikommt, fühlt sich fast in eine jenseitige Welt versetzt, so groß ist die Verlassenheit, und so weit erstreckt sie sich.

An den östlichsten Punkt des Kaliningrader Gebiets

Die östlichsten Regionen des Gebiets bildeten immer schon die Grenze zu anderen Völkern und Staaten und haben daher eine besondere historische Bedeutung. Heute sind sie von Agonie und Verfall gekennzeichnet, bieten aber gleichzeitig landschaftliche Schönheiten.

Tret'jakovo und Umgebung

Es ist möglich, mit dem eigenen Fahrzeug nach Kutuzovo (Кутузово/Schirwindt) zu gelangen. Allerdings benötigt man hierzu die übliche Genehmigung zum Betreten und Befahren des Grenzgebiets, was die Durchfahrtserlaubnis durch das Militärgebiet einschließt. In diesem Fall ist wiederum Nesterov als Ausgangspunkt zu wählen.

Die Straße führt vom früheren Altstädtischen Markt, also dem großen Platz im Zentrum, nach Nordosten ab. Wegweiser gibt es nicht, die Straße ist aber leicht zu finden. Dort, wo sich der Altstädtische Markt nach Norden verengt, gleich unterhalb des Sockels, wo einst die Stadtkirche stand, geht es nach rechts. Über Babuškino (Бабушкино/Groß Degesen), wo das Grenzgebiet beginnt, erreicht man nach knapp zwölf Kilometern Tret'jakovo (Третьяково/Sodargen). Dieses Dorf ist fast völlig verschwunden, und an seine Stelle ist eine große **Kasernenanlage** getreten, die die Kommandantur des Truppenübungsplatzes beherbergt. Man umfährt diese Anlage, behält dabei die Himmelsrichtung Nordost bei und hält sich an der Gabel gleich hinter der Kaserne rechts. Hier sind es nur noch zehn Kilometer bis Schirwindt. Doch Vorsicht: Wenige Kilometer hinter Tret'jakovo führt die Straße über eine höchst marode Brücke, die durch ein Verkehrszeichen für den Fahrzeugverkehr eigentlich gesperrt ist, aber von allen Fahrzeugen (Militär, Landwirtschaft) dennoch überquert wird. Wer nicht wagt, die Brücke zu überqueren, fährt zurück nach Tret'jakovo und wendet sich dort nordwärts, bis er auf die Straße aus Dobrovol'sk trift, und biegt dann ostwärts nach Kutuzovo ab. Und auch diese Fahrt ist für sensible Gemüter vielleicht anstrengend, denn die Reise über gute 25 Kilometer durch völlig unbesiedeltes, einst dicht bewohntes Gebiet hat etwas Gespenstisches.

Kurz nach der Brücke wurde 2014 eine unbewachte Schranke errichtet, die überwiegend - aber nicht immer - geschlossen ist. Radlern ist jedoch bei Vorlage der Grenzgenehmigung die Weiterfahrt im allgemeinen möglich.

Jetzt geht es vorbei an verlassenen Feldherrnhügeln und an zerbröckelnden Bunkern durch wildes, ödes Land. Doch plötzlich erscheint in der Ferne wie eine Vision eine silbergleißende **Kirche**. Es ist die Kirche von **Kudirkos-Naumiestis** (Neustadt), das unmittelbar jenseits der Grenze auf litauischem Gebiet liegt.

Nun wendet sich die Straße nach links, und nach weiteren sechs Kilometern wird ein blaues Betonschild sichtbar: Kutuzovo.

▶ Karte S. 242

Kutuzovo

Bis vor einigen Jahren stand am Eingang zum früheren Ort Schirwindt eine Imitation eines gelben deutschen Ortsschilds mit der Aufschrift ›Schirwindt‹. Es wurde mit offizieller Genehmigung von ehemaligen Bewohnern der Stadt aufgestellt, doch existiert es nicht mehr. Eine Kuriosität ist, dass der in Russland sehr bekannte Schauspieler Aleksandr Anatoljewitsch Schirwindt (geb. 1934 in Odessa), der einen deutschen Vater und eine ukrainische Mutter hatte, aus Verehrung für seinen Großvater den Namen von dessen Geburtsort annahm. Er engagiert sich seit langem dafür, dass der Ort aus der Obhut der Militärs und des Geheimdienstes befreit und wieder aufgebaut wird. Übrigens wurde ein Kleinplanet nach ihm benannt und trägt nun auch den Namen ›Schirwindt‹. Aleksandr Anatoljewitsch Schirwindt argumentiert, dass man doch einen hübscheren Ort nach Michail Illarionowitsch Kutuzov (1745–1813) hätte benennen und somit dem General eine größere Ehre hätte zukommen lassen können. Dieser General dürfte übrigens der einzige Soldat der Militärgeschichte sein, dessen Ruhm sich auf geniale Verteidigung, kluge Rückzüge, überlegte Ausweichmanöver und ähnliche ›unmilitärische‹ Maßnahmen gründet und der letzlich für die Niederlage Napoleons vor Moskau im Jahr 1812 verantwortlich war. Kutuzov gilt als einer der größten russischen Kriegshelden.

Schirwindt war mit nur etwas mehr als 1000 Bewohnern die kleinste Stadt der Provinz Ostpreußen und gleichzeitig die östlichste Stadt Deutschlands. Die Siedlung wurde 1515 gegründet und erhielt ihr Stadtrecht erst 1725. Bedeutend war einzig die neugotische, 1856 errichtete Stadtkirche, die weit nach Litauen hinein

Kutuzovo scheint ebenso zu verschwinden wie Schirwindt

zu sehen war. Wie das benachbarte Pillkallen wurde Schirwindt 1914 das erste Mal stark zerstört, mit Hilfe der Patenstadt Bremen aber schnell wieder aufgebaut. Im Oktober 1944 erneut zerstört, sind heute von der Stadt nicht einmal mehr Mauerreste vorhanden. Das russische Kutuzovo ist nur ein Posten, eine Kaserne, in der Grenztruppen untergebracht sind, der aber nicht ständig besetzt wird. Nahe davon besteht seit dem Ersten Weltkrieg auf einem gerodeten Waldstück ein **Soldatenfriedhof** für 160 gefallene russische und 160 deutsche Soldaten. In seiner Mitte steht ein großes Eisenkreuz, das im Zweiten Weltkrieg zwar zahlreiche Beschädigungen davontrug, aber immer noch vorhanden ist.

An der Stelle der Kirche befindet sich ein flacher Hügel mit einem Holzkreuz, an einem Baum am ehemaligen Marktplatz – noch an den asphaltierten Straßen zu erkennen – gibt es seit 2000 ein hölzernes Schild, das auf das 275-jährige Stadtjubiläum des nicht mehr existierenden Orts hinweist. Vom Zentrum nordwärts geht es (Karte mitnehmen!) in ein völlig menschenleeres Gebiet. Vor 1945 befanden sich jedoch dort viele kleine Dörfer. Die Abenteurer, die mit viel Aufwand bis hierher vorgedrungen sind, sollten die vorhandenen Grenzgenehmigungen stets gut nutzen und alle möglichen Wege befahren oder begehen – wer weiß, ob man beim nächsten Besuch wieder hindarf! Eine Fahrt nach Schirwindt gehört zu den elitärsten Reiseerlebnissen, die man in Europa haben kann. So ist auch die Begehung des Wegs nordwärts aus dem Zentrum mehr oder weniger parallel zur Šešupe ein kleines Erlebnis. Jenseits des Flusses erstrecken die grünen Wiesen Litauens, hie und dort sind arbeitende Menschen auf den Feldern auszumachen, diesseits herrschen Öde und Traurigkeit.

Wendet man sich vom untergegangenen Zentrum über eine unwirklich schöne, verwunschene Allee nach Südosten, erreicht man nach etwa einem Kilometer die litauische Grenze am Grenzfluss Servinta (deutsch ebenfalls Schirwindt), die hier unweit in die Šešupe mündet. Zwar existiert eine befahrbare (allerdings abgesperrte) Brücke, doch gibt es keinen offiziellen Grenzübergang.

Gegenüber liegt das litauische **Kudirkos-Naumiestis**. Hier betraten die sowjetischen Truppen 1944 erstmals deutschen Boden, doch drangen von hier auch in den Morgenstunden des 22. Juni 1941 deutsche Truppen in die damalige Sowjetunion ein. Ein Denkmal auf der litauischen Seite erinnert daran. Seit 1422, dem Frieden von Melnosee, bestand immer hier eine Grenze: zuerst die Grenze des Staats des Deutschen Ritterordens, später die des Herzogtums Preußen, dann die des Königreichs Preußen, dann die des Deutschen Reichs – jetzt die der Kaliningradskaja Oblast'. Die Ostgrenze des Kaliningrader Gebiets ist zwischen Memel und Wyštiter See (ganz im Südosten) auf diese Weise Teil einer der ältesten Grenzen in Europa geblieben.

Um das Adlerswalder Moor

Wer von Dobrovol'sk in den Nordosten Richtung Krasnoznamensk (Краснознаменск/Haselberg/Lasdehnen) reisen möchte, hat mit der Strecke über Pravdino (Правдино/Grumbkowsfelde) eine Alternative zur P 508, die direkt nach Krasnoznamensk führt. Die Umgebung von Pravdino, zu dem man knapp drei Kilometer nördlich von Dobrovol'sk in Nikitovka (Никитовка/Uschpiaunen) abbiegt, führt am Rand des großen Totenlands vorbei. Auch hier: überall nur Einsamkeit. Nach etwa acht Kilometern erreicht man die Verbindungsstraße 511, Krasnoznamensk–Pobedino, über die man schnell in die Rayonstadt gelangt. Wer ein wundervolles Naturerlebnis sucht, bleibt aber in Nikitovka auf der Hauptstraße. Gleich hinter Poltavskoe (Полтавское/Groß Rudschen) geht ein Weg nach rechts in das frühere Adlerswalder Moor hinein, oft auch ›Große Plinis‹ genannt (heutige Bezeichnung Mičurinskoe boloto, Mitschurinmoor). An seinem Rand entspringt die Inster. Hinter der Abzweigung sind es etwa vier Kilometer bis zu einer Brücke am Waldrand. Hier überquert man den Fluss, der wenige hundert Meter östlich aus den Sümpfen quillt. Über diese Brücke kann man weiter ins Moor fahren, allerdings wird der Weg bald unbefestigt, dann gibt wieder ein Stück Asphaltierung, und an deren Ende sind es noch weitere zwei Kilometer bis Ostrogožskoe (Острогожзкое) an der bereits erwähnten Straße 511. Im Moorgebiet ergeben sich nicht viele Wander- bzw. Radfahrmöglichkeiten, und die wenigen lassen sich ohne eine gute russische Karte nicht realisieren. Doch ist die Tour durch das Moor voller wunderbarer Eindrücke. In regnerischen Zeiten sollte man es wegen der unbefestigten Wege, die dann zu sumpfigen Pfaden werden, aber unterlassen.

Im Adlerswalder Forst

Karte S. 242

Krasnoznamensk und Umgebung

Das frühere Haselberg (bis 1938 Lasdehnen) bildet in der Region eine Ausnahme, denn es wurde 1945 kaum beschädigt. Daher versah man das Dörfchen mit Stadtrechten und machte es zum administrativen Sitz des Nordostbezirks. Das vollständig zerstörte Schlossberg/Pillkallen konnte diese Aufgabe nicht mehr erfüllen.

Das heutige Krasnoznamensk (Краснознаменск) ist ein helles, freundliches und gepflegtes Städtchen, in dem etwa 7000 Einwohner leben und das in zwei getrennte Ortsteile zerfällt, jeweils nördlich und südlich der Šešupe gelegen.

Der Ort wurde als Lasteinen erstmals 1576 genannt und liegt beidseits der Šešupe (Шешупе/Scheschuppe), die heute wieder ihren alten Namen trägt, nachdem sie nach 1938 für sieben Jahre ›Ostfluss‹ hieß.

Die **Stadtkirche**, hoch über dem rechten Ufer der Šešupe gelegen und 1877 nach Vorlagen des Schinkel-Schülers Friedrich August Stüler errichtet, dient als orthodoxes Gotteshaus. Ihr gegenüber befindet sich eine Käserei, die sich ›Lasdehnen‹ nennt. Am früheren **Marktplatz**, südlich des Flusses, finden sich einige schöne Häuser aus der Zeit vor 1945, daneben das obligate **Lenindenkmal**. Von großem landschaftlichen Reiz ist das Tal der Scheschuppe (Šešupe) nordwestlich von Krasnoznamensk bei Dolgoje (Beinigkehmen). Von Dolgoje sollte man die unbefestigte Straße nordwestwärts parallel zum Ufer des Flusses weiterfahren und versuchen, wo immer es möglich ist, auch über kurze Waldwege bis zum Fluss heranzukommen – es lohnt.

Fährt man von Krasnoznamensk in östlicher Richtung immer geradeaus auf der P 511, passiert man nach acht Kilometern **Leskovo** (Лесково), wo es eine sehr empfehlenswerte Übernachtungsmöglichkeit gibt. Doch schnell ist wieder weithin verlassenes Gebiet erreicht.

Pobedino

Rund 18 Kilometer sind es von Krasnoznamensk nach Pobedino (Победино/Schillfelde/Schillehnen), bereits sehr nahe der litauischen Grenze gelegen. Unmittelbar am westlichen Ortsrand von Pobedino beginnt die Grenzzone. Einige **Altbauten** stehen noch: Die alte Schule ist Grenzkommandantur, an einem Haus gegenüber dem gut sortierten Magazin ist noch eine deutsche Ladeninschrift erkennbar, und ganz am südlichen Ortsrand steht links ein stallähnliches Gebäude aus Feldsteinen, die ehemalige katholische Kirche von 1925. Ihre Ruine wurde umgebaut. Die hölzerne evangelische Kirche von 1795 blieb

Die Käserei in Krasnoznamensk

im Krieg unzerstört, überlebte aber die Nachkriegszeit nicht.

Richtung Norden, nach Wisborienen/Grenzhöhe – unmittelbar an der Šešupe und damit der litauischen Grenze –, das nicht mehr vorhanden ist, gibt es keine einzige Ansiedlung mehr, und nach Osten und Süden gleich hinter Pobedino beginnt der Truppenübungsplatz, der auch das Moor des sogenannten Königsbruchs einnimmt und sich bis Kutuzovo an die Grenze erstreckt. Wer die Grenzgenehmigung hat, sollte aber nicht versäumen, die verwunschene Landschaft zu erkunden. Eine Fahrradtour von Pobedino in die Grenzgebiete bietet seltene Naturerfahrungen.

Nach Süden hin kann man Pobedino am Westrand des Militärgeländes über die P 511 verlassen, allerdings ist der Zustand der Straße katastrophal.

Zwölf Kilometer sind es durch versumpftes, verödetes Land, vorbei am noch außerhalb der Grenzzone liegenden, verlandenden Willuhner See (Ozero Borodinskoje), der ein Anglerparadies ist, bis man die Straße Dobrovol'sk–Kutuzovo erreicht.

Durch den früheren Forst Memelwalde

In Krasnoznamensk zweigt gegenüber der Kirche nach Nordosten von der Hauptstraße eine landschaftlich bezaubernde Route entlang der Šešupe ab, die hier richtige Steilufer zu bilden vermag. Hinter Zarečnoe (Заречное/Tulpeningen/Tulpeningken) sind die Flussschleifen am malerischsten. Aber Vorsicht: Krasnoznamensk liegt zwar noch nicht im Grenzgebiet, doch beginnt es unmittelbar nördlich und östlich davon. Die Straße nähert sich bald der litauischen Grenze, die dann unmittelbar am rechten Straßenrand verläuft. An einem – allerdings nur manchmal mit Grenzsoldaten besetzten – Kontrollpunkt kann die Weiterfahrt verweigert werden. Hat man das Glück, den Kontrollpunkt passieren zu dürfen, trifft man nach knapp drei Kilometern auf einen weiteren, über den man dieses besondere Gebiet wieder verlassen kann. Die Grenztruppen haben nur den Abschnitt der Straße, der unmittelbar an der litauischen Grenze verläuft, für den allgemeinen Verkehr gesperrt. Es kann vorkommmen, dass sie trotz Genehmigung die Weiterfahrt verwehren. Dann bleibt nichts weiter

An der Memel bei Nemanskoe

Karte S. 242

übrig, als nach Krasnoznamensk zurückzukehren. Die Station ist bisweilen besetzt, bisweilen nicht, manchmal sogar abgebaut und manchmal auch wieder neu errichtet.

Weite Wälder dehnen sich zu beiden Seiten des Weges aus. Hier liegt eines der größten zusammenhängenden Waldgebiete Nordostpreußens, der Forst Memelwalde (russ. Nemanskij les und vor 1938 Trappöner Forst), der sich etwa zehn Kilometer in nördlicher Richtung bis zur Memel und über 20 Kilometer nach Westen erstreckt.

Kurz vor Erreichen der Memel findet sich ein Wegweiser ins litauische Jurbarkas, der Grenzübergang Pograničnyj (Пограничнй/Waldheide/Schillehnen) ist erreicht. Er darf allerdings nur von Russen und Litauern benutzt werden.

Nemanskoe

Vom Grenzübergang Pograničnyj sind es 16 Kilometer durch den unergründlich wirkenden Forst Memelwalde bis nach Nemanskoe (Неманское/Trappönen/Trappen), dem einzigen größeren Dorf in der Umgebung. Viele Häuser aus deutscher Zeit sind erhalten, einige Neubauten am Dorfrand haben sich hinzugesellt. Einst bestand eine Fährverbindung in das am Nordufer der Memel gelegene Wischwill (heute Viešvile in Litauen). Der gepflasterte Weg zur Anlegestelle ist noch gut zu finden. Wo am westlichen Ortsausgang die Hauptstraße nach links umknickt, kann man parken; von dort führt eine uralte Pflasterstraße hinab zur Memel. Am Ufer eröffnet sich ein schönes Panorama über die Memel bis weit nach Litauen hinein, auch ist das südliche Steilufer des Flusses gut zu überblicken. Im Ort hat ein Lehrer schon vor 40 Jahren ein kleines **Museum** eingerichtet, das kulturübergreifend über die deutsche, russische und litauische Geschichte der Region erzählt. Die Direktorin selbst macht mitreißende Führungen.

Die Hauptstraße Richtung Neman und Sovetsk berührt sodann Dolžanskoe (Должанское/Badupönen/Hartigsberg), wo man im Jagdhaus eine Übernachtungsgelegenheit (allerdings ohne Restaurant) finden kann. Im weiteren Verlauf des Weges schlängelt sich wieder die Šešupe heran, hinter Lagernoe (Лагерное/Lenken) überquert man sie. Gleich dahinter, schon im Rajon Neman, liegt Lesnoe (Лесное/Groß Lenkenau/Lenkeningken). An der Stelle der ehemaligen Kirche befindet sich in diesem Ort eine kleine Grünanlage, in der man den Taufstein aus der Kirche aufgestellt hat. Viele Touristen versuchen, zur etwa zwei Kilometer nördlich von Lesnoe gelegenen Mündung der 158 Kilometer langen Šešupe in die Memel zu gelangen. Es ist eine wunderbare Niederungslandschaft, vielleicht eines der schönsten Fleckchen im ganzen Gebiet und vom Menschen unberührt. Allerdings ist der Weg dorthin sehr schwierig (Grenzzone!).

Die Straße mündet nun auf die Hauptverbindung Krasnoznamensk–Neman, die P 508. Ein Abstecher könnte noch in Richtung Neman bis kurz vor Garino (Ober-Eißeln) führen. Hier biegt auf einer Anhöhe nach rechts eine Straße nach Bol'šoe Selo (Unter-Eißeln) ab. Hält man sich nach etwa einem Kilometer links, ohne in den Ort zu fahren – Wegweiser zum Kinderheim –, erreicht man nach weiteren 1000 Metern das Memelufer, von wo sich ein prachtvoller Ausblick über den Fluss auf das jenseitige Ufer mit dem Rombinus ergibt, dem heiligen Berg der Litauer. Memelabwärts ist in der Ferne Neman (Неман/Ragnit) mit seiner Papiermühle zu erkennen. Die Flussmitte bildet an dieser Stelle die Grenze zu Litauen; man wird hier immer wieder nach den erforderlichen Grenzgenehmigungen gefragt.

An der erwähnten Abzweigung von der Hauptstraße nach Bolšoe Selo führt ein Fußweg nach Norden auf eine bewaldete Anhöhe. Hier trifft man auf die Reste eines **Bismarckturms**, neben dem bei Černjachovsk der einzig noch erhaltene im Gebiet.

Der Nordosten

Vorwahl aus Deutschland: 007/40164.

Gästehaus Leskovo, 238736 Leskovo 2, Tel. aus Deutschland 007/911/8509038 (man spricht manchmal Deutsch) und mobil 007/9/09/7759926, shelyag.dv@pfcompany.ru (geht nicht immer). Sehr schön, in einem ehemaligen kleinen Gutshaus untergebracht. Selbstverpflegung! Noch nicht im Grenzgebiet, aber sehr nahe dran. Pro Person 15 €. Voranmeldung erwünscht.

Jagdhaus Dolžanskoe (Ochotnyj Dom), 238730 Dolžanskoe, Tel. 33847, Fax 469372. DZ 35–40 €. Schon im Grenzgebiet westlich von Nemanskoe gelegen, doch bei einer reservierten Übernachtung kümmert sich das Hotel um den Passierschein (Propusk).

Restaurant Rus, 238730 Krasnoznamensk, ul. Sovetskaja 34. Deftige russische Küche.

Heimatmuseum Nemanskoe, Tel. 33816 bzw. 33855, Do 15–17 Uhr, jeden ersten So im Monat 10–17 Uhr sowie nach Vereinbarung.

Die Memel (Njeman) und ihre breite Mündungsniederung prägen als Tiefland den Norden des Kaliningrader Gebiets. Die weiten Sumpflandschaften an der Ostseite des Kurischen Haffs zählen zu den eindrucksvollsten Naturerlebnissen im Gebiet. Dessen zweitgrößte Stadt Sovetsk (Tilsit) weist noch viele historische Gebäude auf und lohnt einen Besuch.

DER NORDEN DES KALININGRADER GEBIETS

Am Friedrichskanal

Die südliche Elchniederung

Gleich nach der Adlerbrücke in Polessk biegt man nach links auf die P 514 in Richtung Golovkino (Головкино/Elchwerder/Nemonien) ab. Hier gelangt man am Ostrand des Kurischen Haffs in die südlichen Ausläufer der Memelniederung, eines der landschaftlich schönsten Gebiete der Kaliningradskaja Oblast'. Hier ist der Süden des berühmten ostpreußischen Elchwalds erreicht, der vor 1945 als Naturschutzgebiet ›Deutscher Elchwald‹ ausgewiesen war. Der damalige Kreis hieß ›Elchniederung‹.

Entlang des Großen Friedrichsgrabens

Nach wenigen hundert Metern ist hinter dem Abzweig von der A 190 der **Große Friedrichsgraben** (Polesskij Kanal) erreicht. Dieser Kanal verbindet die parallel zur Haffküste verlaufende Deime kurz vor ihrer Mündung mit dem Nemonienfluss nahe Golovkino. Er wurde von 1687 bis 1697 gebaut, ist 19 Kilometer lang, zwei Meter tief und seit einem 1881 erfolgten Ausbau 40 Meter breit. Nördlich von Golovkino ist der 1688 angelegte und fünf Meter breite Kleine Friedrichsgraben die Verbindung zwischen Nemonien und Gilge, die zur Memelniederung gehört und eigentlich einen Memelarm darstellt. Auf diese Weise konnte mithilfe der beiden Friedrichsgräben eine Wasserstraßenverbindung zwischen Tilsit und Königsberg bereits vor über 300 Jahren entstehen.

Die schmale Straße zieht sich zunächst entlang der Ostseite des Großen Friedrichsgrabens. Dies ist eine der idyllischsten Szenerien im alten Nordostpreußen. Das Jahr 1945 verschonte die Memelniederung weitgehend, wie auch Zerfall und Zerstörung in der Nachkriegszeit hier weniger stark waren.

Hinter Belomorskoe (Беломорское/Hindenburg) wechselt die Straße auf die linke Kanalseite. Aufgrund der geringen Breite der Straße ist es an den verschiedenen kleinen Ausweichbuchten so geregelt, dass grundsätzlich nur eine Fahrtrichtung das Vorrecht hat, diese wechselt dann auf der jeweils anderen Kanalseite. Wo die Straße nach links knickt, liegt auf der Ostseite des Kanals Krasnoe (Красное/Haffwerder/Agilla). Anders als in manchen russischen Karten verzeichnet, gibt es keine Brücke mehr, die auf die andere Seite führt.

In der Elchniederung

▲ Karte S. 255

Über Razino (Разино/Möwenort/Juwendt), wo die alte Schule noch vorhanden ist, ist bald **Golovkino** erreicht. Die Straße gabelt sich am Ortseingang, die linke führt am Dorf vorbei, die rechte hinein. Viel ist von der romantischen Atmosphäre des Haffdorfes geblieben. Die Dorfstraße trifft nach etwa einem Kilometer auf den Nemonien und verläuft dann, nach links abbiegend, parallel zu diesem. Weit ausladende Apfelbäume hängen über die Zäune, überhaupt sieht das Dorf recht pittoresk aus. Doch das Idyll ist nur vordergründig, denn die Lebensbedingungen haben sich hier, wie überall auf dem Land

Moosbruch und Elchniederung

Matrosovo liegt beidseits der Gilge

im Kaliningrader Gebiet, seit dem Zerfall der Sowjetunion verschlechtert. Sehr viele Fischkolchosen sind aufgelöst, andere Erwerbsmöglichkeiten bestehen nicht, und so sind Arbeitslosenraten von bis zu 90 Prozent keine Ausnahme.

Matrosovo

Für die Fahrt von Golovkino nach Matrosovo (Матросово/Gilge) muss nun eine Pontonbrücke über den Nemonien bezwungen werden, die allen, die sie überquert haben, in Erinnerung bleibt, da selbst Kleinwagen mit hoher Bodenfreiheit aufsetzen können. Die Pontonbrücke wird von der örtlichen Fischkolchose privat betrieben, und so muss man für einen Pkw für Hin- und Rückfahrt einen geringen Brückenzoll von etwa 40 Rubel entrichten. Doch alle Benutzer der Brücke zahlen gerne, wäre doch Matrosovo ohne diese Brücke nur mit Booten zu erreichen.

Hinter der Brücke fuhr man bis 2012 bis Matrosovo auf einer unwirklich schönen Birkenallee. Sie wurde abgeholzt, um einer überdimensionierten Asphaltstraße Platz zu machen, die sich aber kurz vor Matrosovo wieder verengt und in die alte Pflasterstraße übergeht – ein Beispiel sinnlosen Straßenbaus. Denn nach Matrosovo kommen verhältnismäßig wenige Besucher aus anderen Orten der Oblast. Wahrscheinlich hat ein vermögender Kaliningrader, der sich dort ein Haus gebaut hatte, den Bau bei der Rayonverwaltung anregen können. Natürlich nicht auf eigene Kosten.

Hinter dem Ortsschild ›Matrosovo‹ erscheint das frühere **Forsthaus**, bewohnt und in gutem Zustand. Das Fischerdorf Gilge war einst das größte der Dörfer am Ostrand des Haffs, heute ist es noch das größte und gehört zu den malerischsten Dörfchen des Kaliningrader Gebiets. Auf beiden Seiten des Gilgestroms (Матросовка/Matrosovka) erstrecken sich die meist gut erhaltenen, wie in einem Dornröschenschlaf vor sich hin träumenden **Fischerhäuschen**; die malerischen, buntbewimpelten Boote, die zwischen Elchniederung und Nehrung einst einherschaukelten, sind allerdings verschwunden. Und seit einiger Zeit kommen immer mehr reiche Russen hierher ans Haff und lassen sich in Matrosovo protzige, nicht ins Bild passende Villen errichten.

Auf der anderen Seite des Flusses, über den man nur mit einem Boot gelangen

▶ Karte S. 255

kann, findet sich das **Pfarrhaus** des früheren Kirchdorfes – die **Kirche** allerdings ist eine Ruine. Ihre Geschichte mag charakteristisch für viele Gotteshäuser des Kaliningrader Gebiets sein. Als 1948 die ersten Neusiedler nach Gilge kamen, war die Kirche unbeschädigt, die Orgel funktionsfähig. Doch Anfang der 1950er Jahre wurde auf Befehl des örtlichen Dorfsowjets begonnen, die Kirche abzutragen, um Backsteine für den Neubau verschiedener anderer Gebäude zu gewinnen. Dabei wurde die Kirche bis auf die Ostwand abgebrochen. Die gewonnenen Ziegel wurden allerdings nicht der kommunalen Verwendung zugeführt, sondern von den Einwohnern für ihre eigenen Bedürfnisse nach und nach fortgeschleppt. Die Zerstörung setzte sich 1990 fort, da aus der Nachbargemeinde Golovkino Ziegelbedarf angemeldet wurde. Bis 1996 blieben letztlich nur die Ostwand und Mauerreste des Chors erhalten. Der Friedhof aus der Vorkriegszeit wird auch jetzt als Begräbnisplatz genutzt, wächst aber mehr und mehr mit Gestrüpp zu.

Matrosovo wurde nach 1991 neue Heimat für einige russlanddeutsche Familien. Helena Ehrlich übernahm in dieser Zeit das vormalige Hotel ›Adomeit‹ und machte daraus das berühmte **Café Ehrlich**, das früher in keiner Fernsehreportage über das Kaliningrader Gebiet fehlte. Zwar hat in den letzten Jahren der Touristenstrom stark abgenommen – schließlich ist es ja für Reisebusse unmöglich, die Pontonbrücke zu überqueren –, dennoch gelang es Leni Ehrlich, auf bescheidenem Niveau Einkehr- und Übernachtungsmöglichkeiten im weltfernen Gilge bereitzuhalten. Das Haus ist sehr einfach zu finden: Man fährt bei Erreichen der Gilge etwa 200 Meter nach rechts flussaufwärts und steht bald vor dem größten Gebäude in der Dorfstraße. Für Kanuten bieten sich von hier aus herrliche Möglichkeiten zum Wasserwandern in einer großartigen Sumpflandschaft, die man so in Mitteleuropa nicht mehr findet.

Eine sehr gute Alternative ist das Landhaus Gilge am östlichen Ortsrand. Der um das alte Bürgermeisteramt von Gilge errichtete Komplex bietet neben neuen Zimmern Angeltouren, Rad- und Bootsverleih an, daneben gibt es eine Sauna.

Matrosovo

Landhaus Gilge (Usad´ba Gilge), Tel. +7/4012/377070, www.Гильге.рф. Absoluter Geheimtipp. In Gilge am Fluß links abbiegen. p.P. im DZ mit Frühstück (unterschiedliche Zimmerarten, auch HP und VP möglich) ca. 25-30 €. Preise für Sauna, Fahrradverleih, Bootsverleih siehe Webseite.

Zwischen Saranskoe und Zales'e

Auf dem Weg von Polessk nach Sovetsk (Советск/Tilsit) ist nach zehn Kilometern **Saranskoe** (Саранское/Laukischken) erreicht. Von der 1810 errichteten **Kirche** ist das Schiff erhalten; es wird als Kulturhaus genutzt. Herzog Albrecht ließ sich hier nach 1525 in einer ehemaligen Burg, die zum Schutz gegen Pruzzeneinfälle errichtet worden war, ein Jagdschlösschen errichten. Anna Partatius, das ›Ännchen von Tharau‹, verbrachte in Laukischken 36 Jahre als Pfarrersehefrau.

Sehr hübsch ist die Landschaft – insbesondere die alten Alleen und das Deimeufer – südlich von Saranskoe. In **Izobil´noe** (Dedawen) wurde das vormalige Gutshaus zu einem orthodoxen Nonnenkloster umgebaut. Hier können etwa gestreßte russische ›biznesmen‹ Auszeiten zur Entschleunigung nehmen.

Lohnend ist der Weg von Saranskoe nordwärts Richtung Haff. Im Dörfchen **Il´ichevo** (Kelladen/Waldwinkel) wurde das alte Schulhaus (ul. Lesnaja 24) zu einem kleinen altostpreußischen **Schulmuseum** umgestaltet (Tel. 007/921/2629228, tgl. 10–18 Uhr).
Etwa 2,5 Kilometer hinter dem Ort kann man an einer Försterei rechts abbiegen und tief in die grandiosen Sumpfwälder der südlichen Elchniederung fahren.

Novaja Derevnaja

Wer von Saranskoe einen Abstecher nach Süden unternimmt, gelangt nach Novaja Derevnja (Новая Леревня/Alt Gertlauken). Der Ort ist durch das Erinnerungsbuch ›Stille Jahre in Gertlauken‹ (1992) bekannt geworden, in dem Marianne Peyinghaus ihre dort verbrachte Jugendzeit schildert. Am nördlichen Ortseingang steht noch das ehemalige **Gutshaus** derer von Biberstein (jetzt eine Kindereinrichtung), am südlichen Ortsrand trifft man links auf das ehemalige **Forstamt Gertlauken**; seit 1937 wurde hier das Naturschutzgebiet ›Deutscher Elchwald‹ mitverwaltet.
Die Fahrt weiter südwärts Richtung Znamensk verläuft durch herrliche Wälder, aber auch die Fahrt Richtung Talpaki, entlang der Glubokaja, führt durch stille, sanfte Fluren.

Sosnovka

Weiter in Richtung Bol'šakovo ist bald Sosnovka (Сосновка/Groß Baum/Augstagirren) erreicht. Hier befindet sich ein gutes Hotel, das **Dom Lesnika** (Лом лесника/Forsthaus). Der Gebäudekomplex der früheren Revierförsterei Neu Sternberg wurde zu einer gediegenen Anlage umgewandelt, die ganzjährig von Touristen genutzt wird. An der Kreuzung in der Ortsmitte von Sosnovka verweist ein Schild zum Hotel. Die sehr gut erhaltene **Kirche** am Ortseingang links wurde nach Plänen von Friedrich Lahrs von 1923 bis 1926 errichtet, auch das **Pfarrhaus** ist gut erhalten. Die Ortsmitte dagegen ist vom Verfall gezeichnet.

▲ Karte S. 255

Zales'e

Durch den weitläufigen Polessker Forst ist von Sosnovka schnell Zales'e (Залесье/Mehlauken/Liebenfelde) erreicht. Das einstige landwirtschaftliche Handelszentrum am Südrand des Großen Moosbruchs ist im Laufe der Zeit zu einem verfallenen unbedeutenden Dorf geworden. Nur noch das sehr gut erhaltene Wegepflaster des langgestreckten Straßendorfes, zwei oder drei stattliche Bürgerhäuser mit verwitterten Giebeln und brüchigen Balkonen und die im Zentrum überraschend auftauchende Erscheinung einer italienisch wirkenden **Basilika** mit Campanile kündet von einstigem Wohlstand. Doch hat in den letzten Jahren die Landwirtschaft wieder etwas mehr Fuß gefasst. Ein großer Betrieb gehört dem Kaliningrader Landwirtschaftsminister, der sehr an gewinnbringender Arbeit interessiert ist. Die alte Käserei wird derzeit saniert und in Kürze ihre Produktion aufnehmen.
Nicht so gut sieht es mit der historischen Bausubstanz aus. Die 1846 eingeweihte Basilika von Mehlauken wurde der Potsdamer Friedenskirche nachempfunden. Orthodoxe Christen des Kaliningrader Gebiets hatten aus eigenen Mitteln und mit Unterstützung aus Deutschland den weiteren Verfall gestoppt, die Kirche wurde gesichert und verschlossen. Nach einiger Zeit wurde sie aufgebrochen, die Zerstörung insbesondere der erhalten gebliebenen Emporen und der Holzdeckenbemalung setzte sich fort, unter dem Altar wurde sogar eine Müllgrube

ausgehoben. 2012 fiel die Kirche einem fahrlässig entstandenen Feuer zum Opfer, nur der Turm blieb einigermaßen unbeschädigt.

Gleich neben der Kirche befindet sich an der Straße noch das ehemalige Polizeigebäude, an dem auch das frühere Gefängnis noch zu erkennen ist. Der frühere Marktplatz gegenüber der Kirche ist nicht mehr auszumachen. Nur ein brüchiges größeres Haus im Hintergrund lässt an seinen großen gerundeten Fenstern einen Gasthof erahnen.

Wer von Zales'e einen anderen interessanten Ort aufsuchen möchte, fährt am östlichen Ortsausgang nach Süden, nach **Vysokoe** (Высокое/Markthausen/Popelken). Hier fesseln ein gewaltiger **Schulbau** aus deutscher Zeit und eine pittoreske **Kirchturmruine** den Blick des Betrachters. Die bis 1970 unbeschädigte Kirche erfuhr beim Abnehmen des Kreuzes vom Turmhelm Schäden und verfiel schnell. Das Schiff wurde 1978 abgerissen, der Turm wird der Witterung nicht mehr lange standhalten. Die Straße von Vysokoe nach Černjachovsk (Insterburg) ist landschaftlich eine der schönsten des Gebiets.

Zwischen Saranskoe und Zales'e

Dom Lesnika (Forsthaus), ul. Oktjabr'skaja 18–20, 238641 Sosnovka, Tel. 007/40158/23247. Derzeit im Umbau.

Das Große Moosbruch

Das selbst von Zales'e abgelegene Große Moosbruch (Большое Моховое болото/Bol'šoe Mochovoe boloto) ist von geradezu archaischem Charakter, und ein Streifzug durch dieses Gebiet ist sicherlich das beeindruckendste Naturerlebnis der Niederung. Wer in das Große Moosbruch möchte, fährt am besten in Zales'e gegenüber der Kirche nach Norden, über die Bahngleise der Strecke Kaliningrad–Sovetsk am nicht mehr vorhandenen Bahnhof vorbei und wendet sich unmittelbar hinter den Gleisen nach rechts. So erreicht man nach knapp 15 Kilometern Gromovo (Громово/Hohenbruch/Lauknen), von wo der einzige Zugang in die unvergleichliche Moorlandschaft erfolgen kann. Hier befindet sich das Nataurschutzzentrum des deutsch-russischen Vereins ›Anthropos‹ mit guter Übernachtungsmöglichkeit. Die Straße nach Gromovo wurde vor kurzem asphaltiert und macht den Besuch noch einfacher.

Auch der Rundblättrige Sonnentau ist im Moosbruch heimisch

Kulturgeschichte des Moosbruchs

In den nördlichen Teilen der früheren Provinz Ostpreußen gab und gibt es mehrere Moorgebiete, wovon das größte das Große Moosbruch ist. Dieses Hochmoor besaß eine Fläche von 125 Quadratkilometern, wurde vom Timberfluss durchquert, wölbte sich sechs bis acht Meter über dessen Wasserspiegel hoch und war allein durch das Regenwasser gespeist. Heute erstreckt sich das

Moor zwischen Timberkanal und Moosbruchweg auf einer Fläche von etwa 35 Quadratkilometern. Es ist die Heimat seltener Pflanzen wie Kienporst und Sonnentau und bietet zahlreichen Elchen, Schwarzwild, Rehwild und auch Bibern Lebensraum. Schwarz- und Weißstorch, verschiedene Greifvögel sowie die seltenen Limikolen (Regenpfeiferartige) kommen hier vor. In den ausgedehnten Bruchwäldern brüten Kraniche, und im Frühjahr kann man Birkwild an den sogenannten Tanzplätzen beobachten.

Schon früh wurde versucht, in der sumpfigen Wildnis Kolonisten anzusiedeln; 1756 wurde die nachweislich älteste Siedlung im Moor gegründet, das heute nicht mehr existierende Alt Heidlauken. Aus der Zeit davor sind lediglich einige Urkunden aus der Ordenszeit bekannt, in denen die Fischereirechte auf den Flüssen des Moosbruchs geregelt waren. Die unergündlichen Sümpfe waren während der ersten Kolonisationsphase nicht von Dörfern umgeben; hier behinderten undurchdringliche Bruchwälder die Besiedlung. Nur die unzähligen, weitverästelten Flussarme, die das Moor durchziehen, konnten als Verkehrswege in Frage kommen. So lagen die ersten Siedlungen zunächst an den Flüssen.

Die Entwicklung war dadurch erschwert, dass größere Absatzmärkte für die landwirtschaftlichen Produkte nicht vorhanden waren und auch Torf als Brennmaterial zunächst nicht gewinnbringend gestochen werden konnte, denn dafür war das Holz wegen der großen Wälder zu billig. Als Kolonisten kamen zunächst überwiegend Litauer. Auf etwas erhöhten Punkten, auf ›Inseln‹ aus Geschiebemergel, wurden weitere Dörfer angelegt. Der Lehmboden ermöglichte in geringem Maß auch Getreideanbau. So konnte von diesen Siedlungen aus das Moor nach

Weite Landschaft bei Gromovo

und nach urbar gemacht werden. Dabei nutzte man Pferde, die breite Holzschuhe trugen, um nicht einzusinken.

Der Bau der ersten befestigten Straße im Moosbruch, 1867 von Lauknen nordwärts über die Laukne hinweg nach Alt Heidlauken und später weiter nach Groß Krysszanen (Seckenburg) verbesserte die wirtschaftliche Situation der Moosbruchbewohner. Es kamen immer weitere Ansiedlungen hinzu, vor allem, nachdem man begonnen hatte, Kartoffeln anzubauen. Berühmt und begehrt wegen ihres Wohlgeschmacks war vor allem die sogenannte ›Blanke‹, die in ganz Deutschland zu hohen Preisen gehandelt wurde. Auch die Zwiebeln waren wegen ihre Qualität auch außerhalb der ostpreußischen Grenzen sehr geschätzt.

Die Viehzucht war naturgemäß weniger verbreitet, so dass man oft auf Geflügelzucht auswich. Die Flussfischerei stand von jeher in großer Blüte. Mit dem Anwachsen der Siedlungen im Moor und dem damit einhergehenden Bevölkerungszuwachs kam die Torfstecherei hinzu, Torf war das Brennmaterial der einfachen Leute: Es war in schier unbegrenzter Menge vorhanden, hatte einen niedrigen Preis und wurde deshalb zu

▲ Karte S. 255

einer dauerhaften und gefragten Handelsware. Die meisten früheren Orte im Moosbruch und der Niederung bestehen heute nicht mehr. Sie wurden zwar 1945 nicht zerstört, waren aber danach verlassen, wurden überwiegend nicht mehr besiedelt, verfielen und verschwanden. Die sowjetischen Kolchosen warteten die komplizierten vorhandenen Drainagesysteme nicht, Entwässerungskanäle und Pumpwerke wuchsen zu und wurden unbrauchbar. So sinkt das Land in den Zustand vor der Kolonisierung zurück.

Gromovo

Der Weg ins Moosbruch führt durch eine weite Landschaft, die sich nur wenige Meter über dem Meeresspiegel erhebt. Schon 1903 ist diese Straße erbaut worden. Nach etwa fünf Kilometern sind die Erlenbruchwälder erreicht, die sich ununterbrochen bis zu den sumpfigen Ufern des Haffs erstrecken.

In einer scharfen Linkskurve findet man rechts ein ungewöhnliches metallenes **Denkmal**. Es erinnert an eine Gruppe russischer Kundschafter, die im Dezember 1944 bei Tilsit mit dem Fallschirm abgesprangen, um für die vorrückende Armee Aufklärung zu leisten. Etwa 200 Meter davor – leicht zu übersehen – wurde von polnischer Seite ein **Denkmal** mit einem Hinweis auf das ehemalige ›Arbeitserziehungslager‹ Hohenbruch errichtet. Doch steht dieses Denkmal irrtümlicherweise am Eingang zum früherer RAD-Lager Bismarckhügel. Das erwähnte Arbeitslager befand sich allerdings vier Kilometer weiter nördlich in Hohenbruch (vor 1938 Lauknen, heute Gromovo), auf dem Gelände des 1927 errichteten Zuchthauses Lauknen.

Der wiederhergestellte Friedhof in Gromovo

Bald ist dann der äußerste Vorposten der Besiedlung in den Erlenbruchwäldern an der Ostküste des Haffs erreicht. Das heutige Gromovo (Громово/Hohenbruch/Lauknen) war Kirchspiel und der größte Ort im Moosbruch. Der Reichsarbeitsdienst, der in Lauknen verschiedene Lager eingerichtet hatte, legte in der NS-Zeit weite Teile des Moores trocken. Schon in der Zeit Kaiser Wilhelms II. gab es im Moosbruch kleinere Strafgefangenenlager und sogar -schiffe. Während der NS-Zeit wurden diese zu einem Arbeitserziehungslager umgestaltet, das in den späteren Jahren fast den Charakter eines Konzentrationslagers hatte. Das Zuchthaus Lauknen/Hohenbruch war in Ostpreußen sprichwörtlich. Das langgestreckte Straßendorf Gromovo misst fast fünf Kilometer Ausdehnung. Obwohl keine Gefechte hier stattfanden, ist bestenfalls nur noch ein Viertel des früheren Gebäudebestandes erhalten. In der sowjetischen Ära war Gromovo ein lebendiges Gemeinwesen, danach setzte der Niedergang ein.

Etwa einen Kilometer hinter dem Ortseingangsschild steht links ein Wartehäuschen einer Buslinie. Ihm gegenüber liegt eine Einfahrt in ein schmuckes Häusergeviert. Hier trifft man sehr oft Jürgen Leiste, den Koordinator des deutsch-russischen Kinderhilfswerks ›Anthropos‹. Er hat hier unter großem persönlichen Einsatz im Haus der früheren Mooradministration ein ökologisches Begegnungszentrum aufgebaut. ›Anthropos‹ ist trotz des Namens keineswegs eine anthroposophisch geprägte Organisation, sondern trägt nur den altgriechischen Namen für ›Mensch‹. Hier werden nicht nur Waisenkinder aus Kaliningrad mit dem Naturschutz vertraut gemacht, sondern auch Besuchern einzigartige Exkursionen ins Hochmoor unter Leitung deutscher und russischer Naturschützer und Biologen angeboten.

Das seit Ende 2001 bestehende **Moosbruchhaus** bietet nach Voranmeldung Unterkunftsmöglichkeiten für bis zu 15 Personen mit Halb- oder Vollpension. Fahrräder können ausgeliehen werden, Jürgen Leiste organisiert zusätzlich Bootstouren auf Laukne und Parwe.

Freunde des ›Anthropos‹ haben an der Dorfstraße auch den alten deutschen **Friedhof** wiederhergestellt. Natürlich waren kaum noch Grabsteine vorhanden, doch fanden sich immer wieder kleine Grabsteine in der näheren und weiteren Umgebung, die auf dem Friedhof neu aufgestellt wurden. So konnte für alle noch lebenden früheren Bewohner eine stiller Platz geschaffen werden, an dem sie ihre Toten ehren können.

Wo die Dorfstraße nach zwei Kilometern unvermutet endet, steht noch die Ruine eines Turmes. Die dazugehörige Kirche wurde 1905 im neugotischen Stil errichtet und nach 1945 abgetragen, um daraus Baumaterial zu gewinnen. Den **Turm** nutzte man als Wasserturm und ließ ihn stehen. Er ist jedoch stark vom Einsturz bedroht.

► Karte S. 255

Auf der anderen Straßenseite steht die frühere Jugendherberge leer. Hier endet die Moosbruchstraße an einem verschlossenen Tor. Hinter dem Tor befindet sich die eigentliche Ortsmitte: das ehemalige Gasthaus, das Rathaus, die Apotheke. Dieser Bereich ist unzugänglich, da dort eine Anstalt für geistig Behinderte eingerichtet ist. Das ›Psychoneurologische Zentrum Gromovo‹, wie es offiziell heißt, ist eine Verwahranstalt für die psychisch Unheilbaren des gesamten Kaliningrader Gebiets. Einige der Insassen sind Freigänger, so dass man ihnen – für manche Touristen verstörend – um die Turmruine begegnet. Die Anstalt ist der wichtigste Arbeitgeber für die Region um das Moosbruch. Für etwa 130 Insassen gibt es ungefähr 90 Pfleger und andere Beschäftigte.

Man kann die Anlage umfahren, so dass man wieder auf die alte Pflasterstraße trifft. Sie führt nun durch eine Birkenallee in völliger Abgeschiedenheit an urtümlichen Niederungen und am untergegangenen Ort Königgrätz vorbei. Wild wuchernde Vegetation möchte die Straße zudecken, neben dem Weg steht in den Gräben das Wasser in gleicher Höhe mit der Fahrbahn. Die Weiterfahrt durch die unvergleichliche Sumpflandschaft in die nördlich anschließende Elchniederung ist nach zwei Kilometern unterbrochen: Die Brücke über die Laukne (Rževka) liegt seit Kriegsende gesprengt im Fluss.

In der kommunistischen Zeit gab es hier eine Pontonbrücke, die das Militär eingerichtet hatte, um die jenseits der Laukne befindlichen Siedlungen besser anzubinden. Doch mit dem Ende der Sowjetunion wurde diese Brücke abge-

Von der Kirche in Gromovo blieben nur Reste des Turms

baut und von den abziehenden Truppen mitgenommen. Um weiter nach Norden in die Niederung zu gelangen, muss ein 50 Kilometer (!) langer Umweg über Slavsk gemacht werden.

Vom Moosbruch in die Elchniederung

Etwa zwei Kilometer hinter dem Ende von Gromovo (Fahrtrichtung Zales'e) biegt mitten im Wald nach links ein zwar unbefestigter, aber guter Fahrweg ab. Er führt an zwei Gehöften vorbei, die einst Moorfelde hießen. Gleich danach eröffnet sich einer der schönsten Blicke im Moosbruch. Die Straße führt über die alte Hubbrücke über die Parwe (heute Lugovaja), die östlich von Gromovo in die Laukne mündet.

Nach etwa drei Kilometern verlässt man den Wald, passiert ein verfallendes Gutshaus und erreicht eine weite Ebene. Bei Ochotnoe (Охотное/Gerhardsweide) mündet der Weg auf die Verbindungsstraße Bol'šakovo–Gastellovo (Большаково/Гастеллово/Groß Friedrichsdorf). Hier fährt man nach links Richtung Gastellovo und Slavsk. Mehrmals überquert die Straße verkrautete Entwässerungskanäle des hier liegenden Schneckener Moors, das östlich ans Große Moosbruch angrenzt. In der weiten Landschaft erscheint links am Horizont ein schlanker Kirchturm. An der großen Kreuzung am Ortsrand von Gastellovo fährt man nach links Richtung Zentrum, nach rechts geht es nach Slavsk, geradeaus nach Timirjasevo.

Gastellovo weist viele neuere Bauten auf, doch ist es vernachlässigt wie so viele Orte. Von der neugotischen **Kirche** steht auch hier nur noch der Turm.

Äußerst lohnend ist ein Abstecher westwärts aus Gastellovo heraus, Richtung Nemonienstrom (Nemoninka). Dazu muss man im Wald etwa anderthalb Kilometer außerhalb des Orts an der ersten Kreuzung nach rechts abbiegen, auf einen breiten, unbefestigten Waldweg. Nach wenigen Kilometern ist die weite Niederung am Fluss erreicht. Auf dem Dammweg kann man westlich weiter stromabwärts fahren, bis von rechts über eine alte Brücke der Weg aus Zapovednoe herankommt. Mit dem Fahrrad kann man entlang des Damms in weitem Bogen weiter südwestlich bis zur Einmündung der Rshevka (Laukne) fahren und von dort in einem Bogen entlang des Nordufers der Laukne bis in etwa auf die Höhe des am anderen Ufer befindlichen Gromovo fahren und dann nordärts nach Gastellovo zurückgelangen. Die Laukne kann allerdings nirgendwo überquert werden, und der in einigen Karten eingezeichnete direkte Weg zur alten Brücke nördlich von Gromovo ist auch zu Fuss kaum machbar, da er fast vollständig zugewachsen ist und durch insektenreiche Sümpfe führt. Die angegebene Trasse ist mit gut 25 Kilometern Gesamtlänge für eine Wanderung zu weit, aber als Radtour ein herrliches Erlebnis..

Fährt man von Gastellovo zurück zur Kreuzung, kann man nach links über eine unangenehm zu fahrende Wellblechpiste nach **Timirjazevo** (ими-рязево/Neukirch) gelangen. Dieser Ort ist auch über Slavsk zu erreichen. Die Strecke führt durch verkrautetes Ödland, vorbei an Pumpstationen, die lange ihrer Funktion enthoben sind. Der Niedergang der Agrarwirtschaft ist augenfällig. Die Melioration ist seit Kriegsende außer Betrieb und ließ so die Böden ihre Erntequalität verlieren. Sie versteppen, was wiederum zu verstärkter Landflucht und zum Verschwinden ganzer Dörfer führt.

▲ Karte S. 255

Moosbruch

Moosbruchhaus des Anthropos e.V., c/o Jürgen Leiste, Mollstraße 28, 10249 Berlin, Tel. 030/2415260 und 007/909/7845173, jleiste@yahoo.de. Fahrradverleih möglich, Vollpension auf Anfrage. Unterkunft für bis zu 15 Personen.

Von Zales'e nach Sovetsk

Diese Tour führt an den Nordrand des Gebiets. Hier wurde europäische Geschichte geschrieben, und Sovetsk selbst lohnt als zweitgrößte Stadt des Gebiets ohnehin einen Besuch.

Bol'šakovo

Auch die größere Ansieldlung Bol'šakovo (Большаково/Groß Skaisgirren/Kreuzingen) war einst ein bedeutender Marktflecken mit dem ehemals größten Viehverladebahnhof Deutschlands, hat jedoch 1945 stark gelitten. Im Zentrum, wo sechs Straßen aufeinandertreffen – daher der Name Kreuzingen ab 1938 –, findet sich das übliche groß dimensionierte **Denkmal** an den Großen Vaterländischen Krieg und davor die jetzt turmlose **Kirche** aus der Zeit des Großen Kurfürsten. Die Kirche ist seit kurzem wieder geweiht, die ehemalige Leichenhalle daneben dient als Café und kleiner Laden. Ein stattliches Portal bezeugt heute noch den Eingang zum Kirchhof. Ein ungewöhnliches Bild sind die Gleisreste der früheren Kleinbahn Insterburg–Kreuzingen, die sich im Bereich der großen Kreuzung in der Ortsmitte befinden. Weitere Relikte aus dieser Zeit sind der Rest einer Normaluhr und eine große Straßenlaterne. Gleich hinter der Kreuzung, an der Straße nach Tilsit, fällt das hellblaue Gebäude der früheren Volksbank auf.

Die Kirche in Bol'šakovo

Südlich von Sovetsk

Auf der Weiterfahrt nach Sovetsk (Советск/Tilsit) ist nach etwa acht Kilometern rechts der Straße ein riesiges Fernmeldeareal mit zahlreichen Antennenmasten unübersehbar. Mit dieser militärischen Einrichtung kann man bis etwa zum Rhein nach Westeuropa hineinhorchen.

Etwas weiter erreichen wir eine Kreuzung. Links geht es nach nach Slavsk (Славск/Heinrichswalde), rechts Richtung Žilino (Жилино/Schillen). Auf dieser Strecke ist nach fünf Kilometern **Kanaš** (Канаш/Königskirch/Jurgaitschen) erreicht. Die architektonisch ungewöhnliche turmlose **Hallenkirche** aus dem Jahr 1845 dient heute als Getreidelager, wobei man die Mauern bis zum Fries abgetragen und das Schiff mit einem neuen Dach versehen hat.

Nicht weit hinter dieser Kreuzung führt der Weg durch **Novokolchoznoe** (Хoвoкoлхoзнoe/Argenbrück/Neu Argeningken). Hier fällt rechts an der Straße die stattliche, wenn auch ziemlich ramponierte **Kirche** auf. Der barocke Bau, nach einem Brand 1910 neu eingeweiht, wies einst einen für Ostpreußen nicht häufigen Zwiebelturm auf. Die beeindruckende Decke und ihre Bemalung sind noch gut erhalten, das Kircheninnere jedoch ist voller Unrat.

Die Landschaft hat sich inzwischen unmerklich verändert: An die Stelle der flachen, weitgestreckten Ebene um Bol'šakovo und der weitläufigen Wälder westlich von Zales'e ist nun ein sanft bewegtes Hügelland mit zahlreichen kleinen Waldparzellen getreten. Ebenso unmerklich beginnt sich die Straße hinter dem Ortsschild von Sovetsk zu senken. Nur noch vier Kilometer sind es bis zur Memel. Tilsit selbst gehörte bis Anfang 2014 zum Grenzgebiet, das aber innerhalb der Stadt jetzt auf einen schmalen Streifen an der Memel reduziert wurde. Die Stadt läßt sich daher im wesentlichen ohne Schwierigkeiten besuchen. Wer sich ihr von Süden nähert, ist verwundert über die geschäftige Neubautätigkeit, die hier seit 2011 eingesetzt hat.

Sovetsk

Sovetsk (Советск/Tilsit), das auch 20 Jahre nach Ende der Sowjetunion seinen Namen beibehalten hat, ist mit 47 000 Einwohnern zweitgrößte Stadt der Kaliningradskaja Oblast' und das wirtschaftliche Zentrum in dessen Norden. Davon zeugen auch große Supermärkte und viele Wohnungsneubauten.

Tilsit ist als Geburtsstadt bedeutender Persönlichkeiten bekannt. Dazu zählen der Dichter Max von Schenkendorff (1783–1817), Wilhelm Voigt (1849–1922), der als ›Hauptmann von Köpenick‹ in die Geschichte einging, oder der Schriftsteller Johannes Bobrowski (1917–1965), der in seinen Werken unnachahmlich die Schwermut seiner Heimatlandschaft in Worte kleidete. Zu nennen sind auch der Geophysiker Emil Wiechert (1861–1928), der Regisseur

Sovetsk, Neman und Umgebung

Frank Wysbar (1902–1967), einst bekannt durch die Filme ›Fährmann Maria‹, ›Nacht fiel über Gotenhafen‹, jener beeindruckenden Umsetzung der Wilhelm-Gustloff-Tragödie, und dem Anti-Kriegs-Drama ›Hunde wollt ihr ewig leben‹ (1958). Der Charakterdarsteller Max Gülstorff (1882–1947), auch der heutigen Generation noch gut bekannt als leicht debiler Oberschulrat in der ›Feuerzangenbowle‹, kam ebenfalls hier zur Welt. Jüngster und sicherlich heute bekanntester Sohn Tilsits ist der Schauspieler Armin Mueller-Stahl (geb. 1930). 2011 erhielt er die Ehrenbürgerschaft der Stadt. Tilsit ist nicht zuletzt durch Hermann Sudermanns mehrmals verfilmte Novelle ›Die Reise nach Tilsit‹ in die Weltliteratur eingegangen.

Sovetsk liegt im Grenzgebiet zu Litauen. 2014 wurde das Grenzgebiet in der ganzen Oblast schmaler gemacht. In Sovetsk, das früher zur Gänze im Grenzgebiet lag, bildet nur noch ein 500 Meter breiter Streifen parallel zur Memel die Grenzzone – für die man natürlich, wenn man nicht nach Litauen reist, die Sondergenehmigung (Propusk) benötigt. Sovetsk kann damit großenteils unproblematisch besucht werden, wenn man sich nicht direkt fotografierend zum Memelufer oder zur Luisenbrücke begibt und damit die Aufmerksamkeit der Grenzorgane auf sich zieht.

Geplant ist die Verlegung des Grenzübergangs ostwärts aus der Stadt hinaus. Eine Umfahrungsstraße dazu ist bereits vollendet, der Kontrollpunkt und die neue Brücke aber noch nicht.

Der Grenzübergang Sovetsk gilt als unproblematisch, wenn man Richtung Litauen fahren will. Das Wagenaufkommen ist in den letzten Jahren stärker geworden, denn viele Litauer pflegen den Kraftstofftourismus nach Tilsit.

Seit jeher bestimmte die Lage am mächtigen Memelfluss die Anmutung der Stadt. Johannes Bobrowski fand für den Strom in seinem Gedicht ›Die Memel‹ diese Worte:

Hinter den Feldern, weit
hinter den Wiesen
der Strom.
Von seinem Atem
aufweht die Nacht.
Über den Berg
fährt der Vogel und schreit.

Einmal mit dem Wind
gingen wir, stellten das Netz
in der Mündung des Wiesenbachs.
In den Erlen
hing die Laterne. Der Alte
nahm sie herab.
Das Schmugglerboot stieß auf Sand.

Aus der Finsternis
kommst du, mein Strom,
aus den Wolken.

Wege fallen dir zu.
An den Birken, über dem Ufer nun
stehen die Frauen, mit Bändern,
gelben und roten – eine
an den gewölbten Leib
zieht sie die Töchter, die jungen
Söhne baden im Strom.

Strom,
alleine immer
kann ich dich lieben nur.
Bild aus Schweigen.
Tafeln dem Künft'gen: mein Schrei.
Der dich nie erhielt.
Nun im Dunkel
halt ich dich fest.

ESSAY

Der Lauf der Memel

Als ›flumen memele‹ wurde die Memel bereits 1243 erwähnt, heute trägt sie viele Namen. In ihrem Unterlauf markiert sie auf einer Länge von 111 Kilometern die Grenze zwischen dem Kaliningrader Gebiet und Litauen. Der Fluss entspringt im weißrussischen Hügelland etwa 80 Kilometer südwestlich der Hauptstadt Minsk und heißt dort Njemen, fließt westwärts bis Grodno und wendet sich dann scharf nach Norden. Auf litauischem Gebiet ändert er seinen Namen in Nemunas und wird kurz vor Kaunas zu einem gewaltigen See aufgestaut, dem Kaunaser Meer. Weiter Richtung Westen fließend, wird der Strom nach knapp 100 Kilometern zum Grenzfluss zwischen der russischen Enklave und Litauen. Hier, westlich der Stadt Jurbarkas, berührte die Memel vor 1945 bei dem Marktflecken Schmalleningken (heute Smalininkai) ostpreußischen Boden. Der heute russische Neman durchbricht bei Neman (Неман/Ragnit) den von Südwesten heranreichenden Baltischen Landrücken und seine nordöstliche Verlängerung, den Willwischker Höhenzug.

Rund elf Kilometer hinter Sovetsk (Советск/Tilsit) beginnt der Strom sein Delta zu bilden. Der südlichste der großen Arme, die Matrosovka (Матросовка/Gilge), von der sich nochmals die Tawelle abspaltet, fließt bei dem gleichnamigen Dörfchen ins Kurische Haff. Vor 1945 trug der verbleibende Hauptarm ab hier den Namen Ruß, der seinerseits bei dem Städtchen gleichen Namens (heute Rusnė) sich nochmals in elf heute meist versandete kleine Arme teilt, die von zwei breiteren umschlossen werden. Atmath, der nördliche Arm, und Skirwiet, der südliche, begrenzen bei Rusnė auf litauischem Territorium eine der schönsten Niederungslandschaften Europas. Nach insgesamt 937 Kilometern Flusslauf münden die Flussarme etwa 45 Kilometer südlich der Stadt Klaipėda (Memel) im russisch-litauischen Grenzgebiet ins Kurische Haff.

Für den Handelsverkehr, insbesondere für die Holzverschiffung aus Litauen und Russland, hatte der Fluss über Jahrhunderte eine große Bedeutung; historisch stand die Memel stets als symbolische Ostgrenze Deutschlands, so wie der Rhein stets als Westgrenze galt. Obwohl heute das Bewusstsein um diesen Strom nicht nur aufgrund der geographischen Distanz ferngerückt ist, bleibt die Memel doch genau wie Rhein, Elbe, Oder und Neiße einer jener großen Ströme, die eng mit den wichtigen Ereignissen der deutschen Geschichte verknüpft sind.

Die Memel bei Sovetsk

Stadtgeschichte

Der Ort, an der sich heute die Stadt Sovetsk erstreckt, ist einer der ältesten Siedlungspunkte der Region. Die Ordensritter gründeten an der Memel, bei der Mündung des Flüsschens Tilszelle (heute Tylša) 1407 eine Burg, um die sich bald eine kleine Handwerkersiedlung bildete. Archäologischen Forschungen zufolge hatte sich jedoch schon Jahrhunderte zuvor an dieser Stelle, im Pruzzengau Schalauen, eine bedeutende pruzzische Siedlung befunden, die um das Jahr 1000 auch eine Wikinger-Niederlassung einschloss.

Die Burg des Deutschen Ordens wurde bereits 1411, nach der verlorenen Schlacht von Tannenberg, von den Litauern zerstört, was allerdings dem günstig gelegenen Handelsplatz Tylsat keinen Abbruch tat. Allerdings erhielt er das Marktrecht erst 1515 durch den letzten Ordenshochmeister Markgraf Albrecht von Brandenburg. Nach der Auflösung des Ordensstaats 1525 baute Albrecht die Burg wieder auf und erhob 1552 den Marktflecken Tilse, der zu dieser Zeit knapp 3000 Einwohner hatte, zur Stadt. Zwar konnte sich Tilse nun einer langen Friedenspause erfreuen, in der der Handel mit Litauen zu besonderer Blüte gelangte, doch besetzten im Gefolge der polnisch-schwedischen Kriege 1678 schwedische Truppen Stadt und Umland. Es gelang dem Großen Kurfürsten mit 9000 Soldaten, die mit ihm im Januar 1679 in der berühmten Schlittenfahrt über das zugefrorene Kurische Haff heranstürmten, die Schweden zu schlagen. Eine Pestepidemie am Beginn des 18. Jahrhunderts entvölkerte nicht nur Tilsit, sondern das ganze spätere Ostpreußen weitgehend. Doch Friedrich Wilhelms I. große Bemühungen um eine Wiederbesiedlung des Gebiets, die ›Retablissements‹, ließen das Gemeinwesen bald wieder erstarken. Die fünf Jahre währende russische Besatzung während des Siebenjährigen Kriegs brachte für die Stadt nur wenig Unbill, auch die napoleonischen Wirren fast 50 Jahre später ließen die Stadt äußerlich unangetastet. Tilsit erlangte in den Jahren 1806/07 weltgeschichtliche Bedeutung, als Napoleon und der russische Zar Alexander I. über das geschlagene Preußen berieten. Fast zur Legende wurde jener berühmte Bittgang der Königin Luise zu Napoleon um gnädigere Friedensbedingungen. Preußen wurde in diesem ›Frieden von Tilsit‹ gerettet, wenn auch unter großen Gebietsverlusten und Kontributionszahlungen. Napoleons Grande Armee nahm 1812 ihren Weg gen Osten über Tilsit, der geschlagene Rest dieses Heeres gelangte im Dezember des gleichen Jahres wieder in die Stadt.

Der Gedenkstein für den Tilsiter Frieden 1807

In der Altstadt

Das Wiedererstarken Preußens nach dem Wiener Kongreß ließ auch Tilsit einen starken Aufschwung nehmen. 1833 wurde die Poststraße von Berlin nach St. Petersburg, die bis dahin über die Kurische Nehrung verlief, über Tilsit gelegt. Besonders der Krimkrieg (1853–1856), den England, Frankreich und die Türkei gegen Russland führten, brachte für Tilsit ein ungeheures wirtschaftliches Wachstum: Der gesamte Handel zwischen Westeuropa und Russland verlief nun über die Stadt, da sämtliche Häfen der Blockade ausgesetzt waren.

In der zweiten Hälfte des 19. Jahrhunderts war Tilsit wichtiger Holzhandelsplatz. Das Material kam aus den Wäldern Litauens wie auch weiter entfernter damaliger russischer Provinzen. Große Sägewerke und Zellstofffabriken entstanden; die Papiermühlen von Tilsit waren neben denen in Mannheim die zweitgrößten Deutschlands. Für die weitere Verbesserung der wirtschaftlichen Lage und des Wachstums der Stadt war auch der Eisenbahnanschluss 1865 entscheidend, so dass Tilsit um die Wende des 19. zum 20. Jahrhunderts bereits knapp 40 000 Einwohner hatte.

Den stärksten Einschnitt in die Entwicklung der Stadt brachte der Versailler Vertrag. Die Memel, bis dahin die Lebensader der Stadt, wurde Reichsgrenze und schnitt Tilsit von seinem lebensnotwendigen nördlichen Hinterland ab. Der Holzhandel wurde zusätzlich durch die Bildung eines selbständigen Staates Litauen erschwert, da das vorher zusammenhängende russische Wirtschaftsgebiet jetzt zerrissen war. Dennoch konnte bis 1939 eine Einwohnerzahl von knapp 60 000 erreicht werden.

Ein sowjetischer Luftangriff im April 1943 brachte den Krieg in die Stadt, im Herbst 1944 erreichten sowjetische Truppen die Memel. Tilsit wurde Frontstadt und musste am 22. Oktober 1944 geräumt werden. Am 21. Januar 1945 zog die Rote Armee in die Stadt ein.

Gemessen an der Zerstörung anderer ostpreußischer Städte und besonders Königsbergs hielt sich am Ende des Krieges der Grad der Vernichtung in Tilsit vergleichsweise in Grenzen. Gut die Hälfte der Stadt war unbeschädigt geblieben, doch wurden in den 1950er Jahren viele Gebäude und Kirchen dem Verfall überlassen oder abgetragen. Dennoch hinterlässt das heutige Sovetsk in weiten Teilen den Eindruck einer verschlafenen deutschen Provinzstadt, allerdings mit einem offenkundig sehr gefährdeten Altbaubestand. Sovetsk ist heute der nach Kaliningrad bedeutendste Industriestandort des Gebiets. Neben der traditionellen Papier- und Zellstoffindustrie finden sich hier bedeutende Betriebe der Textilindustrie wie auch der Nahrungsgüterproduktion. Auch die Tradition des Tilsiter Käses wird in einigen Kleinbetrieben fortgeführt, wenn auch nicht mehr unter dem alten Namen.

▲ Karte S. 272

Tilsit und sein Käse

Die traditionelle Viehwirtschaft an der unteren Memel bot bereits seit der Ordenszeit eine gute Voraussetzung für die Käseherstellung. Es ist bezeichnend, dass in der näheren und weiteren Umgebung Tilsits 15 kleine Weiler und Einzelgehöfte den Namen Milchbude führten. Die bäuerlichen Kleinbetriebe stellten ihre Käsesorten jeweils nach eigenen Hausrezepten her. Erst die um 1830 aus Holland eingewanderten Mennoniten brachten aus ihrer Heimat das Rezept für jenen festen Schnittkäse mit, der dann als ›Tilsiter‹ berühmt werden sollte. Im Jahr 1840 richtete eine Frau namens Westphal in Tilsit die erste Käserei auf der Grundlage der mennonitischen Rezepte ein, fünf Jahre später eröffnete dieser Betrieb jenseits der Memel eine Filiale in einem der zahlreichen Orte namens Milchbude. Dieser Ort gilt seither als Geburtsort des Tilsiters. Aus der Westphalschen Firma entwickelte sich später die Tilsiter Molkereigenossenschaft. Weitere dieser Genossenschaften wurden gegründet, der Milchhandel mit den Bauern nahm zu, und 1927 entstand in Königsberg ein eigener ›Verein zur Förderung der Milchwirtschaft‹. Nur zwei Jahre später wurde die Lehranstalt für Käserei, so etwas wie eine Käse-Hochschule, in Sausseningken im Kreis Niederung eröffnet.

Charakteristisch für den ›Tilsiter‹ waren runde, rotbraune Käselaibe von 10 Zentimeter Höhe und einem Durchmesser von etwa 25 Zentimetern. Verpackt wurden sie zunächst in Pergament, anschließend in Stanniol. Jeweils zehn wurden dann in Holzrollen verpackt und versandt. Zumindest im Käse lebt der Name Tilsit weiter, heute überwiegend als ›Dänischer Tilsiter‹. Im gesamten Kaliningrader Gebiet wird oft Käse aus regionaler Produktion als ›Tilsiter‹ angeboten. Aber er hat wenig mit dem Original gemein.

Dieser Käse kommt heute meistens aus Dänemark

Central'naja ploščad'

Günstigster Ausgangspunkt für das Erkunden von Sovetsk ist der Platz vor dem Grenzübergang. Er hat keinen ausdrücklichen Namen und wird allgemein Central'naja ploščad' (Zentralplatz) genannt. Es ist der einstige Fletcherplatz. Dieses frühere Herz der Stadt, an dem die wichtigsten Straßen in Fächerform zusammenliefen, ist nicht mehr wiederzuerkennen. Nur an der Nordseite sind drei etwas schäbig aussehende Altbau-

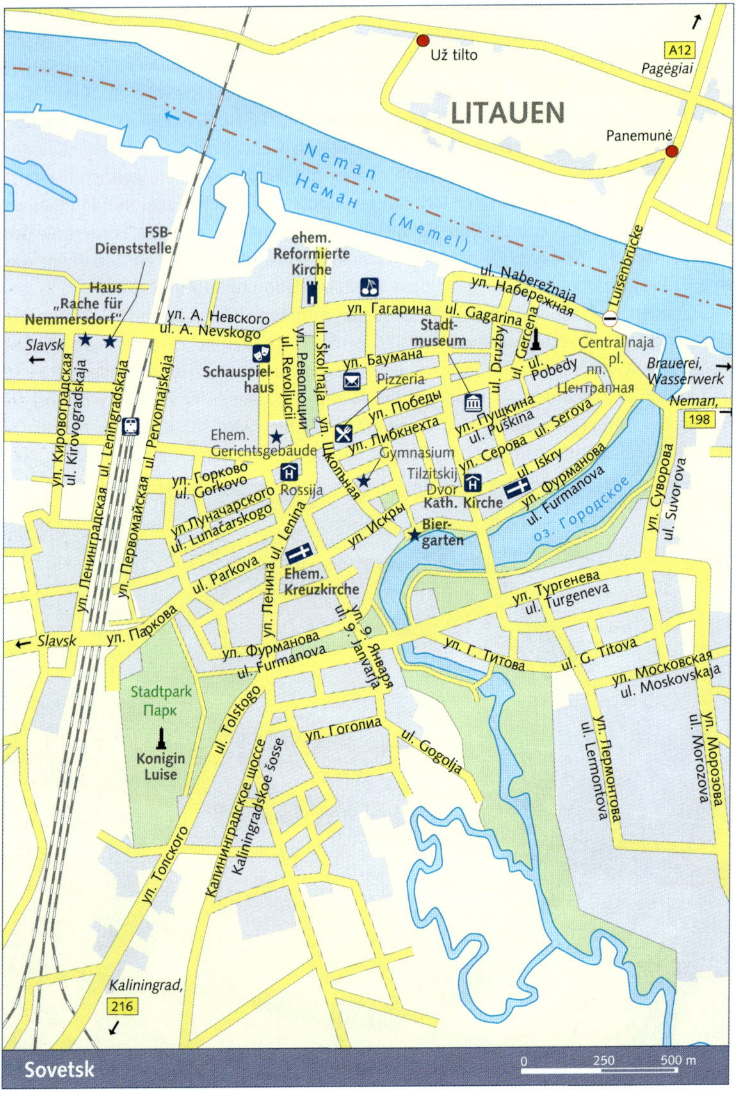

ten erhalten, die anderen Seiten werden von Plattenbauten flankiert. Ein vor einigen Jahren errichteter dreisprachiger **Gedenkstein** an der Südseite erinnert an den Tilsiter Frieden von 1807. Schräg gegenüber, zwischen der Grenzabfertigung und einem senkrecht zur Memel verlaufenden Plattenkomplex, befand sich einst Tilsits Hauptkirche, die sogenannte Deutsche Kirche aus dem Jahr 1598, auch Stadtkirche genannt. Sie war bei Kriegsende unversehrt, begann dann allmählich zu verfallen und bildete 1963 die Kulisse für den Kriegsfilm ›Der Vater des Soldaten‹, für dessen Dreharbeiten sie von Artillerie beschossen und anschließend gesprengt wurde.

Hinter der Nordostseite des Zentralplatzes befanden sich früher der Tilsiter Schlossplatz und die Burg des Deutschen Ritterordens. Deren Niedergang begann bereits ab dem Jahr 1805, als das weitläufige Gebäude in Privatbesitz überging. Im nüchternen Preußen bestand damals keine Notwendigkeit zur Sicherung historischer Architekturdenkmäler; auch die Marienburg war um 1800 bereits stark verfallen. Zwar nutzte das Stadtgericht in den Jahren danach Teile der Burg, doch weitere Nachlässigkeit ließ sie mehr und mehr verfallen, bis die Reste nur noch Gewerbezwecken dienen konnten. Erst zog 1842 eine Dampfmühle in die halbe Ruine ein, zwei Jahre später eine Maschinenfabrik und schließlich 1873 eine Papierfabrik, die drei Jahre danach abbrannte. Zuletzt übernahm ein Kalkwerk das Gelände mit einigen ganz wenigen Gebäuderesten, die man heute noch mit einiger Mühe finden kann.

Luisenbrücke

Das einstige Wahrzeichen der Stadt ist erhalten: Das Portal der Luisenbrücke wölbt sich hoch über der Brücke selbst, die grenzüberschreitend auf das jenseitige Memelufer nach Panemunė (einst Übermemel) in Litauen führt. Exakt in der Brückenmitte verläuft heute die russisch-litauische Grenze. Dieser Grenzverlauf geht auf die Bestimmungen des Versailler Friedensvertrages zurück, nach welchen jene Gebiete Ostpreußens, die nördlich der Memel lagen, an das neugegründete Litauen fielen. Die 420 Meter lange Brücke wurde 1907 zum Gedenken an Königin Luise und

Wahrzeichen von Tilsit und Sovetsk: die Luisenbrücke

ihren Aufenthalt in der Stadt errichtet. Der Bau ersetzte eine 150 Jahre alte Brückenkonstruktion, die auf kastenähnlichen Lastkähnen ruhte und wegen des Eisgangs der Memel in den Wintermonaten teils abgebaut werden musste.

Das gewaltige neubarocke Sandsteinportal an der Stadtseite der Brücke überstand Krieg und Nachkriegszeit. Das Porträt der Königin Luise in der Mitte des Bogens zwischen den beiden Portaltürmen war lange Jahre entfernt und durch Hammer und Sichel ersetzt, die ihrerseits inzwischen nun auch nicht mehr vorhanden sind. Den besten Blick auf die Brücke bekommt man, wenn man links um das mit einem Zaun umschlossene Abfertigungsareal herum bis ans Memelufer geht. Doch Vorsicht beim Fotografieren - Grenzgebiet.

Entlang des Schlossmühlenteichs

Der Schlossmühlenteich, etwa 300 Meter östlich der Grenzübergangsstelle, beschützte einst die Burg an ihrer Südflanke, war Fischteich und gleichzeitig Wasserreservoir. Um den Schlossmühlenteich verläuft eine idyllische und beliebte **Promenade**. Vorher kann man in die ul. Iskry (einst Fabrikstraße) einbiegen. Hier ist viel von Alt-Tilsit erhalten. Verwitterte Altbauten mit abbröckelnden Balkonen und das krumme Straßenpflaster bestimmen das Bild, dunkle Durchgänge geben den Blick auf ebenso dunkle Hinterhöfe frei. Teilweise sind verblichene deutsche Inschriften und Jahreszahlen aus Stuck an den von Vergängnis stark gezeichneten Häusern zu erblicken.

Das erst vor kurzem neu eingerichtete litauische Konsulat löst auf der linken Seite nach einigen hundert Metern die Altbauten ab. Ihm schließt sich die neue **katholische Kirche** an. Sie wurde für die litauische Minderheit in den vergangenen Jahren auf dem Gelände der 1983 gesprengten vormaligen katholischen Kirche errichtet. Das städtische Waisenhaus ist hier im alten Pfarrhaus der gesprengten Kirche eingerichtet.

Die ul. Iskry führt am Hotel ›Til'zitskij Dvor‹ und dem Backsteinbau der früheren Polizeidirektion - heute eine Film- und Fernseh-Hochschule - vorüber, Alt- und Neubauten wechseln sich ab. Gleich hinter der Filmhochschule führt nach links ein Weg zum Schlossmühlenteich, wo sich ein sehr attraktiver Biergarten befindet.

An der Kreuzung zur ul. 9 Janvarja (Stiftstraße) steht noch das **Haus der früheren Loge Zu den drei Erzvätern**, für das Erich Mendelsohn die Pläne lieferte. Kurz vor der ul. Lenina (ehemals Clausiusstraße) fällt eine Kombination aus Fabrik und neugotischer Architektur ins Auge. Das ist die ehemalige **Kreuzkirche** - manchmal auch Neue Kirche genannt - aus dem Jahr 1911. Man hat nach 1965 das Dach der Kirche abgetragen, fügte außen verschiedene Zusatzbauten an, durchbrach das Mauerwerk, um weitere Fenster zu schaffen und schuf so die Fabrikhalle.

Um die ul. Lenina

Mit der ul. Lenina gelangt man auf die aus Kaliningrad und Bol'šakovo kommende wichtige Durchgangsstraße Richtung Litauen. In den Vierteln westlich dieser Hauptstraße bis zum Bahnhof ist die Altbausubstanz weitgehend erhalten, doch ebenso vernachlässigt wie in der ul. Iskry.

Über die ul. Parkovaja (Parkstraße), die nach Westen von der Lenina abzweigt, kann man auf einer landschaftlich schönen Strecke Slavsk (Славск/Heinrichswalde) erreichen. Auf einer weitge-

▲ Karte S. 272

Die ehemalige Kreuzkirche

spannten Brücke führt diese Route über die Bahnhofsanlagen. Man hat von hier einen Blick auf den Bahnhof und seine Umgebung. Kurz vor dem Anstieg zur Brücke kann man nach links in eine **Grünanlage** gelangen, den ehemaligen Park Jakobsruh. Hier stand einst eine berühmte Statue der Königin Luise.

Am Anger

Die ul. Lenina verläuft weiter in Richtung Norden links am **Anger**, dem großen Stadtpark der Stadt, vorbei und heißt ab hier ul. Revoljucii. Auf dem Anger stand einst die gewaltige Statue des Tilsiter Elchs, die nach dem Krieg einem Schützenpanzer weichen musste und in Kaliningrad im Tiergarten aufgestellt wurde. Am nördlichen Rand des Parks befindet sich das **Schauspielhaus**, das einstige Stadttheater. Der neoklassizistische Bau aus dem Jahr 1893 wurde in den 1930er Jahren umgebaut und erhielt so ein verhältnismäßig nüchternes Aussehen. In dieser Form besteht das Haus noch heute und dient seinem einstigen Zweck. Es besitzt im ganzen Gebiet einen hervorragenden Ruf als innovative Bühne, die ein Repertoire abseits des normalen Dramencodes pflegt.

Nördlich des Theaters, inmitten eines Industriegeländes, fällt ein einzeln stehender, etwas ramponierter **Turm** auf. Das ist der Rest der ehemaligen reformierten Kirche aus dem Jahr 1900, die 1975 mit Ausnahme des Turmes abgerissen wurde. An die Stelle der Kirche trat das Gebäude des ›Klubs der Freiwilligen Unionsgesellschaft zur Förderung der Land-, Luft- und Seestreitkräfte‹. Heute ist keine der alten Tilsiter Kirchen erhalten. Vom Turmstumpf der reformierten Kirche führt die ul. Gagarina (Deutsche Straße) zum Grenzübergang. Sie war einst neben der Hohen Straße die zweite bedeutende Geschäftsstraße der Stadt. Heute bestimmen einförmige Neubauten ihr Bild. Doch liegt an ihr der sehr besuchenswerte **Markt**, der zweitgrößte im Gebiet. Hier gibt es alles, auch Tilsiter Käse (Sa/So 8–18 Uhr).

Westlich des Bahnhofs

Vom Markt führt die ul. A. Nevskogo parallel zur Memel stromabwärts. Eine Fahrt in diese Richtung ist ein besonderes Erlebnis. Beim Überqueren der Bahnanlagen sieht man in Richtung Fluss die gewaltige Eisenbahnbrücke, über die einst Königsberg mit Riga und St. Petersburg verbunden war. Heute fährt kein Zug mehr über diese Brücke, da Lettland – nicht Litauen – für die Russen den Bahnverkehr, auch für bloße Transitfahrten, unterbunden hat. Der wichtige Bahnpunkt Tilsit ist somit zum Sackbahnhof geworden.

Jenseits davon liegen riesige Kasernenareale, die nach der Reduzierung der russischen Truppenverbände ungenutzt sind, verfallen und nach und nach abgerissen werden. Auch die Industriebetriebe an der Nordseite der Straße zeigen kein freundlicheres Bild. Die Straße, die ebenfalls nach Slavsk (Славск/Heinrichswalde) führt, ist ein Bild der Trauer. Ein seltsames Gefühl erweckt das Haus ul. Nevskogo 9. Hier lassen sich Reste eines Schriftzugs entdecken: ›Rache für Nemmersdorf‹. Diese Zeile stammt vom Oktober 1944, als die Rote Armee erstmals nach Ostpreußen eindrang und in dem Dörfchen Nemmersdorf brutale Morde an der Zivilbevölkerung beging. Die Schrift wurde von den neuen russischen Bewohnern in Unkenntnis ihrer Bedeutung übertüncht, der Putz bröckelte nach einiger Zeit aber ab und gab die alte Parole wieder frei.

Vom Hohen Tor zur Luisenbrücke

Am Südrand des Angers öffnet sich ein breiter Platz, das frühere Hohe Tor. Hier sind die beiden stattlichen Gebäude des früheren **Land- und Amtsgerichts** erhalten. Heute beherbergen sie ein Kulturhaus und einige Ämter der Stadtverwaltung. In einer kleinen Grünanlage wurde 2007 wieder eines der Wahrzeichen der Stadt, der **Tilsiter Elch** aufgestellt, der sich jahrelang im Zoo in Kaliningrad befunden hatte.

Unverkennbar die Hauptpost

Karte S. 272

Jugendstil in der ul. Pobedy

An ihm kann man noch lesen, dass er in der Eisengießerei Noack in Berlin-Friedenau hergestellt wurde, Bildhauer war Ludwig Vordermayer, der auch den Elch von Gusev/Gumbinnen geschaffen hat. Gegenüber grüßt Lenin von dem Podest, auf dem sich bis 1945 Max von Schenkendorff befand. In der unweiten ul. Smolenskaja ist am Geburtshaus von Johannes Bobrowski eine Erinnerungstafel angebracht.

Die wichtigste Einkaufsstraße des alten Tilsit wie auch des neuen Sovetsk ist die hier einmündende ul. Pobedy (Hohe Straße). Dort finden sich noch sehr viele Bürgerhäuser – unter anderem das Luisentheater an der ul. Pobedy 6 –, zum Teil auch mit reichem Jugendstilschmuck.

Gleich hinter dem Hohen Tor zweigt die ul. Škol'naja (Schulstraße) nach Süden ab. Um die Schulstraße liegt das größte zusammenhängende Altbaugebiet der Stadt. Das **Gymnasium** aus dem Jahr

1900 auf der linken Seite ist auch heute noch eine Oberschule. Man kann ruhig hineingehen – es wird sogleich ein ›Pedell‹ erscheinen, der einem Besucher gern die Klassenzimmer zeigt. In vielen ist noch die Bestuhlung aus der Vorkriegszeit erhalten.

Auf dem weiteren Spaziergang durch die ul. Pobedy fällt das klassizistische Gebäude des **Postamtes** auf, das auch in deutscher Zeit schon die Post beherbergte. Auf der gegenüberliegenden Seite findet sich weiter in Richtung Fletcherplatz ein schönes Jugendstilhaus mit einer beeindruckenden lebensgroßen Statue eines Ritters zwischen den Fenstern der obersten Etage (ul. Pobedy 41). In dieser Straße ist auch Anfang 2005 ein **Museum zur Stadtgeschichte** (ul. Pobedy 34) eröffnet worden.

Am ehemaligen Schenkendorfplatz, einer heute namenlosen kleinen Grünanlage an der ul. Družby mit einem **Sowjetdenkmal**, stand die Litauische Kirche, auch Landkirche genannt. Sie überstand den Krieg unbeschädigt, wurde 1950 durch Brandstiftung zerstört und 1952 abgetragen. Von hier kann man nach Norden Richtung Memel durch die ul. Družby bis zur ul. Gagarina (Deutsche Straße) gelangen. Genau in der Verlängerung der ul. Druzhby befand sich an der Deutschen Straße einst das prächtige, 1755 errichtete Rathaus Tilsits. Sein Standort ging im Hafengelände auf.

Nur einige Schritte weiter Richtung Grenzübergang biegt die ul. Gercena (Packhofstraße) zur Memel hin ab. Hier sind noch einige kleine **Speichergebäude** erhalten, auch hat man von hier einen prachtvollen Ausblick über die Memel. An der Gercena, Ecke Gagarina steht das Haus, in dem Zar Alexander I. 1807 während des Treffens mit Napoleon und Königin Luiuse wohnte. Gercena 1, Ecke ul. Pobedy, ist das Geburtshaus Max von Schenkendorfs (Gedenktafel).

Wieder am Grenzübergang angelangt, kann man noch einen Abstecher Richtung Neman machen. Am **Schlossmühlenteich** vorbei überquert man auf einer kleinen Brücke – derzeit in Rekonstruktion – die Tilszelle, die hier in die Memel mündet, und kann stadtauswärts in der ul. Timirjazeva (Dammstraße, im weiteren Verlauf Ragniter Straße) und im früheren Stadtteil Preußen noch viel Alt-Tilsit, die ehemalige **Brauerei** und das frühere **Wasserwerk** bewundern.

Im **Stadtpark** südlich des Bahnhofs steht seit 2013 wieder das alte **Luisendenkmal**.

Neman

Die kleine Schwesterstadt Tilsits, Neman (Неман/Ragnit), liegt knapp zehn Kilometer memelaufwärts von Tilsit und ebenfalls im Grenzgebiet. Durch die Jahrhunderte stand Ragnit stets im Schatten Tilsits, erst in der Zeit nach 1945 gelangte es zu größeren Ehren: Es wurde zur Rajonstadt erhoben, während Sovetsk kreisfrei blieb.

Das heutige Neman, in dem rund 12 000 Menschen leben, ist noch mehr als Sovetsk vom Verfall bedroht, besonders die Altbaugebiete am Rand der Stadt sind vom Niedergang geprägt. Das Zellstoffwerk – erbaut 1911 und seitdem der Hauptarbeitgeber der Stadt – hat in den vergangenen Jahren auch aus ökologischen Gründen seine Produktion stark drosseln müssen und dadurch erheblich zur wirtschaftlichen Misere beigetragen. Die Papiermühle galt als größter Umweltverschmutzer des Memelgebiets, und der rapide Niedergang des Fischbestands des Kurischen Haffs in den 1960er und 1970er Jahren ist einzig auf ihre Abwässer zurückzuführen.

Bedeutendstes Bauwerk der Stadt ist das zwischen 1397 und 1409 errichtete **Ordensschloss**, ein Spätling seiner Gattung. Es sollte als Ausgangspunkt für Feldzüge des Ordens gegen Litauen dienen. Doch die Schlacht von Tannenberg 1410 machte diesen Plänen ein Ende, und die Burg verlor nur kurz nach Fertigstellung ihre ursprüngliche Bestimmung. 1828 brannte sie zum ersten Mal aus, wurde behelfsmäßig wieder hergestellt und diente in den folgenden 100 Jahren unter anderem als Gefängnis. Als die Rote Armee am 19. Januar 1945 Ragnit einnahm, wurde die Ordensburg weitgehend zerstört.

Die Ruine strahlt immer noch Stärke aus, wenngleich auf den schartigen Mauerkronen auch Gras und Büsche wachsen. Der sogenannte Uhrenturm der Vorburg, der die Zeiten überstehen konnte, lässt die Ausmaße der gesamten Burganlage noch erahnen. Die Burg Ragnit galt nach der Marienburg als das gewaltigste Bauwerk des Deutschritterordens im Preußenland.

Ein merkwürdiges Schicksal erlitt die 1772 errichtete **Stadtkirche**, südlich des Marktplatzes an der Richtung Bahnhof und Šilino gelegen. 1945 unbeschädigt,

Die völlig umgebaute Stadtkirche

Und noch eine alte Ordensburg

wurde sie in den Jahren danach nicht genutzt. Um 1955 wurde der einsturzgefährdete Turm abgetragen, während das Schiff umgebaut wurde: Ein Möbelgeschäft bezog das Erdgeschoss, die anderen beiden Etagen wandelten sich in ein Wohnheim. So ist der Bau heute ein gewöhnliches dreistöckiges Gebäude mit einem Asbestplattendach und einem seltsam abgehackten Turm, der an seinem ungenutzten Rundbogeneingang erkenntlich ist.

Nicht weit von der Kirche sind im Boden noch Relikte des Kriegerdenkmals zu sehen. Nach der Wende wurden zwei Räume der Kirche für die katholische und für die orthodoxe Kirchengemeinde zur Verfügung gestellt. Als mennonitisches Gotteshaus dient seit einiger Zeit das frühere Kreis-Pflegehaus gegenüber dem Krankenhaus in der ul. Pobedy, die nach Sovetsk führt.

Östlich von Neman zweigt die Straße nach Süden ab, Richtung Gusev. Um diese Einmündung befand sich einst der Ort Tussainen mit seinem kunsthistorisch bedeutenden Gutshaus der Familie von Sanden. Es lag oberhalb des Steilufers der Memel in einem englischen

▲ Karte S. 266

Park, blieb zwar 1945 unzerstört, wurde jedoch um 1965 abgerissen.
Eine prächtige Eichenallee führt genau gegenüber der erwähnten Abzweigung zu einem neueren Friedhof. Hier befand sich früher das Gutshaus; davon ist nichts mehr auszumachen.

Zilino und Lunino

Der ländliche Raum südlich von Sovetsk liegt in besonderem Maß darnieder. So waren Žilino (Жилино/Schillen/Szillen) und Lunino (Лунино/Hohensalzburg/Lengwethen) – Gründungen der aus dem Salzburger Raum 1732 aus Glaubensgründen Eingewanderten – blühende Dörfer; heute sind sie verlassen. Die Kirchenruine in Žilino könnte einem Gemälde Caspar David Friedrichs entstammen.
Östlich von Lunino wird ein Atomkraftwerk errichtet, das das Kaliningrader Gebiet ausreichend mit Energie versorgen kann und einen großen Überschuss nach Litauen verkaufen will. Das Gelände ist weiträumig abgesperrt. In Litauen gab es heftigen, wenngleich erfolglosen Widerstand gegen diesen Bau in unmittelbarer Grenznähe. 2013 erfolgte aber ein Baustopp.

Sovetsk, Neman und Umgebung

Vorwahl von Sovetsk aus Deutschland: 007/40161.
Vorwahl von Neman: 007/40162.
Eine kurze Stippvisite nach Litauen kann nur dann gemacht werden, wenn man ein zweites Visum für die Wiedereinreise besitzt, da touristische Visa für Russland in der Regel nur Einmalvisa sind. An den Übergängen werden keinerlei Visa ausgestellt. Es ist also dringend erforderlich, dass man sich das zweite Visum bereits in Deutschland bzw. über die Kaliningrader Partner rechtzeitig vorher besorgt.
Der Taxifahrer Nikolai Nedeljuk spricht sehr gut Deutsch und ist ein hervorragender Kenner der Region. Er kümmert sich gerne um Touristen; ul. Iskry 11–20, 238700 Sovetsk, Tel. 33288 und 007/9097/873232.

Hotel Rossija, ul. Lunačarskogo 2, 238750 Sovetsk, Tel. 34900, Fax 34950, www.kronushotels.ru; DZ 50–70 €. Im Zentrum am Lenindenkmal gelegen, gehobener Standard und besonderer Charme.
Hotel Tilzitskij Dvor (Tilsiter Hof), ul. Iskry 15, 238750 Sovetsk, Tel./Fax 37171, www.tilsithotel.narod.ru; DZ etwa 50 €. Das frühere Studentenwohnheim, umgebaut und renoviert, liegt am Südrand des Zentrums gegenüber der früheren Polizeidirektion. Gutes und einfaches Restaurant.
Dom Družby (Haus der Freundschaft), ul. Pervomajskaja 9, 238710 Neman, Tel./Fax 22627; DZ 35 Euro.

Nicht weit vom Hohen Tor, in der ul. Škol'naja 3, ist eine kleine, aber gediegene **Pizzeria** zu finden.
Sehr gut ist der **Biergarten** am Schlossmühlenteich.
Marina, ul. Iskry 38, Sovetsk, Tel 007/40161/79329.
In der ul. Pobedy gibt es verschiedene empfehlenswerte Lokale wie das **Traktir**, ul. Pobedy 34a, Tel. 007/40161/76667. Russische Küche und Biergarten.
Ellis, ul. Pobedy 16. Halb Café, halb Restaurant, russische und westeuropäische Küche.

Museum zur Stadtgeschichte, ul. Pobedy 34, Tel. 34638. Di–So 10–17 Uhr.

In der Elchniederung

Der äußerste Norden und Nordwesten des Kaliningrader Gebiets ist von besonderem melancholischen Reiz. Die weite Tiefebene ist wenig bewaldet und dünn besiedelt, viele Ackerflächen liegen brach und die Siedlungen größtenteils wüst. Der nördliche Teil ist Grenzgebiet, man beachte sorgfältig die jeweiligen Hinweisschilder, die leider oft leicht zu übersehen sind.

Slavsk und Umgebung

Etwa 4500 Einwohner hat die Rajonstadt Slavsk (Славск/Heinrichswalde). Sie ist durch die Käse- und Wurstherstellung bedeutend, Slavsker Würste genießen im ganzen Kaliningrader Gebiet einen hervorragenden Ruf. Slavsk gehört noch nicht zum Grenzbereich.

Heinrichswalde war auch in deutscher Zeit Sitz einer Kreisverwaltung. Dieser Kreis mit dem Namen Niederung – ab 1938 ›Elchniederung‹ – besaß als einziger Kreis des Deutschen Reiches keine Stadt innerhalb seines Territoriums. Der Ort war seit 1818 Landratssitz und erhielt die Stadtrechte erst in der sowjetischen Zeit. Vor 1945 gab es hier einen bescheidenen Fremdenverkehr, der zur Entwicklung Heinrichswaldes zu einer ›Gartenstadt‹ führte. Der Marktflecken besaß einige schwefelhaltige Solequellen, zu denen Heilungsuchende zumindest aus Ostpreußen eilten.

Wie fast überall im Kreise Niederung erfolgten 1945 hier keine Zerstörungen, doch wirkt das Städtchen wenig ansprechend. Das Haus ul. Lenina 5 stellt eine Ausnahme dar: Das ehemalige **Versammlungshaus** der Landeskirchlichen Gemeinschaft ist heute lutherischer Gemeindesaal mit Gottesdienst. Am Bahnhof an der Straße nach Gastellovo kann man noch das deutsche ›Heinrichswalde‹ lesen, die neugotische **Kirche** ist sehr gut erhalten und dient dem evangelischen Gottesdienst.

Wenig Verkehr bewegt sich auf der Durchgangsstraße, dennoch ist sie auf 100 Meter Länge zur Fußgängerzone erklärt, der Kraftwagenverkehr muss sich die Umfahrung selbst suchen. Parallel zur Hauptstraße findet man an der ul. Školnaja im ehemaligen Rathaus das bescheidene Hotel ›Slavsk‹.

An der Kirche vorbei gelangt man zum Stadtrand, wo man noch einmal tanken sollte, denn die Benzinstation in Slavsk ist bis auf weiteres die letzte auf einer Tour durch die Elchniederung.

Unmittelbar hinter der Tankstelle kann man nach rechts über einen Plattenweg, der wieder nach Slavsk hineinführt, weiter auf die Chaussee Tilsit–Taplacken (A 216) gelangen. Hinter diesem Abzweig führt die Straße geradaus nach Tilsit, nach links geht es nordwärts in die Niederung hinein. Wählt man diesen Weg, trifft man nach einem Kilometer auf die P 513, die aus Tilsit kommt.

Etwa zwei Kilometer in Richtung Tilsit liegt **Rževskoe** (Linkuhnen). Etwa dort, wo die Bahnlinie die Straße kreuzt, entdeckte man zu Beginn des 20. Jahrhunderts ein großes pruzzisches Gräberfeld. In den Gräbern fand man auch Wikingerschwerter, was auf eine Wikinger-Niederlassung im 10. Jahrhundert hindeutet. Die Funde gelangten sodann in die Prussia-Sammlung ins Königsberger Schloss, sind jedoch seit 1945 verschollen.

Auf der P 513 quert man bei Ščeglovka (Щегловка/Groß Britannien) die Bahnlinie nach Tilsit. Neben dem Bahnhofsgebäude ist auch die Molkerei erhalten.

▲ Karte S. 255

Timirjazevo und Umgebung

Timirjazevo (Тимирязево/Neukirch) ist die nächste Ortschaft. Etwa zwei Drittel der Gebäude wurden seit 1945 abgebrochen, die restlichen sind in einem schlimmen Zustand. Die **Kirche** ließ König Friedrich Wilhelm I. 1729 errichten. Sie war 1945 wie die gesamte Siedlung unbeschädigt. In den Jahren danach wurden in die Seitenwände quadratische Öffnungen gebrochen, um den Bau besser als landwirtschaftlichen Speicher nutzen zu können. Die Kirche brannte im April 1995 ab, das Tor zum Friedhof blieb erhalten.

Bol'šie Berežki

Fährt man an der Kirche in Timirjazevo in westlicher Richtung weiter und folgt der abknickenden Hauptstraße – teils ist noch das alte Pflaster erhalten –, gelangt man nach 15 Kilometern nach Zapovednoe (Заповедное/Seckenburg/Groß Krysszahnen). Etwa einen Kilometer hinter Timirjazevo führt ein Weg – es ist die Wellblechpiste – links nach Gastellovo.

Nach etwa acht Kilometern, nicht weit vor Zapovednoe, geht nach rechts die alte Allee nach **Bol'šie Berežki** (Большие Бережки/Rauterskirch/Alt Lappienen). Der Besuch dieses Dörfchens lohnt durchaus. Man fährt geradeaus hinein und empor zum Gilgedamm, und etwa 500 Meter gilgeaufwärts steht rechts die Ruine der achteckigen **Kirche** von Rauterskirch. Sie ist von Philipp von Chiéze, dem Architekten des Potsdamer Stadtschlosses, entworfen und nach 28 (!) Jahren Bauzeit 1703 fertiggestellt worden. Dessen Ehefrau, Luise von Chiéze, geb. Rauter, machte sich um das Dorf verdient. Sie veranlasste von 1670 bis 1674 die Entwässerung der umliegenden Sumpfgebiete und ließ die Gilge vertiefen und eindeichen.

Die Reste der Kirche in Timirjazevo mit dem alten Friedshofstor im Hintergrund

An der Kirchenwand findet sich das Grab des am 29. Januar 2004 in Kornbach/Sachsen verstorbenen ehemaligen Dorfbewohners Willi Zehrt, der in seiner ostpreußischen Heimat begraben werden wollte. »Ich bin zu Hause – danke dafür« kann man auf der schlichten Grabplatte lesen. Diese Urnenbeisetzung war im Rahmen eines großen Instandsetzungsprogramms der Kirche möglich, das die Heimatgemeinde Alt Lappienen seit etwa fünf Jahren durchführt. Bol'šie Berežki ist landschaftlich hinreißend gelegen, und der dichte Baumbestand innerhalb des Dorfes gibt ihm einen unwirklichen, verträumten Charakter. Das Grenzgebiet beginnt erst nördlich der Gilge.

Zapovednoe

Zapovednoe (Заповедное/Groß Kryzzahnen/Seckenburg) war einst der landwirtschaftliche Mittelpunkt der südlichen Niederung. Auch heute noch ist es Sitz einer größeren Kolchose. In deren Betriebsgebäude ist die vollständig erhaltene **Kirche** integriert. Am früheren Marktplatz steht das zweistöckige ehemalige **Hotel**, jetzt Magazin, dessen oberste Etage wegen Baufälligkeit nicht genutzt werden kann. Doch gibt das immer noch stattliche Gebäude einen Eindruck von dem Wohlstand des früheren Seckenburg, wenn auch gut die Hälfte der alten Häuser inzwischen abgerissen wurde. Vom Gilgedamm hat man einen schönen Blick auf die breite Niederung wie auf den Ort. Kurze Zeit war Zapovednoe ein beliebter Bauplatz der reichen Kaliningrader. geworden. Prächtige neue Häuser und Villen reihen sich westwärts des alten Ortskerns am Südufer der Gilge.

Fährt man hier weiter gilgeabwärts, ist nach einigen Kilometern die Position des früheren Forstamts Tawellenbruch/Tawellningken erreicht. 150 Meter davor finden sich die Reste des vormaligen Gasthauses Ebner. Hier schrieb einst Agnes Miegel die allen älteren Ostpreußen bekannte Ballade ›Die Fähre‹. Die Straße verliert sich hier am Ende des eingedeichten Niederungsbereichs, wo von der Gilge der Seckenburger Kanal Richtung Golovkino (Elchwerder) abbiegt. Wer mit dem Fahrrad unterwegs ist, sollte sich von hier südwärts wenden, am Waldrand entlang, wo der Weg wieder ostwärts verläuft (Karte mitnehmen!) und von hier bis zur Wiepe (Nemoninskij Kanal) fahren. Folgt man dem Kanal nordwärts, ist nach drei Kilometern wieder Zapovednoe erreicht.

Die Landschaft südlich Zapovednoe am alleegesäumten Kanal, an der Straße nach Gromovo (Громово/Lauknen), ist von ganz eigenartigem Zauber. Mancher fühlt sich hier an den Canal du Midi im südfranzösischen Languedoc erinnert. Allerdings endet die Strecke an der gesprengten Lauknebrücke in Gromovo (siehe Kapitel Moosbruch).

▲ Karte S. 255

Die Gilgeniederung bei Mostovoe

Um die Gilgebrücke

Vier Kilometer hinter Timirjazevo gibt es zwischen Haffküste und Tilsit die einzige Möglichkeit, die Gilge (Matrosovka) zu überqueren, wenn man es nicht mit einem Boot beabsichtigt. Hier beginnt das Grenzgebiet. Um die Ein- und Ausfahrt besser überwachen zu können, ist an der Brücke eine Kontrollstation eingerichtet. Die Einwohner des Kaliningrader Gebiets – nicht nur die, die im Grenzgebiet leben – dürfen die Grenzbereiche ohne weiteres betreten; nur Ausländer benötigen einen Passierschein. Das Kontrollhäuschen ist nicht immer besetzt, dennoch sollte man unbedingt die Genehmigung dabei haben. Denn es kann passieren, dass man später von einer Streife angehalten wird. Bitte beachten: Einige Orte wie Pait, Prochladnoje oder Prichalyi liegen nicht im Grenzgebiet, können aber nur via Jasnoe erreicht werden. Und für diesen Ort ist die Grenzgenehmigung unabdingbar.

Von der Brücke eröffnet sich ein überaus schönes Panorama auf den Gilgestrom und die Niederung. Unterhalb der Brücke stehen noch einige Häuser von Mostovoe (Мостовое/Sköpen).

Nicht weit hinter der Brücke gelangt man, rechts abbiegend, nach Gorodkovo (Городково/Skören). Es ist ein sehr empfehlenswerter Abstecher und führt in ein praktisch von Menschen unberührtes Gebiet nahe der Memel. Unterwegs kommt man an einem bizarr wirkenden militärischen Objekt vorbei, das aber nicht mehr in Betrieb ist. Hinter dem Ort verliert sich die Straße.

Die nördliche Niederung

Abgesehen von der unbewohnten Region östlich von Dobrovol'sk ist mit dem Gebiet rund um Jasnoe das abgelegenste und sicherlich am stärksten vom Niedergang gezeichnete Gebiet der Kaliningradskaja Oblast' erreicht. Die Landschaft ist verwachsen, verkrautet, kaum gibt es genutzte Flächen. Die komplizierten Meliorationsanlagen aus der Zeit vor 1945 sind unbrauchbar geworden, allmählich holt sich die Natur ihr Reich zurück.

■ Jasnoe

Das Zentrum der nördlichen Niederung ist Jasnoe (Ясное), der ehemalige Marktflecken Kuckerneese/Kaukehmen. Der Ort blieb 1945 unzerstört, zwei- bis dreistöckige Häuser verliehen ihm einen städtischen Charakter. Von der alten Bausubstanz sind heute nur noch etwa 20 Prozent vorhanden, Jasnoe verfällt sichtbar. Die Lage abseits der Hauptverkehrsstraßen und die Lage im Grenzgebiet geben keine Hoffnung für ein Wiedererblühen.

Rechter Hand ist gleich das frühere **Postamt**, jetzt Krankenhaus, ihm gegenüber die Ruine der Volksschule. Die **Kirche** ist nun Lagerhalle, der Turm ein Wasserturm. In die Seitenwand wurde eine Einfahrt gebrochen. Die Kirche gehört zwar der orthodoxen Gemeinde, wird aber nicht genutzt. An der Nordostecke der Kirche sind noch die Reste des Kriegerdenkmals zu sehen. Die Nordbebauung des Marktplatzes ist an der östlichen Hälfte noch erhalten, wird aber wohl auch irgendwann abgerissen werden. Die westliche Hälfte, darunter das einst weithin bekannte Café ›Wittrin‹ mit seinem runden Eckturm, stand noch bis Ende der 1990er Jahre. Die ehemalige **Normaluhr** ist noch als groteskes Fragment in der Platzmittte vorhanden. Das ehemalige Kaufhaus Noetzel bildete bis 2007 die brüchige Westfront des Platzes, dann verschwand auch dieses. Die Steine sind als Baumaterial nach Kaliningrad verkauft worden.

Vom Marktplatz führt, senkrecht nach Norden, die frühere Hafenstraße zur Memel hinab. Etwa zwei Kilometer sind es bis dahin. Vom Damm hat man einen guten Blick über den Strom und auf die Silhouette von Jasnoe.

Am Ostrand der Kirche verläuft die frühere Bahnhofstraße nach Süden zum nicht mehr erhaltenen Bahnhof. Dessen Standort ist heute von einem Kolchosbetrieb überbaut worden. Hier verlief früher die Kleinbahnlinie Groß Britanni-

Nur noch wenige Häuser in Jasnoe lassen ihre einstige Pracht noch erahnen

en-Kaukehmen-Karkeln, die den Norden der Niederung an die Strecke von Tilsit nach Königsberg anschloss. In der Bahnhofstraße steht an der Ecke zur Schulstraße noch das frühere Geschäftshaus Elfert, an den Balkonen und einigen alten Inschriften zu erkennen. Die Natur überwuchert es allmählich.

Die frühere Schulstraße führt von dieser Ecke parallel zum Marktplatz auf die einstige Wilhelmstraße. Gegenüber der Einmündung stand einst die Hindenburgschule, die aber 1992 abbrannte; nur die Turnhalle ist erhalten. Von hier kann man auf den Markt zurückgelangen und an seiner Nordseite (Einbahnstraße) weiter Richtung Elchwald fahren. Am Ortsausgang überquert man die Kauke, einen toten Memelarm. Von ihr führte der Ort seinen Namen. Nun öffnet sich die Niederung in all ihrer Weite und Verlassenheit. Das Meliorationssystem aus deutscher Zeit ist zerstört, die Böden sind übersäuert. Gut zwei Drittel der Felder liegen mittlerweile brach.

Prochladnoe und Mysovka

Gleich hinter der Kaukebrücke am Ortsausgang von Jasnoe führt ein unbefestigter Weg nach links und somit nach

Das frühere Geschäftshaus Elfert in Jasnoe

▲ Karte S. 255

Mal. Berežki (Мал. Бережки/Rautersdorf/Neu Lappienen). Von dort ist über die Gilge hinweg die Kirchenruine von Alt Lappienen zu sehen. Man sollte aber auf der Hauptstraße bleiben, die Straße ist zu schlecht. Etwa zwei Kilometer hinter Jasnoe zweigt der Weg nach Pričaly (Причалы/Inse) ab. Hier geht es in den Elchwald. Ein vergleichender Blick auf alte Landkarten verrät, dass hier fast alle Ortschaften – Weiler und Einzelgehöfte – verschwunden sind. Nach gut acht Kilometern erreicht man eine Kreuzung, an der sich früher das Dorf Großheidenstein befand. Nach Norden geht es über Prochladnoe (Прохладное/Herdenau/Kallningken) nach Mysovka (Мысовка/Karkeln) an das Ufer des Kurischen Haffs, nach links zum Gilgedamm bei Mal. Berežki (Neu Lappienen) und geradeaus weiter nach Pričaly.

Fährt man zunächst nach Norden, erreicht man Prochladnoe nach knapp zwei Kilometern. Das frühere Kallningken ist weitgehend verfallen, von der **Kirche** oberhalb der Straße rechts stehen noch zwei Mauern. An der Ecke der Straße direkt zurück nach Jasnoe befindet sich das frühere Gasthaus Völkner. Heute befindet sich hier der Jugendclub des deutsch-russischen humanitären Vereins ›Anthropos‹.

Entlang der Straße nach Mysovka lässt sich rechts unmittelbar am Straßenrand noch die Trasse der Kleinbahn aus Brittanien ausmachen, der Endpunkt dieser Strecke, der Karkelner Bahnhof, ist am Ortseingang rechts auch noch zu erkennen. Mysovka liegt wie Gilge beiderseits des Karkelstroms, der hier ins Kurische Haff mündet. In die jenseits des Stromes gelegene Hälfte gelangt man über eine Pontonbrücke. Ein Spaziergang auf dieser Seite bis zum Haff, wo sich der Weg in einem undurchdringlichen Schilfgürtel

Das berühmte Jagdhaus Pait vor der Renovierung

verliert, ist von großem Reiz. Früher wurde das Dorf bisweilen als ›Kurisches Venedig‹ bezeichnet, da zur Zeit des Hochwassers nicht nur das Dorf, sondern auch fast jedes Haus eine Insel bildete. Gemessen an anderen Orten in der Niederung ist Mysovka, das Sitz einer Fischkolchose ist, ein recht gepflegtes Dorf.

Im Elchwald

Von der Kreuzung vier Kilometer südlich von Prochladnoe führt eine Straße nach Pričaly. Nächstes Dörfchen ist Chrustal'noe (Хрустальное/Kurrenberg/Matzgirren), dem an vielen Fundamentresten deutlich anzusehen ist, dass es einst viel größer war. Gleich danach wird man von den riesigen Erlenbruchwäldern umfangen, die die ganze Ostküste des Haffs säumen und sich von Polessk bis zur Memel ausbreiten. Wir befinden uns im Norden von Ostpreußens legendären Elchwäldern. Unter dem Namen Deutscher Elchwald existierte von 1937 bis 1945 ein aus elf Forstämtern gebildetes Naturschutzgebiet, das aber gleichzeitig auch Staatsjagdgebiet war und sich entlang der ganzen Ostflanke des Kurischen Haffs bis fast nach Labia erstreckte. Dieser Elchwald bestand aus drei unterschiedlichen Landschaftseinheiten: den Lehmrevieren mit den reichen Grundmoränenböden östlich von Labiau, den sich nördlich anschließenden Erlenbruchrevieren am Ostufer des Haffs, den Waldungen auf der Nehrung jenseits des Haffs. Ähnlich wie die Rominter Heide war dies einst für die Jäger aus aller Welt ein Begriff. Nach der Wende ging man daran, die Jagdtraditionen zu beleben.

Jagdhaus Pait

Eine russische Stiftung hat es sich zur Aufgabe gemacht, das kurz vor Pričaly im Wald liegende frühere kaiserliche Jagdhaus Pait zu einem Zentrum des internationalen Ökotourismus auszubauen. Pait ist das einzige erhaltene der früheren ostpreußischen Jagdhäuser und auch für die Geschichte der ostpreußischen Jagd von großer Bedeutung.

Die alte Försterei Pait wurde 1886 erstmals erwähnt. Dabei handelte es sich um ein am Flüsschen Pait geleges, aus wenigen Häusern bestehendes Dorf. Es wurde allmählich vom Forstfiskus angekauft und durch anderes Land eingetauscht, so dass nur die Försterei und eine Waldarbeitersiedlung übrigblieben. Nach 1886 rückte die Försterei in den Fokus hoher Jagdgäste, denn immer wieder wurde im Bereich der Försterei Pait Elchwild zur Strecke gebracht. Wilhelm II. hielt sich hier öfter zur Jagd auf, und auf seine Anordnung wurde 1901/02 an die Försterei ein einfacher Flügel angebaut, der ihm als Wohnung dienen sollte. Der Anbau erwies sich als zu klein, und so kam bald ein zweiter Flügel hinzu. Oberförster Meyer, der das Forstamt von 1904 bis 1914 leitete, führte zur Qualitätsverbesserung der Elchpopulation das Prinzip der ›Hege mit der Büchse‹ ein.

Unterwegs im Memeldelta

Während der Nachkriegswirren um 1920 trat eine verstärkte Wilddieberei auf, die den Elchbestand auch im Bereich des Jagdhauses Pait erheblich dezimierte. Auf Initiative des preußischen Ministerpräsidenten Dr. Otto Braun, der sich öfter hier aufhielt, wurden nachhaltige Elchschutzmaßnahmen initiiert. Hermann Göring, der Nachfolger Brauns, ließ ab 1934 das Jagdhaus Pait großzügig umbauen und war öfter hier zu Gast. Der letzte Oberförster des Paiter Reviers war der Forstamtmann Heinrich Weber, der während des Zweiten Weltkrieges das Forstamt Tawellenbruch verwaltete. Mit der Einnahme des Kreises Elchniederung durch sowjetische Truppen am 20. Januar 1945 endete die deutsche Geschichte des Jagdhauses Pait.

Am 4. Oktober 2001 wurde als erstes das frühere Dienstgebäude der Forstbeamten mit einer Ausstellung zur Historie des Jagdhauses Pait und über die Hege und Jagd des Elchwildes in früheren Zeiten einer fachkundigen Öffentlichkeit zugänglich gemacht (www.jagdhaus-pait.com).

Das Jagdhaus Pait ist insbesondere mit dem Kaisersaal in originaler Form rekonstruiert und dient als Veranstaltungsort für Seminare, aber auch private Feierlichkeiten. Es gibt auch Unterkunftsmöglichkeit mit Halb- oder Vollpension. Jürgen Leiste, der Berliner Jäger und Naturschützer, der neben seiner Arbeit im Moosbruch die Stiftung Pait fachlich unterstützt, organisiert in Pait auch Bootsfahrten auf dem Paitfluss und dem Kurischen Haff. Eine Bootsfahrt auf den Kanälen und kleinen Flüssen des Memeldeltas ist ein einzigartiges Erlebnis in einer unberührten Auenlandschaft.

Pričaly

Vom Jagdhaus Pait sind es noch etwa sechs Kilometer bis ans Ende der Welt. Dort wo sich kurz vor dem Haffufer die Straße in scharfem Bogen nach links wendet, führt ein schmaler Weg rechts in das Haffdorf Loye, von dem noch einige Mauerreste zu finden sind. Die Haffdörfer waren einst eine Kette malerischer Fischersiedlungen, heute gibt es nur noch Gilge, Inse und Karkeln. Tawe, Loye und Ackminge (Ibenwerder) bestehen nicht mehr.

Pričaly (Inse) ist ein weltfernes Fischerdorf. Es liegt zwar malerisch, doch Armut und Niedergang sind unübersehbar; die frühere Kirche, ein achteckiger Holzbau (18. Jahrhundert, Architekt Philipp von Chiéze), wurde 1964 abgerissen. Der alte Taufstein steht jetzt am Ortseingang im Garten des ersten Gehöfts links und dient als Blumenkübel.

Durch den Ibenhorster Forst in den äußersten Norden

Biegt man von der P 513 nordwestlich von Jasnoe nicht nach Pričaly oder Mysovka ab, sondern fährt weiter geradeaus, erreicht man nach etwa drei Kilometern das Forsthaus Dünen (Ackmenischken), das noch seine Aufgaben erfüllte und ein sehr gepflegtes Anwesen

▲ Karte S. 255

war – bis es durch Brandstiftung das dritte Mal abbrannte. Hier wendet sich die Straße nach rechts, und alsbald gelangt man zu einem Schlagbaum an einer kleinen Kaserne der Grenztruppen. Nördlich der Kaserne gibt es keine Ansiedlungen mehr. Nur einige Fischer und Jäger fahren in das abgeschiedene Gebiet.

Eine Fahrt in die Nordspitze des Kaliningrader Gebiets ist ein Naturerlebnis mit ganz besonderen Reizen. Zunächst geht es einige Kilometer weiter durch den Ibenhorster Forst. Immer sumpfiger wird der Wald links und rechts des Weges, man nähert sich dem 800 Hektar großen Bredszuller Moor (nach 1938 Kleinelchwinkler Moor), das den zentralen Teil des Ibenhorster Forstes bildet. Dorthin ziehen sich während des Frühjahrshochwassers die Elche und das übrige Wild der Bruchwaldzone zurück. Insbesondere im Winterhalbjahr lassen sich hier immer Elche beobachten. Das Moor ist frei von Baumwuchs und nur am Rand locker mit Kiefern bestanden. Der einzige Weg, der von der Straße durch den Forst abzweigt, führt etwa sechs Kilometer nach dem Schlagbaum nach links in das Moor hinein. Es ist eine Plattenstraße, die gefährlich zugewachsen ist. Doch kann man über sie wie nirgendwo sonst an den Rand des Moors gelangen. Einst führte sie zum heute nicht mehr bestehenden Dorf Skirwieth. Nach drei Kilometern endet die Plattenstraße.

Mit Annäherung an die Memel und den Rußstrom weicht der Wald allmählich zurück und gibt den Blick auf eine Wiesenlandschaft frei. Einzelne kleine, tiefblaue Grundwasserseen (Blänken) verleihen der Natur eine unschuldige Lieblichkeit.

Das alte Straßenpflaster, das teilweise noch vorhanden ist, wie auch der neben ihm verlaufende unbefestigte Sommerweg, die leuchtende Natur, die niemand zu bevölkern scheint – all das lässt den Reisenden vergessen, dass er sich im 21. Jahrhundert befindet. Nur der russische Grenzwachtturm und die litauischen Grenzer auf der anderen Seite passen nicht in diese Szenerie.

Bis 1919, als das Memelgebiet zu Litauen kam, existierten hier eine Brücke und eine Fähre über den Rußstrom. Erst 1939, nach dem ›Anschluss‹ des Memelgebiets, war die Überquerung des Ruß wieder möglich. Doch seit 1945 geht niemand mehr von hüben nach drüben. Um nach Rusne zu gelangen, ist der Umweg über den Grenzübergang Tilsit nötig.

In der Elchniederung

Die äußerste Nordspitze des Kaliningrader Gebiets ist seit kurzem auch mit der ›normalen‹ Grenzgenehmigung zugänglich; bis vor kurzem benötigte man noch einen erweiterten ›Propusk‹. Es kann jedoch nicht ausgeschlossen werden, dass sich diese Bestimmung wieder ändern wird. Nähere Auskünfte erteilen russische Reisebüros und auch der Inlandsgeheimdienst: ul. Nevskogo 7, Sovetsk.

Stiftung Jagdhaus Pait: Jürgen Leiste, Mollstraße 28, 10249 Berlin, Tel./Fax 030/2415260, jleiste@yahoo.de bzw. leiste@jagdhaus-pait.com, www.gostevi-dom-pait.ru.

Hotel Fenix (Gorodkaja), ul. Škol'naja 7, 238600 Slavsk, Tel. 007/40163/31031; DZ 40 €. Schlicht.

Pension Bocharov, per. Parkovyi 5, Slavsk, Tel. 007/40163/32463. Gemütlich, Fahrradverleih. Speisen aus eigenem Anbau.

Den Süden des Kaliningrader Gebiets zeichnet eine besondere landschaftliche Vielfalt aus: Neben den Hügellandschaften des Baltischen Landrückens liegt hier auch, im Dreiländereck zu Polen und Litauen, die berühmte Rominter Heide, oft als ›Ostpreußens Zauberwald‹ beschrieben.

Die Georgskirche in Pravdinsk

DER SÜDEN DES KALININGRADER GEBIETS

Die Regionen südlich und südöstlich von Kaliningrad sind auf den ersten Blick ohne große touristische Attraktionen. Es ist ein ländliches Gebiet mit einigen Kleinstädten, die unter der Nähe zur polnischen Grenze leiden, wenn nicht gerade die Straßen zu den Grenzübergangsstellen hindurchführen. Abseits von diesen Trassen, wo der Durchgangsverkehr fehlt, sind die sozialen Probleme, die Arbeitslosigkeit, der Niedergang, der Verfall und die mit all dem verbundene Perspektivlosigkeit weitaus größer als im zentralen Bereich zwischen Kaliningrad und beispielsweise Gusev. Das gilt übrigens auch für den grenznahen Bereich zu Litauen.

Zwischen Mamonovo und Kaliningrad

Zur polnischen Grenze gibt es einen Grenzstreifen – er ist seit der Gesetzesänderung 2014 nur noch maximal einen Kilometer breit –, für dessen Betreten man eine Genehmigung benötigt. Solche Genehmigungen können über Kaliningrader Reisebüros beantragt werden. Für die Fahrt durch das Grenzgebiet direkt vom oder zum Übergang ist aber keine Genehmigung notwendig. Kontrollen russischer Fahrzeuge finden meist nicht statt, da Bewohner des Kaliningradee Gebiets keine solche Genehmigungen benötigen.

Vom Grenzübergang Mamonovo nach Kaliningrad

Entlang der alten Reichsstraße 1 erinnert viel an die deutsche Vergangenheit, von der aber die Kämpfe im Januar 1945 nicht viel übrigließen.

Wer als Anreise in das Kaliningrader Gebiet die Route auf der alten Reichsstraße 1 gewählt hat, bewegt sich ab dem Grenzübergang auf der A 194; der erste größere Ort ist Mamonovo. Wer sich entschlossen hatte, über den neuen Übergang Grzechotki einzureisen, darf allerdings nicht hinter der Grenze quer durch das Land auf die 1 fahren, da er sich damit direkt im Grenzgebiet befindet und meist noch keine Genehmigung vorweisen kann. Ohne diese darf er nur direkt an der Hauptstraße bleiben (ehem. Autobahn bzw. alte 1).

Zusammen mit der A 195, die von Kaliningrad zum Grenzübergang Bagrationovsk (Багратионовск/Preußisch Eylau) führt, sind die erwähnten Trassen die Verbindungsadern mit Polen und Westeuropa. Ein vierter Straßengrenzübergang südlich von Gusev ins polnische Gołdap hat dagegen nur regionale Funktion.

Mamonovo

Nur knapp einen Kilometer hinter der Grenze liegt an der 1, die hier A 194 heißt, Mamonovo (Мамоново/Heiligenbeil), das seinen Namen nach einem 1945 hier gefallenen Offizier trägt. Die Kämpfe 1945 haben nicht viel von dem Ort übriggelassen, und die extreme Randlage an der polnischen Grenze im vor 1991 unzugänglichen Sperrgebiet Kaliningradskaja Oblast' hat einen Wiederaufbau der früheren Kreisstadt verhindert.

Das neue Zentrum des Ortes hat sich in Richtung des alten **Wasserturms** verlagert, der einstige **Marktplatz** ist eine leere Fläche, rechts der Straße ist hinter einem Zaun ein Mauerrest der **Kirche** zu erkennen. Hinter den Neubaublöcken an der linken Seite biegt man an der ersten Straße nach links und gelangt in die neue Mitte. In der ul. Sovetskaja ist das **St. Georgs-Hospital** erhalten. Wo am früheren Lutherplatz nach Nordost die ul. Jevseeva abzweigt, bleibt man auf der ul. Central'naja und kommt hinter der Bahnunterführung nach links zum Bahnhof. Heute ist er Grenzbahnhof, wo Zoll- und Passkontrolleure zusteigen. Die Central'naja führt nordwärts aus der Stadt hinaus Richtung Haff. Ein deutsches Siedlungsviertel ist hier weitgehend erhalten. An der Ostseite der Straße erinnert nach einigen hundert Metern ein **deutsch-russischer Gedenkstein** an die früheren Einwohner. Am Haff befinden sich einige Fischkolchosen; hier war einst das Fischerdorf Rosenberg (heute Krasnoflotskoe). Einige alte Fischerhäuser stehen noch.

Nur etwa 100 Meter östlich des Abzweigs ins neue Zentrum von Mamonovo steht an einer Weggabelung die **Mamonov-Eiche**, früher die Bismarckeiche. Eine Plakette und eine Büste erinnern an Nikolaj Vasilevič Mamonov, der in den Kämpfen um die Stadt sein Leben ließ.

Nach rechts biegt hier die ehemalige Bismarckstraße ab. Sie führt nach Osten in Richtung Lipovka (Липовка/Grünwalde) aus der Stadt heraus. Die Straße ist weitgehend unbefestigt, an der nächsten Gabel muss man sich links halten, sonst gelangt man direkt zum Grenzzaun. Am Ortsausgang an der Hauptstraße fällt recht ein Bunker aus dem Jahr 1945 auf.

Über die A 194 sind es von Mamonovo noch 47 Kilometer bis nach Kaliningrad. Die Straße ist hier in einem sehr guten Zustand und verhältnismäßig breit.

Übernachtung: **Hotel U Mosta**, ul. Tamožennaja 21, 238450 Mamonovo, Tel./Fax 007/40156/40120; DZ 50 €.

Östlich von Mamonovo

Das grenznahe Gebiet östlich von Mamonovo ist von ausgesuchter landschaftlicher Schönheit. Die Vituška (Витушка/Jarft) schlängelt sich, teilweise tief eingeschnitten, durch das Land; bei Lipovka – unter diesem Namen sind eine ganze Reihe vormals separater Siedlungen zusammengefasst – erhebt sich der früher so genannte Lateinerberg mit 72 Metern Höhe, eine der schönsten und unbekanntesten Stellen im Kaliningrader Gebiet. Von Lipovka kann man weiter ostwärts fahren, auf die alte Reichsautobahn unmittelbar vor dem Grenzzaun kommen und über sie bis Kaliningrad gelangen. Hier wurde Ende 2010 der Grenzübergang Grzechotki-Mamonovo eröffnet. Eine topographische Karte sollte zur Orientierung mitgeführt werden. Unbedingt zuvor Grenzgenehmigung beantragen!

Vesëloe

Vier Kilometer hinter Mamonovo zweigt eine langgezogene Allee von der Hauptstraße nach links ab. Die teilweise befestigte Straße senkt sich durch einen geheimnisvollen Hohlweg im Wald hinunter zum Bahnübergang bei Znamenka Novaja (Знаменка çовая/Groß Hoppenbruch). Hält man sich bei allen

Abendromantik am Haff bei Vesëloe

▲ Karte S. 290

Gabelungen ab jetzt links, ist nach etwa vier Kilometern Vesëloe (Весёлое/Balga) erreicht, das aber die Russen selbst meist nur Balga nennen. Nur noch Ruinen sind tief im Wald und hoch über der Haffküste von dieser einst bedeutenden Ordensburg zu finden. Auch vom Dorf Balga ist abgesehen von einem Rest von der 1330 erbauten Pfarrkirche nichts mehr vorhanden.

Bei der Burg Balga, wo es Parkmöglichkeiten gibt, biegt die Pflasterstraße scharf nach rechts ab. Wer Zeit und Mue hat, sollte die alte Straße einmal einige Kilometer entlang wandern. Es ist ein herrliche, unberührte Natur, der man nicht ansieht, dass sich um Balga 1945 große Tragödien abgespielt haben. Die Flucht über das Haff auf die Frische Nehrung fand nicht hier am Steilufer statt, sondern gleich westlich und östlich davon. Wer vielleicht ein Fahrrad mitführt, sollte die erwähnte Straße einmal bis zu ihrem Ende fahren, wo die Küste der Halbinsel Balga sich vom Steilufer zum Sumpfgebiet wandelt.

Die **Burg Balga** war die älteste Steinburg des Ordens. Der unregelmäßige sechseckige Grundriss des Haupthauses deutete auf die vormalige Pruzzenburg Honeda hin, die bis 1238 hier gestanden hatte. Gegenüber auf der Frischen Nehrung befand sich das Balgaer Tief, der Zugang zur Ostsee. Um den Handel des konkurrierenden Elbing lahmzulegen, versenkten die Danziger um 1460 dort mehrere alte Schiffe, wodurch das Tief zu verlanden begann. Eine 1520 zusätzlich eingerammte Pfahlwand bewirkte, dass Sand und Strömung das Tief bald völlig verschwinden ließen. Elbing wurde somit abgeschnitten – und Danzigs Aufstieg begann.

An dieser Stelle landeten die Ordensritter 1239, um mit der Kolonisation des Landes zu beginnen, und hier – bittere Ironie der Geschichte – verließen im Frühjahr 1945 die letzten Flüchtlinge Ostpreußen, um vor der herandrängenden Roten Armee den Landweg nach Westen über das Haff und die Frische Nehrung zu finden. Dabei kamen viele Flüchtlinge um, das Haff wurde zu einem großen Friedhof, der manchmal heute noch einige Reste der untergegangenen Trecks freigibt.

Seit langem schon wird darüber nachgedacht, hier einen besonderen Landschaftsschutzpark zu schaffen, in dem gleichzeitig an die Tragödie des Jahres 1945 erinnert wird: Bislang ist es bei Plänen geblieben.

Pjatidorožnoe und Laduškin

Pjatidorožnoe (Пятидорожное/Bladiau), übersetzt Fünfwegedorf, heißt der Ort wegen der fünf hier zusammenkommenden Straßen. Die 1945 zerstörte Kirche ist verschwunden, der **Gedenkstein** des Kriegerdenkmals von 1914/18 dagegen erhalten.

Empfehlenswert ist ein Ausflug an das Frische Haff Richtung **Primorskoe Novoe** (Приморское Новое/Wolittnick). Die recht gute Straße biegt etwa nach zwei Kilometern nach rechts zu einem Neubaugebiet ab, man sollt aber über die zugegeben recht schlechte Trasse weiter geradeaus fahren, über die Eisenbahn, etwa im Zickzack bis zum Haff zu einem Schleusenhaus aus deutscher Zeit. Von hier kann man herrliche Spaziergänge am Haff machen und bis Balga um die Halbinsel herum wandern. Auch für Fahrradausflüge ist diese Ecke bestens zu empfehlen. Ein altes Chausseehaus in Primorskoe Novoe am Ortsausgang Richtung Kaliningrad erinnert an die Gebühren, die noch im 19. Jahrhundert an diesem Häuschen als Chausseegeld entrichtet werden mussten.

Hinter dem Dörfchen Pjatidorožnoe wird es geradezu gebirgig. Die alte Reichsstraße 1 hat hier ihre steilste Stel-

► Karte S. 290

Diesen Wasserturm in Kornevo können Besucher mit etwas Mut besteigen

len überhaupt. Kurz vor Laduškin (Ладушкин/Ludwigsort) steht linker Hand eine Siedlung von Russlanddeutschen, die nach dem Zerfall der Sowjetunion Kasachstan verließen und in der Oblast' eine neue Heimat fanden.

In Laduškin kreuzt man die aus Elbląg und Braniewo kommende Bahn und damit die Bahntrasse aus Berlin. Die Ausmaße der heutigen Bahnhofsanlage weisen auf die große militärstrategische Bedeutung dieser Strecke hin.

Gleich hinter der Bahn kann man bis zum Frischen Haff fahren und einen schönen Blick genießen. An diesem Abzweig steht etwas erhöht das **Kulturhaus**, die umgebaute ehemalige katholische Kirche von 1938. Vor dem Krieg gab es hier eine Diaspora mit über 200 Katholiken. In der Linkskurve gleich dahinter befindet sich die örtliche Molkerei. Dort steht im Hof die berühmte fast 900-jährige **Pruzzeneiche**, die man sich unbedingt ansehen sollte (freundliche Anfrage am Pförtnerhäuschen der Molkerei hilft immer).

Eine große Kasernenanlage mit kleinem Truppenübungsplatz erstreckt sich am Orstausgang weit ins Land hinein. Östlich von Laduškin gib es in **Muškino** (Мушкино/Morren) ein sehr schönes Gästehaus, das sich dem Ökotourismus verschrieben hat. Man erreicht es am besten von Osten über Svetloe (Светлое/Kobbelbude) bzw. die neue Autobahn: Landhaus Muškino, 238420 Muškino, Tel. 007/921/0065254 und 007/9/622/542575, www.mushkino.ru. DZ 65–80 €.

Kornevo

▲ Karte S. 290

Von Laduškin kann man südostwärts nach Kornevo (Корнево/Zinten) gelangen. Die Fahrt dorthin führt durch eine fast menschenleere Region, denn kein Dorf blieb nach den erbitterten Kämpfen des Frühjahrs 1945 bestehen. Auch die Stadt Zinten existiert nicht mehr, nur das alte Pflaster der Straßenführung ist zu sehen, am Nordrand der früheren Innenstadt steht verloren die ehemalige **Mühle** und im Zentrum die **Kirchenruine** sowie hinter ihr, nahe des morbiden, aber besteigbaren **Wasserturms** ein erhaltenes altes Haus. Das Dorf Kornevo blickt mitsamt seinen Kolchosen in eine ungewisse Zukunft.

Zinten lag einst nahe der ermländischen Grenzen. Die ermländischen Bischöfe verfügten, dass Nichtkatholiken nur ein Jahr Aufenthalt im Ermland haben durften. So besuchten die Protestanten jeweils für einen Tag Zinten, gingen ›ins Ausland‹, wie man damals sagte, und kehrten dann in ihre ermländischen Wohnorte zurück. Kornevo liegt kurz vor Beginn des Grenzgebiets. Wer eine Genehmigung hat, sollte nach Süden über die hinreißende Bergstraße hinausfahren. Sie unterquert bald eine stillgelegte Eisenbahnlinie und führt über Dolgorukovo nach Bagrationovsk (Pr. Eylau). Landschaftlich ist diese Gegend von seltener Schönheit.

Ušakovo

Vier Kilometer hinter Laduškin öffnet sich das liebliche Tal des Frischings; es ist eines der schönsten Panoramen im Kaliningrader Gebiet. Das am Haff gelegene Ušakovo (Ушаково/Brandenburg) ist mit seiner immer noch die Landschaft beherrschenden **Ordensruine** ein idyllisches Fischerdorf. Gegründet 1266 von Markgraf Otto III. von Brandenburg, war es im Mittelalter als Komturei ein bedeutender Ort, wie man noch an den Ausmaßen der Burgruine sehen kann. Diese verfiel aber bereits seit dem 18. Jahrhundert. Die **Kirche**, in deren abgerundetem Chor 1380 der Komtur Günther von Hohenstein beigesetzt wurde, ist seit den Kämpfen 1945 ebenfalls eine Ruine.

An der Brücke gibt es das neue Restaurant ›Haus am Hafen‹ (Tel. 007/4012/336136, www.hausamhafen.ru), in dem besonders der Fisch aus dem Frischen Haff zu empfehlen ist. Zum Haus gehört ein Biergarten unmittelbar am Frischingufer.

Die Umgebung

Südlich von Ušakovo liegt eine sehr schöne hügelige Landschaft, in der ein Besuch des Dörfchens **Novomoskovskoe** (Новомосковское/Pörschken) und seiner **Kirchenruine** lohnt, die gnädig durch die Zeit zuwächst. Hinter Ušakovo weisen bereits Kleingartensiedlungen auf die Nähe Kaliningrads hin, die Badeseen in den ehemaligen Kiesgruben und die Grillrestaurants sind gut besucht. Besonders im Sommer sind die früheren Kiesteiche das Kaliningrader Naherholungsgebiet schlechthin.

In diesem Bereich biegt ostwärts durch den Wald, leider ohne Ausschilderung, ein Weg nach Golubevo (Голубево/Waldburg) ab. Hier kreuzt man die Bahnlinie, fährt weiter über **Jablonevka**, wo es eine beeindruckende **Kirchenruine** gibt, bis zur neuen Autobahn. Gleich hinter der Kreuzung mit dieser liegt Polevoe, das nur noch aus wenigen Häusern besteht. Wendet man sich hier nach links, Richtung Kaliningrad, sieht man einen kleinen Hain, in dem fast unverändert ein **Kriegerdenkmal** des Ersten Weltkriegs steht.

Wer kurz vor den Kiesteichen nicht abbiegt, hat nur noch zehn Kilometer bis ins Zentrum von Kaliningrad vor sich. In der Einfallstraße der ul. Suvorova liegen nun Neubaukomplexe auf der einen Seite und ein großes Kasernenareal auf der anderen; das ist der ehemalige Stadtteil Nasser Garten. Grotesk wirkt ein ehemaliger Luftschutzbunker links zwischen den Neubauten. Straßenbahnen begleiten die Autos, rechts erscheinen die Gleisanlagen des Hauptbahnhofs. Hinter der Brücke taucht der alte Befestigungswall mit dem Brandenburger Tor auf: Das Zentrum von Kaliningrad ist erreicht.

Die Kirchenruine in Kornevo

Vom Grenzübergang Bagrationovsk nach Kaliningrad

Auch das Gebiet zwischen Bagrationovsk und Kaliningrad erkundet man am besten gleich nach dem Passieren der Grenze, bei der Annäherung an die Hauptstadt der Region. Nur Bagrationovsk selbst gehört nicht zum Grenzgebiet. Für den Besuch ihrer Umgebung benötigt man weiterhin den ›propusk‹.

Bagrationovsk

Keine Stadt des Kaliningrader Gebietes liegt so nahe an der Grenze wie Bagrationovsk (Багратионовск/Preußisch Eylau). Reist man durch diesen Grenzübergang ein und fährt nicht auf der Umgehungsstraße östlich herum und bleibt auf der alten Trasse, der vormaligen Reichsstraße 128, so führt gut 200 Meter nach dem Abzweig, aber noch vor der Stadt, ein Pfad nach rechts zu einer Art Ehrenhain, wo sich das neugotische zehn Meter hohe **L'Estocq-Denkmal** befindet. Es erinnert an den Kommandeur der preußischen Truppen Anton Wilhelm von L'Estocq, der in der berühmten Schlacht von Preußisch Eylau am 7. und 8. Februar 1807 zusammen mit russischen Einheiten unter dem Fürsten Bagration Napoleons ersten Vormarsch nach Russland in einem Unentschieden zum Stillstand brachte. 30 000 Franzosen auf der einen und 25 000 Preußen und Russen auf der anderen Seite fielen. Friedrich August Stüler entwarf 1856 das Denkmal.

Das Zentrum der Stadt und eigentlich auch das Denkmal dürfen nur mit einer Grenzgebietsgenehmigung besucht werden. Doch liegt es so nahe an der Straße, dass es kaum zu Problemen kommen dürfte. Am **Wasserturm** leitet die ul. Bagrationa nach links in das Zentrum von Bagrationovsk. Die heutige Rajonstadt hat 7200 Einwohner und ist durch Holzverarbeitung, Käse- und Wurstproduktion und eine große Backfabrik be-

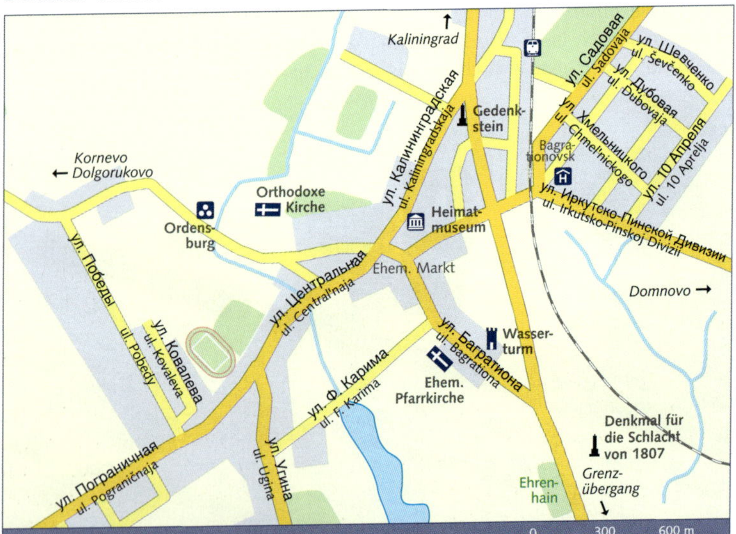

Bagrationovsk

Nach dem zwischenzeitlichen Wiederaufbau droht der Ordensburg der erneute Verfall

deutend. Auf der linken Seite steht etwas erhöht, zu einer Fabrik umgebaut, die frühere **Pfarrkirche**. Ende der 1960er Jahre entschied man sich, die ungenutzte und nur wenig zerstörte Kirche als Fabrikhalle einzurichten. Sie ist jetzt von verschiedenen Röhrensystemen umgeben, graublau angestrichen und weist zusätzliche Anbauten auf. Die nördliche Vorhalle steht noch, doch der Turm ist erheblich verunstaltet.

Die ul. Bagrationa führt direkt auf den **Marktplatz**, an dessen Seite eine Bronzebüste des russischen Generals Pjotr Ivanovič Fürst Bagration steht, der zusammen mit L'Estocq und Scharnhorst gegen Napoleon kämpfte. Er wurde nach 1946 zum Namensgeber der Stadt. In der Mitte des Platzes weisen an einer Säule, die der russische Adler ziert, symbolische Wegweiser in unterschiedliche europäische Städte.

Vom Markt führt die ul. Kaliningradska, die frühere Königsberger Straße, nordwärts. An der linken Seite sind Post und Amtsgericht erhalten, auch das frühere Landratsamt steht noch an der rechten Seite. In ihm ist ein kleines **Heimatmuseum** eingerichtet. Von Westen ragt die 1996 errichtete russisch-orthodoxe **Kirche** durch die Häuser, die im traditionellen sakralen Stil des 17. Jahrhunderts gehalten ist – ein ungewöhnlicher Anblick im Vergleich zu den bis hierher durchfahrenen Regionen. Sie soll jedem Reisenden, der in Bagrationovsk den Boden der Oblast' betritt, symbolisieren: Hier ist Russland.

Unterhalb der russischen Kirche stehen an der Straße nach Dolgorukovo (Полгоруково/Stablack) die Reste der **Burg des Deutschen Ritterordens**. In den 1990er Jahren versuchte man das Speicher- und Wirtschaftsgebäude zu einer Hotelanlage auszubauen, doch das Projekt scheiterte bald, und das mühevoll restaurierte Gebäude begann wieder zu verfallen. Die Burg wurde unter Hochmeister Werner von Orseln 1325 errichtet. Ihr erster Name Yle, was pruzzisch soviel wie Sumpf bedeutet, wandelte sich bald zu Yladia (1342) und später zu Eylaw (1379).

Im Viertel südlich der Burg, entlang der ul. Central'naja, sind noch viele Bürgerhäuser erhalten. Diese Straße geht vom Marktplatz südwestlich ab und senkt sich etwas zum Majskaja-Bach hinab. Auf der linken Seite liegt unübersehbar die frühere Oberschule, heute Sitz des Rajonverwaltung und der Polizei. Hinter diesem Gebäude zweigt nach links die ul. Ulina ab. Sie führt in ein großes Kasernengelände, das sich bis zur Grenze am Warschkeiter See erstreckt. Westlich dieses Abzweiges heißt die Straße nun ul. Pograničnaja, da sie bis zur Grenze führt, die hier nur einen Kilometer entfernt ist. Man kann durchaus noch weiter Richtung Grenze spazieren, doch sollte man spätestens an einem Sperrschild umkehren, das gute 200 Meter vor dem Zaun steht.

Östlich der A 195, die von der Grenze nach Kaliningrad führt, steht noch der Bahnhof. Hier enden die Züge aus Kaliningrad. Ein grenzüberschreitender Eisenbahnverkehr findet nicht statt, da die Gleise auf polnischem Gebiet bis nach Bartoszyce (Bartenstein) demontiert sind.

Wo die ul. Kaliningradskaja, aus der Stadtmitte kommend, in spitzem Winkel auf die A 195 stößt, befindet sich ein **Gedenkstein**, der an die Gründung der Stadt und der Burg erinnert. Versehentlich ist für dieses Ereignis das Jahr 1336 angegeben, tatsächlich fand es 1325 statt. Der Bürgermeister von Bagrationovsk machte in den vergangenen Jahren von sich reden, als er Orts- und Hinweisschilder aufstellen ließ, auf denen man neben Bagrationovsk auch Preußisch Eylau lesen konnte.

Am Ortsausgang stehen noch rechts an der Straße die klotzigen Speicher des früheren Heeresverpflegungsamtes.

■ Westlich von Bagrationovsk

Wer eine Genehmigung besitzt, sollte an der Ordensburg vorbei weiter nach Westen Richtung Kornevo (Корнево/Zinten) fahren. Es ist eine hochinteressante Trasse, die fast den Grenzzaun berührt, doch ab und zu durch ausgehobene Gräben nicht benutzbar ist. Sie führt durch das ausnehmend reizvolle Gebiet des Stablacks, einer bis zu 216 Meter Höhe erreichenden Hügellandschaft zwischen Heilsberg (Lidzbark Warm.) im Süden und Kornevo im Norden. Früh wurde hier ein Truppenübungsplatz eingerichtet, zu dem von Preußisch Eylau eine besondere Bahnlinie gebaut wurde. Truppenübungsplatz und Bahnlinie bestehen auch heute noch.

Dem Militärgelände angeschlossen entstand um 1930 die **Gartenstadt Stablack** (heute Dolgorukovo/Долгоруково). Die sehr idyllische Gartenstadt liegt nicht unmittelbar an der Straße, sondern man muss zu ihr, in etwa gegenüber dem Abzweig zum vormaligen Kasernegelände rechts abbiegen (Karte!). Die 1937 gebaute **Kirche** von einst gibt es noch; sie ist nun ein Kulturhaus. Die Kaseren des Militärgeländes südlich der Eisenbahnlinie sind in den letzten Jahren zu besseren Wohnhäusern umgebaut worden; man hofft, dass sich hier vermögendere Kaliningrader ansiedeln.

In **Nagornoe** (Нагорное/Groß Dexen) kurz vor Stablack weist ein Schild am westlichen Ortsausgang zur **Gedenkstätte** eines während des Kriegs bestehenden Straflagers hin, des Stalag 1a Stablack. Die Stätte liegt südöstlich des Dorfes, schon sehr grenznah.

Die Gedenkstätte für das Straflager

▲ Karte S. 290

Bagrationovsk und Umgebung

Hotel Bagrationovsk, ul. Irkutsko-Pinskoj Divizii 2, 238420 Bagrationovsk, Tel. 007/40156/32147. Östlich der Bahngleise an der Straße nach Domnovo.

Historisches Museum Bagrationovsk, ul. Kaliningradskaja 10, Tel. 007/40156/32084, Di–So 11–17 Uhr. www.bagratmuseum.narod.ru, bagrmus@rambler.ru.

Gvardejskoe

Acht Kilometer nördlich der Stadt führt die A 195 an der schönen Silhouette des Dörfchens Gvardejskoe (Гвардейское/Mühlhausen) vorbei. Inzwischen ist das Grenzgebiet wieder verlassen. Gvardejskoe ist einer der ältesten Orte in Natangen, wie die pruzzische Landschaft südlich von Königsberg früher genannt wurde. Die Anfang des 14. Jahrhunderts erbaute **Kirche** zählte zu den berühmtesten ostpreußischen Dorfkirchen. Sie blieb 1945 unbeschädigt und wurde zu einem Getreidelager umgewandelt. Dabei wurden die Innenausstattung und das Grabmal der Margarete von Kuenheim (gest. 1570), der jüngsten Tochter Martin Luthers, zerstört. Die neugegründete evangelisch-lutherische Gemeinde übernahm 1991 die Kirche und setzte sie wieder instand. Inzwischen hat aber die orthodoxe Kirche Besitzrechte angemeldet.

Bei **Južnyj** (Южный/Jesau) wurde die Straße nach 1960 in einem weiten Bogen um den Ort herum verlegt, da man den schon 1935 errichteten Militärflugplatz erweiterte und dabei die alte Trasse mit einbezog.

Vladimirovo

In Nivenskoe (Нивенское/Wittenberg) biegt eine Straße südwestlich nach Vladimirovo (Владимирого/Tharau) ab. Es ist das Tharau des berühmten Ännchens. Hier wurde 1615 die Pfarrerstochter Anna Neander geboren, die 1633 in Königsberg den Pfarrer Andreas Partatius heiratete. Zu diesem Anlass verfasste der Memeler Simon Dach sein berühmtes Hochzeitslied. Die **Kirche** blieb 1945 unbeschädigt, wurde als Lagerhalle genutzt, begann zu verfallen und sollte dann 1990 der orthodoxen Kirche übergeben werden. Ein Sponsor wollte sie vorher wieder herrichten lassen, zog sich jedoch bald wieder zurück. Die Kirche verfiel so zunächst immer weiter, gehört heute aber doch der Orthodoxen Kirche.

Slavskoe

Von Vladimirovo führt der Weg nach Süden weiter nach Slavskoe (Славское/Kreuzburg). Das kleine Ackerbürgerstädtchen wurde 1945 stark zerstört. 1240 errichtete der Deutsche Orden auf den Fundamenten der niedergebrannten Pruzzenfestung Witige die ›Cruzburg‹, die keine zehn Jahre Bestand hatte, aber bereits 1253 neu entstand. Während der großen Pruzzenerhebung um 1260 wurde sie drei Jahre lang belagert und erneut zerstört. Gegen 1310 hat man sie in

Vladimirovos Kirche

Stein wiederaufgebaut und 1315 dann, nach Ende der Pruzzenaufstände, die Stadt dazu gegründet. Kreuzburg war im 18. und 19. Jahrhundert Hauptproduzent von Zwirn in Ostpreußen. Nach Kriegsende wurden die Reste des Städtchens weitgehend abgetragen. Vom **Kirchturm** stehen noch, inmitten einer überwucherten Brache, einige Mauerreste. Die Schule gleich daneben ist, abgesehen von zahlreichen Einschusslöchern, unversehrt. Im Vorgarten kann man ein kopfloses Kriegerstandbild sehen, das einst zu einem Gefallenendenkmal des Ersten Weltkriegs gehörte.

Sehr schön ist die Landschaft nördlich von Slavskoe, insbesondere das Tal der Majskaja, der frühere Pasmar. Die Straße entlang dieses kleinen Flusses bis nach Krasnoznamenskoe (Краснознаменское/Dollstadt) ist eine der schönsten kleineren Alleestraßen im Gebiet. Die Pasmarniederung war vor 1945 wegen der schweren Lehmböden, die mit die besten Ostpreußens waren, ein äußerst intensiv genutztes landwirtschaftliches Gebiet.

Kaliningrads südlicher Stadtrand

Kurz vor Kaliningrad mündet von links die von Elbląg kommende frühere Reichsautobahn auf die A 195 ein, inzwischen neu gebaut und Straße von und zum neuen Grenzübergang Grzechotki-Mamonovo. Sie endet hier an der ehemaligen Auffahrt Königsberg-Süd. Die Straße wird im Augenblick östlich um Kaliningrad herum neu projektiert und soll den bisherigen Stadtring entlasten. Speditionshöfe und Industrieanlagen prägen die südliche Einfallstraße nach Kaliningrad, weiter entfernt im Westen ragen hohe Wohntürme aus den 1980er und 1990er Jahren auf. Nach einigen

Neubauten am Südrand von Kaliningrad

hundert Metern kann man Richtung Osten abbiegen und die Stadt auf dem Außenring umfahren, um schneller auf die A 229 Richtung Černjachovsk (Черняховск/Insterburg) zu kommen. Viele Neubauten sind an diesem Teil des Außenrings entstanden, überwiegend Wohnungen und Häuser für Militärangehörige, insbesondere ragt hier wuchtig das neue Gas-Heizkraftwerk TEZ auf. Geradeaus zum Zentrum fährt man über die ul. Dzeržinskogo durch die Vororte Rosenau und Mühlenhof in die Stadt. Viele Geschäfte und Dienstleistungseinrichtungen prägen die dicht befahrene Straße. Nach der Eisenbahn führt die ul. Emel'janova ostwärts durch ein Kasernengelände ebenfalls zum östlichen Außenring, wo man über die sogenannte Berliner Brücke zur A 229 Richtung Černjachovsk oder nach Südost Richtung Pravdinsk gelangen kann. Am Friedländer Tor ist der alte Befestigungswall aus dem 19. Jahrhundert erreicht: Wir sind in der Innenstadt Kaliningrads angekommen.

▲ Karte S. 290

Von Kaliningrad nach Südosten

Die frühere 131, eine der bedeutenden alten Reichsstraßen, führte von Königsberg bis nach Masuren und endete in Arys (heute Orzysz) in der Johannisburger Heide. Als russische P 196 verläuft sie heute bis nach Krylovo (Nordenburg), wo sie endet, da es hier keinen Grenzübergang gibt. Auf polnischer Seite besteht die Straße weiter als Staatsstraße 63. Diese Trasse erschließt mit ihren Nebenstraßen das südöstliche Kaliningrader Gebiet.

Zwischen Kaliningrad und Tišino

Vom südlichen Abschnitt des Kaliningrader Außenrings zweigt einige hundert Meter südlich der Berliner Brücke die Straße nach Znamensk und Pravdinsk ab. Sie führt zunächst durch Borisovo, wo überwiegend Militärangehörige wohnen, dann am großen Gebrauchtwagenmarkt vorbei. Danach gabelt sich an einem Kreisverkehr der Weg.

Ungewöhnliche Darstellung an der Kirche in Zelenopol'e

Rechter Hand führt die A 196 Richtung Pravdinsk (Правдинск/Friedland). In Lugovoe (Луговое/Gutenfeld) wird die Bahnlinie nach Černjachovsk und Moskau überquert, nach weiteren drei Kilometern ist Zelenopol'e (Зеленополье/Borchersdorf) erreicht.

Zelenopol'e

Die arg ramponierte **Kirche** in Zelenopol'e (Borchersdorf) weist eine Besonderheit auf: An ihrer Ostseite ist ein Mosaik angebracht, das das biblische Gleichnis vom Sämann zum Thema hat. Das Mosaik entstand nach dem Ersten Weltkrieg und war Teil des Kriegerdenkmals, das sich in deutscher Zeit unterhalb davon befunden hat.

Obwohl Kirche und Mosaik, laut einer angebrachten Tafel, unter Denkmalschutz stehen, muss befürchtet werden, dass sie bald verschwunden sind. In den letzten Jahren wurde die Kirche systematisch zerstört, um Baumaterial zu gewinnen, und es muss bei der herrschenden Armut in den ländlichen Gebieten der Kaliningradskaja Oblast' davon ausgegangen werden, dass dieser Entwicklung nicht Einhalt geboten wird. Für eine Tonne Ziegelmaterial bekommt man etwa 45 Euro. Was liegt da näher, als nicht genutzte und verfallene Gebäude abzutragen?

Čechovo

Im neun Kilometer südlich von Zelenopol'e liegenden Čechovo (Чехово/Uderwangen), wo die Kirche etwas abseits der Straße liegt, ist der Verfall schon weiter fortgeschritten. Man biegt kurz vor der Brücke nach rechts und gelangt so in die nicht mehr vorhandene Mitte des Dorfes.

Von der **Kirche** ist nur noch der Turm vorhanden, der Turmhelm ist schon brüchig; der Bau wird wohl bald einstürzen. Das Kirchenschiff ist bereits 1985 abgetragen worden. Hinter dem Turm sind auf dem völlig verwilderten Friedhof einige deutsche Grabsteine erhalten, auch die alte Schule wie auch ein Denkmalsockel auf der anderen Straßenseite sind noch vorhanden.

Die westwärts Richtung Gvardejskoe verlaufende Straße ist teilweise nicht passierbar. Hinter der Brücke über die Prochladnaja (Frisching), an der Hauptstraße, arbeitet die Getreidemühle noch. Aber auch im sechs Kilometer entfernten Tišino (Тишино/Abschwangen) und im benachbarten Kaštanovka (Каштановка/Almenhausen) sind die Kirchen, obwohl denkmalgeschützt, in bedenklichem Zustand und zerfallen jährlich mehr. Zwar hat seit kurzem die orthodoxe Kirche das Besitzrecht über alle Kirchen und Ruinen im Gebiet erhalten, doch ist zweifelhaft, ob man damit auch die Rekonstruktionspflicht übernommen hat.

Domnovo

Die frühere Kleinstadt Domnovo (Домново/Domnau) erreicht man über einen Abzweig gleich nach Tišino. Sie gehört zu den wenigen Orten des Kaliningrader Gebiets, die ihren ursprünglichen Namen annähernd beibehalten durften. Doch vom alten Domnau blieb kaum etwas erhalten, es wurde schon 1914 wie auch 1945 sehr stark zerstört.

Zwar glaubt man, ein verträumtes Städtchen zu betreten, wenn man von Norden her durch die ul. Kaliningradskaja hineinkommt: Rechts das alte **Postamt** und links das frühere **Amtsgericht** stehen noch, an der Ecke zur ehemaligen Bahnhofstraße ist auch ein altes **Mühlengebäude** erhalten, doch spätestens auf dem Marktplatz wird klar, dass das alte Domnau nicht mehr existiert.

▲ Karte S. 199

Nur noch wenige Gebäude säumen den Platz, aber die **Kirche** steht wie einst auf dem Kirchberg über der Stadt. Sie blieb 1945 unversehrt, wurde aber zum Getreidedepot umgebaut. Wer Gelegenheit hat, die Kirche zu betreten – sie ist manchmal geöffnet –, sieht, dass sie durch eine neue Zwischendecke in zwei Etagen geteilt ist. Auf der oberen lassen sich noch alte Bemalungen erkennen. Ein besonders wertvolles Stück der Ausstattung war ein Vesperbild aus Lindenholz. Es gelangte nach 1945 nach Lidzbark Warmiński (Heilsberg) im polnischen Teil Ostpreußens, wo es sich im Stadtmuseum befindet.

Das ehemalige **Kriegerdenkmal** links der Auffahrt zur Kirche ist nach wie vor vorhanden.

Die frühere Lüdinghausenstraße führt nach Südosten unterhalb des Kirchberges aus der Stadt heraus. An dieser Straße ist noch eine Reihe alter Häuser vorhanden, dahinter liegt der frühere **Schlossteich**. Auf einer künstlich angelegten Insel stand ein kleines Wasserschloss, das 1945 abgebrannt ist. Von ihm sind nur noch Fundamente erhalten.

Der berühmteste Domnauer war der Kirchenlieddichter Georg Weißel (1590–1635). Von ihm stammt das Adventslied ›Macht hoch die Tür, das Tor macht weit‹. Weißel war Rektor in Friedland und später Pfarrer in Königsberg.

■ An die Grenze

Anderthalb Kilometer südlich von Domnovo gabelt sich der Weg. Geradeaus hat man bei der Weiterfahrt eine der ganz wenigen Möglichkeiten, direkt an den Grenzzaun zu gelangen. Die Straße steigt durch einen dichten Fichtenwald

Im Zentrum von Domnovo

bergan, und man kommt an einer Grenzkaserne vorbei. Hier beginnt nun die Grenzzone.

Etwa einen Kilometer weiter, wo sich der Weg allmählich nach links wendet, kann man an einer kleinen Einfahrt rechts den Zaun sehen. Dahinter ist gleich polnisches Gebiet mit dem Ort Szurkowo (Schönbruch). Dieses Schönbruch gab es auch auf russischer Seite, hier heißt es **Širokoe**. Dies ist der einzige Fall, wo die polnisch-russische Grenze ein Dorf direkt geteilt hat. Man sollte vermeiden, hier zu parken oder gar zu fotografieren. Die Straße führt auf der anderen Seite nach Bartoszyce (Bartenstein) und Sępopole (Schippenbeil) weiter.

Auf der russischen Seite dreht der Straßenverlauf nach Nordost wieder Richtung Landesinneres. **Ermakovo** (Єрмаково/Deutsch Wilten) ist der nächste größere, wenn auch vernachlässigte Ort. Die **Kirche**, ein rechteckiger Ziegelbau ohne Turm mit einer Vorhalle, ist bis auf den hölzernen Glockenturm erhalten. Nach Ermakovo gelangt man auch direkt von der Straßengabel hinter Domnovo, wenn man nicht zum Grenzzaun fahren will.

Pravdinsk

Die Rajonstadt Pravdinsk (Правдинск/Friedland), in der etwa 4700 Einwohner leben, ist einer der gepflegtesten Orte des Kaliningrader Gebiets. In deutscher Zeit war Friedland keine Kreisstadt, sondern nur ein Landstädtchen in der nordöstlichsten Ecke des Kreises Bartenstein (Bartoszyce). Friedland, am linken Ufer der Alle (heute Lava) gelegen, wurde 1335 gegründet, um den Übergang über den Fluss zu bewachen. Eine Ordensburg bestand hier jedoch zu keiner Zeit. Doch nur zwölf Jahre später gelang es den Litauern, die Stadt zu zerstören; 1466 wiederum wurde sie von den Ordensrittern zerstört, da die Stadt sich vom Orden unabhängig machen wollte, und 1553 brannte sie vollständig ab. In fast jedem Jahrhundert erlitt Friedland eine Katastrophe, der jeweils nur die Kirche nicht zum Opfer fiel, so auch 1945. Berühmt ist in der preußisch-deutschen Geschichte die Schlacht von Friedland vom Juni 1807. Napoleon besiegte hier die miteinander verbündeten Russen und Preußen, 20 000 Gefallene gab es allein auf der russischen Seite.

Sehenswürdigkeiten

Auf dem alten Friedhof, heute der **Stadtpark**, nur 100 Meter westlich der Stadtkirche, erinnert ein **Gedenkstein** an den Kommandanten des Petersburger Grenadierregiments, General Makovskij, der von den Franzosen 1807 erstochen und nackt über die Straßen geschleift wurde. Friedrich Wilhelm III. ließ bald nach dieser Tat das Denkmal errichten, Wilhelm I. erneuerte es 1868, und von den Russen wird es heute sehr gepflegt. Markantester Punkt der Stadt ist die **Georgskirche**, die ohne größere äußere Schäden über die Zeiten gekommen ist,

Blick auf Pravdinsk

außer dass sie 1948 ihrer ganzen Innenausstattung - berühmt waren der Altar und die Prunkbeichtstühle - beraubt wurde. Sie ist seit 1992 orthodoxe Kirche. Prachtvoll ist ihr Ostgiebel. Um die Kirche gibt es einige verwunschene Gässchen, in denen allerdings der Verfall lauert. Einen besonders schönen Blick über die Alle (russ. Lava) auf die Kirche hat man vom **Mühlenteich** östlich des Zentrums. Bisweilen ist auch der Turm der Kirche geöffnet; ein Blick von ihm über die Stadt ist ein besonderer Genuss.
Das schmucke weiße Haus der **Rajonverwaltung** nimmt die Westseite des Marktplatzes ein, die Nordseite ist geschlossen in ihrer alten Bebauung vorhanden. Natürlich sind Lücken im Gebäudebestand überall unübersehbar, doch ist Pravdinsk eine gediegene Kleinstadt, die zum Bleiben einlädt.
Hinter dem Rajonsitz ist in die **Stadtmauer**, von der noch ein Rest steht, ein malerisches Wiekhaus eingelassen. Hier stand einst das Domnauer Tor. Der alte Wallgraben ist noch gut zu erkennen. Mit dem Mühlenteich umschloss er einst bis auf die Nordseite die fast quadratisch angelegte Stadt. Von ungewöhnlicher Architektur ist das von Hans Poelzig entworfene **Transformatorenhaus** ganz am Westrand von Pravdinsk, wo die Straße zum Bahnhof abzweigt. Das Bahnhofsgebäude wie auch das Gleisbett sind noch gut zu erkennen. Doch fährt hier seit langem kein Zug mehr.

▲ Karte S. 211

Außerhalb des Zentrums

Alte Zeiten scheinen in der **Friedländer Gartenstadt** konserviert zu sein. Diese Siedlung mit kleinen Einfamilienhäusern aus den 1930er Jahren befindet sich südlich der Alle, wenn man aus dem weiter über die P 196 nach Železnodorožnyj (Железнодорожный/Gerdauen) fährt, und gleich hinter der Brücke nach rechts einbiegt. Die Siedlungshäuschen sind größtenteils gut erhalten - wahrscheinlich sah es vor 70 Jahren in deutscher Zeit hier nicht anders aus.
Friedland hatte für sein Umland wie auch für Königsberg große Bedeutung durch sein Kraftwerk. Etwa einen Kilometer südlich des Zentrums, alleaufwärts in einer schmalen Flussschleife, wurde von 1920 bis 1923 das Ostpreußenwerk errichtet. 18 Meter hoch und 800 Meter lang ist der Staudamm dieses **Kraftwerks**, bei dem die Alle etwa zehn

Denkmal im alten Stadtfriedhof

Kilometer, bis direkt zur Grenze hin, bis zu einer Breite von 500 Metern aufgestaut ist. Es blieb 1945 unbeschädigt, arbeitete sogar noch weit bis in die 1970er Jahre, stellte aber dann den Betrieb ein, da es nicht mehr möglich war, Ersatzteile für die alte Technik zu beschaffen und die Wartung von Personal durchführen zu lassen, das mit der deutschen Technik vertraut war. Auch beeinträchtigte ein Dammbruch einige Jahre zuvor, bei dem das am Westufer der Alle befindliche Gut Sortlack weggespült wurde, die ohnehin schon schwierig gewordene Arbeit.

Das Kraftwerk ist nicht ganz einfach zu finden, vor allem ist die Anlage für die Öffentlichkeit nicht zugänglich. Einigermaßen gut sichtbar ist sie, wenn man am westlichen Rand von Pravdinsk, dort wo sich der Bahnhof befand, nicht geradeaus nach Domnovo, sondern nach links Richtung Temkino (Темкино/Mertensdorf) fährt. Man biegt an der nächsten Möglichkeit über einen halbasphaltierten Weg nach links Richtung Alletal. Allerdings endet der Weg vor dem Werk an einem Gittertor, so dass man sich mit einem Fernblick bescheiden muss.

Das Zehlau-Bruch

Einige Kilometer nordwestlich von Pravdinsk liegt abseits der großen Hauptstraße nördlich des Dörfchens Gruševka (Грушевка/Sommerfeld) das Zehlau-Bruch, ein Hochmoorgebiet, das allerdings weitgehend Sperrgebiet ist. Bis vor kurzem übte dort Militär den Infanterie- und Panzergefechtskampf in sumpfigem Gelände. Es ist wegen Munitionsresten nicht angeraten, das Moor zu betreten. Das 23 Quadratkilometer große Zehlau-Bruch – oder nur ›die Zehlau‹ genannt – galt als das einzige noch wachsende Hochmoor Deutschlands. Wie ein gewaltiger Schwamm wölbte sich bis zu acht Meter über den Rand die Moordecke hoch. Es war ein besonderes Naturwunder, doch schien es als solches bis vor kurzem verloren. Heute heißt dieses Gebiet Zapovednik ozerskij, also schlicht Naturschutzgebiet, das von vielen russischen Naturforscherin erkundet wird. Jürgen Leiste bietet geführte Begehungen an (siehe Kapitel Großes Moosbruch).

Nördlich von Pravdinsk

Die P 512 führt von Pravdinsk nordwärts nach Gvardejsk (Tapiau) durch ein Militärgebiet. Daher kann es vorkommen, dass sie hinter Oktjabr'skoe (Октябрьское/Klein Schönau) – einige ruinöse alte Häuser und ein Turmfragment einer Kirche – gesperrt ist. Sehr empfehlenswert ist ein Abstecher von dieser Straße ostwärts über Kiselovka (Киселовка/Karschau) nach Dal'nee (Дальнее/Wommen). Am östlichen Ortsende blickt man auf die Alle hinab, die hier in großen Schleifen mäandriert.

Kurortnoe

Sehr lohnend ist ein Abstecher von Pravdinsk ostwärts ins Alletal in Richtung des knapp 15 Kilometer entfernten Družba (Allenburg). Auf dem Weg dorthin kommt man nach etwa sieben Kilometern in Kurortnoe (Курортное/Groß Wohnsdorf) vorbei. Gleich am Ortseingang, wo sich ein kreuzungsähnlicher Platz befindet, hält man sich ganz links in Richtung der alten Backsteingebäude. Hier trifft man auf das ziemlich heruntergekommene ehemalige **Gutshaus**, doch sind die Wirtschaftsgebäude leidlich erhalten und weisen überraschenderweise noch viele hölzerne Ornamente auf. Schwer zu finden sind die Reste der alten **Komtursburg** von Groß Wohnsdorf, erbaut auf den Reste der Pruzzenfestung

Capostete, mit dem berühmten Torturm. Sie befinden sich auf einer Anhöhe nordöstlich hinter dem Gutshaus und jenseits des alten Burggrabens, der sich zur Alle hinabzieht. Aber der Zugang ist möglich. Seit etwa 1690 war die alte Burg im Besitz der Familie von Schroetter. Der spätere Oberpräsident und Staatsminister von Ost- und Westpreußen, Friedrich Leopold von Schroetter (1743–1815), wohnte in jungen Jahren im Torturm mit seiner damals noch funktionierenden ordenszeitlichen Heizung und führte zusammen mit seinem Vater auf der Terrasse des Turms Gespräche mit Immanuel Kant, der der Familie freundschaftlich verbunden war und sich oft bei ihr aufhielt. Leider brannte die ganze Anlage 1830 ab und wurde danach nicht mehr aufgebaut. Die Familie Schroetter entschloss sich dann zum Bau des Gutshauses, am Eingang der vormaligen Vorburg gelegen.

Von dem kreuzungsähnlichen Platz führt eine asphaltierte Straße nordwärts in das Dorf hinein und wendet sich dann hinab zur Alle, wo fast unversehrt das zweite der großen Kraftwerke an diesem Fluss steht. Doch arbeitet es aus den gleichen Gründen wie das in Pravdinsk nicht mehr. Die Anlage ist hier in dieser Landschaft, ein seltsames Bild.

Družba

Allenburg, das schon vor 1945 durch seine abseitige Lage nicht zu größerem Wohlstand kommen konnte, blieb insbesondere durch die Zerstörungen der letzten Kriegsmonate als Družba ein Dorf. Bis auf wenige Gebäude ist der Ort verschwunden, nur noch einzelne verstreut stehende Häuser sind erhalten. Das Zentrum der einstigen Kleinstadt ist eine große grüne Fläche, ein Teil davon ist Sportplatz. An der Südwestseite säumen einige niedrige Häuser aus der sowjetischen Ära den Platz, an der Nordwestseite stehen zwei ruinöse Gebäude, an der Nordseite des riesigen Platzes ist die **Kirche** erhalten. Sie wird als Getreidelager genutzt, ist jetzt aber im Besitz der orthodoxen Kirche. An der Straße nach Pravdinsk und Železnodorožnyj steht auch die ehemalige katholische **Kapelle** noch. Sie ist vor einigen Jahren von einem Armenier gekauft worden und jetzt ein Mehrfamilienhaus.

Das Gutshaus in Kurortnoe

Die Umgebung

An der Straße von Družba nach Novo Bobrujsk (Ново Бобруйск/Ilmsdorf) – eine sehr anheimelnde Route, die hinter der Kirche rechts aus dem übersichtlichen Zentrum hinausführt – trifft man gleich auf eine Schleuse des Masurischen Kanals, der einige hundert Meter weiter nordwärts in die Alle mündet. Neben der Schleuse steht das wieder hergerichtete Haus des Schleusenwärters, von ihm eröffnet sich der Blick auf Družba und seine Kirche.

Wer zu Fuß oder mit dem Fahrrad unterwegs ist, kann über die Straße, die nordwestlich aus Allenburg herausführt –

▸ Karte S. 211

links von dem letzten übriggebliebenen Haus am Nordrand des Zentrums vorbei - nach 13 Kilometern auf die P 512 Gvardejsk-Pravdinsk gelangen. Man überquert dabei bald die Alle. Biegt man danach sogleich nach links, kommt man zum alten **Kriegerdenkmal** von 1914-1918. Es war zwar 1976 gesprengt worden, doch 1997 wurde zumindest die Platte mit den Inschriften von den Russen in Zusammenarbeit mit der Kriegsgräberfürsorge wieder aufgestellt. Die Straße führt, wenn man nicht abbiegt, am Nordrand des großen Pravdinsker Truppenübungsplatzes vorbei und war in der Höhe des untergegangenen Groß Engelau für Kraftfahrzeuge nicht passierbar. Inzwischen ist sie wieder benutzbar, doch bei militärischen Übungen vollständig gesperrt. Ein rühriger Förderverein kümmert sich seit Jahren um die Kultur und die Erhaltung historischer Stätten im und um das ehemalige Allenburg: Förderverein Allenburger Kirche, c/o Ute Bäsmann, Logestraße 28, 27616 Beverstedt, Tel./Fax 04747/581.

Zwischen Kaliningrad und Družba

Hotel Pravdinsk, ul. Torgovaja 18, 238400 Pravdinsk, Tel. 007/40157/21237, Fax 21331. DZ 30 €.

Eine sehr bescheidene Einkehrmöglichkeit mit gutem Essen ist an der Nordseite des Hauptplatzes in Pravdinsk zu finden, schräg gegenüber dem Rathaus.

Zwischen Pravdinsk und Železnodorožnyj

Wer von Pravdinsk auf der Hauptstraße A 196 weiter südöstwärts fährt, wird bei Sevskoe wieder mit der Grenzzone konfrontiert. Auch südöstlich von Pravdinsk wurde das Grenzgebiet verkleinert. Sevskoe ist wie Železnodorožnyi (Gerdauen) nicht mehr im Grenzgebiet. Man achte aber auf die blauen Schilder, die seinen Beginn kennzeichnen!

Im Stadtzentrum von Družba

Erste Siedlung nach Pravdinsk ist **Poreč'e** (Поречье/Allenau). Schon von weitem ist die **Kirche** zu erkennen. Sie wurde 1945 beschädigt, ein Einschuss im oberen Turmabschnitt und eine Bresche im Giebel sind deutlich sichtbar. Seit 1994 wird die Kirche nicht mehr als Lagerhalle genutzt und verfällt zusehends.

Ähnlich steht es um die Kirche von **Sevskoe** (Севское/Böttchersdorf) einige Kilometer weiter. Das einst idyllische Dorf ist vernachlässigt. Über Sevskoe kann man nach Groß Schönau (Peskovo) kommen, von dem nur der schadhafte Kirchturm erhalten ist.

Am Abzweig nach **Dvorkino** (Дворкино/Friedenberg), um das es nicht anders bestellt ist, jedoch die Kirche ein höchst caspardavidfriedrichsche Ruine ist, steht an dem Weg noch die frühere Molkerei, die bis 1991 in Betrieb war.

Kurz vor Železnodorožnyj steht am Straßenrand ein Kontrollhäuschen, das aber nicht besetzt ist. Erst hier begann früher das Grenzgebiet.

Gerdauen - eine architektonische Musterstadt

In den wenigen Wochen der russischen Besatzung im August 1914 wurde neben vielen anderen ostpreußischen Städten auch Gerdauen niedergebrannt. Kaiser Wilhelm II. erhob den Wiederaufbau in Ostpreußen zu einer nationalen Aufgabe, mit der das bisher wenig beachtete östliche Randgebiet des Reiches auch symbolisch neu gefestigt werden sollte. Bereits im September 1914 trat eine Kriegshilfekommission zusammen. Die deutschen Architektenverbände wie auch der ›Deutsche Bund Heimatschutz‹ forderten einen schnellen, aber gut überlegten Wiederaufbau. Bewusst wollten reformfreudige Architekten wie Otto W. Kuckuck aus Königsberg und Hugo Wagner aus Berlin nicht an den Stil der unmittelbaren Vorkriegszeit anknüpfen. In ›Bauberatungsstellen‹ wurde anhand der eingereichten Entwürfe der Bauherrn entschieden, ob ein geplantes Bauwerk in die ostpreußische Landschaft oder in ein althergebrachtes Stadtbild passte. Das führte dazu, dass die wiederaufgebauten Orte recht einheitlich erschienen: Stallupönen (Nesterov), Goldap (Gołdap), Hohenstein (Olszynek), um nur eine Auswahl zu nennen, wurden in altertümelnder Weise neu errichtet, Laubenhäuser entstanden, selbst Arbeiterhäuser wirkten wie Imitationen der Biedermeierarchitektur.

Als besonders gelungen kann der Wiederaufbau Gerdauens angesehen werden. Der Bremer Architekt Heinz Stoffregen benutzte Mansardendächer, Natursteinsockel und Holzgauben und schuf das Abbild einer süddeutschen Kleinstadt. In einem Buch über den Wiederaufbau Ostpreußens schrieb der Journalist Ludwig Goldstein 1920: »Gerdauen ist ein Hort der Romantik. Dem verantwortlichen Baumeister hat die Gemütlichkeit altersgrauer süddeutscher Städte vorgeschwebt. Überall zeigt sich ein zartes Bemühen um eine reizvolle Abwechslung, was den Laien geradezu entzückt, während der Fachmann gegen diese altertümelnde, lyrisch versonnene Richtung allerlei einzuwenden hat... Etwas Putziges und Poetisches, etwas Spielerisches und Niedliches liegt über dem Ganzen und äußert sich auch in Einzelheiten, vom Oberlichtfenster bis zum Türschloss.«

Gerdauen wurde zum Abbild einer unzerstörten Heimat, ein Symbol einer guten alten Zeit, doch war in diesem Abbild zwischen Neu und Alt nicht zu trennen. Die deutsche Heimat, so lautete die geheime Botschaft dieses Wiederaufbau-Konzepts, war nun endgültig gesichert, weil sie jetzt in neuer Schönheit erstrahlte.

Ein Gerdauer Haus im ›Heimatschutzstil‹

Železnodorožnyj

›Eisenbahnstadt‹ heißt die frühere Kreisstadt Gerdauen heute: Železnodorožnyj (Железнодорожный). Hier besteht ein wichtiger Grenzübergang für den Eisenbahn-Güterverkehr von und nach Polen, und von diesem Grenzübergang hat die Stadt ihren neuen Namen bekommen. Von ferne gesehen wirkt Gerdauen lieblich, idyllisch. Man erkennt eine Kirche auf einem Berg, um die sich alte Häuschen scharen, aufgelockert mit viel Grün. Doch bei näherem Hinsehen offenbart sich ein anderes Bild. Große Teile der Stadt sind vor einiger Zeit erst abgerissen worden und nun weite Freiflächen, die noch erhaltenen Straßenzüge stehen augenscheinlich kurz vor dem Zusammenbrechen.

Die Ordensritter eroberten gegen 1260 die hölzerne Burg des pruzzischen Adligen Girdaw. Dieser trat zum Christentum über und durfte deshalb auf seiner Burg über dem Banktin-See – am östlichen Rand des heutigen Gerdauen – bleiben. In den großen Pruzzenaufständen stand er auf der Seite des Deutschen Ordens, konnte aber nach langer Belagerung die Burg gegenüber seinen anstürmenden Landsleuten nicht mehr verteidigen. Er setzte sie selbst in Brand und floh nach Königsberg, um sich dort unter den Schutz des Ordenskomturs zu stellen.

Nach der endgültigen Niederwerfung der Pruzzen um 1285 begann man mit dem Bau einer befestigten Burg, die den Namen Girdaws tragen sollte. Diese Burg Girdawen wurde im Verlauf des 14. Jahrhunderts mehrmals von den Litauern zerstört: Dennoch konnten sich gegen 1390 Handel und Handwerk so gut entwickeln, dass die um die Burg gewachsene Siedlung 1398 die Stadtrechte erhielt. 1469 musste der Orden – es war bereits die Zeit seines Niedergangs – Burg und Stadt an den Söldnerführer Georg von Schlieben verpfänden. Dieser hatte aufgrund der Unterstützung des Ordensheeres durch seine Soldaten während des 13-jährigen Krieges noch Forderungen zu stellen, die auf keine andere Weise zu begleichen waren. Stadt und Burg blieben so bis 1831 in Schliebenschem Besitz.

Die Burg war bereits im 17. Jahrhundert nach einem Stadtbrand unbewohnbar geworden. 1874 wurde die Ruine zu einem Wohnhaus umgebaut, dem man kaum noch seine Vergangenheit ansehen konnte. Das **Burgareal** schloss ein heute noch vorhandenes neugotisches Tor ab. 1945 wurde dieses Wohnhaus gesprengt. Es wurde zwar wieder aufgebaut, kann aber nur wenig an die alte Ordensburg Gerdauen erinnern. Immerhin lassen sich unterhalb der Auffahrt zur Burg, nahe der Mühle, noch Fundamentreste der alten Befestigung entdecken. Diese Mühle, die auch auf die Ordenszeit zurückgeht, ist 1909 durch das jetzige Backsteingebäude ersetzt worden, das bereits völlig verfallen ist. Immerhin ist die Aufschrift ›Schlossmühle‹ noch zu lesen. Die einst wegen ihrer hervorragenden Biere in ganz Ostpreu-

Romantik in Železnodorožnyj

ßen gerühmte Gerdauener Brauerei produzierte bis in die letzten Jahre der Sowjetzeit, heute sind die Gebäude verfallen. Sie befinden sich etwas außerhalb der Stadt, an der Straße nach Družba, ungefähr 100 Meter rechts vom Weg und noch deutlich zu erkennen.

Um Gerdauen fanden 1945 kaum Kampfhandlungen statt, ebenso sind die Neubauten der Jahre 1914 bis 1917 bis Kriegsende nicht durch Umbau verändert worden. Die Stadt überstand den Krieg mit nur etwa zehn Prozent Gebäudeschäden. Doch ihre Position ganz nahe der neuen Grenze zu Polen und abseits von den großen Verkehrsachsen ließ gleichzeitig bei stark schwindender Bevölkerung die Musterstadt zerfallen. Bis in die 1960er Jahre war Gerdauen leidlich gut erhalten, dann setzte der Niedergang ein.

Die **Kirche** aus dem 14. Jahrhundert diente, völlig intakt, bis 1961 als Lagerhalle. Dann wurden die Dachziegel schadhaft, das Holz des Dachstuhls begann zu verrotten, und um 1975 stürzten das Dach und Teile des Ostgiebels ein. Der Giebel über der Vorhalle hielt bis 1988. Dann fiel auch er. Die Kirche steht offen, und über die gut erhaltene Metalltreppe, die einst dem Glöckner zum Aufstieg in die Glockenstube diente, kann man vorsichtig zu dieser hinaufsteigen.

Am früheren **Marktplatz** ist die Umbauung mit einigen Einzelgebäuden nur noch an der Westseite und Nordseite erhalten. Hinter den Häusern der Nordseite stehen zwei ruinöse Speicherhäuser.

Einen Eindruck vom ›romantischen‹ alten Gerdauen kann man noch in der ehemaligen Schulstraße bekommen, die an der Kirche hinunter Richtung Mühle und Banktinsee führt. Die abfallende Straße mit ihrem buckligen Pflaster, die – noch – geschlossene Bebauung lassen in der Tat die Impression einer schwäbischen Kleinstadt aus der Zeit um 1850 aufkommen.

▲ Karte S. 211

Das ehemalige Kreishaus

Vom alten **Gymnasium** jenseits des Wallgrabens nördlich der Kirche hat man einen guten Überblick über das, was von Gerdauen noch steht. Man gelangt dorthin, wenn man unterhalb der Kirche, an der Hauptstraße Richtung Osten, noch vor der Brücke über den Ometfluss, an der ersten Straße nach links einbiegt.

Die beiden Straßen, die vom West- wie Ostrand des Marktplatzes nach Süden verlaufen, kommen beim ehemaligen Gemeinschaftshaus zusammen. Das Gebäude, das bei Kriegsende nicht fertiggestellt war, ist danach zum **Kulturhaus** ausgebaut worden. An exponierter Stelle, über dem die Stadt im Osten flankierenden Banktin-See, ist es unübersehbar.

Nach weiteren 500 Metern – über die frühere Bartener Straße – ist das einstige Kreishaus erreicht. Das Landratsamt des Kreises Gerdauen ist jetzt das zentrale **Waisenhaus** des Kaliningrader Gebiets. Das stattliche Gebäude ist im Stil des sowjetischen Klassizismus mit großen Säulen versehen worden. Die ganze frühere Bartener Straße lässt noch etwas vom Geist des alten Gerdauen, seinem Wohlstand und seinem Bürgersinn ahnen. Nur knapp zwei Kilometer sind es von hier bis zur Grenze, der Weg führt durch eine herrliche Landschaft. Bald sperrt der Schlagbaum die Straße (die frühere 141 Allenburg-Rastenburg), ein unbefestigter Weg führt hinter der gesprengten Bahnbrücke noch einige Meter weiter bis zu einem Grenzposten. Viele Bewohner von Železnodorožnyj hoffen, dass bald an dieser Grenze auch Autos rollen und nicht nur der Eisenbahngüterverkehr abgewickelt wird. Denn nur mit Eröffnung eines allgemeinen Grenzübergangs zu Polen hätte ihre Stadt eine Zukunft.

Die beiden bedeutendsten Gerdauer waren miteinander verwandt: Theodor Gottlieb Hippel (1741-1796) trat als erster in Deutschland für die Gleichberechtigung der Frauen ein. Seine Bücher ›Über die bürgerliche Verbesserung der Weiber‹, ›Weibliche Bildung‹ und ›Über die Ehe‹ waren im 18. Jahrhundert aufsehenerregend. Sein Neffe gleichen Namens (1775-1843) war der Verfasser des Aufrufs ›An mein Volk‹, den Friedrich Wilhelm III. 1813 in Breslau ergehen ließ, und viele Jahre ein enger Weggefährte E.T.A. Hoffmanns.

Zwischen Železnodorožnyj und Krylovo

Von Železnodorožnyj in Richtung Krylovo geht es an Mühle und Ordensburg vorbei, dann an einer Stadtrandsiedlung, die - teils noch aus deutscher Zeit stammend, teils in russischer Zeit weitergebaut - in gutem Zustand ist. Man überquert die überdimensionierten Gleisanlagen des Bahnhofs, der für den grenzüberschreitenden Güterverkehr erweitert wurde und der die Bedeutung der ›Eisenbahnstadt‹ nochmals bestätigt. Man befindet sich nun wieder auf der A 196. Hinter Zverevo (Зверево/Wandlacken) führt sie jetzt mehrere Kilometer unmittelbar am Grenzzaun entlang. Doch befindet sich auf der anderen Seite dieses Zaunes nicht polnisches Territorium, sondern nur der innere Grenzstreifen, der etwa 500 Meter breit ist. Wachtürme säumen in gewisser Entfernung den Straßenverlauf. Gute fünf Kilometer sind es nun noch bis Krylovo (Крылово/Nordenburg), wenn die Straße den Masurischen Kanal überquert.

Offiziell erscheint auch Krylovo (Nordenburg) nicht mehr in der Liste der Orte im Grenzgebiet, was aber nicht heißt, dass es sich nicht dennoch dort befinden kann. Man achte hier wie anderswo auf die blauen Schilder, die den Anfang der Grenzzone deutlich machen. Manchmals wurden sie den neuen Grenzgebietsgrenzen angepasst, manchmal nicht.

Der Masurische Kanal

Diese inzwischen unbenutzbare Wasserstraße, die die Großen Masurischen Seen mit der Lava und damit der Pregolja (Pregel) verbindet, darf nicht mit dem Oberländischen Kanal (Kanal Elbląski), wo die Schiffe gleichsam über Land fahren, verwechselt werden. Der Masurische Kanal geht in seinen ersten Planungen noch auf die Zeit Herzog Albrechts zurück. Die großen masurischen Seen sollten mit einem Kanal mit der Alle, auf diese Weise mit dem Pregel und damit mit Haff und Ostsee verbunden werden. Doch erst nach dem Siebenjährigen Krieg nahm das Vorhaben konkrete Gestalt an. Um das zerstörte Land besser mit Holz für den Wiederaufbau versorgen zu können, sollte dieses überwiegend aus den masurischen Wäldern geholt und zu diesem Zweck die Seen durch Kanäle verbunden werden. Bis 1767 wurden verschiedene dieser Kanäle angelegt, Schleusen errichtet sowie der Oberlauf des Pregels reguliert. Doch ist bereits gegen Ende des 18. Jahrhunderts das ganze System wegen Unrentabilität aufgegeben worden. Zwar ließ König Friedrich Wilhelm IV. die inzwischen zugewachsenen Kanäle 1848 wieder freilegen, doch plötzlich sank, nicht zuletzt durch das Aufkommen der Eisenbahn, das Interesse am Kanalbau. Erst 1911 wurde der Bau in Angriff angenommen, doch machte der Erste Weltkrieg bald das Projekt zunichte. Nach dem Zweiten Weltkrieg wurde diese nun grenzüberschreitende Wasserstraße bedeutungslos. Auf polnischem Gebiet sind einige sehr große Schleusenanlagen aus der Zeit vor dem Zweiten Weltkrieg erhalten.

Krylovo

Das frühere Ackerbürgerstädtchen Nordenburg ist das heute nicht sonderlich bedeutsame Dorf Krylovo (Крылово). Einige kleine Einfamilienhäuser aus der

Das alte Nordenburg ist fast gänzlich verschwunden

▲ Karte S. 211

Zeit vor 1945 stehen noch am Ortseingang an der linken Seite. Das alte Stadtzentrum ist auf den ersten Blick nicht auszumachen, nur die Ruine der Kirche erhebt sich über das sie zuwuchernde Gestrüpp. Wo sich im ›Zentrum‹ die Hauptstraße nach links wendet und ein kleiner Weg nach rechts – die Trasse der früheren Reichsstraße 131 – über die Brücke an der Kirchenruine vorbeiführt, lag einst das Zentrum Nordenburgs. Es überstand den Krieg leidlich, doch die neuen Siedler erhielten keinerlei Heizmaterial zugewiesen, und die Wälder waren schnell ausgelesen. So begannen die Neubürger in dem kalten Winter 1946/47 die Holzkonstruktionen der Häuser zu verfeuern. Ohnehin glaubten sie, dass sie hier nicht lange bleiben würden, da die Rückkehr der Deutschen sowieso kurz bevorstünde. Auf diese Weise wurde das Städtchen etwa zur Hälfte abgebrannt. Die Verantwortlichen in Kaliningrad entschieden, unmittelbar an der Grenze keine weiteren neuen Bewohner anzusiedeln. So zerfiel, was noch nicht zerstört war, und die Ruinen wurden bis in die 1970er Jahre abgetragen. Nur einige Kolchosbauern blieben, die das Land bewirtschafteten. Niedrige Fundamentreste und zugewachsene Treppenaufgänge säumen den Weg, dem man noch an seiner Pflasterung die Hauptstraße ansieht. Geht man den Weg weiter, gelangt man zum früheren Marktplatz, den jetzt ein Gefallenenehrenmal markiert. Es gibt kein Haus mehr, nur Bäume und Gebüsche.

Ein besonderes Erlebnis ist es, wenn man auf der früheren Hauptstraße weiter fährt und dabei direkt an der Grenze bleibt. Vier Kilometer hinter der Stadt kreuzt noch das Gleisbett der Bahnlinie nach Angerburg die Straße, rechts hinter dem Grenzzaun leuchtet der **Nordenburger**

Zwischen Krylovo und Mozyr' finden sich schöne Alleen

See herüber. Mit seinen Schilfbuchten bot er zahlreichen Vogelarten Nistplätze. Heute verläuft durch seinen nördlichen Bereich die polnisch-russische Grenze. Mittlerweile ist der See fast vollständig verkrautet und verlandet. Dann versperrt ein Schlagbaum die Weiterfahrt.

Es ist geplant, hier einen Grenzübergang entstehen zu lassen. Der polnische Kreis Węgorzewo (Angerburg) hat aus wirtschaftlich-touristischen Gründen dieses Vorhaben initiiert.

Lužki und Lipki

Von Krylovo aus führt die A 197 nach Norden, Richtung Černjachovsk (Insterburg). Um nach Kaliningrad zurückzukehren, braucht man nicht unbedingt über die Fernstraße via Černjachovsk fahren, sondern kann auf interessanten Nebenstrecken die Rückreise bewältigen und dabei das Leben auf dem Land in der Kaliningradskaja Oblast' kennenlernen. Hinter dem Abzweig nach Mozyr' (Мозырь/Klein Gnie) und Ozersk (Озерск/Darkehmen/Angerapp) verlässt man die Grenzzone.

Wer aber über Černjachovsk fährt, sollte unbedingt in Sadovoe (Садовое/Kreuzhausen/Schallgirren) einen Abstecher nach Osten abbiegen, Neun Kilometer sind es über Lužki (Лужки/Sauckenhof/Tarputschen) nach Lipki (Липки/Uhlenhorst/Lenkimmen). In **Lužki** steht noch das alte **Herrenhaus** derer von Saucken. Hier lebte einst der berühmte Tier- und Landschaftsmaler Ernst von Saucken (1856–1920). Viele seiner Werke gingen 1945 verloren, doch existieren noch einige in der Regensburger Ostdeutschen Galerie. In **Lipki** lebt seit 1991 eine Kolonie Russlanddeutscher, die versuchten, ein ostpreußisches Dorf wieder erstehen zu lassen. Das Resultat ist sehenswert.

Rund um Mozyr'

Die ganze Region um Mozyr' zählt zu den landschaftlich reizvollsten im Kaliningrader Gebiet, wird von Touristen jedoch kaum besucht. Doch für Individualisten, für Wanderer und Radfahrer ist es ein Elysium.

Nur wenige Kilometer hinter Krylovo führt von Kamenka (Каменка/Pentlack) eine Straße nach Mozyr' (Мозырь/Klein Gnie), das außerhalb jedweder Grenzzone liegt. Zehn Kilometer sind dahin zurückzulegen. Durch herrliche Alleen geht es durch eine fast menschenleere Natur. Das hat auch mit der Landflucht zu tun, die im Kaliningrader Gebiet sehr groß ist: Die alten Kolchosen sind weitgehend nicht mehr funktionsfähig und andere Verdienstmöglichkeiten bestehen kaum.

Mozyr' ist ein verhältnismäßig gepflegter Ort. In Richtung Bahnübergang steht linker Hand die neugotische **Kirche** von 1901, die mit einigen Anbauten als Kindergarten und Sporthalle dient. Die Bahnhofsuhr aus deutscher Zeit auf der Bahnsteigseite des Bahnhofs mit der Aufschrift Klein Gnie ist viel bewundert.

Die Straße kreuzt die Bahn von Gerdauen nach Insterburg, gleich danach folgt Gusevo (Гысево/Groß Gnie). Von weitem erkennt man schon ein gewaltiges landwirtschaftliches Backsteingebäude, die vormalige Molkerei. Hier sollte man unbedingt einmal nach Ozerki zum **Masurischen Kanal** fahren, der hinter Ozerki durch eine große Schleusenanlage unübersehbar ist. An seinem Ufer verläuft nordwärts eine sehr schöne Strecke, die bei dem untergegangenen Dorf Wilhelmshof (Friedhofsreste) auf einer kleinen Brücke nach links über den Kanal hinweg führt und über die man Richtung Družba fahren kann. Oder man hält sich – landschaftlich reizvoll – rechts und fährt an dem untergegangenen Mauenfelde (Friedhofsreste) vorbei nach Perevalovo, das aber auch direkt von Mozyr' aus angefahren werden kann.

Am Südrand des großen Forstgebiets Les Frunzenskij (Лес Фрунзенский/Forst Astrau) entlang ist nach fünf Kilometern **Perevalovo** (Перевалово/Mulden/Muldszen) erreicht. Die **Kirche** von 1808 ist leidlich gut erhalten, jedoch verschlossen; neben ihr befinden sich die Reste eines Kriegerdenkmals wie auch das ehemalige Pfarrhaus; das Dorf ist ähnlich wie Mozyr in verhältnismäßig gutem Zustand.

▲ Karte S. 211

In Novobobruisk (Новобобруйск/Ilmsdorf) gabelt sich die Straße. Man kann nach Norden weiter über die P 508 nach Znamensk fahren oder genau westwärts nach Družba (Пружба/Allenburg). Diese Strecke ist erst vor wenigen Jahren gebaut worden. Auch führt bei Belyj Jar (Белый Яр/Eiserwagen) eine ganz neue Brücke über die Putilovka (Путиловка/Swine), einen rechten Nebenfluss der Alle.

Rund um Krylovo und Mozyr'

Gästehaus Vasil'ki, 238133 Tichomirovka, Tel. 007/40142/94238. Östlich von Lužki, man muss in südlicher Richtung von der Straße abbiegen.

Alte Bahnhofsuhr in Mozyr'

Der Südosten

Der Südosten des Kaliningrader Gebiets gilt neben den Küstenregionen des Samlands und der Nehrung als die schönste Landschaft. In dem kleinen Gebiet zwischen polnischer und litauischer Grenze, zwischen Wyštiter See, Rominter Heide (russisch Krasnyj Les) und Angerapptal finden sich Hügelwellen und rauschender Laubwald, die weiter im Norden und Westen des Landes unbekannt sind. Mit bis zu 230 Metern Höhe über dem Meer befinden sich auch hier die höchsten Erhebungen des Kaliningrader Gebiets. Touristen besuchen kaum einmal die abgelegenen Regionen, was ihnen jedoch zusätzlichen Reiz verleiht.

Größere Abschnitte dieser Tour berühren Grenzstreifen oder liegen in ihm. Man braucht dann eine Genehmigung, die zum Betreten der grenznahen Gebiete berechtigt.

Die westliche Umgebung von Ozjorsk

Zum Ausgangspunkt dieser Route, Ozjorsk (Озёрск/Angerapp/Darkehmen), gelangt man schnellsten über Černjachovsk oder via Krylovo (Крылово/Nordenburg). Einige Kilometer östlich Černjachovsk biegt die P 517 nach Ozjorsk ab. Wer von Krylovo kommt, führt von der Straße nach Černjachovsk (A 197) fünf Kilometer nördlich von Krylovo nach Osten auf die P 508 ab. Die P 508 ist in ihrem Verlauf die längste Straße des Gebiets mit einer bestimmten Numerierung, beginnt in Znamensk und führt über Ozërsk, Gusev, Doborovol'sk, Krasnoznamensk bis Neman fast einmal um den Mittelteil der Oblast' herum. Obacht: Die Straße nach Ozërsk verläuft von der A197 bis kurz vor der Stadt durch das Grenzgebiet!

■ Nekrasovo

Etwa 20 Kilometer westlich von Ozërsk liegt Mal'cevo (Мальцево/Klein Karpowen). Biegt man hier von der P 508 nach Norden ab, so ist nach wenigen Kilometern Nekrasovo (Некрасово/Karpauen/Groß Karpowen) erreicht. Hier lässt sich eine verhältnismäßig gut erhaltene neugotische **Kirche mit vorgesetztem Turm** bewundern. Sie wurde 1896/97 nach Plänen des berühmten preußischen Baumeisters Friedrich August Stüler errichtet. Das Dorf macht insgesamt einen passablen Eindruck.

Etwa zwei Kilometer vor dieser Abzweigung (von Ozërsk aus gesehen) stand rechts der 508 lange eines der ganz wenigen in der Oblast' noch vorhandenen Gutshäuser. Das spätbarocke Gut Albrechtau – heute Alëškino – wurde 2006 abgerissen. Es war marode, hätte aber noch gerettet werden können. Es befand sich gleich neben der Straße auf dem allgemein zugänglichen Gelände eines Kolchosbetriebs.

■ Zaozernoe und Novostroevo

In Zaozernoe (Заозерное/Kleinfriedeck/Kowarren) ist am See ein deutscher Friedhof wieder hergerichtet. Von hier führt eine Straße neun Kilometer nördlich nach Novostroevo (Новостроево/Trempen). Leider ist die barocke Kirche, die wegen ihrer rustikalen Innenausstattung bedeutsam war, 1961 abgerissen worden. Die Kirche ist verschwunden, der Rest des Ortes jedoch gut erhalten. Pfarrhaus, Schule und das Kriegerdenkmal aus dem Ersten Weltkrieg stehen noch. An der Trempener Kirche war von 1636 bis 1641 Pfarrer Johannes Partatius tätig, der Ehemann des bekannten ›Ännchen von Tharau‹.

Erhaltene Gartenhäuser im Park Beynuhnen

Schloss Beynuhnen

In Otradnoe (отрадное/Stroppau/Kunigehlen) verlässt man die Hauptstraße nach Süden. Der Weg gabelt sich alsbald, man hält sich links und überquert nach etwa 600 Metern die nicht mehr existierende Bahnlinie Angerburg–Darkehmen (Angerapp). Die Straße senkt sich etwas, auf der linken Seite erscheint ein verwildertes parkähnliches Gelände, aus dem ein einzelner klassizistischer Turm herausragt. Hier stand einst das Schloss Beynuhnen, eines der berühmtesten ostpreußischen Schlösser überhaupt. Baron Fritz von Farenheid (1815–1888) baute 1864 das kleine, aus dem 17. Jahrhundert stammende Gutshaus zu einem prachtvollen klassizistischen Schloss um. Hier brachte er seine unvergleichliche Kunstsammlung – 250 antike Plastiken, 260 Gemälde, darunter Arbeiten von Raffael, Tizian und Rubens – unter. Den Park ließ er mit dorischen Tempelchen, einer Säulenhalle und Kopien antiker Statuen ausstatten. Noch zu seinen Lebzeiten wandelte er dieses einzigartige Gesamtkunstwerk in eine Stiftung um, die später auf den preußischen Staat überging. Von Farenheids Schätzen ist nichts mehr zu finden: Die Sammlungen wurden 1945 in alle Winde zerstreut, das Schloss in den 1970er Jahren abgetragen. Nur das frühere Gärtnerwohnhaus existiert noch. Gerne zeigt der jetzige Bewohner zwei erhaltene Grabplatten mit dem Farenheidschen Wappen.

▲ Karte S. 229

Lvovskoe

Kurz vor Ozërsk fährt man durch eine große Anlage mit landwirtschaftlichen Gebäuden aus dem 19. Jahrhundert. Viele Backsteinställe und -scheunen säumen in L'vovskoe (Gudwallen) die Straße. Das Gutshaus ist Ruine. Einst war hier ein Zweigbetrieb des Trakehner Gestüts untergebracht, heute befindet sich hier ein Jugendzentrum des deutsch-russischen Vereins ›Anthropos‹ (www.anthropos-ev.de).

An der Angrapa

Kurz vor Ozjorsk überquert man nochmals über eine Brücke die frühere Bahntrasse. Gleich nördlich der Straße befand sich Darkehmens Westbahnhof, es gab auch einen Ostbahnhof an der Linie nach Goldap. Wer einen landschaftlich reizvollen Umweg machen will, kann gleich hinter der Bahnlinie, vor einigen Neubauten am Rand einer Kaserne, nach rechts abbiegen und am linken Ufer der Angrapa (Angerapp) bis Vol'noe (Wollelen) fahren. Hier biegt man nach links ab, folgt der Hauptstraße und biegt nach kurzem wieder scharf links herum und überquert die Angrapa. Die Straße windet sich empor, und von der Höhe hat man eine hinreißende Sicht auf den Fluss, seine kleinen Steilufer und den ›Canyon‹, den er sich gegraben hat. Nach Norden zu grüßt Ozërsk im Tal. Auf diesem Abstecher umfährt man

Ozërsk im Süden und gelangt über Čistopol'e (Чистополье/Sausreppen) von Süden her in die Stadt zurück.

Die Angrapa ist einer der Quellflüsse des Pregel. Ihr Name rührt aus dem Pruzzischen: angurgis bedeutet Aal und ape Fluss. Sie kommt aus dem Mauersee in Masuren, umfließt Węgorzewo (Angerburg), gelangt nördlich der Stadt auf russisches Gebiet und durchströmt Ozërsk. In zahllosen Mäandern erreicht sie Černjachovsk, wo sie dann mit Pissa und Inster zusammen den Pregel bildet. Sie hat eine Länge von 153 Kilometern.

Ozërsk

Die Rajonstadt Ozërsk (озёрск/Angerapp/Darkehmen) im Südosten der Oblast' hat 5700 Einwohner. Ihre erstmalige Erwähnung, als Darkeym, ist relativ spät erfolgt, erst im Jahr 1539. König Friedrich Wilhelm I. ließ nach der großen Pest auch Darkehmen durch den Architekten Schultheiß von Unfried neu gestalten, das 1725, fast zur gleichen Zeit wie Gumbinnen und Stallupönen, sein Stadtrecht erhielt. Wollweberei und Gerberei waren Schwerpunkte des Handwerks. Im 19. Jahrhundert blühte, bedingt durch die weitläufigen umliegenden Güter, die Pferdezucht auf. Als erste Stadt in Deutschland wurde in Darkehmen 1886 die elektrische Straßenbeleuchtung eingeführt. Im September 1914 wurde die Stadt stark zerstört, doch mit Hilfe der Patenstadt Dresden schnell wieder aufgebaut. Darkehmen war in den 1920er und 1930er Jahren ein beliebter Touristenort. Denn von hier waren weite Bootsfahrten über den Pregel bis nach Königsberg und auch nach Süden in die Masurische Seenplatte möglich. 1938 erfolgte eine Umbenennung des den NS-Ideologen nicht ganz geheuren nichtgermanischen Stadtnamens zu ›Angerapp‹. 1945 wurde die Stadt etwa zu einem Drittel zerstört. Ozërsk ist heute durch seine Milch- und Käsefabrikation bedeutend, auch wurde ein kleines Wasserkraftwerk an der Angrapa errichtet, das die Stadt mit Strom versorgt.

Ein Rundgang

Die im Vergleich zu anderen ostpreußischen Städten geringeren Zerstörungen bei Kriegsende lassen Ozërsk heute als romantisches Städtchen erscheinen. Auffallend ist der für die Kleinstadt viel zu große Marktplatz, an dessen Südseite noch die alte **Post** steht; links neben ihr befand sich das jetzt nicht mehr existierende Rathaus von 1812. Doch standen Post und Rathaus nicht am Rand des Platzes, sondern fast in dessen Mitte. Die tatsächliche frühere Größe des Platzes lässt sich heute nur noch erahnen, da sich hinter der Post jetzt eine Grünanlage befindet.

Von der Nordseite des Platzes führt die frühere Kirchenstraße zur Ruine der evangelischen **Stadtkirche** und weiter zum Stadtfriedhof. An der Ecke erinnert die Nachbildung einer historischen Laterne an die Einführung der elektrischen

Am auffallend großen Marktplatz in Ozërsk

Beleuchtung 1886. Die beeindruckende Kirche aus dem Jahr 1842 war 1945 unzerstört, wurde allerdings in den Jahren danach vernachlässigt, so dass das Dach 1994 einstürzte. Heute ist sie zugemauert. Von der früheren Kirchenstraße zweigt an der Kirche die frühere Wilhelmstraße nach Westen ab, die zum Westbahnhof führt. Auffällig ist die ›Kaiserliche Post‹ mit ihrer renovierten deutschen Aufschrift.

Geht man auf der Westseite der Kirche wieder hinab, kommt man am Marktgelände und am Busbahnhof der Stadt vorbei. Hier herrscht stets geschäftiges Treiben.

An der Ostseite des Marktplatzes fällt ein weites helles Gebäude auf. Es ist das ehemalige **Kaufhaus**, in dem sich auch jetzt wieder Geschäfte befinden. Links vom Kaufhaus führt die Straße in geschwungenem Bogen vorbei an Molkerei, Schälmühle und Schlachthof Richtung Černjachovsk aus der Stadt hinaus. Rechts vom Kaufhaus, in der früheren Mühlenstraße, ist noch das alte Pflaster vollständig erhalten. In dieser kurzen Straße gibt es auch eine einfache Einkehrmöglichkeit. Am unteren Ende der Mühlenstraße stehen ebenfalls noch größere Häuser aus der Zeit vor 1945. Hier kann man nach rechts über die Angrapa gehen. Oberhalb der Brücke, zur Stadt hin, stehen die Gebäude des Elektrizitätswerks und der Kornmühle. Hier führt die Straße nach Süden und Südosten aus der Stadt Richtung Gołdap hinaus.

Im Grenzgebiet südöstlich von Ozjorsk

▶ Karte S. 229

Etwa einen Kilometer hinter der Stadt gabelt sich die Straße. Man kann hier nach rechts Richtung Kutuzovo (Кутузово/Kleschowen/Kleschauen) fahren und in Prigorodnoe (Пригородное/Bidenteich) Richtung Antonovka abbiegen. Immer geradeaus fährt man bis Brjusovo (Брюсово/Brassen) kurz vor der Grenze.

Nach Osten zu liegt hier unmittelbar zum Grenzzaun das verlandete **Zedmar-Bruch**, das erst um 1650 durch Versumpfung des Astrawischker Sees entstanden ist. Als man zu Beginn des 20. Jahrhunderts hier Entwässerungsgräben anlegte, wurden keramische Funde gemacht, denen weitere Ausgrabungen folgten. Dabei konnte nachgewiesen werden, dass zwischen 2300 und 1800 vor Chr. zwei größere Dörfer und bis 500 vor Chr. eine Fischersiedlung bestanden haben müssen.

Hält man sich an der eingangs Gabelung geradeaus, unterfährt man bei Ušakovo (Ушаково/Ströpken) am früheren Ostbahnhof die Goldaper Bahnlinie.

In **Jablonovka** (Яблоновка/Wilhelmsberg) – seit 2014 nicht mehr in der Grenzzone – befindet sich die ruinöse **Feldsteinkirche** von 1725.

In Gavrilovo (Гаврилово/Herzogswalde/Gawaiten) biegt man nach links und gelangt über Karamyševo (Карамышево/Schardingen/Pabbeln), wo es eine große Kolchose gibt, nach knapp zehn Kilometern am Zellmühler See bei Smirnovo (Смирново/Zellmühle/Kiauten) auf die Straße von Gusev zum Grenzübergang Richtung Gołdap.

Ozjorsk

Hotel Krasnij Khutor, 238120 Konevo, Haus 4 b (etwa 5 km südwestlich von Ozersk), Tel. +7/921/2688126. Wunderbar einsam gelegen, rustikaldörflich. Naturalien vom eigenen Hof. DZ ohne Frühstück 20 € (Frühstück geht extra und kostet gemäß individueller Wünsche).

Die Rominter Heide

»Die Rominter Heide ist der östlichste Wald Deutschlands und einer seiner köstlichsten. [...] Keine Heide ist das, sondern ein tiefer, hoher Wald mit allerlei Herrlichkeiten, von kleinen Flüssen durchschnitten, von Wiesentälern aufgelichtet, und wie ein Bergbach, tiefeingeschnitten, spielt die Blinde weltabgelegen mit ihren Forellen. Riesenhafte Buchen und Fichten spiegeln sich in rinnenden und stehenden Wassern. Über die Waldwiesen zieht in eiligem Rudel das Schwarzwild. An den dunklen Rändern der Forste hält das Reh und horcht in die aufziehende Nacht. Dachs und Fuchs treiben ihr Wesen. In den Bäumen horsten Kraniche, Fischadler und schwarze Störche. Zeitweise erscheinen See- und Steinadler zu Besuch. Aber im Winter, wenn hier der einsamste und reinste Schnee Deutschlands liegt, tritt der Wolf aus den polnischen Wäldern über. Immer größere Scharen von Rodlern und Skiläufern erscheinen nun: verborgener und weltferner kann man das Winterabenteuer nicht haben.«

So begeistert schilderte Jakob Schaffner in seinem Ostpreußenbuch ›Rote Burgen und blaue Seen‹ 1937 die Rominter Heide. Die Rominter Heide ist ein Rest jener ›Großen Wildnis‹, die bis ins 16. Jahrhundert hinein den ganzen Ostteil Ostpreußens einnahm. Dieses ausgedehnte Gebiet war bis zum 12. Jahrhundert von den pruzzischen Stämmen der Schalauer, Nadrauer, Sudauer und Galinder besiedelt und zu dieser Zeit keineswegs ein dichter Wald; es wurde für Ackerbau und Viehzucht genutzt. Die pruzzische Bevölkerung ist in zahlreichen Kämpfen mit den Polen noch vor dem Erscheinen des Deutschen Ritterordens stark dezimiert worden, was

Am Rand der Rominter Heide bei Ozerki

die ›Große Wildnis‹ fast menschenleer und wüst werden ließ. Nach der Ankunft des Ritterordens endeten die Kämpfe keineswegs, nun fochten Polen und Ritter gemeinsam gegen die Pruzzen. Der Wald konnte sich auf den vorher landwirtschaftlich genutzten Flächen wieder ausbreiten und bedeckte um 1350 als geschlossenes Wald- und Bruchgebiet fast 50 000 Quadratkilometer. Dieses gewaltige Mischwald-Dickicht wurde nur von Jägern und Fallenstellern durchstreift und entwickelte sich zu einem hervorragenden Wildreservat. Neben dem Rot-, Schwarz- und Raubwild – Bären, Luchse, Wölfe – lebten in der Großen Wildnis, der späteren Rominter Heide, viele heute verschwundene Arten: Der in Mitteleuropa ausgestorbene Auerochse (Ur) war noch um 1550 hier nachweisbar, Wisente konnten bis etwa 1770 gejagt werden. Der Elch war bis 1780 beheimatet, verschwand aber dann bis auf einige wenige Wechselwild-Exemplare aus dem Gebiet, während das Birkwild noch bis etwa 1900 nicht selten war.

Bewusst wurde die ›Große Wildnis‹ bei der Kolonisation des Pruzzenlandes geschont, denn sie sollte einen natürlichen Schutz gegen die Litauer und Polen bilden. Allerdings betrieb der Orden eine gezielte Waldwirtschaft: Eichen wurden geschlagen, um Bauholz zu gewinnen, Lindenholz wurde Köhlereien zugeführt, die übrigen Laubbäume fanden für Asch- und Teerbuden Verwendung.

So blieb das riesige Waldgebiet bis in die erste Hälfte des 16. Jahrhunderts erhalten. Erst nach 1525, als im Frieden von Krakau der geistliche Ordensstaat aufgelöst, in ein weltliches Herzogtum umgewandelt und damit auch ein vorläufiger Frieden mit Polen geschlossen wurde, konnte auch an die Urbarmachung der großen Wälder gegangen werden. Nicht ohne Grund erfolgten deshalb die meisten Stadtgründungen im Osten Ostpreußens – Goldap, Stallupönen und andere – erst im 16. Jahrhundert. Der Wildreichtum führte zu einer Blüte des Jagdwesens.

Im Jahr 1572 wird eine ›Jagdbude Rominten‹ erwähnt. Aus ihr entstand die spätere Waldarbeitersiedlung Jagdbude, etwa acht Kilometer östlich von Groß Rominten (heute Krasnoles'e). Die Rominter Heide blieb nun bevorzugtes Jagdgebiet der brandenburgisch-preußischen Herrscher. In Teerbude, ursprünglich eine Gründung von Salzburger Neusiedlern und auf einer Höhe über der Rominte gelegen, ließ Kaiser Wilhelm II. im Sommer 1891 das Jagdhaus Rominten bauen. Es wurde im norwegischen Stil durch norwegische Bauleute mit einstöckigem Mittelbau und doppelstöckigen Flügeln errichtet. 1893 kam noch eine norwegische Stabholzkirche hinzu, die Hubertuskapelle. Jährlich im September kam Wilhelm II. mit der Eisenbahn in die Rominter Heide, verließ den Zug in Groß Rominten und fuhr dann mit dem Wagen über Jagdbude zu seinem Jagdhaus. Nach dem Ersten Weltkrieg war die Heide weiter Staatsjagdgebiet. Fast alle preußischen Ministerpräsidenten der Weimarer Republik jagten hier auch. Otto Braun als gebürtiger Königsberger waidwerkte mehrmals auf den Rothirsch. Als letzten Bau vor 1945 ließ Hermann Göring, selbsternannter Reichsjägermeister, noch 1936 an einem Hang über der Rominte den sogenannten Reichsjägerhof errichten, da ihm Kaiser Wilhelms hölzernes Jagdhaus inzwischen zu klein war. Von beiden Jagdhäusern ist heute außer Fundamentresten nichts mehr vorhanden.

Die heutige Rominter Heide besitzt eine Fläche von 260 Quadratkilometern. Ein Drittel davon liegt als Puszcza Romincka auf polnischem Gebiet, der größere Nordteil (Krasnyj Les – Roter Wald) gehört dem Kaliningrader Gebiet an. Verschiedene deutsche und russische Jagdvereine planen, die Hege-, Pflege- und Jagdtradition im Nordteil der Rominter Heide wieder aufleben zu lassen. Zwar wurde durch die Kämpfe 1944/45 der Wildbestand größtenteils ausgelöscht, doch die abgeschiedene Lage, in die die Rominter Heide danach geriet, begünstigte, dass sich im polnischen Teil wieder ein passabler Rotwildbestand bilden konnte und auch Luchse, Wölfe, Otter und Birkwild wieder heimisch werden konnten. Im russischen Teil dagegen ist der Rotwildbestand auch durch Wilderei stark dezimiert.

Wer heute den russischen Teil der Rominter Heide besucht, muss sich auf das völlige Fehlen von Wegweisern und Markierungen einstellen. Eine der erhältlichen russischen topographischen Karten sollte man unbedingt mit sich führen. Zwar sind die Orte am Rand der Heide

▲ Karte S. 229

gut zu erreichen, aber weitere Erkundungen sind nicht zuletzt durch die ständige Nähe der Grenze und das Grenzgebiet erschwert. Und der Beginn der Grenzzone ist hier, anders als in anderen Teilen der Oblast', oftmals nicht beschildert.

Die Rominter Heide liegt großteils nicht mehr im Grenzgebiet, nur ein etwa 500 Meter breiter Streifen parallel zur Grenze und das Gebiet östlich und südöstlich von Borovikovo bis zum Vyštiter See in der äußersten Südostecke zählen genau wie dieser zur Grenzzone. Man beachte die blauen Hinweisschilder!

Čistye Prudy

Čistye Prudy (Чистые Пруды/Tollmingen/Tollmingkehmen) am Nordrand der Rominter Heide ist ein guter Ausgangspunkt für Touren in dieses Gebiet.

In der ansonsten wenig gepflegten Siedlung Čistye Prudy fällt auf, dass die **Kirche** instandgesetzt ist. 1964 waren von ihr nur noch Mauerreste erhalten. Als man jedoch in jenem Jahr den 250. Geburtstag von Christian Donalitius (litauisch Donelaitis) beging, der von 1743 bis 1780 als Pfarrer in Tollmingkehmen tätig war, fasste man den Beschluss, die Kirche

Alter Meilenstein in Čistye Prudy

wieder aufzubauen. Diese Arbeiten waren 1979 abgeschlossen. In der Kirche wurde dabei eine Erinnerungsstätte an den Geistlichen und Schriftsteller eingerichtet. Donalitius gilt als der Vater der litauischen Dichtung, sein Epos ›Die Jahreszeiten‹, eine Darstellung des Volkslebens, ist das erste literarische Werk, das in litauischer Sprache geschrieben wurde. Ludwig Rhesa übersetzte es 1818 ins Deutsche. Donalitius kam 1714 in Lasdinehlen (heute Mičurino) bei Haselberg/Lasdehnen zur Welt und starb 1780 in Tollmingkehmen. Er ist in der Kirche beigesetzt. Im Pfarrhaus nicht weit daneben ist eine kleine **Gedenkstube** eingerichtet worden (Di–So 10–18 Uhr, Tel. 007/40144/93269). Vom Kirchturm hat man eine prächtige Sicht über die Rominter Heide.

Čistye Prudy liegt an der Bahnlinie Nesterov–Gołdap, die allerdings Richtung Gołdap hinter Krasnoles'e (Краснолесье/Hardteck/Groß Rominten) abgebaut ist. Am Bahnhof am Ostende des Orts lässt sich noch der Schriftzug ›Tollmingen‹ deutlich erkennen. Gleich links vom Bahnhof führt eine Straße durch ein sehr einsames, aber landschaftlich erhabenes Gebiet nach Jasnaja Poljana (Trakehnen). Die völlig menschenleere Landschaft nördlich des Dorfes fast bis Gusev hin ist den Zerstörungen des Herbst 1944 geschuldet, als die Rote Armee erstmals ostpreußisches Gebiet betrat und in einer breiten Schneise der Zerstörung das Land verheerte. Die Dörfer wurden später nicht mehr aufgebaut.

Etwa einen Kilometer westlich von Čistye Prudy, an der Verbindungsstraße, die zur Hauptstraße Gusev/Grenze, liegt ein deutsch-russischer **Soldatenfriedhof** aus dem Ersten Weltkrieg. In der Region fanden 1914 erbitterte Kämpfe zwischen Deutschen und Russen statt.

Ozerki und Umgebung

Am südlichen Dorfende von Čistye Prudy kann man von der Straße nach Krasnoles'e (Groß Rominten) nach Ozerki (Озерки/Warnen) abbiegen. Hier steht ein gut erhaltener metergoßer preußischer **Meilenstein**, an dem man noch Namen wie Goldap und Groß Rominten lesen kann. In dem winzigen, drei Kilometer entfernten Ort Ozerki ist die ehemalige Försterei Barckhausen (Hausnummer 6), die ihren Namen nach einem 1939 gefallenen Forstmann hatte, zu einem freundlichen **Gästehaus** umgebaut worden. Sie ist leicht zu finden, denn sie steht am höchstgelegenen Punkt des kleinen Dorfes. Der Besitzer, Herr Zajec, organisiert botanisch-jagdkundliche Wanderungen durch die Rominter Heide, Kanufahrten auf der Rominte und Besuche des unmittelbar an der Grenze gelegenen Jagdhauses Rominten – zumindest der Stelle, wo es einst war. Herr Zajec ist einer der Pioniere des organisierten Ökotourismus im Kaliningrader Gebiet. Ozerki liegt noch nicht im Grenzgebiet.

Von Ozerki verläuft die Straße durch eine unwirklich schöne Landschaft in südlicher Richtung nach Dmitrievka (Дмитриевка/Schönheide/Iszlaudszen) und dort, rechts auf den Verbindungsweg abbiegend, nach Tokarevka (Токаревка/Hohenwaldeck/Makunischken), wo die Hauptstraße Čistye Prudy–Krasnoles'e erreicht wird. Wir befinden uns nun unmittelbar am Rand der Rominter Heide; seit 2014 liegt hier nicht mehr der Beginn des Grenzgebiets. Biegt man aber nicht nach rechts in Dmitrievka ab, sondern fährt nach links, ostwärts, geht es mitten in die Wälder hinein. Nach etwa 3,5 Kilometern senkt sich nach rechts ein Weg mit teilweiser alter Pflasterung zur Rominte hinab; an ihr sind noch Brückenreste zu finden. An diesem Abzweig stand der erwähnte Weiler Jagdbude, die wahrscheinlich älteste Siedlung in der Rominter Heide, eine Waldarbeitersiedlung.

Haus Zajec ist ein schöner Anlaufpunkt für Besucher der Rominter Heide

Krasnoles'e

Zehn Kilometer südlich von Čistye Prudy, schon im Grenzgebiet, liegt Krasnoles'e (Hardteck/Groß Rominten). Auf dem Weg dorthin, über die teilweise unbefestigte Straße aus Čistye Prudy, kommt man an Tokarevka (Токаревка/Hohenwaldeck/Makunischken) vorbei, wo am Bahnhof neben der Straße an einem verlassenen Wirtschaftsgebäude noch der alte deutsche Name zu lesen ist.

Krasnoles'e ist das einzige Dorf im Umkreis von zehn Kilometern, das als größere Ansiedlung erhalten geblieben ist. Die 1898 gebaute **Kirche** brannte 1945 aus, ist heute aber hergerichtet und wird als Kulturhaus genutzt. Ein **Kriegerdenkmal** mit den Namen der Gefallenen gegenüber der Kirche verstärkt den unwirklichen Eindruck dieses Dorfes. Es wird aber von den Dorfbewohnern instandgehalten. Im **Kulturhaus** bringt der deutsch-russische Verein ›Anthropos‹

▶ Karte S. 229

den Bewohnern der Gegend den Natur- und Umweltschutzgedanken näher. In der alten Schule ist ein **Museum** zur Historie der Rominter Heide und des Wyštiter Sees eingerichtet worden.
Am Bahnhof am Südrand des Orts endet die Eisenbahnstrecke aus Nesterov (Нестеров/Ebenrode), die einst bis ins heute polnische Gołdap weiterführte und die man nur aus Gründen forstwirtschaftlicher Nutzung bis Krasnoles'e hat bestehen lassen. Südlich von Krasnoles'e enden die Gleise im Nichts. Der **Bahnhof** ist der ehemalige Kaiserbahnhof, seine Gebäude verwahrlosen. Kurz vor der Unterführung zum Bahnhof befindet sich noch das alte Postamt.

Zu Görings Reichsjägerhof

Von Krasnoles'e wie auch Ozerki lässt sich die Rominter Heide zu Fuß auf schönen Wanderungen und Radstrecken erkunden. Ohnehin sind die meisten Wege für Kraftfahrzeuge nicht einfach zu befahren.
Nach Osten kann man über eine holprige, unbefestigte Straße Richtung Jagdhaus Rominten fahren. Doch ist bald die Überquerung der Krasnaja (Rominte) ein besonderes Abenteuer. Denn die Benutzung schwankender, löcheriger Bohlenbrücken ist nicht jedermanns Sache. Krasnaja – die Rote – heißt der kleine Fluss heute wegen seiner durch Eisenionen bedingten Wasserfärbung, doch die Russen nennen ihn auch seit 1990 immer mehr mit dem alten Namen ›Rominte‹.
Der Weg mündet auf die Straße Tokarevka-Raduzhnoe ein, und bald passiert man die Stelle, wo sich einst Jagdbude befunden hat. Die Rominte fließt die ganze Zeit parallel zur Straße. Hier bestehen einige interessante alte Brücken über den Fluss.
Nach etwa fünf Kilometern biegt nordwärts eine Straße ab, die noch in großen Teilen gepflastert ist. Sie kommt aus Kalinino (Mehlkehmen) und wurde 1935 vom Reichsarbeitsdienst gebaut, um Hermann Göring eine gute Zufahrt zu seinem – heute völlig verschwundenen – Reichsjägerhof zu ermöglichen. Wir biegen jedoch nicht dorthin ab und bleiben auf der Straße parallel zur Rominte. Nach etwa anderthalb Kilometern weist ein hölzerner Wegweiser auf Englisch (›Imperial Hunting Court‹) und Russisch rechts von der Straße auf einen Waldweg. Biegen wir hier ab, gabelt sich die Straße nach etwa 300 Metern erneut. Links geht es zu einer traumverlorenen Brücke über die Rominte, rechts erreicht man nach etwa 200 Metern die Reste des Reichsjägerhofs, der oberhalb einer Schleife der Rominte lag. Hermann Göring, neben seinen vielen anderen Ämtern auch ›Reichsjägermeister‹, jagte hier und empfing in dem eher schlichten Haus auch ausländische Gäste. Göring hielt sich am 16. Oktober 1944 zum letzten Mal hier auf und ließ die Gebäude räumen. Am 20. Oktober 1944 wurde die Anlage unmittelbar vor der Ankunft der Russen in Brand gesteckt.

Das Jagdhaus Rominten

Von der Stelle, wo der Waldweg zum Reichsjägerhof abzweigt, sind es auf der einst vielbefahrenen, doch heute selbst von den Grenztruppen nicht mehr genutzten und immer schmaler werdenden Straße noch etwa drei Kilometer nach Radužnoe (Радужное), dem einstigen Rominten – das aber liegt in der Grenzzone.
Unterhalb der Kaserne führt eine steinerne Brücke – die frühere Hirschbrücke, einst geschmückt durch vier Bronzehirsche des Düsseldorfer Bildhauers Joseph

Pallenberg – nach rechts über die Krasnaja Richtung Grenzzaun. Die Bronzehirsche wurden 1945 in die Sowjetunion verbracht; zwei davon stehen heute in Uljanovo bei Moskau auf einem Kinderspielplatz, einer, der von der Hubertuskapelle des nahen Jagdhauses stammt, auf einem Kinderspielplatz in Smolensk. Jenseits der Brücke steht ein Denkmal, das an einen hier einst jagenden Hohenzollernprinzen erinnert, und danach geht es über eine Wiese am Waldrand nach rechts zum Standort des ehemaligen kaiserlichen Jagdhauses.

Die Hubertuskapelle ist an ihren Fundamenten noch eindeutig auszumachen, die Stelle des Jagdhauses ist ohne Plan sehr schwer zu lokalisieren, denn in den vergangenen Jahrzehnten konnte die Natur ungestört diese Kulturlandschaft zurückerobern. Am Abhang zur Rominte finden sich noch Reste eines Pumpenhauses für die Wasserversorgung.

Das Jagdhaus wurde in den ersten Nachkriegsjahren abgebaut und in vereinfachter Form – ohne die norwegische Ornamentik – dort aufgebaut, wo es jetzt noch steht: im Kalinin-Park an der Luisenkirche in Kaliningrad.

Der Norden der Rominter Heide

Zu den landschaftlich schönsten Regionen des Kaliningrader Gebiets gehört das nördliche Vorland der Rominter Heide: Von Norden her geht das Tiefland allmählich in eine mild wogende Hügellandschaft über. Doch Vorsicht bei der Annäherung an die Grenze: Der Beginn des Grenzgebiets ist in der und um die Rominter Heide nicht immer ausgeschildert!

▲ Karte S. 229

Kalinino

Etwa acht Kilometer östlich von Čistye Prudy liegt Kalinino (Калинино/Birkenmühle/Mehlkehmen), eine etwas größere Siedlung, die das landwirtschaftliche Zentrum am Nordrand der Rominter Heide ist und schon im Grenzgebiet liegt. Gleich am westlichen Ortsausgang, Richtung Pugačevo, steht innerhalb einer kleinen Kreuzung unter einem Baum ein äußerst ungewöhnlicher **Gedenkstein**. Er erinnert an den Reichsarbeitsdienst, der hier 1934 einige Waldwege ausbaute, damit Hermann Göring eine bessere Zufahrt zu seinem Reichsjägerhof bekam. Aus unerfindlichen Gründen konnte dieser Stein die Zeiten überdauern.

Die **Kirche** von Kalinino, ein Feld- und Ziegelsteinbau von 1706, ist eine Ruine. Der ganze Ort wirkt trotz Verfalls sehr malerisch. Vom Kirchhügel aus hat man im Frühling und Sommer einen romantischen Blick auf Kalinino und das Pissatal. Von Kalinino kann man Richtung Norden nach Čistye Prudy fahren und von dieser Straße nach einigen Kilometern Richtung Jasnaja Poljana (Ясная Поляна/Trakehnen) und Nesterov abzweigen. Unterhalb der Kirche von Kalinino führt nach Nordosten Richtung Nesterov zur P 510 eine hoch abenteuerliche Straße Route nach Nevskoe (Невское/Schloßbach/Pillupönen).

Pugačevo und der Marinovo-See

Fährt man von Kalinino westwärts, am RAD-Stein vorbei, unterquert man eine verwunschene Brücke der Bahnstrecke, die einst um die Rominter Heide herumführte. Bald erreicht man Pugačevo (Пугачево/Schwentischken/Schanzenort), ein höchst malerisch gelegenes Dörfchen. Etwa 500 Meter dahinter, wo sich einst das Forsthaus Pilzenkrug befand, biegt rechts der Weg an einem alten preußischen Meilenstein nach Dmitrievka ab, geradeaus geht es zum Marinovo-See. Der See hieß auch in

Dieser Stein hat die Zeiten überdauert

deutscher Zeit so, wurde aber in der NS-Zeit nach dem ungarischen Politiker Gyula Gömbös in Gömbös-See umbenannt. Dieses tiefdunkle Auge der Rominter Heide ist eine der einsamsten Stellen des Kaliningrader Gebiets. Hier gibt es eine kleine ›Turbaza‹, eine sogenannte touristische Basis. Es ist ein kleiner **Campingplatz**, wo schlichte Hütten zur Übernachtung zur Verfügung stehen. Vom Marinovo-See führt der Weg weiter auf die von Krasnoles'e zum Jagdhaus Rominten an der Grenze verlaufende gepflasterte Straße, die speziell für Göring gebaut wurde.

Zurück in Pugačevo kann man von der Kreuzung in der Ortsmitte zum mit 230 Meter höchstgelegenen Punkt des Kaliningrader Gebietes kommen, die **Gora Dozor** (Haselberg). Aber es ist nicht ganz einfach, sich durch das Unterholz zu schlagen. Am besten ist, wenn man sich im Dorf selbst nicht an die Hauptstraße hält, dort wo sie kurz nach Norden abknickt, sondern an dieser Stelle weiter geradeaus fährt. Der Weg ist eigentlich nur für Fußgänger zu benutzen und führt hügelauf und -ab knapp unterhalb des erwähnten Bergs vorbei.

Lesistoe

Der erwähnte Weg erreicht nach etwa dreieinhalb Kilometern Lesistoe (Лесистое/Nassawen), das man aber mit dem Auto einfacher über Kalinino erreicht. Der Ort trug seinen Namen einst von eingewanderten Nassauern. Der Waldweg aus Pugačevo gelangt gegenüber dem nördlichen Nassawer See auf die Hauptstraße. Oberhalb des Sees stehen auf einem Hügel die Reste des ehemaligen **Forstamts Nassawen**. Bis 1944 lebte hier Oberforstmeister Walter Frevert, der letzte Leiter des Reichsjagdgebietes Rominter Heide. Südlich geht die Straße aus Nassawen an einem weiteren See vorbei, hinter dem sie sich bald gabelt. Nach rechts geht es hier zum Jagdhaus Rominten, nach links geht es Richtung Wyštiter See unmittelbar zur polnischen Grenze hin. An der Gabelung stehen im allgemeinen Kontrollposten. Wer sich links, Richtung Südosten hält, kommt durch eine paradiesische Landschaft.

Von Nevskoe zum Wyštiter See

Diese Strecke führt nahe der litauischen Grenze vorbei – und natürlich braucht man auch hier die Grenzgenehmigung. Doch wer einmal hier gefahren ist, wird die seltene, ja fast unwirkliche Schönheit dieses Landstrichs kaum vergessen.

Nevskoe und Umgebung

In herrlicher Landschaft gelegen, besitzt Nevskoe (Невское/Pillupönen/Schlossbach) eine sehr gut erhaltene **Kirche**, um die die Bäume des alten Friedhofs vollständig erhalten sind; auch das Pfarrhaus existiert noch. Am Turm sind verschiedene Jahreszahlen zu lesen: ›1686‹ bezeichnet das Gründungsdatum, die anderen Jahreszahlen verschiedene Umbauten. Die zugemauerte Kirche diente in der Mitte der 1990er Jahre kurze Zeit als evangelisches Gotteshaus, aus dieser Zeit rührt auch das auf den Fundamenten des alten Kriegerdenkmals errichtete Gedenkmonument, das auch an die alten Pillupöner Bewohner vor 1945 erinnert.

Nicht weit südlich der Kirche stehen an der Straße einige deutsche Häuser mit alten Inschriften. An den süddeutschen Namen lässt sich die Salzburger Herkunft der hier Angesiedelten erkennen.

Voznesenskoe (Вознесенское/Wenzbach/Wenzlowischken) zwei Kilometer weiter südlich ist die letzte erhaltene Siedlung vor der Grenze am Ozero Vyštineckoe (Wyštiter See). Hier ist die litauische Grenze nur noch knapp 1000 Meter entfernt, so dass nun ein zweites Mal eine Kontrolle erfolgt: Denn wer aus Nesterov kommt, durfte in Puškino (Пушкино/Göritten) bereits kontrolliert worden sein.

Beim Ortsausgang steht rechts ein zerfallenes Mühlengebäude. Hier unterquert die aus dem Ozero Vyštineckoe kommende Pissa die Straße Richtung

Ehrendenkmal an der Kirche in Nevskoe

Kalinino. Die Landschaft wird von jetzt ab immer urwüchsiger; weite Sumpfflächen ziehen sich links bis zum See hin. Knapp fünf Kilometer hinter der zerstörten Mühle, an der ersten Straße links, führt der Weg direkt bis zur litauischen Grenze bei Vyštitis, wo allerdings kein Grenzübergang eingerichtet ist. Auch hier gibt es eine kleine ausgeschilderte ›Turbaza‹, doch sie ist nicht für die Allgemeinheit bestimmt, sondern als ›Betriebsferienheim‹ gedacht.

Wyštiter See

In der äußersten südöstlichen Ecke des Kaliningrader Gebiets, im Dreiländereck zu Polen und Litauen, gibt es die höchste Konzentration von Seen und Teichen innerhalb der gesamten Oblast'. Diese Seen sind eiszeitliche Bildungen. Teilweise handelt es sich um Strudellöcher, die entstanden, als die Gletscher abschmolzen, teilweise gehören sie einer Schmelzrinne an, die sich weiter südöstlich nach Polen erstreckt.

Der Ozero Vyštineckoe (Wystiter See) ist der größte dieser Seen. Er besitzt eine Fläche von 17 Quadratkilometern bei einer maximalen Tiefe von 52 Metern mit einem Wasservolumen von 258 Millionen Kubikmetern Süßwasser. Damit ist er gleichzeitig auch der tiefste See des Kaliningrader Gebietes. Er wird von sehr vielen kleinen Bächen gespeist, doch nur ein Gewässer verlässt ihn auch wieder – die Pissa, einer der Quellflüsse des Pregel.

Der See birgt unter anderem eine eigentümliche Lebenswelt von 150 Arten von Weichtieren, die für das ökologische Gleichgewicht als Algenvertilger von großer Bedeutung sind. Über 20 verschiedene Fischarten leben hier. Der See, der im Winter zufriert, steht seit 1975 unter Naturschutz.

▲ Karte S. 229

Weit schweift der Blick über den See

An seinem Ostrand verläuft die Grenze zu Litauen. Obwohl die russische Seite viele Jahre darauf bestand, den Grenzverlauf genau am Ostufer festzulegen, womit offiziell auf litauischer Seite Badetourismus unmöglich gewesen wäre, hat man sich vor einigen Jahren darauf verständigt, die Grenze etwa 35 Meter vom litauischen Ufer entfernt verlaufen zu lassen. Auf russischer Seite ist, abgesehen von zwei nicht öffentlichen ›Turbazy‹, keine touristische Infrastruktur vorhanden. Dennoch kann der See nur durch die Schönheit seiner Lage und seiner Umgebung – trotz der unmittelbaren Grenze – durchgängig viele Erholungssuchende anziehen.

Wo das Seeufer unmittelbar an die Straße heranreicht, befand sich bis 1945 das Dorf Kaltensee. Von ihm ist nichts mehr zu finden, nur vom früheren Friedhof etwas oberhalb der Straße sind noch Grabsteine und Grabumfassungen zu entdecken.

Weiter nach Süden überquert man bald nach einem flachen Rechtsschwenk des Weges das Gleisbett der aufgelassenen Strecke von Gołdap über Żytkiejmy (Wehrkirchen/Szittkehmen) nach Čistye Prudy, die einst um die Rominter Heide führte und 1927 vollendet war. Sie sollte die Holzwirtschaft und den Handel fördern. Heute ist diese Linie vollständig abgetragen und auch auf polnischer Seite nicht mehr in Betrieb.

Zwei Kilometer weiter biegt die Hauptstraße nach rechts Richtung Uvarovo (Уварово/Ribbenau) und Kalinino ab und biegt wieder zurück, Richtung Norden. Der erste Waldweg hinter dieser Abzweigung, der nach links abgeht, führt zum Ozero Kamyšovoe (Dobauer See), dem vielleicht verlassensten Ort der gesamten Oblast'.

Nach weiteren zwei Kilometern ist die P 510 schließlich an der polnischen Grenze zu Ende.

Rominter Heide

Pension Zajec, 238022 Ozerki Nr. 6, Tel./Fax 007/40143/93251, mobil (von Deutschland) 0079/212/600197, szaec@narod.ru und szaec@yandex.ru, www.usadbazaeca.ru. P.P. 25–35 € incl. Frühstück, Halb- und Vollpensionspreise auf Anfrage, Kajakverleih. Man spricht etwas Deutsch. In herrlicher Landschaft gelegen, auch Busgruppen steigen hier oft ab. Kein Restaurant.

Usad'ba Titova, ul. Sosnova 27, 238010 Krasnoles'e, Tel. 007/981/4500453, titov@mail.ru. Gepflegtes kleines Haus, etwas außerhalb des Ortes.

Kuzmich Baza Otdycha, 238010 Pugačevo Nr. 29 (am Marinovo-See), Tel./Fax 007/40143/30876.

Museum zur Historie der Rominter Heide und des Wyštiter Sees, Krasnoles'e, Tel. 007/40144/93340, www.wystynez.ru; tgl. 10–18 Uhr.

Dieses Land ist im wahrsten Sinn ein Paradies, weil es den Menschen wieder zu sich selbst bringt – zu seinem Tiefsten und damit zu seinem göttlichen Ursprung. Immer ist man hier der Ewigkeit nahe, der Zeit entflohen in dieser seligen Weltabgeschiedenheit, wo Wirklichkeit und Traum ineinanderfließen.

Fritz Kudnig

Dünenfeld auf der Kurischen Nehrung

DIE KURISCHE NEHRUNG

Kurenkähne auf dem Haff, Aufnahme aus den 1930er Jahren

»Es gibt ein Land, da das Schweigen Sprache ist, ein Land, das wie eine Brücke durch die Fluten des Lichts sich spannt, in dem die Berge wandern, ein Land, aus dem es keine Rückkehr gibt. Du lässest dein Herz, wenn du einmal in die Tiefe seiner Einsamkeiten getaucht bist, dort und einen Teil deiner Seele... Licht und Lachen, aber auch Tod, Stürme und Finsternisse ruhen dort beieinander, so wie Haff und Meer seine schmalen Flanken benagen, so wie Sand und Wald miteinander ringen und die hohe Düne ihren Schatten reckt, über Haus und Hafen, Acker und Wiese. Es ist ein seltsames, ein zaubrisches Land.« So schilderte der ostpreußische Schriftsteller Hansgeorg Buchholtz in den 1920er Jahren im Vorwort zu dem Buch ›Zwischen Haff und Meer‹ die Kurische Nehrung. Und es dürfte in der Tat bisher niemanden gegeben haben, den ein Besuch dieser merkwürdigen Landschaft gleichgültig gelassen hätte. Dabei ist diese seltsame, 100 Kilometer lange Sandsichel erst vor 150 Jahren ins Bewusstsein der Menschen außerhalb Ostpreußens gelangt. Einer der ersten, der seine Eindrücke festgehalten hat, war Wilhelm von Humboldt. Er erklärte nach einer Reise mit der Postkutsche von Königsberg nach Riga, dass man »die Kurische Nehrung wie Italien oder Spanien gesehen haben müsse, wenn einem nicht ein wunderbares Bild in der Seele fehlen solle.«

Aber noch nach dem Ersten Weltkrieg scheint man im Rest Deutschlands von der Kurischen Nehrung kaum etwas gewusst zu haben, denn Thomas Mann hielt es Ende der 1920er Jahre für nötig, einer erlauchten Münchner Zuhörerschaft die Kurische Nehrung so vorzustellen, als ob sie auf einem fernen Planeten gelegen sei.

Kaum war die Kurische Nehrung als einzigartige Landschaft im Bewusstsein der Deutschen heimisch geworden, verschwand sie wieder von der Bildfläche. Nach Kriegsende war sie ein halbes Jahrhundert unzugänglich und lebte nur noch im Gedenken jener, die noch dort aufgewachsen waren. Auch beschreibt schon das Attribut ›kurisch‹ etwas heute kaum noch Bekanntes, ja vielleicht schon vollständig Untergegangenes: Die Kuren waren ein ostbaltischer Volksstamm, den Litauern verwandt. Wie die ebenso verwandten Pruzzen verschmolzen die Kuren mit den deutschen Einwanderern in den Jahrhunderten nach der Eroberung durch die Ordensritter. Anders als die Pruzzen konnten sich aber die Kuren noch bis in die Mitte des 20. Jahrhunderts hinein Reste von Brauchtum und Sprache erhalten.

Erdgeschichtliche Bildung

Die Kurische Nehrung gilt als einzigartiges Naturwunder. Geologisch gesehen ist sie aber gar nicht ungewöhnlich. Sie ist vor allem ein sehr junges Gebilde, das erst vor etwa 4000 Jahren entstand und in ebenso kurzer Zeit nicht mehr bestehen wird.

Die Nehrung ist eine große langgestreckte Kette von Sandhügeln, die einen Lagunenbereich, das Haff, abschließt. Solche Nehrungen lassen sich auch außerhalb Ostpreußens beobachten. Nur sind sie dort mit dem Festland wieder zusammengewachsen und haben aus den Lagunen Binnenseen entstehen lassen, wie beispielsweise den Jamunder See bei Koszalin (Köslin), den Garder See und den Lebasee; alle in Pommern. Die ostpommersche Küste war vor mehreren tausend Jahren ähnlich zerklüftet wie die Nehrungsküste Ostpreußens, die Nehrungen Ostpommerns konnten aber ganz ruhig wachsen und die Lagunen zum Meer hin abschließen. Diese sogenannte Ausgleichsküste würden Wasser und Wind bei der Frischen und Kurischen Nehrung ebenso gerne bilden, aber durch die Einwirkung des Menschen bei Pillau und bei Memel wird der Zugang vom Haff zur Ostsee freigehalten. Uns erscheint die Kurische Nehrung nur deshalb als Wunderwerk der Natur, weil die Menschen in den vergangenen Jahrhunderten und bis heute das zufällige Glück haben, genau in dieser Zeit Nehrungs- und Dünenbildung in deren reifstem Stadium beobachten zu können.

Der Grundvorgang bei der Nehrungsbildung ist ganz einfach: Die Brandung

Sandtransport bei der Bildung der Nehrung und heute

wirft Sand auf den Strand, der Wind trocknet den Sand und transportiert ihn weiter. Im Ostseeraum haben derartige Vorgänge nur sehr indirekt mit den Eiszeiten zu tun, Nehrungsaufschüttungen sind keineswegs direkte Auswirkungen des Gletschereises. Am Ende der letzten Eiszeit vor etwa 11 000 Jahren begannen die Gletscher aus dem Gebiet der späteren Ostsee nach Norden zurückzuweichen. Sie hinterließen dabei beim Abschmelzen die Grundmoräne, den sogenannten Geschiebemergel, der sich bis in die Gegend des späteren Tilsit erstreckt. Er war von tonig-sandiger Konsistenz und besaß eine Mächtigkeit von knapp 80 Metern. Der Einbruch von Meerwasser von Westen her in dieses Gebiet vor 8000 Jahren führte zur Überflutung dieses Geschiebemergelbodens und zur Bildung der Ostsee. Allerdings erfolgte diese Überflutung nicht vollständig. Das Relief des Geschiebemergels war sehr höckerig, was zur Folge hatte, dass einige Hügel über den Meeresspiegel herausragten. Diese später als ›Diluvialinseln‹ – von Diluvium für Eiszeitalter – bezeichneten Landbruchstücke befanden sich etwa in der Gegend zwischen den späteren Orten Cranz (Zelenogradsk/Зеленоградск), bei Sarkau (Lesnoe/Лесное) und bei Rossitten (Rybačij/Рыбачий). Die ›Wurzel‹ der Nehrung, dort wo sie vom Samland weg nach Nordosten sich streckt, ist also auch eine ihrer erdgeschichtlichen Keimzellen. Südlich von Rybačij befindet sich heute noch das einzige Gebiet auf der Nehrung, wo der Geschiebemergel direkt an der Oberfläche ansteht.

Es gibt aber in diesem Gebiet der späteren Ostsee auch noch ältere aufgeschlossene, also an der Oberfläche vorkommende, Gesteinsschichten. So sind beispielsweise die Steilküste nordwestlich von Danzig wie auch der Riegel des Samlands in ihrem Kern aus tertiären Ablagerungen, etwa zwei bis zehn Millionen Jahre alt, aufgebaut. Diese älteren Schichten wurden nach dem Zurückweichen der Gletscher an vielen Stellen herausgehoben und bildeten so zum Teil den Südrand der neu entstandenen Ostsee, da deren Wasser nicht mächtig genug waren, die Tertiärgesteine zu überfluten. Die Erosion der Ostsee nagte die Danziger Steilküsten wie auch die des Samlands ab. Durch die Wirkung des Wassers wurde das Festland unterspült und bei der seit Jahrtausenden meist vorherrschenden Windrichtung aus Westen das erodierte Material Richtung Osten hin weitertransportiert.

Der Windrichtung entsprechend, schlagen die Wellen nun nicht senkrecht, sondern schief auf den Strand und das so, dass jede Welle, gemäß der im allgemeinen von West nach Ost verlaufenden durchschnittlichen Küstenlinie, den von ihr transportierten Sand von Nordwesten nach Südosten auf den Strand wirft. Allerdings können die Wellen aufgrund der Reibungskräfte des vom Strand zurückfließenden Wassers nicht genau in Windrichtung auf die Küste zufluten, sondern streben an, im Verhältnis zur Windrichtung stärker senkrecht auf die Küste zu treffen. Das führt zu einer verhältnismäßig komplizierten Zick-Zack-Bewegung des transportierten Sandes mit letztendlicher Transportrichtung nach Osten. Das findet dort sein Ende, wo die Küste genau in Nord-Süd-Richtung verläuft und die vorherrschende Wellenbewegung senkrecht zur Küste steht, so dass der Sand durch die Wasserbewegung nicht mehr schief, sondern senkrecht von der See herantransportiert wird und auch nur senkrecht wieder zurückrollen kann.

▲ Karte S. 333

Die Diluvialinseln waren hierbei für die Strömung eine besondere Möglichkeit, sich der Sandfracht zu entledigen. Der Schutt des Samlands wurde also mit steter Wirkung abgelagert und ließ die Diluvialinseln etwa vier bis sechs Meter pro Jahr wachsen, also in 1000 Jahren etwa fünf Kilometer. Das führte letztlich zum Zusammenwachsen aller großen und ganz kleinen eiszeitlichen Reste des Geschiebemergels, und es entstand die ›Grundplatte‹ der Nehrung, die sogenannte Palwe. Ursprünglich wollte die Rossittener Diluvialinsel nicht in ihrer leichten Krümmung nach Norden und Nordosten weiterwachsen. Wie die Karte zeigt, liegt die Windenburger Spitze – heute Ventė in Litauen – genau im bisherigen Verlauf der Nehrung und der Rossittener Spitze, und nach den erläuterten Gesetzen von Transport und Ablagerung hätte die Nehrung genau in dieser Richtung weiter wachsen müssen. Auch der Grabsche Haken bei Pillkoppen (Morskoe/Морское) ist in Richtung Windenburger Spitze ausgerichtet. Denn die Windenburger Spitze und der sich weiter nach Nordost anschließende Höhenzug von Prökuls (Priekulė) und Memel gehören zu ein und demselben diluvialen Riegel.

Aber in dem sich allmählich bildenden Haff entstand eine eigene Bewegung von Sand und Wasser. Während in der Ostsee die vorherrschende Strömungsrichtung von West nach Ost ist, verläuft die Bewegung im Haff von Nord nach Süd. Sobald also der Bau der Nehrung bis zur Hälfte, also bis zum späteren Rossitten, gediehen war, konnte der eigene Nord-Süd-Strömungskreislauf wirksam werden und gegen die ursprüngliche Wachstumsrichtung arbeiten. Dazu kamen noch größere Wassermengen aus dem jungen Memelstrom, die in ihrer auch eher von Nord nach Süd verlaufenden Fließrichtung schließlich die Nehrung allmählich in ihrem Wachstum nach Norden ›umknicken‹ ließen.

Auf diese Weise blieb die Nehrung ein labiles Gebilde, das immer wieder Landeinbrüche erlebte, in denen die Ostseewasser in das Haff vordringen konnten. Blieben solche offenen Stellen über längere Zeit bestehen, sprach man von ›Tiefs‹. Das Memeler Tief ist heute der einzig bestehende Durchgang zwischen Haff und Ostsee; in historischer Zeit gab es unter anderem das Cranzer Tief, etwa in der Gegend des heutigen Nehrungs-Schlagbaums, und das sogenannte Kaaland nördlich von Sarkau, wo sich zur Zeit die mit 400 Meter schmalste Stelle der Nehrung befindet.

Mit der Herausbildung der Palwe war die Nehrung als solche natürlich noch nicht fertiggestellt. Die Sandakkumulation ging nun weiter und ließ auf der Palwe Hügel entstehen, die dann zu Dünen wurden. Diese Urdünen waren parabelförmig und verhältnismäßig klein und flach, besaßen Durchmesser von 20 bis 30 Metern und waren quer zur Nehrungerstreckung angeordnet. Durch Anflug entstand ein erster Pflanzenwuchs, es kam zur Bildung von Nadel- und Laubmischwald, dem eigentlichen Nehrungswald. Erst zu diesem Zeitpunkt stoppte aufgrund des Waldbewuches die Sandwanderung, und erst jetzt, vor ungefähr 4000 Jahren, konnte die Besiedlung der Nehrung erfolgen. Diese Besiedlung muss recht dicht gewesen sein, wie zahlreiche archäologische Funde von Steinäxten, Mahlsteinen und Schneidewerkzeugen zeigen.

Als in der Mitte des 13. Jahrhunderts die Ritter des Deutschen Ordens im südlichen Ostseeraum erschienen und zahlreiche Kolonisten mit ins Land brachten, wurden in den beiden Jahrhunderten danach weite Teile des alten Nehrungswalds gerodet. In der Mitte des 16. Jahrhunderts wurde durch die Abholzung der Flugsand nun zu einem Problem für die Nehrungsdörfer. Die Dünen begannen zu wachsen, und sie begannen vor allem zu wandern. Insbesondere brachte die Belagerung durch die Russen im Siebenjährigen Krieg die ökologische Katastrophe. Der Nehrungswald wurde bis auf winzige Reste, die heute noch bei Juodkrantė (Schwarzort) bestehen, vollständig zum Zweck des Schiffsbaus abgetragen. Erst danach begann die Zeit der großen Wanderdünen, die bis zu drei Meter im Jahr zurücklegen konnten. Das was die Nehrung für uns heute so faszinierend macht und was einer ihrer Hauptanziehungspunkte ist, ist das Ergebnis einer von Menschenhand zwischen 1350 und 1770 bewirkten einschneidenden Veränderung der Natur. Verödung und Versandung schritten rasch fort. Fünf Nehrungsdörfer gingen so durch die Jahrhunderte verloren oder mussten aufgegeben werden. Agnes Miegel hat in ihrer Ballade ›Die Frauen von Nidden‹ eine Wanderdüne poetisch verklärt, die ein Dorf zuschüttet, in dem bis auf die Frauen alle an der Pest gestorben sind.

Das Kurische Haff in seinem heutigen Zustand ist eine Brackwasserlagune, besitzt eine Fläche von 1610 Quadratkilometern und ist damit fast doppelt so groß wie das Frische Haff. An der breitesten Stelle, am Südsaum, ist es fast 45 Kilometer weit, seine maximale Tiefe, ähnlich wie beim Frischen Haff, beträgt fünf Meter. Beide Haffs sind während der Wintermonate meist zugefroren.

▲ Karte S. 333

Der Kampf gegen die Versandung

Erst zu Beginn des 19. Jahrhunderts versuchte man, den wandernden Dünen Einhalt zu gebieten, zunächst nur mit vereinzelten lokalen Maßnahmen wie Bretterzäunen und Strandbeflanzungen, was aber keinen dauerhaften Erfolg brachte. Man kam zunächst nicht darauf, dass man mit all diesen Vorhaben an die Seeseite der Nehrung hätte gehen müssen, von wo der Sand ja in der Regel antransportiert wurde. Die meist armen Fischer auf der Nehrung hatten auch nicht die finanziellen Mittel, aus eigener Kraft gegeignete Vorbeugungen zu treffen.

Der preußische König beauftragte den aus Schweden stammenden Sören Björn, der bereits auf der Frischen Nehrung dabei Erfahrungen gesammelt hatte, mit einem großangelegten Projekt zum Nehrungsschutz. Weitgehend wurde zunächst das Wild zum Abschuss freigegeben, um die kümmerlichen Reste des Nehrungswaldes zumindest dadurch vor weiterer Zerstörung zu schützen. Sören Björn erkannte bald, dass nur von der Seeseite her die geeigneten Maßnahmen getroffen werden konnten. Er ließ eine künstliche Düne, die später sogenannte Vordüne, anlegen. Diese musste sich so weit vom Strand entfernt befinden, dass sie vom Wasser zu keiner Zeit hätte erreicht werden können.

Die ganze Anlage beruhte auf einem Flechtzaun, in dem sich der Sand fängt, dabei sich allmählich zu einem kleinen Wall formt, der dann mit Sandgräsern bepflanzt werden kann. Hinter dieser Vordüne hatte der Boden nun Schutz

Eine Dünenwanderung im Jahr 1993 im heute unzugänglichen Grenzstreifen

vor den Seewinden, so dass hier weitere Anpflanzungen gedeihen konnten. Fast 25 Jahre arbeitete Björn an dieser Aufgabe, als er 1829 die gesamte Vordüne zwischen Cranz und den Weißen Bergen nördlich von Sarkau fertiggestellt hatte. In den Jahren danach wurde die Anlage verbessert, in dem man anstelle eines Flechtzaunes zwei Strauchzäune im Abstand von zwei Metern errichtete. Wenn diese zugeweht waren, wurden dem Sandwall zwei neue Strauchzäune aufgesetzt, nach deren weiterer Verwehung nun die Bepflanzung mit Strandhafer und Strandroggen erfolgte. Diese langhalmigen Pflanzen dienten weiterhin als Sandfang, wodurch die Vordüne immer weiter in die Höhe wuchs. Sie konnte so eine Höhe von acht bis zehn Metern und eine Breite von 30 bis 40 Metern erreichen. Bis um 1870 war die Vordüne auf etwa drei Vierteln der ganzen Nehrung fertiggestellt.

Neben dem Bau der Vordüne erfolgte die Aufforstung der Palwe mit Weiden und Erlen. Sören Björn konnte schon 1816 die ganze Palwe zwischen Cranz und Sarkau dem König als bepflanzt melden. Doch stockten wegen der schlechten Staatsfinanzen nach dem Wiener Kongreß diese Arbeiten, so dass man sich bemühte, die Nehrungsbewohner zum Weiterbau aus eigenen Mitteln zu ermuntern, was freilich auch zu keinem Erfolg führte. So wurde der Plan einer geschlossenen Aufforstung aufgegeben, da man sich gezwungen sah, nach der Verschüttung von Kunzen zwölf Jahre zuvor zuerst die noch bestehenden Dörfer zu schützen.

Es ist klar, dass diese forstliche Kultivierung eine einschneidende Beschränkung der Weidewirtschaft mit sich brachte. Die meisten der überwiegend armen Einwohner lebten vom Fischfang, einige wenige, besonders aus Rossitten, betrieben etwas Viehwirtschaft, wo ein fruchtbarerer Boden es zuließ. Als es hieß, die Viehzucht werde verboten, brach eine solche Entrüstung los, dass der Gedanke daran schnell wieder fallengelassen wurde.

Nach 1870 übernahm Franz Epha die Funktion des verantwortlichen Dünenbekämpfers. Als ›Königlicher Dünen- und Plantageninspecteur‹ widmete er sich direkt und ausschließlich den großen Wanderdünen. Er ließ diese in ihren oberen Abschnitten mit Sandgras bepflanzen, der er anschließend Aufforstung mit Kiefernballen folgen ließ. In den tieferen Teilen der Düne wurden Erlen, Birken und Kiefern angesät. Diese Bewachsung fasste erst nach 10 bis 20 Jahren festen Fuß. Deshalb wandte Epha eine andere Methode an, in der er die Dünenhänge durch rechtwinklig sich schneidende Schilf- oder Strauchbestecke abdecken ließ. In die entstandenen kleinen Felder wurden robuste Zwergkiefern unter Zugabe von Geschiebemergelmassen als Dünger eingepflanzt, woraufhin die Felder noch durch Bedeckung mit Seetang zusätzlich geschützt wurden.

Epha hatte mit dieser Methode großen Erfolg. In fünf Jahren, bis 1882, befestigte er die Bruchberge bei Rossitten, bis 1885 besiegte er die beiden großen Niddener Dünen Urbo Kalnas, wo heute der Leuchtturm steht, und Angin Kalnas. 1892 war der 63 Meter hohe Petschberg bei Pillkoppen befestigt. Epha rettete dadurch das Dorf Pillkoppen vor einer weiteren Versandung. Seither heißt dieser Berg ›Ephas Höhe‹. Franz Epha starb hochgeehrt 1904 als 76-Jähriger in Rossitten. Sein Grab auf dem alten Friedhof des Dorfes ist erhalten und wird gepflegt.

▲ Karte S. 333

Der russische Teil der Nehrung

Zelenogradsk (Зеленоградск/Cranz) ist der natürliche Ausgangspunkt für einen Ausflug auf die Nehrung. Am Ortseingang zweigt rechts an einer Tankstelle die Nehrungsstraße ab. Um die Orientierung auf der weitgehend monotonen Strecke über die Nehrung zu erleichtern, hat man die Trasse mit einer Kilometermarkierung versehen. Kilometer 0 ist der Beginn der Nehrungsstraße in Zelenogradsk, genau an der Ecke zur Hauptstrecke aus Kaliningrad (A 191), auch wenn zunächst bis zum Kontrollpunkt keine Kilometerschilder stehen. Zelenogradsk wird nun im Bogen umfahren. Wo sich am Friedhof von Zelenogradsk die neue Nehrungsstraße scharf nach rechts wendet, führt von links die alte Nehrungsstraße aus dem Zentrum der Stadt heraus.

Der russische Teil der Kurischen Nehrung

Am Schlagbaum bei Zelenogradsk

Von hier sind es nur wenige Schritte zu einem der beliebtesten Badestrände im Kaliningrader Gebiet. Durch die Vordüne gelangt man hier zu diesem über 50 Meter breiten, feinen und steinfreien Sandstrand, der im Sommer Badelustige aus dem ganzen Kaliningrader Gebiet anzieht.

Die Kurische Nehrung stand bereits in deutscher Zeit unter strengem Naturschutz, das unbefugte Befahren mit Motorfahrzeugen war verboten. Ab 1937 gehörte die Nehrung in wesentlichen Teilen zum Naturschutzgebiet ›Deutscher Elchwald‹, das sich bis weit jenseits des Ostufers des Haffs erstreckte.

Die Nehrungsstraße ist in Teilen die alte Poststraße von Königsberg nach St. Petersburg. Die jetzige Trasse wurde von 1902 bis 1910 gebaut und folgt auf den ersten zehn Kilometern dem alten Postweg nur bedingt. Die Straße ist nicht allzu breit, oftmals verläuft sie in engen Kurven, es gibt Bodenunebenheiten, Radarkontrollen sind nicht selten. Nachts zumindest kann die Fahrt über die Nehrungsstraße aufgrund des starken Wildwechsels sehr gefährlich sein. Vorsicht bei der Benutzung der Nehrungsstraße mit dem Fahrrad: Da es kaum Radler gibt, rechnen viele der russischen und litauischen Autofahrer nicht mit ihnen. Von einer Fahrradfahrt über die Nehrungsstraße bei Nacht ist unbedingt abzuraten. Während der Wochentage, wo es kaum Ausflügler gibt, ist es aber durchaus zu empfehlen. Doch die Wochenenden in der Sommersaion muss man als Radler meiden.

Von der Nehrungsstraße aus (P 515) lassen sich zunächst weder Ostsee noch Haff erblicken; dichte Mischwälder säumen den Weg.

Bald ist der Schlagbaum am Eintritt in den russischen Nationalpark ›Kuržskaja Kosa‹ erreicht (Kilometer 3,8), wo die fällige Gebühr entrichtet wird. An diesem Kontrollpunkt findet sich meist die Verkehrspolizei ein, so dass man zumindest mit ausländischem Wagen selten einer Personen- und Dokumentenkontrolle entgeht.

Hinter dem Kilometer 4,0 kreuzt die alte Poststraße, der ›Grüne Weg‹, erstmalig die Teerstraße. An dem Parkplatz (etwa bei Kilometer 6,4) kann man Richtung Haff eine Wanderung zur nicht mehr bestehenden Försterei Grenz machen, von der linken Straßenseite her erscheint nochmals die alte Trasse des ›Grünen Wegs‹.

Lesnoj

Etwa bei Kilometer 11 ist das erste Dorf erreicht: Lesnoj (Лесной/Sarkau), oft auch Lesnoe geschrieben. Hier gibt es einen der wichtigsten Fischereibetriebe des Kaliningrader Gebiets; er liegt kurz vor dem Ort am Haffufer. Auf den Fundamenten des langgestreckte Kulturhauses – am Ortseingang rechts – stand einst die neugotische Kirche, die ungewöhnlicherweise nicht in West-Ost-Richtung gebaut war, sondern den Turm im Norden hatte.

▲ Karte S. 339

Lesnoj ist die einzige Siedlung auf der Nehrung, die sich vom Haff bis zur Ostsee erstreckt. Alle anderen Orte, auch die im litauischen Teil, liegen ausschließlich am Haff. Viele Übernachtungsmöglichkeiten, Hotels und auch kleine Restaurants sind in Lesnoj neu erstanden. Allerdings scheint hier bald die ganze Haffküste in Privatbesitz zu gelangen: Zahlreich sind die luxuriösen Villen und deren zugehörige Gärten, die Russlands neue Reiche sich hier am Haff bauen.

Am Ortsende von Lesnoj führt eine kleine Straße zur Ostsee und damit zum Leuchtturm. Ganz in seiner Nähe ist eine hübsche Strandpromenade mit einigen Einkehrmöglichkeiten entstanden. Doch die Ostsee hier ist wild: Nahe der Nehrungswurzel bei Cranz sind Strömung und Wellengang innerhalb der gesamten Ostsee am heftigsten. Wo der ost-westliche Verlauf der Samland-Nordküste allmählich über die Nehrung Richtung Norden dreht, kommt es aufgrund besonderer Wechselwirkungen zwischen der allgemeinen Windrichtung aus West und den zurückströmenden Brandungswassern zu starker Aufwühlung des Meeres.

Dünenträume auf der Nehrung

Auf der Nehrungsstraße südlich von Lesnoj

Zwischen Lesnoj und Müllers Höhe

Zwischen Kilometer 13 und Kilometer 15 befindet sich die schmalste Stelle der Nehrung. Nur knapp 400 Meter trennen Haff und Ostsee, die Nehrungsstraße liegt nur etwa einen Meter über Meereshöhe. Am 18. Januar 1983 durchbrach die Ostsee die Vordüne, überflutete die Straße fast einen Meter und ließ den nördlichen Nehrungsteil zur Insel werden. In fieberhafter Arbeit wurde in den Tagen danach das Loch wieder geflickt und die Nehrungsstraße später auf einem kleinen Damm höher gelegt. Dieser Bereich ist im Straßenverlauf an einigen größeren Bodenwellen deutlich noch auszumachen.

Etwa bei Kilometer 15 befindet sich rechter Hand das **Nehrungsmuseum**. Touristenbusse finden sich auf dem kleinen Parkplatz vor dem Eingang ein, Bernsteinhändler mit mobilen Ständen erscheinen hier im Sommer in großer Zahl. Die russisch und deutsch beschrifteten Exponate informieren über die Geologie der Nehrung, über Tradition und Brauchtum der deutschen Bevölkerung vor 1945 und auch über die aktuelle ökologische und ökonomische Situation.

Weiter auf der Straße passiert man bei Kilometer 16,8 das Feriendorf **Djuny** (Dünen), zwischen Kilometer 17 und 30 erstreckt sich am Haffufer das erste **Dünengebiet**. Die sogenannten Weißen Berge – 15 Meter über Normal Null – sind deren südlichster Ausläufer. Das erste Dünengebiet ist nicht so spektakulär wie die anderen und schwer zu erreichen. Es bildet in seinen wesentlichen Abschnitten die Kernzone des Nationalparks und wird deshalb von den meisten Nehrungstouristen nicht aufgesucht.

Bei Kilometer 18,9 befand sich zwischen 1652 und 1749 das Dorf Alt-Lattenwalde. Hier gibt es einen Parkplatz, von wo aus man zum Möwenhaken wandern kann; dies ist eine der wenigen Möglichkeiten, ins erste Dünengebiet zu gelangen.

Die berühmte **Vogelwarte** auf der Kurischen Nehrung, die bis 1945 in Rossitten ihre Station hatte, befindet sich seit 1957 jetzt etwa zehn Kilometer weiter südlich bei Kilometer 23. ›Fringilla‹ heißt sie heute, genannt nach dem lateinischen Namen für den Buchfink, den hier am meisten beringten Vogel. Ein Waldweg führt zu dieser Einrichtung des Zoologischen Instituts der Russischen Akademie der Wissenschaften. Vogelfreunde aus aller Welt kommen hierher zu Besuch am Haff; innerhalb des Geländes kann man auch ein Schiffswrack bewundern, das schon in vielen Filmen zu sehen war. Von hier gibt es zudem noch eine Möglichkeit, in das Dünenfeld 1 zu gelangen. Ebenso befindet sich hier der Platz des bereits 1760, nur elf Jahre nach dem Untergang Alt-Lattenwaldes verschütteten Neu-Lattenwalde.

Etwa bei Kilometer 27 stand nur 150 Meter von der Straße entfernt links im Wald einst eine Beobachtungsstation Johannes Thienemanns, des Begründers der Rossittener Vogelwarte. Kurz vor Kilometer 30 beginnt die Rossittener Diluvialinsel. Rechts der Straße, zum Haffufer hin, ragen die **Korallenberge** auf, die südlichsten Ausläufer der Geschiebemergelplatte. Hier befindet sich auch eine für die Öffentlichkeit nicht zugängliche Feriensiedlung.

Die Nehrungsstraße scheint sich bei Kilometer 30,8 zu gabeln. Der rechte, nicht asphaltierte Arm führt in Richtung Haff und erreicht nach etwa 1500 Metern die Dorfstelle Kunzen. Dieser Ort wurde aber nicht von der Düne verschüttet, sondern nach der Flucht seiner Bewohner 1945 nicht mehr neu besiedelt und in den 1950er Jahren abgetragen. Dieser Weg führt weiter über die Rossittener Weiden, die ›Feldmark‹, nach Rossitten von Süden her hinein.

Müllers Höhe

Unbedingt sollte man am Parkplatz bei Kilometer 32,1 einen Halt einlegen. Hier liegen an der Seeseite die Bruchberge, die Franz Epha einst als eine seiner ersten Aufgaben befriedete. ›Müllers Höhe‹ (43 Meter über Normal Null) ist hier die höchste Erhebung. Eine kurze Wanderung entlang eines ausgeschilderten Pfades – es gibt auch eine Informationstafel – führt in mäßiger Steigung empor. Ein kleiner Gedenkstein erinnert in deutscher Sprache an diesen Ort, der ihren Namen nach dem Dünenbeamten Müller trägt.

Hier gibt es sowohl einen hölzernen **Aussichtsturm** wie auch einen ehemaligen **Wachtturm** einer vor einigen Jahren abgerissenen militärischen Einrichtung. Dieser Turm kann bestiegen werden – man sollte aber schwindelfrei sein. Die Aussicht ist überwältigend. Man befindet sich in der Längsachse der Nehrung, sowohl nach Süden wie nach Norden

▲ Karte S. 339

Der ehemalige Wachturm auf Müllers Höhe

sind Haff und Ostsee zu gleicher Zeit im Blick. Hier, bei Rybačij, erreicht die Nehrung auf ihrem russischen Teil ihre größte Breite: Fast dreieinhalb Kilometer liegen zwischen Haff und Meer. Nur am Bullwikschen Haken bei Nidden ist die Nehrung noch breiter. Nach Süden hin sieht man das erste Dünenfeld am Haff mild glänzen, ihm gegenüber spiegelt sich die Ostsee, beide getrennt durch den dunklen Waldstreifen der Nehrung. Richtung Haff sieht man Rybačij (Rossitten) mit seiner gar nicht so kleinen und dabei fruchtbaren Feldmark, davor das Möwenbruch, der einzige größere Binnensee auf der Nehrung. Nördlich von Rossitten erhebt sich der Schwarze Berg (32 Meter über Normal Null), wo sich einst die berühmte Segelfliegerschule befand. Heute recken sich dort die Sonden allerlei militärischer Einrichtungen in den Nehrungshimmel. Ganz am Horizont wölbt sich der Grabsche Haken in das Haff. Das Nebeneinander von Meer und Lagune ist ein wunderbares Panorama. Dort ist der russische Teil der Nehrung zu Ende, dahinter beginnt Litauen.

Wieder auf der Nehrungsstraße kommt sogleich rechts das **Möwenbruch** in Sicht. Dieser See ist ein natürlicher Grundwassersee. Solche Bildungen entstanden auf der Nehrung immer dort, wo die Flugsandebene gegenüber der nicht mit Sand überdeckten Grundmoränenplatte auskeilt. Einst Brutplatz zahlreicher Möwen, meiden die Tiere das Bruch inzwischen, denn Rybačijs Abwässer haben es verunreinigt, so dass es zur Kloake wurde und immer mehr verlandet.

Rybačij

Dem Möwenbruch gegenüber steht die heutige **Rossittener Försterei**. In ihr befand sich einst das Haus des Dünen-Inspecteurs (Kilometer 33,6). Unmittelbar davor zweigt nach links Richtung Ostsee ein Waldweg ab. Nach etwa 250 Metern auf diesem Waldweg erreicht man den neuen Friedhof von Rybačij (Рыбачий/Rossitten), nach weiteren 300 Metern den alten Rossittener Friedhof. Wie alle deutschen Friedhöfe im Kaliningrader Gebiet ist auch dieser nach dem Krieg zerstört worden, dennoch sind noch vier deutsche Gräber

Weiter Blick von Müllers Höhe

erhalten. Das ist im wesentlichen dem Kaliningrader Autor Jurij Ivanov (gestorben 1994) zu danken, der nach 1991 zusammen mit litauischen Künstlern den Friedhof als kleine Erinnerungsstätte restaurieren ließ.

Man geht nach etwa 200 Metern links am neuen Friedhof vorbei und kommt nach weiteren 150 Metern zur Stelle des alten Friedhofs (Gedenktafel). Gleich danach, rechts am Weg, liegt der Grabhügel des Dünen-Inspecteurs Franz Epha (1828-1904), von einem kleinen Gitter umgeben, darin auch das Grab seiner Tochter Helene Möschler (1860–1925). Ein dritter Grabstein birgt die Hülle des Ehemanns einer zweiten Epha-Tochter, Carl Robert Suttkus (1856–1920), und am Ende der kleinen Allee, die mitten im Wald den Friedhof durchzieht, liegt das Grab von Johannes Thienemann (1863–1938), dem berühmten Begründer der Rossittener Vogelwarte.

Thienemann war ursprünglich evangelischer Theologe. Er kam 1896 während einer Studienreise nach Rossitten. Die Begegnung mit der Flora und Fauna der Nehrung war für den immerhin schon 33-jährigen ein so einschneidendes Erlebnis, dass er sich spät noch entschloss, Zoologie zu studieren. Die Ornithologie war seit den Kindertagen seine große Leidenschaft. So war es ihm 1901 möglich, in Rossitten die erste deutsche Vogelwarte zu eröffnen, die auch wissenschaftlichen Anspruch erhob.

Thienemanns Hauptanliegen bestand darin, den Vogelzug zu erforschen. Seine Methode der Vogelberingung in großem Stil ließ ihn die exakten Flugrouten der Zugvögel herausfinden. Thienemanns Erinnerungsbuch ›Rossitten – Drei Jahrzehnte auf der Kurischen Nehrung‹ beschreibt seine Lebensarbeit. Seit 1945 lebt Thienemanns Vogelwarte in Radolfzell am Bodensee weiter, auf der Nehrung führten die Russen sie in Rossitten zunächst in kleinem Stil fort, bis 1957 dann die neue und größere Station Fringilla eröffnet werden konnte.

Rybačij-Dorf

Kurz vor Rybačij wendet sich die Teerstraße scharf nach links, während nach rechts ein schmalerer Weg in den Ort hineinführt (Kilometer 34). Im Winkel zwischen beiden Wegen liegt das wohl beste Restaurant im russischen Teil der Nehrung, das ›Postojalyj Dvor‹. Ab diesem Straßenknick führt eine unbefestigte Straße zur Ostsee, über die man nach zwei Kilometern ein weiteres interessantes Restaurant im rustikal-mittelalterlichen Stil erreicht.

Tankstelle im Stil einer Ordensburg bei Rybačij

▲ Karte S. 339

Rossitten ist einer der ältesten Orte auf der Nehrung, nach der Burg Neuhaus bei Pillkoppen entstand hier um 1350 die zweite der Ordensburgen auf der Nehrung. Sie befand sich einige hundert Meter östlich der heutigen Fischkolchose, dort wo sich die Rossittener Spitze ins Haff vorschiebt. Diese Burg war militärisch unentbehrlich, um die Nehrung gegen Einfälle der feindlichen Litauer abzuriegeln. Nach dem Frieden von Melnosee 1422 war die Burg ihres Zwecks entledigt und begann zu verfallen. 1595 wird sie als Ruine beschrieben, noch um 1750 sollen Trümmer vor der Haffküste zu sehen gewesen sein. Doch heute ist von ihr nichts mehr zu finden. In E.T.A. Hoffmanns Erzählung ›Das Majorat‹ bildet ein seltsam fiktives Rossitten mit seinem Schloss die Szenerie des Geschehens.

Bei der Einfahrt nach Rybačij fällt der Blick nach rechts auf einen stillen kleinen See, die Lunk, wie das Möwenbruch ein natürlicher Grundwassersee. Fährt man gleich danach an der ersten Straße nach links (ul. Pograničnaja), so ist das zweite alte deutsche Haus auf der linken Seite das, wo zu Thienemanns Zeit die Vogelwarte untergebracht war. Nicht weit entfernt liegt der sehr gut ausgestatte Hotelkomplex ›Al'trimo‹ rechter Hand, sicherlich eine der besten Adressen auf der Nehrung. Hier gibt es für die Gäste auch Bootstouren auf dem Haff.

Viele Fischerhäuser aus deutscher Zeit säumen die Dorfstraße (ul. Pobedy); der Ort macht einen beschaulichen Eindruck. Einige kleine **Geschäfte** und sogar **Biergärten** sind in letzter Zeit entstanden. Von allen Orten im russischen Teil der Nehrung konnte Rossitten seinen ursprünglichen Charakter als stilles Fischerdorf am besten bewahren.

Blick vom Hafen in Rybačij Richtung Norden

Wo die Hauptstraße nach rechts abbiegt, finden sich das alte **Schulhaus** und ihm gegenüber die **Kirche**. Der neugotische Bau aus dem Jahr 1880 diente nach dem Krieg als Lager, doch seit 1992 wieder seiner ursprünglichen Bestimmung.

Der Weg führt aus Rybačij hinaus, auf die Feldmark und weiter bis zum untergegangenen Kunzen. Die Strecke kann für einen hübschen Spaziergang dienen. Wo die Dorfstraße zur Kirche abbiegt, kann man auch nach links gehen und erreicht alsbald das Haff mit der Fischkolchose. Rossittens alte Mole liegt nun innerhalb dieses etwas maroden Betriebs und kann im allgemeinen nicht betreten werden. Man hat begonnen, hier einen kleinen **Yachthafen** anzulegen, doch sind die Arbeiten noch nicht allzuweit gediehen. Unbedingt sollte man aber von ihr eine Schiffsfahrt machen. Unter anderem bietet Kapitän Viktor Zukanov Touren über das Haff bis zum Grenzgebiet an, wo man das ansonsten unzugänglich dritte Dünenfeld von großartiger Perspektive aus bewundern kann (Tel. 007/9/216/173261). Während der Saison halten sich hier immer Schiffsleute auf, die auf Kunden warten. Allerdings

lohnt es sich nur, wenn man mit einer Gruppe kommt, da es keine konkreten Abfahrtzeiten gibt und eine Stunde auf dem Haff etwa 100 bis 150 Euro kostet, egal wieviele Personen mitfahren. Aber vielleicht ist gerade eine Gruppe da, der man sich anschließen kann.
Etwas weiter westlich, außerhalb der Kolchose, kann man bis zum Haffrand gehen und von dort eine prächtige Aussicht auf die Dünen von Pillkoppen und auf den Schwarzen Berg genießen, wo sich einst die berühmte Segelflugschule befand. Sie wurde in den 1920er Jahren wegen der hier günstigen Wind- und Bodenverhältnisse eingerichtet. Dem Flugpionier Ferdinand Schulz (1892–1929) gelang es hier 1924, fast neun Stunden in der Luft zu bleiben – damals der Weltrekord. Heute hat das Militär hier, unmittelbar an der Küste und auch nicht mehr weit von der litauischen Grenze entfernt, eine Radarstation eingerichtet.

Der ›Tanzende Wald‹

Die Nehrungsstraße umfährt bei Rossitten den Schwarzen Berg mit seinem Militärbereich und wendet sich dann in Richtung Ostsee. Unterhalb des Berges, etwa bei Kilometer 35, liegt die einzige Tankstelle auf der Nehrung, sie ist im Stil einer kleinen Ordensburg gehalten. Etwa bei Kilometer 37 gibt es eine große Sehenswürdigkeit, die ausgeschildert ist, und bei der es auch einen kleinen Parkplatz gibt. Im ›tanzenden Wald‹, bei den Russen ›betrunkener Wald‹ genannt, zeigen die Stämme der Kiefern merkwürdig gekrümmtes Wachstum in Bodennähe, ja bilden sogar richtige Schleifen. Das Phänomen, das vor 1945 nicht bekannt war, erscheint innerhalb eines etwa 300 mal 300 Meter großen Territoriums, wobei die Krümmung mit

▶ Karte S. 339

Der ›Tanzende Wald‹

Entfernung vom Zentrum des Areals sichtlich nach und nach abnimmt, bis sie nicht mehr auftritt. Obwohl es keine gesicherten – veröffentlichten – Deutungen gibt, muss davon ausgegangen werden, dass dieses seltsame Wachstum auf Kontamination des Bodens zurückzuführen ist, da sich hier nach dem Krieg das Militär einrichtete, was zu Schadstoffkonzentrationen im Boden führte. Es handelt sich daher mit gewisser Sicherheit um einen genetischen Defekt, der von Metallkonzentrationen oder Verunreinigungen aus organischen Verbindungen im Untergrund herrührt.
Hinweis: Der Zugang soll wegen Vandalismus ab 2017 eingeschränkt werden.
Ungefähr bei Kilometer 38 beginnt das zweite große **Dünengebiet**, das sich bis kurz vor Pillkoppen erstreckt. Etwa bei Kilometer 38,4 ist am linken Straßenrand neben einer Waldwegschranke ein knapp zwei Meter hoher Erdwall leicht zu übersehen. Es handelt sich dabei um eines der ganz wenigen Bodendenkmale der Ordenszeit, den sogenannten **Großen Querwall**: Um den Weg über die Nehrung besser überwachen zu können, errichteten die Ordensritter um 1280 eine künstliche Barriere.

Morskoe und Umgebung

Auf dem Parkplatz bei Kilometer 42,2 herrscht lebendiges Treiben, denn hier befindet sich ein Zugang zu einer sehr beliebten Badestelle am Ostseestrand mit guter Einkehrmöglichkeit in den Dünen, und in Haffrichtung führt ein befestigter Steig in das zweite Dünenfeld hinein, zum Altdorfer Berg (61 Meter). Die Russen bezeichnen ihn als ›Ephas Düne‹. Grillstände und unzählige Bernsteinhändler mit seriösen und unseriösen Absichten warten hier auf die Touristen. Alle Nehrungstouristen kommen hierher, denn selten hat man im russischen Teil der Nehrung eine so einfach zugängliche Stelle, an der die Wunder der Dünenwelt wenigstens andeutungsweise zu erleben sind.

■ Ephas Düne

Sanft steigt der Weg zum Haff hin an und führt dann auf eine erste **Aussichtsplattform**, weit kann der Blick über Ostsee und Haff schweifen. Die Dünen sind hier teilweise bewachsen, unter den Sandmassen erscheinen hie und da seltsame, gleichsam verhärtete Sandschichten, Kupsten genannt. Das sind Relikte alter, durch das Gewicht der überlagernden Massen verfestigter Dünen.

Auf dem Altdorfer Berg stand einst die erste Ordensburg, die auf der Nehrung errichtet wurde, die Burg Neuhaus. 1283 gebaut, war sie bereits um 1330 unter dem Sand begraben. Es besteht allerdings die Möglichkeit, dass Reste von ihr in den nächsten Jahren bei den herrschenden Westwinden – wenn die Düne noch ein bißchen gewandert sein wird – wieder freigelegt werden.

Ein schmaler Holzsteig führt zu einem **zweiten Aussichtspunkt**. Hier lässt sich die schiere Unendlichkeit der ›europäischen Sahara‹ zumindest erahnen. Doch der Mensch war gezwungen, regulierend einzugreifen: Morskoe (Морскоe/Pillkoppen), nur einen Kilometer weiter nördlich gelegen, muss von den von Nord nach Süd verlaufenden Haffströmen und -winden vor der Versandung geschützt werden. Die vom Altdorfer Berg abgetragenen Sandmassen wurden im flachen Haffwasser vor Pillkoppen abgelagert und ließen innerhalb von nur zehn Jahren einen breiten Sandgürtel entstehen, womit das Dorf seinen Haffzugang verloren hat. Daher bepflanzt man immer größere Abschnitte des Altdorfer Berges.

Die Besteigung des Altdorfer Bergs ist für Touristen oft die einzige nähere Begegnung mit der Dünenwelt im russischen Teil. Doch der hinreißendste und unberührteste Dünenabschnitt liegt mitten im russischen Grenzgebiet zu Litauen und ist auch mit Sondergenehmigung nicht zugänglich.

■ Morskoe-Dorf

Etwa bei Kilometer 44,2 führt an einem Schild ›Morskoe‹ die Straße in den Ort hinein. Unterhalb des Petschberges – heute ›Ephas Höhe‹ –, auf den nach rechts eine ehemalige Militärstraße emporführt, gelangt man in dieses einst einsamste aller Nehrungsdörfer. Heute ist es von den zahlreichen modernen Villen geprägt, die sich reiche Kaliningrader und Moskauer errichtet haben. Bis direkt zum Haff drängen sich die protzigen Neubauten vor. Die Zufahrtsstraße zum Haff ist jetzt sogar mit einem Poller versehen: Touristen sind nicht mehr erwünscht.

Am Ostrand des Dorfes – an der Bushaltestelle nach links gehen – steht die alte Schule, die heute ein kleines Geschäft beherbergt. Auf dem Platz vor dem ›Magazin‹ liegt allerlei Baumaterial,

Panoramablick am Caspalege-Berg

Holz, Betonstelen - anscheinend ist die Umgestaltung Pillkoppens noch lange nicht abgeschlossen. Zum Haffufer hin gibt es noch die Feriensiedlung ›Dosug‹, die für die wechselnde Qualität ihrer Dienstleistungen bekannt ist. An der Straße zur alten Schule (ul. Dačnaja) gibt es das neue Hotel ›Morskoe‹, daneben wurde im ehemaligen Haus des Schriftstellers Jurij Ivanov eine Gedenkstele für die Deutschen aufgestellt, die früher hier lebten.

Eines der bezauberndsten Nehrungsbilder überhaupt und einen hinreißenden Blick auf Morskoe kann man vom Hang des Petschbergs bekommen, der im Westen von Morskoe als bewachsene Düne aufragt. Dort gibt es einen kleinen symbolischen Friedhof mit drei deutschen Gräbern. Von hier führt ein Fußpfad die bewachsene Düne hinauf, endet aber vor dem ›Gipfel‹.

Lebed-See

▸ Karte S. 339

Ein weiterer beeindruckender Spaziergang führt von Morskoe ein Stückchen nordwärts: Links am ›Magazin‹ vorbei, und dann immer geradeaus, parallel zum Ufer, ist nach einer Stunde der schon recht nahe der Grenze gelegenen Lebedoe ozero (Schwanensee, einst Caspalegesee) zu erreichen. In seiner Nähe liegt das **dritte Dünenfeld**, das wunderbarste von ihnen, das aber nicht betreten werden kann. Die Wanderung führt zum Teil durch sandig-sumpfige Uferbereiche. Hält man sich jedoch nicht entlang des Ufers, sondern steigt schräg entlang der Dünen allmählich bis zu ihrem Kamm empor, ist in etwa einer Stunde ein herrlicher Panoramapunkt erreicht, von dem es den sicherlich großartigsten aller zugänglichen Nehrungsblicke gibt. Der Steig zieht sich allmählich auf den bewachsenen Lepas Kalnas (60 Meter über Normal Null) empor, von dort unterhalb des Gipfelpunkts weiter parallel zur Haffküste und von grandiosen Bildern begleitet zum Caspalege-Berg (54 Meter), wo es eine **Aussichtsplattform** gibt. Nun ist der Grabsche Haken schon greifbar nah - links vor ihm liegt die weiße Sandspitze des Roterwald-Bergs, die meist von ungestümen Winden umspielt ist. Auf der großen ›Wiese‹ unterhalb der immer noch wandernden Düne des Hirschbudenbergs befand sich einst die Viehweide von Neu-Pillkoppen, das an dieser Stelle zwischen 1728 und 1839 existierte. Am Grabschen Haken wurden 1936 Filmarbeiten für den Film ›Olympia‹ Leni Riefenstahls ausgeführt. Im Anfang dieses Films werden gleichsam wie eine Retrospektive altgriechischer Leibesertüchtigung einige unbekleidete Menschen gezeigt, die teils statisch, teils sportlich aktiv in einer sandigen südlichen Landschaft erscheinen.

Es ist offiziell verboten, von Morskoe aus entlang schönster Dünenalndschaften zu diesem Panoramapunkt emporzusteigen. Einfacher gelangt man zu ihm von der Nehrungsstraße her. Etwa bei Kilometer 45 gibt es einen **Parkplatz mit Informationstafel**, von wo der Aufstieg zum Caspalege-Berg möglich ist. Blickt man von hier hinaus aufs Haff, erkennt man am Horizont eine Bohrinsel. Zehn Kilometer vor der Nehrungsküste hat der Ölkonzern Lukoil eine Bohrplattform errichtet – eines der umstrittensten ökonomischen Vorhaben im Kaliningrader Gebiet, da im Falle einer Havarie der Nehrung der ökologische GAU droht.

Im Haff bohrt der Lukoil-Konzern nach Öl

Hinweis: Seit 2016 ist auch dieser Weg bis auf weiteres aufgrund zu hohen Publikumsverkehrs, also aus Naturschutzgründen gesperrt.

Im russisch-litauischen Grenzgebiet

In der kurzen Zeit zwischen der Öffnung des Kaliningrader Gebiets und 1993 war es durchaus möglich, über die Dünen nach Litauen zu spazieren. Zwar existierte der Grenzübergang auf der Nehrungsstraße schon, doch interessierte man sich nicht für Wanderer, die unbedingt den schwierigen Marsch durch den Sand machen wollten; Grenzbefestigungen gab es innerhalb der Dünen genausowenig. Seit 1997 sind diese Ausflüge nicht mehr möglich. Nördlich des Oz. Lebedoe sollte man sich nicht mehr in den Dünen aufhalten. Hinweisschilder auf das Grenzgebiet gibt es hier zwar nicht – es steht nur an der Nehrungsstraße. Wer unten am Haffufer spazieren geht, kann vielleicht noch hinter dem Caspalege-See einen Blick auf die steile goldfarbene Sandwand des Hirschbudenbergs werfen, aber etwa 300 Meter weiter stößt man auf Grenzposten. Hier durchzieht ein Stacheldrahtzaun mit Bewegungsmeldern die Dünen quer bis zur Nehrungsstraße, doch gibt es keinen Posten mehr, der die die Papiere der Automobilisten für die Weiterfahrt zum eigentlichen Abfertigungsareal kontrolliert.

Natürlich wird dieser Zaun innerhalb der Dünen oft von Sand überweht, so dass es für die Grenzsoldaten eine wichtige Aufgabe ist, ihn freizuhalten. Hinter diesem Zaun liegt aber noch nicht Litauen, sondern zunächst der innere Bereich der

Grenzzone. Innerhalb dieser befindet sich der Grabsche Haken, und erst dahinter liegt die Grenze zu Litauen. Ein gesondertes Grenzgebiet gibt es übrigens auf litauischer Seite nicht, nur ist dort wegen des Naturschutzes der unmittelbare Grenzbereich - etwa ein Kilometer Breite - zur russischen Demarkationslinie gesperrt.
Daher ist derzeit der grandioseste, unberührteste, am stärksten verzaubernde Dünenabschnitt der Nehrung unerreichbar und nur noch über alte Bildbände erlebbar.

Der russische Teil der Nehrung

Touristeninformation Rybačij, ul. Pobedy 2, Tel. 007/40150/41349, www.rybachy.com. Website auch auf Deutsch.

Für das Auto wie für die Insassen werden Gebühren fällig. Die sind seit einiger Zeit - das war in der Vergangenheit nicht immer der Fall - für Russen und Ausländer gleich. Man bezahlt für ein Fahrzeug etwa 10 € und die Mitfahrenden je etwa 4 €, der Chauffeur ist frei. Für Radler ist die Benutzung der Nehrungsstraße - noch - kostenlos. Von Kaliningrad aus ist die Nehrung aber auch mit dem Bus gut erreichbar. Abfahrt 3x tgl. vom Südbahnhof, Haltestellen befinden sich auf der Nehrung in allen drei Orten sowie an der Vogelwarte und am Museum.

Los Promenados, an der Promenade in Lesnoj, Tel. 007/40150/32829.

Hotel Kuržskaja Kosa (Kurische Nehrung), Central'naja ul. 17, 238534 Lesnoj, Tel./Fax 007/40150/45242 und 48242, www.holiday.39rus.ru; DZ 50–70 €.

Touristenzentrum Baltika, ul. Lesnaja 3a, 238534 Lesnoj, Tel./Fax 007/40150/45242; DZ 40–100 €.

Villa Elisa, ul. Naberezhnaja 2, 238534 Lesnoj, Tel. 007/40150/45294, Fax 450-94, mobil 007/906/210 58 91, www.villa-elisa.ru; DZ in der Hauptsaison (Mitte Juni bis Ende August und Silvesterwoche) um 80 €, sonst 50–60 €. Renovierter, schöner Altbau mit einigen reizvollen Bungalows, nur 300 m vom Ostseestrand entfernt.

Hotel Al'trimo, ul. Pogranicnaja 11, 238535 Rybačij, Tel./Fax 007/40150/41139, 41122, www.altrimo.ru; DZ um 100 €. Nicht ganz billig, aber in einzigartiger Lage direkt am Haff, Möglichkeit zu Schiffsfahrten auf dem Haff, Vermietung von Booten, diverse touristische Angebote (Exkursionen etc.).

Postojalyj Dvor, 238535 Rybačij, Tel./Fax 007/40150/41290 und 41296; DZ 120–150 €. Das beste Restaurant im russischen Teil der Nehrung, aber sehr teuer. Die Küche ist exquisit, im Biergarten ist es gemütlich, und es gibt 20 gute, wenn auch nicht allzu preiswerte Gästezimmer. Vornehme Kaliningrader pflegen hier ihre Familienfeiern abzuhalten. Vladimir Putin war auch schon hier, der Stuhl, auf dem er gesessen hat, ist markiert und darf voll Ehrfurcht bestaunt werden.

Hotel Morskoe, ul. Dačnaja 6, 238530 Morskoe, Tel. 007/40150/41330, www.deima-tour.com; DZ 40–45 €.

Das **Feriendorf Djuny** (Люны/Dünen) liegt bei Kilometer 16,8. Diese einfache Campinganlage mit kleinen Ferienhäusern hält im Sommer auch ein Restaurant bereit. Tel. 007/40150/48280.

Nehrungsmuseum (Muzej Kuršskaja Kosa), Lesnoe, bei Kilometer 15; Mi–So 11–17 Uhr.

▶ Karte S. 339

Der litauische Teil der Nehrung

Der nördliche Teil der Nehrung ist weitaus weniger urwüchsig als der russische. In den letzten Jahren 20 Jahren wurde er, obwohl in Teilen als Nationalpark ausgewiesen, zu einem beliebten Feriengebiet mit guter touristischer Infrastruktur. An manchen Stellen leidet der eigentümliche Nehrungszauber etwas darunter. Ein Besuch in Nida mit dem bekannten Thomas-Mann-Haus darf auf keiner Reise in diese Region fehlen.

Fährt man hinter dem Abzweig nach Pillkoppen auf der Nehrungsstraße weiter, gelangt man nach etwa drei Kilometern zu einem Kontrollhäuschen an der Straße, wo sich bis vor kurzem auch ein Schlagbaum befunden hat und eine Vorkontrolle der Papiere erfolgte, bevor man zur eigentlichen Abfertigung weiterfahren konnte, die sich erst in knapp zwei Kilometer Entfernung befindet. Der Posten ist nicht mehr besetzt, und es weist ein Schild auf das beginnende Grenzgebiet hin, das aber, ohne im Dünenbereich ausgeschildert zu sein, weiter nach Süden reicht. Den eigentlichen Kontrollpunkt erreicht man bei Kilometer 50. Der Grenzübertritt nach Litauen ist über die Nehrung sehr bequem, auch im Sommer gibt es keine größeren Wartezeiten. Das Passieren ist auch mit dem Fahrrad möglich. Viele Russen nutzen dies zu kleinen Stippvisiten in Nida. Auch sieht man immer mehr Deutsche, die aus Litauen mit dem Rad zu einer kleinen Nehrungsrundfahrt in das Kaliningrader Gebiet einreisen.

Der Verlauf der Grenze, die die Nehrung hier ziemlich genau auf der Hälfte teilt, geht auf die Ordenszeit zurück. Genau in der Mitte der Kurischen Nehrung setzte man die Grenze zwischen den Komtureien Königsberg und Memel fest. Die administrative Grenze zweier Verwaltungseinheiten im Staat des Deutschen Ritterordens, danach im Herzogtum Preußen avancierte in der späteren Zeit im Königreich Preußen zu der Kreisgrenze zwischen den Kreisen Samland und Memel. Bei der Abtrennung des Memellands 1919 nahm man auf der Nehrung die alten Kreisgrenzen als neue Reichsgrenze, orientierte sich auf dem Festland aber nicht daran und ließ dort den Verlauf der Memel zur Grenze werden.

Hat man nun die russische Pass- und Zollkontrolle hinter sich gebracht, befindet man sich endlich auf litauischem Gebiet. An der Grenze zahlt man auch gleich, sofern man mit dem eigenen Wagen einreist, die Gebühr für den litauischen Teil des Nationalparks Kurische Nehrung (Kuršių Nerija National Park) – immerhin 20 Euro pro Auto!

Auf litauischem Gebiet fühlt man sich in eine andere Welt versetzt. Auf russischer Seite dominieren noch Abgeschiedenheit und Melancholie, auf litauischer Seite Discotheken, Restaurants und

Das ehemalige Gasthaus Blode in Nida, heute Teil des Hotels ›Nidos smiltė‹

Der litauische Teil der Kurischen Nehrung

Campingplätze – die Infrastruktur eines lebhaften Urlaubsortes, der den einzigartigen Charakter der Nehrung doch etwas zu stark getrübt hat. Litauen musste und muss sich dafür auch oft Kritik gefallen lassen.

Auch hier gibt es an der Nehrungsstraße wieder eine Kilometereinteilung. Wie auch im russischen Teil, gibt es auf den kleinen Kilometerschildern zwei Angaben, hier auf litauischem Gebiet von der Grenze bei Nidden zählend und einmal vom nördlichen Nehrungsende bei Memel rechnend.

Hohe Düne

Gleich hinter der litauischen Abfertigung gibt es nach rechts mehrere Waldwege, die direkt auf die Dünen im grenznahen Bereich führen. Doch ist das Betreten der Wege verboten. Hinter der Tankstelle verlässt man am besten die Umgehungsstraße, um nach rechts auf die Taikos g. zu gelangen, und von der dann nochmals nach rechts abbiegend zunächst zum Parniddener Berg (Parnidžio kopas) zu fahren, die den Touristen meist als Niddens ›Hohe Düne‹ vorgestellt wird. Eine Plattenstraße führt empor, fast bis zum Gipfel, auf dem die **Skulptur** einer modernistischen Sonnenuhr errichtet ist. Ein sehr schöner Spazierweg mit herrlichen Blicken auf Haff und Nehrung führt hier abwärts zum Ortsrand von Nidden.

Eine weitgespannte Sandlandschaft zieht sich auch hier vom Nehrungswald bis zum Haff. Sie ist reich gegliedert und von sanften Talsohlen durchbrochen. Zahlreiche Fußspuren ziehen sich dünenauf und -ab, obwohl es verboten ist, über die Dünen zu spazieren. Oberhalb der Bucht vor dem Grabschen Haken liegt die eigentliche Hohe Düne, 62 Meter über dem Meer, unter ihr ist Niddens alter Pestfriedhof begraben. In der Bucht lag bis 1675 das ›erste‹ Nidden. Die eigentliche und vielgerühmte Hohe Düne liegt schon so nahe an der russischen Grenze, dass sie nur selten aufgesucht wird. Ein bewachsenes Tal grenzt sie vom Parniddener Berg ab. Das ist jenes ›Tal des Schweigens‹, in dem 1871 französische Kriegsgefangene untergebracht waren. Die Hohe Düne ist ein kurzlebiges Gebilde. Mindestens 40 Zentimeter legt sie pro Jahr zurück, um sich mit ihren Sandmassen ins Haff zu ergießen. In 2000 bis 3000 Jahren wird es wahrscheinlich dann kein Kurisches Haff mehr geben, und man wird trockenen Fußes von Nida nach Gilge spazieren können.

Nida

Zusammen mit Preila (Preil), Pervalka (Perwelk) und Juodkrantė (Schwarzort) bildet Nida (Nidden) die Verwaltungseinheit Neringa (Nehrung), die 1961 geschaffen wurde. 2500 Bewohnern gesellen sich in der Saison bis zu 3000 Touristen hinzu. Nidden ist neben Juodkrantė das wichtigste touristische Zentrum im litauischen Teil der Nehrung, entsprechend entwickelt ist die Infrastruktur. Die Saison geht hier von Anfang Juli bis Ende August. Besonders an den Wochenenden ist es in dieser Zeit kaum möglich, ohne rechtzeitige Voranmeldung eine Übernachtung zu finden. Auch in den Gartenlokalen und Restaurants sind dann freie Plätze selten. Niddens **Badestrand** liegt etwa zwei Kilometer westlich des Ortszentrums jenseits des Urbo Kalnas am Ostseeufer. Wie überall auf der Kurischen Nehrung ist das Haff zum Baden nicht geeignet: Es ist schlickbeladen und wegen der von den Industriebetrieben in Sovetsk und Ragnit eingeleiteten Abwässer verunreinigt.

Entspannte Abendstimmung am Strand von Nida

Im 19. Jahrhundert wuchsen die ursprünglich getrennten Ortsteile Purwin, Skrusdin und Hauptdorf zur Gemeinde Nidden zusammen. Manche Einwohner lebten vom Fischfang, viele betrieben Viehzucht. Die Weiden befanden sich jenseits des Haffs in der Elchniederung, was früh den Bau eines Hafens auch für Heukähne nötig machte. Mit dem Aufkommen des Fremdenverkehrs Ende des 19. Jahrhunderts, als Nidden gleichsam zum Inbegriff der Nehrung wurde, kam ein weiterer Erwerbszweig hinzu. Maler und Bildhauer begannen damals, die herbe Dünenlandschaft zu entdecken, Künstlerkolonien entstanden.

Der Gasthof des Hermann Blode war der Treffpunkt der Bohème. Lovis Corinth, Karl Schmidt-Rottluff, Ernst Ludwig Kirchner, Erich Heckel, Max Pechstein und Ernst Mollenhauer – um nur die bekanntesten zu nennen – ließen sich von der Kurischen Nehrung bezaubern, auch Heinz Rühmann – er drehte hier 1944 in den Dünen ›Quax in Afrika‹ – und auch Gret Palucca, Bernhard Minetti, Carl Zuckmayer und Thomas Mann entdeckten sie für sich. Nach einem kurzen Besuch auf der Nehrung 1929, während einer Lesereise nach Königsberg, war Mann so begeistert, dass er auf dem Schwiegermutterberg im Ortsteil Skrusdin 1930 ein Sommerhaus erwarb und die nächsten zwei Sommer dort mit seiner Familie verbrachte. In allen älteren Nehrungsbüchern ist der sogenannte Italienblick abgebildet, wie er sich von der Höhe von Thomas Manns Haus über das Haff ergab. Heute ist dieser Blick nur noch in Teilen möglich, zuviel ist inzwischen überwuchert. Auch die berühmte Kiefer steht nicht mehr, wie auch die alten Häuser am Fuß des Schwiegermutterbergs verschwunden sind. Während der NS-Zeit war Manns Haus als ›Jagdhaus Elchwald‹ für Hermann Göring in seiner Funktion als Reichsjägermeister reserviert.

Die **Kirche** aus dem Jahr 1889 dient nach Jahren der Benutzung als Nehrungsmuseum wieder dem evangelischen Gottesdienst. Von besonderem Zauber ist der **Friedhof**. Viele Gräber aus deutscher Zeit sind noch vorhanden, besonders anrührend sind die sogenannten Totenbretter, wie man sie überall auf memelländischen Friedhöfen antrifft. Diese Grabbretter gehören zur kurischen Tradition. Bei den Kuren symbolisierte die Kröte das Leben nach dem Tode, daher sind die Bretter teils in Krötenform ausgeführt. Ursprünglich wurden diese Bretter bei der Beerdigung dem Sarg vorangetragen, und dann gleichsam als Grabstein mit in die Erde eingelassen. Besuchenswert ist auch der alte **Försterfriedhof** außerhalb an der Nehrungsstraße. Hier liegen neben Georg David Kuvert, Franz Ephas Amtskollege in Nidden, viele Mitglieder der Gastwirtsfamilie Blode begraben. In den Nachkriegsjahren wurde der Friedhof nicht zerstört.

Neben den Kurenbrettern weist das moderne Nidden noch weitere Relikte kuri-

›Kirchhof in Nidden‹, Gemälde (1893) von Lovis Corinth

Karte S. 352

schen Brauchtums auf. In den Gärten der älteren **Fischerhäuser** finden sich oft einzelne Masten der Kurenkähne, an deren Spitze sind wie eine kleine Flagge die für die Fischer des Kurischen Haffs so charakteristischen Kurenwimpel angebracht. Sie waren gleichsam das ›Schiffskennzeichen‹, gaben in den Farben des Wappens den Heimatort des Kahns an. Farbiges Schnitzwerk, Elche, Kirchen und geistliche Losungen ergänzen das Kunstwerk Kurenwimpel. Leider hat fast keiner der alten Kurenkähne die Nachkriegszeit überstanden. Die Neusiedler nach 1945 konnten die sehr schwer zu handhabenden, klobigen Kähne nicht führen und verheizten sie im kalten Winter 1946/47.

Eine Besuch des **Leuchtturms** von Nidden auf dem Urbo Kalnas lohnt sich: Von ihm hat man eine beeindruckende Rundsicht auf Haff und Dünen. Der Turm ist normalerweise verschlossen, doch findet sich meist der Wärter, der gegen ein kleines Trinkgeld gerne aufschließt. Auch ist die Besteigung des benachbarten **Angu Kalnas** ist wegen des guten Rundblickes lohnend.

Nida

Vorwahl aus Deutschland: 00370/469.

Touristenbüro, Taikos g. 4, 93123 Neringa-Nida, Tel. 52345, www.neringa.lt.

Nida ist ein typischer Sommerurlaubsort mit einer recht großen Auswahl an Lokalen, gleich mehrere finden sich unmittelbar am Haff in der Naglių g.

Pension Liusė ir Juozas Čižiunai, Lotmiškio 7–1, Tel. 52256, www.vacationnida.eu. Privatpension mitten in Niddens Zentrum.

Hotel Juratė, Pamario g. 3, Tel. 52618, 52300, www.hotel-jurate.lt. Ehemaliges Hotel ›Königin Luise‹, mit 250 Betten die größte Einrichtung in Nida, zurückhaltender Charme; Preise auf Anfrage.

Hotel Palvė, Taikos 15, 93123 Nida, Tel. 52702, www.palve.lt. DZ 55–85 €. Gute Touristenunterkunft nahe des kleinen Zentrums von Nida.

Hotel Nidos Banga (vormals Nidos Smiltė), Skruzdynės g. 2, 93123 Nida, Tel. 52221 bzw. 52219, www.hotelbanga.lt, DZ 40–120 € (je nach Saison). Am Nordrand Nidas gelegen, unweit des Thomas-Mann-Hauses. Kolossaler Haffblick, in den Komplex ist der legendäre Gasthof ›Blode‹ integriert.

Campingplatz, auch für Caravans, zwischen Nehrungsstraße und Parniddener Berg, im Süden von Nida; Taikos 45a, Tel. 52045, www.visitneringa.com.

Thomas-Mann-Kulturzentrum und Museum, Skruzdynės g. 17, Tel. 52260, www.mann.lt. Ständige Gedenkausstellung an Thomas Manns Niddener Zeit.

Historisches Museum Neringa, Pamario g. 53, Tel. 51162. Traditionelles Leben und Arbeiten der Nehrungsbewohner, Geschichte der alten Poststraße etc.

Hermann-Blode-Museum, Skruzdynės g. 2, Tel. 52221. Gedenkräume im alten Gasthof, tagsüber immer geöffnet, freier Eintritt.

Ethnographisches Fischerhaus, Naglių g. 4, Tel. 52372.

Bernsteingalerie und -museum, Pamario g. 20, Tel. 52573, www.ambergallery.lt. Museum über die Entstehung des Bernsteins, seine Gewinnung und Verarbeitung. Auch Verkauf.

Von Nida mit dem Rad nach Klaipėda

Im Gegensatz zum russischen Teil der Nehrung finden Fahrradfahrer im litauischen Teil gute Bedingungen vor. Von Nida führt ein Radweg auf der Nehrung zunächst entlang der Haffküste bis Pervalka (Perwelk) und weiter anschließend im Nehrungsinneren und auf der Ostseeseite bis Klaipėda. 50 Kilometer sind dabei zu überwinden. Dieser Radweg ist Teil des geplanten europäischen Fernradweges R 1, der einmal von Brüssel über Berlin, Kaliningrad, die Kurische Nehrung und Riga bis nach St. Petersburg führen soll. Während er auf deutschem, polnischen und auf litauischem Territorium weitgehend fertiggestellt ist, lässt die Realisierung im russischen Teil noch auf sich warten. Aber allein der litauische Teil ist reizvoll, da er an schöner Landschaft vorbeiführt und mit einigen Sehenswürdigkeiten bekannt macht, die abseits der Autostraße und ihrem Verkehr liegen. Der Nehrungsabschnitt dieses Fernradwegs ist ein Teil des litauischen Radwegs 10. Dieser hat keine durchgehende Streckenführung, sondern ist aus drei Einzelstrecken zusammengesetzt, die sternförmig von Klaipėda ausgehen. Eine Trasse verläuft nördlich der Stadt bis zur lettischen Grenze, die zweite südlich über die Nehrung bis zur russischen Grenze, und eine dritte Trasse geht südostwärts durch die Memelniederung an der Ostseite des Haffs bis Šilutė. Wie die Nehrungsstraße ist der gut ausgeschilderte Radweg mit genauen Kilometermarkierungen versehen, die zumindest innerhalb jener Abschnitte, die durch den doch zugegeben monotonen Nehrungswald verlaufen, gute Orientierungsmöglichkeiten sind.

■ Von Nida bis Preila

Auf der Nehrung beginnt der Radweg 10 am südlichen Ortsrand von Nida, im Bereich der alten Mole, zieht sich bis zur Neuen Mole hin, geht an der alten Fischkolchose vorbei und bleibt dann direkt am Haffufer. Er geht unterhalb des Hotels ›Palve‹ und des Thomas-Mann-Hauses vorbei. Dann passiert man einige private Neubauten von teils pompösem Charakter und gelangt weiter in den **Nehrungswald**. Ein Abzweig führt alsbald zum Haff hin, zum kleinen Flugplatz Nida, der aber auch von der Straße hinter dem Thomas-Mann-Haus erreicht werden kann. Der Flugplatz stammt noch aus der Sowjetära, als die litauische Nehrung zum großen Erholungsgebiet für die Werktätigen ausgebaut werden sollte. Hier ragt der **Bullwiksche Haken** ins Haff, die heute mit dreieinhalb Kilometern breiteste Stelle der Nehrung.

Weiter Richtung Preila führt der Weg unterhalb des **Vecekrugo kalnas** (Wetzekrugberg) vorbei. Mit 67 Metern ist er die höchste Erhebung auf der Nehrung überhaupt. Diese Düne ist inzwischen bewaldet und steht etwas vom Ufer zurückgesetzt. Von Nordosten führt ein schwer begehbarer Fußpfad auf den Berg (Karte angeraten!).

■ Preila

Nach knapp zehn Kilometern (von Nida aus) nähert sich der Radweg allmählich dem Haff, linker Hand ragen bewachsene Dünenberge auf, die Große Preilsche Bucht kommt in Sicht. Am Südrand von Preila stehen unmittelbar am Haff viele alte und neue kleine Gehöfte, wo man in schöner Landschaft Ferienwohnungen mieten kann (Anfragen beispielsweise über zalias@is.lt). In diesem Bereich liegt auch der alte **Preiler Friedhof**, ähnlich traumhaft-verwunschen wie der in Nida. Buchungen von solchen Ferienwoh-

An der Großen Preilschen Bucht

nungen sollten rechtzeitig erfolgen, egal in welchem Ort, denn sie sind fest in der Hand überwiegend litauischer Urlauber, die gleichsam für jede der kurzen Sommersaisons darauf abonniert sind.

Preila (Preil) ist die kleinste und jüngste Siedlung auf der Nehrung, sie wurde erst 1845 von Fischern des kurz vorher untergegangenen Negeln gegründet. Viele alte unter Denkmalschutz stehende **Fischerhäuser** sind noch erhalten. Nördlich von Preila passiert man ein kleines Elektrizitätswerk, dann geht es durch herrliche **Erlenbruchwälder** und **Haffsümpfe**. Hier befand sich einst eines der Hauptreviere des Elchs auf der Nehrung.

■ Von Preila nach Pervalka

Hinter Preila liegt der **Ziegenhaken** (Ožku ragas). In nur 50 Jahren, zwischen 1860 und 1910, wuchs diese Landzunge ins Haff hinein. Weiter nach Norden überragt der **Karvaižiu kalnas** (Karwaitensche Berg) mit 59 Meter Höhe den Nehrungswald. An seinem Fuß befand sich das 1797 untergegangene Karwaiten, das hier seit 1597 bestanden hatte. Schon 1740 galt der Ort als vom Sand stark gefährdet, die Jahre danach hielten überwiegende Ostwinde die Dünen vom Wandern ab, so dass man sich 1749 sogar zum Neubau einer Kirche entschloss. Doch in den 15 Jahren nach 1760 rückte die Düne fast 40 Meter auf Karwaiten vor. Um 1785 begannen die ersten Bewohner den Ort zu verlassen, 1791 wurde die Kirche geschlossen, 1797 dann auch die Schule; nun verließen auch die letzten Bewohner den Ort. Der Radwanderweg führt unterhalb des Karwaitenschen Bergs an einer Stelle vorbei, wo eine **Gedenktafel** an das untergegangene Karwaiten erinnert. Allerdings lässt sich dessen genaue Lage nicht mehr rekonstruieren.

Der vielleicht berühmteste Sohn der Nehrung, Ludwig Rhesa (1776–1840), kam in Karwaiten zur Welt. Er war Professor der Theologie an der Universität in Königsberg, übersetzte als erster die Lutherbibel ins Litauische und sammelte, ähnlich wie Herder, litauische Volkslieder. Er genießt bei den Litauern große Verehrung. Typisch für seine Zeit, sprach er gleichermaßen Litauisch und Deutsch.

Pervalka

Hinter den Karwaitener Sümpfen steigt der Weg etwas an und führt unterhalb des Skirbsto Kalnas (Kirbsteberg) an der alten Perwelker Försterei vorbei, mitten nach Pervalka (Perwelk) hinein, das von Preila etwa acht Kilometer entfernt ist. Am Ortseingang wendet sich der Radweg bergauf und bergab über die zugewachsenen Dünen zur Nehrungsmitte und zum flachen Ostseesaum hin, wo die Nehrungsstraße erreicht wird.

Hübsch und hübsch gelegen: Pervalka

Bei der **Försterei** gibt es auch einen Verbindungsweg zur Nehrungsstraße, nördlich dieser asphaltierten Stichstraße befindet sich auf einer Düne eine unübersehbare große **Holzskulptur** Ludwig Rhesas, die von dem berühmten Bildschnitzer Eduardas Jonušas 1976 geschaffen wurde. Perwelk wurde wie Preil zu Beginn der 1840er Jahre von ehemaligen Bewohnern des fünf Kilometer weiter nördlich gelegenen Dorfes Negeln gegründet, das von der Düne zugeschüttet worden war. Bis 1945 galt es als das ärmste aller Nehrungsdörfer. Heute ist Pervalka im Gegensatz zu dem stillen Preila ein geschäftiges kleines Touristenzentrum mit einem nicht unbedingt historischen, doch recht hübschen Zentrum und vielen Kurenwimpeln, die die Häuser schmücken. Am nördlichen Ende der Dorfstraße liegt der ›Pferdehaken‹, wo einst die Ordensritter ihre großen Pferdeweiden hatten. Einen ungewöhnlichen Anblick bietet der kleine **Leuchtturm** von 1900: Er befindet sich etwa hundert Meter vor der Haffküste entfernt im Wasser.

Hier schließen sich die **Birkensümpfe** des Birštvyno kyšulys (Birschtwinsches Eck) an. Diese urwüchsige Niederungslandschaft war bis vor kurzem zu Fuß zugänglich, und ein höchst interessanter Wanderweg schlängelte sich von hier empor auf das vierte (tote) Dünenfeld. Doch ist es jetzt verboten, ohne Genehmigung diesen Teil des Nationalparks Kurische Nehrung zumindest von Pervalka aus zu betreten.

Der nördliche Teil des Nehrungsradwegs

Wo der Radweg auf die Nehrungsstraße trifft, befindet sich ein Parkplatz, von dem aus das erwähnte Dünenfeld zugänglich ist (siehe auch Seite 360). Der Radweg kreuzt nun die Nehrungsstraße, verläuft etwa fünf Kilometer parallel zu ihr und biegt dann scharf nach Westen zur Ostsee hin ab. Parallel zur Vordüne läuft die Strecke nun bis Juodkrantė hin, das ja einige ganz wenige Gebäude auch direkt an der Seeküste hat, teils aufgegebene Erholungsheime aus der Sowjetzeit. Doch ist die Ostsee entlang des Wegs an diesem Abschnitt kaum zu sehen, und links und rechts des Wegs ist das Betreten von Vordüne und Wald verboten. Doch gibt es eine Straße, die steil empor ins Zentrum von Juodkrantė und hinüber zum Haffufer führt (ausgeschildert).

Nördlich von Juodkrante wird die Landschaft entlang des Radweges zunächst ziemlich monoton. Der Weg wird ungewöhnlich kurvenreich, es geht um kleine und große

Sandhügel herum, die Landschaft ist mit kleinen Kiefern nur niedrig bewachsen, rechts vom Weg türmen sich bewachsene Dünen empor. Etwa sieben Kilometer nach dem erwähnten Abzweig nimmt die Vegetation ab. Noch immer unübersehbar hat 2003 ein Großbrand hier weite Teile des Nehrungswalds vernichtet, entlang des Radwegs stehen auf etwa zwei bis drei Kilometer Weglänge viele verkohlte Waldreste und Baumstümpfe. Wo sich der Radweg wieder westwärts, etwas bergab zur Ostsee wendet, ist die Brandrodung dann verlassen. Erneut geht es etwa acht Kilometer die Vordüne entlang, bis einige kleine gastronomische Einrichtungen verkünden, dass hier ein **Badestrand** nahe ist. Und in der Tat gibt es hier nun eine offizielle Bademöglichkeit in der Ostsee. Von hier geht eine asphaltierter Weg hinauf zur Nehrungsstraße und zur Autofähre hinüber nach Klaipėda, der Radweg dagegen bleibt in seiner Trasse zunächst noch an der Westküste der Nehrung, steigt dann allmählich an, kreuzt die Nehrungsstraße südlich von Smiltynė (Sandkrug), gelangt zum Haff und alsbald zur Fußgänger- und Fahrradfähre über das frühere Memeler Tief hinweg nach Klaipėda.

Das Denkmal für Ludwig Rhesa

Kurz vor Juodkrantė

Eine Tour auf diesem Radweg von Nida nach Klaipėda ist eines der herrlichsten Landschaftserlebnisse des alten Ostpreußen. Doch in der kurzen Sommersaison – von Juni bis Ende August – ist er übervoll mit nehrungssüchtigen Radfahrern. Man sollte vorher aber berücksichtigen: Einkaufsmöglichkeiten direkt an oder in der Nähe der Radtrasse gibt es nur in Nida und in Preila. In Pervalka gibt es einen kleinen Laden nahe des nördlichen Ortsendes (man muss fragen, sonst findet man ihn nicht), Juodkrantė umfährt der Radweg weiträumig, und bis kurz vor Klaipėda, wo die Strandbuden stehen, gibt es ebenfalls nichts.

Zwischen Pervalka und Juodkrantė

Wer mit dem Auto auf der Nehrungsstraße fährt, hat leider nur den meist recht eintönigen Nehrungswald als landschaftlichen Begleiter, so dass er sich fast ausschließlich über die Kilometermarkierung entlang der Straße orientieren kann. Aber Achtung: Pro Täfelchen gibt es zwei Kilometerangaben. Eines gibt die Zählung von der Grenze bei Nida an, das andere die vom Nehrungsstraßenende bei Smiltynė. Bademöglichkeiten in der Ostsee gibt es offiziell nur bei den großen Nehrungsorten, sie sind jeweils an der Nehrungsstraße gegenüber den Einfahrten zu den Dörfern zur Ostsee hin ausgeschildert.

Erst hinter Pervalka wird es auch an der Nehrungsstraße etwas abwechslungsreicher: Der Wald öffnet sich und gibt Blicke auf das vierte, nördliche **Dünengebiet** frei, das sich rechts der Straße über eine Länge von acht Kilometern bis nach Juodkrantė (Schwarzort) erstreckt. Obwohl oder vielleicht auch weil es weitgehend bepflanzt ist – deshalb manchmal auch ›Tote Dünen‹ genannt –, ist es von der gleichen Schönheit wie die Dünen von Pillkoppen und Nidden. Das Gebiet ist von einem Parkplatz an der Nehrungsstraße, etwa zwei Kilometer hinter dem Abzweig nach Pervalka, aus zugänglich. Ein **Lehrpfad** führt hier zunächst durch ein kleines Waldstück, dann öffnet sich die flache Ostflanke der Düne, und plötzlich endet der Pfad, und weiter geht es direkt durch den Dünensand. Der Trampelpfad ist mit Markierungen bezeichnet, außerhalb dieser ist es streng verboten, auf den Dünenkamm emporzusteigen. Es ist eine unwirkliche Landschaft. Auf der einen Seite, hinter dem Wanderer, blaut allüberall und ewig die Ostsee ins Firmament hinein, unter den Füßen gleißt gelb der rieselnde Sand, und über dem Wanderer leuchtet das Azurblau des Nehrungshimmels. Und dann öffnet sich in grandioser Weite auf dem höchsten Punkt der Düne der Blick ins Haff, an dessen gegenüberliegender Seite schon die Ostküste deutlich ist.

An dieser Stelle greift der **Negelnsche Haken** (Agilos ragas) ins Haff hinein. Nördlich des Hakens lag bis 1675 die älteste Dorfstelle von Negeln, unmittelbar an der Südflanke des Hakens stand Negeln dann bis 1730. Das Dorf musste wieder aufgegeben werden und erhielt bis 1760 eine Dorfstelle ungefähr fünf Kilometer südlich des Hakens, bis es dann zum letzten Mal umziehen musste und etwa drei Kilometer nördlich von Perwelk seinen letzten Platz fand. Nach 1840 wurde es aufgegeben. Legendär ist der Schwarzorter Dünensturz von 1929, als eine gewaltige Sandlawine ins Haff mit solchem Lärm abrutsche, dass es noch im über 100 Kilometer entfernten Königsberg gehört werden konnte. Vom Schwarzorter Dünenfeld am Haken hat man eine gute Sicht auf das Ostufer des Haffs. In der Höhe von Juodkrantė ist das gegenüberliegende Ufer schon recht nahe gekommen: nur noch etwa acht Kilometer sind es zur anderen Seite – am Südrand, bei Cranz, ist das Haff 45 Kilometer breit–, auch sind die Kräne des Hafens in Klaipėda schon deutlich sichtbar.

Wo die Nehrungsstraße am nördlichen Ende der ›Toten Dünen‹ scharf nach rechts und dann ungewöhnlich steil bergauf führt, liegen links die **Reiherberge** mit 45 Metern Höhe, rechts erhebt sich der 35 Meter hohe **Schafenberg**. Unterhalb des Bergs zweigt nach links eine Route ab, die dicht an der Ostsee entlang bis zum Juodkrantėr Ba-

▲ Karte S. 352

Am Hafen von Juodkrantė

destrand führt – für Radfahrer eine gute Alternative zur überlasteten Nehrungsstraße. Von den Reiherbergen wie auch vom Schafenberg hat man eine hervorragende Sicht auf die ›Toten Dünen‹ und die Ostsee.

An den Reiherbergen beginnt der **Schwarzorter Wald**, der einzige noch verbliebene Rest des ursprünglichen, vor mehreren tausend Jahren entstandenen Nehrungswalds. Dieser Wald ist gegnüber den aufgeforsteten Beständen viel artenreicher und oft von urwaldähnlicher Dichte. Von Juodkrantė aus ist der alte Nehrungswald besonders in den Schluchten am südwestlichen Ortsrand leicht zugänglich. Hier kann man noch am ehesten auf Elche treffen. Auf der Nehrung leben im Nord- und Südteil jeweils etwa 15 Tiere, der Bestand ist in den letzten Jahren sehr zurückgegangen, dagegen haben die Schwarzwildbestände zugenommen. Zugenommen hat leider auch die Zahl der Kormorane, die seit vielen Jahrzehnten nicht weit vom südlichen Ortseingang von Juodkrantė ein riesige Kolonie haben (kleiner Parkplatz auf der linken Seite, wenn man von Nida kommt). Innerhalb dieser Kolonie ist der Nehrungswald völlig durch die Exkremente der 1000 Kormoran- und etwa 500 Graureiherpaare zerstört, genau wie das Haff hier kaum noch Fische enthält. Für die Fischer der Nehrung ist es eine katastrophale Situation.

Juodkrantė

Juodkrantė (Kilometer 31 bzw. 20) hieß früher Schwarzort. Der Ortsname, erstmals 1429 erwähnt, rührt von dem Wald oberhalb des Dorfes her. Für die Fischer auf dem Haff wirkte er neben den gelben Dünen wie eine große schwarze Wand, die über den Häusern hängt. Der prächtige Wald ließ Juodkrantė nicht nur zum bloßen Badeort, sondern auch zum Luftkurort werden. Es ist auch heute noch das einzige Lungenheilbad an der Ostsee.

Ab hier verläuft die Nehrungsstraße an der Haffseite. Hinter dem Ortseingang links – dieser südliche Dorfteil Juodkrantės hieß einst ebenso wie das nicht mehr vorhandene Haffdorf 15 Kilometer weiter südlich Karwaiten – liegt die 1885 erbaute **Schwarzorter Kirche**, die heute wieder dem evangelischen Gottesdienst geweiht ist. Gleich danach befindet sich das erste Hotel am Platz, das ›Ažuolynas‹ (Kilometer 31,5 bzw. 19,5). Auf der anderen Straßenseite finden sich viele ältere und gepflegte Häuser – man meint, in ein gemütliches Fischerdörfchen zu gelangen –, nur die moderne Haffpromenade ist überdimensioniert und von allzuviel Beleuchtungskörpern gesäumt, was ihr nicht zum Vorteil gereicht. Dennoch sind die **Uferpromenade** und die Mole von besonderer Attraktivität. Um die Mole gibt es einige ausgezeichnete Lokale, und insbesondere eine rustikale Restaurantkogge erfreut sich großer Beliebtheit.

Auf dem Hexenberg

Karwaiten endet dort, wo sich die Düne von Westen her bis an die Straße schiebt. Links führt der Weg zum ebenso ungewöhnlichen wie interessanten **Skulpturenpark** empor, zum Raganų kalnas, dem Hexenberg. Hier, im Bereich

Die Kirche von Juodkrantė

Auf dem zauberhaften Hexenberg

▲ Karte S. 352

des alten Nehrungswalds, wo es noch Reste der Parabeldünen aus der Frühphase der Nehrungsentstehung gibt, wurde 1980 nach neunjähriger Vorarbeit ein Pandämonium hölzerner Teufel und Hexen vorgestellt. Die zu dieser Zeit bedeutendsten Schnitzer und Bildhauer des Landes ließen sich von dem reichen Mythenschatz der Litauer inspirieren und ihrer Phantasie freien Lauf. Ein Rundweg führt zwischen den 82 kunstvollen Holzfiguren hindurch, deren Besuch für alle Nehrungstouristen geradezu ein Muss ist.

Bedeutende Skulpturen, aber aus Metall und Stein, finden sich auch im ganzen Bereich der Uferpromenade. Zu den größten Kunstwerken dabei zählt die ›Junge Litauerin‹ des landesweit bekannten Bildhauers Keştutis Zalias.

Im Zentrum

Erst hinter dem Aufgang zum Hexenberg beginnt das eigentliche Juodkrantė. Entlang der Hauptstraße – L. Režos g., nach Ludwig Rhesa benannt – gibt es unzählige kleine Lokale und besonders Fischräuchereien. Zwar ist das Haff insbesondere wegen der Kormoranplage nicht mehr so fischreich wie noch vor

65 Jahren, doch findet man überall in den Restaurants Aal, Barsch, Hecht, Blei, Stint und Zander aus dem Haff ebenso wie Dorsch, Flunder, Heringe, Schollen und Sprotten aus dem Meer.

Der Ort hat im eigentlichen Sinn kein Zentrum. Die **Uferstraße** ist eine Aneinanderreihung von kleinen Geschäften und Lokalen; weiter ins Nehrungsinnere, die bebauten Dünenhänge empor, ziehen sich **Villensiedlungen**. Etwa im Zentrum des Villenviertels steht das Ferienheim ›Gintaras‹ (Bernstein) auf den Fundamenten des 1879 errichteten ›Kurischen Hofs‹, etwas unterhalb ist die ›Villa Hubertus‹ eine besonders prachtvolle Holzvilla. An dieser Stelle befand sich 1650 der ›Amtskrug‹, von dem Schwarzort seinen Ausgang nahm. Nahe der Nehrungsstraße erinnert ein **Denkmal** an Ludwig Rhesa, den wohl bedeutendsten Sohn nicht nur des heute litauischen Teils der Nehrung (siehe auch S. 358).

Das unübersehbar schon vor über 100 Jahren sehr wohlhabende Schwarzort gelangte nicht ausschließlich durch Fischfang oder Fremdenverkehr zu seinem Reichtum. Seit 1855 förderte die Firma Stantien & Becker innerhalb eines zweieinhalb Kilometer langen und 230 Meter breiten Areals Bernstein aus dem Haff. Die aus dem Haffgrund ausgegrabenen Erdmassen wurden in einen Küstensumpf gekippt. Im Rekordjahr 1873 wurden 75 Tonnen Bernstein gewonnen, doch waren bereits um die Jahrhundertwende die Vorkommen erschöpft. Mit 2500 Tonnen Gesamtförderung in den Jahren des Abbaus galt Schwarzort neben dem samländischen Palmnicken stets als der zweite große deutsche Bernsteinfundort.

Der alte **Bernsteinhafen** liegt bei Kilometer 34 und somit etwas nördlich des Ortes. Unmittelbar danach – bei Kilometer 34,3 – führt ein Weg an der Grickinn-Schlucht vorbei auf den **Blocksberg** (Bloko kalnas), der höchsten Düne in der Umgebung Juodkrantės. In 53 Meter Höhe hat der Leuchtturm des Ortes alle Zeiten überdauert, der bis 1945 hier befindliche Aussichts-Glaspavillon ist dagegen verschwunden.

Juodkrantė

Vorwahl aus Deutschland: 00370/0469.

Touristeninformation, L. Rėzos g. 54, Tel./Fax 53490.

Überall im Ort – entlang der Nehrungsstraße und um die Mole herum – gibt es gute Lokale, insbesondere Fischrestaurants, so dass es hier keiner besonderen Empfehlung bedarf.

Hotel-Restaurant Juodasis Kalnas, Levos Kalnas g. 22, Tel. 53155, www.juodasis kalnas.lt; DZ 72-110 €. Am Fuß des Hexenberges. Designhotel, Fahrradverleih.

Hotel Vila Flora, Tel. 53024, www.vilaflora.lt. Im Stil der klassischen Bäderarchitektur des 19. Jahrhunderts, unmittelbare Nähe zu Zentrum und Hafen, Restaurant und Terrasse, einfach und zweckmäßig eingerichtete Zimmer, DZ 60–80 Euro.

Vila Vita, L. Rėzos g. 25, Tel. 53009, DZ 60–100 €. Gästehaus und Apartments direkt am Haff, Gaststube und Terrasse, Verleih von Sportgeräten, Zwei- und Vierbettzimmer, gut für Gruppen geeignet, Übernachtung pro Person ca. 30 Euro.

Kurenkahnwimpel-Galerie, L. Rėzos g. 13, Tel. 53357. Geschichte und Vielfalt der Wimpelherstellung, Verkauf von Kurenwimpeln und von Kunsthandwerk, Großauswahl an Büchern und Karten.

Von Juodkrantė zum nördlichen Nehrungsende

Etwa bei Kilometer 35 (16) stand die Nehrungsstraße um 1900 in Gefahr, durch Eisschollen und Wellengang zerstört zu werden. Fischerfrauen bepflanzten den Haffgrund auf einer großen Fläche mit Schilfrohr und retteten durch diese Anstrengungen die Straße vor Unterspülung.

Nach etwa acht Kilometern, bei Kilometer 43 (8), wird **Alksnynė** (Erlengrund) erreicht. An dieser Kontrollstelle entrichten alle, die mit dem Auto von der Fähre aus Klaipėda kommen, ihren Nehrungs-Obolus, beim Hinausfahren aus dem Nationalpark wird dagegen nicht kontrolliert.

Zwei Kilometer weiter schwenkt die Straße nach links und führt auf einen Dünenrücken hinauf. Am **Meškos Galva** (Bärenkopf), bei Kilometer 44 (7), gibt es einen **Aussichtspunkt**, von dem ein schöner Blick über Haff und Ostsee möglich ist. Hier ist die Region des Großbrandes von 2003 erreicht, bei dem – noch heute unübersehbar – weite Teile des Nehrungswaldes vernichtet wurden.

Bis zur Fähre bei Šmiltynė (Sandkrug) hält sich die Straße nun genau in der Nehrungsmitte. Etwa in der Höhe von Kilometer 45 und 46 liegt im Haff zwischen Nehrung und Memeler Hafen die flache Schwemminsel des **Schweinerückens**. Diese Insel entstand durch bei Westwinden vom Memeler Tief einströmendes Wasser, das hier auf die entgegengesetzt verlaufende Haffströmung traf. Die Insel erhebt sich nur wenig über den Haffspiegel, der niedrige Bewuchs wirkt von weitem wie Schweinsborsten. Bei Kilometer 48 (3) zweigt nach links eine Asphaltstraße zu einem der schönsten und gleichzeitig einsamsten Strandbereiche der Nehrung ab. Nach rechts führt die neue Fährstraße empor zur **Hagenshöh** (Hageno kopa), von wo aus man eine grandiose Sicht auf Klaipėda und seinen Hafen hat. Der Berg hat seinen Namen nach Ludwig Hagen, dem Direktor der Memeler Hafenbehörden, der sich auch Verdienste als Dünenbepflanzer im Nordteil der Nehrung erwarb. Die Fähre am Fuß von Hagenshöhe dient dem motorisierten Verkehr und all denen, die Klaipėdas Zentrum meiden wollen.

▲ Karte S. 352

■ Smiltynė

Bleibt man weiter auf der alten Straße, ist nach knapp zwei Kilometern Smiltynė (Sandkrug) erreicht. Hier befindet sich eine bewachsene Düne, an deren Fuß jahrhundertelang ein Gasthaus mit Herberge gestanden hat, das man 1837 auf den Dünengipfel versetzte und das jeder Nehrungsreisende in alter Zeit kannte. Hier, am Ende der Nehrungsstraße bei Kilometer 51 (0), führt auch die **alte Fähre** – nur für Fußgänger und Radfahrer! – über das Memeler Tief, wie der schmale Durchlass zur Ostsee genannt wird, nach Klaipėda hinein. Hier endete bis vor etwa 200 Jahren auch die Nehrung. Die letzten zwei Nehrungskilometer bis zur Süderspitze sind Folgen von Sandanschwemmungen aus jüngster Zeit.

Unmittelbar vor dem Ufer fährt man nach links, den Nehrungskai entlang, kommt am früheren Haus der Wasserbauinspektion vorbei (heute **Nehrungsmuseum**) und erreicht ein kleines **Freiluftmuseum** mit einem typischen Fischerdorf der Nehrung aus dem 19. und frühen 20. Jahrhundert. Bald danach kommt man zum früheren **Fort Süderspitze**, wo sich auch das neue Gebäude des **Delphinariums** befindet. Das

Von diesem Anleger in Smiltynė fährt die Fähre nach Klaipėda

Fort wurde um 1860 errichtet, um die Einfahrt in das Haff militärisch besser kontrollieren zu können. Doch die Festungsanlage war bereits um 1890 verteidigungstechnisch überholt, so dass sie als bloßes Depot diente. Als Munitionslager flog sie Ende 1944 in die Luft. Dennoch ist die rekonstruierte Festung in ihrem Umfang heute noch beeindruckend. In ihr befindet sich seit 1979 das litauische **Meeresmuseum**, das lebende Flora und Fauna aus allen sieben Meeren beherbergt und das meistbesuchte Museum des Landes ist.

Der ungewöhnliche Name Süderspitze (litauisch Kopgalis/Dünenende) für das Nordende der Kurischen Nehrung entstand in der Mitte des 19. Jahrhunderts, als man zwei Molen errichtete, die das Memeler Tief beiderseits flankierten: die Nordermole im Norden auf der festländischen Seite, die Südermole im Süden an der Nehrungsspitze. Für sie bürgerte sich bald der Name Süderspitze ein. Hinter dem Delphinarium kann man auf einem unbefestigten Weg weiter nordwärts gehen, kommt links an einer etwas größeren wiesenähnlichen Fläche vorbei, wo sich einst die preußische Quarantäneanstalt befand. Hier wurden alle Seeleute, die ankamen, auf Krankheiten untersucht. Gleich danach, ebenfalls linker Hand, ragt höchst eindrucksvoll das tatsächliche, das geologische Ende der Nehrung bis an den Weg heran. Es ist eine keilförmige, bewachsene sandige Erhebung mit einem breiten vorgelagerten Strand. Deutlich ist zu erkennen, wie von diesem Strand und von diesem Keil große Mengen Sand über den Weg und in das Memeler Tief geweht wird, das alle paar Jahre zugeschüttet wäre, wenn seitens der Hafenverwaltung der Schifffahrtskanal nicht immer freigeräumt werden würde. Man kann von hier noch etwa 100 Meter auf der Südermole weiter spazieren, doch verhindert dann ein Stahlgitter den Besuch der dahinter befindlichen offiziellen Hafen- und Grenzstellen.

Smiltynė

Litauisches Meeresmuseum mit **Aquarium** und **Delphinarium**, Smiltynė g. 3, Kopgalis, Tel. 00370/46/490740, www.jurumuziejus.lt. Thematik: Süß- und Salzwasserfische, Seefauna, Schifffahrtsgeschichte; in Freiluftbecken Seehunde und Seelöwen, Shows mit Delphinen.

Ethnographisches Fischerdorf, Smiltynė g. 3, Kopgalis.

Museum Nationalpark Kurische Nehrung, Smiltynė g. 10, Smiltynė, Tel. 00370/46/391177, www.muziejus.lt. Entstehung und Entwicklung der Nehrung, regionale Flora und Fauna. Öffnungszeiten je nach Saison sehr unterschiedlich, vorher die Internetseite konsultieren.

Das Memelland war immer schon litauisch und deutsch geprägt, was zu einer einzigartigen kulturellen Symbiose führte, die auch heute noch besteht. Die herbe Schönheit Klaipėdas und die bezaubernden Landschaften zwischen Rombinus und dem Memeldelta, frei von lärmendem Massentourismus, machen eine Reise durch das Gebiet zu einem ganz besonderen Erlebnis.

5

Klaipėda, Altstadt

DAS MEMELLAND

Die besondere politische Entwicklung nach 1919

Der etwa 30 Kilometer breite und knapp 100 Kilometer lange Streifen nördlich der Memel gehörte bis 1919 zur Provinz Ostpreußen. Deutsche sprechen zwar meist von Nord-Ostpreußen, wenn vom Kaliningrader Gebiet die Rede ist, genau genommen bildet es aber den Mittelteil des historischen Ostpreußens. Das eigentliche Nord-Ostpreußen ist eben jener Streifen nördlich der Memel, der 1919 durch die Pariser Vorortverträge vom Deutschen Reich abgetrennt wurde. Er war mit rund 2800 Quadratkilometern nicht allzu groß.

Die Bezeichnung ›Memelland‹ für jenen schmalen Bereich ist kein historisch gewachsener Name. Bis zum Ende des Ersten Weltkriegs hätte man mit diesem Wort nur ganz unbestimmt die Landschaft zu beiden Seiten der unteren Memel bezeichnet, etwa zwischen Tilsit und der Stadt Memel. Zwar war die Bezeichnung ›Klein Litauen‹ für den nördlichsten Zipfel Ostpreußens gebräuchlich, doch waren auch mit diesem Namen keine exakten Grenzen verbunden.

Der 30 Kilometer breite Streifen, der sich von einem Punkt etwa 20 Kilometer nördlich der Stadt Memel über den Ostrand des Kurischen Haffs und den Memelfluss entlang bis Schmalleningken hinzog und zu dem noch der Nordteil der Kurischen Nehrung hinzukam, wurde gemäß den Bestimmungen des Versailler Vertrages unter französische Militärverwaltung gestellt. Der neuerstandene Staat Litauen befürchtete nun, dass nach einem möglichen Ende der Besatzungszeit im Memelland ein Freistaat nach Danziger Muster eingerichtet werden würde. Im Januar 1923 besetzten daher litauische Truppen das Gebiet, die französischen Truppen ergriffen keine Gegenmaßnahmen und verließen bald die Region. Dem Abzug der Franzosen folgte eine intensive Litauisierung des Gebiets. Litauisch wurde zur Amtssprache, deutsche Orts- und Straßenschilder mussten entfernt werden, der Litas wurde alleiniges Zahlungsmittel.

Auf Initiative der Siegermächte des Zweiten Weltkriegs wurden im Frühling 1924 der ›Memelstatut‹ und die ›Memelkonvention‹ verabschiedet. Damit erhielt das Memelland gewisse Autonomierechte, unter anderem für Polizei, Verwaltung, Justiz und Verkehr; Post, Bahn, Zoll und die Seewirtschaft dagegen fielen in

Die Memel bei Smalininkai

den litauischen Zuständigkeitsbereich. Der litauische Präsident setzte den Gouverneur des Memellands ein, dieser ernannte seinerseits den Vorsitzenden das Gebietsparlaments. Die Siegermächte standen für die Einhaltung dieses Statuts, in dem auch erstmals der Begriff ›Memelland‹ bzw. ›Memelgebiet‹ festgelegt wurde. Die Bewohner des Memelgebiets, zu 90 Prozent Deutsche, wurden jetzt litauische Staatsangehörige, die im Pass einen Vermerk ›Bürger des Memelgebiets‹ trugen. Das Verhältnis der deutschen Mehrheit zur litauischen Regierung blieb so angespannt, dass der 1926 verhängte Ausnahmezustand bis

Das westliche Memelland

1938 bestehen blieb. Die Beziehungen Litauens zu Polen waren ebenfalls unfreundlich, zudem forderten die Deutschen im Memelgebiet, unterstützt von der deutschen Regierung, immer stärker die ›Heimkehr ins Reich‹.

Für die litauische Regierung waren das Gründe genug, um mit der deutschen Regierung die belastende Memelfrage zu erörtern. Die Siegermächte von 1919 legten ihr – zumindest formelles – Veto gegen eine eventuelle Rückkehr des Memelgebiets ein, es war aber klar, dass sich Hitler davon unbeeindruckt zeigen würde. So trafen sich am 20. März 1939 die Außenminister Joachim von Ribbentrop und Juozas Urbsys. Der Litauer wurde vor die Wahl zwischen einer friedlichen Lösung oder einer militärischen Antwort Deutschlands gestellt, also erpresst. Drei Tage später unterzeichneten die beiden Außenminister den deutsch-litauischen Staatsvertrag. Er fixierte die Vereinigung des Memellands mit dem Deutschen Reich. Litauen wurde als Gegenleistung für 99 Jahre eine Freihafenzone in Memel eingeräumt. Dass es für den Diktator Hitler nicht darum ging, tatsächlich mit Litauen ein gutes Verhältnis zu gestalten, zeigt das ›Geheime Zusatzprotokoll‹ zum deutsch-russischen Nichtangriffspakt vom August des gleichen Jahres. Darin überließ er Litauen und die beiden anderen baltischen Länder im Falle irgendwelcher Konflikte seinem Gegenspieler Josef Stalin. Im Juni 1940 besetzte die Rote Armee das Baltikum, die Wehrmacht zog nach ihrem Überfall auf die Sowjetunion im Sommer 1941 ein.

Ende Januar 1945 war das ganze Memelland mit der Stadt Memel von der Roten Armee besetzt. Über 80 Prozent der Deutschen flohen, Russen und Litauer zogen in das Gebiet ein; im April 1948 wurde das Memelland offiziell der Litauischen Sowjetrepublik angegliedert. Einige der Flüchtlinge kehrten nach Ende der Kampfhandlungen in ihre Heimat zurück und konnten bleiben. Denn auf dem Gebiet der Litauischen SSR hat man anders als in der Kaliningradskaya Oblast' keine Aussiedlung der Deutschen vorgenommen. Doch dafür folgten Schikane und Verschleppung nach Zentralrussland.

Die Stadt Memel hieß nun Klaipėda; so hatten sie die Litauer seit Jahrhunderten genannt. Anders als in der benachbarten Kaliningradskaja Oblast', die bis auf weiteres als bloßes Militärgebiet fungieren sollte, erfolgte in der Sowjetrepublik Litauen, auch innerhalb des Memelgebiets, ein zielgerichteter Wiederaufbau, was heute überall an der im Allgemeinen besseren Erhaltung der Gebäudesubstanz, insbesondere auch in ländlichen Gemeinden, zu erkennen ist.

Nach dem Zerfall der Sowjetunion und der Unabhängigkeitserklärung der Republik Litauen im März 1990 ging das alte Memelland durch eine Verwaltungsreform in Teilen der Großkreise Klaipėda und Tauragė (Tauroggen) auf. Etwa 15 000 Deutsche mit litauischem Pass wohnen auch heute noch im früheren Memelland.

Es ist, von Klaipėda und der Nordhälfte der Kurischen Nehrung abgesehen, eine touristisch weitgehend unbekannte Region. Dabei gibt es landschaftliche Kleinode zu entdecken. Die meisten Besucher fahren nur zu den Dünen der Nehrung und in die rekonstruierte Altstadt von Klaipėda. Das ganze Memeltal östlich von Tilsit mit den Wilkischker Bergen, die Mingeniederung, die Moore um Šilutė (Heydekrug) und die Auenlandschaft des äußeren Memeldeltas bei Rusnė (Ruß) als vielleicht schönste Landschaft verdienen jedoch ebenso den Besuch.

Klaipėda

Mit seinen fast 250 000 Einwohnern ist Klaipėda die drittgrößte Stadt in Litauen. Sie blickt auf eine lange Geschichte zurück. Heute erstreckt sich Klaipėda auf 15 Kilometer Länge an der Ostküste des Haffs vom Memeler Tief nach Süden.Trotz der Zerstörungen ist Klaipėdas Altstadt immer noch von ganz eigenem Zauber erfüllt. Glücklicherweise gelang es während der Aufbaujahre den Architekten und Stadtplanern, entgegen der offiziellen Vorgaben die Errichtung seelenloser Plattenbauten im Zentrum zu vermeiden. Zwar gibt es noch zahlreiche Lücken, die der Bebauung harren, doch wächst die Zahl der ›Traditionsinseln‹ mit renovierter Gebäudesubstanz, und immer mehr Bauten entstehen getreu nach alten Vorlagen. So strahlt das heutige Klaipėda immer noch – ähnlich wie Wismar oder Stralsund – die charakteristische Atmosphäre einer norddeutschen Kaufmannsstadt aus.

Memel ist Geburtsstadt einiger bedeutender Persönlichkeiten: Der Astronom Friedrich Wilhelm Argelander (1799–1875) schuf um 1845 Atlanten des Sternenhimmels. In der ›Bonner Durchmusterung‹ erfasste er knapp 330 000 Sterne mit ihren physikalischen Eigenschaften. Vielleicht der bekannteste Sohn der Stadt ist der Dichter Simon Dach (1605–1659). Er verfasste 1636 für die Hochzeit seines Freundes, des Pfarrers Johannes Partatius, mit der 17-jährigen Anna Neander aus Tharau jenes plattdeutsche Hochzeitslied, durch das sein Name heute noch vielen geläufig ist:

Friedrich Wilhelm Argelander (um 1837)

Anke van Tharaw öß, de my geföllt,
Se öß min Lewen, mihn Goet on mihn Gölt.
Anke van Tharaw heft wedder eer Hart
Op my geröchtet ön Löw on ön Schmart.
Anke van Tharaw, mihn Rikdom, mihn Goet,
Du mihne Seele, mihn Fleesch on mihn Bloet ...

Johann Gottfried Herder (1744–1803) übertrug das Gedicht 150 Jahre später ins Schriftdeutsche, Friedrich Silcher (1789–1860) vertonte diese Fassung. So entstand die heimliche Hymne der Ostpreußen: Ännchen von Tharau. Die in den 1970er Jahren in Deutschland populäre Schlagersängerin Lena Valaitis kam 1943 ebenfalls in Memel zur Welt.

Stadtgeschichte

Die Burg Memel, ursprünglich Mümmelburgk genannt, war eine der ältesten Gründungen im Gebiet des späteren Ostpreußen. Der livländische Schwertbrüderorden, der sich 1237 den Deutschrittern angeschlossen hatte, errichtete 1252 an der Mündung der Dange in das Kurische Haff eine Burg, der bereits 1253 die Gründung eines bürgerlichen

Gemeinwesens mit dem in Preußen seltenen lübischen Recht nachfolgte. Zu Beginn des 14. Jahrhunderts war die Mümmelburgk, nicht nur aufgrund ihrer militärisch bedeutsamen Lage am Durchlass des Kurischen Haffs zur Ostsee, eine der stärksten Befestigungen des ganzen Ostseeraums. Während des 13-jährigen Kriegs, den der Orden mit den Ständen, den Danzigern und den Polen führte,

Klaipeda, Übersicht

wurde die Burg 1457 verwüstet. Memel war den Danzigern stets als Handelskonkurrent verhasst, und man versuchte den Konkurrenten auszuschalten, indem man die Dangemündung zuschüttete.

Der erneute wirtschaftliche Aufstieg der Stadt erfolgte, ähnlich wie in Tilsit, zu Beginn des 18. Jahrhunderts durch den Holzhandel. Auch als Umschlagplatz für Getreide und Flachs hatte die Stadt große Bedeutung. Anfang des 19. Jahrhunderts blieb Memel als einzige preußische Stadt vom Feind unbesetzt. Nach der für Preußen so unglücklich verlaufenen Schlacht bei Jena und Auerstädt, durch die Preußen an den Rand seiner Vernichtung geriet, floh das Königspaar nach Memel, um der Gefangennahme durch Napoleons Truppen zu entgehen. Von Januar 1807 bis Juni 1808 war Memel nun provisorische preußische Hauptstadt. Im Vertrag von Memel zwischen Preußen und England 1807 musste Preußen auf die Provinz Hannover verzichten, im selben Jahr schaffte Friedrich Wilhelm III. von Memel aus offiziell auch die Leibeigenschaft in Preußen ab. In der Mitte des 19. Jahrhunderts erlebte Memel seinen wirtschaftlichen Höhepunkt, denn der Krimkrieg ließ den Handel mit Russland, bedingt durch die Blockade der russischen Häfen, auch über Memel laufen. 1854 beendete ein gewaltiger Brand die Blüte der Stadt vorerst. Die Altstadt ging mit ihren Kirchen vollständig in Flammen auf, insgesamt fiel die Hälfte aller Gebäude dem Feuer zum Opfer. Erst der Anschluss an die Eisenbahn nach Tilsit 1875 ließ die Stadt sich wieder etwas erholen. Bis 1919 stieg die Einwohnerzahl auf knapp 30 000.

Die litauische Zeit brachte für Memel, nun Klaipėda, eine nur geringe Verschlechterung der wirtschaftlichen Situation. Im Herbst 1944 wurden bei der Eroberung durch die Rote Armee 60 Prozent der Stadt zerstört. Als wichtige Handelsstadt der Litauischen SSR stieg die Einwohnerzahl in der Nachkriegszeit rapide an, Klaipėda wurde Litauens Tor zur Welt. Die Wirtschaft wuchs, es entstand eine moderne Stadt des Schiffsbaus, der Reedereien, der Papier- und Tabakindustrie, der Bernsteinverarbeitung sowie der Fischverarbeitung. Der Hafen ist der nördlichste ständig eisfreie Ostseehafen überhaupt. 20 Millionen Tonnen Güter werden jährlich umgeschlagen. Etwa 10 000 Personen arbeiten im Hafen und in den angeschlossenen Unternehmen.

Ein Stadtrundgang

Wer die Stadt von der Nehrung aus besucht, setzt mit dem Auto über die Fähre an der Hagenshöhe über, von wo er das Zentrum von Süden erst über eine gewisse Distanz erreicht. Fußgänger und Radfahrer dagegen setzen beim – nicht mehr vorhandenen – Gasthaus Sandkrug über das Memeler Tief mit der Fähre über. Sie ist nur in dieser Fahrtrichtung kostenlos und fährt zumindest zwischen Mai und September im 30-Minuten-Takt. Die Überfahrt über das Memeler Tief ist von besonderer Schönheit. Nach Süden zieht sich der flache Saum der Nehrung bis in eine entschwindende Ferne, ihr gegenüber erstrecken sich die weiten Hafen- und Verladeanlagen Klaipėdas. Haffküste und Nehrung weichen auseinander und geben den Blick auf die weite, gleißende Wasserfläche des Kurischen Haffs frei. Der Blick nach Norden lässt den äußersten Punkt der Nehrung, die Süderspitze, mit dem Ostufer des Haffs zusammenlaufen; nur ein kleiner Leuchtturm zeigt, dass es noch den schmalen, kaum 800 Meter breiten Durchlass zur Ostsee gibt.

Altstadt

Klaipėdas Altstadt umfasst etwa 60 Hektar und ist im wesentlichen von einem rechtwinklig angelegten Straßennetz durchzogen. Außerhalb davon prägt ein Netz übermäßig breiter Wege das Straßenbild. Es fällt auf, dass in der Silhouette der Altstadt (Senamiestis) die Kirchen fehlen. Wie in Sovetsk (Tilsit) hat man alle Kirchen, die den Krieg überstanden hatten, in der sowjetischen Ära abgetragen. Einzig etwas südlich des Zentrums lässt sich zwischen Schloten, Masten und Kränen die wiedererrichtete katholische Kirche mit ihrem neugotischen Turm ausmachen.

Die Fähre dockt an der Mündung der Danė (Dange) an. Das Flüsschen ist auf beiden Seiten von alten Bäumen gesäumt; alte **Speicherhäuser** mit verwaschenen deutschen Inschriften rufen jenes unbekannt Vertraute hervor, das deutsche Besucher oft im früheren Ostpreußen umfängt. Die Danė trennt die jenseitig gelegene Neustadt von der Altstadt. Gleichsam im Rücken, hinter dem Fährhafen, erheben sich einige unauffällige kleine und flache Hügel. Hier befand sich die Mümmelburg. Bereits 1815

Schön erhaltene historische Bauten in der Aukštoij Gatvė

Der Theaterplatz, im Vordergrund der Simon-Dach-Brunnen

stand nur noch ein Flügel, und auch er wurde um 1860 abgetragen, als man ähnlich wie in Königsberg um die Stadt Festungsanlagen zu errichten begann. Man verzichtete auf den Ausbau der Reste oder den Wiederaufbau der Mümmelburg zum Fort. Nur einige Gräben aus dem 14. und 19. Jahrhundert sowie einige sternförmig vorspringende Uferbefestigungen sind heute noch zu erkennen. Anstelle dieser ›inneren‹ Festung wurde dann 1866 das Wilhelmsfort – heute Festung Kopgalis – auf der Nehrung erbaut. In der Nachkriegszeit war dieser historische Punkt der Stadt überhaupt nicht zugänglich und fast in Vergessenheit geraten, da man hier eine Werft gebaut hatte. In dem restaurierten unterirdischen Festungsgang der einstigen Friedrichsbastion (Zugang über Pilies g. 4) ist heute das **Burgmuseum** eingerichtet.

An der Fährausfahrt befand sich einst Memels große Markthalle. Heute ist hier ein großer Parkplatz angelegt, insbesondere für jene, die zu Fuß mit der Fähre zur Nehrung wollen. Gleich hinter dem Anlegepunkt liegt eine von Klaipėdas

▲ Karte S. 375

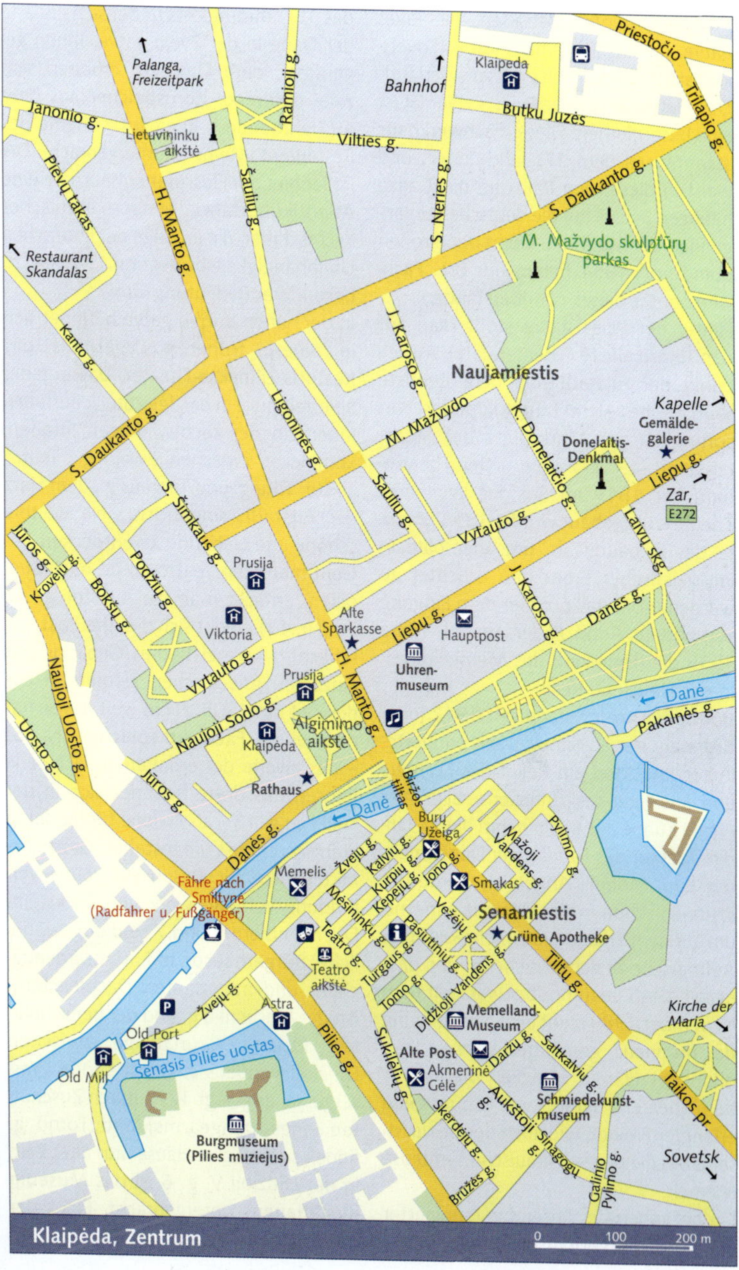

Klaipėda, Zentrum

großen Durchfahrtsstraßen, die Pilies gatve, die hier Richtung Tilsit – ›Sovetskas‹ steht auf dem Wegweiser – verläuft. Das Gebäude an der Pilies gatve 19 ist eine Besonderheit: Dieses **Fachwerkhaus** stammt aus dem 17. Jahrhundert und weist in diesem im Baltikum nicht allzu häufigen Baustil auf die deutsche Vergangenheit der Stadt hin. Denn den großen Brand von 1854 haben nur drei Fachwerkhäuser dieser Art überstanden.

Hinter der Pilies gatve stößt man auf den **Teatro aikštė** (Theaterplatz), Mittelpunkt der Altstadt und bedeutendste touristische Attraktion Klaipėdas. Ursprünglich der Marktplatz der Stadt, entstand hier 1775 ein erster Theaterbau, der 1819 im Stil des Weimarer Theaters umgebaut wurde. 1854 brannte das Gebäude ab, um aber bald in klassizistischer From neu errichtet zu werden. Vom Balkon über dem Eingang verkündete Adolf Hitler am 23. März 1939 die ›Heimkehr des Memellandes‹ in das Deutsche Reich.

Vor dem Theater stand seit 1912 jener **Brunnen**, der an Simon Dach erinnerte. Ihn schmückten ein Relief des Dichters und eine Figur des ›Ännchens‹. Bildhauer Alfred Künne aus Berlin nahm die 14-Jährige Tochter des Sandkruger Dünenmeisters zum Modell. Angeblich wurde der Brunnen schon in der Nazizeit entfernt, um auf dem Theaterplatz mehr Raum für Aufmärsche zu geben; sicher ist nur, dass er seit 1945 unauffindbar war. Seit dem November 1989 steht eine Nachbildung des Brunnens, geschaffen vom Berliner Bildhauer Harald Haacke, wieder vor dem Theater – Symbol von Litauens neu erlangter Freiheit wie auch des Bewusstseins um die deutsch-litauische Symbiose Memels.

Ein bezauberndes Ensemble renovierter deutscher **Bürgerhäuser** aus der Mitte des 19. Jahrhunderts findet sich entlang der Danė in der Žveju gatve. Ihnen gegenüber, dem Fluss zu, erheben sich zwei pittoreske **Kornspeicher** aus dem 19. Jahrhundert. In einem ist heute das Restaurant ›Memelis‹ untergebracht. Die Poller hier am Flussufer erinnern an eine Atlantiküberfahrt einiger litauischer Yachtschiffer, die im Zuge der litauischen Unabhängigkeitsbewegung 1989/90 zu besonderer Bedeutung kam.

In der nahen Kurpių gatve befindet sich in einem früheren Lagerhaus das **Kestutis-Žilinskas-Theater**, das in jeder Spielzeit nur ein einziges Stück aufführt. Innerhalb des rechtwinkligen Straßenkomplexes zwischen Žweju g., Teatro aikštė, Tiltų g. und Turgaus g., dem Herz der Altstadt, sind noch viele weitere schöne alte Gebäude zu entdecken.

Geht man vom Teatro aikštė nach Südosten, erreicht man die Aukštoij g. An ihr (Nr. 13), findet sich die **Alte Post**, ein schlichtes klassizistisches Gebäude mit einzelnen griechischen Elementen aus der Zeit um 1805. Nicht weit davon hat man einen **Fachwerkspeicher** (Nr. 3) – das zweite der erhaltenen Fachwerkhäuser, das dritte befindet sich in der Sukileliu g. 18 – als Galerie für moderne litauische Kunst umgestaltet. Ganz charakteristisch für diesen Stil ist die Verbindung von Fachwerk und Backstein. Die Nummern 5 und 7 sind ungewöhnliche **Bürgerhäuser** mit Mansardendächern und interssanten Dachfenstern. An der Mesininkų g. und der benachbarten kleinen Grünanlage zwischen Didžioji Vandens g. (einst Große Wassergasse, angelegt 1722 durch Zuschütten eines Dangearms) und Tomo g. finden sich weitere Häuser aus alter Zeit. In der Didžioji V. g. 6 ist das **Museum Kleinlitauens** untergebracht. Eines der beeindruckenden Stadtmodelle stammt

▲ Karte S. 375

Im früheren Marineschulschiff Meridianas ist heute ein Restaurant untergebracht

von einem ehemaligen Memelländer, der heute in Deutschland lebt. Während des großen Brands 1854 wurde dieses Viertel weniger stark zerstört, so dass man hier am ehesten noch einen Eindruck vom Memel der deutschen Epoche erhält.

In südöstlicher Richtung, schon etwas außerhalb des historischen Zentrums, steht an der Rumpiškės g. die einzige größere Kirche der Stadt, die katholische **Kirche der Maria, Königin des Friedens** (Marijas Taikos Karalienės bažnyžya). Dieses Schinkelimitat wurde aus den Trümmern der 1944 zerstörten katholischen Kirche in der neustädtischen Töpferstraße in den 1950er Jahren auf einem Sumpfgrundstück errichtet. Die kommunistischen Machthaber überließen dieses Terrain den Katholiken in der Hoffnung, dass die Kirche darauf bald von selbst einstürzen möge. Das geschah nicht, Kirche und Grundstück wurden daraufhin enteignet, der Turm vom Militär niedergerissen und das Schiff als Konzertsaal genutzt. 1989 erhielt die katholische Gemeinde ihr Haus zurück und baute einen neuen Turm.

Nicht weit davon finden sich an der Sinagogų g. die Reste des alten **jüdischen Friedhofs**, der hier bis 1939 bestand. Einige alte Grabsteine sind in die Mauer des neuen jüdischen Friedhofs eingelassen, der sich gleichfalls hier befindet. Memels Synagoge stand dort, wo sich heute der zentrale Markt auf dem Turgaus aikštė befindet. Auf diesem Handelsplatz mit seinem wunderbar chaotischen Treiben gibt es stets frisches Obst und Gemüse und besonders Fisch – frisch aus Haff und See.

Die Hauptstraße des alten Memel und eine der geschäftigsten Straßen des neuen Klaipėda ist die Tiltų gatve, einst Friedrich-Wilhelm-Straße, am Ostrand der Altstadt. Hier steht zwischen Tomo g. und Didžioji V. g. das vielleicht älteste erhaltene Bürgerhaus der Stadt, die **Grüne Apotheke** (Žalioji vaistinė) aus dem Jahr 1677 mit einer kleinen Ausstellung alten Apotheken-Interieurs.

In Richtung Nordost kann man auf die alten **Festungsgräben** stoßen, die in diesem Teil der Stadt erst nach 1850, ohne Aussicht auf tatsächlichen militärischen Nutzen, errichtet wurden. Das Viertel hieß nach der vormaligen Johanneskirche von 1706, die aber 1948 abgerissen wurde, Johannesberg und heißt bei vielen heutigen Bewohnern immer noch so (janis pilis). An der zweiten der großen Danėbrücken, der Biržos tiltas (einst Börsenbrücke), ankert rechter Hand das ehemalige Marineschulschiff ›Meridianas‹. Darin ist ein originelles Restaurant untergebracht.

Neustadt

Überquert man an der Biržos tiltas den Fluss, gelangt man in die Neustadt (Naumiestis). Auf dem großen Platz (Atgimimo aikštė, Platz der Wiedergeburt) vor dem Hotel ›Klaipėda‹ grüßte jahrelang Lenin vom Sockel. Jetzt befindet sich die Statute im Hof des Memelland-Museums. Nach dem gescheiterten Putsch vom August 1991 und der vorangehenden kurzen Besetzung des Fernsehsenders in Vilnius durch sowjetische Elitetruppen wurde das Lenindenkmal am 21. August 1991 geschleift.

Dem Hotel benachbart, direkt am Danėufer in der Danės g., befindet sich Memels altes **Rathaus**. Die stattliche Kaufmannsvilla aus den letzten Jahren des 18. Jahrhunderts diente 1807/08 der preußischen Königsfamilie als Zuflucht und Residenz. Seit 1845 war es das offizielle Rathaus der Stadt, zwischen den Weltkriegen beherbergte es den Landtag des Memelgebiets, heute befinden sich einige städtische Behörden darin. Die **Bronzestatue eines Fischers** (entworfen 1971) vor dem Haus steht auf dem Sockel des seit 1945 verschwundenen Luisendenkmals. Am Platz des Hotels ›Klaipeda‹ (Naujoji Sodo g. 1) stand Memels alte Feuerwache, einst neben der von Berlin die einzige im Deutschen Reich mit einer ständigen Löschmannschaft. Gegenüber befindet sich das ehemalige Hotel ›Viktoria‹ (Šimkaus g. 2), das gegen 1880 aus einem alten Gasthof hervorging, der eine mehrhundertjährige Tradition besaß.

Das Alte Rathaus, davor eine Fischerfigur

▲ Karte S. 375

Die Ostseite des Atgimimo aikštė dominiert der gewaltige Komplex des **Musiktheaters** und der **Philharmonie**. Von hier verläuft die wichtigste Geschäftsstraße Klaipėdas, die H. Manto g., nach Nordwesten in Richtungen Palanga (Polangen). Die Straße ist nach Herkaus Manto benannt, deutsch auch als Herkules Monte bekannt. Er führte zwischen 1260 und 1274 mehrere Aufstände der Pruzzen gegen die Ordensritter an.

Hinter der Philharmonie zweigt die Liepų g., einst Lindenstraße, nach Nordost ab. Sie ist eine der schönsten alten Straßen der Stadt. Die Ecke zur Manto g. wird von der alten **Sparkasse** aus dem Jahr 1938 dominiert. Haus Nummer 7 zeigt neobarocken Fasadenschmuck, und im neoklassizistischen früheren Bankhaus Nr. 12 befindet sich das **Uhrenmuseum**. In dessen Sommergarten gibt es eine faszinierende Sonnenuhr. Gleich daneben, Nr. 17, steht die neugotische, 1893 errichtete **Hauptpost** mit dem berühmten **Glockenturm**. Von ihm ertönt täglich um die Mittagsstunde ›Ännchen von Tharau‹; vor 1945 erklang hier ›Üb immer Treu und Redlichkeit‹. Auch heute noch ist es das Hauptpostamt, und die Schalterhalle hat sich ihr einzigartiges Flair von Jugendstil und Gründerzeit bewahren können. Gegenüber von Post und Museum steht das Gebäude der heutigen Stadtverwaltung.

Weiter entlang der Straße findet man auf dem Donelaižių aikštė ein beeindruckendes **Denkmal** für den Begründer der

Die Hauptpost

litauischen Nationalliteratur, Kristijonas Donelaitis (1714–1780; dt. Christian Donalaitis, s. S. 323), ein Werk des Bildhauers Petras Deltuva von 1973. Das alte Mädchengymnasium dahinter ist heute der Sitz der Fakultät der Kunst der Universität von Klaipėda. An den Platz grenzt die **Städtische Gemäldegalerie** an, Liepų g. 33. Hier werden in einer der größten Kunstsammlungen des Landes zahlreiche Werke litauischer Künstler des 20. Jahrhunderts gezeigt, im Innenhof sind zeitgenössische Plastiken aufgestellt, und in einem Kuriositätenkabinett warten Vorkriegspostkarten und allerlei einheimische Kleinkunst auf Besucher. Sehenswert sind hier auch die Gemälde des litauischen Expressionisten Pranas Domšaitis (1880–1965).

Am Ende der Liepų g. befand sich einst Memels Hauptfriedhof, der bis 1977 genutzt wurde. Der Stadtsowjet ließ damals den Friedhof einebnen, doch in der Nacht davor retteten beherzte Klaipėdaer Bürger die historischen schmiedeeisernen Grabkreuze, die sich heute im Schmiedemuseum in der Saltkalvių g. befinden. Die einstige **Friedhofskapelle** ist als kleines orthodoxes Gotteshaus erhalten. Nach der Wende stellten auf dem inzwischen zum Stadtpark umgeformten Areal litauische Künstler Stück für Stück ihre neuen Skulpturen der Öffentlichkeit vor. Auf diese Weise entstand nach und nach der **Mažvydas-Skulpturenpark** mit mehr als 100 Werken litauischer Künstler. Er trägt seinen Namen nach Martynas Mažvydas (gest. 1563), dem Verfasser des vermutlich ersten Buches in litauischer Sprache, einer Übersetzung von Martin Luthers Katechismus.

Fährt man die H. Manto g. vom Abzweig der Liepų g. weiter stadtauswärts, kann man unmittelbar vor der Bahnunterführung nach rechts in die Priestočio g. einbiegen, wo nach 500 Metern der **Bahnhof** der Stadt erreicht ist. Der Altbau stammt aus dem Jahr 1875, der neuere Anbau ist in seiner Symbiose aus mittelalterlicher Backsteinarchitektur und Formensprache des 20. Jahrhunderts sehr originell. Solche Mischungen sind in Litauen nicht selten. Eine Skulptur einer Frau mit einem Kind auf dem Bahnhofsvorplatz, ›Abschied‹, ist 2002 auf Initiative alter Bewohner der Stadt aufgestellt worden.

Der etwas westlich gelegene Lietuvininku aikštė, der Platz der Litauer (einst Liebauer Platz, Kantplatz, Hindenburgplatz, Siegesplatz) ist einer der beeindruckendsten Stadtplätze. Hier steht ein **Denkmal des Martynas Mažvydas**.

Zurück an die H. Manto gatve: Haus Nr. 84 ist eine 1907 gebaute Kaserne, die bis zum Ende der Sowjetunion dem Militär diente. Heute sind in ihr die Verwaltung der Universität und einige Fakultäten untergebracht. Im früheren Stadtpark, ebenfalls an dieser Straße, befindet sich heute ein großer **Freizeitpark**. Zu empfehlen ist eine Fahrt mit dem Riesenrad: Von oben hat man einen überwältigenden Blick auf Stadt und Haff.

Außerhalb des Zentrums

Auf der südlichen Seite der Altstadt gibt es viele Neubaugebiete, teils aus der Sowjetzeit, teils aus den letzten Jahren. Über den langen und breiten Taikos-Prospekt erreicht man sie. Taikos pr. 28 ist das Hotel ›Vėtrungė‹. Sehenswert sind zwei neuere Kirchen: die **Neuapostolische Kirche** (Taikos pr. 27) und die architektonisch außerordentlich eindrucksvolle **Kirche St. Joseph des Arbeiters** (Smiltelės 27). In Alt- und Neustadt gibt es außerhalb des Marktes kaum Einkaufsmöglichkeiten, doch hier, außerhalb des Zentrums, findet man viele moderne Großmärkte und shopping malls wie das ›Avitela‹, Ecke Taikos pr./Sausio 15-osios g. Ganz im Süden befinden sich auch die (Auto-) Fährhäfen nach Sassnitz, Kiel und den skandinavischen Städten.

Klaipėda

Vorwahl aus Deutschland: 00370/46.

Postleitzahl: 91502.

Tourist-Information Klaipėda, Turgaus g. 7, Tel. 412186, Fax 412185, www.kleipedainfo.lt.

www.inyourpocket.com/lithunia/klaipeda. Alle wichtigen Infos, regelmäßig aktualisiert. Die englischsprachige Broschüre ›Klaipeda in your pocket‹ ist in der Regel, jedoch nicht immer, an den litauischen Kiosken erhältlich.

Bahnverbindungen u.a. nach Vilnius (dreimal täglich), Busverbindungen u.a. zweimal täglich über die Kurische Nehrung nach Kaliningrad. Der Busbahnhof liegt ganz nahe des Hauptbahnhofs, Butkų Juzės 9.

Fähre für Radler und Fußgänger auf die Nehrung an der Mündung der Danė (Dange).

Autofähren u.a. nach Smyltinė auf der Kurischen Nehrung. Der Hafen liegt ca. 2 km südlich des Stadtzentrums. Infos über Tel. 311117 und www.keltas.lt.

Im Sommer ist die Autofähre mitunter überlastet, dann ist mit langen Wartezeiten zu rechnen, insbesondere wenn man sonntagabends von der Nehrung aus übersetzen will. Die Wagenschlange kann zurück bis zum Kontrollpunkt Alksnynė reichen!

Die Fähren (lit. Keltai) nach Deutschland und Skandinavien laufen von einem Terminal ganz am südlichen Stadtrand ab (Ausschilderung Tarptautine perkėla). Wer von Deutschland aus oder dorthin mit der Autofähre reisen möchte, muss rechtzeitig buchen, spontane Entscheidungen für die Fährbenutzung sind wegen der hohen Nachfrage zumindest in der Saison aussichtslos.

Infos und Buchung: www.dfdslisco.com., Tel. 0431/20976480 in Kiel und 038392/686825 in Sassnitz oder in Klaipėda selbst: Tel. 395051 am Check-in, Perkėlos g. 10.

Hotel Amberton Klaipėda, Naujojo sodo g. 1, Tel. 404372. DZ 100 €. Zweites Haus am Platz.

Hotel Astra, Pilies g. 2, Tel. 313849 und 698/79081. DZ 50–90 €. Zweckmäßig, bei Radtouristen beliebt, direkt an der Fußgängerfähre zur Nehrung.

Old Port Hotel, Žvejų g. 20, Tel.474764, Fax 474765, www.oldporthotel.lt. DZ 80–100 €.

Old Mill Hotel, Žvejų g. 22 (altes Speicherhaus direkt an der Dange), Tel. 219215, Fax 219215, www.oldmillhotel.lt. DZ 60–80 €.

Hotel Viktorija, Šimkaus 2, Tel. 217065. Sauber, aber etwas spartanisch. Sehr preiswert.

▶ Karte S. 372/375

Hotel Prusija, Šimkaus g. 6, Tel. 412076. Gemütlicher Realismus, DZ 60 €.

Klaipeda Hostel, Butkų Juzės g. 7–4, Tel.211879, www.klaipedahostel.com.

Bed & Breakfast-Vermittlung: Agentur Litinterp, Šimkaus 21-8, Tel. 410644, bzw. 411814, www. litinterp.com und www.litinterp.lt. Buchung am besten online!

Skandalas, Kanto g. 44, Tel. 411583. Hervorragende, riesige Steaks, nach 19 Uhr gelten höhere Preise als vorher, italienisch-amerikanische Bar.

Akmeninė Gėlė, Sukilėlių g. 18, Tel. 313880. Deftiges (u.a litauisches) Essen in mittelalterlichem Ambiente.

Burų Užeiga, Kepejų g. 18, Tel. 411319. Landestypisches uriges Lokal.

Smakas, Turgaus g. 17, Tel. 411985. Gute Musik, Lokalkolorit, Spezia-lität: litauischer Wodka.

Memelis, Žvejų g. 4, Tel 403040. Sehr beliebte und gepflegte Bierstube.

Museum Kleinlitauens, Didžioji V. g. 6, Tel. 410527, www.mlimuziejus.lt. Dokumentation der 10 000-jährigen Geschichte des Memellands mit zahllosen, auch ethnographischen Exponaten.

Uhrenmuseum, Liepų g. 12, Tel. 410414, www.muziejus.cjb.net. Feuer-, Wasser-, Sand-, Sonnen- und Atomuhren von der Renaissance bis zur Moderne, Sonnenuhrenpark im Museumshof, Sa/So Glockenspielkonzerte, Mo Ruhetag.

Gemäldegalerie, Liepų g. 33, Tel. 410412. U.a. Dauerausstellung mit modernem litauischem Kunsthandwerk. Mo/Di geschlossen.

Schmiedekunstmuseum, Šaltkalviu 2–2a, Tel. 410524. Kreuze, Zäune und Tore, Schmiedewerkzeug. Es wird selbst geschmiedet, Produkte können erworben werden.

Burgmuseum, Pilies g. 4, Tel 313323. Entwicklung von Stadt und Burg bis zum 17. Jahrhundert in Modellen. Pläne, Dokumente, Trachten und Werkzeuge; Waffen, Geschütze und archäologische Funde aus Mittelalter und Renaissance.

Nördlich von Klaipėda

In unmittelbarer Nähe von Klaipėda befinden sich einige beliebte **Badestellen**; die meisten von ihnen liegen nördlich der Stadt. Um zur ersten von ihnen zu gelangen, biegt man hinter dem Vergnügungspark an der ersten Kreuzung nach links in die P. Lideikio g. ein, von wo aus nach zwei Kilometern Melnragė (Mellneraggen) erreicht ist. Die Audros g. führt zum Strand nördlich der Hafeneinfahrt. Er ist nicht der sauberste – nur einige Kilometer weiter wird gerade Litauens Ölhafen errichtet. Das Wrack des deutschen Frachtschiffs ›Rudolf Breitscheid‹ markiert die Hafeneinfahrt. Es ist umständlich, auf die Nordermole (Siaurinis Molas) zu gelangen, aber lohnenswert: Dort hat man einen hinreißenden Blick auf die Nordspitze der Kurischen Nehrung.

Nordöstlich von Melnrage findet sich eine der landschaftlich schönsten Stellen im meist flachen Memelland: der **Danėdurchbruch** bei Tauralaukis (Tauerlauken). Beim Durchschneiden des Memeler Höhenzugs hat der Fluss hier ein liebliches Tal geschaffen; leider ist die Romantik durch einige Neubauten etwas beeinträchtigt.

Parallel zur Küste führt die Straße weiter nach **Giruliai** (Försterei), einem alten und vornehmen Seebad mit einem reichen Villenbestand. Hier findet sich die einzige **Steilküste** des früheren Memellands. In

der ›Holländischen Mütze‹, etwa drei Kilometer nördlich des Orts, erreicht sie auf 24 Meter Meereshöhe ihren höchsten Punkt. Giruliai ist der beliebteste Badeort der Klaipėdaer, doch ist der Sand auch hier nicht sehr sauber.
Die Straße erreicht bald **Karklė** (Karkelbeck), wo noch viele Bauernhäuser aus deutscher Zeit vorhanden sind, ebenso ein Friedhof mit deutschen Gräbern.

Nemirseta

Von Karklė fährt man nach Osten auf die große Verbindungsstraße Klaipėda–Palanga (A 13), und auf dieser etwa drei Kilometer Richtung Palanga, bis man die Straße an der ersten Ausfahrt verlassen kann. Es ist die Trasse der alten Reichsstraße 132, die aus Tilsit kam und über Memel bis zur Grenze führte. Sie entspricht nördlich von Klaipėda im Wesentlichen der heutigen A 13. Nach etwa anderthalb Kilometern gelangt man rechter Hand an einen verfallenen Gasthof, dem eine ungepflegte Bushaltestelle gegenüber liegt. Am Haltestellenschild kann man ›Nemirseta‹ lesen. Das also ist Nimmersatt, ›wo das Deutsche Reich sein Ende hat‹, wie die Schulkinder vor 100 Jahren lernen konnten. Hier war einst die nördlichste Ansiedlung des Deutschen Reichs (55° 54′ nördliche Breite). An der alten Poststraße Berlin–Königsberg–St. Petersburg gelegen, verlief hier bis 1919 die deutsch-russische Grenze. Das Zollhaus ist verschwunden, nur eine Bushaltestelle erinnert an diesen historischen Ort. Die Grenze befand

Am Strand von Palanga

sich ungefähr dort, wo sich nach etwa 200 Metern die Straße nach Palanga gabelt. Um das Badeviertel vom Verkehr zu entlasten, führt sie in zwei Armen in die Stadt hinein.

Palanga

Ein 15 Kilometer langer und bis zu 300 Meter breiter **Sandstrand** macht Palanga (Polangen) zu einem der attraktivsten und vornehmsten Badeorte des gesamten Baltikums. Da zahlreiche mineralhaltige Quellen in der Nachkriegszeit erschlossen werden konnten, kommen jährlich bis zu einer halben Million Heilungssuchende zusätzlich in die Stadt. Unbedingt besuchenswert neben dem Strand ist das **Schloss** des Grafen Tiškevičius; das hier beheimatete und weltweit größte **Bernsteinmuseum** ist in eine wunderschöne Gartenanlage gebettet. Wer in den litauischen Teil der Nehrung oder nach Klaipėda mit dem Flugzeug reist, kommt auf dem Flughafen Palanga an, der über viele Direktflüge mit Deutschland verbunden ist.

Kretingalė, Kretinga, Bajorai

Wenn man die A 13 geradewegs überquert, also nicht Richtung Klaipėda zurückfährt, gelangt man nach fünf Kilometern nach Kretingalė (Deutsch Krottingen), das sich reizvoll über dem Danėtal erhebt. Das war einst das nördlichste Kirchspiel Deutschlands. Der sehr schönen 1675 errichteten **Kirche** ist erst 1875 ein Turm angefügt worden.

Nur sechs Kilometer danėaufwärts liegt Kretinga (Krottingen), bereits außerhalb des historischen Memellands. Ein Abstecher lohnt sich schon wegen des **Klosters** mit seiner ungewohnten Kombination von Architekturelementen der Renaissance und des Barock.

Der Ort Bajorai zwischen Krentingalė und Kretinga war einst als Bajohren der nördlichste Bahnhof im Deutschen Reich vor 1919 und hatte während des Ersten Weltkriegs große strategische Bedeutung: Er lag genau an der Grenze.

Plikiai

Acht Kilometer südöstlich von Kretingalė liegt Plikiai (Plicken). An der Ortsstraße Richtung Klaipėda befinden sich rechter Hand die **Dorffriedhöfe**, zunächst der stille alte evangelische, gleich anschließend der bunte, fast lebendig zu nennende neue katholische. Die neugotische **Dorfkirche** von 1896 steht noch, ihr gegenüber die alte **Dorfschule**: links der Türe die Klassenzimmer, rechts die Lehrerwohnung. So war es vor über 100 Jahren überall in Preußen.

Zwischen Klaipėda und Šilutė

Von Klaipėda führt die breite Fernstraße 141 nach Südosten nach Sovetskas (Sovetsk/Tilsit) und Jurbarkas. Auffallend ist die dünne Besiedlung des Landes. Der Kreis Memel war bereits in deutscher Zeit der dünnstbesiedelte Ostpreußens. Eine weite Niederung mit zahllosen kleineren und größeren Moorgebieten und unergiebigen Sandböden

bestimmt das Landschaftsbild. Nicht weit hinter der Stadtgrenze zweigt die 214 Richtung Veiviržėnai ab. In Litauen sind die Landstraßen kleinerer Ordnung fast alle unbefestigt, für westliche Autofahrer ist dies meist ungewohnt.
Nach acht Kilometern biegt man, gleich hinter der Smeltalė, nach Dovilai (Dawillen) ab; **Kisinai** (Kissinnen) folgt alsbald. Hinter dem kleinen Dörfchen erscheint links am Waldrand der **Friedhof**. Lebensbäume, Birken und wilder Rasen wachsen hier. Hinter dem Eingang stößt man bald auf das Grab des Pfarrers Johann Ferdinand Kelch (1801–1877) mit dem frisch lackierten gusseisernen Kreuz. Kelch schrieb litauische Gedichte und gab eine litauische Kirchenzeitung heraus. Ein weiteres Eisenkreuz erinnert an Antonas Gilguds, gefallen 1831 als, wie die Inschrift auf dem Stein verrät, ›Führer eines polnischen Haufens‹, wahrscheinlich im Kampf gegen den russischen Zaren. Die Inschrift ist polnisch-litauisch.
Zurück auf der 214, zweigt in Richtung Veiviržėnai nach sechs Kilometern die 213 Richtung Priekulė (Prökuls) ab und führt nach **Agluonėnai** (Aglohnen). In sowjetischer Zeit gab es hier eine Musterkolchose, wie die zahlreichen Neubauten noch bezeugen. Rechts der Straße nach Priekulė befindet sich der alte **Friedhof** mit seiner Feldsteinmauer; hinter der Bushaltestelle, gegenüber dem alten Dorfschulzenamt aus der deutschen Zeit, führt ein Weg zu einem **volkskundlichen Museum** (Etnografyne sodyba). Wie ein Fremdkörper aus einer längst untergegangenen Epoche wirkt dieses kleine Museum: Wohnhaus mit Wagenremise aus Holz, die Scheune auf einer Stein-Grundmauer, alle mit Strohdach, dazu Ziehbrunnen, Garten und Eiskeller. Es ist eine liebenswürdige Sammlung memelländischer Dorfkultur.

▸ Karte S. 382

Vanagai und Vilkyžiai

Fährt man zurück auf die Dorfstraße und dann einige hundert Meter in die Richtung, aus der man gekommen ist, führt nach Südost eine Straße nach Vanagai (Wannaggen). Es ist der Geburtsort der Schriftstellerin Ieva Simonaityte (1897–1978). In ihren Werken schildert sie den Alltag im Memelland der Zwischenkriegszeit. Besonderes Anliegen war ihr die Wechselwirkung von deutscher und litauischer Kultur. Ihr Leben verbrachte Eva Simonaityte zwischen Königsberg, Vilnius und Priekulė. Ihre Autobiographie und ihre Romane wurden nicht ins Deutsche übersetzt, gehören aber in Litauen zur Schullektüre.
Gegenüber der Kirche von Vanagai führt ein Schotterweg zu einem Wäldchen. Etwas abseits des Wegs findet man eine **Holzfigur** der Schriftstellerin, die ihre Werke im Schoß liegen hat.
Von Vanagai fährt man zurück nach Agluonėnai, dort weiter nach Priekulė. Nach etwa 500 Metern führt ein schmaler Weg rechts nach Kantvinai (Kantweinen). Hier kam um 1630 Richard Kant, der Urgroßvater des großen Philosophen, zur Welt.
Wenn man die Hauptstraße Šilutė–Klaipėda erreicht, lohnt ein Abstecher in südlicher Richtung in das etwa fünf Kilometer entfernte Vilkyžiai (Wilkieten). Nach der großen Pest in Ostpreußen (1709–1712) besiedelten protestantische Exilanten aus dem Salzburgischen den Ort neu. Das **Dorfzentrum**, das unter Denkmalschutz steht, weist deshalb eine ganz ungewöhnliche Anlehnung an Baustile der Alpenregion auf.

Priekulė

Erster größerer Ort südlich von Klaipėda ist Priekulė (Prökuls); es liegt auf einer Anhöhe über dem Minijatal. Der freundliche Flecken mit kleinstädtischem Charakter blieb 1945 unzerstört. Er wurde 1540 erstmals erwähnt und erhielt seinen Namen von dem Gastwirt Lukas Preckol, der hier einen Krug besaß. Als sich um dieses Gasthaus später einige Häuser scharten, wurde Preckols Name für die Neusiedlung übernommen.

In Prökuls, wie auch seiner weiteren Umgebung bis nach Tilsit hin, gab es in der zweiten Hälfte des 19. Jahrhunderts viele kleine Druckereien. Als man damals in Russland, zu dem Litauen in dieser Zeit gehörte, die litauische Schriftsprache, ja selbst die lateinische Schrift verboten hatte, wurden litauische Bücher gleich jenseits der Grenze in Ostpreußen gedruckt, heimlich über die Grenze geschmuggelt und in Litauen unter das Volk gebracht. Allerdings erwarteten drakonische Strafen und Verbannung sowohl Verteiler wie Leser, wenn man entdeckt wurde. Die geistigen Führer dieses literarischen Aufbegehrens gegen das zaristische Regime hatten ihre Zentrale deshalb besser im Preußischen und saßen in Tilsit.

Leider besteht die Kirche nicht mehr; nur noch einige Fundamente sind am Marktplatz zu erkennen. Kommt man von Süden her in den Ort, zweigt in Markthöhe die Vingio g., eine Art Vorstadtstraße mit Einfamilienhäusern, nach rechts ab. Die Hausnummer 11 ist das ehemalige Sommer- und das Sterbehaus von Eva Simonaityte. Es birgt heute ein **Museum** zur Erinnerung an die Schriftstellerin (Tel. 00370/46/454247). Weiter die Hauptstraße entlang, führt die Bielinski g. nach rechts. Ein weiß gestrichenes hohes Gebäude ist das ehemalige **Amtsgericht** von Prökuls, heute Teil einer Poliklinik. Hier amtierte Ernst Wichert von 1860 bis 1863 als Kreisrichter. Der in Insterburg geborene Wichert, nicht zu verwechseln mit dem aus Masuren kommenden Ernst Wiechert, lebte neben seinem Brotberuf auch von der Schriftstellerei. In seinen ›Litauischen Geschichten‹, die zwischen 1867 und 1891 entstanden, verarbeitete er Erlebnisse aus seiner Prökulser Zeit. Den Vergleich mit der gleichnamigen Sammlung von Hermann Sudermann – dieser ist ungleich bekannter – brauchen Wicherts Dichtungen nicht scheuen. Wicherts vergangener literarischer Ruhm gründet sich vor allem auf den historischen Roman ›Heinrich von Plauen‹ (1881), der die Kämpfe zwischen Polen und Ordensrittern im Jahr der Tannenbergschlacht 1410 zum Thema hat. Auch sein ›Der Große Kurfürst in Preußen‹ (1887) war einst ein vielgelesenes Werk.

Verlässt man den Marktplatz in westlicher Richtung, gabelt sich hinter der Bahnlinie Šilutė–Klaipėda die Straße. Man kann entweder Richtung Dreverna (Drawöhnen) oder Richtung Ventė (Windenburg) fahren. Die Straße nach Dreverna führt am Südrand des Tyrus-Moors vorbei und führt nach wenigen Kilometern über den **Klaipėdos kanalas**, einst Kaiser-Wilhelm-Kanal, und verläuft dann parallel zu ihm. Der Kanal entstand zwischen 1863 und 1873, um die Stadt Memel über die Minge und den Memelstrom auch an die russischen Flüsse anzubinden, da das Kurische Haff für die meisten größeren Schiffe zu flach ist. Er wird heutzutage kaum noch genutzt.

Von Dreverna hat man ein wunderbares Panorama auf das jenseitige Haffufer, wo sich die Kurische Nehrung mit ihrem vierten Dünengebiet bei Juodkrantė in überwältigender Pracht darbietet. Besonders in der Morgendämmerung ist dies ein Blick von hinreißender Schönheit. Das Dörfchen bietet ansonsten einige malerische **Fischergehöfte**, zu erwähnen ist auch der auf einer künstlichen Anhöhe gelegene **Friedhof** am östlichen Dorfende, wo die jährlichen Frühjahrsüberschwemmungen den Verstorbenen nichts anhaben konnten und können.

Die Weiterfahrt Richtung Kintai (Kinten) über Svencelė (Schwenzeln) weiter entlang der Haffküste ist mit dem Auto nicht möglich. Auf dem einzig möglichen Weg (Teiltrasse des Radwegs 10) dürfen sich nur Radwanderer und Wanderer fortbewegen. Doch die dürfen hier die einzigartige Landschaft des Schwenzelner Moors erleben.

Kintai

Man erreicht Kintai und Ventė am besten von Priekulė aus. Vom Bahnübergang führt südwärts eine Straße dorthin. Bei Lankupiai (Lankuppen) quert man nochmals den Klaipėdos kanalas. Ein bedeutendes technisches Architekturdenkmal ist hier, wo der Kanal aus dem Mingefluss abzweigt, die 160 Meter lange und 25 Meter breite **Schleuse**. Sie schützt den Kanal vor den berüchtigten Minge-Hochwassern. Über die Minge gelangt man in den Atmath nördlich von Rusnė (Ruß), von dort über den Rußstrom und die Memel weiter nach Tilsit. Die Straße führt durch weite Weidelandschaften, berührt Sakužiai (Michelsakuthen) und erreicht Kintai (Kinten), die größte Ansiedlung zwischen Priekulė und Šilutė. Vor dem Ort liegt linker Hand in einer Kurve der alte deutsche **Friedhof** mit vielen erhaltenen schmiedeeisernen Grabkreuzen. Die sehenswerte, turmlose **Kirche** des Ortes wurde um 1700 aus Steintrümmern der ruinösen Ordensburg Windenburg errichtet, die man aus dem Haff geborgen hatte. Die Kirche wurde um 1980 in ein Konzert- und Versammlungshaus umgewandelt, dient jedoch heute wieder dem Gottesdienst. In der alten Dorfschule lehrte von 1888 bis 1892 der bedeutende litauische Philosoph Vydunas (1868–1953). Im Dorf wurde 1997 ein kleines **Vydunas-Museum** erbaut. Dass Kintai einst ein durchaus bedeutender Ort war, ist noch heute an einigen größeren Gebäuden städtischen Gepräges zu erkennen. Im Norden des Dorfes steht im Wald – schwer zu finden – ein Riesen-Lebensbaum, eine Thuja, die 17 Meter hoch ist und fast 90 Zentimeter Stammdurchmesser besitzt.

Die schlichte Kirche in Kintai

▲ Karte S. 382

Drei Kilometer hinter Kintai gelangt man nach Muižė (Feilenhof). Auf dem alten, teilweise hergerichteten Friedhof findet man noch die Grabstelle von Ernst Wilhelm Beerbohm (1786–1865), einem Memeler Bürgermeister, der sich sehr mit der Volkskunde der Region befasste und auch als Sammler von Volksliedern der damaligen deutsch-litauischen Bewohner großes Ansehen besaß.

Ventė

Von Kintai sind es zehn Kilometer bis Ventė (Windenburg), das ganz am Ende der Windenburger Spitze (Ventes ragas) liegt. Stankiškiai (Stankischken) wird passiert. Viele der alte Dörfer sind hier nur in Rudimenten erhalten, ein zusammenhängender Häuserverband lässt sich kaum noch ausmachen. Rechts der Stra-

Die Mole an der Windenburger Spitze

ße gleißt in Schönheit die Dünenlandschaft der Nehrung herüber. Weiter nördlich erstreckt sich das vierte Dünenfeld, die ›Toten Dünen‹ bei Juodkrantė, weiter südlich kommt Niddens Hohe Düne in Sicht, dann das Ortsschild ›Ventė‹. Ein Verkehrszeichen verbietet kurz vor der Vogelwarte die Weiterfahrt, doch der Leuchtturm ist schon zu erkennen. Die sturmdurchbrauste schmale Landzunge der **Windenburger Spitze** ist erreicht. In Hermann Sudermanns großartiger Erzählung ›Die Reise nach Tilsit‹ – aus den ›Litauischen Geschichten‹ – spielt die Windenburger Spitze eine handlungsentscheidende Rolle.

Am **Leuchtturm** aus dem Jahr 1863 befindet sich die 1929 gegründete **Vogelwarte** Ventės ragas. Hier, zwischen Nehrung und Haff, ist ein Rastpunkt für jene Zugvögel, die nicht der Nehrung folgen. In der Vogelzugzeit im Herbst kommen täglich bis zu einer Million Vögel hierher, etwa 60 000 werden in jedem Jahr beringt. Eine kleine Ausstellung in der Vogelwarte erläutert die Arbeit. Unterhalb des Leuchtturms führt eine Treppe zum Haff, in das eine steinerne Mole hineinführt. Ein gutes Hotelrestaurant und ein Campingplatz tragen zur Attraktivität der Windenburger Spitze bei.

Zu allen Zeiten finden sich hier Angler ein. Bei den Seefahrern auf dem Haff ist die Windenburger Spitze gefürchtet. Mehrere Riffe und Sandbänke sind ihr vorgelagert; die Knaupbucht, die sich östlich an die Spitze anschließt, ist ebenso tückisch, da der südlich einmündende Memelarm Atmath ganz besondere Strömungen hervorruft, die zusammen mit plötzlichen Windböen bereits manches Schiff versenkt haben. Von der um 1350 errichteten, doch bereits Anfang des 15. Jahrhunderts in einer Sturmflut untergegangenen Ordensburg ist heute nichts mehr zu finden, Mauerreste sollen aber noch bis etwa 1850 aus dem Haff geragt haben. Auch die Kirche von Windenburg versank um das Jahr 1420.

Zwischen Klaipėda und Šilutė

Gästehaus Žvejų užeiga, Kursin g., Kintai, Tel. 00370/616/72402 bzw. 00370/441/69510, www.kintai.lt; DZ 50–65 €. Mit Fischrestaurant.

Hotel und Restaurant Ventainė, Ventė, Tel. 00370/686/70490, www.ventaine.lt. DZ je nach Saison 35–85 €.

Campingplatz Ventė, Tel. 00370/441/68525, www.ventaine.lt

Vydunas-Kulturzentrum und Museum, Kintai, Šilutės r., Tel. 00370/441/47379. Hier wird unter anderem die Harfe des bedeutenden Volkskundlers und Lehrers Vydunas (1868–1953, eigentlich Wilhelm Starost, lit. Vilius Starosta) gezeigt, der als Spieler des Instruments landesweit Verehrung genoss und genießt.

Vogelwarte Ventės ragas (Abteilung des Ivanauskas-Museums Kaunas), Tel. 00370/441/44516.

Von Ventė über Minija nach Šilutė

Um von Ventė nach Minija (Minge) zu gelangen, kehrt man zurück bis Kintai und biegt vor dem Ort bei einer Tankstelle nach Šilutė ab. Jetzt befindet man sich unmittelbar in den Niederungen des Memeldeltas. Nicht weit ist es nun auf dieser teilweise asphaltierten Straße bis zur Abzweigung nach Minija, das an beiden Ufern des gleichnamigen Flusses liegt und daher auch von zwei Seiten auf allerdings unbefestigten Straßen erreicht werden kann.

Minija

Fünf Kilometer sind es bis zum weltverlorenen, wegen der vielen Überflutungen in den Jahren zwischen 1990 und 2000 fast aufgegebenen Fischerdorf Minija, das oft als ›kurisches Venedig‹ oder ›litauisches Venedig‹ bezeichnet wird. Die wenigen verbliebenen Häuser befinden sich am Westufer der Minija, an deren Ostufer entstanden in den letzten Jahren viele touristische Einrichtungen: Yachthafen, Pensionen, Restaurants. Die alten **Fischerhäuschen** werden nach und nach renoviert, auch sprach man in der Vergangenheit davon, dass hier eine Künstlerkolonie wie einst in Nidden entstehen sollte. Eine Ausflugsbootverbindung im Sommer nach Nida erfreut sich großer Beliebtheit.

Zwei Straßen führen von Norden entlang der Minge nach Minija hinein. Nach Süden gibt es am Dorfende keine Weiterfahrt, alle Pfade verlieren sich in den unergründlichen Sümpfen der Atmath-Mündung und zwingen zur Umkehr.

Über eine neue, steil emporführende Brücke überquert man bei der Weiterfahrt nach Šilutė die Minija und das neue Rückhaltebecken für deren Hochwasser und umfährt die **Krokų Lanka** (Krakerorther Lank), einst eine Haffbucht, die durch aus der Atmath angeschwemmtes Land fast zum Binnensee wurde und heute ein einzigartiges Biotop darstellt. Linker Hand erstreckt sich das gewaltige **Augstumal-Moor** (pelke Aukštumala), neben dem Großen Moosbruch im Kaliningrader Gebiet die größte zusammenhängende Moorfläche in dieser Region. Ein naturkundlicher **Lehrpfad** in das Moor – etwa ein Kilometer Fußweg – ist ausgeschildert, ein kleiner Parkplatz, ziemlich genau in der Hälfte des Wegs zwischen Kintai und Šilutė, kennzeichnet den Eingang ins Moor. Der Botaniker Carl Weber erforschte um 1900 das Moor und schrieb mit ›Vegetation und Entstehung des Augstumal-Moors‹ das erste wissenschaftliche moorkundliche Werk überhaupt.

Die Straße nach Šilutė führt hier teils durch dichte Mischwälder; dazwischen öffnen sich Blicke zur Krakerorther Lank oder zu den immer noch vorhandenen vielen Einzelgehöften auf den festen Schwemmsandinseln innerhalb des Memeldeltas. Ein tiefes Gefühl der Verlassenheit und des Verlorenseins in dieser weltfernen Landschaft umfängt den Reisenden.

Šilutė

Wer von Westen in die Stadt kommt, über die lange einsame Strecke entlang der Niederung und des Augstumal-Moors, dem erscheint wie eine Vision plötzlich der Kirchturm von Šilutė (Heydekrug). An verschiedenen größeren

Im Augstumalmoor

Industrieanlagen vorbei erreicht man die Stadt und trifft gleich auf die von Klaipėda kommende Hauptstraße. Die nach Klaipėda größte Stadt des Memellands ist erreicht.

Das administrative Zentrum des südlichen Teils des Verwaltungsbezirks Klaipėda hat heute 25 000 Einwohner. Um eine um 1511 gegründete Gastwirtschaft, den ›Heidekrug‹, entstanden vier Dörfer, in denen sich Händler, Bauern, Fischer und Handwerker ansiedelten. Bekannt wurde das Örtchen, als der Große Kurfürst 1679 mit seiner Streitmacht über die beiden Haffs bis hierher kam, um die Schweden endgültig vom Kontinent zu vertreiben. Die Dörfer Heidekrug, Werden, Szibben und Zintjonischken wurden erst am Anfang des 20. Jahrhunderts zu einem Marktflecken vereinigt, der 1941 die Stadtrechte erhielt. Die Stadt wurde im Oktober 1944 von der Roten Armee eingenommen und gehört seither wieder zu Litauen. Die Zerstörungen am Kriegsende waren gering, so dass Šilutė weithin noch der Charme eines deutschen Landstädtchens innewohnt. Eine große Möbelfabrik, ein torfverarbeitender Betrieb und ein Pumpenwerk prägen heute die Wirtschaft.

Aus Heydekrug stammt die heute weitgehend vergessene Schauspielerin Cornell Borchers (geb. 1925), aber auch die unvergessene Schlagersängerin Alexandra, die 1969 bei einem mysteriösen, bis heute ungeklärten Verkehrsunfall starb. Als Doris Treitz kam sie 1942 hier zur Welt. Sie brachte in ihre Lieder, die sie meist selbst dichtete und komponierte, neben musikalischen Elementen aus ihrer Heimat auch Schilderungen des Landes ein. Eine Hommage an das Land an der Memel ist ihr Lied ›Erstes Morgenrot‹:

Erstes Morgenrot über den tiefen Wäldern,
Wolken treibt der Wind, Nebel liegt auf den Feldern,
Erstes Morgenrot bringt mir der Gruß der Heimat,
Aus dem fernen Land, wo meine Wiege stand.

Ich seh' die Birken im Sonnenlicht steh'n,
silbern vom Tau der kühlen Nacht,
und kann die Worte der Lieder versteh'n,
die mich so glücklich gemacht.

Erstes Morgenrot liegt auf den weiten Seen,
Gräser wiegt der Wind, die auf den Ufern stehn.

Ich seh' die Schwäne hoch über dem Feld
auf ihrem Fluge nach Norden.
Was ist aus all dem vertrauten Zuhaus'
und aus den Freunden geworden?

Erstes Morgenrot bringt mir die schönsten Träume
aus dem fernen Land, wo meine Wiege stand.

Vor 1945 gab es in Heydekrug einen der größten Wochenmärkte Ostpreußens. An ihn erinnert noch der überdimensioniert wirkende **Marktplatz**. Dessen alte Bebauung ist weitgehend noch vorhanden, nur die Westseite weist einige durch Abriss in der Sowjetzeit entstandene Lücken auf.

Am Südrand des Marktes, wo der Weg nach Westen in Richtung Rusnė abzweigt und die Hauptgeschäftsstraße (Lietuvininkų g.) der Stadt in östlicher

▲ Karte S. 391

Richtung in den ehemaligen Ortsteil Szibben hineinführt, steht das **Stadtmuseum**, einst Gutshaus des Ökonomierats Scheu, mit ungewöhnlichen Neo-Rokokoelementen in der Architektur. Hier findet man eine interessante Ausstellung, die unter anderem das frühere Zusammenleben zwischen Litauern und Deutschen dokumentiert.

In der Lietuvininkų g. erscheint bald linker Hand die 1997 renovierte weißleuchtende **Stadtkirche**, die erst 1926 erbaut wurde. Über dem Eingang kann man lesen: ›Ein feste Burg ist unser Gott‹, im Eingang sind noch die Gedenktafeln an die Toten des Ersten Weltkriegs vorhanden. Den Altar ziert ein deutsches Vaterunser, über ihm zieht ein ungewöhnliches Fresko des Königsberger Künstlers Richard Pfeiffer die Blicke auf sich. Gestalten aus der preußischen Geschichte von Kant bis zur Königin Luise geben sich hier – in Öl auf Leinwand – ein Stelldichein. Vor der Kirche steht die Büste Hermann Sudermanns, der in Heydekrug zur Schule gegangen ist. Sie ist seit 1996 hier neu aufgestellt; die alte Stele aus dem Jahr 1930 war seit Kriegsende verschollen.

Im weiteren Verlauf der Straße trifft man rechts auf das durchaus akzeptable Hotel ›Deims‹, die einzige größere Herberge im Umkreis von fast 50 Kilometern. Neben dem Hotel steht das alte **Amtsgericht**.

Verlässt man über die Lietuvininkų g. das Zentrum ostwärts, gelangt man kurz vor den Bahngleisen rechts zur **Katholischen Kirche** aus dem Jahr 1850. Diese typisch preußische Backsteinkirche diente einst der litauischen Minderheit als Gotteshaus.

Das benachbarte Waisenhaus erfüllt wie in alter Zeit seinen Zweck. Links führt die Bahnhofstraße zur Eisenbahnstation von Šilutė. Es ist ein typisch preußischer Backsteinzweckbau, wie er auch in Brandenburg stehen könnte.

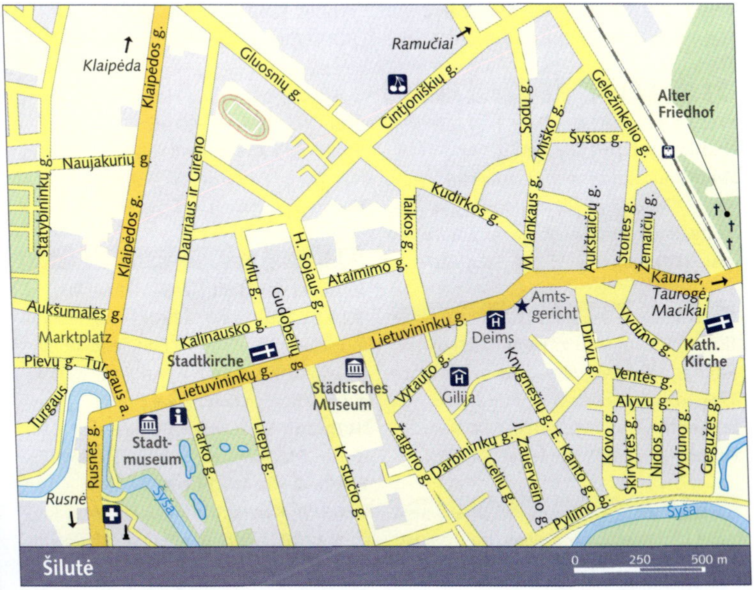

In diesem Haus wurde Hermann Sudermann geboren

Hinter dem Bahnkörper liegt links der alte evangelische **Friedhof** der Stadt, wildromantisch überwachsen. Das Sudermannsche Familiengrab ist erhalten, jedoch kaum zu finden. Nebeneinander liegen die Großmutter, der Vater und Hermann Sudermanns jüngster Bruder.

Macikai

Verlässt man Šilute hinter dem Bahngleis Richtung Osten auf der alten Tilsiter Straße und fährt dann auf der Umgehungsstraße knapp einen Kilometer Richtung Klaipėda, sollte man man am Hinweisschild ›Macikai‹ nach rechts abbiegen.

In Macikai, dem früheren Matzicken, wurde Hermann Sudermann am 30. September 1857 als Sohn eines Brauers geboren. An dem hellen, gepflegten Haus an der linken Seite der Ortsstraße, das zum früheren Gut gehörte, ist eine Hinweistafel auf den großen Schriftsteller angebracht. In dem Haus ist auch ein kleiner **Sudermann-Gedenkraum** eingerichtet. Das eigentliche Geburtshaus jedoch ist abgerissen.

Am östlichen Ende von Macikai gibt es eine **Gedenkstätte**. Hier befand sich ein Straflager der Nationalsozialisten (Stalag Luft VI.), das von der sowjetischen Siegermacht nach 1945 weiterbenutzt wurde. Hinter dem Lager zeigt heute ein großes Kreuz ein Massengrab von fast 8000 Opfern des Stalinismus an.

Šilutė

Vorwahl Šilutė: 00370/441.
Postleitzahl: 99185/99175.
Tourismusinformation, Lietuvininkų g. 4, Tel. 77785, www.siluteinfo.lt.
Kultur-Informationszentrum des Städtischen Museums, Lietuvininkų g. 4, Tel. 62207.

Busverbindungen u.a. nach Klaipėda und Kaunas, Bahnverbindungen u.a. nach Klaipėda und Sovetsk.
Busbahnhof, Stoites 1, Tel. 77779.
Bahnhof, Geležinkelio 4, Tel. 51109.

Hotel und Restaurant Deims, Lietuvininkų g. 70, Tel. 52345, Restaurant 62482, www.deims.lt. Bestes Haus der ganzen Region und recht preisgünstig. DZ 50 €.
Hotel und Restaurant Gilija, Vytauto g. 17, Tel. 61641 bzw. 00370/659/23451, www.silutesgilija.lt. DZ 50–60 €.

Museum der Stadt Šiluté, Lietuvinkų g. 4, Tel. 62209 bzw. 62207, www.silute muziejus.lt; Di–Fr 9–18 und Sa 9–16 Uhr. Archäologie, Waffen, Volkskunst, Ethnologie, Stadtgeschichte. Zweigstellen:
Hermann-Sudermann-Gedenkstätte, 99156 Macikai, Tel. 62207; 15. Mai bis 1. Okt. Di–Sa 10–14 Uhr.
Museum Konzentrationslaker Macikai, Tel. 62207; geöffnet wie die Sudermann-Gedenkstätte.

▶ Karte S. 391

Hermann Sudermann

Kaum ein deutscher Schriftsteller hat um die Wende zum 20. Jahrhundert seine Zeitgenossen so polarisiert wie der 1857 in Matzicken bei Heydekrug geborene Hermann Sudermann. Diese Symbolfigur der wilhelminischen Zeit war für die einen ein genialer Dramatiker und Erzähler, für die anderen ein Trivialautor, der das Gute und Edle verhöhnte, ein ›Kompromissartist der Bühne‹, ein Verfasser kitschiger Machwerke. Alfred Kerr nannte ihn gar einen »Schädling in der Kunst unseres Landes«. Unbestritten aber ist Sudermann einer der bedeutendsten Vertreter des Naturalismus in der deutschen Literatur. Sein erster Roman ›Frau Sorge‹ (1887) schildert die Nöte der einfachen Landbevölkerung des Memellands, sein erstes Drama ›Ehre‹ (1889) schlug mit einer ungeheuren Sensation ein. Arme Leute, Proletarier, von der Gesellschaft Verachtete waren nun die Helden der Bühne, der Berliner Hinterhof wurde zur Szenerie des Theaters. Mit dem nächsten Schauspiel ›Heimat‹ (1893), das später mit Heinrich George und Zarah Leander verfilmt wurde, gelang ihm der internationale Durchbruch. Die bedeutendsten Schauspielerinnen der damaligen Zeit, Eleonora Duse und Sarah Bernhardt, feierten in Sudermann-Stücken Triumphe. Eine Sudermann-Premiere war in den Jahren vor dem Ersten Weltkrieg stets ein großes gesellschaftliches Ereignis der Theatersaison.

Neben Dramen verfasste Sudermann auch Erzählungen. In ›Der Katzensteg‹, einer Geschichte aus der Zeit der Napoleonischen Kriege, in seiner Autobiographie ›Bilderbuch meiner Jugend‹ (1922) und vor allem in den ›Litauischen Geschichten‹ (1917) zeigt sich Hermann Sudermann als Meister einer unvergänglichen Erzählkunst. ›Die Reise nach Tilsit‹ aus den ›Litauischen Geschichten‹, für viele seine beste Prosaarbeit, ist eine Ehenovelle. Ansas möchte seine Frau Indre wegen seiner Geliebten, die aus der Stadt in die Lande am Kurischen Haff gekommen ist, beseitigen. Er entschließt sich zu einer als Sonntagsausflug getarnten Bootsfahrt über das Kurische Haff und den Memelstrom nach Tilsit, wobei er auf der Rückfahrt an der gefährlichen Windenburger Spitze das Boot kentern lassen will. Doch während die beiden durch Tilsit spazieren, Kuchen in Cafés schlemmen und sich auf dem Rummel vergnügen, muss Ansas feststellen, wie sehr seine Frau Indre von den Passanten, insbesondere von den Männern, bewundert wird. Allein ihre einfache litauische Tracht scheint in ihrer schlichten Schönheit alle zu bezaubern. Neu verliebt segeln sie nach Hause. Im Boot finden beide leidenschaftlich wieder zueinander. Doch sie achten nicht auf Wind und Strömung. An der Windenburger Spitze schlägt der Kahn um, wobei Ansas ertrinkt. Neun Monate später bringt Indre sein Kind zur Welt.

Hermann Sudermann um die Jahrhundertwende

Der Regisseur Friedrich Wilhelm Murnau drehte 1926 in Hollywood, noch zu Sudermanns Lebzeiten, unter dem Titel ›Sunrise‹ die vielleicht poetischste Fassung des Stoffes. 1939 schuf Veit Harlan mit Kristina Söderbaum und Frits van Dongen eine weitere Verfilmung der ›Reise nach Tilsit‹, die besonders durch ihre unvergleichlichen Landschaftsaufnahmen der Kurischen Nehrung bedeutsam ist.

In der Kriegszeit wurde es stiller um Hermann Sudermann, und zur Zeit der Weimarer Republik waren seine Werke nicht mehr gefragt. Über die Inflationszeit musste er sich mit Verkäufen von Filmrechten an seinen Werken an amerikanische Gesellschaften über Wasser halten. Er wurde allerdings auf diese Weise zu einem der meistverfilmten Autoren überhaupt. Dennoch spürte er, dass er sich selbst überlebt hatte, besonders wenn er voll Selbstironie in seinem letzten – weniger bedeutenden – Roman ›Purzelchen‹ (1928) die Titelheldin ihre Mutter bitten lässt, ihr mal ein Buch von »diesem Sudermann« zu geben, der doch »in deiner Jugend so berühmt gewesen sein soll«. Sein wichtigstes Werk der letzten Phase ist ›Die Frau des Steffen Tromholt‹ (1929 postum veröffentlicht), ein stark autobiographischer Roman, in dem er die langjährige Ehekrise mit seiner 1924 verstorbenen Frau Clara literarisch überhöht.

Sudermann lebte seit 1902 in Blankensee südlich von Berlin und besaß in der Bettinastraße 6 in Berlin-Grunewald eine Stadtvilla; dort erinnert heute eine Plakette an ihn. Am 21. November 1928 starb Sudermann nach einem Schlaganfall an einer Lungenentzündung. Er liegt auf dem Friedhof Grunewald an der Bornstraße in Halensee begraben. Sudermann wurde geschmäht, totgesagt, vergessen, doch immer wieder gespielt, verlegt und verfilmt. Denn das Pandämonium von Gestalten und Charakteren aus Ostpreußen und Litauen, das er in seinem Werk erstehen ließ, verlieh seiner Kunst Unsterblichkeit.

Das Sudermann-Denkmal in Šilutė

Rusnė und das Memeldelta

Ein besonderes Erlebnis ist die Fahrt an den äußersten Vorposten der Zivilisation, in die unvergleichliche Werderlandschaft des Memeldeltas westlich von Rusnė (Ruß). In diesem unter strengem Naturschutz stehenden Areal zwischen der Grenze zum Kaliningrader Gebiet und der Verbindungsstraße Kintai–Šilutė ist, bedingt durch die Randlage an der Grenze wie auch durch die eigentümlichen geographischen Besonderheiten, ein einzigartiges Biotop entstanden.

Vom alten Marktplatz in Šilutė verlässt man in südlicher Richtung die Stadt, überquert dabei die Šyša (Sziesze), kommt am Krankenhaus vorbei und erblickt nach der scharfen Rechtskurve schon den Chausseedamm nach Rusnė.

Im Moor von Rupkalviai

Über die renovierte Schlaszer Brücke, die sich flach über die sumpfige Niederung spannt, gelangt man in den Bereich des Rupkalwer Moors. Linker Hand kommt ein Backsteinhaus mit Scheunen und Stallungen in Sicht. Das ist das alte Haus der Moorvögte. Einer dieser Verwalter soll 1916 Hermann Sudermann die Geschichte von Jons und Erdme Baltruschat erzählt haben, die sich hier unter größten Anstrengungen einen Hof bauen konnten, daran aber fast zugrunde gegangen sind. In ›Jons und Erdme‹ aus den ›Litauischen Geschichten‹ setzte Sudermann diesem Fleckchen Erde ein heute noch faszinierendes literarisches Denkmal.

Etwa 50 Meter hinter dem Abzweig nach Žalgiriai (einst Bismarck genannt) geht ein ausgeschildeter botanischer **Lehrpfad** nach links ins Moor von Rupkalviai. Sehenswert ist entlang des Pfads insbesondere die sogenannte Sudermann-Eiche – 4,7 Meter Umfang, 17,6 Meter hoch –, wie auch die düstere Mooratmosphäre sehr gut nachempfunden werden kann. Zwar wird hier im Rupkalwer Moor heute weiterhin melioriert, doch sind die Höfe der Kolonisten weitgehend verschwunden, denn die Frühjahrshochwasser setzen dem Land und seinen Bewohnern immer noch sehr zu. Die Landschaft liegt nur knapp eineinhalb Meter über dem Meeresspiegel, während die Überschwemmungen meist Wasserstände um drei Meter über dem Meer erreichen.

Rusnė und Umgebung

Über die neue Brücke über den Atmathstrom (Atmata) wird Rusnė (Ruß) erreicht. Die Brücke, erstmals 1914 errichtet, wurde 1944 gesprengt und 1974 etwa 200 Meter flussabwärts neu errichtet. Am Verlauf der Straßentrasse ist das noch deutlich zu erkennen. Über den Häusern der Kleinstadt leuchtet die frisch renovierte **Kirche**. Sie wurde 1809 als evangelisch-lutherische Kirche errichtet. Seit der Unabhängigkeitserklärung Litauens werden in ihr wieder Gottesdienste abgehalten, natürlich jetzt katholische. Der Ort als solcher mag vielleicht nicht sehr attraktiv sein, doch im westlichen Ortsteil von Rusnė, Skirvytė (Skirwietellen), gibt es ein sehr sehenswertes **ethnographisches Museumsgehöft**.

Im Jahr 1498 wurde Ruß erstmals erwähnt. Neben dem Holzhandel ist der Ort von alters her Zentrum der Haff- und Flussfischerei; auch heute noch sind Zander und Neunaugen sehr geschätzt. Vor 1945 pflegte man in Ruß den ›Rußer Wasserpunsch‹ zu kredenzen. Für dieses unvergleichliche Getränk erhitzte man eine Flasche Portwein, eine halbe Flasche Weinbrand, einen Viertelliter Wasser und versetzte es mit 150 Gramm Zucker. Diese Menge war für zwei Männer vorgesehen.

Rusnė und das Memeldelta

Wer mit dem Auto unterwegs ist und die besondere Natur der Rußer Insel kennenleren möchte, fährt am besten gleich hinter der Brücke nach rechts, immer am Atmathstrom entlang, über Šyškrantė (Schießkrandt), zuletzt auf einem schmalen Damm zwischen Polderfeldern und dem Atmath nach Uostadvaris (Kuwertshof). Dies ist eine unvergleichliche Strecke an alten und doch gepflegten Fischerkaten vorbei, umgeben von einer einzigartigen Natur, der, von einigen Vogelstimmen abgesehen, eine unendliche Ruhe innewohnt.

Der **Leuchtturm** von Uostadvaris befindet sich genau gegenüber der Mündung der Minija in den Atmath. Im Augenblick ist er ziemlich ruiniert, obwohl er unter Denkmalschutz steht, dafür ist das nahegelegene dampfbetriebene **Pumpwerk** – ebenfalls aus dem Jahr 1907 – in gepflegtem Zustand. Es ist aber nicht mehr in Betrieb; seine Aufgabe hat eine neuere Anlage übernommen. Die Rußer Insel, die maximale Meereshöhen von ein bis zwei Metern besitzt, wurde und wird alljährlich von den Frühjahrsüberschwemmungen heimgesucht, die den Pegel von Athmath und Skirwiet bis zu drei Metern ansteigen lassen. Teile der Insel liegen als sogenannte Depressionen sogar bis zu über einen Meter unter dem Meeresspiegel. Schon um 1850 begann man daher mit dem Bau von Poldern und der Aufschüttung von Deichen. Heute gibt es etwa 21 Polder, die die großen Wassermassen verteilen und auch die Verlandung des Kurischen Haffs reduzieren. Das Pumpwerk Kuwertshof-Uostadvaris war einst als Teil dieser Wasserschutzmaßnahmen projektiert. Ein kleines **Museum** dokumentiert im Pumpwerk all diese Techniken.

Man kann von hier oder über Uostadvaris ins Innere der sogennten Rußer Insel bzw. des Deltas fahren und gelangt nach **Pakalnė** (Pokallne) am gleichnamigen Flüsschen. Es ist neben Atmata und Skirvytė (Skirwiet) der dritte Mündungsarm des Rußstroms und damit der Memel und teilt das Delta in zwei Hälften. In Pakalnė finden sich Wegweiser, die zum **Informationszentrum des Naturschutzparks** führen. Von Pakalnė ist es möglich, Rusnė zu umgehen, und, stets am Skirwietstrom entlang, in den äußersten Südwesten des Deltas bis fast zum Helenawerder zu gelangen. Ohne genaue Karte ist dies aber ein fast aussichtsloses Unterfangen, da es so gut wie keine Ausschilderung gibt. Jenseits des Skirwiet liegt das Kaliningrader Gebiet. Von dem am jenseitigen Ufer einst gelegenen Dörfchen Skirwieth ist nichts mehr vorhanden. Irgendwann endet die Straße vor einigen Markierungssteinen. Dahinter kommt nichts mehr.

Das Pumpwerk

Die schöne Kirche in Rusnė

Wo sich Atmath und Skirwiet aus der Memel herausbilden, am Ostrand von Rusnė, hat man einen guten Blick auf die russische Seite der Memelniederung. Ein Wachtturm der russischen Grenzsoldaten steht über den Resten des Gutes Brionischken. Einst befand sich hier eine Brücke, über die der wichtige Handelsweg von Ruß, am Bredszuller Moor vorbei, durch den Ibenhorster Forst in die Elchniederung nach Kaukehmen und weiter nach Heinrichswalde führte. Auch weiter stromaufwärts wirkt das russische Ufer verödet. Kein Mensch ist zu sehen, selbst Boote der russischen Grenzwache erscheinen selten. Eine Reise in die Einsamkeit ist die Tour am Ostufer der Memel, wenn man gleich an der Atmathbrücke südlich auf die unbefestigte Straße Richtung Plaškiai bzw. Pagegiai abbiegt und dort versunkene Dörfer mit so herrlichen Namen wie Tatamiškia (Tattamischken) passiert. Von hier lässt sich ein Blick in die ansonsten kaum zugängliche Nordspitze des Kaliningrader Gebiets erhaschen. Die ganze Ecke darf man getrost als höchst elitäres Reiseziel bezeichnen. Denn in der Tat kommt so gut wie nie ein westlicher Reisender in diesen Bereich des alten Memellands.

Rusnė und Umgebung

Tourismuszentrum Rusnė, Pakalnes 40a, LT- 99343 Rusnė, Tel. 00370/441/58154.

Ethnographisches Museum, Skirvytėlės g. 8, Rusnė, Tel. 58169 (Vorwahl wie Silute).

Von Šilutė ans Ende des Memellands

Ein großer Teil des historischen Memellands liegt südöstlich von Šilutė in einem breiten Streifen auf der Nordseite des Memelstroms. Die Landschaft ist unberührt und von ausgesprochener Schönheit.

Juknaičiai und Umgebung

Auf der A 141 ist nach knapp zehn Kilometern das ungewöhnliche Ortsbild von

Der markante Wasserturm von Juknaižiai

Karte S. 255

Juknaičiai (Jugnaten) erreicht. In sowjetischer Zeit befand sich im Ort eine Musterkolchose, die den Namen ›25. Parteitag der KPdSU‹ trug. Junge bildende Künstler aus dem ganzen Land hatten hier Gelegenheit, ein Musterdorf sowjetischer Provenienz, doch mit eigenen künstlerischen Vorstellungen, zu gestalten. So entstand eine seltsame, aber faszinierende Mischung aus Industriebetrieb und Sanatorium. Heute gibt es hier das neu gegründete **Zentrum für Tourismus und Gesundheit** mit Hotelrestaurant und Schwimmbad, gleichzeitig werden Angeltouren und ökologische Exkursionen angeboten.

Markantes Wahrzeichen des Dorfes ist der pilzförmige **Wasserturm**, der gleichsam die Kirche ersetzt. Aber auch die anderen Gebäude, wie ein Hotel und eine Versammlungshalle, zeugen von den erfolgreichen Bemühungen der litauischen Architekten um die phantasievolle Gestaltung einer Bauernkommune abseits herkömmlicher Vorgaben.

Drei Kilometer hinter Juknaičiai zweigt rechts die A 191 Richtung Kanteriškiai (Kanterischken) ab. Hier kann man ans Ufer der Memel gelangen, etwa auf der Höhe des russischen Jasnoe (Kaukehmen/Kuckerneese) und alternativ zur Hauptstraße den Fluss entlang fahren. Neun Kilometer sind es, immer geradeaus, vom Abzweig bis zum Memelstrom, dort wo früher Groß Schilleningken lag.

In geringem Abstand zum Fluss führt die A 190 weiter nach Südosten. Diese ländliche Region ist in weiten Teilen heruntergekommen, so wie etwa Plaškiai (Plaschken) mit seiner verfallenen Kirche und dem alten Friedhof mit vielen deutschen Gräbern.

Von dort führt die Straße bald auf die A 141 Šilute–Jurbarkas zurück.

Die Kirche von Plaškiai

Pagėgiai

Das einstige Bauerndorf Pagėgiai (Pogegen) wurde 1920 zur Kreisstadt erhoben. Bis auf Heydekrug und Memel hatte Ostpreußen nördlich des Memelstroms keine Kreisstädte. Die Osthälfte des Memellands war also administratives Vakuum, da sie früher dem Kreis Ragnit angehört hatte, doch diese Kreisstadt war, da jenseits des Flusses gelegen, bei Deutschland verblieben. So wurde der neue Kreis Pagėgiai geschaffen, der nur von 1920 bis 1939 Bestand hatte. Für den Ort selbst brachte dies einen ungeheuren Aufschwung, da eine rege Bautätigkeit von Wohngebäuden und Geschäftshäusern für die Verwaltungsbeamten wie auch von Geschäften einsetzte, denn für die Litauer wurde der Grenzübertritt und damit das Einkaufen in Tilsit immer schwieriger. Aus dem kleinen Pogegen entstand ein städtisches Gemeinwesen, dem man heute noch ansieht, dass es nicht organisch gewachsen ist.

An der großen Kreuzung im Ort fährt man, von Šilutė kommend, nach rechts, quert die Bahngleise und hält sich bei der nächsten Gabel nach links, der Hauptstraße folgend. Man gelangt hier auf die großen Memelwiesen. Gegenüber rückt Sovets (Tilsit) ins Blickfeld. Die große **Eisenbahnbrücke** der Strecke Tilsit–Memel–Riga, die heute außer Funktion ist, wird unterquert. Tilsits Papierfabrik ist in ihren ganzen Ausmaßen zu sehen, am Ostrand der Stadt lugt der markante Turm der Brauerei über die Häuser hinweg. Dies ist eine der ungewöhnlichsten Ansichten der Stadt.

Die unbefestigte Straße erreicht schließlich bei Panemunė (Übermemel) das Nordende von Tilsits berühmter Luisenbrücke. Hier ist der Grenzübergang zwischen Litauen und der russischen Exklave Kaliningradskaja Oblast', und hier verläuft die Fernstraße aus Kaliningrad in den Norden Litauens und in die anderen baltischen Länder und nach St. Petersburg. Wie an allen anderen Grenzübergangsstellen zur russischen Enklave stauen sich auch hier lange Wagenschlangen landeinwärts.

Tauragė

Wer will, kann von Pagėgiai einen Ausflug in das rund 30 Kilometer nördlich gelegene Tauragė (Tauroggen) unternehmen. Die Stadt hat, nicht zuletzt aufgrund der Zerstörungen in beiden Weltkriegen, keine besonders wichtigen Sehenswürdigkeiten aufzuweisen, spielte aber in der preußischen Geschichte eine wichtige Rolle. Doch gehörte sie vor 1919 nicht zu Ostpreußen und damit auch nicht zum Memelland. Zu Preußen gehörte sie seit 1687 bis zur dritten polnischen Teilung 1795, danach zu Russland. Am 30. Dezember 1812 trafen sich hier, in einer Mühle vor der Stadt, der preußische General Yorck und sein russischer Kollege Diebitsch, um die ›Konvention von Tauroggen‹ zu unterzeichnen. Gegen den Willen des

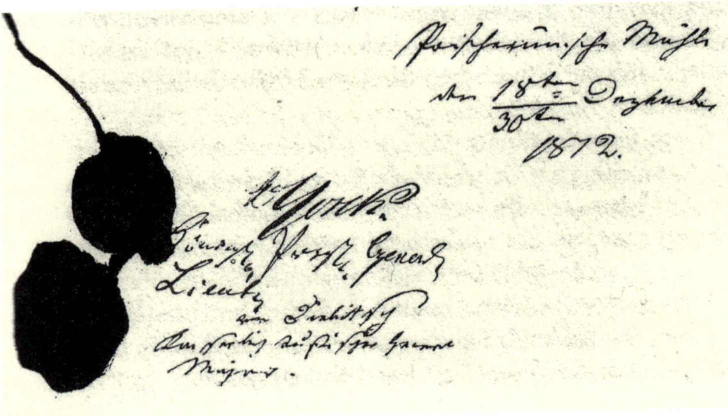

Unterschriften der Generäle Yorck und Diebitsch unter der Konvention von Tauroggen

Königs Friedrich Wilhelm III. schloss Yorck sich den Russen an, indem er sein Hilfskorps für die Franzosen als neutral erklärte. Das war gleichbedeutend mit einem Separatfrieden und bedeutete damit den Abfall von Napoleon, mit dem Preußen seit Jahresbeginn – wieder – verbündet war.

Mit dieser Konvention waren die Kriegsbündnisse, wie so oft, erneut umgekehrt. Sechs Tage später rückten russische Truppen in Königsberg ein und befreiten es von den Franzosen. Einige Kilometer vor der Stadt, am Abzweig nach Vainutas (A 199) und Naumiestis, erinnert ein **Denkmal** etwas abseits der Straße an die Mühle, die früher hier stand und in der dieser berühmte Vertrag abgeschlossen wurde.

Um den Rombinus

▲ Karte S. 255

Der Rambyno kalnas – vielen unter dem deutschen Namen Rombinus geläufig –, der heilige Berg der Litauer, liegt inmitten einer Schleife der Memel, unweit des Grenzübergangs nach Sovetsk. Man verlässt die A 141 knapp drei Kilometer hinter der Kreuzung mit der A 12 Richtung Bardinai (Bardehnen) und hält sich dann weiter Richtung Bitėnai (Bittehnen). Gleich hinter Bardinai steigt der Weg steil an und erreicht ein bewaldetes Plateau, das etwa sich 40 Meter über der Memel erhebt. Große Teile des Rombinus sind in den Jahrhunderten durch Unterspülung abgerutscht.

Für die Litauer war der Berg bereits vor der Ordenszeit eine Kultstätte. Noch im 18. Jahrhundert pilgerten die inzwischen katholischen Litauer zu ihm, um von den alten Göttern Glück und Segen zu erbitten. Auch heute ist er ein heidnisch-mystischer Platz, wenn junge Litauer alljährlich zum Johannisfest am 24. Juni hier in einer eigenwilligen Mischung aus christlichem und heidnischem Brauchtum die Sonnwendfeier begehen. Der Opferstein des Potrimpos zeigt heute drei senkrechte Balken auf einer Horizontalen: Symbol für Litauens Unabhängigkeit.

Viele Sagen erzählen sich die Litauer über den Berg. Vor 1000 Jahren soll auf ihm ein riesiger Steinaltar gestanden haben, auf dem man dem Gott Potrimpos opferte. Potrimpos selbst soll einst den riesigen Stein auf den Berg gebracht haben. Unter dem Stein soll er eine goldene Schüssel und eine silberne Egge begraben haben, da er der Gott der Ernte und der Fruchtbarkeit ist. Man sagte, solange der Stein auf dem Berg liege, werde Litauen in Glück und Wohlstand stehen. Wenn aber der Stein von seinem Platz gerückt werde, dann stürze der Rambynas ein und das Land werde ins Unglück stürzen.

Von Ludwig Bechstein ist folgende Sage überliefert: Einst kam ein deutscher Müller in die Gegend des Rombinus, um dort zwei Windmühlen zu bauen. Er suchte deshalb in der Gegend nach großen und festen Steinen. Der Stein auf dem Rombinus schien ihm besonders geeignet. Es warnten ihn zwar die Alteingesessenen, den Stein wegzubringen, aber der Müller wollte nicht auf sie hören, schalt sie des Aberglaubens, ging sogar zum Landrat und ließ sich schriftlich eine Genehmigung geben, den Stein entfernen zu dürfen. Aber das half auch nichts, denn kein litauischer Arbeiter rührte eine Hand, um an dem Stein zu rücken. Der Müller musste nun in weit entfernten Landesteilen Leute suchen, die nicht abergläubisch waren. Nach langem Suchen fanden sich drei junge Burschen, die bereit waren, den Stein wegzusprengen. Zusammen mit dem Müller gingen sie auf den Berg und begannen die Arbeit. Der Müller hieb zuerst auf den Stein, da sprangen ihm zwei Splitter in die Augen, dass er sein Leben lang blind blieb. Als der erste der Burschen seinen Schlag tat, prellte er sich den Arm so stark, dass ihm der Knochen zerbrach und er aufhören musste. Den beiden anderen geschah nichts. Sie rollten den Stein den Berg hinab. Als sie aber in ihre Heimat wieder zurückwandern wollten, haben sie diese nicht erreicht, sondern sind unterwegs elendiglich umgekommen. Die goldene Schüssel und die silberne Egge hat bis heute keiner gefunden. Nachdem der Stein weggebracht war, begann die Memel am Fuß des Berges zu arbeiten und ihn zu unterhöhlen. Im Jahr 1835 stürzte mit einem schrecklichen Donner ein großes Stück des Rombinus hinab und viele ängstigten sich vor dem Unglück, das wahrscheinlich bald über das Land kommen würde. Der in Tilsit geborene Schriftsteller Johannes Bobrowski widmet in seinem letzten

Vydunas (Wilhelm Starost) um 1920

Die Memel vom Rombinus aus gesehen

Roman ›Litauische Claviere‹ dem Rombinus und seiner Geschichte breiten Raum. Vom Rambyno kalnas senkt sich die Straße hinter Bitėnai schnell wieder hinab auf Flussniveau. Man kann aber vorher noch dem **Friedhof** von **Bitėnai** einen Besuch abstatten. Hier liegt unter einer tulpengezierten Grabtafel Martynas Jankus (1858–1946). Der Verleger, Schriftsteller und Volkskundler ruht nicht weit von Wilhelm Starost (1868–1953), der sich später Vydunas nannte. Beide gelten als die geistigen Führer der memelländischen Litauer zwischen dem Ende des 19. Jahrhunderts und 1945.

Die **große Ragniter Memelschleife** ist gleich hinter Bitėnai erreicht. Man passiert den Margensee, einen toten Arm der Memel. Von hier hat man eine wunderschöne Sicht auf das am andern Ufer gelegene Neman (Ragnit) und auf die gewaltige Ruine der Ordensburg. Eine weite Auenlandschaft, einst Übermemel-Wiesen genannt, öffnet sich.

Der Fluss fließt hier am **Willkischker Höhenzug** vorbei, der sich bis zu 70 Meter über dem Meer erhebt. Der Rambyno kalnas ist hierbei der westlichste Ausläufer dieses Abschnitts des Baltischen Landrückens, den die Memel bei Neman (Неман/Ragnit) durchbricht und dabei zu zwei großen Schleifen gezwungen wird. Die Willkischker Höhen sind mit ihren herrlichen Buchenwäldern als Naturschutzgebiet ›Rambyno Regioninis Parkas‹ ausgewiesen. Am Ende der letzten Eiszeit bildeten diese Höhen eine Barriere für die abtauenden Gletschermassen, wodurch sich ein gewaltiger See aufstaute. Nur nach Süden und Südwesten, durch das spätere Inster- bzw. Pregeltal, konnten diese Wasser abfließen. Als es dem Wasser doch gelang, die Willkischker Höhen zu durchbrechen – und damit den Memelstrom zu bilden –, versiegte die starke Wasserzufuhr zum Pregel, der auf diese Weise zu einem kleineren Strom zurückgebildet wurde.

Auf dem anderen, dem russischen Ufer liegt der Panoramapunkt von **Bol'šoe Selo** (Большое Село/Obereißeln). Die Straße führt jedoch auf der litauischen Seite um den bewaldeten Höhenzug herum, entfernt sich allmählich von der Memel und erreicht das in herrlichster Umgebung gelegene **Šereitlaukis** (Schreitlaugken), den Geburtsort des preußischen Oberpräsidenten Theodor von Schön (1773–1859), der sich um

In Willkischken (Vilkiškiai) verbrachte Johannes Bobrowski einen Teil seiner Kindheit

▲ Karte S. 255

Gedenkstein in Smalininkai

das Land seinerzeit sehr verdient gemacht hatte (s. S. 201). Das Gutshaus ist nicht mehr vorhanden, die Wirtschaftsgebäude stehen aber sämtlich noch. Die Landschaft ist von besonderer Lieblichkeit: Kleine Waldparzellen wechseln mit Feldflur, dazwischen sind hie und da einige Einzelgehöfte eingestreut. Im Osten erahnt man das Tal des Jura, der von Norden kommend, bei Šereitlaukis in die Memel mündet. Von weitem grüßt bald der Kirchturm von Vilkiškiai (Willkischken). Johannes Bobrowski verbrachte in diesem Ort als Junge die Ferien auf dem Hof seiner Großeltern. Die Erinnerungen an diese Zeit flossen in den Roman ›Litauische Claviere‹ ein. Ihn kann man heute noch als Reiseführer für das Memelland gebrauchen.

Für die Tilsiter war einst der Besuch des jenseitigen Memellands sehr einfach, da vom Fletcherplatz über die Luisenbrücke eine Kleinbahn bis nach Schmalleningken (heute Smalinikai) an der damaligen russischen Grenze führte.

In **Vilkiškiai** wird wieder die Chaussee (A 141) erreicht. Eine sehr schöne Aussicht genießt man vom Sandberg mit dem alten Dorffriedhof. Die kleine Erhebung liegt unübersehbar gleich an der Straße am östlichen Ausgang von Vilkiškai und erhebt sich über dem Jurafluss. Nachdem man den Jura überquert hat, umschließen dichte Wälder die A 141. Knappe 20 Kilometer sind es durch den früheren Forst Jura bis Viešvilė (Wischwill). Hier kann man kurz zum Memelufer fahren und einen Blick auf das jenseitige Steilufer mit dem Dörfchen Nemanskoe (Неманское/Trappen/Trappönen) werfen.

Smalininkai

Smalininkai (Schmalleningken) kommt in Sicht. Die Hauptstraße umfährt den Ort, daher nimmt man besser hinter Kazikėnai (Kassigkehmen) den Abzweig nach rechts und fährt über die alte Reichsstraße nach Smalininkai hinein. Am alten Friedhof, links oberhalb der Straße, gegenüber der Schule erinnert ein mehrsprachiger **Gedenkstein** an die einst deutsche Bevölkerung des Orts, der vor 1919 die nordöstlichste Siedlung des Deutschen Reiches war. Die Grenze zum damaligen Russland verlief am Ostrand des Ortes, entlang des kleinen in die Memel mündenden Flusses Swienta (Šventoji), den die Hauptstraße kurz vor Pašventys überquert. Hier findet man im Gebüsch noch Fundamentreste alter Grenzgebäude aus der Zeit vor 1919.

Smalininkai ist ein gepflegter kleiner Marktflecken, der kein eigentliches Zentrum hat. Kurz vor der Kirche fährt man hinab zur Memel und gelangt zum alten, jetzt stillgelegten **Fährhafen**. Weiter östlich glänzt hoch über dem jenseitigen Ufer der kleine Ort Sudargas, wo es einen litauisch-russischen Grenzübergang gibt. Die breite Memelaue ist von schwermütiger Schönheit.

Um das Kaliningrader Gebiet herum wieder nach Westen

Wer von Ostpreußen immer noch nicht gesättigt ist, kann von Smalininkai aus die Kaliningradskaja Oblast' entlang deren Grenze umfahren. In Jurbarkas wird die Memel auf der A 137 Richtung Pilviškiai/Marijampole überquert. Gleich nach der Brücke führt die A 184 nach Sudargas. Vom Dörfchen oben hat man einen weiteren überwältigenden Blik auf den Strom und auf Smalininkai. Von Sudargas geht eine unbefestigte, aber trotzdem gut zu befahrende Straße nach Slavikai. Dort hat man dann direkt wieder die Grenze des alten Ostpreußen und damit die zur Kaliningradskaja Oblast' erreicht. Jenseits ist es nicht weit nach Krasoznamensk bzw. Pobedino.

Unmittelbar an der Grenze entlang geht es weiter bis Kudirkos-Naumiestis, jedoch alles auf unbefestigten Wegen, und dort am litauisch-russischen Schlagbaum kann man in Richtung des untergegangenen Schirwindt blicken. Meist findet man die alte Straße nach Schirwindt nicht auf Anhieb, doch ist **Kudirkos** nicht so groß, dass es unmöglich ist. Unmittelbar am Schlagbaum erinnert ein **Gedenkstein** daran, dass unter anderem von hier in den Morgenstunden des 22. Juni 1941 die Wehrmacht in die Sowjetunion einfiel. Von diesem Punkt geht ein wunderschöner Alleeweg, **Schirwindter Steig** genannt, den Grenzfluss Szeszuppe entlang nordostwärts. In den ersten Nachkriegsmonaten haben die Litauer in Schirwindt ›herrenlose Güter‹, Baumaterialien und anderes eingesammelt, woraus der litauische Rentner Antanas Spranajtis ein kleines **Schirwindt-Museum** zusammengestellt hat.

Weiter in südlicher Richtung gelangt man nach 18 Kilometern nach Kybartai und damit auf die Hauptverkehrsstraße

Die Grenzbrücke in Kudirkos

Kaliningrad–Vilnius–Minsk–Moskau. Auf der anderen Seite liegt Černyševskoe (Eydtkuhnen), der Endpunkt der alten R1. Von hier kann man zum Vyštiter See gelangen. Wie auch die Strecke von Nesterov zum See auf der russischen Seite, führt die Trasse auf litauischem Gebiet durch eine reizende Landschaft. Über teilweise steile Moränenhänge führt der Weg in mancher Kehre am Ostrand des Kaliningrader Gebiets bis Vyštitis entlang.

Hier gibt es am See mehrere gute Möglichkeiten zur Übernachtung. Seit kurzem kann man von Vyštitis südwärts durch das frühere Grenzgebiet direkt in das 15 Kilometer entfernte polnische Wiżarny kommen. Von hier führt die 651 über Žitkėymy nach Gołdap. Man kann die Runde um die Ostseite der Oblast' damit ganz grenznah vollenden. Über Węgorzewo (Angerburg), Srokowo (Drengfurt), Bartoszyce (Bartenstein), Górowo Ił. (Landsberg i. Ostpr.) und Braniewo (Braunsberg) gelangt man wieder dorthin, wo die Tour ihren Ausgang nahm, an die polnisch-russischen Übergänge Gronowo-Mamonovo bzw. Grzechotki-Mamonovo.

Sprachführer Deutsch–Russisch

Die aus der russischen Sprache übernommenen Namen und Begriffe sind in den vom ›Duden‹ empfohlenen Transliterationsregeln für das kyrillische Alphabet gehalten. Ungewohnt mag die Umschrift der in der russischen Sprache häufigen Zischlaute wirken (Ж – Ž, Ч – Č, Х – CH, Ц – C, Ш – Š, Щ – ŠČ). Sie ist aber eindeutiger als die eindeutschende Übertragung und, wenn man sich einmal daran gewöhnt hat, auch gut zu lesen. Lediglich bei Namen, die im Deutschen sehr geläufig sind, haben wir auf die wissenschaftliche Umschrift verzichtet.

Kyrillisch	Aussprache	Transkription	Transliteration	engl. Transkription
А а	›a‹ wie in ›Vater‹	a	a	a
Б б	›b‹ wie in ›Ball‹	b	b	b
В в	›w‹ wie in ›Wasser‹	w	v	v
Г г	›g‹ wie in ›gut‹, in den Endungen -ero und -oro wie ›w‹	g	g	g
Д д	›d‹ wie in ›dort‹	d	d	d
Е е	am Wortanfang, nach Vokalen und in der Endsilbe ›ite‹ wie ›je‹, sonst wie ›e‹	e	e	e
Ё ё	am Wortanfang und nach Vokalen ›jo‹, sonst betontes ›o‹	jo	ë	yo
Ж ж	›sch‹ wie in ›Journal‹	sch	ž	zh
З з	›s‹ wie in ›Rose‹	s	z	z
И и	›i‹ wie in ›Ritus‹	i	i	i
Й й	kurzes ›j‹	j	j	y
К к	›k‹ wie in ›Kamm‹	k	k	k
Л л	›l‹ wie in ›Schall‹	l	l	l
М м	›m‹ wie in ›Milch‹	m	m	m
Н н	›n‹ wie in ›Natur‹	n	n	n
О о	›o‹ in betonten, ›a‹ in unbetonten Silben	o	o	o
П п	›p‹ wie in ›Post‹	p	p	p
Р р	rollendes ›r‹	r	r	r
С с	stimmloses ›s‹ (daß)	s	s	s
Т т	›t‹ wie in ›Tisch‹	t	t	t
У у	›u‹ wie in ›gut‹	u	u	u
Ф ф	›f‹ wie in ›falsch‹	f	f	f
Х х	›ch‹ wie in ›acht‹	ch	ch	kh

Kyrillisch	Aussprache	Transkription	Transliteration	engl. Transkription
Ц ц	›z‹ wie in ›Zar‹	z	c	ts
Ч ч	›tsch‹ wie in ›Tschechien‹	tsch	č	ch
Ш ш	›sch‹ wie in ›Schule‹	sch	š	sh
Щ щ	länger gezogenes ›sch‹	schtsch	šč	shch
ы	ein im hinteren Mundbereich ausgesprochenes ›jüi‹	y	y	y
ь	Weichheitszeichen, davorstehende Konsonanten werden weich ausgesprochen	entfällt	'	entfällt
Э э	›ä‹ wie in ›Ente‹	e	ė	e
Ю ю	›ju‹ wie in ›Jugend‹	ju	ju	yu
Я я	›ja‹ wie in ›Januar‹	ja	ja	ya

Wichtigste Ausspracheregeln:
unbetontes o wird wie a ausgesprochen
š entspricht stimmlosen ›sch‹
ž entspricht stimmhaften ›sch‹
č entspricht ›tsch‹

deutsch	Transliteration*	russisch
Allgemeine Wendungen		
Guten Tag!	Dóbryj den'!	Добрый день!
Hallo!	Privét!	Привет!
Guten Morgen!	Dóbroe útro!	Доброе утро!
Guten Abend!	Dóbryj véčer!	Добрый вечер!
Gute Nacht!	Spokójnoj nóči!	Спокойной ночи!
Auf Wiedersehen!	Do svidánija!	До свидания!
Tschüß!	Poká!	Пока!
Wie geht's?	Kak delá?	Как дела?
gut	chorošó	хорошо
schlecht	plócho	плохо
Es geht.	Ták sebjé.	Так себе.

* der Akzent zeigt die betonte Silbe an

deutsch	Transliteration*	russisch
Danke!	Spasíbo!	Спасибо!
Bitte!	Požálujsta!	Пожалуйста!
ja	da	да
nein	net	нет
Hilfe!	Pomogíte!	Помогите
Entschuldigung!	Izviníte!	Извините!
Macht nichts!	Ničevó!	Ничего!
Sprechen Sie deutsch/ englisch?	Vy govoríte po-nemécki/ po-anglíjski?	Вы говорите по-немец-ки/по-английски?
Ich verstehe nicht.	Ja ne ponimáju.	Я не понимаю.
Ich spreche kein Russisch.	Ja ne govorjú po-rússki.	Я не говорю по-русски.
Sprechen Sie langsam!	Govoríte médlenno!	Говорите медленно!
Ich weiß es (nicht).	Ja (ne) znáju.	Я (не) знаю.
Schreiben Sie es bitte auf!	Zapišíte, požálujsta!	Запишите, пожалуйста!
Ist es frei?	Svobódno?	Свободно?
Darf ich?	Móžno?	Можно?
Sie dürfen nicht/Man darf nicht!	Nel'zjá!	Нельзя!

Orientierung

Wo?	gde?	Где
Sagen Sie bitte, wo ist ...?	Skažíte, požálujsta, gde ...?	Скажите, пожалуйста, где...?
Entschuldigen Sie, wie komme ich zu ...?	Izviníte, kak mne popást' k ...?	Извините, как мне попасть к ...?
rechts, nach rechts	právo, naprávo	право, направо
links, nach links	lévo, nalévo	лево, налево
geradeaus	prjámo	прямо
um die Ecke	za uglóm	за углом
hinter der Brücke	za mostóm	за мостом
hier	zdes'	здесь

deutsch	Transliteration*	russisch
dort	tam	там
nah	blízko	близко
weit	dalekó	далеко
Norden	séver	север
Süden	jug	юг
Westen	západ	запад
Osten	vostók	восток

Hinweisschilder

Eingang	vchod	вход
Ausgang	vychod	выход
geschlossen	zakrýto	закрыто
außer Betrieb	ne rabótaet	не работает
Kasse	kássa	касса
Umbau, Renovierung	remónt	ремонт
geöffnet	otkrýto	открыто
Information	správka	справка
Toilette (Damen/ Herren)	tualét (žénskij/mužskój)	туалет (женский/ мужской)

Orte

Brücke	most	мост
Straße	úlica	улица
Gasse	pereúlok	переулок
Prospekt (große Straße)	prospékt	проспект
Platz	plóščad'	площадь
Uferstraße	náberežnaja	набережная
Boulevard	bul'vár	бульвар
Haus	dom	дом
Theater	teátr	театр
Kloster	monastýr'	монастырь
Kirche	cérkov'	церковь
Museum	muzéj	музей

deutsch	Transliteration*	russisch
Öffentliche Verkehrsmittel		
Bahnhof	vokzál	вокзал
Busbahnhof	avtovokzál	автовокзал
Haltestelle	ostanóvka	остановка
Bahnsteig	perrón, put'	перрон, путь
Abfahrt	otpravlénie	отправление
Ankunft	pribýtie	прибытие
Bus	avtóbus	автобус
Fährt dieser Zug/Bus nach ...?	Étot póezd/avtóbus idët v ...?	Этот поезд/автобус идёт в ...?
Wann fährt der Zug nach ...?	Kogdá otpravljáetsja póezd v ...?	Когда отправляется поезд в ...?
Von welchem Bahnsteig?	S kakój platfórmy?	С какой платформы?
Gleis	put'	путь
Der Zug verspätet sich um ...	Póezd opázdyvaet na ...	Поезд опаздывает на ...
mit dem Boot, Tragflügelboot	na lódke, na rakéte	на лодке, на ракете
mit dem Bus	na avtóbuse	на автобусе
mit dem Taxi	na taksí	на такси
mit dem Zug	na póezde	на поезде
Einen Fahrschein nach Irkutsk, bitte!	Odín bilét v Irkútsk, požálujsta!	Один билет в Иркутск, пожалуйста!
hin und zurück	tydá i obrátno	туда и обратно
Gepäck	bagáž	багаж
Gepäckkarren	bagážnaja teléžka	багажная тележка
Gepäckaufbewahrung	kamera chranénija	камера хранения
Gepäckträger	nosílščik	носильщик
Gute Reise!	Sčastlívogo putí	Счастливого пути!
Öffentliche Einrichtungen		
Post	póčta	почта
Geschäft, Laden	magazín	магазин

deutsch	Transliteration*	russisch
Bank, Sparkasse	bank, sberkássa	банк, сберкасса
Konsulat	kónsul'stvo	консульство
Botschaft	posól'stvo	посольство
Krankenhaus	bol'níca	больница
Apotheke	aptéka	аптека
Arzt	vrač	врач
Zahnarzt	zubnój vrač	зубной врач
Im Hotel		
Hotel	gostínica	гостиница
Pension	pansión	пансион
Zimmer	nómer	номер
für eine Nacht	na noč'	на ночь
heißes Wasser	gorjáčaja vodá	горячая вода
Dusche	duš	душ
Heizung	otoplénie	отопление
Preis	cená	цена
dies hier	vot éto	вот это
funktioniert nicht	ne rabótaet	не работает
Licht	svet	свет

Einkaufen

Haben Sie?	U vas est'?	У Вас есть?
Was kostet das?	Skól'ko éto stóit?	Сколько это стоит?
Geben Sie mir bitte ...!	Dájte mne, požálujsta ...!	Дайте мне, пожалуйста ...!
Zeigen Sie mir bitte ...!	Pokažíte mne požálujsta ...!	Покажите мне пожалуйста ...!
Tüte	pakét	пакет
Eine Packung ..., bitte	Odnú páčku ..., požálujsta	Одну пачку ..., пожалуйста
Eine Flasche ..., bitte	Odnú butýlku ..., požálujsta	Одну бутылку ..., пожалуйста
Zeitung	gazéta	газета

deutsch	Transliteration*	russisch
Zigaretten	sigaréty	сигареты
Schokolade	šokolád	шоколад
Kaugummi	ževétel'naja rezinka	жевательная резинка

Im Restaurant

Die Speisekarte bitte!	Menjú, požálujsta!	Меню, пожалуйста!
Ich möchte zahlen.	Ja choču zaplatít'.	Я хочу заплатить.
Bringen Sie bitte ...!	Prinesíte, požálujsta ...!	Принесите, пожалуйста!
Teller	tarélka	тарелка
Tasse	čáška	чашка
Glas	stakán	стакан
Messer	nož	нож
Gabel	vílka	вилка
Löffel	lóžka	ложка
Zucker	sáchar	сахар
Salz	sol'	соль
Frühstück	závtrak	завтрак
Mittagessen	obéd	обед
Abendessen	úžin	ужин
Vorspeisen	zakúski	закуски
Erster Gang (Suppe)	pérvoe (sup)	первое (суп)
Zweiter Gang	vtoróe	второе
Nachspeise	desért	десерт

Frühstück

Tee mit Zitrone	čaj s limónom	чай с лимоном
Kaffee mit Milch und Zucker	kófe s molokóm i sácharom	кофе с молоком и сахаром
Brot	chleb	хлеб
Butter	máslo	масло
Honig	mëd	мёд
Marmelade	varén'e	варенье

deutsch	Transliteration*	russisch
Milch	molokó	молоко
Eier	jájca	яйца
Käse	syr	сыр
Wurst	kolbasá	колбаса

Vorspeisen

Pfannkuchen	bliný	блины
Fleischsalat	salat oliv'é	салат оливье
Gurkensalat	salát iz ogurcóv	салат из огурцов
Tomatensalat	salát iz pomidórov	салат из помидоров
Pilze	gribý	грибы
Kaviar	ikrá	икра
Pirogge	piróg	пирог
Gemüsesalat	vinegrét	винегрет

Suppen

Rote-Beete-Suppe	boršč	борщ
Kohlsuppe	šči	щи
Bouillon	bul'ón	бульон
Soljanka	soljánka	солянка
Fischsuppe	uchá	уха

Zubereitungsarten

gekocht	varënyj	варёный
gebraten	žárenyj	жареный
geräuchert	kopčënyj	копчёный
in Öl gebraten	fri	фри

Mittag- und Abendessen

Kartoffeln	kartóška	картошка
Reis	ris	рис
saure Sahne	smetána	сметана
russische Maultaschen	pel'méni	пельмени
Fisch	rýba	рыба

deutsch	Transliteration*	russisch
Fleisch	mjáso	мясо
Hammelfleisch	baranina	баранина
Boulette	kotléta	котлета
Ragout	ragú	рагу
Würstchen	sosíski	сосиски
Huhn	kúrica	курица
Plow (Reisgericht mit Fleisch)	plov	плов

Gemüse und Salat/Obst

Erbsen	goróch	горох
Gurke	oguréc	огурец
Kartoffeln	kartófel	картофель
Kohl	kapústa	капуста
Möhren	morkóv'	морковь
Rote Beete	sveklá	свекла
Salat	salát	салат
Tomaten	pomidóry	помидоры
Apfel	jábloko	яблоко
Birne	grúša	груша
Honigmelone	dýnja	дыня
Süßkirsche	čeréšnja	черешня
Orange	apel'sín	апельсин
Wassermelone	arbúz	арбуз
Weintrauben	vinográd	виноград
Zitrone	limón	лимон

Dessert

Speiseeis	moróženoe	мороженое
Bonbons	konféty	конфеты
süßes Teiggebäck	pirožók	пирожок
Kuchen	piróžnoe	пирожное
Torte	tort	торт

deutsch	Transliteration*	russisch
Obst	frúkty	фрукты
Getränke		
Mineralwasser	minerál'naja vodá	минеральная вода
Saft	sok	сок
Rotwein	krásnoe vinó	красное вино
Weißwein	béloe vinó	белое вино
Bier	pívo	пиво
Vodka	vódka	водка
Cognac	kon'ják	коньяк
Telefonieren		
Ich höre.	Slúšaju	Слушаю.
Wer spricht?	Kto govorít?	Кто говорит?
Wen möchten Sie sprechen?	Kto vam núžen?	Кто вам нужен?
Ich möchte bitte ... sprechen.	Pozovíte požálujsta ... k telefónu.	Позовите пожалуйста ... к телефону.
Ich möchte nach Deutschland telefonieren.	Ja chočú pozvoníť' v Germániju.	Я хочу позвонит в Германию.
Vorwahl	kod	код
Zahlen		
eins, zwei, drei	odín, dva, tri	один, два, три
vier, fünf, sechs	četýre, pjat', šest'	четыре, пять, шесть
sieben, acht, neun	sem', vósem', dévjat'	семь, восемь, девять
zehn, elf	désjat', odínadcat'	десять, одинадцать
zwölf	dvenádcat'	двенадцать
dreizehn	trinádcat'	тринадцать
vierzehn	četýrnadcat'	четырнадцать
fünfzehn	pjatnádcat'	пятнадцать
sechzehn	šestnádcat'	шестнадцать
siebzehn	semnádcat'	семнадцать

deutsch	Transliteration*	russisch
achtzehn	vosemnádcat'	восемнадцать
neunzehn	devjatnádcat'	девятнадцать
zwanzig	dvádcat'	двадцать
hundert	sto	сто
tausend	týsjača	тысяча

Zeitangaben

Wie spät ist es?	Kotóryj čas?	Который час?
heute	segódnja	сегодня
gestern	včerá	вчера
morgen	závtra	завтра
Stunde	čas	час
am Morgen	útrom	утром
tagsüber, am Tag	dnëm	днём
am Abend	véčerom	вечером
Woche	nedélja	неделя
Monat	mésjac	месяц
Jahr	god	год
Montag	ponedél'nik	понедельник
Dienstag	vtórnik	вторник
Mittwoch	sredá	среда
Donnerstag	četvérg	четверг
Freitag	pjátnica	пятница
Sonnabend	subbóta	суббота
Sonntag	voskresén'e	воскресенье
Januar, Februar	janvár', fevrál'	январь, февраль
März, April, Mai	mart, aprél', maj	март, апрель, май
Juni, Juli, August	ijún', ijúl', ávgust	июнь, июль, август
September, Oktober	sentjábr', oktjábr'	сентябрь, октябрь
November, Dezember	nojábr', dekábr	ноябрь, декабрь

Reisetipps von A bis Z

Apotheken

Gibt es zahlreich, auch als kleine Abteilungen in Supermärkten (Apteka). In Russland muss man bei den einzelnen Medikamenten nicht unbedingt die ganze Packung kaufen, es sind oft Zehner- oder Fünferstreifen erhältlich. Viele Medikamente sind preiswerter als in Deutschland und auch ohne Rezept erhältlich. Einfach fragen und/oder leere Packung vorzeigen. Sehr viele Apotheken haben 24 Stunden geöffnet.

Ärztliche Versorgung

Im Notfall: 03 (Krankenwagen) von jeder Telefonzelle und von überall aus dem russischen Festnetz. Krankenhäuser, Apotheken etc. in Kaliningrad: s. S. 153. In den jeweiligen Rajonstädten frage man nach der ›bolnitsa‹ (Krankenhaus) oder einem ›vrač‹ (Arzt).

Auskünfte, Touristeninformation und Sondergenehmigungen

In Kaliningrad gibt es bisher keine offizielle Touristeninformation. Allerdings geben die Rezeptionen der besseren Hotels wie auch alle Reisebüros gerne die gewünschten Auskünfte. Für die zur Visabeschaffung nötige Einladung sowie die Besorgung aller möglichen Genehmigungen und die Erledigung sonstiger touristischer Anliegen sind bestens zu empfehlen:

Reisebüro Anjuta, Herr Igor Smirnov (spricht Deutsch), ul. Kosm. Leonova 8, 236000 Kaliningrad, Tel. 007/4012/952425, Tel./Fax 95407, anuta-reisen@mail.ru, anjuta-reisen@gazinter.net, www.russiatour-anuta.com.

Touristikagentur Septima, Frau Galina Lebedeva (spricht Deutsch), ul. Bolnichnaja 30-2, 236006 Kaliningrad, Tel. 007/4012/533727 bzw. 533055 und 771137; Fax 536382, septima@gazinter.net, www.septimatour.ru. Transferdienste von und zu den Bahnhöfen bzw. zum Flughafen.

Aleksandr Čalyj besitzt kein Reisebüro, ist ›nur‹ Privatmann, aber hervorragender Kenner des Landes. Er betreut gerne Touristen, spricht Deutsch und fährt sie im Land umher. Mobiltelefon (aus Deutschland) 007/9/062/130967, amchaly@gmail.com.

Russisches Fremdenverkehrsamt Deutschland (Russisches Haus), Friedrichstr. 176–179, 10117 Berlin, Tel. 030/20302257, Fax 20302258, www.russland.info.de.

Autovermietung

Anbieter gibt es nur in Kaliningrad, Autovermietung heißt Avtoprokat (s. S. 148).

Baden

Die beliebtesten Bademöglichkeiten am Meer befinden sich in Svetlogorsk, Zelenograds, in Jantarnyi und auf der Nehrung. Das Baden im Frischen Haff ist nicht zu empfehlen, da es weder Strände noch sauberes Wasser gibt. Im Kurischen Haff ist eigentlich nur der Südrand zum Baden geeignet, doch gibt es dort oft einen Schilfgürtel, der erst durchdrungen werden muss. Auf der Kurischen Nehrung badet man nur in der Ostsee, das Wasser des Haffs ist trüb und nicht ganz sauber.

Auf litauischem Territorium findet oftmals eine Geschlechtertrennung am Strand statt. Es gibt aber auch Bereiche ›für alle‹ (bendras pliazas). Achten Sie auf die jeweils gekennzeichneten Bereiche. FKK ist nur an den jeweiligen Herren- bzw. Damenstränden erlaubt.

Camping

Camping, wie man es in Deutschland versteht, ist in Russland etwas Unbekanntes. Für Russen ist es im allgemeinen nicht vorstellbar, auf festen, vorgegebenen Plätzen zusammen mit anderen Menschen zu zelten oder mit einem Wohnmobil eine Region zu bereisen. So gibt es im Kaliningrader Gebiet keine Campingplätze, ausgenommen am Motel ›Baltika‹ am östlichen Stadtrand von Kaliningrad, der aber kein Campingplatz in unserem Verständnis ist. An der Seeküste allerdings finden sich oft wilde Stellen, an denen besonders am Wochenende die Einheimischen baden und grillen. Prinzipiell hat niemand etwas dagegen, wenn Rucksacktouristen in der Natur ihr Zelt aufschlagen. Die Russen sind meist bei entsprechenden Anfragen sehr zugänglich. Nur auf der Kurischen Nehrung (Nationalpark!) ist Zelten und wildes Übernachten grundsätzlich streng verboten, in den Grenzgebieten auch bei vorhandener Genehmigung zum Betreten dieses Streifens.

Einkaufszeiten

Die Ladenöffnungszeiten im Kaliningrader Gebiet sind für unsere Verhältnisse sehr angenehm gestaltet. Die großen Supermarktketten Viktorija, Vester und andere haben ohne Ausnahme täglich mindestens von 7 bis 24 Uhr geöffnet, die zahllosen kleineren Lebensmittel-›Magazine‹ – besonders in den reinen Wohngebieten – haben ebenfalls meist bis 24 Uhr geöffnet. Einzelhandelsgeschäfte in den Stadtzentren schließen um 19 oder 20 Uhr. Kreditkarten wie auch ec-Karten werden in den großen Supermärkten fast überall akzeptiert, und in Luxusgeschäften Kaliningrads ist das bargeldlose Bezahlen fast überall möglich. Hinweis: Ein Flaschenrecyclingsystem gibt es in Russland nicht. Flaschen können in den Verkaufsstellen und Supermärkten nirgendwo zurückgegeben werden und werden im allgemeinen ungetrennt von anderem Müll entsorgt. Zwar gibt es an einigen Stellen der Stadt grundsätzlich die Möglichkeit, Flaschen gegen ein geringes Entgelt von je etwa 30 Kopeken abzugeben, doch machen davon nur die Obdachlosen und Nichtsesshaften Gebrauch.

Einreisebestimmungen

Ohne Visum ist keine Einreise möglich (s. Visabeschaffung), das Visum wird von den russischen Konsularbehörden nur bei Vorlage einer Einladung ausgestellt. Diese kann durch ein Hotel, eine Privatperson oder eine Firma erfolgen und muss schriftlich und von der russischen Miliz beglaubigt bei der Visumsbeantragung vorgelegt werden. Bei touristischen organisierten Reisen erledigt dies alles das jeweilige deutsche Reisebüro. Will man individuell reisen, bittet man ein Hotel im Kaliningrader Gebiet oder Privatpersonen um die Einladung. Eine spontane Einreise ist daher unmöglich.

Seit kurzem gibt es die Möglichkeit eines 72-Stunden-Kurzvisums (Einreise per Flugzeug bzw. Über die Übergänge Mamonovo I/II und Bagrationovsk). Doch auch dieses ist keineswegs unproblematisch erhältlich, da es u.U. noch umständlicher als das reguläre Visum über bestimmte Kaliningrader Reisebüros (u.a. Anjuta, Baltma, Nokturn) beantragt werden muß. Spontane Einreise ist auch hier nicht möglich.

Bei der Einreise mit eigenem Motorfahrzeug muss an der Grenze eine zusätzliche Haftpflichtversicherung abgeschlossen werden, soweit in der Grünen Versicherungskarte ›RUS‹ als Land des Geltungsbereichs nicht explizit vermerkt ist.

Zusätzlich sind von Kraftfahrern zwei Dokumente zu erstellen, eines in doppelter Ausfertigung. Es sind Zolldeklarationen über die vorübergehende Einfuhr ihres Kraftfahrzeugs. Die Vordrucke erhält man nur direkt am Kontrollpunkt. Russischkenntnisse sind daher sehr hilfreich, wenngleich die russischen Grenzorgane so gut es geht beim Ausfüllen Unterstützung leisten. Bei der Einreise mit Bus, Bahn oder Flugzeug sind außer dem Visum keine weiteren Dokumente nötig. Bei der Einreise erhält man die sogenannte Migrationskarte, eine Registrierungskarte, die in doppelter Form ausgefüllt wird und auf der die polizeiliche Registrierung im Ankunftsort vermerkt wird. Diese Registrierung muss innerhalb von sieben Werktagen nach der Einreise erfolgen. Sie ist bei Kurzreisen daher nicht notwendig. Fehlt sie bei einer Ausreise nach einem längeren Aufenthalt, muss eine Strafe von 30 Euro aufwärts bezahlt werden. Im Falle einer touristischen Einreise wird die Registrierung vom jeweiligen Hotel erledigt, bei Privateinladung muss sich der Einladende bei seiner Milizstelle darum kümmern.

Essen und Trinken

Empfehlenswerte Lokalitäten in den größeren Orten sind bei den jeweiligen Kapiteln aufgelistet. Zumindest in Kaliningrad sind die Speisekarten oft zweisprachig (im allgemeinen russisch und englisch), deutsche Menülisten kann man hie und da in den großen Touristenhotels bekommen. In einigen Lokalen ist es Brauch, auf die Endsumme zehn Prozent Bedienungsgeld, eventuelle Steuern oder dergleichen zusätzlich hinzuzurechnen. Um Irritationen beim Bezahlen zu vermeiden, sollte also stets genau die Karte studiert werden, da solche Zuschläge in ihr ausgewiesen sein müssen.

Außerhalb der großen Orte gibt es sehr wenige Restaurants. Die Russen insbesondere auf dem Land haben im allgemeinen so wenig Geld, dass sie zu Hause selbst kochen. Essen zu gehen, wie bei uns zu vielen Gelegenheiten üblich, ist daher schon aus finanziellen Gründen selbst bei der Kaliningrader Mittelschicht eher die Ausnahme. Zwar gibt es in jedem größeren Dorf irgendeine ›Stolovaja‹, wo man etwas zu trinken bekommt, doch sind diese Einrichtungen oft von solch bescheidenem Zuschnitt, dass die meisten westlichen Touristen auf deren Besuch verzichten. Davon unabhängig: Selbst wenn es etwas zu essen gibt, ist es ohne russische Sprachkenntnisse in einem solchen Lokal meist kaum möglich, etwas zu bestellen.

Wer unterwegs ist, sollte sich in den inzwischen zahlreichen großen Supermärkten wie Viktorija, Vester und Altin', die es zumindest in den Rajon-Städten gibt, entweder mit Lebensmitteln eindecken oder die jeweiligen Imbiss- oder Grillabteilungen dieser Geschäfte aufsuchen, wo stets auch warme Gerichte zu bekommen sind.

Hinweis: Auch in guten Restaurants arbeitet überwiegend ungelehrntes Personal.

Fahrradfahren und Einreise mit dem Fahrrad

Das Kaliningrader Gebiet ist wegen der flachen Landschaft, der unberührten Natur und des dünnen Verkehrs ein fahrradfreundliches Land, abgesehen allerdings von Kaliningrad selbst, wo Radfahren lebensgefährlich ist.

Über die Nehrung, die Memelbrücke in Sovetsk und den Übergang Gołdap konnte man immer auch mit dem Fahrrad einreisen, bis zum Sommer 2004 war die Einreise über die Übergänge Mamonovo und Bagrationovsk von Po-

len aus verboten, seitdem ist es grundsätzlich möglich. Der Leiter des Kaliningrader Radlerverbands, Oleg Alferov, der Englisch spricht, gibt dazu aktuelle Auskünfte: oalferov@mail.ru.
Infos zum Radtourismus:
Koenig Bicycle Team: Der Kaliningrader Fahrrad Tourismus Club gibt unter www.koenigbicycle.ru/ru/main.php div. Informationen. Zahlreiche Berichte, Bilder und Routen mit GPS-Tracks. Ansprechperson ist Sergey Mezenov (sergey_mezenov@mail.ru), der auch Englisch spricht. Digitale Karten des Gebiets gibt es unter www.koenigbicycle.ru/en/files.php. Alljährlich gibt es am ersten Sonntag im September eine große Radtour durch die Kaliningrader Region, die der Radclub veranstaltet, so wie er durch das ganze Jahr verschiedene organisierte Touren durchführt.
City Bicycle Forum, www.newkaliningrad.ru/forum/forum/132-veloklub.
In Kaliningrad gibt es einen **Fahrradverleih** (Tel. 773366 und 399696 bzw. 8/911/8507777) in der Nähe des Hotels ›Kaliningrad‹ in der Containerstadt am Dom Sovjetov. Die Firma, **Kaliningradskaja Assozijazja Velomotoavtoprokata**, residiert in Container 27 und vermietet auch Motorräder und Pkw.

Fotografieren

Bestimmte Fotografierverbote, wie sie in der Sowjetzeit beispielsweise für Brücken, Bahnhöfe und Fabrikanlagen bestanden, gibt es heute immer noch. Auch ist es weiterhin verboten, militärische Einrichtungen, diensttuende Soldaten und Grenzbefestigungen abzulichten oder auch beispielsweise während der Abfertigung an einem der Grenzübergänge den Ablauf zu fotografieren. Das Fotografieren im Inneren der großen Supermärkte – Viktorija, Altin', Vester – ist seitens der jeweiligen Geschäftsleitung untersagt, und manch illegaler Markthändler will bisweilen in den großen Hallen auf dem Zentralmarkt ebenso nicht fotografiert werden. Im Zweifelsfall hilft eine höfliche Anfrage.
Altertümliches Filmmaterial ist auch in Fachgeschäften nicht mehr überall erhältlich. Wer noch damit arbeitet, sollte aus Deutschland ausreichend davon mitbringen: Die digital Fotografierenden haben meist ohnehin mehrere Speicherkarten dabei.

Geld

In Deutschland zu tauschen, ist nicht zu empfehlen und auch unnötig: der Kurs ist schlecht, und im Kaliningrader Gebiet gibt es in allen größeren Orten Wechselstellen – in Kaliningrad an fast jeder Straßenecke –, die sich nur wenig in den Wechselkursen unterscheiden. An den Grenzübergängen gibt es kaum Tauschmöglichkeiten (obmen' valuty) Die Wechselstellen der Banken in den großen Supermärkten geben verhältnismäßig günstige Kurse, wenngleich man dort oft geringe Wechselgebühren entrichten muss.
Nicht tauschen sollte man in den Touristenhotels, die bedeutend schlechtere Kurse anbieten. EC-Automaten gibt es bei fast allen Banken, doch sind die Gebühren verhältnismäßig hoch; teilweise bis zu 20 Prozent der abgehobenen Summe. In den besseren Geschäften und Restaurants ist die Kreditkartenzahlung immer möglich. Der Euro wird offiziell nirgendwo akzeptiert.

Grenzübergänge

► aus Polen:
Gronowo–Mamonovo (Pkw, Motorräder und Fahrräder)
Grzechotki–Mamonovo II (nur Motorfahrzeuge, auch Lkw)

Braniewo-Mamonovo (Eisenbahn)
Bezledy-Bagrationovsk (Motorfahrzeuge und Fahrräder)
Gołdap-Plavni (Motorfahrzeuge und Fahrräder)

► aus Litauen:

Kibartai-Černyševskoe (Eisenbahn, Motorfahrzeuge und Fahrräder)
Sudargas-Pograničnyj (nur für Russen und Litauer)
Panemune-Sovetsk (Motorfahrzeuge, Fahrräder und Fußgänger)
Nida-Morskoe (über die Nehrung, Motorfahrzeuge und Fahrräder)

Die Übergänge sind im allgemeinen rund um die Uhr geöffnet. Wer mit dem eigenen Wagen unterwegs ist, sollte aber zu keiner Zeit erwarten, die Grenze in angemessener Zeit passieren zu können. Doch hat sich gemessen an früheren Zeiten viel geändert und verbessert. Während man noch vor fünf Jahren oft acht Stunden wartete, um überhaupt in das - durch einen Schlagbaum - gesondert befestigte Abfertigungsareal von russischer Seite her eingelassen zu werden, zeigt sich seit etwa 2011, dass die Wartezeiten überschaubar werden. Früher war der Übergang Mamonovo (Landstraße) dabei besonders berüchtigt. 95 Prozent der Ausreisenden waren polnische Kleinschmuggler, die mit dem Handel von Tabak, Alkohol und Benzin ihren Lebensunterhalt verdienten. Die polnische Seite kontrollierte intensiv und zeitaufwendig, womit der Verkehr Richtung Polen nur sehr zäh abfloss und die Russen ihrerseits nur so viele Fahrzeuge einließen, wie in der anderen Richtung aus dem Grenzareal hinausfuhren. Mit der Eröffnung des Übergangs Mamonovo-Grzechotki (an der ehemaligen Autobahn) hat sich die Situation sehr beruhigt. Überhaupt ist grundsätzlich nur zu diesem Übergang zu raten. Der in Bagrationovsk wird mengenmäßig von einer großen Zahl der erwähnten Kleinhändler genutzt. Erfahrungsgemäß benötigt man im Durchschnitt etwa eine Stunde, um die Grenze zu passieren. Wem eine Fahrt in den frühen Morgenstunden nichts ausmacht, sollte zwischen drei und vier Uhr (russischer Zeit) die Ausreise vornehmen. Dann hat man so gut wie keine Fahrzeuge vor sich. Seit einiger Zeit kann man auf der Seite http://rugrad.eu/tourism/cams über Webkameras die Situation auf der russischen Seite an allen sechs Straßengrenzübergängen in die Oblast einsehen.

An den Übergängen existieren bei der Ausreise aus dem Kaliningrader Gebiet zwei parallele Schlangen, eine ist im allgemeinen die EU-Schlange (und die der polnischen Händler) und damit die für deutsche Fahrer - die andere ist die der Russen.

Grenzgebietsgenehmigungen

Für einzelreisende Touristen stellt sich wegen des seit 2014 deutlich verkleinerten Grenzgebiets im Allgemeinen die Frage nach einer Sondergenehmigung so gut wie nicht. Denn nur noch wenige touristisch interessante Punkte befinden sich innerhalb des deutlich schmaler gewordenen Grenzstreifens. Dennoch gilt: Es ist eine ziemlich komplizierte und umständliche Angelegenheit. Alle Personen, die nicht im Kaliningrader Gebiet als Bewohner registriert sind, benötigen zum Betreten des derzeit bis zu drei Kilometer breiten Grenzstreifens entlang der festländischen Grenzen, soweit sie nicht auf direktem Weg zum Grenzübergang fahren, eine Genehmigung (Propusk). Den kann man u.U. durch einige Kaliningrader Reisebüros bzw. durch die Grenzkommandaturen erhalten. Letzteres ist jedoch ohne russische Sprachkenntnisse aussichtslos, da viele Vordrucke ausgefüllt werden müssen. Die Genehmigungen müssen rechtzeitig beantragt werden, und es ist dazu immer das Einreisevisum nötig. Aus diesem Grunde sollte man eine individuelle Kaliningradreise zeitig planen und seine Angelegenheiten so regeln, dass man wenigstens sechs Wochen vorher sein Visum in den Händen hält und der Kaliningrader Partner damit (Kopie) die gebührenpflichtige Beantragung durchführen kann. Nur so ist es (zur Zeit) Individualtouristen möglich, ohne offiziellen akkreditierten Begleiter ins Grenzgebiet zu fahren. Allerdings kann man bei den Reisebüros, die touristisch international arbeiten (s. S. 416), einen beim Inlandsgeheimdienst FSB akkreditierten Reisebegleiter ›mieten‹, der einen kurzfristig (selbst mit Fahrrad) in die jeweilige Region begleitet. Nur muss ein solcher eben gerade ›frei‹ sein. Die Kosten erfrage man bei den jeweiligen Reisebüros.

Man muss immer genau wissen, an welchem Tag man sich in welchem Rayon (Kreis) im Grenzgebiet aufhalten will und welche Orte besucht werden sollen. Man hole sich im Zweifelsfall bei dem einladenden Reisebüro oder Hotel bzw. der Privatperson Auskunft. Dass mit diesem Prozedere individuelle Touren oder Radfahrten, von Wanderungen zu schweigen, im Grenzgebiet sehr schwer, wenn nicht unmöglich werden, liegt auf der Hand. Man ist seitens der Gebietsverwaltung sehr unglücklich über diese Regelungen, doch hat selbst der Gebietsgouverneur darauf keinen Einfluss, da der Geheimdienst dieses in ausschließlicher Eigenregie regelt. Liegt das einladende Hotel bzw. ein geplanter Übernachtungsort im Grenzgebiet wie beispielsweise in Tilsit (Sovetsk), wird dort beim Check-in auch die Aufenthaltsgenehmigung im Grenzgebiet erteilt. Für die Fahrt zu dem jeweiligen Hotel war bisher kein gesonderter propusk nötig. Wird man bei einer Kontrolle ohne einen Propusk angetroffen, wird im allgemeinen die Weiterfahrt untersagt und eine Geldstrafe in Höhe von etwa 500 bis 1500 Rubel erhoben.

Anfang 2014 wurde das Grenzgebiet verkleinert, d. h. schmaler gemacht. Dennoch können insbesondere zur litauischen Grenze hin viele Orte nicht ohne weiteres besucht werden, vor allem die östliche Rominter Heide und der Vyštiter See. Auch die Nordregion unmittelbar an der Memel ist mit Ausnahme des Stadtgebiets von Sovetsk (Tilsit) – hier nur ein 500 m breiter Grenzstreifen entlang des Flusses – und der Stadt Neman (Ragnit) komplettes Grenzgebiet wie auch die vollständige Region nördlich der Matrosovka (Gilge) bei Jasnoe (Kuckerneese/Kaukehmen). Wird man jedoch ohne Propusk dort angetroffen, sind die Strafen zur Zeit (zumindest scheint es so) nicht mehr so unverhältnismäßig wie noch vor kurzem, wo die Geldstrafe zwar gering war, aber noch eine mögliche künftige Einreiseverweigerung nach sich zog und das Reisebüro und die Privatperson, die die Einladung für das Visum des jeweiligen Grenzgebietsverletzers ausstellte, mit Repressalien seitens des Inlandsgeheimdienstes rechnen musste. Wie sich die Frage des Grenzgebiets künftig aufgrund des durch die Krimkrise instabil gewordenen politischen Verhältnisses Russland-EU darstellt, kann nicht abgeschätzt werden. Unter http://www.bestpravo.ru/federalnoje/hj-normy/x1w.htm lässt sich auf der Seite des Inlandsgeheimdienstes FSB für die Grenzgenehmigung ein Antragsformular in russischer Sprache herunterladen, doch Antragsteller kann nur der russische Bürger oder die Organisation sein, die den Reisenden die Einladung ausgestellt hat. Mag es auch aussichtslos erscheinen: Evtl. kann man zusammen mit dem Einladenden einfach direkt bei den Grenzkommandaturen der jeweiligen Orte vorsprechen.

Im allgemeinen weisen blaue Hinweistafeln an der rechten Straßenseite auf den Beginn des Grenzgebiets hin. Unter http://kaliningrad-domizil.ru/portal/material/staatsorgane/die-grenzzonen-im-kaliningrader-gebiet lässt sich in deutscher Sprache mehr darüber erfahren

Adressen der Grenzkommandaturen für die jeweiligen Rayons:

Kaliningrad, ul. Suvorova 15, Tel. 007/4012/691179.

Bagrationovsk, ul. Pograničnaja 89, Tel. 007/40156/32598 (Rayon Bagrationovsk).

Železnodorožnyi, ul. Kommuničeskaja 118, Tel. 007/40157/23372; ul. Kirova 3, Tel. 007/40157/23280 (Rayon Pravdinsk.

Ozersk, ul. Pograničnaja 19, Tel. 007/40142/32964 (Rayon Ozersk).

Černyševskoe, ul. Krasnoarmejska 1, Tel. 007/40144/92766 (Rayon Nesterov).

Krasnoznamensk, ul. Matrosovo 6, Tel. 007/40164/22797 (Rayon Krasnoznamensk).

Sovetsk, ul. A. Nevskogo 7, Tel. 007/40161/65015 (gleich an der Bahnüberquerung, Stadt Sovetsk und Rayone Slavsk und Neman).

Im allgemeinen weisen blaue Hinweistafeln an der rechten Straßenseite auf den Beginn des Grenzgebiets hin, anders als noch vor fünf Jahren, als die Grenzzone nicht direkt ausgewiesen war.

Hotels

Außerhalb von Kaliningrad, der Samlandküste und den drei größeren Städten ist man in der Oblast' kaum auf Touristen eingestellt. Die vorhandenen Übernachtungsmöglichkeiten sind deshalb meist von bescheidenem Charakter. Nichtsdestotrotz werden manchmal Ausländern gegenüber Preise verlangt, die dem gegebenen Standard in keiner Weise entsprechen und etwa das Doppelte der Preise darstellen, die Russen entrichten müssen. Die im Reiseteil angegebenen Übernachtungsmöglichkeiten sind Empfehlungen und – insbesondere in Kaliningrad, in Svetlogorsk und auf der Nehrung – eine Auswahl. Die angegebenen Preise sind die aktuell recherchierten Zimmerpreise.

Hotelführer werden unregelmäßig aktualisiert und sind bisweilen an den Zeitungskiosken in Kaliningrad erhältlich.

Internetcafés

S. dazu die Informationen im Kapitel Kaliningrad. Auf dem Land haben fast alle Postämter einen Internetzugang (Hinweis ›kiber post‹ am Eingang).

Reisezeit und Klima

Das Kaliningrader Gebiet bereist man am besten von Mai bis Mitte Oktober. Während der im allgemeinen sehr schnee- und matschreichen Winterzeit zwischen Dezember und März bemerkt man wenig von der Landschaft, in den Badeorten bläst ein eisiger Wind, auch sind viele Nebenstraßen nur unzureichend geräumt und viele Hotels geschlossen. Die weiter östlich gelegenen Landesteile weisen niedrigere durchschnittliche Wintertemperaturen als Kaliningrad auf, das von milden Seewinden profitieren kann, und erfreuen sich nicht nur deshalb der geringeren Gunst der Besucher.

Sicherheit

Das Kaliningrader Gebiet ist für Reisende aus dem westlichen Ausland ebenso sicher wie etwa Polen oder die Tschechische Republik. Man kann sich zu jeder Tageszeit ohne größere Sorge in den Städten – auf dem Lande sowieso – ohne Furcht vor eventuellen Überfällen bewegen. Unbedingt vermeiden sollte man Ansammlungen Jugendlicher und Betrunkener. Taschendiebstähle in öffentlichen Verkehrsmitteln sind weitgehend unbekannt, Belästigungen von Touristen durch Bettelei in den letzten Jahren fast völlig verschwunden. Zwar soll es vorgekommen sein, dass falsche oder verkleidete Polizisten unwissende westliche Automobilisten unter dem Vorwand eines Verkehrsverstoßes gehörig zur Kasse gebeten haben, doch scheinen derartige Berichte kolportiert zu sein. Wer mit dem eigenen Wagen einreist, hat zumindest tagsüber beim Parken in Kaliningrad oder den Rayonstädten kaum mit Gefahr zu rechnen. Nachts aber sollte ein bewachter Parkplatz oder eine der Kaliningrader Tiefgaragen aufgesucht werden: Autoaufbrüche, abmontierte Radkappen oder Scheibenwischer können bei einem unbeaufsichtigten Abstellen eines Fahrzeugs mit westlichem Kennzeichen die Folge sein. Wer mit dem Fahrrad unterwegs ist, sollte es nie – auch nicht für kurze Zeit – unbeaufsichtigt bzw. nicht angeschlossen stehenlassen, ganz gleich, ob in Stadt oder Land. Radtouren durch abgelegene Regionen sollten wenigstens zu zweit gemacht werden: Einzelne Radler, die als aus dem Westen kommend erkannt werden, können in abgelegenen Dörfern durch größere Gruppen aggressiver Jugendlicher oder Betrunkener zum Anhalten gezwungen und ausgeraubt werden, wobei Gefahr auch für Gesundheit und Leben besteht. Die Perspektivlosigkeit in strukturschwachen Regionen und der Drogenmissbrauch verleitet dort zu kriminellen Handlungen.

Souvenirs

Neben dem üblichen Bernsteinschmuck ist besonders Fisch als Mitbringsel immer beliebt. Der marinierte Lachs, der auch in den Supermärkten erhältlich ist, stellt eine begehrte Delikatesse dar. Aal und andere Speisefische sind von höchster Qualität und etwas preisgünstiger als in Deutschland, dürfen aber (für die Reise nach Deutschland) offiziell nicht nach Polen eingeführt werden, wenn es sich nicht um Reisebedarf für den raschen Verzehr handelt. Kaviar kauft man am besten auf dem Zentralmarkt. Den roten gibt es offen und in Dosen zu 150 Gramm für umgerechnet etwa 10 Euro, der Preis des schwarzen für die gleiche Menge liegt bei etwa 50 Euro. Viel gekauft werden regionale Getränke wie der Wodka ›Kënigsbergskaja‹ oder das Bier ›Königsberg‹.

Natürlich sind auch traditionelle russische Artikel wie die unvermeidlichen Matrjoschkas und Samoware sowie birkenholzgeschnitzte Folklore in Kaliningrad, den Samlandbädern und den Rajonstädten erhältlich.

Sprache

Zumindest geringe Kenntnis der russischen Sprache und eine einigermaßen gute Kenntnis der kyrillischen Schrift sind für Individualtouristen unerlässlich. Ohne ist man völlig aufgeschmissen. Wer keine Kenntnisse hat, sollte die Reise nach Kaliningrad ausschließlich mit organisierten Gruppen machen. Englisch hilft ganz selten, Deutsch meist noch weniger, und auf dem Lande spricht man ausschließlich Russisch.

Selbst an den Rezeptionen der großen Kaliningrader Hotels kann es passieren, dass man nur auf Russisch verstanden wird. Speisekarten sind fast ausschließlich auf Russisch, nur in den besseren Kaliningrader Lokalen mit englischer Übersetzung. Ein kleines Reisewörterbuch sollte daher immer dabei sein. Individualtouristen ist dringend angeraten, sich vor Reisebeginn zumindest mit den Grundlagen der russischen Sprache und Schrift vertraut zu machen.

Straßenverkehr

In Kaliningrad herrscht auf den Hauptverkehrsstraßen ein dichter Verkehrsfluss, und man fährt teilweise aggressiver als bei uns. Direkte Verkehrsverstöße wie Fahren über den Gehsteig, wenn beispielsweise auf der Fahrbahn Stau ist, oder Überholen auf der Straßenbahntrasse sind nicht selten. Doch fordern die teils katastrophalen Straßenzustände ein besonders vorsichtiges Verhalten, auch da sehr oft Ampelanlagen außer Betrieb sind und nicht selten die Straßenbahn von der Mittelspur aus gleichzeitig nach rechts abbiegt, während der Auto-Geradeausverkehr ebenso Grün hat.

Fußgänger genießen wenig Vorrechte. Rechnen Sie als Fußgänger nicht damit, dass an Zebrastreifen die Fahrzeuge halten. Besonders gefährlich ist es in der Stadt für Fahrradfahrer. Erstens sind die Straßenverhältnisse schlecht – Löcher bis zu 15 Zentimeter Tiefe und einem halben Meter Durchmesser sind nicht selten, insbesondere am Ende des Winters, schadhafte Tramgleise ebenso ein Gefahrenpunkt –, zweitens werden Radfahrer oft nicht als Verkehrsteilnehmer akzeptiert. Mit Muskelkraft betriebene Fahrzeuge haben im allgemeinen dem motorisierten Verkehr den Vorrang zu gewähren, selbst wenn sie sich beispielsweise auf einer Vorfahrtsstraße befinden. Auf dem Lande, bei der weitaus geringeren Verkehrsdichte, gilt das oben Gesagte mit entsprechenden Einschränkungen. Es herrscht absolutes Alkoholverbot! Besonders in der Woche vor dem russischen Weihnachten (erste Januarwoche) muss man überall und ständig mit Alkoholkontrollen rechnen. Auf den Landstraßen herrscht eine Geschwindigkeitbeschränkung von 70 Stundenkilometern, in Ortsdurchfahrten überwiegend von 40 Stundenkilometern. Es finden sehr viele Verkehrskontrollen statt, wie überhaupt innerhalb der Stadt grundsätzlich viel Polizei den Automobilisten aufwartet.

Die im Text genannten Nummern der einzelnen Haupt- und Nebenstraßen sind meist nur auf den russischen Karten vermerkt, an Wegweisern oder auf Schildern findet man sie so gut wie nie!

An der kleinen Zahl in der rechten Ecke des russischen Autokennzeichens erkennt man, woher das Fahrzeug kommt. 39 steht für das Kaliningrader Gebiet, 99 und 77 stehen für Moskau, 78 für St. Petersburg, 41 für Kamtschatka, 51 für das Murmansker Gebiet – um nur einige Beispiele zu nennen.

Tankstellen

Verglichen mit den 1990er Jahren, ist das Tankstellennetz des Kaliningrader Gebiets inzwischen annähernd flächendeckend ausgebaut. Nur in einigen entlegenen Bereichen innerhalb der Grenzgebiets zu Litauen und Polen – Jasnoe, Kutuzovo, Rominter Heide – sind keine Tankstellen zu finden. Dieselkraftstoff wie auch Vergaserkraftstoff in unterschiedlichen Oktanzahlen sind an allen Zapfstellen immer vorrätig. Der Vorgang des Tankens verläuft mit Ausnahme an den Tankstellen von Lukoil etwas anders als bei uns. Man positioniert als erstes die Tankpistole im Tank und nennt sodann an der Kasse die Nummer der Zapfsäule, die Art des gewünschten Treibstoffs (92 Oktan, 95 Oktan oder Diesel) und die Anzahl der Liter, die man tanken will, bezahlt und lässt sich sodann die Säule freischalten. Wer nicht weiß, wieviel Liter in seinen Tank hineingehen und volltanken will, sagt an der Kasse ›polny bak‹. Treibstoff für Reservezwecke darf nicht in Plastikkanister abgefüllt werden.

Taxi

In kleinen Rayonstädten existieren keine Taxibetriebe; doch zumindest in Sovetsk und Chernyachovsk gibt es ausreichend Fahrzeuge. Am besten lässt man sich generell durch ein Hotel ein Taxi rufen.

Telefonieren

Telefonieren ist im und aus dem Kaliningrader Gebiet mehr als kompliziert. Aus Deutschland telefoniert man ins Kaliningrader Gebiet wie folgt: 007 für Russland, anschließend die jeweilige Regionalvorwahl, die für das gesamte Gebiet immer mit einer 401 beginnt. Kaliningrad selbst besitzt den Ortscode 2 und beispielsweise Černjachovsk den Ortscode 41. Von Deutschland nach Kaliningrad wählt man also wir folgt: 007/401/2 und dann die Teilnehmernummer, nach Černjachovsk folgerichtig: 007/401/41, dann die Teilnehmernummer. Mit billigen Vorwahlen wie 010012 oder 010029, die man einfach dem ganzen Wählvorgang voranstellt, kann man schon ab 3,5 Cent nach Kaliningrad und seinem Umland telefonieren.

Schwieriger ist es bei Anrufen von beispielsweise Kaliningrad aus ins russische Umland (Festnetz). Zunächst wählt man grundsätzlich eine 8, um das lokale Festnetz zu verlassen, wartet das Freizeichen ab und wählt dann die jeweilige Ortsvorwahl. Diese aber stets mit der vorangestellten 401, beispielsweise für Černjachovsk 401/41 und dann die Teilnehmernummer.

Bei Anrufen nach Deutschland aus dem russischen Festnetz wählt man zunächst ebenfalls die 8, wartet auf das Freizeichen, wählt dann aber eine 10, die bei allen Auslandsgesprächen obligat ist, danach die internationale Vorwahl für Deutschland 49 (ohne die beiden Nullen !), und anschließend wie gewohnt die deutsche Ortsvorwahl ohne 0 und danach die Teilnehmernummer. Pro Minute kostet es etwa 40 bis 60 Cent, allerdings ist es von Hotelanschlüssen aus wesentlich teurer.

Unübersichtlich wird es nun bei Festnetz-Anrufen von außerhalb Kaliningrads in andere Regionen des Gebiets: Zunächst verlässt man mit der 8 das jeweilige Ortsnetz, dann aber entfällt die Gebietsvorwahl 401 und wird grundsätzlich durch eine 2 ersetzt: Von irgendeinem Ort außerhalb Kaliningrads in die Gebietshauptstadt bedeutet das 8-2-2, danach die Teilnehmernummer; Anrufe nach Černjachovsk beginnen mit 8-2-41.

Ortscodes Kaliningrader Gebiet
Bagrationovsk: 56.
Baltijsk: 45.
Bol'shakovo: 63.
Gvardejsk: 59.
Gur'evsk: 51.
Gusev: 43.
Zheleznodorozhnyj: 57.
Zelenogradsk: 50.
Krasnoznamensk: 64.
Ladushkin: 56.
Mamonovo: 56.
Neman: 62.
Nesterov: 44.

Ozërsk: 42.
Pionersk: 55.
Pravdinsk: 57.
Polessk: 58.
Svetlogorsk: 53.
Svetlyj: 52.
Slavsk: 63.
Sovetsk: 61.
Černjachovsk: 41.

Nummern russischer Mobiltelefone beginnen stets mit einer 9. Von Deutschland aus lautet hier die Vorwahl folgerichtig 007/9 etc., wobei man auch hier die erwähnten günstigen Vorwahlen der 007/9 voranstellen kann. Will man von einem russischen Festnetzanschluss ein russisches Handy anrufen, muss auch hier erst mit der 8 das örtliche Festnetz verlassen werden, nach dem Freizeichen wählt man dann die mit der obligaten 9 beginnende Mobilnummer. Daher sind Mobilnummern beispielsweise in der Werbung immer auch mit der 8 am Anfang dargestellt.

Gespräche über deutsche und russische Mobiltelefone aus dem Kaliningrader Gebiet nach Deutschland sind sehr teuer – bis zu drei Euro pro Minute –, werden oft im Zweiminutentakt berechnet und sollten deshalb nur im Notfall durchgeführt werden. Vom Mobiltelefon wählt man für Deutschland einfach eine +49 (denn 0049 funktioniert hierbei nicht immer!), dann die Ortsvorwahl ohne 0, dann die Teilnehmernummer. Mobil mit einem deutschen Handy innerhalb des Kaliningrader Gebietes zu rufen, ist nur geringfügig billiger. Man wählt die jeweilige Nummer, als ob man aus Deutschland telefoniert.

Die Benutzung von öffentlichen Telefonapparaten, die nicht in kleinen Zellen wie in Deutschland üblich eingerichtet sind, sondern mit blauen bloßen Schutzabdeckungen mehr oder weniger frei stehen, ist grundsätzlich nur mit an den Zeitungskiosken und der Post erhältlichen speziellen Jetons und Kärtchen möglich. Zwar kann man von diesen auch Auslandsgespräche führen, doch wegen der höheren Kosten (der Jeton ist schnell leer) ist es besser, solche Gespräche von Postämtern aus zu führen.

Touristeninformation

Ein eigenständiges Touristenbüro, das den Namen verdient, gibt es in Kaliningrad immer noch nicht, sieht man einmal von dem seltsamen Provisorium im Fischdorf am Dom ab. In Tilsit gibt es eine kleine Einrichtung dieser Art in der ul. Pobedy. Man kann aber alle möglichen lokalen touristischen Fragen in Kaliningrad telefonisch klären. Es gibt einen touristischen, fast rund um die Uhr arbeitenden Telefonservice ›Tricat' devjatyj rajon‹ (39. Region, nach der Kennnummer der Autokennzeichen) mit der Telefonnummer 393939.

Unterwegs im Land

In die Seebäder Svetlogorsk und Zelenogradsk fahren zumindest in der Saison etwa alle zwei Stunden vom Kaliningrader Südbahnhof (via Nordbahnhof) Züge. Weitere Bahnlinien von Kaliningrad aus gibt es jetzt nur nach Sovetsk (Tilsit) bzw. Černjachovsk (Insterburg) und Gusev (Gumbinnen). Die Strecke nach Baltijsk (Pillau) kann nur bei Vorhandensein einer Sondergenehmigung zum Betreten der Stadt benutzt werden.

Vom Busbahnhof am Hauptbahnhof (mit Ausnahme der Busse der Firma KënigAvto, die am Moskovski pr. 184 abfährt und ankommt), gibt es Busverbindungen in alle Rayonstädte, Busse in die Ostseebäder fahren am Sovetskij pr. ab, gleich hinter dem Nordbahnhof.

Unter www.klgzhd.ru kann man die Fahrpläne des Personenverkehrs aller bestehenden Bahnverbindungen aus und nach Kaliningrad erfahren.

Visabeschaffung

Für die Einreise in das Kaliningrader Gebiet ist ein Visum erforderlich, das von den russischen diplomatischen Vetretungen bei Vorlage einer Einladung eines russischen Bürgers, einer touristischen Organisation oder einer sonstigen Einrichtung erteilt wird. Diese Einladungen werden von den russischen Milizstellen ausgestellt und bei Privateinladung oder kulturellen Einladungen per e-mail (nicht immer!) an die gewünschte russische Vetretung in Deutschland – Berlin, Hamburg, Leipzig, Bonn oder München – gesendet: Hier beantragt man dann das Visum, sofern das nicht eine touristische Firma erledigt. Eine Auslandskrankenversicherung und ein Nachweis der finanziellen Situation sind bei der Beantragung mit vorzulegen. Obacht: Nicht alle deutschen Versicherungsgesellschaften sind anerkannt! Vordrucke und Informationen über die oft wechselnden Voraussetzungen zur Visaerteilung mit den akzeptierten Versicherungsgesellschaften gibt es im Internet unter www.russische-botschaft.de. Am bequemsten ist es, sich auch für eine individuelle Reise das Visum über ein Reisebüro besorgen zu lassen, soweit man nicht an einer organisierten Reise teilnehmen will. Über das Internet sind zahlreiche Anbieter zu finden, z.B.: Merten Visaservice Berlin, www.visaservice-berlin.de; König Tours Brühl, www.russland-visum.eu.

Zeit

Im Kaliningrader Gebiet werden die Uhren gegenüber der Mitteleuropäischen Zeit um eine Stunde vorgestellt. Die Sommerzeit wie in Deutschland gibt es nicht – in den Sommermonaten gilt dort die gleiche Zeit wie bei uns. Obacht: Die Eisenbahnfahrpläne weisen Moskauer Zeit (2 Std.+) aus!

Zeitungen

Deutsche Zeitungen und Zeitschriften sind im Kaliningrader Gebiet nicht erhältlich. Eine sehr interessante deutschsprachige Publikation ist der ›Königsberger Express‹, der in Kaliningrad monatlich erscheint und gut fundierte politische und kulturelle aktuelle Information gibt; www.koenigsberger-express.com. Er ist im Hotel ›Kaliningrad‹ und im Deutsch-Russischen Haus (ul. Jaltinskaja 2a) erhältlich. Wo sich deutsche Gruppen im Straßenbild einfinden, ist meist auch ein Verkäufer des Königsberger Express nicht weit. Russische Presseerzeugnisse sind natürlich überall an den Kiosken zu bekommen.

Zollbestimmungen

Die Bestimmungen wechseln sehr häufig. Grundsätzlich verboten sind bei der Einreise nach Russland pornographische Schriften und Filme. Bei Büchern und anderen Druckerzeugnissen gibt es kein konkretes Einfuhrverbot. Allerdings sollten Bücher aus der Zeit vor 1955, beispielsweise alte Bücher über Ostpreußen etc., auch als bloße Reiselektüre besser daheimbleiben, nicht aus Gründen einer anderen historisch-politischer Sichtweise, sondern weil sie als Antiquitäten gelten könnten, die nicht ausgeführt werden dürfen. Sie bei der Einreise als schon mitgebracht zu deklarieren, ist ein solch aufwendiges und bürokratisches Unterfangen, das man es besser bleiben lässt. Aus dem Ausland dürfen alle Währungen (auch Rubel) nur im Gegenwert bis zu 10 000 US-Dollar ohne Deklaration eingeführt werden. Was darüber hinaus geht, muss bei der Einreise deklariert werden. Ansonsten drohen empfindliche Strafen. Jeder Reisende darf insgesamt bis 50 Kilo an Gepäck bzw. Waren mitbringen, wobei einzelne Gepäckteile etc. nicht mehr als 35 Kilo wiegen dürfen. Auch darf der Wert des Mitgebrachten nicht höher als 1500 € sein. Einfuhrverbot besteht zur Zeit (Sanktionen) für alle Lebensmittel, wenn Kleinmengen bzw. der Reisebedarf überschritten sind (Stand November 2016). Ausfuhrverbot aus dem Kaliningrader Gebiet besteht grundsätzlich für rohen, unbearbeiteten Bernstein. Zu Ketten und Schmuck verarbeitetes Material kann für den persönlichen Bedarf ohne Probleme ausgeführt werden. Antiquitäten, Kunstgegenstände, Ikonen, Pelze und Edelsteine müssen grundsätzlich im Land bleiben. An den Grenzübergängen gibt es Hinweistafeln mit den geltenden Zollbestimmungen. Nicht vergessen: Was man beispielsweise ohne Probleme aus Russland ausführen darf, ist für andere Länder (auf dem Weg nach Deutschland) wie Polen oder Litauen vielleicht nur eingeschränkt erlaubt: Spirituosen, Zigaretten, Benzin. Nach Polen und Litauen darf Benzin in Reservekanistern offiziell nicht eingeführt werden, desgleichen Fleisch, Wurst und Fisch aus Russland, ausgenommen kleine Mengen zum eigenen Verzehr.

Literaturhinweise

Belletristik

Bobrowski, Johannes: Litauische Claviere, verschiedene Ausgaben. Bobrowski erzählt vom Versuch eines Lehrers und eines Geigers, im Jahr 1936 eine Oper über den litauischen Nationaldichter Donalaitis zu schreiben. Der Roman spielt in und um Tilsit.

Buchholtz, Hansgeorg, Dorf unter der Düne, Gräfe & Unzer 1938. Naturalistischer Roman über Leben, Liebe und Leidenschaften in einem Nehrungsdorf.

Schaffner, Jakob, Rote Burgen und blaue Seen, Hanseatische Verlagsanstalt 1937. Poetisch verklärte Darstellung einer Ostpreußenreise, dennoch auch heute noch ein Lesegenuss.

Königsberg-Kaliningrad. Ein Reise-Lesebuch, hg.v. Alla und Gunnar Strunz, Trescher Verlag 2009. Von den Anfängen der Stadt bis in die unmittelbare Gegenwart: Romanauszüge und Kurzgeschichten, Reiseberichte, Biographisches und Autobiographisches, Lyrik u.v.m. Einzige Anthologie dieser Art.

Sudermann, Hermann, Litauische Geschichten. Verschiedene Ausgaben erhältlich; in die Weltliteratur eingegangene mitreißende Schilderungen des Lebens der einfachen Menschen an der Memelniederung.

Wieck, Michael, Zeugnis vom Untergang Königsbergs, München 2005.

Sachbücher

Bednarz, Klaus, Fernes nahes Land. Begegnungen mit Ostpreußen, Hamburg 1995. Begegnungen und Gespräche sowohl mit heutigen als auch mit früheren Bewohnern Ostpreußens.

Gause, Fritz, Die Geschichte der Stadt Königsberg in Preußen, Drei Bände, Leipzig 1996. Einzigartiges Standardwerk zur Stadtgeschichte Königsbergs.

Gerlach, Heinrich, Nur der Name blieb. Glanz und Untergang des alten Ostpreußen, München 1982. Eine mitreißende Darstellung der Geschichte der Pruzzen.

Hermanowski, Georg, Ostpreußen. Wegweiser durch ein unvergessenes

Land, Augsburg 1995. Umfassendes Kompendium zu Land, Leuten und speziell den Ortschaften in lexikalischer Form, jedoch ausschließlich über die Zeit vor 1945.

Hoppe, Bert, Auf den Trümmern von Königsberg, München 2000. Hochinteressante Darstellung der Architektur- und Identitätspolitik der Sowjets in Kaliningrad.

Kossert, Andreas, Ostpreußen. Geschichte und Mythos, München 2005. Kossert betont den polykulturellen Charakter Ostpreußens und seine jahrhundertelange Prägung sowohl durch die Deutschen als auch die Litauer, Polen und Russen.

Köster, Baldur, Königsberg. Architektur aus deutscher Zeit, Husum 2000. Eine nicht nur für Architekturinteressierte fesselnde komplette Bestandsaufnahme aller noch vorhandenen Gebäude im Stadtgebiet Kaliningrads aus der Zeit vor 1945.

Kramer, Hans, Elchwald. Land–Leute–Jagd, Sulzberg 1985. Kramer war der letzte Elchjägermeister Deutschlands. Ein Erinnerungsbuch von hohem kulturhistorischen Wert.

Lachauer, Ulla, Die Brücke am Tilsit. Begegnungen mit Preußens Osten und Rußlands Westen, Rowohlt 1995. Dokumentarischer, immer noch aktueller Reisebericht.

Manthey, Jürgen, Königsberg. Geschichte einer Weltbürgerrepublik, München 2005. Gut lesbare Darstellung des geistigen Lebens in Königsberg durch die Jahrhunderte, in vielen Details jedoch nicht zutreffend.

Neumärker, Uwe und **Knopf, Volker**, Görings Revier. Jagd und Politik in der Rominter Heide, Berlin 2007. Standardwerk über die Rominter Heide.

Normann, Alexander, Nördliches Ostpreußen, München 2002. Historische Entdeckungsreise durch den russischen Teil Ostpreußens mit vielen historischen und aktuellen Fotos.

Papendick, Christian, Der Norden Ostpreußens, Husum 2009. Großformatiger, fast alle Orte des Gebiets darstellender Bildband, voll Melancholie und Trauer, mit sehr informativen Texten.

Pölking, Hermann: Ostpreussen. Biographie einer Provinz, Berlin 2012. In Augenzeugenberichten und Erinnerungen, kombiniert mit historischen Fakten und vielem bisher unbekanntem Bildmaterial, wird die Geschichte des Lands für Laien und Kenner gleichermaßen attraktiv dargestellt.

Ders., Das Memelland. Wo Deutschland einst zu Ende war, Berlin 2013. Auch dieses Buch verbindet Erinnerungen und Augenzeugenberichte in chronologischer Form mit historischen Fakten. Sicherlich das beste zum Thema.

Zimmerling, Dieter, Der Deutsche Ritterorden, München 1999. Populäre Darstellung der Geschichte des Ordenslands Preußen.

Karten

Barran, Fritz R., Städte-Atlas Ostpreußen, 3. Auflage, Leer 1994. Alle Städte ganz Ostpreußens sind hier entweder mit faksimilierten oder nachgezeichneten Plänen in ihrem Straßenbild wie auch den öffentlichen Einrichtungen von vor 1945 dargestellt; sehr gut zur Orientierung besonders in den kleineren bzw. 1945 stark zerstörten Städten geeignet. Leider vergriffen, antiquarisch (www.zvab.com) aber gut zu bekommen.

Barran, Fritz. R., Atlas nördliches Ostpreußen. Leer 1995, 27 deutsche topographische Karten 1:200 000 aus der Vorkriegszeit mit russischen Ortsnamen. Leider auch nur noch antiquarisch erhältlich, doch unverzichtbar, wenn man auf den Spuren seiner Vorfahren wandeln will.

Nördliches Ostpreußen 1: 200 000, Höfer Verlag. Aktuelle Übersichtskarte mit allen Orts- und Flussnamen in zweisprachiger Darstellung, jedoch ohne die Ortsnamen vor der Umbenennung 1938.

Der Berliner Kartenverlag **Bloch** (www.blochplan.de) gibt hervorragende Karten des gesamten Kaliningrader Gebiets heraus: **Königsberg 1931–Kaliningrad heute**, 1: 10 000, mit Straßenüberlagerung einst und jetzt sowie russ.-dt. und dt.-russ. Straßenverzeichnis. Für deutsche Touristen der empfehlenswerteste Stadtplan!

Auch die weiteren Karten dieses Verlags zu Nord-Ostpreußen (Südosten, Samland, Mitte, Norden, Frisches Haff) und die Stadtpläne von Gumbinnen, Insterburg, Rauschen, Cranz und Tilsit sind wegen ihrer Zweisprachigkeit (Ortsnamen vor 1945 und vor 1938, russische heutige Namen) sowie Genauigkeit in jeder Hinsicht das beste, was derzeit erhältlich ist.

Alle russischen Karten können (soweit vorrätig) an Kiosken und den großen Buchhandlungen erworben werden:

Kaliningradskaja Oblast' Atlas Avtodorog (Autostraßen-Atlas) 1:200 000, hg.v. staatlichen russischen Dienst für Geodäsie und Kartographie Kaliningrad, FGUP, ISBN 5-85120-142-8. Neuerscheinung mit Stadtplänen der Rajonstädte und Badeorte. Sehr zu empfehlen, doch nur selten erhältlich.

Regional'nyj Atlas Kaliningradskoj Oblasti 1:100 000, 1.Auflage 2004, ISBN 5-89644-047-0. Genauestes Kartenwerk des Gebiets, leider auch nur selten zu bekommen. Ca. 200 Rubel.

Kaliningradskaja Oblast'. Aktuelle und sehr genaue Karte des Gebiets, mit Verwaltungsgrenzen und weiteren administrativen Fakten, erhältlich im Kaliningrader Gebiet an den Zeitungskiosken, erkennbar am gelben Deckblatt. 2009 erweiterte Neuausgabe der Topografičeskaja karta von 1998. Enthält eine große Sonderkarte der nördlichen Kaliningrader Umgebung im Maßstab 1:50 000. Am gelben Umschlag deutlich erkennbar. Ca. 5 Euro.

Kaliningrad, Obščegeografičeskaja karta 1:20 000, hg.v. staatlichen russischen Dienst für Geodäsie und Kartographie, Kaliningrad, FGUP Balt AGP 2008, ISBN 5-9900-1673-5.2008, Innenstadt 1:7000, mit Hausnummern, fast gleiches Aussehen wie die Gebietskarte, gelb, an vielen Kiosken erhältlich. Bester Plan, den es zur Zeit gibt. Ca. 5 Euro.

Das Kaliningrader Gebiet im Internet

Leider sind die wenigsten Internetseiten auch auf Deutsch. Meist sind sie nur auf Russisch, mitunter nicht aktualisiert.

www.kaliningrad.aktuell.ru Sehr informative Seite auf Deutsch. Inhaltliche Schwerpunkte sind Politik und Wirtschaft aus Kaliningrad und dem Umland. Wird aber nur unregelmäßig aktualisiert.

www.koenigsberger-express.com Online-Ausgabe einer seit Jahren existierenden deutschsprachigen Zeitung, die genau über alles, was im Gebiet vor sich geht, informiert.

www.koenigsberger-allgemeine.com Die ›Königsberger Allgemeine‹ gibt es seit 2009. Sie ist eine zweisprachige Zeitung, die man in Kaliningrad selten bekommt, die jedoch in Deutschland abonniert werden kann. Sie ist von ähnlichem Charakter wie der ›Königsberger Express‹ und auch online sehr informativ.

www.gov39.ru Offizielle Seite der Gebietsverwaltung.

www.portal-ostpreussen.de Eine Seite insbesondere für Ahnenforscher bzw. für Leute auf der Suche nach ihren Vorfahren, nach ehemaligen Ortsnamen u.dgl.

www.kaliningrad-domizil.ru Von einem in Kaliningrad ansässigen deutschen Geschäftsmann initiierte Seite von und für alle Deutschsprachigen in der Stadt wie außerhalb (Informationsagentur). Interessante, aktuelle Informationen zu Wirtschaftsfragen, Politik, Gesellschaft, Grenzzonen etc.

www.ostpreussen.net Ostpreußen in Geschichte und Gegenwart.

www.koenig.ru Verschiedene Informationen über die Stadt, nur auf Russisch.

www.ambercity.ru Ebenfalls Informationen über die Stadt, ebenfalls nur auf Russisch.

www.klgd.ru Offizielle Seite der Stadtverwaltung, auf Russisch und Englisch.

www.vibirai.ru Russischsprachige Seite mit umfassenden Informationen aus 29 wichtigen russischen Städten; u.a. zu Hotels, Kino, Musik, Sport, Gastronomie.

www.klgzhd.ru Eisenbahnfahrpläne für das Kaliningrader Gebiet.

www.39.ru Allgemeine Informationen über Gebiet und Stadt für Geschäftsleute und Normaltouristen.

Der Autor

Gunnar Strunz, Jahrgang 1961, ist promovierter Geologe. Er bereist seit 1991 intensiv das Kaliningrader Gebiet und stellte es einer breiten Öffentlichkeit in zahlreichen Vorträgen vor. U.a. erschien von ihm zusammen mit dem Fotografen Wolfgang Korall ein Bildband über Ostpreußen und ein weiterer über die Burgen des Deutschen Ritterordens. Im Trescher Verlag erschienen von ihm Reiseführer über Bratislava, Kärnten, Niederösterreich, Vorarlberg, das Burgenland und die Steiermark. Gunnar Strunz leitet seit vielen Jahren Studienreisen nach Kaliningrad, Masuren, Pommern, Schlesien, Böhmen und Mähren, daneben ist er Lehrbeauftragter an der FU Berlin. Gunnar Strunz lebt in Berlin, am Kurischen Haff und in Feilitzsch bei Hof (Oberfranken).

Danksagung

All denen, die mir bei der Arbeit an diesem Buch geholfen haben, sei hier herzlich gedankt. In erster Linie meiner Frau Alla für ihre umfangreichen aktuellen Recherchen vor Ort und dann meinem russischen Freund Alexander Tschaly, mit dem ich seit vielen Jahren Kaliningrad und sein Umland bereise.

Ortsregister lit./poln./russ.-dt.

A

Agilos ragas (Negelnscher Haken) 360
Agluonėnai (Aglohnen) 384
Alksnynė (Erlengrund) 364
Angrapa (Angerapp) 220, 318

B

Bagrationovsk (Preußisch Eylau) 298
Bajorai (Bajohren) 383
Baltijsk (Pillau) 182
Bartoszyce (Bartenstein) 85
Berežkovskoe (Waldhausen/Groß Bubainen) 214
Berezovka (Groß Ottenhagen) 208
Bol'šaja Poljana (Paterswalde) 209
Bol'šakovo (Groß Skaisgirren/Kreuzingen) 265
Bol'šie Berežki (Rauterskirch/Alt Lappienen) 281
Bol'šoe Mochovoe boloto (Großes Moosbruch) 259
Borne Sulinowo (Groß Born) 74
Braniewo (Braunsberg) 83

C

Čechovo (Uderwangen) 303
Černjachovsk (Insterburg) 215
Černyševskoe (Eydtkau/Eydtkuhnen) 239
Chojnice (Konitz) 77
Cholmogorovka (Fuchsberg) 177
Cierznie (Peterswalde) 75
Čistye Prudy (Tollmingen/Tollmingkehmen) 323
Czersk 78
Człopa (Schloppe) 74
Człuchow (Schlochau) 75

D

Dąbroszyn (Tamsel) 70
Djuny (Dünen) 342
Dobiegniew (Woldenberg) 72
Dobrino (Nautzken) 191
Dobrovol'sk (Pillkallen/Schlossberg) 241
Domnovo (Domnau) 304
Donskoe (Groß Dirschkeim) 171
Drawa (Drage) 72
Drawieński Park Krajobrazowy (Naturpark Drawaniederung) 73
Družba (Allenburg) 308
Dvorkino (Friedenberg) 309

E/F

Elbląg (Elbing) 82
Ermakovo (Deutsch Wilten) 305
Frombork (Frauenburg) 83

G

Gastellovo (Groß Friedrichsdorf) 264
Giruliai (Försterei) 381
Gluškovo (Plibischken) 214
Gora Dozor (Wachtberg) 327
Gorowo Iławeckie (Landsberg in Ostpreußen) 85
Gorzów Wielkopolski (Landsberg/Warthe) 71
Gremjač'e (Birken/Groß Berschkallen) 214
Gromovo (Hohenbruch/Lauknen) 261
Gronowo (Grunau) 84
Gur'evsk (Neuhausen) 189
Gusev (Gumbinnen) 229
Gvardejskoe (Mühlhausen) 301
Gvardejsk (Tapiau) 202

J

Jablonovka (Wilhelmsberg) 320
Jantarnyj (Palmnicken) 172
Jasnaja Poljana (Trakehnen) 235
Jasnoe (Kuckerneese/Kaukehmen) 283
Jastrowie (Jastrow) 75
Jezioro Czarne (Schwarzer See) 73
Juknaičiai (Jugnaten) 398
Juodkrantė (Schwarzort) 361

K

Kalinin 130
Kalinino (Birkenmühle/Mehlkehmen) 326
Kalinovka (Aulowönen/Aulenbach) 225

Kalužskoe (Budupönen) 225
Kamenskoe (Saalau) 214
Kanaš (Königskirch/Jurgaitschen) 265
Karvaižiu kalnas (Karwaitenscher Berg) 357
Kaštanovka (Almenhausen) 304
Kintai (Kinten) 386
Kisinai (Kissinnen) 384
Klaipėda (Memel) 371
Komsomol'sk (Löwenhagen) 207
Kornevo (Zinten) 296, 300
Kosa (Koca/Neutief) 187
Kostrzyn (Küstrin) 67
Kovrovo (Nautzau) 162
Krasnogorskoe (Niebudschen) 234
Krasnoles'e (Hardteck/Groß Rominten) 324
Krasnoznamensk (Haselberg/Lasdehnen) 248
Krasnoznamenskoe (Dollstadt) 302
Kretinga (Krottingen) 383
Kretingalė (Deutsch Krottingen) 383
Krylovo (Nordenburg) 314
Kubanovka (Brakupönen) 234
Kudirkos-Naumiestis 247
Kujbyševskoe (Petersdorf) 210
Kumaževo (Kumehnen) 176
Kurortnoe (Groß Wohnsdorf) 307
Kutuzovo (Schirwindt) 246

L

Laduškin (Ludwigsort) 294
Lava (Alle) 209
Lebedinoe ozero (Schwanensee) 348
Lędyczek (Landeck) 75
Lesistoe (Nassawen) 327
Lesnoe (Groß Lenkenau/Lenkeningken) 251
Lesnoj (Sarkau) 340
Lipki (Uhlenhorst/Lenkimmen) 315
Lugovoe (Bilderweiten/Bilderweitschen) 239
Logvino (Medenau) 176
Lunino (Hohensalzburg/Lengwethen) 279
Lužki (Sauckenhof/Tarputschen) 315
L'vovskoe (Gudwallen) 318

M

Macikai (Matzicken) 392
Majakovskoe (Nemmersdorf) 234
Majovka (Georgenburg) 222
Malbork (Marienburg) 80
Mamonovo (Heiligenbeil) 291
Marinskoe (Kreislacken) 171
Matrosovo (Gilge) 256
Mečnikovo (Neuhäuser) 182
Mel'nikovo (Rudau) 157
Meždureč'e (Norkitten) 212
Minija (Minge) 389
Mochovoe (Wiskiauten) 159
Moršanskoe (Schreitlacken) 157
Morskoe (Pillkoppen) 347
Mozyr' (Klein Gnie) 315
Muižė (Feilenhof) 386
Muromskoe (Laptau) 159
Mysovka (Karkeln) 284

N

Nagornoe (Groß Dexen) 300
Nekrasovo (Karpauen/Groß Karpowen) 317
Nekrasovo (Liska Schaaken) 190
Neman (Ragnit) 277
Nemanskoe (Trappönen/Trappen) 250
Nemirseta (Nimmersatt) 382
Nesterov (Ebenrode/Stallupönen) 237
Nevskoe (Pillupönen/Schlossbach) 327
Nida (Nidden) 353, 356
Nizov'e (Waldau) 201
Novaja Derevnja (Alt Gertlauken) 257
Novokolchoznoe (Argenbrück/Groß Argeningken) 265
Novaja Derevnja (Alt Gertlauken) 358
Novomoskovskoe (Pörschken) 297
Novostroevo (Trempen) 317
Nowa Pasłęka (Neu Passarge) 84

O

Oktjabr'skoe (Klein Schönau) 307
Ol'chovatka (Walterkehmen/Groß Walterdorf) 233
Otradnoe (Georgenswalde/Kunigehlen) 171

Oz. Borodinskoe (Willuhner See) 244
Ozerki (Warnen) 324
Ozjorsk (Angerapp/Darkehmen) 317, 319
Ožku ragas (Ziegenhaken) 357

P

Pagėgiai (Pogegen) 398
Pakalnė (Pokallne) 397
Palanga (Polangen) 383
Pelplin 79
Pereslavskoe (Drugehnen) 177
Perevalovo (Mulden/Muldszen) 316
Pervalka (Perwelk) 358
Pieniężno (Mehlsack) 84
Pionersk (Neukuhren) 164
Pjatidorožnoe (Bladiau) 294
Plikiai (Plicken) 383
Pobedino (Schillfelde/Schillehnen) 249
Podgaje (Flederborn) 75
Polessk (Labiau) 194
Poreč'e (Allenau) 309
Pravdinsk (Friedland) 305
Preila (Preil) 357
Pričaly (Inse) 286
Priekulė (Prökuls) 384
Prigorodnoe (Schützenort/Petrikatschen) 239
Primor'e (Groß Kuhren) 171
Primorsk (Fischhausen) 180
Primorskoe Novoe (Wolittnick) 294
Priozernoe (Gerwischkehmen/Gerwen) 229
Privol'noe (Neunischken/Neunassau) 225
Prochladnoe (Kallningken) 284
Pugačevo (Schwentischken/Schanzenort) 326

R

Rambyno kalnas (Rombinus) 400
Razino (Möwenort/Juwendt) 255
Rodniki (Arnau) 200
Romanovo (Pobethen) 163
Rombinus (Rambyno kalnas) 400
Roščino (Grünhoff) 162
Rupkalviai (Rupkalwen) 395
Rusnė (Ruß) 395
Russkoe (Germau) 176
Rybačij (Rossitten) 343

S

Saranskoe (Laukischken) 257
Saratovskoe (Groß Schallen) 244
Šereitlaukis (Schreitlaugken) 402
Sevskoe (Böttchersdorf) 309
Šilutė (Heydekrug) 389
Sinjavino (Groß Hubnicken) 173
Širokoe (Schönbruch) 305
Slavinsk (Goldbach) 193
Slavjanskoe (Pronitten) 192
Slavsk (Heinrichswalde) 280
Slavskoe (Kreuzburg) 301
Słońsk (Sonnenburg) 71
Smalininkai (Schmalleningken) 403
Smiltynė (Sandkrug) 364
Sosnovka (Bledau) 159
Sosnovka (Groß Baum/Augstagirren) 258
Sovetsk (Tilsit) 266
Starogard Gdański (Preußisch Stargard) 78
Strzelce Krajenskie (Friedeberg in der Neumark) 72
Svetlogorsk (Rauschen) 164
Svetlyij (Zimmerbude/Peyse) 180
Swecja (Freudenfier) 74
Sypniewo (Zippnow) 74

T

Talpaki (Taplacken) 210, 214
Tankitteno (Tenkitten) 181
Tauragė (Tauroggen) 399
Tczew (Dirschau) 79
Tel'manovo (Didlacken) 221
Timirjazevo (Neukirch) 264, 281
Tišino (Abschwangen) 304
Tret'jakovo (Sodargen) 245
Trostniki (Bothenen) 191
Turgenevo (Groß Legitten) 193

U

Ul'janovo (Kraupischken) 225
Ušakovo (Brandenburg) 296
Ušakovo (Heiligenwalde) 201
Uzlovoe (Rautenberg) 245

V
Vanagai (Wannaggen) 384
Ventė (Windenburg) 386
Vesëloe (Balga) 293
Veselovka (Judtschen) 228
Vesnovo (Kussen) 245
Vilkyžiai (Wilkieten) 384
Vladimirovo (Tharau) 301
Volodarovka (Jodlauken/Schwalbental) 221
Voznesenskoe (Wenzbach/Wenzlowischken) 328
Vysokoe (Markthausen/Popelken) 259
Vzmor'e (Groß Heydekrug) 179

W
Wałcz (Deutsch Krone) 74
Witnica (Vietz) 70
Wyštiter See 328

Z
Zagorskoe (Pelleningken/Strigengrund) 225
Zales'e (Mehlauken/Liebenfelde) 258
Zalivino (Haffwinkel/Labagienen) 195
Zalivnoe (Postnicken) 191
Zaozernoe (Kleinfriedeck/Kowarren) 317
Zapora (Mühlhoff) 77
Zapovednoe (Groß Kryzzahnen/Seckenburg) 281
Zareč'e (Kaymen) 191
Zelencovo (Obehlischken/Schulzenhof) 213
Zelenogradsk (Cranz) 160
Zelenopol'e (Borchersdorf) 303
Železnodorožnyj (Gerdauen) 311
Žemčužnoe (Kirche Schaaken) 190
Žilino (Schillen/Szillen) 279
Znamensk (Wehlau) 208

Ortsregister dt./lit.-poln.-russ.

A
Abschwangen (Tišino) 304
Adlerswalder Moor 248
Aglohnen (Agluonėnai) 384
Alkgebirge 177
Alle (Lava) 209
Allenau (Poreč'e) 309
Allenburg (Družba) 308
Almenhausen (Kaštanovka) 304
Alt Gertlauken (Novaja Derevnja) 358
Angerapp (Angrapa) 220, 318
Angerapp/Darkehmen (Ozjorsk) 317, 319
Argenbrück/Groß Argeningken (Novokolchoznoe) 265
Arnau (Rodniki) 200
Aulowönen (Aulenbach, Kalinovka) 225

B
Bajohren 383
Balga (Vesëloe) 293
Bartenstein (Bartoszyce) 85
Berlin 66
Beynuhnen (Schloss) 318
Bilderweiten/Bilderweitschen (Lugovoe) 239
Birkenmühle/Mehlkehmen (Kalinino) 326
Bladlau (Pjatidorožnoe) 294
Bledau (Sosnovka) 159
Borchersdorf (Zelenopol'e) 303
Bothenen (Trostniki) 191
Böttchersdorf (Sevskoe) 309
Brandenburg (Ušakovo) 296
Braunsberg (Braniewo) 83
Breitenstein/Kraupischken (Ul'janovo) 215
Budupönen (Kalužskoe) 225

C/D
Cranz (Zelenogradsk) 160
Deutsch Wilten (Ermakovo) 305
Didlacken (Tel'manovo) 221
Dirschau (Tczew) 79
Dollstadt (Krasnoznamenskoe) 302
Domnau (Domnovo) 304

Drage (Drawa) 72
Drugehnen (Pereslavskoe) 177
Dünen (Djuny) 342

E

Ebenrode/Stallupönen (Nesterov) 237
Elbing (Elbląg) 82
Elchniederung 254, 280
Elchwald 285
Ephas Höhe 347
Erlengrund (Alksnynė) 364
Eydtkau/Eydtkuhnen (Černyševskoe) 239

F

Feilenhof (Muižė) 386
Fischhausen (Primorsk) 180
Försterei (Giruliai) 381
Forst Memelwalde 250
Fort Gorgast 67
Frauenburg (Frombork) 83
Freudenfier (Swecja) 74
Friedenberg (Dvorkino) 309
Friedland (Pravdinsk) 305
Friedrichstein (Schloss) 207
Frische Nehrung 187
Frisches Haff 188
Fuchsberg (Cholmogorovka) 177

G

Georgenburg (Majovka) 222
Georgenswalde/Kunigehlen (Otradnoe) 171
Gerdauen (Železnodorožnyj) 310, 311
Germau (Russkoe) 176
Gilge (Matrosovo) 256
Goldbach (Slavinsk) 193
Groß Dirschkeim (Donskoe) 171
Groß Friedrichsdorf (Gastellovo) 264
Groß Hubnicken (Sinjavino) 173
Groß Kuhren (Primor'e) 171
Groß Lenkenau/Lenkeningken (Lesnoe) 251
Groß Ottenhagen (Berezovka) 208
Groß Schallen (Saratovskoe) 244
Groß Wohnsdorf (Kurortnoe) 307
Großer Friedrichsgraben (Polesskij Kanal) 254
Großes Moosbruch (Bol'šoe Mochovoe boloto) 259
Groß Jägersdorf 213
Grunau (Gronowo) 84
Grünhoff (Roščino) 162
Gudwallen (L'vovskoe) 318
Gumbinnen (Gusev) 230

H

Haffwinkel/Labagienen (Zalivino) 195
Haselberg 248
Heiligenbeil (Mamonovo) 291
Heiligenwalde (Ušakovo) 201
Heinrichswalde (Slavsk) 280
Heydekrug (Šilutė) 389
Hohe Düne 352
Hohensalzburg/Lengwethen (Lunino) 279

I/J

Ibenhorster Forst 286
Inse (Pričaly) 286
Insterburg (Černjachovsk) 215
Instertal 222
Jagdhaus Pait 285
Jagdhaus Rominten 325
Jastrow (Jastrowie) 75
Jodlauken/Schwalbental (Volodarovka) 221
Jugnaten (Juknaičiai) 398

K

Kapkeim (Schloss) 208
Karpauen/Groß Karpowen (Nekrasovo) 317
Kaymen (Zareč'e) 191
Kinten (Kintai) 386
Kissinnen (Kisinai) 384
Klein Schönau (Oktjabr'skoe) 307
Kleinfriedeck/Kowarren (Zaozernoe) 317
Königskirch/Jurgaitschen (Kanaš) 265
Konitz (Chojnice) 77
Kraupischken (Ul'janovo) 225
Kreislacken (Marinskoe) 171
Kreuzburg (Slavskoe) 301
Krottingen (Kretinga) 383
Kuckerneese/Kaukehmen (Jasnoe) 283
Kumehnen (Kumaževo) 176
Kurische Nehrung 331
Kussen (Vesnovo) 245
Küstrin 67

L

Labiau (Polessk) 194
Landeck (Lędyczek) 75

Landsberg/Warthe (Gorzów Wielkopolski) 71
Laptau (Muromskoe) 159
Laukischken (Saranskoe) 257
Lauknen/Hohenbruch (Gromovo) 261
Lochstädt 181
Löwenhagen (Komsomol'sk) 207
Ludwigsort (Laduškin) 294

M

Marienburg (Malbork) 80
Markthausen/Popelken (Vysokoe) 259
Masurischer Kanal 313
Matzicken (Macikai) 392
Medenau (Logvino) 176
Mehlauken/Liebenfelde (Zales'e) 258
Memel 268, 371
Memeldelta 395
Memelland 367
Minge (Minija) 389
Möwenort/Juwendt (Razino) 255
Mühlhausen (Gvardejskoe) 301
Mühlhoff (Zapora) 77
Mulden/Muldszen (Perevalovo) 316
Müllers Höhe 342
Müncheberg 66

N

Nassawen (Lesistoe) 327
Naturpark Drawaniederung (Drawieński Park Krajobrazowy) 73
Nautzau (Kovrovo) 162
Nautzken (Dobrino) 191
Negelnscher Haken (Agilos ragas) 360
Nemmersdorf (Majakovskoe) 234
Neuhausen (Gur'evsk) 189
Neuhäuser (Mečnikovo) 182
Neukirch (Timirjazevo) 264, 281
Neukuhren (Pionersk) 164
Neunischken/Neunassau (Privol'noe) 225
Neutief (Kosa) 187
Nidden (Nida) 353
Niebudschen (Krasnogorskoe) 234
Nimmersatt 382
Nordenburg 314
Norkitten (Meždureč'e) 212

O

Obehlischken/Schulzenhof (Zelencovo) 213
Ordensburg Lochstädt 181

P

Palmnicken (Jantarnyj) 172
Paterswalde (Bol'šaja Poljana) 209
Pelleningken/Strigengrund (Zagorskoe) 225
Perwelk (Pervalka) 358
Peterswalde (Cierznie) 75
Pillau (Baltijsk) 182
Pillkallen/Schlossberg (Dobrovol'sk) 241
Pillkoppen (Morskoe) 347
Pillupönen/Schlossbach (Nevskoe) 327
Plibischken (Gluškovo) 214
Plicken (Plikiai) 383
Pobethen (Romanovo) 163
Pogegen (Pagėgiai) 398
Pokallne (Pakalnė) 397
Polangen (Palanga) 383
Pörschken (Novomoskovskoe) 297
Postnicken (Zalivnoe) 191
Pregeltal 198
Preil (Preila) 357
Preußisch Stargard (Starogard Gdański) 78
Prökuls (Priekulė) 384
Pronitten (Slavjanskoe) 192

R

Ragnit (Neman) 277
Rauschen (Svetlogorsk) 164
Rautenberg (Uzlovoe) 245
Rominter Heide 321
Rossitten (Rybačij) 343
Rudau (Mel'nikovo) 157
Rüdersdorf 66
Ruß (Rusnė) 395

S

Saalau (Kamenskoe) 214
Samland 157
Sandkrug (Smiltynė) 364
Sarkau (Lesnoj) 340
Sauckenhof/Tarputschen (Lužki) 315
Schillen/Szillen (Žilino) 279
Schillfelde/Schillehnen (Pobedino) 249
Schirwindt 246
Schlochau (Człuchow) 75

Schloppe (Człopa) 74
Schmalleningken (Smalininkai) 403
Schönbruch (Širokoe) 305
Schreitlacken (Moršanskoe) 157
Schreitlaugken (Šereitlaukis) 402
Schützenort/Petrikatschen (Prigorodnoe) 239
Schwanensee (Lebedinoe ozero) 348
Schwentischken/Schanzenort (Pugačevo) 326
Seelow 66
Sodargen (Tret'jakovo) 245
Sonnenburg (Słońsk) 71
Starkenberg (Krasnoborskoe)

T

Tamsel (Dąbroszyn) 70
Tanzender Wald 346
Tapiau (Gvardejsk) 202
Taplacken (Talpaki) 210, 214
Tauroggen (Tauragė) 399
Tenkitten (Tankitteno) 181
Tharau (Vladimirovo) 301
Tilsit (Sovetsk) 266
Tollmingen/Tollmingkehmen (Čistye Prudy) 323
Trakehnen (Jasnaja Poljana) 235
Trappönen/Trappen (Nemanskoe) 250
Trempen (Novostroevo) 317
Tucheler Heide 77

U

Uderwangen (Čechovo) 303
Uhlenhorst/Lenkimmen (Lipki) 315

V/W

Vietz (Witnica) 70
Wachtberg (Gora Dozor) 327
Waldau (Nizov'e) 201
Wannaggen (Vanagai) 384
Warnen (Ozerki) 324
Wehlau (Znamensk) 208
Wenzbach/Wenzlowischken (Voznesenskoe) 328
Wilhelmsberg (Jablonovka) 320
Wilkieten (Vilkyžiai) 384
Willkischker Höhenzug 402
Willuhner See (oz. Borodinskoe) 244 Windenburg (Ventė) 386
Wiskiauten (Mochovoe) 159
Woldenberg (Dobiegniew) 72
Wolittnick (Primorskoe Novoe) 294

Z

Zedmar-Bruch 320
Zehlau-Bruch 307
Ziegenhaken (Ožku ragas) 357
Zimmerbude/Peyse (Svetlyij) 180
Zinten (Kornevo) 296, 300
Zippnow (Sypniewo) 74

Ortsregister Kaliningrad

A

Adalbertkapelle 129
Alte Börse 133
Alter Botanischer Garten 107
Alte Universitätsklinik 106
Amalienau 128
Armenische Kirche 115
Auf den Hufen 130

B

Baltika-Stadion 132
Bastion Grolman 117
Bernsteinmuseum 115
Brandenburger Tor 136

C/D

Christuskirche 126
Denkmal der Gefallenen der Schlacht um Königsberg 108
Denkmal des heiligen Nikolaus 123
Denkmal für Ludwig (Ludvik) Rhesa 128
Deutsch-russischer Soldatenfriedhof 117
Deutsch-Russisches Haus 121
Dohnaturm 115
Dom 94
Dominsel 92
Dramentheater 132

E

Ehemalige Kunstakademie Rathshof 126
Erholungspark Junost' 114
Erholungs- und Vergnügungspark 130
Erlöserkathedrale 110
E.T.A.-Hoffmann-Musikschule 114
Evangelische Hauptkirche 129

F

Feste Friedrichsburg 124
Fischdorf 94
Fort Quednau 117
Friedländer Tor 137

G

Gebietsregierung 132
Georgshospital 135

H

Haus der Kunst 137
Haus der Räte 98
Haus der Technik 112
Haus zum Hirschen 121
Hochschule für Fischereiwesen 110
Hohe Brücke 136
Hotel Moskva 132

I/J

Ivan-Taranov-Brauerei 120
Juditten 128

K

Kant-Denkmal 103
Kantgrabmal 97
Kants Geburtshaus 135
Kirche von Juditten 128
Königliches Waisenhaus 120
Königsberger Kunsthalle 113
Königs-Eck 118
Königstor 117
Konzerthaus 137
Kosmonautendenkmal 131
Kraus-und-Hippel-Volksschule 129
Kreuzkirche 122

L

Lasch-Bunker 106
Lenin-Denkmal 137
Leninskij pr. 106, 134
Litovski Val 117
Luisenkirche 130

M

Maraunenhof 113
Museum zur Seefahrtsgeschichte 123
Museum zur Stadtgeschichte 137

N

Neuer Botanischer Garten 113
Neue Universität 103
Nordbahnhof 109

O/P

Oberpostdirektion 133
Palais der Ostpreußischen Landschaft 119
Palästra Albertina 112
Paradeplatz 102
Park der Komsomolzen 137
Pl. Maršala Vasilevskogo 116
Plastik Kämpfende Wisente 110
Pl. Pobedy 108
Ponarth 139
Pregelufer 122

R

Rathaus 109
Rathshof 124
Reinhold-Gliére-Musikschule 129
Rosenau 138
Roßgärter Tor 115
Rundfunkhaus 133

S

Sackheimer Tor 120, 121
Schiller-Denkmal 132
Schloss 98, 100
Schlossteich 102
Šostakovič-Musikschule 119
Speichersdorf 138
Staatliche Kunstgalerie 123
Stadtmuseum für Geschichte und Kunst 102
Statue von Mütterchen Russland 106
Südbahnhof 138

T/U

Tiergarten 132
Ul. Frunze 118
Universität 104

W/Z

Walzmühle 124
Wissenschaftliche Gebietsbibliothek 133
Wrangelturm 113
Zentralmarkt 112

Personen- und Sachregister

750-Jahr-Feier 54

A

Adalbert von Prag 181
Albrecht (Herzog) 33
Alexandra 390
Ännchen von Tharau 220
Arendt, Hannah 132, 143
Argelander, Friedrich Wilhelm 371

B

Bagration, Pjotr Ivanovič Fürst 299
Barry, Andrew 75
Beerbohm, Ernst Wilhelm 386
Bernstein 166
Berwarth, Blasius 101
Bessel, Friedrich Wilhelm 108
Björn, Sören 336
Bobrowski, Johannes 266
Bolesław Chrobry 22
Boos, Georgi 57
Borchers, Cornell 390
Brachert, Hermann 168, 171
Brust, Alfred 216

C

Cauer, Stanislaus 107, 132
Cave, Pierre de la 221
Černjachovskij, Ivan Danilovič 216
Chiéze, Luise von 281
Chiéze, Philipp von 281
Clare, Johannes 94
Corinth, Lovis 203, 204, 353
Corvin, Otto von 230

D

Dach, Simon 301, 371
Degener, Artur 230
Deltuva, Petras 379
Deutscher Orden 27
Donalitius, Christian (Donelaitis, Kristijonas) 232, 249, 323, 379
Dönhoff (Familie) 207
Dönhoff, Marion Gräfin 103, 207

E

Entfernungstabelle 21
Epha, Franz 338, 344
Essen und Trinken 61

F

Farenheid, Fritz von 318
Feldman, Arkadi 137
Frevert, Walter 327
Friedensvertrag von Versailles 44
Frieden von Thorn 31
Frieden von Tilsit 40
Friedrich I. 37
Friedrich II. 38
Friedrich (Kronprinz) 68, 70
Friedrich Wilhelm I. 38
Friedrich Wilhelm II. 39
Friedrich Wilhelm III. 39
Friedrich Wilhelm IV. 42
Friedrich Wilhelm (Kurfürst) 35
Friese, Richard 230

G

Gaul, August 110
Gause, Fritz 120
Geographie 60
Geologie 60
Geschichte 22
Goetz, Hermann 142
Göring, Hermann 286, 325
Gottsched, Johann Christoph 142
Grass, Günter 77
Groeben, Otto Friedrich von der 182
Gülstorff, Max 267
Gustedt, Jenny von 193

H

Haacke, Harald 103
Hagen, Carl Heinrich 104
Hamann, Johann Georg 141
Heckel, Erich 353
Heinrich von Plauen 181
Heitmann, Friedrich 129, 130
Herder, Johann Gottfried 371
Hermann Balk 24
Hilbert, David 143
Hippel, Theodor Gottlieb 313
Hitler, Adolf 376
Hoffmann, Ernst Theodor Amadeus 95, 102, 141
Hopp, Hans 109, 112

I

Informationen 144
Insterburg, Ingo 217
Ivanov, Jurij 344

J

Jelzin, Boris 53, 110
Johann Sigismund (Markgraf) 33
Jung, Frieda 217

K

Kant, Immanuel 141

Katte, Hans Hermann von 68
Kelch, Johann Ferdinand 384
Kickton, Arthur 122
Kirchner, Ernst Ludwig 353
Klemperer, Victor 71
Klima 60
Koch, Erich 45, 187
Kollwitz, Käthe 143
Konrad von Masowien 24
Konvention von Tauroggen 399
Kopernikus, Nikolaus 83
Kopylov, Oleg 110
Krusenstern, Adam 179
Kuckuck, Otto W. 310
Künne, Alfred 376
Kutuzov, Michail Illarionowitsch 246

L

Lahrs, Friedrich 97, 113, 126, 132, 258
Lasch, Otto 47, 106
Leiste, Jürgen 261
Leonov, Alexej 128, 131
L'Estocq, Anton Wilhelm von 298
Löber, Jochen 129
Löns, Hermann 74
Luther von Braunschweig 94

M

Mackeben, Theo 78
Mamonov, Nikolaj Vasilevič 292
Mann, Thomas 169, 353
Marinesko, Alexander Iwanowitsch 102
Martin von Wallenrodt 95
Matkowsky, Adalbert 143
Mažvydas, Martynas 379
Miegel, Agnes 131, 143
Minetti, Bernhard 353
Mollenhauer, Ernst 353
Möller, Anton 143
Möschler, Helene 344
Mueller-Stahl, Armin 267

N

Nesterov, Antonin 238
Nicolai, Otto 142

P

Pacaev, Viktor 131
Pallenberg, Joseph 326
Palucca, Gret 353
Partatius, Anna 257
Partatius, Johannes 317
Pechstein, Max 353
Peter der Große 185
Peyinghaus, Marianne 257
Pfitzner, Hans 103
Pohl, Witta 143
Poelzig, Hans 306
Polnischer Korridor 77
Potsdamer Abkommen 49
Pruzzen 23
Putina, Ludmila 114
Putin, Wladimir 54, 110, 164

R

Rauch, Christian Daniel 103
Rhesa, Ludwig 363
Ribbentrop, Joachim von 370
Riefenstahl, Leni 349
Riga, Isaak 234
Romanenko, Jurij 131
Rühmann, Heinz 353
Rupp, Julius 98

S

Sarnitz, Arthur 106
Saucken, Ernst von 315
Savenko, Juri 55
Schaffner, Jakob 321
Scharoun, Hans 219
Schenkendorff, Max von 266
Schinkel, Karl Friedrich 71, 76, 185
Schirwindt, Aleksandr Anatoljewitsch 246
Schlacht bei Tannenberg 31
Schmidt-Rottluff, Karl 353
Schön, Theodor von 41, 201, 402
Schroetter, Friedrich Leopold von 308
Schulz, Ferdinand 346
Silcher, Friedrich 371
Simonaityte, Leva 384
Simpson, Wilhelm von 222
Simpson, William von 222
Stoffregen, Heinz 310
Strauss, Richard 103
Stüler, Friedrich August 103, 115, 249
Sudermann, Hermann 393
Suttkus, Carl Robert 344

T

Thienemann, Johannes 342, 344
Tilsiter Käse 271
Tolly, Michail Bogdanovich Barclay de 218, 225

U

Unfried, Schultheiß von 101, 319
Urbsys, Juozas 370

V
Verbrechen von Palmnicken 175
Vertrag von Königsberg 35
Viehofer, Carl Robert 217
Voigt, Wilhelm 266
Vordermayer, Ludwig 232
Vydunas (Wilhelm Starost) 386, 401

W
Wagner, Hugo 310
Wagner, Richard 103
Wassilewski, Alexander 116
Wehlauer Vertrag 35
Weißel, Georg 304
Werner, Zacharias 142
Wichert, Ernst 216, 385
Wiechert, Emil 267
Wilhelm I. 43, 101
Wilhelm II. 285
Willmann, Michael 143
Winrich von Kniprode 29
Wolf, Christa 71
Wysbar, Frank 267

Z
Zehrt, Willi 281
Zschock, Georg 123
Zuckmayer, Carl 353
Zukanow, Nikolai 58
Zweiter Thorner Friede 31
Zweiter Weltkrieg 46

Karten Kaliningrad

Dominsel und nördliches Zentrum S. 93
Königsberg um 1930 Hintere Umschlagklappe
Übersicht S. 89
Südliches und nördliches Zentrum Vordere Umschlagklappe
Vom Hafen auf die Hufen S. 127
Zwischen Kneiphof und Ponarth S. 134

Sonstige Stadtpläne

Bagrationovsk S. 298
Baltijsk S. 183
Černjachovsk S. 216
Gusev S. 231
Klaipėda/Übersicht S. 372
Klaipėda/Zentrum S. 375
Malbork (Marienburg) S. 81
Mamanovo S. 293
Silute S. 391
Sovetsk S. 272
Svetlogorsk S. 165
Zelenogradsk S. 161

Übersichtskarten

Das Instertal S. 223
Das Kaliningrader Gebiet S. 59
Kurische Nehrung/russischer Teil S. 339
Kurische Nehrung/litauischer Teil S. 352
Moosbruch und Elchniederung S. 255
Nördlich von Klaipėda S. 382
Der Nordosten S. 242
Östliches Samland S. 189
Der Südwesten S. 272
Das Pregeltal zwischen Kaliningrad und Gvardejsk S. 199
Das Pregeltal zwischen Gvardejsk und Černjachovsk S. 211
Rusnė und das Memeldelta S. 396
Sovetsk, Neman und Umgebung S. 266
Westliches Memelland S. 369
Westliches Samland und Bernsteinküste S. 156
Zwischen Berlin und Kaliningrad S. 65
Zwischen Černjachovsk und litauischer Grenze S. 229
Zwischen Mamonovo und Kaliningrad S. 290

Historische und Sonstige Karten

Die Ausdehung Brandenburg-Preußens zwischen 1525 und 1795 S. 34
Mittel- und Nordosteuropa zu Beginn des 14. Jahrhunderts S. 25
Nordosteuropa im 17. Jahrhundert S. 36

Das Ordenland zu Beginn des 15. Jahrhunderts S. 29
Ostpreußen zur Zeit der Weimarer Republik S. 44
Die drei Teilstädte Königsbergs im 14. Jahrhundert S. 91
Sandtransport bei der Bildung der Nehrung und heute S. 333

Bildnachweis

Alle Fotos Gunnar Strunz, außer:
Hinnerk Dreppenstedt (S. 271); Volker Hagemann (S. 383); Kerstin und André Micklitza (S. 62/63); Gabriele Niechziol (S. 4, 12, 56, 97o., 97u., 151); Claudia Quaukies (S. 18/19, 86/87, 113, 153, 167, 168o., 222, 252/53, 254, 288/89)

Anhang

TRESCHER VERLAG
MEHR WISSEN.
BESSER REISEN.
Reiseführer aus demTrescher Verlag
Trescher Verlag
Bernd Wurlitzer, Kerstin Sucher
OSTSEEKÜSTE
MECKLENBURG-VORPOMMERN
Mit Rostock und Stralsund, Rügen und Usedom
Trescher Verlag
Beate Kirchner, Jonny Rieder, Renate Wolf
OSTSEESTÄDTE
Kreuzfahrten zwischen Kiel,
St. Petersburg, Stockholm und Oslo

Kartenlegende

Autofähre	Restaurant
Bahnhof	Ruine/Ausgrabungsstätte
Brunnen	Sehenswürdigkeit
Burg/Festung	Sehenswürdigkeit
Burgruine	Seilbahn
Busbahnhof	Strand
Café	Synagoge
Campingplatz	Theater
Denkmal	Tor
Dorfkirche	Touristeninformation
Fähre	Turm
Flughafen	Zoo
Hafen	
Hotel	
Internetcafé	Autobahn
Kino	Schnellstraße
Kirche	Hauptstraße
Kloster	sonstige Straßen
Klosterruine	E 65 Europastraße
Leuchtturm	A 65 Autobahn
Markt	243 Bundesstraße
Museum	Eisenbahn
Naturschutzgebiet	Grenzübergang
Oper	Staatsgrenze
Parken	Hauptstadt
Post	Stadt/Ortschaft